Chronologie eines Erfolges

Ferrari

Chronologie eines Erfolges

Ferrari

Renn- und Sportwagen

Herausgegeben von
Roberto Bonetto

Geschrieben von
Luca Delli Carri
Giuseppe Piazzi

Gestaltet von
Bruno und Giulio Betti

Motor
buch
Verlag

Das italienischsprachige Originalwerk erscheint 2004
unter dem Titel *l'Enciclopedia Ferrari*

Deutsche Fassung: **Susanne Wess**

Einbandgestaltung: Dos Luis Santos unter Verwendung
von Bildern aus dem Buch.

Bildnachweis: s. Seite 280

ISBN 3-613-02459-4

1. Auflage 2004

Lektorat: Joachim Kuch
Satz: Druck- und Medienzentrum Gerlingen GmbH,
70839 Gerlingen
Printed in Italy by Centro Poligrafico Milano, Casarile (MI)

Inhalte

„Bei meiner Arbeit lausche ich der harmonischen Stimme der geformten Materie, die mir wie ein aufkeimendes Leben erscheint, und ich beginne, das Geheimnis der Seele zu ergründen. Doch meine eigene Seele ist für mich immer ein großes Rätsel geblieben.“

Enzo Ferrari

Die Wurzeln des Mythos

Hunderte von Büchern wurden in gut einem halben Jahrhundert auf der ganzen Welt über Ferrari und die Automobile dieser Marke veröffentlicht. Das vorliegende Werk ist jedoch in mehrfacher Hinsicht einzigartig. Es enthält exklusiv eine umfassende Galerie von über siebzig technischen Porträts der Renn- und Straßenfahrzeuge, die im Hause Ferrari in der Zeit von 1947 bis Ende 2003 entstanden sind. Außerdem umfasst es hochwertige Querschnittzeichnungen sowie Innenansichten, die sich im Laufe der letzten fünfzig Jahre zu einem wahrhaften Exklusivarchiv des Verlagshauses Quattroruote formiert haben und hier zum ersten Mal in Buchform veröffentlicht werden. Jedes Porträt ist mit technischen Daten, einer kritischen Beurteilung sowie einer chronologischen Einordnung des jeweiligen Modells versehen und gibt zudem mehr als nur die Sporterfolge wieder, die das jeweilige Fahrzeug kennzeichnen. All das ist Jahr für Jahr in einer klar strukturierten Chronologie dargelegt, die jedes Ferrari-Fahrzeug in seinen genauen zeitlichen Kontext einordnet und damit dem Leser die Möglichkeit gibt, die technische und konzeptionelle Entwicklung nachzuvollziehen, bei welcher sich Zeiten des Ruhms mit weniger erfolgreichen Phasen abwechseln. Diese Entwicklung war und ist bis heute die Wurzel und Quelle des Mythos Ferrari.
In diesem Sinne ist die technische Ausrichtung des vorliegenden Buches weder zufällig noch ist sie sich selbst genug. Denn eben auf dieser Technik gründet die Legendes des „Cavallino rampante" ebenso wie der Mythos eines Enzo Ferrari („der harmonischen Stimme der geformen Materie lauschend", wie Ferrari es einst formulierte).
Zudem zeichnet sich das Werk durch eine noch nie da gewesene Vollständigkeit aus. Die Chronik vom unnachahmlichen Aufstieg des Teams und Werks in Maranello bis an die höchste Spitze des internationalen Automobilsports umspannt einen zeitlichen Bogen von 58 Jahren und gipfelt 2003 in dem historischen Rekord des sechsten Weltmeistertitels (dem vierten in Folge), den Michael Schumacher am Lenkrad eines Ferrari eroberte. Bis zum Jahresende 2003 reichen auch die lebendigen und informativen Kurzbiografien, die in einem gesonderten Abschnitt alle Piloten – eine weitere Einzigartigkeit! – umfassen, die jemals, und sei es auch nur ein einziges Mal, als Werksfahrer im Cockpit eines Ferrari saßen.
Nun ist es an Ihnen, die Geheimnisse des Cavallino rampante zu entdecken; eine bessere Gelegenheit hierzu könnte Ihnen nicht geboten werden.

Großer Preis von Italien 1923 in Monza: ein geschichtsträchtiges Foto des Alfa-Teams.
In der Mitte Enzo Ferrari mit (von links) Giuseppe Campari, dem Techniker Luigi Bazzi, Antonio Ascari und Ugo Sivocci, der beim Training ums Leben kam.

Der Ingenieur voller Leidenschaft

Zum Ausgangsthema dieses Buches, der technischen Philosophie des Ingenieurs honoris causa Enzo Ferrari, sind im Folgenden einige interessante Aussagen seines Sohnes Pietro zusammengefasst.

Ihr Vater bezeichnete seine Automobile als „Geschöpfe". Hier ein Zitat: „Der Konstrukteur entwirft das, was später sein Geschöpf sein wird, er träumt davon und sieht es in allen Details so vor sich, wie es später einmal aussehen soll. Er vertraut seine Entwicklung einer Reihe von Mitarbeiten an, die seine Leidenschaft teilen." Das war keine Rhetorik, nicht wahr?

Nein, mein Vater war absolut offen und ehrlich, wenn er so etwas sagte. Deshalb strebte er immer ein Unternehmen mit kompletter Vertikalstruktur an, angefangen bei der eigenen Gießerei. Es war seine größte Freude zu sehen, wie das Fahrzeug langsam entstand, das er im Kopf hatte, wie das Metall sich festigte und funktionale Formen annahm und am Ende ein dynamisches, ja sogar belebtes Ganzes ergab.

Wie übertrug er seine Leidenschaft für Autos auf Sie?

Er hat nie versucht, sie mir aufzudrängen. Doch es war schier unmöglich, sich von seiner Begeisterung nicht anstecken zu lassen, wenn man in seiner Nähe war. Als ich noch ein Kind war und er mich besuchte, blieb ich stets kurz bei ihm, doch dann lief ich in den Garten hinaus, schlich stundenlang um seinen Wagen herum (ich erinnere mich an den Lancia Aprilia und an die Fiat 1400 und 1900) und ließ mir alle Details von seinem Fahrer Peppino erklären. Später kamen dann die Ferrari: Er nahm mich auf kleine Spritztouren mit. Er fuhr stets selbst, doch Peppino musste dabei sein: Er saß mit einer riesigen Menge Werkzeug und Ersatzteilen (sogar einen Kolben und einen Pleuel hatte er immer dabei) auf der Rückbank. Ich war fasziniert von der Freude meines Vaters, wenn er den Klang des Motors hörte und der Wagen sich in Bewegung setzte.

Wie stark griff er in das jeweilige Fahrzeugprojekt ein?

Sehr stark. Der erste Impuls für eine Neuerung kam immer von ihm. Manchmal musste man ihn bremsen, indem man ihm die Kosten auflistete oder die Umsetzbarkeit seiner Idee in Frage stellte. Nur der späte Übergang zum Heckmotor war eine Ausnahme, da die Idee nicht von ihm stammte. Doch als die Fakten die Überlegenheit des Heckmotors darlegten, stand er zu hundert Prozent hinter dieser Entscheidung und präsentierte sogleich innovative Lösungen, wie etwa den Zwölfzylinder-Mittelmotor im 250 P und später im Le Mans. Über jedes neue Rennwagen- oder GT-Modell wurde in der Konzeptionsphase natürlich in einer Konferenz diskutiert. Doch mein Vater saß diesen Konferenzen nicht nur vor, sondern nahm auch aktiv an den Debatten teil. Oftmals gab er die Richtung vor, in die die Entwicklung gehen sollte. Bei den Straßenwagen bestimmte er den Stil des Fahrzeugs. Er ließ sich nie von Marktstudien oder von wirtschaftlichen Aspekten beeinflussen, sondern folgte stets seiner Intuition. Auch nach 1969, als Fiat den industriellen Teil von Ferrari übernahm, gab es eine stillschweigende Vereinbarung, die nicht im Vertrag festgehalten war, dass meinem Vater die Endabnahme jedes Modells vorbehalten blieb.

Ihr Vater schrieb, dass für ihn bereits in seiner Jugend das Auto „ein Geschöpf war, das er leidenschaftlich liebte". Hatte er eine Vorliebe für Rennwagen und eine gewisse Zurückhaltung gegenüber Straßenwagen?

Eine Vorliebe ja, Zurückhaltung nein. Natürlich galt seine Leidenschaft in erster Linie den Rennen. Doch seine größte Freude bezog er aus den technischen Besonderheiten seiner Motoren. Das Ziel, das er stets verfolgte, war eine Erhöhung ihrer spezifischen Leistung . Die spannendste Phase der letzten Jahre war deshalb für ihn auch die Ära des Turboladers. Seine 1,5 Liter Sechszylinder in nur kurzer Zeit von 500 auf über 1000 PS steigern zu können, stellte für ihn eine enorme Befriedigung dar. Doch die Fortschritte in der Technologie und bei den Motoren schlugen sich gleichzeitig auch in den Straßenwagen nieder, wenngleich die Höchstleistungen anderen Parametern wie etwa der Haltbarkeit und dem Fahrkomfort gegenüber standen. Das Interesse meines Vaters an Innovationen spiegelte sich auch ganz deutlich bei den Gran Turismo wider. Es war zum Beispiel seine Anregung, die Schaltung des GTB und GTS von Anfang der Sechziger Jahre an der Hinterachse zu positionieren. So wie es auch seine als skandalös angesehene Idee war, erstmals einen Ferrari, den 400 GT von 1976, mit einem amerikanischen Automatikgetriebe auszustatten. Für meinen Vater musste der ideale Ferrari GT einerseits ein sportliches Fahrzeug sein, dem es aber andererseits an Fahrkomfort auf langen Strecken oder im Stadtverkehr keinesfalls fehlen durfte. Für seinen privaten Gebrauch zog er beispielsweise immer die 2+2-Modelle vor, die er am liebsten selbst testete und dabei jedes Detail und jede Regung im Fahrverhalten genauestens unter die Lupe nahm. Der Zwölfzylinder war seiner Ansicht nach der perfekte Motor, weil er bei den Rennwagen höchste Drehmomente sowie die höchste spezifische Leistung erreichte.

Rechts: Piero Ferrari mit dem ersten, von seinem Vater gebauten viersitzigen Zwölfzylinder GT, dem 166 Inter von 1948. Er ist Vizepräsident von Ferrari und hält am Unternehmen einen Anteil von zehn Prozent. 1945 in Castelvetro di Modena geboren, begann er mit zwanzig Jahren bei seinem Vater in Maranello zu arbeiten und übernahm im Laufe der Jahre immer wichtigere Manager- und Führungspositionen innerhalb des Unternehmens.

Links: Enzo Ferrari

Ferrari
Die Vorgeschichte

Der Rahmen des Auto Avio 815 stammt von einem Fiat 508C-Serienwagen. Er wird verstärkt, um der höheren Leistung des in Modena gebauten Motors standzuhalten.
Auch Radaufhängung, Bremsen, Antrieb und Lenkung stammen von Fiat.

Die beiden Auto Avio 815 bei der Mille Miglia 1940: vorne das Team Rangoni/Nardi, hinten Alberto Ascari mit seinem Copiloten (und Cousin) Giovanni Minozzi.

Zu jeder Geschichte gibt es, wenn es denn eine richtige Geschichte ist, auch eine Vorgeschichte. Dies gilt auch für Ferrari. Erst seit 1947 firmiert das Unternehmen offiziell als Automobilhersteller, kann jedoch zur damaligen Zeit bereits auf eine über zwanzigjährige, durchaus ruhmreiche Vergangenheit zurückblicken.
Enzo Ferrari, 1898 in Modena geboren und ein Mann mit großer Entschlusskraft, hatte zunächst einen Vertrag als Rennfahrer für CMN (Costruzioni Meccaniche Nazionali), war aber vor allem für Alfa Romeo aktiv. Für seinen Sieg 1924 bei der Coppa Acerbo wurde er zum Ritter (Cavaliere) ernannt. Mit der Geburt seines Sohnes Dino im Jahr 1932 hängt er den Rennfahrerhelm an den Nagel, bleibt der Welt des Automobilrennsports jedoch eng verbunden. Am 1. Dezember 1929 gründet er die Scuderia Ferrari. Ihr Symbol: ein springendes schwarzes Pferd – die Italiener nennen es Cavallino rampante – auf kanariengelbem Hintergrund, Wappenfarbe seiner Heimatstadt Modena. Das Symbol des springenden Pferdes wurde ihm von Graf Enrico Baracca und dessen Ehefrau Paola anvertraut, den Eltern des Kampfpiloten Francesco Baracca, die er 1923 an der Rennstrecke von Savio kennen lernte. Francesco Baracca hatte das Wappen am Rumpf seines Kampfflugzeugs angebracht. Ferrari übernimmt es als Symbol für seinen Rennstall, der nach dem Rückzug von Alfa aus dem Motorsport im Jahr 1933 dem Mailänder Haus als externe Rennwagenabteilung angeschlossen wird.

Die Alfas made in Modena

Zu dieser Zeit erblicken die ersten von der Scuderia Ferrari in Modena entwickelten und gebauten Wagen das Licht der Welt. Es handelt sich dabei nicht mehr, oder besser gesagt: nicht mehr ausschließlich um Alfa Romeos. Nun sieht man das springende Pferd von der Wagenseite (wo es erstmals 1932 beim 24-Stunden-Rennen von Spa-Francorchamps auf einem Alfa Romeo 8C3200 MM auftauchte) auch auf der Motorhaube. Und dort gibt es sein Debüt auf dem Bimotore, einem

Die fünffach gelagerte Kurbelwelle und die Nockenwelle mit ihren 16 Nocken wurden eigens für den 815 geschaffen, die Zylinderköpfe stammen vom Fiat 508 C.

Die Karosserie, die Ferrari bei Touring in Mailand bestellt, verleiht dem 815 den Auftritt eines Sportwagens, dessen Signifikanz außer Frage steht.

Auto Avio Costruzioni 815

Motor: vorne längs eingeb. Reihen-Achtzylinder
Hubraum: 1496 ccm. Bohrung x Hub: 63 x 60 mm
Leistung: 72 PS bei 5500 U/min
Spezifische Leistung: 48,1 PS/Liter
Ventilsteuerung: Eine Nockenwelle, 2 Ventile pro Zylinder
Zündung: Batterie und Bosch-Verteiler
Kraftstoffzufuhr: 4 Weber-Vergaser
Antrieb: Hinterräder
Getriebe: 4 V + 1 R
Karosserie: zweisitziger Roadster aus Aluminium, Rohrrahmen. Einzelradaufhängung vorn, hinten Starrachse mit Längsblattfedern
Lenkung: Zahnstange
Bremsen: Trommelbremsen
Maße und Gewicht:
Radstand: 2420 mm
Gewicht (fahrfertig mit Ersatzrad): 535 kg
Höchstgeschwindigkeit: 170 km/h

Der Motor des 815 basiert auf Fiat-Komponenten. Es handelt sich um einen Achtzylinder, der durch die Verbindung zweier Blöcke des 1100 und Reduzierung des Hubraums auf 1,5 Liter entstanden ist. Der Zylinderblock und die mit vielen Rippen versehene Ölwanne sind aus Aluminium.

Einsitzer aus dem Jahr 1935 mit zwei Alfa Romeo Achtzylindermotoren mit 6 Liter-Hubraum. Tazio Nuvolari bricht mit diesem Wagen zwei internationale Geschwindigkeitsrekorde: 321,428 km/h über den Fliegenden Kilometer und 323,125 km/h über die Fliegende Meile.

Im Januar 1938 muss die Scuderia Ferrari Insolvenz anmelden; in Mailand entsteht das Team „Alfa Corse", dessen Rennleiter Ferrari wird. Am 6. September 1939 geht jedoch die Partnerschaft zwischen Ferrari und Alfa Romeo zu Ende. Aufgrund einer Vertragsklausel darf Ferrari jedoch vier Jahre lang, also bis 1943, unter eigenem Namen in der Welt des Motorsports nicht aktiv werden.

Am 1. September 1939 entsteht in den Räumen der Scuderia Ferrari mit Sitz in Modena, in der Viale Trento Trieste 11, die Auto Avio Costruzioni. Hier sollten kleine Vierzylindermotoren für die Übungsflugzeuge der italienischen Luftwaffe Regia Aeronautica hergestellt werden. Aber der Ruf des Rennsports ist für Ferrari verlockender, und so beginnt er 1940 mit dem Bau von zwei Rennwagen zur Teilnahme an der Mille Miglia, deren Streckenverlauf in jenem Jahr jedoch etwas anders als in den vorangehenden Jahren ist.

Ferrari-Vorläufer 815

Modell Brescia, Fahrgestelltyp 815: so lautet die Originalbezeichnung des Fahrzeugs. Die Karosserie ist von Touring, der Motor ist ein Reihen-Achtzylinder von 1500 ccm Hubraum (daher die Bezeichnung 815) mit 72 PS. Viele Teile stammen von Fiat.

Der Motor entsteht aus der Verbindung zweier 1100-ccm-Vierzylinder, deren Komponenten im Detail überarbeitet wurden. Der Entwurf stammt von Alberto Massimino.

Am 28. April 1940 gehen in Brescia Alberto Ascari zusammen mit seinem Cousin Giovanni Minozzi sowie der Marquis Lotario Rangoni Machiavelli mit Enrico Nardi an den Start der Mille Miglia. Zwar erreicht keines der beiden Teams das Ziel, doch für Ferrari war der erste Schritt als Rennwagenkonstrukteur damit vollzogen.

Ganz oben: 1940: Der 22-jährige Alberto Ascari am Lenkrad des Auto Avio 815.

Oben: Tazio Nuvolari bei seiner Rekordfahrt 1935 mit dem Bimotore. Der Wagen entstand bei der Scuderia Ferrari in Modena, indem man zwei Achtzylinder-Alfa-Romeo-Motoren zusammenfügte.

1947
Ein Mythos wird geboren

Der Krieg hat Enzo Ferraris Kräfte nicht geschwächt. Bereits Ende 1943 beginnt er, auf eigenem Grund in Maranello eine Fabrik zu bauen, wo er Werkzeugmaschinen produziert, insbesondere Schleifmaschinen zur Herstellung von Kugellagern. Wegen eines während des Krieges erlassenen Gesetzes über die Dezentralisierung der Industrie hat Ferrari seine geschäftliche Tätigkeit außerhalb von Modena verlegen müssen. Es fehlt nicht an Arbeit und die Mitarbeiterzahl steigt von 40 in Modena auf 160 in Maranello an. Die Schleifmaschinen tragen ebenso wie davor die Auto Avio 815 das Logo des springenden Pferdes. Nach Kriegsende nähert sich Ferrari wieder seinem Traum – er möchte wieder Autos bauen, und zwar nicht nur Rennwagen. Und er will dies unter eigenem Namen tun. Er nimmt erneut Kontakt zum Alfa-Romeo-Ingenieur Gioachino Colombo auf, dem Vater der Alfetta 158, die vor dem Krieg in Modena in der Scuderia Ferrari entstanden war. Er beauftragt Colombo mit dem Entwurf eines Zwölfzylindermotors mit 1,5 Liter Hubraum. Und Colombo macht sich an die Arbeit: Wir schreiben nun das Jahr 1945, Italien sitzt der Schrecken des Krieges noch in den Knochen. Nachdem Colombo sowohl für den Motor als auch für den Rahmen des Wagens einen Entwurf abgeliefert hat, kehrt er zu Alfa Romeo zurück, wo man die Produktion wieder aufgenommen hat. Doch 1946 kommt eben aus jenen Werkshallen der Mann, der die Entwürfe von Colombo weiterentwickeln sollte: Giuseppe Busso. Busso zieht von Mailand nach Maranello um und wird Leiter der technischen Abteilung. Am 26. September 1946 absolviert der neue V12, wenn auch nur versuchsweise, seine ersten Tourenzahlen.

125 S: Der erste „echte" Ferrari

Etwas mehr als fünf Monate nach der Motortaufe verlässt ein zweisitziger Sportwagen noch ohne Karosserie das Werk in Maranello und begibt sich auf die Staatsstraße des Abetone. Er

Links: 12. März 1947, Maranello. Enzo Ferrari am Steuer jener Konstruktion, die schlussendlich seinen Namen tragen sollte: 125 S. Das Foto von Guiseppe Busso entstand vor den Fabriktoren.

Oben: Der erste Renneinsatz mit dem 125 Sport in Forlì. Am Steuer sitzt Tazio Nuvolari. Der Fliegende Mantuaner gewinnt das Rennen auf dem Rundkurs am 6. Juli 1947. Eine Woche später, am 13., gewinnt er auch in Parma.

Giuseppe Busso (erster von links) mit dem Mechanikerteam, das den S 125 (die Zahl steht für den Einzelhubraum) gebaut hat, hier in der Version mit Cycle Wings.

Busso: „Ich habe zum Aufstieg beigetragen"

Giuseppe Busso, Co-Direktor der Alfa Romeo-Zentrale bis 1977. Busso war 1947, dem Entstehungsjahr des 125 S, Technischer Leiter bei Ferrari.

Wie war es damals bei Ferrari?

„Das Ambiente war angenehm und freundlich. Der Krieg war gerade vorüber und die Italiener waren schon immer die ersten, die es sofort wieder anpackten. Es war Tatendrang da, vor allem im Automobilbereich. Man diskutierte viel über die Technik und die Entwürfe, vor allem bei den langen und ausgiebigen Abendessen."

Und wie war der „Commendatore"?

„Er vermochte einen vor allem immer zu überzeugen, das zu tun, was er wollte. Er arbeitete mit Zuckerbrot und Peitsche und kannte in gewissen Situationen kein Pardon."

Glaubte er an den 125 S?

„Er glaubte fest an dieses Projekt, das ja in gewisser Hinsicht revolutionär war. Aber er sagte auch, dass es im Falle eines Scheiterns besser wäre, wieder mit der Produktion von Dreh- und Schleifmaschinen zu beginnen."

Welchen Eindruck hatten Sie von dem Projekt?

„Als ich zu Ferrari kam, hatte Gioachino Colombo das erste Modell schon fertiggestellt. Ich konnte also nur gewisse, bereits getroffene technische Entscheidungen modifizieren, mit denen ich nicht einverstanden war. 12 Zylinder erschienen mir zu viel für einen Sportwagen mit 1,5 Liter-Saugmotor, der starke Leistungsschwankungen verzeichnete. Auf dem Prüfstand konnte man manchmal 75 bis 90 PS ablesen, andere Male waren es dann wieder 100. Der Motor war anfällig: Wenn man die Drehzahl erhöhte, verzogen sich die weichen Ventile und die Pleuellager. Erst der Übergang zu einem 2-Liter-Motor und die Verwendung von Vandervell-Lagern brachten die Lösung."

trägt die Bezeichnung 125, womit bei Ferrari die Tradition eingeleitet wird, Modelle nach dem Hubraum eines der Zylinder zu benennen: Multipliziert man nämlich 125 mit 12, der Anzahl der Zylinder, so kommt man auf 1500, das ist die Zahl des Gesamthubraums. Der Motor ist nicht nur das Herz des 125, sondern auch das Symbol von Enzo Ferraris Unternehmen. Die Legende, die Ferrari übrigens selbst in seiner Autobiographie „Meine schrecklichen Freuden" schürte, besagt, dass ihn die Leistung der Grand-Prix-Rennwagen von Delage der 30er Jahre und der großartige, von Antonio Ascari gefahrene Packard V 12 sehr beeindruckt hatten. Aber die Wahl fiel auch aufgrund einer Reihe von technischen Gründen auf einen V12-Motor. Bei gleichem Hubraum bringt ein Zwölfzylinder in V-Bauweise im Vergleich zu einem Achtzylinder aufgrund der höheren möglichen Drehzahl auch eine höhere Leistung; außerdem kann der Hub eines Zwölfzylinders geringer sein, was eine geringere Bauhöhe ermöglicht im Vergleich zu einem Wagen mit Achtzylindermotor. Das bringt Vorteile hinsichtlich des Wagenschwerpunkts mit sich. Der Zwölfzylinder 125 mit einem Neigungswinkel der Ventile von 60 Grad ist einer der am weitesten entwickelten Motoren jener Zeit. Er besteht aus Aluminium. Die Gussteile bezieht Ferrari anfangs von Zulieferfirmen, doch schon nach

Dies sind die von Gioachino Colombo signierten Entwürfe, die zur Konstruktion des Ferrari 125 S verwendet wurden.

Die 3 Weber-Doppelfallstromvergaser 3 DCF sitzen parallel zu den Zylinderblöck und haben einen langen, gemeinsamen Luftansaugstutzen, der an der Motorha direkt oberhalb der Kühlerverkleidung mündet.

Der 125 S in der Version, mit der Franco Cortese am 25. Mai 1947 beim Großen Preis von Rom den ersten Ferrari-Sieg einfuhr. Zum ersten Mal zieht das springende Pferd mit einer komplett in Modena konzipierten, gebauten und getesteten Mechanik an der Konkurrenz vorbei.

11. Mai 1947: erstmals nimmt ein Ferrari an einem Rennen teil. Am Steuer des 125 S sitzt Franco Cortese, der das Rennen bis drei Runden vor dem Ziel anführt, dann jedoch wegen Schwierigkeiten mit der Benzinpumpe aufgeben muss.

wenigen Monaten richtete Ferrari eine eigene Gießerei ein. Der Motor verfügt über je eine Nockenwelle in den beiden Zylinderköpfen, ihr Antrieb erfolgt über eine Triplex-Rollenkette. Die Aluminiumkolben weisen je vier Kolbenringe auf. Die Pleuel sind aus Schmiedestahl mit schräggeteilten Füßen, so dass eine Kolbendemontage nach oben möglich ist. Diese Besonderheit ist bei allen Ferrari-Motoren bis 1957 zu finden. Die Leistung beträgt etwa 100 PS bei einer Drehzahl von 7000 U/min.
Im Gegensatz zum Motor ist der von der Mailänder Firma Gilco Autotelai angefertigte Rahmen sehr viel konventioneller, auch wenn die hydraulischen Stoßdämpfer für die damalige Zeit sehr innovativ sind. Die Karosserie gibt es in zwei Versionen: eine ist die klassische Spider Sportversion (deshalb die Wagenbezeichnung 125 S, bei der das S für Sport steht), die sich von der Konkurrenz durch ihre runden Formen abhebt. Die andere Version kommt etwas später heraus und trägt die Bezeichnung SC (Sport Corsa, also Rennsportwagen). Die Form dieses Wagens gleicht einer Zigarre, die Räder stehen etwas von der Karosserie ab. Die Reifen werden von Schutzblechen nach Art englischer Cycle Wings bedeckt, die bei einem Einsatz des Wagens in der Rennwagenklasse wie auch die Scheinwerfer abgenommen werden können. In dieser Ausführung geht der 125 SC als Monoposto an den Start.

Debüt und Sieg

Beim Rennen von Piacenza geht Franco Cortese am 11. Mai 1947 mit dem ersten Ferrari der Geschichte an den Start. Nach anfänglichen Schwierigkeiten holt er auf, übernimmt die Führung, muss aber wegen Problemen bei der Benzinzufuhr drei Runden vor dem Ziel aufgeben.

Der V12 verfügt über eine siebenfach gelagerte, aus einem Stahlblock herausgearbeitete Kurbelwelle, deren Zapfen auf drei Ebenen im Winkel von 120° zueinander liegen.

Das Armaturenbrett des Ferrari 125 ist ebenso spartanisch wie der Rest des Wagens, der nicht auf Komfort, sondern auf Funktionalität und geringes Gewicht ausgelegt ist.

125 S

Motor: vorne längs eingeb., V 12, Zylinderwinkel 60°
Hubraum: 1497 ccm. Bohrung x Hub: 55 x 52,50 mm. Leistung: 100 PS bei 7000 U/min.
Spezifische Leistung: 66,8 PS/Liter
Ventilsteuerung: eine obenliegende Nockenwelle pro Zylinderreihe, schräg hängende Ventile mit Kipphebeln, Rollenkette
Zündung: Doppel-Magnetzündung
Kraftstoffzufuhr: 3 Weber Doppel-Fallstromvergaser 32 DCF
Schmierung: Druck-Nasssumpfschmierung
Antrieb: Hinterräder
Getriebe: 5 V + 1 R
Reifen: 5,50 x 15
Karosserie: zweisitziger Roadster aus Aluminium. Stahlrohrrahmen mit Traversen. Einzelradaufhängung vorn, Querlenker, eine Längsblattfeder quer; hinten Starrachse mit Längsblattfedern; Torsionsstabilisator
Stoßdämpfer: hydraulische Hebelstoßdämpfer
Kraftstofftank: hinter der Hinterachse (Fassungsvermögen: 75 Liter)
Bremsen: vorne und hinten Trommelbremsen
Lenkung: Segmentlenkung
Maße und Gewicht:
Radstand: 2420 mm
Spur: vorne 1255 mm, hinten: 1200 mm
Länge: 4500 mm. Breite: 1550 mm
Gewicht fahrfertig: 750 kg
Verhältnis Gewicht/PS: 7,5 kg/PS

Der 25. Mai 1947 ist dagegen einer jener Tage, die in die Geschichte des Automobilsports als besonders bedeutungsvoll eingegangen sind. An diesem Tag führt Franco Cortese beim Großen Preis von Rom auf der Rennstrecke der Caracalla-Thermen erstmals einen Ferrari zum Sieg. Dieser Erfolg soll sich bei den Rennen in Vercelli, Vigevano und Varese wiederholen. Auch der berühmte Tazio Nuvolari, genannt „Nivola“, setzt sich ans Steuer eines Ferrari und gewinnt auf den Rennstrecken von Forlì und Parma.

Die Entwicklung der Spezies Ferrari

Enzo Ferrari ist wild auf Siege, deshalb will er seinen V12 noch leistungsstärker machen. Er lässt den Hubraum auf 1903 ccm erhöhen und steigert die Leistung um etwa 25 PS. Das neue Modell bekommt die Bezeichnung 159 S, und auch hier steht die Zahl wieder für den Einzelhubraum. Der von Giuseppe Busso gebaute Motor ist die einzige Neuerung im Vergleich zum 125 S: er hat 125 PS bei 7000 Umdrehungen. Die Geschichte des 159 S ist kurz aber wichtig, denn Ende des Jahres wird Ferrari, eben dank eines 159 S, seine erste internationale Anerkennung zuteil. Am 12. Oktober gelingt es dem Franzosen Raymond Sommer beim Großen Preis von Turin, seine Konkurrenten auf der Rennstrecke im Valentino Park hinter sich zu lassen.

Nachfolgende Seiten:
Franco Cortese (Nr. 46) beim Rennen von Vigevano am 15. Juni 1947. Seinen Erfolg hat er seinem 125 S zu verdanken. Neben ihm der Maserati 1500 von Barbieri sowie Guido Scagliarini auf einem Fiat Stanguellini.

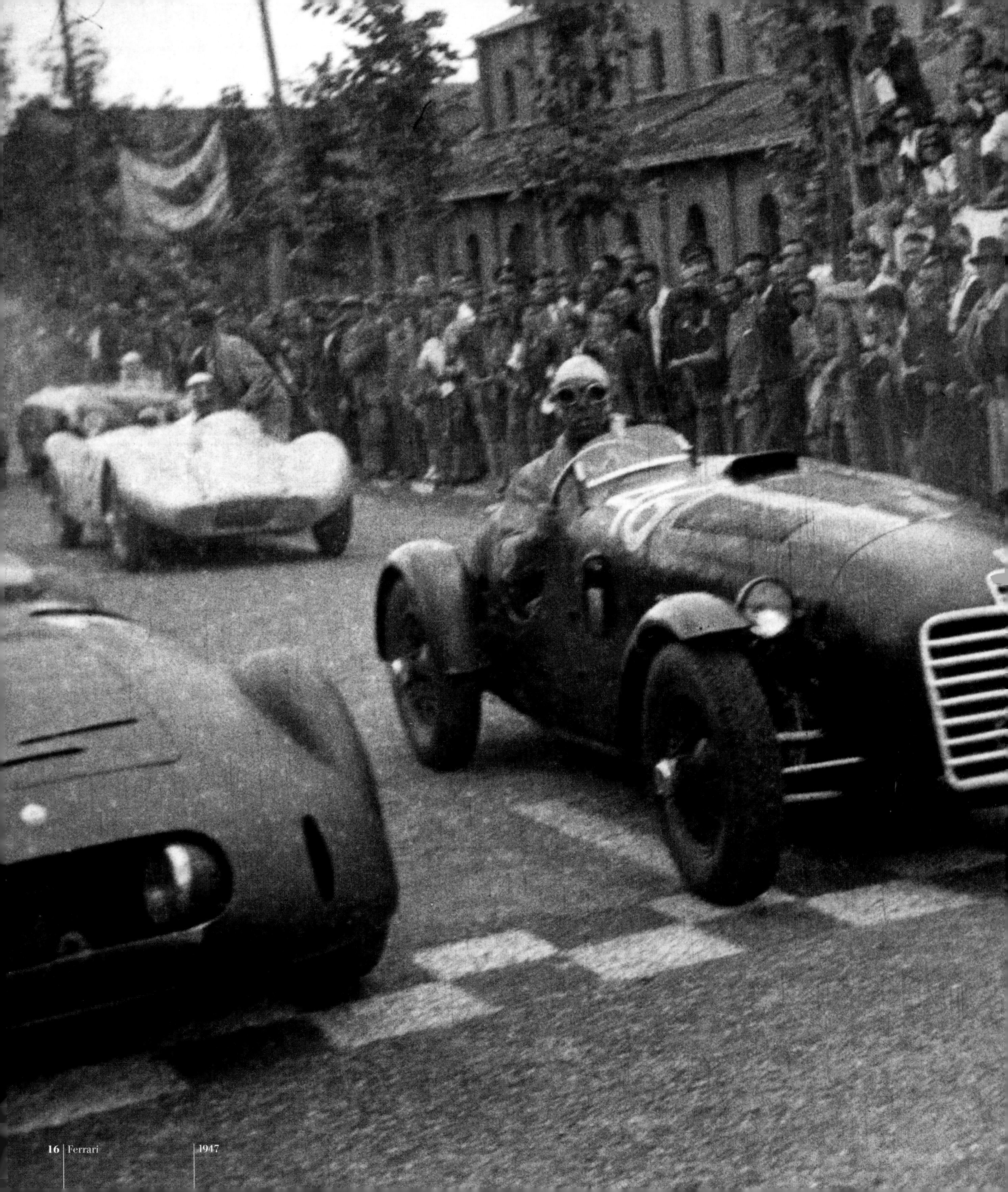

1948 Erste Anerkennungen

1948 ist ein wichtiges Jahr in der Geschichte von Ferrari. Es ist ein Jahr der Bestätigungen, der Siege und auch – oder vielleicht vor allem – der Weiterentwicklung; ein Jahr des technologischen Fortschritts mit einer kontinuierlichen Verbesserung der Fahrzeuge (besonders bemerkenswert ist in diesem Zusammenhang die Übergabe der Technischen Leitung von Giuseppe Busso, der zu Alfa Romeo zurückkehrt, an Gioachino Colombo, der das Mailänder Haus verlässt und technischer Leiter bei Ferrari wird). Eine erweiterte Bandbreite und das Entstehen neuer Fahrzeugmodelle unterstreicht die Flexibilität eines Hauses, das trotz seines kurzen Bestehens das richtige Auto zur richtigen Zeit herausbringt und dabei die Reglements und jede ihrer Veränderungen stets bis zum Limit auszuschöpfen weiß.

2 Liter, 12 Zylinder

Mit sieben Siegen in fünf Monaten Rennsaison kann Ferrari 1947 eine positive Bilanz ziehen. Und doch ruht er sich keinen Moment auf seinen Lorbeeren aus. Das zu Beginn des Jahres 1947 in Kraft getretene neue Reglement sieht Grand-Prix-Rennwagen der Formel 1 mit einem 1,5-Liter-Kompressormotor oder 4,5-Liter-Saugmotor vor. Im Januar 1948 wird die Klasse der Formel 2 ins Leben gerufen, bei der nicht aufgeladene Motoren mit einem Hubraum von maximal 2 Liter zugelassen sind. Ferrari verfügt sowohl über Motoren mit 1500 als auch mit 2000 ccm. Man beginnt nun damit, den Motor mit dem größeren Hubraum weiterzuentwickeln. Der 159 S wird zum Ausgangsmodell für die Entwicklung der 2-Liter-Zwölfzylinder von Ferrari. Es entsteht damit der Sportrennwagen 166 SC. Seine Karosserie ist die des 159 S mit der gleichen raketenartigen Form, der schmalen Motorhaube und einem weit zurückversetzten Fahrersitz. Der Motor, auch diesmal aus Leichtmetalllegierung mit drei Weber Doppel-Fallstromvergasern 32 DCF, bringt nur eine geringfügig höhere Leistung: 130 PS anstelle von 125.

Links: 1948 beim Großen Preis von Italien im Valentino Park, Turin. Vorne rechts der Ferrari-Monoposto 166 F1 von Raymond Sommer (er wurde Dritter), neben den beiden Alfa Romeos (Wimille, Nr. 52, und Trossi) sowie dem Maserati von Villoresi (Nr. 40).

Oben: Der erste Formel-1-Ferrari unter Raymond Sommer bei Regen auf der Rennstrecke in Turin.

Rechts: Arbeitsplatz im Ferrari 166 bei der Formel 1.

Unten: Von Touring karossierter 166 Mille Miglia Spider, besser bekannt als „Barchetta“: Er wurde zu einem sündhaft teuren und legendären Ferrari-Juwel.

Sehr viel leistungsstärker ist der 166 F2, der im Gegensatz zum SC nur den Ferrari-Werksfahrern vorbehalten bleibt. Der Motor ist der des SC, jedoch mit modifizierter Abstimmung: die Leistung liegt bei 155 PS bei einer Drehzahl von 7000 U/min. Als Kraftstoff wird kein herkömmliches Benzin, sondern ein Gemisch aus Benzin, Benzol und Äthylalkohol verwendet. Der Radstand ist kürzer und beträgt 2160 mm im Vergleich zu den 2300 mm des SC. Reglementgemäß hat der Wagen weder Scheinwerfer noch Kotflügel.

Auch der dritte Wagen aus der Familie der 166, der 166 S, ist mit dem SC verwandt, von ihm entstehen aber nur zwei Exemplare. Der Rahmen ist der des 125 S (das erste Exemplar scheint nichts anderes zu sein als ein 125 S mit einer neuen Karosserie und dem Motor des 166), der Radstand beträgt 2420 mm. Der erste der beiden 166 S hat eine offene Karosserie mit einer hinten angeschlagenen Motorhaube und einem breiten Kühlergrill aus Aluminium. Der zweite ist ein viersitziges Coupé und wurde in Turin bei der Firma Allemanno karossiert. Der Motor unterscheidet sich nicht von dem des 166 SC und des F2. Laut einer von Ferrari herausgegebenen Broschüre leistet der Wagen 90 PS bei 5600 Umdrehungen, da der Motor mit nur einem 32 DCF Weber-Vergaser versehen ist. Dieser ist auf der durch die Was-

Tazio Nuvolari 1948 auf dem Ferrari 166 beim Großen Preis von Bari. Hinter ihm „Chico Landi", ebenfalls auf einem Ferrari 166, der Gewinner des Rennens.

Der 2-Liter-Zwölfzylinder des 166 SC erhält anstelle von herkömmlichem Benzin ein Gemisch aus Benzin, Benzol und Äthylalkohol. Dadurch erhöht sich die Leistung des Motors auf 130 PS.

Nuvolari – eine Legende

Im Team mit dem Mechaniker Sergio Scapinelli nimmt Tazio Nuvolari an der Mille Miglia von 1948 auf einem Ferrari 166 SC teil. Der Konstruktion nach scheint der Wagen konkurrenzfähig, doch man bezweifelt seine Zuverlässigkeit. Und schließlich ist es in der Tat so, dass der „Bleifuß" des Fliegenden Mantuaners den kleinen Ferrari zwar nicht ans Ziel bringt, ihm dafür aber einen weiteren Eintrag in die Geschichtsbücher des Motorsports verschafft.
Tazio führt, nachdem sein Teamkollege Cortese, ebenfalls auf einem 166, aufgeben musste. In Bologna hat Nuvolari 35 Minuten Vorsprung auf den Maserati des Zweiten, Alberto Ascari. Aber als Nuvolari in Rom ankommt, hat sein Wagen die Motorhaube und einen Kotflügel eingebüßt. Er scheint regelrecht in seine Einzelteile zu zerfallen. Und so findet eines der letzten legendären Rennen des Tazio Nuvolari ein jähes Ende, als in Reggio Emilia der Wagen Probleme mit dem Federbolzen einer hinteren Blattfeder hat und der Mechaniker Nuvolari zum Abbruch der Fahrt rät – es wäre zu gefährlich gewesen weiterzufahren, selbst für einen Draufgänger wie Tazio Nuvolari.

Die Brüder Gabriele und Soave Besana – sie zählten zu den ersten Ferrari-Kunden – in einem 166 SC bei der Coppa delle Dolimiti, wo sie als Dritte ins Ziel gehen.

Der Radstand beträgt 2300 mm; es wird jedoch auch ein Exemplar mit einem kürzeren Radstand von 2160 mm gebaut, das auf besonders kurvenreichen Strecken eingesetzt werden soll.

Der 166 SC wurde als Rennsportwagen konzipiert, seine Konstruktion unterscheidet sich nicht von den stilistischen Vorgaben der damaligen Zeit: zigarrenförmige Karosserie, Cycle Wings und ein rechteckiges Kühlgitter, das je nach Modell variiert.

serzirkulation erwärmten Brennstoffleitung angebracht und verfügt über einen doppelten Luftfilter, der den Straßenstaub festhält. So sollten die Motorleistung bei unterschiedlichen Temperaturen konstant und die Feinabstimmungen so gering wie möglich gehalten werden.
Das Gewicht des S beträgt 900 kg, der SC wiegt dagegen nur 500 kg. Der S erreicht eine Höchstgeschwindigkeit von 150 km/h, der SC von 220. Es handelt sich beim S also um den ersten Ferrari, der für normalen Straßenbetrieb konzipiert war. Aber die damalige Ferrari-Kundschaft bestand durchweg aus Rennfahrern, so dass auch die beiden S Modelle schließlich ihren Weg auf die Rennstrecke finden. Auch im Rennsport

Targa Florio
1. Biondetti / Troubetzkoy auf einem *166 S*
Mille Miglia
1. Biondetti / Navone auf einem *166 S*
Großer Preis von Bari
1. Francisco Landi auf einem *166 SC*
Zwölf-Stunden-Rennen von Paris
1. Chinetti / Selsdon auf einem *166 SC*
Rennstrecke vom Gardasee
1. Nino Farina auf einem *125 F1*

Der Ferrari 166 in der F2-Version; er wird sich 1949 in den Händen der Fahrer Villoresi, Ascari, Bonetto und Fangio als gefürchtete Waffe erweisen.

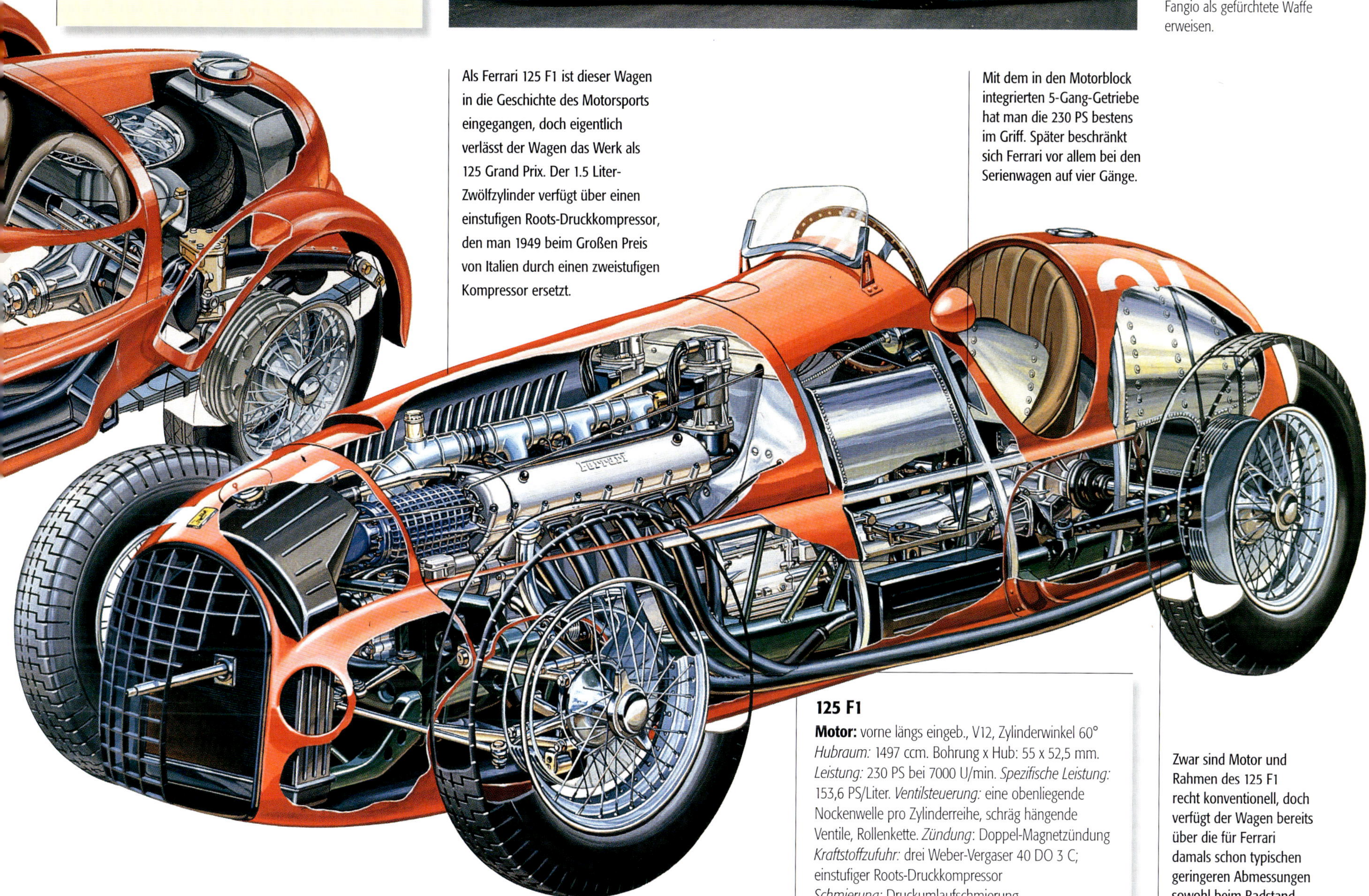

Als Ferrari 125 F1 ist dieser Wagen in die Geschichte des Motorsports eingegangen, doch eigentlich verlässt der Wagen das Werk als 125 Grand Prix. Der 1.5 Liter-Zwölfzylinder verfügt über einen einstufigen Roots-Druckkompressor, den man 1949 beim Großen Preis von Italien durch einen zweistufigen Kompressor ersetzt.

Mit dem in den Motorblock integrierten 5-Gang-Getriebe hat man die 230 PS bestens im Griff. Später beschränkt sich Ferrari vor allem bei den Serienwagen auf vier Gänge.

Zwar sind Motor und Rahmen des 125 F1 recht konventionell, doch verfügt der Wagen bereits über die für Ferrari damals schon typischen geringeren Abmessungen sowohl beim Radstand als auch bei der Gesamtlänge.

125 F1
Motor: vorne längs eingeb., V12, Zylinderwinkel 60°
Hubraum: 1497 ccm. Bohrung x Hub: 55 x 52,5 mm.
Leistung: 230 PS bei 7000 U/min. *Spezifische Leistung:* 153,6 PS/Liter. *Ventilsteuerung:* eine obenliegende Nockenwelle pro Zylinderreihe, schräg hängende Ventile, Rollenkette. *Zündung*: Doppel-Magnetzündung
Kraftstoffzufuhr: drei Weber-Vergaser 40 DO 3 C; einstufiger Roots-Druckkompressor
Schmierung: Druckumlaufschmierung
Antrieb: Hinterräder
Getriebe: 5 V + 1 R; selbsttätiges Sperrdifferenzial
Reifen: 5,50 x 16 v, 6,50 x 16 h
Karosserie: Monoposto aus Aluminium, Stahlrohrrahmen mit Traversen; vorn Einzelradaufhängung, Querlenker, eine Längsblattfeder quer; hinten Einzelradaufhängung, Längslenker, eine Längsblattfeder quer
Stoßdämpfer: hydraulische Hebelstoßdämpfer
Bremsen: vorne und hinten Trommelbremsen
Lenkung: Segmentlenkung
Kraftstofftank: hinter dem Fahrersitz (Fassungsvermögen: 120 Liter)
Maße und Gewicht:
Radstand: 2160 mm
Spur: 1278 mm v, 1250 mm h
Länge: 3685 mm, Breite: 1400 mm, Höhe: 1025 mm
Gewicht fahrfertig: 700 kg
Leistungen:
Höchstgeschwindigkeit: 260 km/h
Verhältnis Gewicht/PS: 3,043 kg/PS

verbucht der Typ 166 große Erfolge. Zum ersten Mal wird auch die Bezeichnung „Inter" für diesen Wagen verwendet, mit dem sich Raymond Sommers Sieg beim Großen Preis von Turin am 12. Oktober 1947 verbindet.

Biondetti, König der Mille Miglia

Prinz Igor Troubetzkoy und Graf Bruno Sterzi haben drei Exemplare des 166 SC bestellt. Da es in Maranello Lieferschwierigkeiten gibt, ersetzen sie in der Wartezeit einen 166 SC durch einen offenen 166 S. Dieser wird ihr Trainingswagen, mit dem sie sich auf die Targa Florio vorbereiten. Am 3. April nimmt Clemente Biondetti zusammen mit Troubetzkoy auf einem 166 S an der Targa teil und gewinnt das Rennen dank der größeren Zuverlässigkeit des S im Vergleich zum 166 SC.
Der beim Rennen eingesetzte 166 S verfügt jedoch nicht mehr über die ursprünglich konzipierten Merkmale. Der Motor hat drei Doppelfallstromvergaser, seine Leistung wurde auf 110 PS bei 6000 U/min angehoben, sein Gewicht auf 800 kg verringert.
Auch zur Mille Miglia, die am 2. Mai in Brescia beginnt, startet Biondetti auf einem 166 S, diesmal jedoch in der geschlossenen Version. Mit seinem Mechaniker Navone als Beifahrer gewinnt er das berühmteste Rennen auf italienischem Boden und verewigt so erstmals das

Die Ferrari-Palette 1948: *Rechts* der 166 in der Mille Miglia Barchetta-Version und links das 166 Coupé, ebenfalls von Touring.

Clemente Biondetti auf dem von der Carrozzeria Allemano karossierten Ferrari 166 S-Coupé bei der Mille Miglia von 1948, die er überlegen gewinnen wird.

Siegel des Rennstalls von Maranello im Goldenen Wettkampfbuch. In Erinnerung an den Sieg bei der Mille Miglia wird der für die Rennen von 1949 gebaute Zweisitzer 166 MM getauft; dieser letzte 166 wird 1948 beim Autosalon von Turin vorgestellt.

Es ist das erste Mal, dass die Marke Ferrari auf einer Automobilausstellung vertreten ist. Die offene, von Touring gebaute Karosserie findet große Aufmerksamkeit. Man nennt sie Barchetta, eine Bezeichnung, die man ab diesem Zeitpunkt für alle offenen Sportwagen aus dem Hause des Cavallino rampante verwenden wird.

Gran Premio – das große Ziel

Durch den einstufigen Roots-Kompressor wird der 125 zu einem echten Formel-1-Einsitzer Es ist der erste Ferrari, der das neue Reglement bis zum Limit ausschöpft. Der Wagen ist – wenn auch nicht auf Anhieb – sehr erfolgreich. Am 5. September findet in Turin der Große Preis von Italien statt. Ferrari geht mit drei Monoposti und den Piloten Sommer, Farina und Prinz Bira ins Rennen. Sommer wird auf regennasser Piste Dritter, wenn auch mit zwei Runden Rückstand auf den Alfa Romeo von Wimille und den Maserati von Villoresi. Doch nach dem Ausscheiden von Farina und Sommer beim Großen Preis von Monza gewinnt der 125 F1 am 24. Oktober auf der Rennstrecke vom Gardasee, wenn auch gegen vernachlässigbar schwache Konkurrenz. Der Wagen bringt seine Leistung, und das wird er auch noch 1949 und 1950 unter Beweis stellen.

Der Motor ist ein Kleinod. Er hat einen Zylinderdurchmesser (Bohrung) der größer ist als der Kolbenhub (55 x 52,5 mm), ist also kurzhubig. Diese, für die damalige Zeit absolut innovative Eigenschaft wird auch alle nachfolgenden wichtigen Ferrari-Motoren auszeichnen. Mit 10.000 Touren sollte die Drehzahl höher als bei der Konkurrenz sein, doch da es Probleme

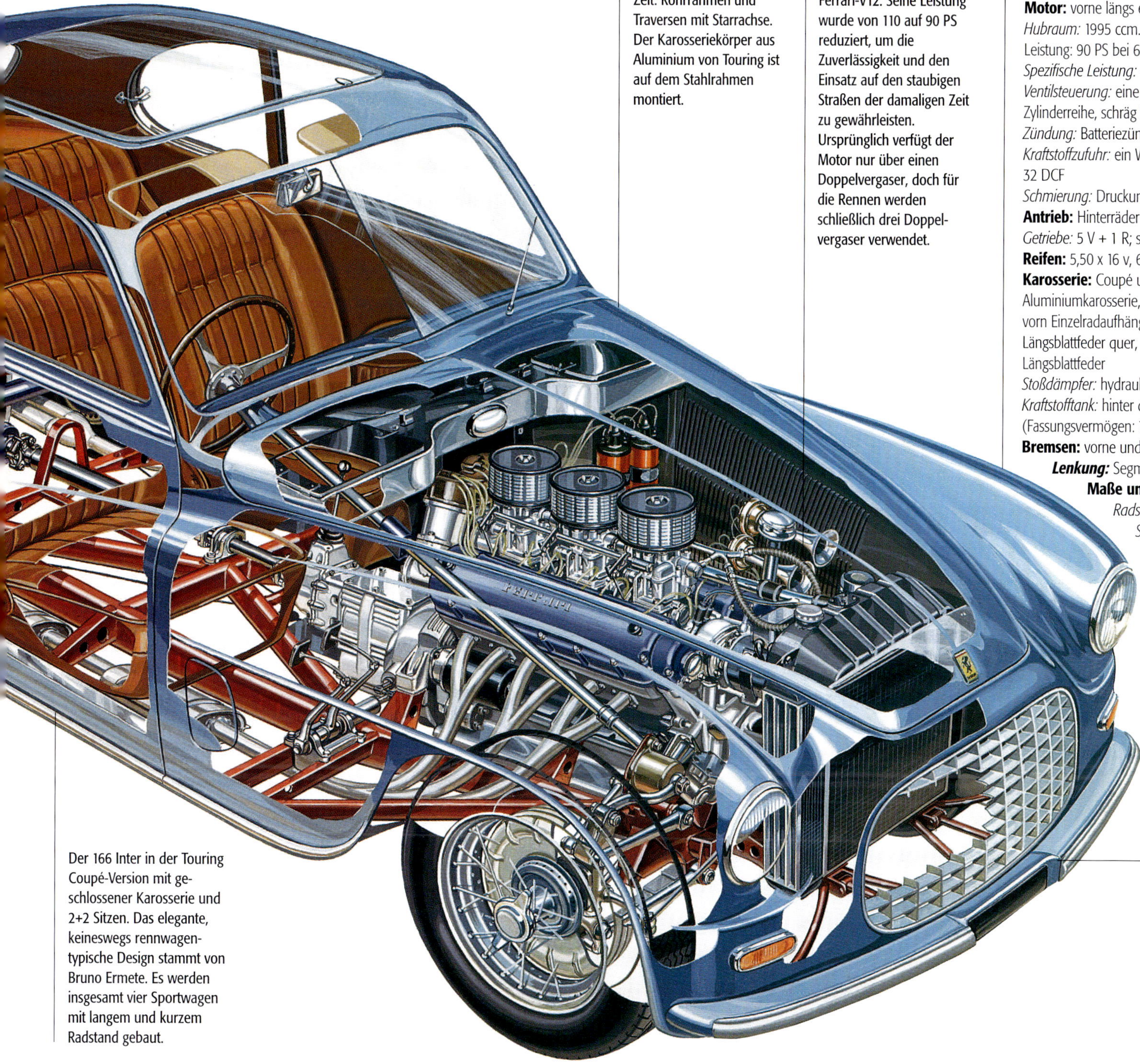

Die Bauweise ist typisch für einen Ferrari der damaligen Zeit: Rohrrahmen und Traversen mit Starrachse. Der Karosseriekörper aus Aluminium von Touring ist auf dem Stahlrahmen montiert.

Der Motor des 166 Inter ist einer der berühmtesten Ferrari-V12. Seine Leistung wurde von 110 auf 90 PS reduziert, um die Zuverlässigkeit und den Einsatz auf den staubigen Straßen der damaligen Zeit zu gewährleisten. Ursprünglich verfügt der Motor nur über einen Doppelvergaser, doch für die Rennen werden schließlich drei Doppelvergaser verwendet.

166 Inter

Motor: vorne längs eingeb., V12, Zylinderwinkel 60°
Hubraum: 1995 ccm. Bohrung x Hub: 60 x 58,80 mm.
Leistung: 90 PS bei 6000 U/min.
Spezifische Leistung: 45,1 PS/Liter
Ventilsteuerung: eine obenliegende Nockenwelle pro Zylinderreihe, schräg hängende Ventile, Rollenkette
Zündung: Batteriezündung (2 Verteiler)
Kraftstoffzufuhr: ein Weber-Doppelfallstromvergaser 32 DCF
Schmierung: Druckumlaufschmierung
Antrieb: Hinterräder
Getriebe: 5 V + 1 R; selbsttätiges Sperrdifferenzial
Reifen: 5,50 x 16 v, 6 x 15 h
Karosserie: Coupé und Spider, Touring-Aluminiumkarosserie, Stahlrohrrahmen mit Traversen; vorn Einzelradaufhängung, Querlenker, eine Längsblattfeder quer, hinten Starrachse, Längslenker, Längsblattfeder
Stoßdämpfer: hydraulische Hebelstoßdämpfer
Kraftstofftank: hinter der Achse (Fassungsvermögen: 72 Liter)
Bremsen: vorne und hinten Trommelbremsen
Lenkung: Segmentlenkung
Maße und Gewicht:
Radstand: 2620 mm
Spur: 1240 mm v, 1240 mm h
Gewicht fahrfertig: 900 kg
Leistung: *Verhältnis Gewicht/PS:* 10 kg/PS.

Der 166 Inter in der Touring Coupé-Version mit geschlossener Karosserie und 2+2 Sitzen. Das elegante, keineswegs rennwagentypische Design stammt von Bruno Ermete. Es werden insgesamt vier Sportwagen mit langem und kurzem Radstand gebaut.

Unter der attraktiven Karosserie des 166 Inter befindet sich der Rahmen des 125 F1. Der Wagen wiegt 900 kg bei einer Motorleistung von 90 PS. Für das Rennen wird das Gewicht jedoch auf 800 kg reduziert, die Leistung auf 110 PS erhöht.

mit der Zündung gibt, kommt der über 8000 Umdrehungen nicht hinaus. Auch ist der Wagen relativ schwer und hat einen hohen Kraftstoffverbrauch. Anfangs beträgt seine Leistung 230 PS (der Alfa Romeo Alfetta hat 400 PS), diese erhöht sich jedoch auf 280, als der Wagen beim Großen Preis von Italien 1949 mit einem zweistufigen Kompressor und zwei obenliegenden Nockenwelle ausgestattet ist. Rahmen, Radaufhängungen und Bremsen entsprechen dagegen dem Standardmodell. Der Wagen hat einen Rohrrahmen mit Stahltraversen sowie Trommelbremsen an allen vier Reifen.

Großer Preis von Florenz 1948: Einziger Ferrari in der ersten Reihe ist der 166 Inter von Clemente Biondetti. Im Hintergrund ist der spätere Sieger Raymond Sommer mit seinem Ferrari 166 F2 (Nr. 4) zu sehen.

1949 Von der Rennstrecke auf die Straße

Während 1948 die ersten großen Rennerfolge zu verbuchen waren, ist 1949 das Jahr, in welchem Ferrari die Straße und damit eine exquisite Klientel erobert. Wer es sich leisten kann, erwirbt eines dieser schönen und schnellen Autos, die eine unwiderstehliche Faszination ausüben und deren Erkennungsmerkmal das jetzt schon recht bekannte Wappen mit dem springenden Pferd auf der Motorhaube ist.

Inter – der erste Straßenwagen

Vor allem in seiner Coupé-Variante war der 166 Inter der Prototyp für einen Ferrari-Straßenwagen. Erstmals wird der 166 Inter bei der Autoausstellung 1948 in Turin nun der Öffentlichkeit vorgestellt; deutliche Entwicklungsschritte sind erkennbar. Das viersitzige Coupé ist für den Elitetourismus geschaffen und wird einen wichtigen Platz in der Ferrari-Geschichte einnehmen. Die Bezeichnung Inter steht ab sofort für solche Modelle, die nicht für den Rennsport konzipiert sind.

Der 166 Inter ist eng mit den 166-Vorgängermodellen verwandt. Bei ihm sind viele innovative Ideen verwirklicht, während der Motor weniger leistungsstark, dafür aber für den Straßenbetrieb besser geeignet ist. Das Herzstück ist nach wie vor das gleiche: ein kompakter, von Colombo gebauter 2-Liter V12, der vom 166 SC abstammt, aber nur noch einen 32 mm-Vergaser hat. Er leistet 90 PS bei 5600 Touren, gut für eine Höchstgeschwindigkeit von 150 km/h. Die gesamte Karosserie ist aus Aluminium und wiegt einschließlich Chassis 800 kg, wobei ihr Design bei den verschiedenen Exemplaren variiert.

Die 38 Stück, die im Laufe von zwei Jahren in Maranello gebaut und als bloße Rahmen, also ohne Karosserie, ausgeliefert werden, stammen von den berühmtesten Karosseriebauern der damaligen Zeit wie etwa Vignale, Ghia, Touring, Bertone, Farina oder Allemanno. Es handelt sich fast immer um Viersitzer, wobei jedoch auch Karosserien für eine kleine zweisitzige

Oben: Großer Preis von Monza, 1949: Erstmals geht Juan Manuel Fangio auf Ferrari (Nr.34, in zweiter Reihe) an den Start. In der ersten Reihe befinden sich drei weitere Ferraris: Bonetto (38), Ascari (12), Villoresi (60). Fangio gewinnt.

Ganz links: Den Großen Preis der Tschechoslowakei in Brünn gewinnt der Engländer Peter Whitehead auf dem 125 F1.

Links: Beim Großen Preis von Europa 1949 in Monza fährt Ascari mit dem Ferrari 125 F1 als Erster durchs Ziel.

Targa Florio
1. Biondetti / Troubetzkoy auf einem 166 Inter
Mille Miglia
1. Biondetti / Salami auf einem *166 MM*
Großer Preis von Brüssel
1. Luigi Villoresi auf einem *166 F2*
24 Stunden von Le Mans
1. Luigi Chinetti / Lord Selsdon auf einem *166 MM*
Großer Preis der Schweiz
1. Alberto Ascari auf einem *125 F1*
24 Stunden von Spa-Francorchamps
1. Luigi Chinetti / Lucas auf einem *166 MM*
Großer Preis von Zandvoort
1. Luigi Villoresi auf einem *125 F1*
Großer Preis von Italien und Europa
1. Alberto Ascari auf einem *125 F1*

Unten: Die Rundstrecke von Ospedaletti: vorne der Ferrari 125 F1 von Alberto Ascari. Der Mailänder Pilot siegt 1949 auch in Bari, Bern, Silverstone, Monza und Buenos Aires.

Rechts: von links: Felice Bonetto, Enzo Ferrari, Federico Giberti und Gigi Villoresi bei Tisch in einer Trattoria in Maranello,

Oben: Das Team Biondetti / Salami auf dem Ferrari 166 MM. Noch einmal gewinnt es die Mille Miglia am Steuer eines Sportwagens aus dem Werk in Maranello.

Unten: Der 125 Formel 1 in der Version von 1949.

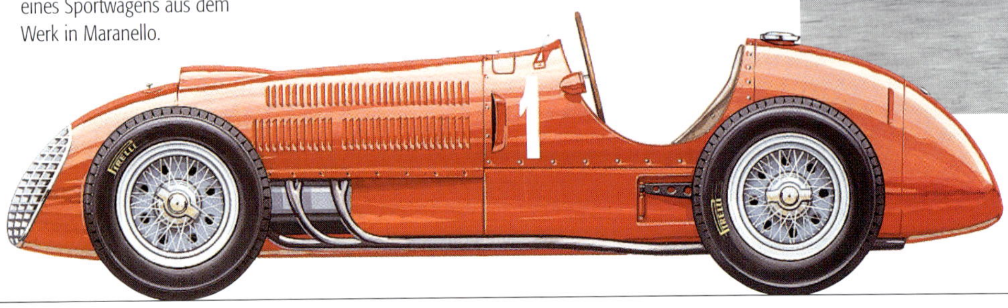

Oben: Felice Bonetto (Nr. 14) auf dem Ferrari 166 F2 kämpft beim Großen Preis von Marseille gegen den Talbot 4,5 Liter Zwölfzylinder von Philippe Etancelin.

oder 2+2 Limousine und auch Cabriolets angefertigt werden.
Dem Vorbild der großen Karossiers der dreißiger Jahre folgend, läutet Ferrari eine neue Ära der individualisierten Straßenfahrzeuge ein. Während man weltweit den Großserienbau anstrebt, wendet sich Ferrari jener Klientel zu, die sich ihren Wagen bis ins kleinste Detail nach den persönlichen Wünschen gestalten lassen möchte. So variiert beispielsweise auch der Radstand je nach Wagen zwischen 2500 und 2620 mm.

Innovationen aus dem Hause Touring

Das Mailänder Haus Touring unter ihrem Chef Anderloni realisiert beim 166 Inter die vielleicht interessantesten Modifikationen. Es präsentiert den Wagen mit einigen wichtigen Neuerungen, wie etwa Scheibenrädern anstelle der Speichenräder. Diese Veränderung ist nicht unbedeutend in einer Zeit, in der auch die Windschutzscheiben – wie es am Beispiel einiger 166 Inter zu sehen ist – noch zweigeteilt oder aus einem Stück, aber beinahe völlig flach sind. Touring ist zudem das erste Unternehmen, das für einen 166 Inter die Karosserie baut. Davor zeichnete Anderloni für ein viersitziges Coupé mit der Mechanik des 166 S verantwortlich, das beim Autosalon in Turin 1948 zusammen mit dem 166 MM vorgestellt wurde.
Die Produktion läuft noch bis zum Herbst des Jahres 1950 weiter. 1950 werden am 166 einige Verbesserungen vorgenommen, die den Wagen jedoch nur geringfügig sportlicher machen: Der Motor ist leistungsstärker (105 PS bei 6000 Touren, dank eines 36-mm-Vergasers) und die Höchstgeschwindigkeit beträgt nun 180 km/h. Allerdings steigt das Gewicht des Wagens auf 900 kg an, so dass er auf einigen Rennstrecken an Wendigkeit verliert.

Mit der Barchetta auf Siegeskurs

Während der 166 Inter das internationale Jet Set erobert, sind es der 166 MM, der F2 und der 125 F1, die Enzo Ferrari zu weiterem Ruhm und Glanz verhelfen. Er weiß, dass die Rech-

Links: „Unmögliches Foto" lautet der Originaltitel zu diesem Bild, das die beiden Erzrivalen Aurelio Lampredi (links) und Gioachino Colombo gemeinsam zeigt.

Mitte: Der Ferrari 166 MM des Mille Miglia-Zweiten Felice Bonetto, der mit seinem Fahrstil die hochentwickelten Ferraris der damaligen Zeit bestens im Griff hatte.

Unten: Das Werk in Maranello mit der Modellpalette von 1949.

nung aufgeht: Jeder Rennsieg hilft verkaufen. Und die 166 MM Barchetta mit Touring-Karosserie fährt Siege in ganz Europa ein. Mit ihrem kurzen Rahmen und dem leistungsstarken, zuverlässigen Motor, der eigens für Sportwagenrennen konzipiert wurde, ist besonders erfolgreich.

Den ersten Triumph des Jahres verbucht jedoch der Inter von Clemente Biondetti bei der Targa Florio. Der Bezeichnung seines Wagens, MM für Mille Miglia, macht Biondetti alle Ehre, als er im April im Alter von 50 Jahren zum vierten Mal den legendären Rundkurs von Brescia gewinnt. Den zweiten Platz belegt Felice Bonetto, Vierter wird Piero Taruffi, beide ebenfalls auf Ferrari. Bei den Formel-1-Rennen sticht der 125 F1 hervor, mit dem Alberto Ascari drei Siege verbuchen kann, während ein weiterer erster Platz an seinen Teamkollegen Luigi Villoresi geht. Als das geschichtsträchtigste Rennen des Jahres sollten sich für Ferrari jedoch die 24 Stunden von Le Mans erweisen. Das Team Luigi Chinetti / Lord Selsdon gewinnt auf einem 166 MM sowohl nach Distanz als auch in der Hubraum-Kategorie. Es ist das erste Nachkriegsrennen auf der Le Mans-Strecke und der erste Sieg für Ferrari auf dem Sarthe-Kurs.

1950 Debüt auf der Weltbühne

Dorino Serafini wird auf der Rennstrecke vom Gardasee auf einem 166 F Zweiter; Sieger ist Ascari, ebenfalls auf einem 166 F2.

Unten: Alberto Ascari (275 F1) – hier in der „Bar Tabac-Kurve" – beim Großen Preis von Monaco 1950, bei dem er als Zweiter hinter Fangio (Alfa Romeo 158) durchs Ziel geht.

Nächste Seite: Die Ferrari Berlinetta Touring 195 S: Nur sieben dieses ebenso eleganten wie schnellen Autos wurden produziert. Sein V12 mit 2341 ccm Hubraum leistet 170 PS.

Als die Formel-1-Weltmeisterschaften ins Leben gerufen werden, ändert Ferrari seinen Kurs radikal. Mehr als je zuvor stehen für Enzo Ferrari die Siege im Vordergrund, zumal die neue Rennsportbühne der Formel 1 inzwischen in Bezug auf Prestige der Mille Miglia und anderen wichtigen Straßenrennen gleichkommt.

In den vergangenen beiden Jahren hat Ferrari viel erreicht. Die Weiterentwicklung seiner Wagen und seines Werks ging in großen Schritten voran. Die Rennsaison 1949 schloss mit dem Sieg von Alberto „Ciccio" Ascari beim Großen Preis von Italien. Für Ferrari eine wichtige Bestätigung, die noch lange in aller Munde war. Doch nun ist es Zeit für einen Wandel. Man verabschiedet sich vom Kompressormotor (erst 1980 führt Ferrari in der Formel 1 Turbolader ein) und entwickelt einen Saugmotor, der die vom Reglement zugelassenen 4,5 Liter bis zum Limit ausschöpft. Die kreative Kraft dieser technischen Neuerung ist Aurelio Lampredi, ein Livorneser, der seit 1947 bei Ferrari ist und der 1951 nach Gioachino Colombos Rückzug neuer Technischer Leiter in Modena wird.

Alfa Romeo auf den Fersen

Während Gioachino Colombo der Schöpfer des ersten V12 mit niedrigem Hubraum war, strebt Lampredi hohe PS-Zahlen und damit den Formel 1-Weltmeistertitel an. Lampredis Ziele scheinen anfänglich allzu hoch gesteckt, denn die Alfa Romeo 159 sind unschlagbar. 1950 ist Alfa die Nummer Eins: Nino Farina erringt auf dem Monoposto der Mailänder Konstrukteure den Weltmeistertitel.

Bei Ferrari geht man schrittweise voran. Das erste Fahrzeug der neuen Serie ist der 275 F1. Der Rahmen des Wagens stammt vom 125 F1, der Motor hat einen Hubraum von 3322 ccm und 300 PS. Lampredi hat sich entschieden, den 1949 von Colombo eingeschlagenen Weg des Motors mit doppelter Nockenwelle nicht weiterzuverfolgen: Lampredis Motor verfügt über einen Zylinderblock, der mit dem Kopf ein

Das Rennen, das Giannino Marzotta zum Sieg bei der Mille Miglia führt. Er fährt auf einem 195 S in der Berlinetta-Touring-Version.

Das Cockpit des Ferrari 375 F1 kann man beinahe als geräumig bezeichnen. Doch aufgrund fehlender Seitenstützen muss sich der Pilot mit dem linken Fuß einspreizen und mit viel Kraft das große Lenkrad festhalten. Diesen Stil werden die Fahrer bis Mitte der fünfziger Jahre beibehalten.

Das 4-Gang-Getriebe des 375 F1 mit hinterem Sperrdifferenzial ist in den Motorblock integriert. Diese Lösung erlaubt eine ausgewogenere Verteilung des Gewichts auf die beiden Achsen sowie eine Verlagerung des Motors nach hinten, was zu einem bessere Fahrverhalten des Wagens füh.

Großer Preis von Italien 1950 in Monza: Alberto Ascari auf dem 375, dem ersten F1-Ferrari mit 4,5-Liter-Saugmotor. Nun kämpft Ferrari gegen Alfa Romeo auf Augenhöhe: Ascari/Serafini platzieren sich direkt hinter der Alfetta von Nino Farina.

gemeinsames Gussteil bildet; die Ventilsteuerung erfolgt über eine obenliegende Nockenwelle mit je einer Rollenkette pro Reihe. Der Motor hat sein Wettkampfdebüt bei der Mille Miglia mit den 275 S von Ascari und Villoresi. Der erste Formel-1-Einsatz erfolgt am 18. Juni 1950 beim Großen Preis von Belgien mit dem Ferrari-Spitzenmann Alberto Ascari, der als Fünfter die Ziellinie passiert. Der Rahmen des neuen F1 hat hinten eine De-Dion-Achse mit zwei unterhalb montierten Längsblattfedern. Der Radstand ist länger als beim 125 F1. und das Fassungsvermögen des Kraftstofftanks beträgt 195 statt 140 Liter, so dass sich die Anzahl der Tankpausen im Vergleich zum 125 F1 verringert. Am 30. Juli sitzt Ascari beim Großen Preis der Nationen in Genf am Steuer des Monoposto, und zwar in einer Version mit 4102 ccm Hubraum (dank einer von 72 auf 80 mm erhöhten Bohrung) bei einer Leistung von 335 PS. Am 3. September geht beim Großen Preis von Monza erstmals der 375 F1 mit einer Leistung von 350 PS bei 7000 U/min an den Start. Ascari wird auf dem Monoposto von Dorino Serafini Zweiter, nachdem sein eigener Wagen in der Führungsposition liegengeblieben ist. Doch schließlich kann auch Ascari einen Sieg verbuchen, wenngleich der auch nicht zur Meisterschaftswertung zählt, nämlich beim Großen Preis von Peña Rhin in Barcelona.

Sieg im Zweireiher

Das wichtigste Sportwagenrennen der Saison ist die Mille Miglia. Also wird für diesen bedeutenden Wettkampf eine neue Version des 166 S mit höherer Leistung entwickelt, der 195 S. Der Hubraum wird durch ein Aufbohren den Motors (65 x 58,5 mm) auf 2341 ccm bei 170 PS gebracht. Sein Debüt gibt der Wagen bei der Targa Florio in der Spider-Version. Wenig später taucht eine ebenfalls von Touring karossierte Berlinetta auf, die auf der Rennstrecke von Brescia die Konkurrenz das Fürchten lehrt: Mit ihr gewinnt Giannino Marzotto die Mille Miglia, was dem Hause Ferrari den glorreichen Ruf der „Ewigen Sieger“ einbringt.

F1-Weltmeisterschaft Fahrer
1. Nino Farina auf *Alfa Romeo*
2. Juan Manuel Fangio auf *Alfa Romeo*
3. Luigi Fagioli auf *Alfa Romeo*
5. Alberto Ascari auf *Ferrari 125 F1 – 375 F1*
9. Peter Whitehead auf einem *125 F1 Ferrari*

Großer Preis von Marseille
1. Luigi Villoresi auf einem *166 F2*
Mille Miglia
1. G. Marzotto / Crosara auf einem *195 S*
Großer Preis von Rom
1. Alberto Ascari auf einem *166 F2*
Coppa delle Dolomiti
1. Giannino Marzotto auf einem *195 S*

12 Stunden von Paris
1. Chinetti / Lucas auf einem *166 MM*
Rennstrecke vom Gardasee
1. Alberto Ascari auf einem *166 F2*
Großer Preis von Santiago
1. Juan Manuel Fangio auf einem *166 SC*

Der 375 F1 bringt einen technischen Wandel bei den Ferrari Monoposti der Spitzenkategorie: der Saugmotor hat einen großen Hubraum und verfügt über nur eine obenliegende Nockenwelle pro Reihe.

Die Reifen sind die Schwachstelle des 375 F1: die herausragende Motorleistung führt zu einer starken Abnutzung der Laufflächen, so dass die Reifen öfter gewechselt werden müssen.

Marzotto selbst, der im Zweireiher am Steuer sitzt und deshalb „Pilot und Gentleman" genannt wird, fährt mit den Wagen des Cavallino rampante seine bedeutendsten Erfolge ein. Zur Mille Miglia wird auch ein Spider Touring (275 S) mit einem für die Formel 1 entwickelten Motor von 3322 ccm gemeldet, doch es handelt sich dabei nur um einen Testlauf. Ein wichtiges Fahrzeug mit Folgemodellen ist hingegen der 195 Inter, der Nachfolger des Ferrari-Straßenwagens 166 Inter, aber mit dem auf 135 PS reduzierten Motor des Mille-Miglia-Siegers.

375 F1

Motor: vorne längs eingeb., V12, Zylinderwinkel 60°
Hubraum: 4494 ccm. Bohrung x Hub: 80 x 74,5 mm.
Leistung: 360 PS bei 7300 U/min (später 380 PS bei 7500 U).
Spezifische Leistung: 80,1 (später 84,6) PS/Liter
Ventilsteuerung: eine obenliegende Nockenwelle pro Zylinderreihe mit 2 schräg hängenden Ventilen, Rollenkette.
Zündung: Magnet-Doppelzündung
Kraftstoffzufuhr: drei Weber-Doppelfallstromvergaser 46 DCF-3. *Schmierung:* Druck-Trockensumpfschmierung
Antrieb: Hinterräder. *Getriebe:* 4-Gang hinten, mit selbsttätigem Sperrdifferenzial
Reifen: vorne: 5,50 x 16 v, 7,50 x 17 h (später 7,50 x 16)
Karosserie: Monoposto aus Aluminium, Stahlrohrrahmen mit Traversen; vorn Einzelradaufhängung, Querlenker, eine Blattfeder quer unter der Achse, hinten De-Dion-Achse, Längslenker, eine Längsblattfeder quer unter der Achse. *Stoßdämpfer:* hydraulische Hebelstoßdämpfer. *Kraftstofftank:* hinter dem Fahrersitz (Fassungsvermögen: 195 Liter)
Bremsen: vorne und hinten gerippte Trommelbremsen
Lenkung: Segmentlenkung
Maße und Gewicht: *Radstand:* 2320 mm
Spur: 1278 mm v, 1250 mm h
Länge: 3937 mm, Breite: 1428 mm, Höhe: 960 mm
Gewicht fahrfertig: 850 kg
Leistungen:
Höchstgeschwindigkeit: 320 km/h
Verhältnis Gewicht/PS: 2,36 kg/PS

Ganz oben Das 166 Inter Cabriolet der Stabilimenti Farina wird beim Autosalon von Paris ausgestellt.

Oben: ein weiterer 166 Inter, das Coupé Vignale, wird ab Herbst 1950 produziert.

F1-Weltmeisterschaft Fahrer
1. Juan Manuel Fangio auf dem *Alfa Romeo 159*
2. Alberto Ascari auf einem Ferrari *375 F1*
3. José Froilan González auf einem Ferrari *375 F1*

F1 Grand Prix
Großbritannien, Silverstone
1. José Froilan González auf einem *375 F1*
Deutschland, Nürburgring
1. Alberto Ascari auf einem *375 F1*
Italien, Monza
1. Alberto Ascari auf einem *375 F1*

Tour von Sizilien
1. V. Marzotto / Fontana auf einem *212 Export*
Mille Miglia
1. Villoresi / Cassani auf einem *340 America*
Tour de France
1. „Pagnibon" / Barraquet auf einem *212 Export*
Carrera Panamericana
1. Taruffi / Chinetti auf einem *212 Inter*

1951 Ferrari wächst heran

Großer Preis von Großbritannien auf der Rennstrecke von Silverstone, Südengland, am 14. Juli 1951. Dunkle Regenwolken hängen am Himmel, die Luft ist trocken: typisch englisches Wetter. Während Frankreich in Paris den 161. Jahrestag des Sturms auf die Bastille feiert, gewinnt José Froilan González, der gut gebaute argentinische Fahrer mit den roten Wangen und dem gewinnenden Lächeln, seinen ersten Grand Prix. Er steuert einen roten Monoposto mit dem Cavallino rampante auf der Motorhaube. Mit diesem Detail geht der Wagen in die Geschichte des Motorsports ein, denn es ist der erste Rundstreckensieg eines Ferrari bei einem Formel-1-Weltmeisterschaftslauf.

Der erste Erfolg

Der Kampf um einen ersten Platz in der Formel 1 hat sich gelohnt. Dieser Sieg zählt doppelt, da er gegen Alfa Romeo, den erbittertsten Gegner der Anfangsjahre, errungen wurde, und weil es auch ein Triumph in technischer Hinsicht ist: der 4,5-Liter Saugmotor hat sich gegen den 1,5-Liter Kompressormotor durchgesetzt – auch wenn sich am Ende Alfa zum zweiten Mal in Folge, diesmal jedoch mit Juan Manuel Fangio, den Weltmeistertitel holt.
Nur knapp hat Ferrari den Titel verfehlt. Das Team aus Maranello hat ihn beim Großen Preis von Peña Rhin, dem letzten Weltmeisterschaftslauf, nur um ein Haar, oder besser gesagt: um einen Punkt verpasst. Die falsche Reifenwahl, vielleicht auch Qualitätsmängel bei der verwendeten Lieferung führen zu einer exzessiven Abnutzung der Ferrari-Reifen und damit zum Titel für Alfa Romeo. Doch für das Mailänder Haus wird dieser Erfolg der letzte sein, da sich Alfa Romeo mit Saisonende offiziell aus dem Rennsport zurückzieht.

Villoresi auf der Berlinetta

1951 mehren sich die Erfolge. Luigi Villoresi gewinnt bei der Mille Miglia, der vierte Sieg in Folge für das Team aus Maranello. Villoresi, von seinen Freunden Gigi genannt, fährt eine Berlinetta Vignale, die reichlich Power unter der

Gegenüberliegende Seite oben: Alberto Ascari beim letzten Rennen 1951 in Barcelona, wo er den Titel an Fangio verliert.

Oben: Das Werk in Maranello: die Formel 1-Monoposti von Ferrari aus dem Jahr 1951 startklar für einen der vielen Grands Prix.

Unten: Das Ferrari Coupé Vignale 212 Export bei der Coppa delle Dolomiti. Der 212 wird das Rennen nicht gewinnen, dafür aber die Siege bei der Tour de France und dem 1951er Sizilien-Rennen einfahren.

Gegenüberliegende Seite unten: Der Ferrari 375 F1 von José Froilan González auf einer wilden Rutschpartie 1951 in Silverstone beim Großen Preis von Großbritannien, dem ersten Sieg eines Ferrari (González) in einem Grand Prix (vor dem Alfa Romeo 159 von Fangio).

Rechts:
Der von Vignale karossierte Ferrari 212 Export Spider.

Mitte: Der eigenwillige 166 MM von Giannino Marzotto mit der Karosserie von Fontana bei der Mille Miglia 1951.

Unten: Ein weiterer Gran Turismo von Vignale, der 195 Inter (2,3 Liter, 135 PS).

Motorhaube hat. Die Bezeichnung des Wagens lautet 340 America (die Zahl steht wieder für den Einzelhubraum), was darauf schließen lässt, dass der Motor mit seinen 4101 ccm alles andere als schwachbrüstig ist. Es handelt sich um den ersten Ferrari Gran Turismo Straßenwagen mit großem Hubraum. Mit diesem Wandel bereiten die Modeneser Konstrukteure ihren Markteinstieg in Übersee vor, in der Hoffnung, dort großes Interesse zu wecken.
Doch eigentlich ist der 340 America kein Gran Turismo als vielmehr ein reines Wettbewerbsfahrzeug. Es entstehen verschiedene Straßenversionen, doch die Mechanik ist mit 230 PS und einer Höchstgeschwindigkeit von 240 km/h eindeutig für die Rennstrecke ausgelegt. Im Gegensatz zum Nachfolgemodell 342 America unterscheiden sich alle angefertigten 340 America voneinander.

Die Gran Turismo im Wachstum

Die Hubraumvergrößerung betrifft alle Ferrari GT, sowohl die Straßen- als auch die Rennfahrzeuge. Der Motor des neuen 212 hat durch eine erweiterte Bohrung von 63 auf 65 mm bei gleichem Hub (58,8 mm) 2562 ccm Hubraum. Den Wagen gibt es in zwei Versionen: Der Mitte der fünfziger Jahre erschienene 212 Inter stammt vom 195 Inter ab und ist als Straßenfahrzeug ausgelegt. Er hat 15 PS mehr als der 195, bei einer Gesamtleistung von 150 PS. Im Rennen macht er keine schlechte Figur und erobert bei der Carrera Panamericana die ersten beiden Plätze.
Der echte 212-Rennwagen heißt Export. Er hat einen leistungsstärkeren Motor (170 PS, 200 km/h) und sein kurzer Rahmen stammt vom 166 MM (2250 mm im Verglich zu 2600 mm des 212 Inter).
Der Wagen gewinnt zahlreiche Rennen, darunter das Sizilien-Rennen durch Paolo Marzotto sowie die Tour de France. Mit einem 212 Inter nimmt 1952 auch die lange Partnerschaft zwischen Ferrari und Pinin Farina ihren Anfang.

Nächste Seiten: Am Start beim Großen Preis von Italien 1951 in Monza. Die beiden Ferraris von Ascari (Nr. 2) und González (Nr. 6) neben den Alfa Romeo 159 von Farina (34) und Fangio (38). Ascari gewinnt, González wird Zweiter.

PIRELLI
IL PNEUMATICO DELLE VITTORIE
PIRELLI

PIRELLI

1952 Die Königin der Formel 1

Oben: Alberto Ascari, der Sieger des Großen Preis von Deutschland 1952 auf dem Nürburgring in seinem Ferrari 500 F2. In diesem Jahr wird Ascari seinen ersten Weltmeistertitel holen.

Die Ferrari 250 S Berlinetta Vignale des Teams Bracco / Rolfo, Gewinner der Mille Miglia nach einem geschichtsträchtigen Kopf-an-Kopf-Rennen mit den Mercedes-Rennwagen.

Ferrari hat ein Ass im Ärmel – den 375 F1. Die Konkurrenz ist ihm nicht gewachsen, zumal sich Alfa Romeo aus dem Rennsport zurückgezogen hat und kein anderer gleichwertiger Konkurrent in Sicht ist. Die Beschwerden der Veranstalter, dass die Felder im Rennen zu schwach besetzt seien, führen schließlich zu einer Änderung des Reglements: Ab 1952 werden die Grands Prix mit Formel-2-Wagen ausgetragen. Und wie es der Zufall will, hält Ferrari ab Herbst 1951 einen Formel-2-Wagen startbereit, den 500 F2. Und eben dieser kleine Wagen aus Maranello gewinnt die Weltmeisterschaft mit einem Könner wie Alberto Acsari am Volant, der besser in Form ist als je zuvor.

Die erste Weltmeisterschaft

Der 500 F2 gibt sein Debüt am 23. September 1951 auf der Rennstrecke von Modena. Es ist der erste Ferrari mit einem von Aurelio Lampredi entworfenen Vierzylinder-Reihenmotor. Der Motor hat 1985 ccm Hubraum, der Einzelhubraum wurde auf 500 ccm erhöht – daher, wie üblich, die Modellbezeichnung. Es gibt zwei Ventile pro Zylinder, die von einer zweifach gelagerten, obenliegenden Nockenwelle gesteuert werden, ferner Doppelzündung. Die Motorleistung beträgt anfangs 170 PS, sie wird 1952 jedoch auf 185 PS bei 7500 Umdrehungen erhöht. Im Vergleich zum Zwölfzylinder hat der Vierzylinder ein höheres Drehmoment und ist um ca. 45 kg leichter, was ein um 15% besseres Verhältnis Gewicht / Leistung mit sich bringt. Außerdem verfügt der Wagen über 65% weniger bewegliche Komponenten, und je geringer ihre Zahl in einem Rennwagen ist, desto weniger können demzufolge kaputt gehen. Wie der gesamte Wagen wird auch der Rahmen auf das Wesentliche reduziert. Der Motor sitzt hinter der Vorderachse, das Getriebe fast in der Mitte. Seit Anfang 1952 befinden sich die Magnete vorn am Motor, was zusätzlich zu einer besseren Gewichtsverteilung führt. Der niedrige Schwerpunkt, die ausgewogene Verteilung der Gewichte, das Fahrverhalten (hinten hat der Wagen eine De-Dion-Achse) und die guten Bremsen – das sind

F1-Weltmeisterschaft Fahrer
1. Alberto Ascari auf einem Ferrari 500 F2
2. Nino Farina auf einem Ferrari 500 F2
3. Piero Taruffi auf einem Ferrari 500 F2

F1 Grand Prix
Schweiz, Bremgarten
1. Piero Taruffi auf einem *500 F2*
Belgien, Spa-Francorchamps
1. Alberto Ascari auf einem *500 F2*
Frankreich, Rouen
1. Alberto Ascari auf einem *500 F2*
Großbritannien, Silverstone
1. Alberto Ascari auf einem *500 F2*
Deutschland, Nürburgring
1. Alberto Ascari auf einem *500 F2*
Holland, Zandvoort
1. Alberto Ascari auf einem *500 F2*
Italien, Monza
1. Alberto Ascari auf einem *500 F2*

Tour von Sizilien
1. P.Marzotto / Marini auf einem *166 MM*
Coppa d'Oro della Sicilia
1. Eugenio Castellotti auf einem *195 S*
Coppa d'Oro delle Dolomiti
1. P. Marzotto / Marini auf einem *225 S*

Mille Miglia
1. Giovanni Bracco auf einem *250 S*
Großer Preis von Monaco
1. Giannino Marzotto auf einem *225 S*
Zehn Stunden-Nachtrennen von Messina
1. Biondetti / Cornacchia auf einem *212 Export*

500 F2
Motor: vorne längs eingeb., Reihen-Vierzylinder *Hubraum:* 1985 ccm. Bohrung x Hub: 90 x 78 mm, Leistung: 185 PS bei 7500 U/min, Spezifische *Leistung:* 93,2 PS/Liter
Ventilsteuerung: zwei obenliegende Nockenwellen pro Zylinderreihe mit schräg hängenden Ventilen, Stirnradantrieb
Zündung: Magnet-Doppelzündung
Kraftstoffzufuhr: zwei Weber-Doppelfallstrom-vergaser 45 DOE
Schmierung: Trockensumpfschmierung
Antrieb: Hinterräder
Getriebe: 5-Gang Transaxle, mit selbsttätigem Sperrdifferenzial
Reifen: vorne: 5,50 x 16 v, 6 x 16 h
Karosserie: Monoposto aus Aluminium, Stahlrohrrahmen mit Traversen; vorne einstellbare Doppelquerlenker, eine Blattfeder quer unter der Achse; hinten De-Dion-Achse, Längslenker, eine Blattfeder quer unter der Achse.
Stoßdämpfer: hydraulische Hebelstoßdämpfer
Kraftstofftank: hinter dem Fahrersitz (Fassungsvermögen: 150 Liter)
Bremsen: vorne und hinten gerippte Trommelbremsen
Lenkung: Segmentlenkung
Maße und Gewicht: *Radstand:* 2160 mm. *Spur:* 1278 mm v, 1250 mm h. *Länge:* 3988 mm, Breite: 1402 mm, Höhe: 1050 mm. *Gewicht fahrfertig:* 560 kg
Fahrleistung: *Höchstgeschwindigkeit:* 260 km/h. *Verhältnis Gewicht/PS:* 3,03 kg/PS

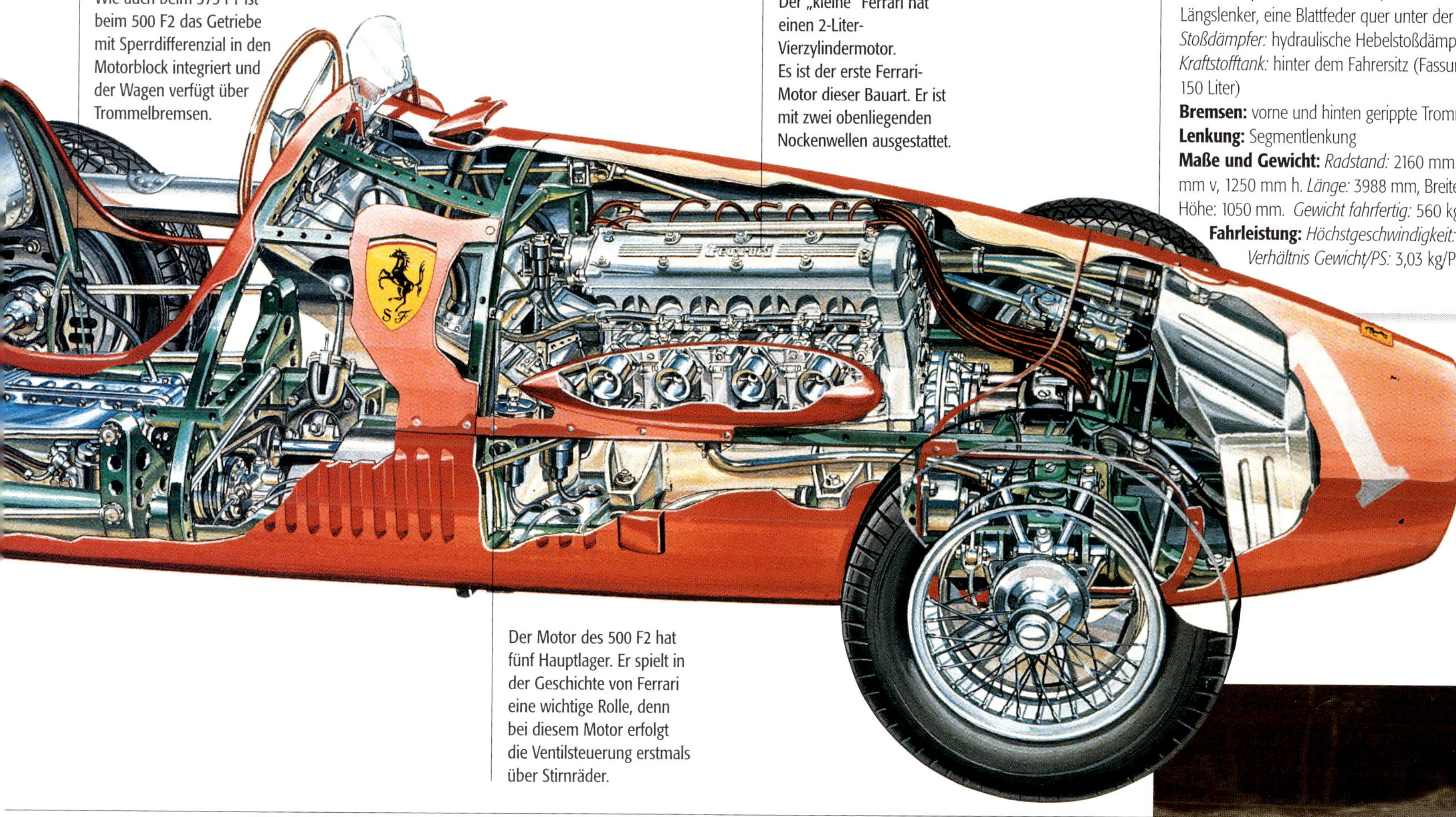

Wie auch beim 375 F1 ist beim 500 F2 das Getriebe mit Sperrdifferenzial in den Motorblock integriert und der Wagen verfügt über Trommelbremsen.

Der „kleine" Ferrari hat einen 2-Liter-Vierzylindermotor. Es ist der erste Ferrari-Motor dieser Bauart. Er ist mit zwei obenliegenden Nockenwellen ausgestattet.

Der Motor des 500 F2 hat fünf Hauptlager. Er spielt in der Geschichte von Ferrari eine wichtige Rolle, denn bei diesem Motor erfolgt die Ventilsteuerung erstmals über Stirnräder.

die Pluspunkte des 500 F2. In den Jahren 1952 und 1953 gewinnt der Wagen alles, was es zu gewinnen gibt. Er entscheidet fast sämtliche Rennen für sich (leider nicht den Großen Preis von Italien 1953) und gewinnt die Meisterschaft in beiden Jahren. Die stolze Bilanz: 30 Siege bei 33 Rennen. Am Steuer dieser Erfolgswagen sitzen Rennfahrer, die ihr Handwerk bestens beherrschen: Ascari, Villoresi, Farina, Taruffi und der jungen Brite Mike Hawthorn.

Indianapolis – ein falscher Schritt

Es sind Jahre des Triumphs. Wo die Ferraris auftauchen, gewinnen sie: 57 Siege allein 1952. Es scheint alles so einfach, die Erfolge kommen wie von selbst. Einen falschen Schritt macht Ferrari jedoch bei den 500 Meilen von Indianapolis. Luigi Chinetti, der US-Importeur von Ferrari, möchte für drei Privatleute Autos in Auftrag geben, die am Rennen teilnehmen möchten. Ascari, der das 500-Meilen Rennen schon immer geliebt hat, besteht darauf, dass für ihn ein viertes Exemplar hergestellt wird. Geliefert wird der ehemalige 375 F1 mit 400 PS anstelle der ursprünglichen 350 PS. Seine Höchstgeschwindigkeit beträgt zwar 325 km/h, was aber nicht ausreicht. Der Wagen erweist sich als für das Rennen nicht geeignet. Ascari ist der einzige Pilot, der im Oval von Indianapolis die Gangschaltung betätigen muss. Beim Qualifi-

Alberto Ascari auf dem Nürburgring in seinem Ferrari 500 F2. Bemerkenswert ist die Position des vorderen linken Reifens, der fast den Rand der Rennstrecke touchiert.

1952 karossiert Vignale einige 212 Inter mit einer für Ferrari untypischen Vorderfront, indem man den Stil des Coupé 166 MM wieder aufgreift, das im Vorjahr für den Piloten González entworfen wurde.

Die eigens für die Carrera Panamericana gebaute 340 Berlinetta Mexico Vignale.

Unten: Das bildschöne zweisitzige 212 Inter Cabriolet, der erste Ferrari von Pinin Farina.

kationslauf beweist Ascari aber seine Kämpfernatur: Er platziert sich als 19. bei einer Durchschnittsgeschwindigkeit von 216,101 km/h, mit einer Differenz von nur acht Zehntelsekunden zwischen seiner schnellsten und seiner langsamsten Runde. Beim Rennen scheidet er jedoch wegen einer defekten Radnabe aus, und damit endet die einzige offizielle Teilnahme von Ferrari am Indy-Rennen.

Fünfter Triumph bei der Mille Miglia

Große Erfolge kann Ferrari bei den Straßenrennen verbuchen. Mit einem heroischen Sieg gewinnt Giovanni Bracco auf einer 250 S Berlinetta Vignale (2953 ccm, 230 PS, Radstand

212 Inter

Motor: vorne längs eingeb., V12, Zylinderwinkel 60°. *Hubraum:* 2563 ccm. Bohrung x Hub: 68 x 58,8 mm. Leistung: 160 PS bei 7000 U/min *Spezifische Leistung:* 62,4 PS/Liter *Ventilsteuerung:* eine obenliegende Nockenwelle pro Zylinderreihe mit schräg hängenden Ventilen, Rollenkette. *Zündung:* Batterie-Doppelzündung *Kraftstoffzufuhr:* Weber Doppel-Fallstromvergaser 32 DCF. *Schmierung:* Druckumlaufschmierung
Antrieb: Hinterräder *Getriebe:* 5-Gang im Motorblock integriert
Reifen: 5,90 x 15
Karosserie: Coupé 2+2, Aluminiumkarosserie (Vignale), Stahlrohrrahmen mit Traversen; vorn Einzelradaufhängung, einstellbare Doppelquerlenker, hinten Starrachse, Längslenker, halbelliptische Längsblattfedern. *Stoßdämpfer:* hydraulische Hebelstoßdämpfer. *Kraftstofftank:* Fassungsvermögen: 105 Liter
Bremsen: vorne und hinten Trommelbremsen
Lenkung: Gemmerlenkung
Maße und Gewicht: *Radstand:* 2600 mm. *Spur:* 1270 mm v, 1250 mm h. *Länge:* 3579 mm, Breite: 1559 mm, Höhe: 1295 mm. *Gewicht* fahrfertig: 1000 kg
Fahrleistungen: *Höchstgeschwindigkeit:* 200 km/h *Verhältnis Gewicht/PS:* 6,25 kg/PS

Ein Erfolgsauto, dessen Produktion bis 1953 weiterläuft: Der 212 Inter wird nicht nur von Vignale, sondern auch von Ghia, Pinin Farina, Touring und Abbott karossiert.

Der 212 Inter, hier als Coupé Vignale, hat einen V12 mit 2562 ccm Hubraum und 160 PS. Die Mechanik ist klassisch, das Design dagegen nicht, denn die ersten 212 Inter stammen von dem Karossier Vignale, der viele originelle und innovative Ideen einbringt.

Unten: Innenraum des 212 Vignale

Ganz unten: Der 212 in der Barchetta Touring Version: ein herrliches Straßenmodell mit der Faszination eines echten Ferrari-Rennwagens.

2250 mm) zum fünften Mal die Mille Miglia. Ein rasanter Einstieg für den neuen Ferrari Gran Turismo Straßenrennwagen, der den Mercedes-Benz 300 SL von Kling mit einem glamourösen Sieg hinter sich lässt. Auch wenn es sich bei dem Wagen nur um ein Versuchsmodell handelt, nimmt er doch einen wichtigen Platz in der Ferrari-Geschichte ein: Er läutet die Saison der 3-Liter-Zwölfzylindermotoren ein und ist ein Vorläufermodell der großen 250 GT-Serie, die bis 1964 in großen Stückzahlen und vielen verschiedenen Versionen als Straßen- und Rennwagen gebaut wird.

Beachtenswert ist auch die Weiterentwicklung des 340 America, der zum 342 America wird: Der Radstand wird von 2420 mm auf 2650 mm verlängert (um die Platzverhältnisse im Wageninneren zu verbessern), und der Wagen hat anstelle eines 5-Gang ein 4-Gang-Getriebe, einen weniger leistungsstarken Motor (200 PS anstelle 230), aber ein höheres Gesamtgewicht (1200 im Vergleich zu 900 kg).

In einem Zeitraum von vier Monaten werden nur wenige Exemplare gebaut, nichtsdestoweniger ist der Wagen ein wichtiges Kapitel in der Geschichte Ferraris. Denn im Gegensatz zum 340 America, der für den Rennsport konzipiert war, ist der 4,1-Liter 342 America der erste echte Ferrari-Straßenwagen mit großem Hubraum.

1953 Ferrari auf Höhenflug

Im verflixten siebenten Jahr steckt die Beziehung zwischen Ferrari und der Welt des Motorsports alles andere als in der Krise. Ferrari befindet sich auf Siegeskurs. Alberto Ascari, der Fliegende Mailänder, agiert kaltblütig und gnadenlos: Bei der Weltmeisterschaft überflügelt er alle anderen Piloten und steuert mit dem zweiten Titel in Folge direkt in die Geschichtsbücher des Rennsports. Mit seinem schier unschlagbaren 500 F2 schaltet er Fangio ebenso aus wie seine jungen Teamkollegen, die Ferrari engagiert hat, um Ascari wachsam zu halten. Wenn er in Führungsposition geht, macht der Pilot seine Gegner psychologisch fertig und gewinnt, noch bevor er unter der karierten Flagge durchfährt. Alberto ist im Rennen genauso schnell wie bei den Qualifikationen: Bei einer Saison von insgesamt acht Grands Prix holt er sechs Mal die Pole Position. Nur beim Großen Preis von Belgien in Spa-Francorchamps und in der Schweiz am Bremgarten wird er im Testlauf geschlagen, und zwar von Juan Manuel Fangio auf Maserati. Aber 1953 ist für Ferrari auch das Jahr, in welchem Wagen mit abgedeckten Rädern ins Rennen gehen.

Alles für den Rennsport

Fast droht das immer höher springende Pferd sein Publikum mit einem sechsten Mille Miglia-Sieg zu langweilen. Giannino Marzotto, Sprössling eines Textilindustriellen aus dem Veneto, beweist, dass er den Rennsport ebenso im Blut hat wie sein Bruder Paolo. Er fegt die Konkurrenz von der Piste, gewinnt in Brescia, stellt einen neuen Streckenrekord auf (142,347 km/h) und lässt Fangio als Zweitplatzierten mit einem Rückstand von 11 Minuten hinter sich. Marzotto gewinnt mit einem neuen Sportwagen, dem 340 MM in der Spider Vignale Version, einer Barchetta, die sich als ebenso schnell wie robust erweist. Der Motor ist der V12 des 340 (4101 ccm) mit einer auf 300 PS erhöhten Leistung. Seine Höchstgeschwindigkeit beträgt 270 km/h. Der Wagen gewinnt auch die Tour von Sizilien mit dem Team Villoresi / Cassani.

Alberto Ascari beim Großen Preis von Italien in Monza vor Nino Farina, beide auf Ferrari. Der Titelverteidiger aus Mailand gewinnt das Rennen und auch zum zweiten Mal die Weltmeisterschaft.

F1-Weltmeisterschaft Fahrer
1. Alberto Acsari auf einem Ferrari 500 F2
2. Juan Manuel Fangio auf Maserati
3. Nino Farina auf einem Ferrari 500 F2
4. Mike Hawthorn auf einem Ferrari 500 F2

Weltmeisterschaft der Sportwagen-Konstrukteure
1. Ferrari

F1 Grand Prix
Argentinien, Buenos Aires
1. Alberto Ascari auf einem *500 F2*
Holland, Zandvoort
1. Alberto Ascari auf einem *500 F2*
Belgien, Spa-Francorchamps
1. Alberto Ascari auf einem *500 F2*
Frankreich, Reims
1. Mike Hawthorn auf einem *500 F2*
Großbritannien, Silverstone
1. Alberto Ascari auf einem *500 F2*
Deutschland, Nürburgring
1. Nino Farina auf einem *500 F2*
Schweiz, Bremgarten
1. Alberto Ascari auf einem *500 F2*

Tour von Sizilien
1. Villoresi / Cassani auf einem *340 MM*
Mille Miglia
1. G. Marzotto / Crosara auf einem *340 MM*
Coppa d'Oro delle Dolomiti
1. Paolo Marzotto auf einem *250 MM*

24 Stunden von Spa-Francorchamps
1. Farina / Hawthorn auf einem *375 MM*
12 Stunden von Pescara
1. Maglioli / Hawthorn auf einem *375 MM*
Zehn Stunden Nachtrennen von Messina
1. Castellotti / Musitelli auf einem *250 MM*
1000 Kilometer Nürburgring
1. Ascari / Farina auf einem *340 MM*

Piero Scotti auf einem 250 MM Spider Vignale bei der Targa Florio 1953.

Unten:
Auf dem gleichen Wagen das Team Marzotto / Crosara, die Sieger der Mille Miglia.

Ganz unten:
Der dohc-Vierzylindermotor des vielfachen Titelträgers 500 F2.

Ascari, der Fliegende Mailänder

Alberto Ascari (Mailand 13. Juli 1918 – Monza 26. Mai 1955) war der erste italienische Ferrari-Pilot, der einen Grand Prix bei einer Formel 1-Weltmeisterschaft gewann. Das Talent hat er in den Genen, denn sein Vater war Antonio Ascari, einer der berühmtesten Rennfahrer der Vorkriegszeit und Sieger beim Großen Preis von Italien 1924. Ascari sen. kam bei einem Unfall am 28. Juni 1925 auf der Rundstrecke von Montlhéry ums Leben. Alberto, der zunächst Motorradrennfahrer war, hat das Werk in Maranello mit einer hervorragenden Bilanz verlassen: In fünf Rennsaisons hat er 37 Siege auf diversen Monoposti eingefahren, und zwar in der Formel 1, der Formel 2 und der Formula Libre (freien Formel), davon 13 in Qualifikationsläufen, die für die Punktewertung bei der Formel-1-Weltmeisterschaft ausschlaggebend waren.
Viermal hat Ascari den italienischen Meistertitel gewonnen. Zwischen 1947 und 1949 hat er vier Siege vor Maserati eingefahren; weitere drei Siege, darunter auch die unvergessliche Mille Miglia von 1954, errang er, nachdem er zu Lancia gewechselt war. Er nahm an 32 Formel-1-Weltmeisterschaftsrennen teil, erzielte bei den Rennen 11 Rundenbestzeiten, qualifizierte sich 14 mal für die Pole Position und startete 25 Mal aus erster Reihe.

Mit großer Entschlusskraft kämpft Ferrari um die Siege. Für diese Rennsaison hat man einen Wagen gebaut, der für Titel in allen Kategorien gut ist: den 166 MM für Sportwagenrennen in der Kategorie bis 2 Liter, den 250 MM für Sportwagenrennen in der Kategorie bis 3 Liter, den 340 MM für die Weltmeisterschaft. Erstmals wird in diesem Jahr eine Sportwagen-Weltmeisterschaft ins Leben gerufen, die ausschließlich den Konstrukteuren vorbehalten ist und bei der man mit Fahrzeugen antritt, die sowohl für die Straße (Mille Miglia, Carrera Mexicana) als auch für die Rennstrecke geeignet sind.
Sieben Wettbewerbe stehen auf dem Programm. Am ersten Rennen, den Zwölf Stunden von

Oben: Ein seltener und origineller Ferrari 166 Spider, der von Scaglione entworfen und von Abarth karossiert wurde. Auf dem Bild begutachtet Carlo Abarth höchstpersönlich den Innenraum der von ihm mitgeschaffenen Kreation.

Gigi Villoresi gewinnt auf einem 250 MM Pinin Farina den Großen Preis von Monza. Die Kurvenlage (hier in der Porfido-Kurve) ist typisch für die damaligen Ferraris.

Rechts: der 375 America, ein 2+2 Coupé von Pinin Farina.

Rechts außen: die Wettbewerbsversion der 166MM Barchetta Vignale, ein klassischer und faszinierender Rennwagen.

Sebring, nimmt Ferrari nicht teil (es geht jedoch der private 166 MM von Lunken und Hassen an den Start; der Wagen belegt Platz sechs und holt damit einen Weltmeisterschaftspunkt), doch danach zeigt die Scuderia, dass man sie ernst nehmen muss. An der Mille Miglia nehmen sieben offiziell gemeldete Ferrari teil, darunter drei der leistungsstarken 340 MM. Ein weiterer Sieg wird bei diesem Rennen eingefahren, zu dem auch 19 private Ferraris gemeldet sind. Am 13. Juni finden die 24 Stunden von Le Mans statt, doch das Rennen bringt keine weiteren Erfolge. Die 340 MM gewinnen jedoch sowohl das 24 Stunden-Rennen von Spa-Francorchamps als auch die 1000 Kilometer am Nürburgring. Ferrari lässt die letzten beiden Generalproben, die Tourist Trophy und die Carrera Panamericana, aus, weil ihm die Transportkosten zu hoch sind, und konzentriert sich ganz auf die Formel 1. An der Carrera Panamericana nimmt jedoch das private Team Mancini / Salviati teil (sie wurden von Franco Cornacchia nach Mexiko geholt, dem Ferrari vier 4,5 Liter Sport geliefert hat). Das Team belegt den vierten Platz und sichert Ferrari damit die letzten Punkte, die Maranello den Weltmeistertitel bei den Sportwagen bringen.

3 Liter mit großer Klasse

Nach dem 250 S, dem Sieger der Mille Miglia 1952, und noch vor dem 250 GT, der 1954 er-

Links: Eine perfekte Aerodynamik: Keine Stoßstangen und Schiebefenster statt Kurbelscheiben, die weniger mechanische Elemente bedingen: das ist die 166 MM Berlinetta Pinin Farina, ein als Rennwagen konzipiertes Einzelstück.

Unten:
Das 212 Coupé Vignale, ein Einzelstück, auf dem Autosalon in Turin.

Unten: Zwei typische Ferrari 375 MM, beide mit einer Karosserie von Pinin Farina: der eine in der Cabriolet-version, der andere als Coupé. Die Mechanik der 375 MM war von unglaublicher Kraft: der 4,5-Liter Zwölfzylinder hatte 340 PS, gut für eine Höchstgeschwindigkeit von 290 km/h.

scheinen wird, baut Ferrari einen Gran Turismo Straßenwagen mit einem 3-Liter-Motor, um die Rennen auch in dieser Kategorie für sich zu entscheiden. Der Wagen ist für Privatfahrer bestimmt und trägt die Bezeichnung 250 MM. Er ist, ebenso wie später der 250 GT, mit einem verlängerten Rahmen ausgestattet (der Radstand beträgt 2400 anstelle der 2250 mm des 250 S), doch insgesamt hat er eindeutige Rennwagenqualitäten (die Motorleistung beträgt 240 PS, 10 PS mehr als beim 250 S). Die Karosserie stammt von Pinin Farina und Vignale, ein weiteres Einzelstück (in der Spider-Version) wird von Morelli karossiert. Pinin Farina setzt auf die Berlinetta-Bauweise. Mit einem 250 MM belegt Giulio Caboanca bei der Mille Miglia 1953 den neunten Platz.

Ferrari hat jetzt den amerikanischen Markt immer stärker im Visier. Beim Autosalon in Paris präsentiert man deshalb die weiterentwickelte Version des 342 America, den 375 America, einen Gran Turismo »extra large«. Der V12 mit einem Hubraum von 4522 ccm hat die beachtliche Motorleistung von 300 PS, gut für eine Höchstgeschwindigkeit von 250 km/h. Durch seine extreme Länge (der Radstand beträgt 2800 mm) ist es der imposanteste Ferrari, der bislang gebaut wurde. Die meisten Exemplare werden von Pinin Farina eingekleidet (nur drei von Vignale), dessen Rolle als offizieller Karosseriehersteller für Ferrari Sportwagen immer bedeutender wird.

Um die beiden von Alberto Ascari errungenen Grand-Prix-Weltmeistertitel zu feiern, bringt Ferrari ein Sondermodell heraus, den 500 Mondial. Es ist eine Barchetta Sport mit einem 2-Liter-Vierzylindermotor und damit eng verwandt mit dem 500 F2, dem Gewinner des Weltmeistertitels. Die Motorkraft des schnellen und wendigen Autos scheint unerschöpflich. Der Wagen gewinnt in den Jahren 1953 und 1954 viele wichtige Rennen, bei denen in den meist Privatfahrer am Lenkrad sitzen. Der herausragendste Erfolg ist Vittorio Marzotto zweiter Platz bei der Mille Miglia 1954.

1954 Der Triumph des Gran Turismo

1954 erzielt Ferrari mehr Erfolge auf der Straße als auf der Rennstrecke. Während der Kampf in der Formel 1 immer härter wird, sichert sich der Konstrukteur aus Maranello zum zweiten Mal den Weltmeistertitel bei den Sportwagen. Vor allem jedoch baut Ferrari in diesem Jahr jenen Wagen, der ein Meilenstein in der Geschichte des Hauses sein wird; ein Fahrzeug, das die ersten stürmischen Jahre klar von den Folgejahren trennt, in denen sich Ferrari zu einem bedeutenden Industrieunternehmen entwickelt.

Es ist ein Auto, das die Herzen einer immer größer werdenden Fangemeinde höher schlagen lässt: der 250 GT.

Unvergänglicher Stern am Autohimmel

Der Wagen ist als ein Serienmodell zu bezeichnen. Von 1949 bis 1954 betrug die Produktion aller Ferrari Straßenwagen rund 200 Stück. Zehn Jahre später, wenn dieses Auto in den wohlverdienten Ruhestand gehen wird, verlassen allein im Jahre 1964 immerhin 670 Stück das Werk in Maranello.

Mit dem 250 GT entsteht ein unvergesslicher Straßenwagen, der den Gran Turismo neu definiert. Es sind schnelle und exklusive Luxusfahrzeuge, die Reisen mit einem hohen Leistungsschnitt erlauben. Mit der aus den Rennen gewonnenen Erfahrung baut man dieses Kleinod, für das sich eine erlesene, durch Sporterfolge überzeugte und anspruchsvolle Klientel interessiert. Gerne zeigt man sich am Lenkrad dieses exklusiven Fahrzeugs, das eine Leistung bietet, die zu diesem Zeitpunkt weltweit einzigartig ist. Der Motor des auf dem Autosalon von Paris präsentierten 250 GT stammt vom Zylinderblock des V12, Konstruktion Colombo (Bohrung x Hub: 73 x 58,8 mm). Der Hubraum beträgt 2953 ccm, die Leistung in der ersten Version 225 PS (später steigt sie auf 240 PS). Der Radstand wurde verringert, der Wagen misst nun 2600 mm, was das Fahrzeug insgesamt recht kompakt erscheinen lässt. Die Rahmenrohre verlaufen oberhalb der Hinterachse. Das 4-Gang-Getriebe sowie eine Mehrscheiben-

Links: Monza
Vorne der 250 Monza von Cornacchia / Gerini (3.) gefolgt von dem Maserati 2500 von Musso / Mantovani. Der Sieg geht an das Team Hawthorn / Maglioli auf einem 750 Monza.i.

Ganz oben: Gonzaléz verlässt fluchtartig das Cockpit seines Ferrari 553 F1, der beim Großen Preis von Frankreich in Reims Feuer gefangen hat.

Oben: Mike Hawthorn auf seinem 553 beim Großen Preis von Spanien in Barcelona: Dieses wird eines der beiden Formel-1-Rennen sein, die 1954 für Ferrari mit einem Sieg enden.

Unten: Nur für den Großen Preis von Italien in Monza verlässt Ascari Lancia und bestreitet das Rennen auf einem Ferrari 625. Beim Qualifizierungslauf wird er Zweiter. Er startet also aus der ersten Reihe, doch während des Rennens versagt sein Motor.

Trockenkupplung stammen vom 342 America. Eine Neuerung stellt die Vorderradaufhängung dar: Die quer eingebaute Blattfeder wird durch moderne Schraubenfedern ersetzt, was die Straßenlage des Wagens deutlich verbessert. Er erreicht zunächst eine Höchstgeschwindigkeit von 217 km/h, die sich im Laufe der Jahre auf 240 km/h steigert. In der Coupéversion wird der Wagen von Pinin Farina karossiert. Ein Einzelstück, ebenfalls ein Coupé, wird im Auftrag von Prinzessin Liliana di Rèthy von Vignale karossiert; Vignale kleidet außerdem eine Reihe von Berlinettas ein, Vorläufer des später für Rennen konzipierten 250 GT. Der Wagen hat eine erfolgreiche Karriere vor sich ...

Enzo Ferrari fühlt sich verraten

Drei Ereignisse kennzeichnen das Formel-1-Geschehen. Zunächst ändert sich das Reglement; der maximal zugelassene Hubraum wird von 2 auf 2,5 Liter erhöht. Durch den vergrößerten Motor gerät die Ausgewogenheit des 500 F2 aus den Fugen. Zum Zweiten steigt Mercedes-Benz mit dem innovativen W196 ins Renngeschehen ein und sichert sich einen Fahrer, der neben Alberto Ascari der fähigste seiner Ära ist: Juan Manuel Fangio. Außerdem wechselt Ascari zusammen mit Luigi Villoresi zu Lancia. Enzo Ferrari ist argwöhnisch und glaubt, man habe ihn verraten. Die Firma Ferrari könnte Ascari allerdings ohnehin nicht viel bieten. Die Monoposti dieser

Der Regisseur Roberto Rossellini ordert bei Ferrari das Sondermodell 375 MM Pinin Farina. Der Wagen wird ihm ins Hotel Georges V in Paris geliefert.

Oben: Eine 250 MM Berlinetta Pinin Farina im Autodrom von Monza.

Rechts:
Der erste Ferrari 250 Europa, karossiert von Pinin Farina. Noch immer werden auf Anfrage auch Sondermodelle angefertigt. Der abgebildete Wagen wird erstmals auf dem Pariser Autosalon gezeigt.

Enzo Ferrari mit einem Journalisten beim Start der Mille Miglia in Brescia.

Saison sind nur Varianten des 500 F2, an den sie weder in Bezug aufs Aussehen noch der Leistung herankommen. Weder der 553 F1 (vier Zylinder, 2497 ccm, 260 PS; er trägt den Spitznamen „Hai") noch der 625 F1 (vier Zylinder, 2498 ccm, 250 PS; von einigen Piloten wegen der beseren Lenkung bevorzugt) vermögen das Ruder in diesem verkorksten Jahr herumzureißen. Gegen die haushohe technische Überlegenheit von Mercedes-Benz können die Piloten der Scuderia nichts ausrichten. Und so gehen nur zwei Siege an Ferrari: José Froilan González gewinnt in England (Silverstone) und Mike Hawthorn fährt in Spanien (Pedralbes) einen Sieg ein. Juan Manuel Fangio wird zum zweiten Mal Weltmeister, wobei er abwechselnd für Maserati und Mercedes-Benz unterwegs ist.

Großartiger Sieg auf der „Carrera"

Positives gibt es von der Sportwagen-Weltmeisterschaft zu berichten, die Ferrari dank eines neuen Spider, dem 375 Plus, zum zweiten Mal in Folge für sich entscheiden kann. Diesen starken Sportwagen (4954 ccm) fahren die Piloten aus Maranello bei den 24 Stunden von Le Mans sowie bei der Carrera Panamericana zum Sieg. Beide Rennen sind für die Weltmeisterschaftswertung wichtig. Der Wagen ist leistungsstark und schnell, mit 344 PS bringt er es auf 300 km/h. Während den Privatfahrern die neue Ver-

F1 Weltmeisterschaft der Fahrer
1. Juan Manuel Fangio auf *Maserati* und *Mercedes-Benz*
3. José Froilan González auf einem *Ferrari 625 F1*

Weltmeisterschaft der Sportwagen-konstrukteure
1. Ferrari

F1 Grand Prix
Großbritannien, Silverstone
1. José Froilan González auf einem *625 F1*
Spanien, Barcelona
1. Mike Hawthorn auf einem *625 F1*

1000 Kilometer von Buenos Aires
1. Farina / Maglioli auf einem *375 MM*
24 Stunden von Le Mans
1. González / Trintignant auf einem *375 Plus*
Großer Preis von Supercortemaggiore
1. Hawthorn / Maglioli auf einem 750 Monza
Carrera Panamericana
1. Umberto Maglioli auf einem *375 Plus*

Der Ferrari 750 Monza (zunächst von Pinin Farina, später von Scaglietti karossiert) hat einen Vierzylindermotor mit 3 Liter Hubraum und 250 PS. Der 750 Monza ist vor allem 1955 bei Privatfahrern sehr beliebt.

sion des 375 MM mit verlängertem Rahmen und einer Karosserie von Pinin Farin zur Verfügung steht, können die Werksfahrer auf dieses „Powerpaket" zurückgreifen, das sich vom 375 MM durch eine Auswölbung auf der Motorhaube unterscheidet. Sein Renndebüt gibt der Wagen mit Umberto Maglioli bei der Tour von Sizilien. Maglioli führt das Rennen an, kommt jedoch in Enna von der Straße ab, womit der so gut wie sichere Triumph für Auto und Fahrer wie eine Seifenblase platzt.
Doch der Sieg in der Carrera Panamericana schließt das Jahr und auch die Karriere des 375 P mit einem Erfolg ab. Der Wagen trägt auffällige Werbeaufschriften der Ölgesellschaft 1-2-3- an den Seitenwänden: Es ist das erste Mal, dass ein Ferrari als Werbeträger unterwegs ist.

Der gewaltige 375 Mille Miglia und (unten im Bild) sein Zwölfzylindermotor mit 340 PS. Ferrari hofft, mit diesem Auto auch bei anderen klassischen Rennen den Mille-Miglia-Erfolg wiederholen zu können..

1955 Modena kämpft gegen Stuttgart

F1 Weltmeisterschaft
Fahrer
1. Juan Manuel Fangio auf *Mercedes*
2. Stirling Moss auf *Mercedes*
3. Eugenio Castellotti auf einem *Lancia D50* und Ferrari 555 F1-625 F1
4. Maurice Trintignant auf einem *Ferrari 625 F1*

F1 Grand Prix
Monaco, Monte-Carlo
1. Maurice Trintignant auf einem *625 F1*

Tour von Sizilien
1. Piero Taruffi auf einem *118 LM*
Targa del Mugello
1. Umberto Maglioli auf einem *750 Monza*
10 Stunden Nachtrennen von Messina
1. Castellotti / Trintignant auf einem *750 Monza*

Links: Der ungewöhnliche Ferrari 375 America, ein zweisitziges Cabriolet mit 330 PS, angefertigt für König Leopold von Belgien.

Unten: Eine weitere Rarität, der zweifarbige, von Ghia engekleidete, 375 MM.

Gute Zeiten, schlechte Zeiten. 1955 stellt für Ferrari eine nicht enden wollende, schwarze Saison dar. In der Formel 1 fegt Mercedes die Konkurrenz vom Feld und sichert sich den Titel in einer Weltmeisterschaft, die ihresgleichen sucht. Fangio wird zum dritten Mal Weltmeister und Ferrari muss sich mit den Resten begnügen. Nur eine einzige Erstplatzierung gibt es in diesem Jahr – so schlecht lief es nur 1950, doch das war für Ferrari das Einsteigerjahr. In Monte-Carlo gewinnt Maurice Trintignant, jedoch mehr infolge der genauen Beachtung des Reglements und einer Portion Glück als aufgrund der Leistung seines Ferrari 625 F1. Ferrari hat nun ein neues Modell gebaut, das man dem 625 F1 zur Seite stellen will, den 555 F1, von allen „Superhai" genannt. „Super" ist an diesem Auto allerdings wenig, was die Ergebnisse auch bestätigen. Er ist schlank und kompakt, und die Massenverteilung wird weniger von der Kraftstofffüllung beeinflusst als bei seinem Vorgängermodell, dem 553 F1. In der Lenkung erweist er sich als störrisch, weshalb ihn die Piloten wenig schätzen. Außerdem ist er wesentlich langsamer als die Mercedes-Konkurrenz. Dennoch sollte man ihm Beachtung schenken, ist er doch der letzte Ferrari Formel-1-Wagen mit vier Zylindermotor und zugleich der mit dem größten Hubraum, nämlich 2498 ccm.

Ascari und Le Mans – ein schwarzes Jahr

Die Formel-1-Saison ist von zwei Unglücksfällen überschattet. In Monza stirbt am 26. Mai Alberto Ascari, als er ein paar Testrunden mit dem Ferrari 750 Monza seines Freundes Eugenio Castellotti dreht. Castellotti, Ascaris Teamkollege bei Lancia, geht für Ferrari bei den Langstreckenrennen an den Start und ist gerade dabei, sich auf den Großen Preis von Supercortemaggiore vorzubereiten. Ascari hatte beim Großen Preis von Monaco einen schweren Unfall (er ist ins Meer gestürzt und hat sich starke Prellungen zugezogen) und wollte nun in Monza beweisen, dass er wieder ganz der Alte ist. Das endet jedoch in einem Desaster.

Auch 1955 leidet Ferrari wie bereits im Vorjahr (im Bild eine Rennszene beim Großen Preis von Frankreich 1954 mit González vor Hermann) unter der Übermacht der unschlagbaren Mercedes W196.

Unten: Der einzige Ferrari Formel-1-Sieg 1955 geht auf das Konto von Maurice Trintignant, der mit dem 625 den Großen Preis von Monaco gewinnt.

Ganz unten: 26. Juli 1955, ein historischer Tag. Lancia steigt aus dem Rennsport aus und überlässt Ferrari sein gesamtes Formel-1-Material.

Die schlimmste Tragödie des Jahres 1955 ereignet sich jedoch in Frankreich. Am 15. Juni richtet beim 24-Stunden-Rennen von Le Mans ein Unfall, der sich vor der Haupttribüne ereignet, ein Blutbad an. In den Unfall sind ein Austin Healey und der Werks-Mercedes von Pierre Levegh verwickelt. Der Mercedes gerät außer Kontrolle, 80 Zuschauer kommen dabei ums Leben.

Nach Ascaris Tod sowie aufgrund finanzieller Schwierigkeiten steigt Lancia aus dem Rennsport aus. Am 26. Juli schenkt der Turiner Autobauer sein gesamtes Material Ferrari, einschließlich der Monoposti D50, die ihre Leistungsfähigkeit inzwischen deutlich unter Beweis gestellt haben. Zusammen mit diesem Geschenk, das der Scuderia in einer schwierigen Zeit aus der Krise hilft, kommt auch Vittorio Jano, der Konstrukteur der V8 Lancia zu Ferrari. Er wird für das Haus bis 1965 als technischer Berater arbeiten.

Als Randnotiz zu diesem Jahr, in dem es Ferrari nicht einmal gelingt, die Weltmeisterschaft der Sportwagen für sich zu entscheiden, ist der erste Rennsieg eines 250 GT anzumerken: Marquis Alfonso de Portago belegt im Dezember in Nassau (Bahamas) den ersten Platz.

1956 Rückkehr zu Ruhm und Ehre

Der Ferrari 555 Supersquale hier mit dem von Lancia stammenden V8-Motor, bereit zur Teilnahme am Großen Preis von Argentinien 1956 mit Olivier Gendebien am Steuer.

Das gelbe Wappen mit dem Cavallino rampante kennzeichnet die Ferrari D50. Sie sind als die logische Weiterentwicklung des revolutionären Lancia Monoposto zu bezeichnen, der in Turin nie zu Ende entwickelt wurde. Der Wagen wiegt 625 kg.

Das quer eingebaute Getriebe ist mit dem Sperrdifferenzial in den Motorblock integriert. Um den Fahrersitz und damit den Schwerpunkt des Wagens abzusenken, verläuft die Antriebswelle seitlich und nicht mittig.

In den beiden seitlichen Ausbuchtungen befanden sich bei Lancia die Kraftstofftanks, während die Wölbungen bei Ferrari aerodynamische Gründe haben; die Kraftstoff- und Öltanks werden von der Scuderia hinter den Fahrersitz verlegt.

D50 F1

Motor: vorne längs eingeb., Leichtmetalllegierung, V8, Zylinderwinkel 90°
Hubraum: 2486 ccm. Bohrung x Hub: 76 x 68,5 mm. Leistung: 265 PS bei 8000 U/min
Spezifische Leistung: 106,6 PS/Liter
Ventilsteuerung: zwei obenliegende Nockenwellen pro Zylinderreihe, zwei schräg hängende Ventile pro Zylinder, Rollenkette. *Zündung:* Magnet-Doppelzündung mit zwei Zündkerzen pro Zylinder. *Kraftstoffzufuhr:* vier Doppelfallstromvergaser Solex 40 PII
Antrieb: Hinterräder. *Getriebe:* 5-Gang, hinten quer eingeb. mit selbsttätigem Sperrdifferenzial
Reifen: vorne: 5,50 x 16 v, 7,00 x 16 h
Karosserie: Monoposto aus Aluminium, Gitterrohrrahmen, Vorderachse mit einstellbaren Doppelquerlenkern, eine Blattfeder quer unter der Achse, Kurvenstabilisator und Teleskopstoßdämpfer, hinten De-Dion-Achse, Längslenker, eine Blattfeder quer über der Achse; hydraulische Hebelstoßdämpfer (ab dem Großen Preis von Italien einstellbare Doppelquerlenker, Schraubenfedern und koaxiale Teleskopstoßdämpfer). *Kraftstofftank:* zunächst seitlich, dann hinter dem Fahrersitz (Fassungsvermögen: 190 Liter)
Bremsen: vorne und hinten gerippte Trommelbremsen
Lenkung: Segmentlenkung
Maße und Gewicht:
Radstand: 2280 mm
Spur: 1270 mm v, 1270 mm h
Länge: 3850 mm, Breite: 1448 mm, Höhe: 962 mm
Leergewicht: 640 kg
Leistungen:
Höchstgeschwindigkeit: 280 km/h
Verhältnis Gewicht/PS: 2,43 kg/PS

Enzo Ferrari lässt die beiden letzten enttäuschenden Rennsaisons endgültig hinter sich. Am Ende einer auch wirtschaftlich schwierigen Phase findet er mit dem ehemaligen Lancia D50 einen Wagen, der bei der Formel 1 mit einem Team leistungsstarker Piloten, darunter auch die Nummer Eins Juan Manuel Fangio, erneut Siege einfährt. Ferrari gewinnt den Weltmeistertitel und dominiert die gesamte Rennsaison. Die Scuderia kann außerdem die Weltmeisterschaft der Sportwagen für sich entscheiden, und zwar mit einem Sieg bei der Mille Miglia, einem Rennen, das inzwischen so viel zählt wie eine gesamte Saison. Auf regennasser Fahrbahn gewinnt Ferrari-Pilot Eugenio Castellotti haushoch. Doch es ist auch ein sehr bitteres Jahr für Enzo Ferrari. Am 30. Juni stirbt sein einziger geliebter Sohn Alfredo, genannt Dino, nach langer und schwerer Krankheit an Muskeldystrophie.

Mit Fangio erneut auf Weltmeisterkurs

Dank der in Maranello vorgenommenen Änderungen (und dem Rückzug von Mercedes) ist der D50 nun endlich ein Monoposto auf Siegeskurs. Fangio, der viel von Autos versteht und den frischen Wind bei Ferrari spürt, zieht mit Sack und Pack in die Provinz von Modena um. Im Team sind viele junge und schnelle Fahrer wie Eugenio Castellotti und Luigi Musso – sie

Der V8 Lancia wird von Ferrari modifiziert, und zwar an den Zylinderköpfen (nun ohne Dichtung), an der Ventilsteuerung, am Kurbelgehäuse und an den Kolben. Das offizielle Ergebnis: 265 PS (manche sagen, es seien sogar zehn PS mehr).

Oben: Die Ferraristi Peter Collins (Nr.2), Juan Manuel Fangio (1) und Eugenio Castellotti (3) im Rennen gegen Stirling Moss auf Maserati (7) beim Großen Preis von Deutschland.

Rechts: Eugenio Castellotti auf einem Ferrari 290 MM (320 PS) bei der Mille Miglia, die er überlegen gewinnt.

sollen den Verlust von Ascari ausgleichen. Fangio sieht beim letzten Rennen der Saison, dem Großen Preis von Italien in Monza, ebenso wie der Engländer Peter Collins die Möglichkeit, sich den Weltmeistertitel zu holen. Als Fangios Wagen mit einer Panne liegen bleibt, überlässt ihm der englische Gentleman Collins seinen Wagen. Collins verliert zwar dadurch die Chance auf den Weltmeistertitel, doch schreibt er mit seiner großzügigen Geste Motorsportgeschichte.

Der D50 in der Version von 1956 behält die Eigenschaften des Lancia Monoposto vom Vorjahr bei: sehr tief und schräg eingebauter V 8-Motor mit einem Zylinderwinkel von 90° (2486 ccm, 265 PS), mit einer Kardanwelle, die links vom Fahrersitz verläuft und einem quer eingebauten Getriebe. Die Verteilung des Gewichts zwischen Vorder- und Hinterachse ist absolut ausgewogen, der Fahrer sitzt tiefer als bei den anderen Monoposti, was dem Wagen eine bessere Aerodynamik verleiht. Bei Ferrari werden nur wenige Veränderungen vorgenommen. Die Benzintanks, die sich zunächst an den Seiten befanden und von der Karosserie getrennt waren, werden nun durch einen einzigen Tank hinter dem Fahrersitz ersetzt. Die Karosserie wird an den Seiten, wo sich vorher die Kraftstofftanks befanden, erweitert, so dass sich ein fließendes Profil von den Vorderrädern zu den Hinterrädern ergibt. Die Leistung des Motors

Das edle 410 Superamerica Coupé Sport, von Ghia für den US-Markt karossiert.

Links: ein für einen deutschen Kunden gebauter 250 GT Pinin Farina 2+2.

Der von Pinin Farina eingekleidete Ferrari 410 Superfast mit einem eindeutig auf amerikanische Klientel ausgerichtetem Design. Der Wagen mit dem 5-Liter Motor (340 PS) wird erstmals beim Autosalon in Paris präsentiert.

wird erhöht, der Kurbeltrieb überarbeitet. Außerdem werden kleinere Veränderungen am Rahmen und an den Radaufhängungen durchgeführt.

Castellotti, der Held im Regen

Eugenio Castellotti ist ein aggressiver, sehr talentierter und mutiger Pilot. Er scheint aber eher der Mann für die Grands Prix und weniger ein Fahrer für lange Strecken zu sein. Doch bei der Mille Miglia geht er am Nachmittag des 29. April überraschend als Erster durchs Ziel. Er hat das Rennen bei strömendem Regen mit einem offenen Wagen bestritten. Die Zeitungen feiern ihn als Helden, als Piloten ohne Furcht. Er lässt seine Verfolger, die ebenfalls auf Ferrari fahrenden Teamkollegen Collins, Musso und Fangio mit großen Rückständen hinter sich. Seinen grandiosen Sieg hat Castellotti auch seinem Auto zu verdanken, einem 290 MM, dem jüngsten Sportwagen aus dem Hause Ferrari.

Der Wagen ist sehr leistungsstark (320 PS bei 7300 Touren) und schnell, obwohl sein V12 mit 3491 ccm nach wie vor nur eine Nockenwelle besitzt. Der Rahmen ist ausgefeilter als die seiner Sportwagen-Vorgängermodelle: Er hat eine größere Anzahl an Rohren, seine Struktur wurde verfeinert, die gesamte Konstruktion ist damit stabiler. Der Radstand beträgt ungewöhnliche 2350 mm.

Dank der Leistung und der Zuverlässigkeit des 290 MM gelingt es Ferrari zum dritten Mal, den Weltmeistertitel der Konstrukteure zu erringen. Beim letzten Rennen, dem Großen Preis von Schweden, liegt Ferrari in der Punktzahl mit Maserati gleichauf, doch die von den Teams Maurice Trintignant / Phil Hill und Wolfgang Berghe von Trips / Peter Collins gefahrenen 290 MM holen die Plätze Eins und Zwei und entscheiden damit die WM für Ferrari.

Beim Autosalon von Paris gibt der 410 Superamerica (auch 410 SA) sein Debüt, ein Gran Turismo Straßenwagen, der, wie der Name schon sagt, für den amerikanischen Markt bestimmt ist. Er ist die Weiterentwicklung des 375 Ame-

F1-Weltmeisterschaft Fahrer
1. Juan Manuel Fangio auf einem *Ferrari-Lancia D50*
2. Stirling Moss auf *Maserati*
3. Peter Collins auf einem *Ferrari-Lancia D50*

Weltmeisterschaft der Sportwagen-Sonstrukteure
1. Ferrari

F1 Grand Prix
Argentinien, Buenos Aires
1. Fangio / Musso auf einem *D50*
Belgien, Spa-Francorchamps
1. Peter Collins auf einem *D50*
Frankreich, Reims
1. Peter Collins auf einem *D50*
Großbritannien, Silverstone
1. Juan Manuel Fangio auf einem *D50*
Deutschland, Nürburgring
1. Juan Manuel Fangio auf einem *D50*

Zwölf Stunden von Sebring
1. Fangio / Castellotti auf einem *860 Monza*
Tour von Sizilien
1. Collins / Klemantaski auf einem *857 S*
Mille Miglia
1. Eugenio Castellotti auf einem *290 MM*
Großer Preis von Supercortemaggiore
1. Collins / Hawthorn auf einem *500 TR*

Großer Preis von Schweden
1. Trintignant / Hill auf einem *290 MM*
Tour de France
1. Portago / Nelson auf einem *250 GT*

Oben: Der Siegerwagen von Eugenio Castellotti, der die Mille Miglia auf einem Ferrari 290 MM trotz der schlechten Wetterbedingungen gewinnt.

Links: Der 500 Testa Rossa mit einer Karosserie von Scaglietti; ein 2-Liter-Vierzylinder Sportwagen mit 180 PS.

Eugenio Castellotti in Fahrt beim Großen Preis von Frankreich auf einem Ferrari D50: Der angriffslustige Pilot aus Lodi wird Zweiter hinter seinem Teamkollegen Peter Collins.

rica und soll das Publikum in den USA begeistern. Der Wagen hat mit 4963 ccm einen größeren Hubraum, eine höhere Motorleistung (340 PS) und erreicht eine Höchstgeschwindigkeit von 250 km/h. Auch der Schah von Persien, Reza Pahlevi, erwirbt eines dieser rasanten Autos.

Der Testa Rossa kommt

Die weitere Neuheit des Jahres ist der 500 Testa Rossa, auch 500 TR genannt. Er ist die Weiterentwicklung des 500 Mondial (er hat den gleichen Vierzylindermotor mit 1985 ccm, doch steigt seine Leistung dank einer Reihe von Veränderungen auf 190 PS). Der 500 TR steht am Anfang einer Generation von Barchettas, die für den Rennsport konzipiert sind und von den Privatfahrern sehr geschätzt werden. Die Bezeichnung Testa Rossa (Rotkopf) bezieht sich auf die Farbe der Zylinderkopfdeckel. Das Projekt steht unter der Leitung Alberto Massiminos, der jetzt zusammen mit Vittorio Bellentani und Andrea Fraschetti zum Technischen Stab bei Ferrari gehört. Unter der Leitung von Jano versuchte man damit den Verlust des 1955 ausgeschiedenen Ingenieurs Lampredi abzufangen.

Der für den Grand Prix 1957 konzipierte Monoposto Ferrari, Typ 801 mit einem V8-Motor und 275 PS, ist die Weiterentwicklung des D50. Der Wagen war jedoch nicht sehr erfolgreich.

1957 Die Geburt des V6 Dino

Den Ferrari 335 S (rechts der Platz des Piloten) zeichnet vor allem der starke Neigungswinkel des Lenkrades aus. Der relativ traditionelle 335 S ist mit seinen 390 PS der bislang leistungsstärkste Ferrari-Sportwagen und führt die Scuderia bei der Weltmeisterschaft der Konstrukteure zum Sieg über Maserati.

Enzo Ferrari macht erneut eine schwierige Phase durch. Je mehr sich sein Unternehmen vergrößert und je größer der Verkaufserfolg der Gran Turismo Straßenwagen ist, desto betrüblicher ist seine eigene Geschichte und damit auch zum Teil die Geschichte von Ferrari. Am 14. März kommt vor Beginn der Rennsaison in Modena bei einem Testlauf Eugenio Castellotti ums Leben, der eigentlich das Ferrari Formel-1-Team anführen sollte. Es ist ein eigenartiger Unfall, denn es wird nie ganz geklärt, ob die Ursachen technischer Natur waren (ein Getriebeschaden) oder ob menschliches Versagen (Castellotti befand sich in einer emotionalen Krise) der Hintergrund war. Castellottis Unfall ist ein herber Schlag für Ferrari, der bereits den Tod von Ascari und seinem Sohn Dino beklagen musste.

Dem Sohn gewidmet

Doch gerade mit Ferraris verstorbenen Sohn Dino verbindet sich eines der positiven Ereignisse des Jahres 1957: die Entstehung des ihm gewidmeten V6-Motors. Es ist der erste Ferrari-Sechszylinder, der unter der technischen Leitung von Jano und unter der Mitwirkung von Dino selbst entwickelt wurde. Er wird in einen Formel-2-Monoposto eingebaut (eine Reglementänderung schreibt 1,5 Liter Hubraum vor), den Dino 156 F2. Dieser Motor soll Ferrari den

F1-Weltmeisterschaft der Fahrer
1. Juan Manuel Fangio auf *Maserati*
2. Stirling Moss auf *Vanwall*
3. Luigi Musso auf *Ferrari 801*
4. Mike Hawthorn auf *Ferrari 801*

Weltmeisterschaft der Sportwagen-Konstrukteure
1. Ferrari

1000 Kilometer von Buenos Aires
1. Musso / Gregory / Castellotti auf einem *290 MM*
Tour von Sizilien
1. Gendebien / Washer auf einem *250 GT*
Zwölf Stunden von Reims
1. Gendebien / Frère auf einem *250 GT*

Coupe de Vitesse F1-Reims
1. Luigi Musso auf einem *D50*
Tour de France
1. Gendebien / Bianchi auf einem *250 GT*
Großer Preis von Venezuela
1. Collins / Hill auf einem *335 S*

Der Marquis Alfonso de Portago mit Copilot Ed Nelson auf einem Ferrari 335 S bei der Mille Miglia; beide finden hier zusammen mit neun Zuschauern den Tod. Der Unfall ist Grund für das endgültige Aus dieses traditionsreichen Rennens.

Oben: Der Sieger der Mille Miglia, Piero Taruffi, am Steuer des Ferrari 315 S, einer Version mit etwas niedrigerem Hubraum als der 335 S (3783 ccm anstatt 4023 ccm).

Unten: Wolfgang Graf Berghe von Trips beim Großen Preis von Monaco mit dem Formel-1 Ferrari 801. Er scheidet bei dem Rennen bei der Auffahrt zum Casino aus.

nach einem enttäuschenden Jahr 1957 ersehnten Aufschwung bringen.
Das Renndebüt des Dino 156 F2 (V6 mit 62° Neigungswinkel, 1489 ccm, 180 PS) erfolgt am 28. April beim Großen Preis von Neapel. Luigi Musso sitzt am Steuer und wird Dritter. Der Wagen nimmt anschließend in Reims teil, wo Trintignant das Rennen für F2-Wagen für sich entscheidet. Andrea Fraschetti, Technischer Leiter bei Ferrari, kommt in Modena bei einem Testlauf mit dem zweiten Exemplar des 156 F2 ums Leben. Nach dem Debüt dieses Wagens verfolgt Enzo Ferrari nie wieder ein Grand Prix-Rennen persönlich. Er ist nur noch bei den Testläufen am Freitag und Samstag sowie den Rennen auf seinen Hausrennstrecken Monza und Modena anwesend. 1957 entgeht ihm aber ohnehin nichts. In der Formel 1 hat der 801, oder F1 57, wie der Nachfolger des D50 auch genannt wird, nur sehr mäßigen Erfolg.
Dieser Misserfolg hängt aber nur am Rande damit zusammen, dass Fangio die Scuderia verlassen hat und einem verlockenden Angebot von Maserati gefolgt ist. Fangio war von einem wettkampfstärkeren Maserati fasziniert (Fangios Geschick, sich immer im richtigen Jahr das richtige Auto herauszusuchen, ist legendär), außerdem hatte er genug von dem schwierigen Verhältnis zu Ferrari, das immer stärker von Misstrauen und Intrigen geprägt war. Die

Links: Ein von Pinin Farina karossierter Ferrari 410 Superamerica. Von diesem Modell, dessen Prototyp aus dem Jahr 1956 stammt, werden insgesamt 16 Stück angefertigt.

Unten: Der von Boano in Serie (80 Stück) produzierte 250 GT von Pinin Farina.

Oben: Das Coupé Superfast Pinin Farina, ein Sondermodell aus der Serie 410 Superamerica (340 PS). Die Farben: azurblaue Karosserie, hellgraues Dach und naturfarbenes Lederinterieur.

Oben: Das ebenfalls von Pinin Farina eingekleidete Cabriolet 250 GT wird beim Autosalon in Paris ausgestellt.

Rennsaison ist verheerend: Kein Sieg für die Ferraristi, dafür ein großer Triumph für Fangio und Maserati. In dieser Saison werden Ferraris erstmals nicht mehr nach dem Einzelhubraum benannt, sondern nach der Anzahl der Zylinder (8) und der Zugehörigkeit zur höchsten Automobilsportklasse (der Formel 1). Der 801 wird bis zur Entwicklung des 158 im Jahr 1964 der letzte Formel-1 Ferrari mit acht Zylindern sein.

Die letzte Mille Miglia

Ein Ferrari mit Taruffi am Steuer gewinnt die achte Mille Miglia, die aufgrund eines Verbots von Straßenrennen in Italien in diesem Jahr zum letzten Mal stattfindet. Man wird dieses 1000-Meilen-Rennen in tragischer Erinnerung behalten, denn bei einem Unfall in Guidizzolo in der Provinz Mantua kommen der Marquis Alfonso de Portago, sein Copilot Ed Nelson sowie neun Zuschauer, darunter fünf Kinder im Alter zwischen acht und zehn Jahren ums Leben. Es ist der 12. Mai 1957.

Nach dieser durch einen geplatzten Reifen ausgelösten Tragödie wird Enzo Ferrari beschuldigt, Reifen montiert zu haben, die nicht der Leistung des Wagens entsprachen. Diese Anschuldigungen belasten den Commendatore schwer. Die Medien verurteilen Ferrari noch vor dem Prozess (am 9. Juli bezeichnet die Zeitung Osservatore Romano Ferrari als „Saturn, der seine eigenen Kinder verschlingt"). Erst vier Jahre, zwei Monate und 19 Tage nach dem Unfall endet der Prozess mit einem Freispruch. Sowohl der Sportwagen, den Portago am Unfalltag fuhr, ein 335 S (4023 ccm, 390 PS, 300 km/h) als auch der von Taruffi gelenkte 315 S (3783 ccm, 360 PS, 290 km/h) geraten in Vergessenheit. Es sind die leistungsstärksten Sportwagen, die Ferrari bislang gebaut hat, doch sie werden alsbald in Pension geschickt, da 1958 der Hubraum für diese Kategorie auf drei Liter beschränkt wird. Sie schaffen es jedoch gerade noch, für die Scuderia den vierten Weltmeistertitel der Konstrukteure zu holen. Die

Links: Der bizarre, von Boano karossierte 250 GT.

Rechts: Olivier Gendebien wird bei der Mille Miglia mit einem 250 GT Dritter, hinter den beiden Ferrari Sportwagen von Taruffi und von Trips.

Rechts: Der Ferrari 250 GT von Wolfgang Seidel am Nürburgring. Wegen seiner hervorragenden Leistung und seiner Zuverlässigkeit schätzen die Privatfahrer diesen Wagen sehr.

Rechts: Der Ferrari 250 GT Zagato von Luglio / Carli bei der Mille Miglia 1957.

Unten: Die Tour de France gewinnt Olivier Gendebien auf Ferrari. Auf dem Bild die drei 250 GT von Trintignant (Nr. 169), Gendebien (170) und Seidel (172).

Nächste Seiten: Der Große Preis von Monaco 1957: Mike Hawthorn (der aufgrund eines Unfalls später ausschied), hier auf seinem 801, war für seinen aggressiven Fahrstil bekannt.

Wagen stellen Weiterentwicklungen des 290 MM dar, dessen Motorleistung deutlich erhöht wurde. Die größten Erfolge dieser Autos sind die zweiten Plätze durch von Trips bei der Mille Miglia und Peter Collins bei den 1000 Kilometern am Nürburgring sowie ein weiterer zweiter Platz für Collins beim Großen Preis von Schweden, einem Rennen, das Ferrari dank eines vorgezogenen Trainingslaufs bereits den Weltmeistertitel sichert. Der Sieg des letzten Rennens, dem Großen Preis von Venezuela, geht an das Team Collins / Hill.

DUNLOP
24

DUNLOP

1958 Freud und Leid

Der Ferrari 250 GT Tour de France, in der ebenso schnellen wie formschönen Version von 1958.

Dino 246 F1

Motor: vorne längs eingeb, Aluminiumlegierung, V6, Zylinderwinkel 65°
Hubraum: 2417 ccm (später 2475 ccm). Bohrung x Hub: 85 x 71 mm. Leistung: 280 PS bei 8500 U/min (später 290 PS bei 8800 U).
Spezifische Leistung: 115,8 PS/Liter
Ventilsteuerung: zwei obenliegende Nockenwellen pro Zylinderreihe mit schräg hängenden Ventilen, Rollenkette.
Zündung: Magnet-Doppelzündung (zwei Zündkerzen pro Zylinder). Kraftstoffzufuhr: drei Weber-Doppelfallstromvergaser 42 DCN
Schmierung: Trockensumpfschmierung mit Ölkühler
Antrieb: Hinterräder
Getriebe: 4-Gang hinten quer eingeb., mit selbsttätigem Sperrdifferenzial (ab dem Großen Preis von Italien 5-Gang-Getriebe)
Reifen: 5,50 x 16 v, 6,50 x 16 h
Karosserie: Monoposto aus Aluminium, Gitterrohrrahmen; Vorderachse mit einstellbaren Doppelquerlenkern, Schraubenfedern, Kurvenstabilisator und Teleskopstoßdämpfer; De-Dion-Hinterachse, zwei Längslenker, Blattfeder quer über der Achse, hydraulische Hebelstoßdämpfer. Kraftstofftank: hinter dem Fahrersitz (Fassungsvermögen: 160 Liter)
Bremsen: vorne und hinten gerippte Trommelbremsen (später Scheibenbremsen)
Lenkung: Segmentlenkung
Maße und Gewicht: *Radstand:* 2160 mm (später: 2320 mm). *Spur:* 1270 mm (später 1220 mm) v, 1240 mm (später 1190 mm) h. *Länge:* 4030 mm, Breite: 1500 mm, Höhe: 980 mm. *Leergewicht:* 560 kg
Fahrleistungen: *Höchstgeschwindigkeit:* 280 km/h
Verhältnis Gewicht/PS: 2,0 kg/PS (später 1,93 kg/PS)

Der Dino 246 F1 war der erste Ferrari mit Scheibenbremsen; diese technische Neuerung, bei der englischen Konkurrenz schon länger im Einsatz, wird erstmals beim Großen Preis von Italien in Monza verwendet.

Der 160 Liter-Kraftstofftank des Dino 246 F1 wird nicht mehr mit einem Spezialgemisch, sondern mit normalem Tankstellenbenzin gefüllt. Ferrari hat als erster Konstrukteur den Motor dem neuen, ab 1958 vom Reglement vorgeschriebenen Kraftstoff, angepasst.

1958 ist Ferrari jedoch unschlagbar. Die Scuderia gewinnt alles, was es zu gewinnen gibt, von der Formel 1 über die Sportwagen-Weltmeisterschaft, die Targa Florio und die 24 Stunden von Le Mans bis hin zu den Zwölf Stunden von Sebring und die Tour de France. Doch sie zahlt dafür einen sehr hohen Preis, nämlich den Verlust ihrer besten Piloten.

Erfolg mit sechs Zylindern

1958 ist das Glanzjahr des Ferrari-Sechszylindermotors, der zwar 1961 erneut auftaucht, dann allerdings in völlig veränderter Version. Der Dino 246 F1, Nachfolger des Dino 156 F2, führt den blonden Engländer Mike Hawthorn zum Weltmeistertitel. Trotz des Ausstiegs von Maserati nach dem Großen Preis von Frankreich in Reims (dies ist auch Fangios letzter Grand Prix) erweist sich die Rennsaison als schwierig, denn die Gegner sind aggressiver geworden.

Stirling Moss auf Vanwall ist der große Rivale Ferraris. Vanwall gewinnt sechs Grand-Prix-Läufe, Ferrari dagegen nur zwei. Doch der Weltmeistertitel geht aufgrund der einzelnen Platzierungen und dank einer von Romolo Tavoni, dem Rennsportleiter der Scuderia, ausgeklügelten Teamstrategie trotzdem an Hawthorn (der nur ein Rennen gewonnen hat, Moss verbucht hingegen vier Siege). Die neu ins Leben geru-

Ferrari-Frühling

Mit den Unfällen, die 1958 die Scuderia Ferrari zurückwerfen, sowie mit dem Rückzug und dem Tod von Hawthorn findet der Traum vom Ferrari-Frühling zunächst ein Ende. Noch im Dezember 1956 war geplant, neue Talente zu engagieren, die den Platz von Ascari und Fangio einnehmen sollten. Man hatte dabei Eugenio Castellotti, Alfonso Portago, Luigi Musso, Peter Collins und Mike Hawthorn im Auge. Doch sie alle starben in dieser Reihenfolge am Lenkrad ihrer Autos. Castellotti kommt bei einem Trainingslauf ums Leben, Portago, Musso und Collins sterben beim Rennen. Hawthorn, der amtierende Weltmeister und inzwischen ehemalige Ferrari-Pilot, kommt auf einem Jaguar Mk .2 ums Leben, und zwar bei einer leichtfertigen Hatz auf der Landstraße mit seinem Freund Rob Walker, der am Steuer eines Mercedes 300 SL sitzt.

Britische Konstrukteure treten jetzt mit Heckmotorwagen an. Ferrari stellt sich der Herausforderung und setzt alles auf den Frontmotor. Durch den Einsatz des V6 Dino war es möglich, ein Fahrzeug zu bauen, das leichter und wendiger ist als die V8. Trotzdem ist bei der Beginn der Weltmeisterschaft (elf Trainingsläufe) noch alles offen.

F1 Weltmeisterschaft der Fahrer
1. Mike Hawthorn auf einem *Ferrari Dino 246 F1*
2. Stirling Moss auf *Vanwall und Cooper*
3. Tony Brooks auf *Vanwall*
5. Peter Collins auf einem *Ferrari Dino 246 F1*
7. Luigi Musso auf einem *Ferrari Dino 246 F1*

F1 Weltmeisterschaft der Konstrukteure
1. Vanwall
2. Ferrari
3. Cooper

Weltmeisterschaft der Sportwagenkonstrukteure
1. Ferrari

F1 Grand Prix

Frankreich, Reims
1° Mike Hawthorn
auf Dino 246 F1

Großbritannien, Silverstone
1° Peter Collins
auf Dino 246 F1

1000 Kilometer von Buenos Aires
1° Collins/Hill
auf 250 TR 58

12 Stunden von Sebring
1° Collins/Hill
auf 250 TR 58

Targa Florio
1° Musso/Gendebien
auf 250 TR 58

24 Stunden von Le Mans
1° Gendebien/Hill
auf 250 TR 58

12 Stunden von Reims
1° Gendebien/Frère
auf 250 GT

Tour de France
1° Gendebien/Bianchi
auf 250 GT

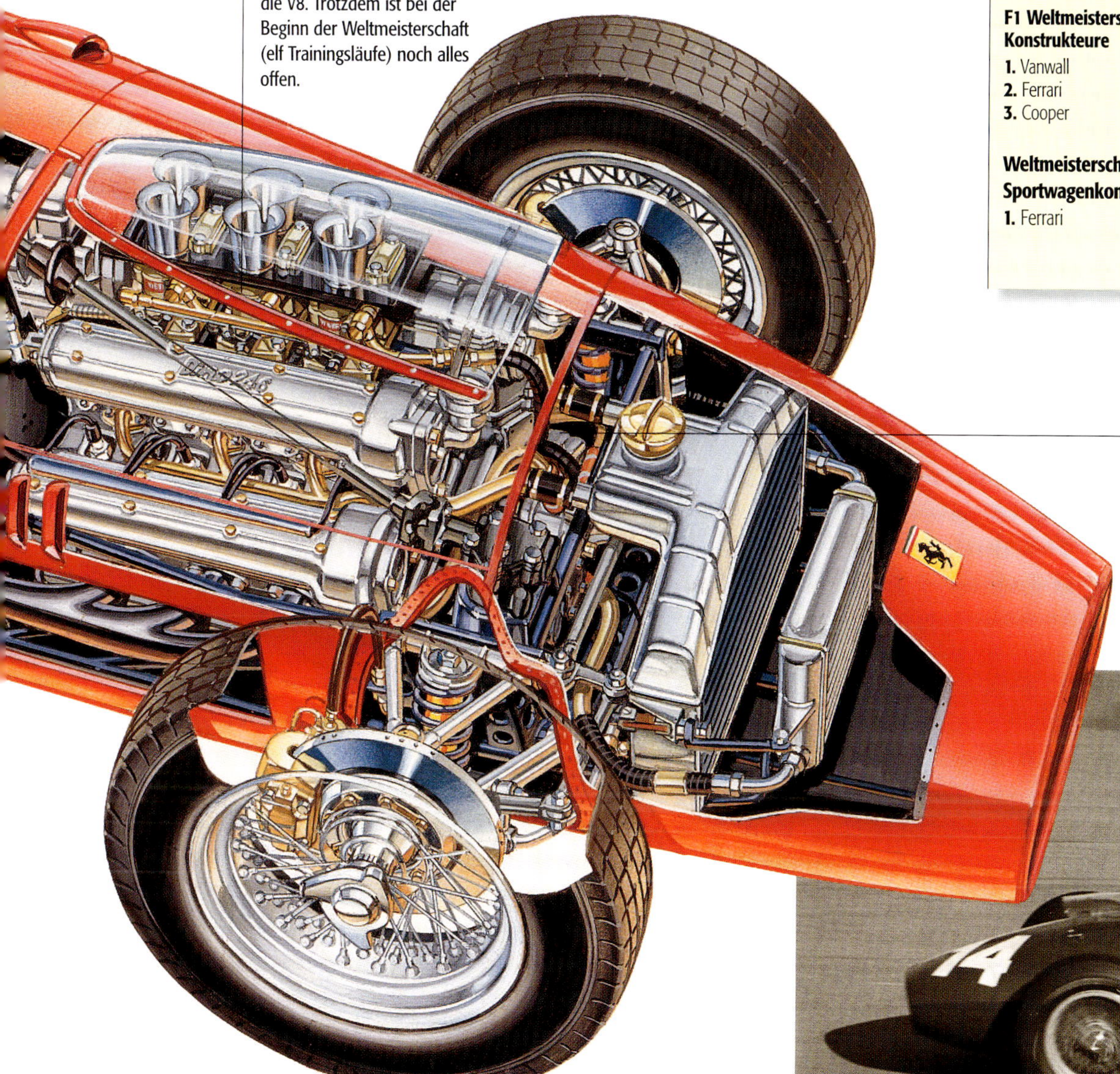

Die Weiterentwicklung des Dino 246 F1, also der 256 in seinen Ausführungen von 1959 und 1960, führt zu einem verbesserten Brems- und Fahrverhalten in der Kurve. Die Houdaille-Stoßdämpfer werden gegen wirkungsvollere Teleskopstoßdämpfer ausgetauscht, während Schraubenfedern die Blattfedern ersetzen. Auch die Kinematik der Hinterachse erfährt eine Veränderung.

Mike Hawthorn, hier beim Großen Preis von Italien in Monza, wo er hinter Tony Brooks (Vanwall) den zweiten Platz belegt. Nach einem harten, bis zum letzten Grand Prix andauernden Duell gegen Stirling Moss wird Hawthorn schließlich Weltmeister.

fene Formel-1-Weltmeisterschaft der Marken, deren Teilnahme ausschließlich den Konstrukteuren vorbehalten ist, entscheidet Vanwall für sich. Dies sollte auch der letzte Formel-1-Titel für einen Monoposto mit vorne eingebautem Motor sein.

Für den Dino 246 F1 beginnt die Saison mit Schwierigkeiten. Als den Piloten klar wird, dass der Motor (V6 mit 65° Zylinderwinkel, 2417 ccm, 280 PS) nicht die geforderte Leistung bringt und dass es Probleme mit der Positionierung gibt, beschweren sie sich beim Commendatore. Also greift Enzo Ferrari ein. Und siehe da, die zweite Saisonhälfte läuft viel besser, auch wenn man noch nicht von einem Triumph sprechen kann. Die ersten beiden Siege der Saison gehen an einen Monoposto, bei dem sich der Motor neuerdings hinter dem Fahrer befindet, und zwar an den Cooper-Climax, der in Argentinien von Moss und in Monte-Carlo von Trintignant gefahren wird. Als man ihn um einen Kommentar bittet, sagt Enzo Ferrari: „Die Ochsen pflegt man vor den Karren zu spannen..."

Die Scuderia ist auch im Bereich Rahmen und Bremsen im Hintertreffen. Vanwall kann sehr leichte, ausgefeilte Rahmen und Scheibenbremsen vorweisen, während die Wagen von Ferrari noch immer mit Trommelbremsen laufen. Doch Peter Collins drängt darauf, die Bremsen zu wechseln und lässt in England auf seinen privaten Ferrari 250 GT, einen der ersten von Pinin Farina eingekleideten Spider, Scheibenbremsen montieren. Nach dem Tod von Collins setzt Hawthorn dem Commendatore das Messer auf die Brust, und so geben am 7. September, beim Großen Preis von Italien in Monza, die ersten auf einem Ferrari montierten Scheibenbremsen ihr Debüt.

Ein hoher Preis

Der Sieg kommt Ferrari teuer zu stehen. Beim Großen Preis von Frankreich am 6. Juli in Reims stirbt Luigi Musso, als er in einem Kopf-an-Kopf-Rennen gegen seinen Teamkollegen Hawthorn aus der schnellsten Kurve der Renn-

Ein 250 GT Coupé Pinin Farina: dieser Wagen von schlichter Eleganz, hier in einer individuell karossierten Version, gilt als der erste Ferrari Serienwagen: in drei Jahren wurden 950 Stück produziert.

Pinin Farina ist der bevorzugte Ferrari-Karossier für Wagen mit großem Hubraum, die einer auserwählten Klientel vorbehalten bleiben. Hier ein 410 Superamerica in der Version von 1959.

Anfangs hat der 250 Testa Rossa noch Trommelbremsen, die später durch wirkungsvollere Scheibenbremsen ersetzt werden. Der Gitterrohrrahmen aus dünnen Stahlrohren erhält nachträglich eine Starrachse mit Schraubenfedern.

Le Mans 1958: Der 250 Testa Rossa ist Ferraris Flaggschiff für Langstreckenrennen. Die 24 Stunden gewinnt das Team Gendebien / Hill. Die privaten Fahrer Changy / „Beurlys" (hier im Bild) erreichen als Sechse das Ziel.

strecke fliegt. Nicht einmal einen Monat später, am 3. August, kommt Peter Collins am Lenkrad seines Ferrari auf dem Nürburgring von der Strecke ab, sein Wagen landet in den Bäumen, der Pilot wird aus dem Wagen geschleudert und erliegt seinen Verletzungen. Er hat Tony Brooks verfolgt, während ihm wiederum Mike Hawthorn dicht auf den Fersen war. Nach dem Weltmeisterschaftssieg zieht sich Mike Hawthorn aus dem Rennsport zurück. Doch am 19. Januar, als er sich mit seinem Jaguar auf dem Weg zu einem Geschäftsessen in London befindet, trifft er seinen Freund Rob Walker am Steuer eines Mercedes. Sie veranstalten auf der Landstraße ein privates Wettrennen, Mike gibt Gas, sein Freund Rob nimmt die Herausforderung an. Auf regennasser Fahrbahn kostet eine enge Kurve den Weltmeister das Leben.

Testa Rossa II

Nach dem Tod Andrea Fraschettis wird Carlo Chiti neuer technischer Leiter bei Ferrari. Aufgrund seiner bei Alfa Romeo gesammelten Erfahrungen gelingt es ihm, die Weiterentwicklung der Ferrari-Wagen schneller voranzutreiben. Seine erste Handlung ist die Entwicklung eines Sportwagens, der für Ferrari zum Zugpferd in dieser Kategorie wird, des 250 Testa Rossa, auch TR 58 genannt. Der Wagen gewinnt sofort die 24 Stunden von Le Mans (der dritte Sieg Ferrari-Sieg in diesem Rennen) sowie die Targa Florio und beschert damit der Scuderia den fünften Weltmeistertitel bei den Sportwagen. Der TR 58 ist die Weiterentwicklung des zwei Jahre älteren 500 TR, doch anstelle des Vierzylinders hat er einen sehr viel leistungsstärkeren V12-Motor. Der Hubraum beträgt 2953 ccm (300 PS) und entspricht damit den neuen Reglement für Sportwagen. Der Wagen bleibt in vielen unterschiedlichen Versionen bis 1962 erfolgreich.

Zweimal Gran Turismo

1958 werden auch drei Gran Turismo mit einem 3-Liter-Motor vorgestellt, vielleicht die schöns-

Ein Traumauto: der Ferrari 250 GT Spyder California, hier in der Version von 1960. Der Wagen wird bereits 1957 präsentiert und bis 1962 gebaut.

250 Testa Rossa (1958)
Motor: vorne längs eingeb, V12, Zylinderwinkel 60°
Hubraum: 2953 ccm, Bohrung x Hub: 73 x 58,8 mm.
Leistung 300 PS bei 7500 U/min
Spezifische Leistung: 101,6 PS/Liter
Ventilsteuerung: eine obenliegende Nockenwelle pro Zylinderreihe mit schräg hängenden Ventilen, Rollenkette.
Zündung: Magnet-Doppelzündung
Kraftstoffzufuhr: sechs Weber-Doppelvergaser 38 DCN
Schmierung: Druck-Trockensumpfschmierung
Antrieb: Hinterräder. *Getriebe:* 4-Gang in den Motorblock eingeb. selbsttätiges Sperrdifferenzial
Reifen: 5,50 x 16 v, 6,00 x 16 h
Karosserie: Sport-Zweisitzer, Karosserie aus Aluminiumlegierung (Design: Pinin Farina, Konstruktion: Scaglietti). Gitterrohrrahmen. Vorderachse mit einstellbaren Doppelquerlenkern, Schraubenfedern, Kurvenstabilisator und Teleskopstoßdämpfern. Hinterachse Bauart De-Dion, Längslenker, Schraubenfedern mit Teleskopstoßdämpfern (später Einzelradaufhängung).
Kraftstofftank: hinter dem Fahrersitz (Fassungsvermögen: 140 Liter)
Bremsen: vorne und hinten Trommelbremsen. Später Scheibenbremsen an allen vier Rädern.
Lenkung: Segmentlenkung
Maße und Gewicht: *Radstand:* 2350 mm.
Spur: 1308 mm v, 1300 mm h. *Gewicht fahrfertig:* 800 kg
Leistungen:
Höchstgeschwindigkeit: 198 bis 270 km/h je nach Hinterachsübersetzung
Verhältnis Gewicht/PS: 2,7 kg/PS
Offizieller Kraftstoffverbrauch: 26l/100km.

Das Herzstück des TR 58 ist der Motor: ein 3-Liter V12 mit 300 PS. Der Wagen wird in einer Version für Privatkunden (mit Starrachse hinten) und einer für Ferrari-Werksfahrer gebaut (Hinterachse mit Einzelradaufhängung).

Der 250 TR von 1958 galt als sehr aerodynamisch. Ohne große technische Änderungen wurde dieser Typ bis 1962 in insgesamt 34 Einheiten gebaut, wobei sich die späteren TR durch die gradlinigere und windschlüpfrigere Seitenpartie von den früheren Exemplaren unterschieden.

ten Straßenwagen, die Ferrari je gebaut hat. Der erste ist eine 250 GT Berlinetta, von Scaglietti nach dem Entwurf von Pinin Farina gebaut. Der Wagen ist die abgespeckte Version des 250 GT und soll bei verschiedenen Rennen eingesetzt werden. Sein Motor hat 2953 ccm Hubraum und 280 PS (Höchstgeschwindigkeit: 270 km/h). Er erringt viele Siege, darunter auch bei der Tour de France, die deswegen inoffiziell auch 250 Tour de France genannt wird.
Pinin Farina beschäftigt sich indes mit der Weiterentwicklung des Straßencoupés und bringt eine zweite Version mit der Bezeichnung 250 GT Coupé Pinin Farina II heraus. Der neue 250 GT ist ausgesprochen elegant und weist die Eigenschaften eines edlen Grand Routier auf. Seine abgeflachten Flanken machen ihn zu einem klassischen und gleichzeitig unvergesslichen Ferrari. Der Motor hat 240 PS, das Auto erreicht eine Höchstgeschwindigkeit von 250 km/h. Die Berlinetta 250 GT gilt als der erste Ferrari, der serienmäßig produziert wird. In einem Zeitraum von drei Jahren werden von der ersten Serie 350 Stück angefertigt.

California Dream

Das ästhetische Meisterstück von 1958 ist zweifellos der 250 GT Spyder California. Er wurde ebenfalls von Pinin Farina entworfen, aber von Scaglietti gebaut. Er hat die gleiche Mechanik wie die Sportwagen-Berlinetta bei einer Leistung, die bis 1962 von 240 auf 280 PS ansteigt und einem Radstand, der sich von 2600 mm auf 2400 mm verringert. Der Wagen ist für den amerikanischen Markt gedacht, doch er begeistert die ganze Welt. Wegen seiner Schönheit, seiner Anziehungskraft und weil es der Wagen ist, für den sich berühmte Persönlichkeiten wie etwa Mario Del Monaco entscheiden. Doch ein echter Ferrari gibt sich nicht damit zufrieden, ein Mythos zu sein, ein echter Ferrari will Rennen gewinnen. Ein Rennstreckenerfolg dieses Wagens mit dem Team Grossman / Tavano ist der fünfte Platz bei den 24 Stunden von Le Mans 1959.

1959 Die Herausforderung ist zu groß

Die erste Version des 250 GT Berlinetta, genannt Interim (sechs Stück), taucht in Le Mans auf. Die eigentliche Produktion (mit kurzem Radstand) beginnt Ende des Jahres.

Dan Gurney auf dem Ferrari Dino 246 F1 beim Großen Preis von Italien 1959. Er wird Vierter.

Die 250 GT Berlinetta hat den bei Ferrari-Straßenwagen üblichen V12-Motor mit 2953 ccm Hubraum. In die Rennversion ist ein Spezialmotor eingebaut, der Typ 168, bei dem die Leistung von 240 auf 280 PS ansteigt.

Der 250 GT wird in Serie produziert, wenn auch noch in geringer Stückzahl. Hier die Ausführung von 1960.

Auf dem Autosalon in Paris wird die 250 GT Berlinetta präsentiert, von Historikern später als Berlinetta mit kurzem Radstand oder SWB (Short Wheel Base) bezeichnet. Der Entwurf für die Karosserie, die auf dem Rahmen 539 sitzt, stammt von Pinin Farina, gebaut von Scaglietti. Zu den besonderen Merkmalen des Wagens zählen die Vorderachse mit Doppelquerlenkern, eine Bremsanlage mit vier Scheibenbremsen sowie ein weiter nach hinten verlagerte Motor.

Der Formel-1-Wagen von Ferrari für das Jahr 1959, der 256 F1, ist die höchstentwickelte Form des Rennwagens wie man ihn bis dato kannte, also mit einem vorne eingebauten Motor.

Beim Dino 246 F1, der 1958 den Weltmeistertitel holte, werden die Houdaille-Stoßdämpfer durch Teleskopstoßdämpfer ersetzt, die Schraubenfedern übernehmen den Platz der Blattfedern und die alte De-Dion-Achse wird von einer Einzelradaufhängung abgelöst. Der V12-Motor wird verbessert (Erhöhung des Hubraums von 2417 auf 2474 ccm, die Leistung steigt auf 290 PS), die Linien werden gestreckter, und der Wagen hat nun ein 5-Gang-Getriebe (das erstmals 1958 in Monza eingesetzt wurde, ebenso wie die Einzelradaufhängung und die Scheibenbremsen).

Sieger: ein Auto mit Heckmotor

Der Formel-1-Ferrari ist auf der Höhe der Zeit, was die beiden Siege des neuen Piloten Tony Brooks auch beweisen (auch wenn der zweite Sieg auf der Berliner Avus einem Dino 246 F1 zu verdanken ist, der noch immer eingesetzt wird.) Doch der noch immer vorne eingebaute Motor hat seine besten Jahre inzwischen hinter sich. Und so geht der Weltmeistertitel erstmals an einen Wagen, dessen Motor sich hinter dem Fahrersitz befindet, nämlich an den Cooper mit Climax-Motor des unerschrockenen Australiers Jack Brabham. In den Jahren 1959 und 1960 gewinnt Cooper 11 der 17 Grands Prix, an denen er teilnimmt. Tony Brooks wird auf Ferrari Vizeweltmeister und rettet damit die Ehre des Rennstalls. Jean Behra hingegen verlässt das Ferrari-Team nach dem Großen Preis von Frankreich – er kommt am Steuer eines Porsche auf der Avus ums Leben.

Bei der Sportwagen-Weltmeisterschaft überlässt Ferrari das Zepter den Briten: Aston Martin gewinnt das 24-Stunden Rennen von Le Mans. Der ständig weiterentwickelte Testa Rossa 250 vermag dagegen ebenso wenig auszurichten wie die kleinen Dino 196 und 246 S, die mit ihren

F1 Weltmeisterschaft der Fahrer
1. Jack Brabham auf Cooper
2. Tony Brooks auf einem *Ferrari 256 F1*
3. Stirling Moss auf *BRM*
4. Phil Hill auf einem Ferrari *256 F1*

F1 Weltmeisterschaft der Konstrukteure
1. Cooper
2. Ferrari
3. BRM

F1 Grand Prix
Frankreich, Reims
1. Tony Brooks auf einem *Ferrari 256 F1*
Deutschland, Avus
1. Tony Brooks auf einem *Ferrari 256 F1*

Zwölf Stunden von Sebring
1. Hill / Gendebien / Gurney / Daigh auf einem *250 TR 59*

Tour de France
1. Gendebien / Bianchi auf einem *250 GT*

Die Berlinetta verfügt über eine konventionelle, wenn auch technisch ausgereifte Hinterachse, die jedoch den neuesten technischen Erkenntnissen nicht Rechnung trägt: Längsblattfedern, Teleskopstoßdämpfer und Längslenker. Der Rahmen ist nach wie vor ein Rohrrahmen.

Das ganze Geheimnis liegt im Radstand, der man um 20 cm von 2600 mm auf 2400 mm verkürzt hat. Dadurch wird der Wagen wendiger in den Kurven und für den Renneinsatz besser geeignet.

Die 250 GT Berlinetta ist sowohl als Luxusausführung mit Stahlkarosserie (1160 kg) für den Einsatz auf der Straße verfügbar, als auch in einer Wettbewerbsversion mit Aluminiumkarosserie (110 kg leichter). Zwischen 1959 und 1962 werden 87 Luxus- und 73 Rennwagen gebaut.

Unten: Der 400 Superamerica mit Scheibenbremsen und 340 PS in einer für Gianni Agnelli angefertigten Version von Pinin Farina.
Ganz unten: Das 400 Superamerica Cabriolet, Pinin Farina. Nur sechs Stück wurden von diesem Modell gebaut, das sein Debüt 1960 in Brüssel gibt.

2,0- bzw. 2,5-Liter-V6-Motoren (1984 ccm und 195 PS bzw. 2498 ccm und 245 PS) und einer dem Testa Rossa ähnlichen Karosserie nur auf Klassensiege setzen können, die meist an Privatfahrer gehen.

Ein Traum-Spider

Pinin Farina entwickelt zusätzlich zu seinem Coupé II eine offene Version des 250 GT. Die Linien des Wagens darf man als besonders elegant bezeichnen. Im Vergleich zum Spyder California, der nicht nur eine sehr auffällige Karosserie hat, sondern dank seiner hervorragenden Leistung an vielen Rennen teilnimmt, ist der 250 GT Spider Pinin Farina ein ausgesprochener Straßenwagen. Der Motor ist der gleiche wie der des Coupé II, ebenso der Rahmen. Wie alle seine Coupés in der Version von 1959 bekommt der Wagen Scheibenbremsen von Dunlop. Das Auto ist ein großer Erfolg: Es werden 200 Stück produziert im Vergleich zu nur 40 Exemplaren als Spider, die den Rahmen des 250 GT der ersten Serie erhielten. Als 1962 der letzte 250 GT Spider Pinin Farina das Werk verlässt, gibt es bei den Ferrari-Seriencabriolets keinen Nachfolger; auf einen solchen muss man bis zu Entstehung des 275 GTS im Jahr 1964 warten.

1960 Ein Ferrari pro Tag

Das Ziel, das sich Enzo Ferrari zu Beginn seiner Konstrukteurslaufbahn gesteckt hat, ist endlich erreicht. In Maranello entsteht jetzt ein Auto pro Arbeitstag. 1960 werden 306 Wagen produziert, das sind sogar einige mehr als die Zahl der Arbeitstage in jenem Jahr. Diesem Resultat geht ein wichtiges Ereignis voraus: Am 23. Mai wird die Aktiengesellschaft SEFAC (Società Esercizio Fabbriche Automobili e Corse) gegründet. Sie ersetzt nach 21 Jahren die Auto-Avio Costruzioni, deren alleiniger Vorstand Enzo Ferrari war. Der 250 GT hat sich inzwischen zu einem kommerziellen Erfolg entwickelt. Er bietet mit den eleganten Spiders und Coupés (Pininfarina) den Renn-Berlinettas und den Spidern (offene Sportwagen) eine breite Palette, die den Bedürfnissen der Kunden voll entspricht. Das letzte Modell, das in dieser Bandbreite noch fehlte, kommt jetzt auf den Markt: ein 250 GT 2+2. Angefertigt wird der Wagen wie immer vom Ferrari-Couturier Pinin Farina, dessen Firmenbezeichnung nun Pininfarina lautet. Es ist der erste viersitzige Ferrari Gran Turismo des Turiner Karossiers. Und es ist auch der erste Ferrari dieses Typs, der in Serie produziert wird, denn bislang wurden einige 2+2 nur von unabhängigen Konstrukteuren in sehr kleiner Stückzahl angefertigt.

Die Karosserie ist etwas länger und breiter im Vergleich zum 250 GT Zweisitzer, doch der Radstand bleibt unverändert. Um im Innenraum Platz zu gewinnen, wird der Motor in einem dafür neu konzipierten Rahmen um 20 cm nach vorne verlegt.

F1 – Nicht der Erinnerung wert

In der Formel 1 ist 1960 ein schwarzes Jahr. Es ist die letzte Saison, in der Ferrari einen Monoposto mit vorne eingebautem Motor einsetzt, den 256 F1 aus dem Vorjahr, an dem einige unwesentliche Veränderungen vorgenommen wurden (man setzt jedoch auch immer noch den Dino 246 F1 ein). Unter den Konstrukteuren wird Ferrari nur Dritter, und der beste Pilot der Scuderia, der Amerikaner Phil Hill,

Großer Preis von Frankreich 1960: Eine Ära geht zu Ende, man geht zum hinten eingebauten Motor über. Das harte Duell zwischen Brabhams Cooper (Nr.16, er wird das Rennen gewinnen) und dem Ferrari von Graf Berghe von Trips (der ausscheidet) symbolisiert den technischen Zweikampf und die neue Richtung, in die man sich entwickelt.

Unten: Monza, Großer Preis von Italien: Ginther auf dem Ferrari 256 mit vorne eingebautem Motor „zieht" den 156 F2 von Berghe von Trips mit seinem hinten eingebauten Motor. (V6, 1,5 Liter). Ginther wird Zweiter, von Trips Fünfter. .

F1 Weltmeisterschaft Fahrer
1. Jack Brabham auf *Cooper*
2. Bruce McLaren auf *Cooper*
3. Stirling Moss auf *Lotus*
5. Phil Hill auf einem *Ferrari 256 F1*
6. Wolfgang Berghe von Trips auf einem *Ferrari 256 F1*

F1 Weltmeisterschaft der Konstrukteure
1. Cooper
2. Lotus
3. Ferrari

Weltmeisterschaft der Sportwagenkonstrukteure
1° Ferrari

F1 Grand Prix
Italien, Monza
1. Phil Hill auf einem *Ferrari 256 F1*

1000 Kilometer von Buenos Aires
1. Hill / Allison auf einem *250 TR 59/60*
24 Stunden von Le Mans
1. Gendebien / Frère auf einem *250 TR 59/60*
Tour de France
1. Mairesse / Berger auf einem *250 GT*
1000 Kilometer von Paris
1. Gendebien / Bianchi auf einem *250 GT*.

Olivier Gendebien am Steuer des Ferrari 250 TR, mit dem er und Paul Frère die 24 Stunden von Le Mans gewinnen; dahinter der andere 250 TR von Rodriguez / Pilette (2.).

Links: der Original 250 GT, karossiert von Bertone.

erzielt bei der Weltmeisterschaft nur den fünften Platz. Es führen Jack Brabham und sein Cooper-Climax, die sich zum zweiten Mal in Folge den Weltmeistertitel sichern.
Den einzigen Ferrari-Sieg der gesamten Rennsaison erringt Phil Hill beim Großen Preis von Italien. Er ist jedoch nicht aussagekräftig, nimmt doch kein einziger britischer Konstrukteur aus Protest gegen den Automobilclub in Mailand teil. Es ist außerdem das letzte Formel-1-Jahr für 2,5 Liter-Motoren. Ab 1961 lässt das Reglement nur noch Autos mit maximal 1,5 Liter Hubraum zu. In Maranello steht man dieser Neuerung diesmal jedoch nicht unvorbereitet gegenüber.

Der 250 GT 2+2 Pininfarina, der bis 1963 produziert wurde.

17

1961 Das Jahr der Siege und Erneuerungen

Oben: Phil Hill auf dem Ferrari 156 F1 am Nürburgring beim Großen Preis von Deutschland 1961. Er wird Dritter.

Links: Der 250 Testa Rossa von Mairesse / Parkes bei den 24 Stunden von Le Mans. Das Team geht als Zweites hinter dem TR 61 von Hill / Gendebien ins Ziel.

Rechts: Wolfgang Berghe von Trips auf dem Ferrari 156 F1 beim Großen Preis von Holland in Zandvoort, den er für sich entscheiden wird. 1961 gewinnt er auch den Großen Preis von England.

Es ist ein historisches Ereignis: Beim Großen Preis von Monaco geht am 29. Mai 1960 in Monte-Carlo ein Ferrari mit hinter dem Fahrersitz eingebautem Motor an den Start. Es ist der 246 F1, bezeichnet als 246 P. Am Lenkrad Richie Ginther, der Sechster wird. Am 4. September nimmt Wolfgang Berghe von Trips in Monza am Großen Preis von Italien mit einem 156 F2 mit einem V6-Mittelmotor teil. Der Wagen liefert eine hervorragende Leistung, lässt den Porsche von Hans Hermann mit gleichem Hubraum weit hinter sich und gewinnt in der F2-Klasse.

Nun hat also auch Ferrari den Weg des hinten eingebauten Motors eingeschlagen. Und es ist einmal mehr der richtige Weg. 1961, als sich das Reglement ändert und man zu 1,5-Liter-Saugmotoren übergeht, ist man in Maranello vorbereitet: Da ist der 156 F1, mit dem Phil Hill den Titel holt. Die Scuderia dominiert die Saison – es ist wie einst, als 1952 und 1953 der 500 F2 den Ton angab ...

156 F1 – Ästhetik auf Siegeskurs

Der Motor des Wagens ist ein V6 mit 1477 ccm Hubraum. In seiner ersten Version hat er einen Zylinderwinkel von 65°. Carlo Chiti erweitert diesen Winkel schließlich auf 120° (er tauscht die Kurbelwelle aus, verändert die Pleuel und verwendet kleinere Zylinderköpfe) und schafft so einen leichteren und weniger sperrigen Motor, der zudem mit 190 PS auch leistungsstärker ist als der 65°-Motor mit 180 PS. Durch die neue 120°-Version ließ auch der Schwerpunkt des Wagens senken, der seinen ersten Auftritt beim Großen Preis von Monaco auf der Rennstrecke von Monte-Carlo hat.

Der 156 F1 besitzt ein unverwechselbares, äußeres Erkennungsmerkmal, nämlich die doppelte Luftansaugung des vorn eingebauten Kühlers, der ihm den Spitznamen „Haifischmaul" einbringt. Auch der 246 SP, der erste Ferrari Sportwagen mit hinten eingebautem Motor, weist dieses Merkmal auf. Der Pilot des Monoposto F1 ist durch eine breite Windschutzscheibe aus

Bei den Folgemodellen des 156 F1 wird der Fahrersitz eher liegend gestaltet sein, ähnlich wie beim neuen Lotus 25 von Jim Clark. Dank dieser Verbesserung, kann die Vorderfront verkürzt werden, was zu einer besseren Aerodynamik des Wagens führt..

Der 156 F1 wird zunächst mit einem V6-Motor mit 65°-Zylinderwinkel gebaut, später jedoch mit dem leistungsstärkeren V6 mit 120° Zylinderwinkel ausgestattet. Der größere Neigungswinkel der Zylinder ist bei der abgebildeten Version zu erkennen und bringt den Vorteil mit sich, dass man den Schwerpunkt des Monoposto tiefer legen kann.

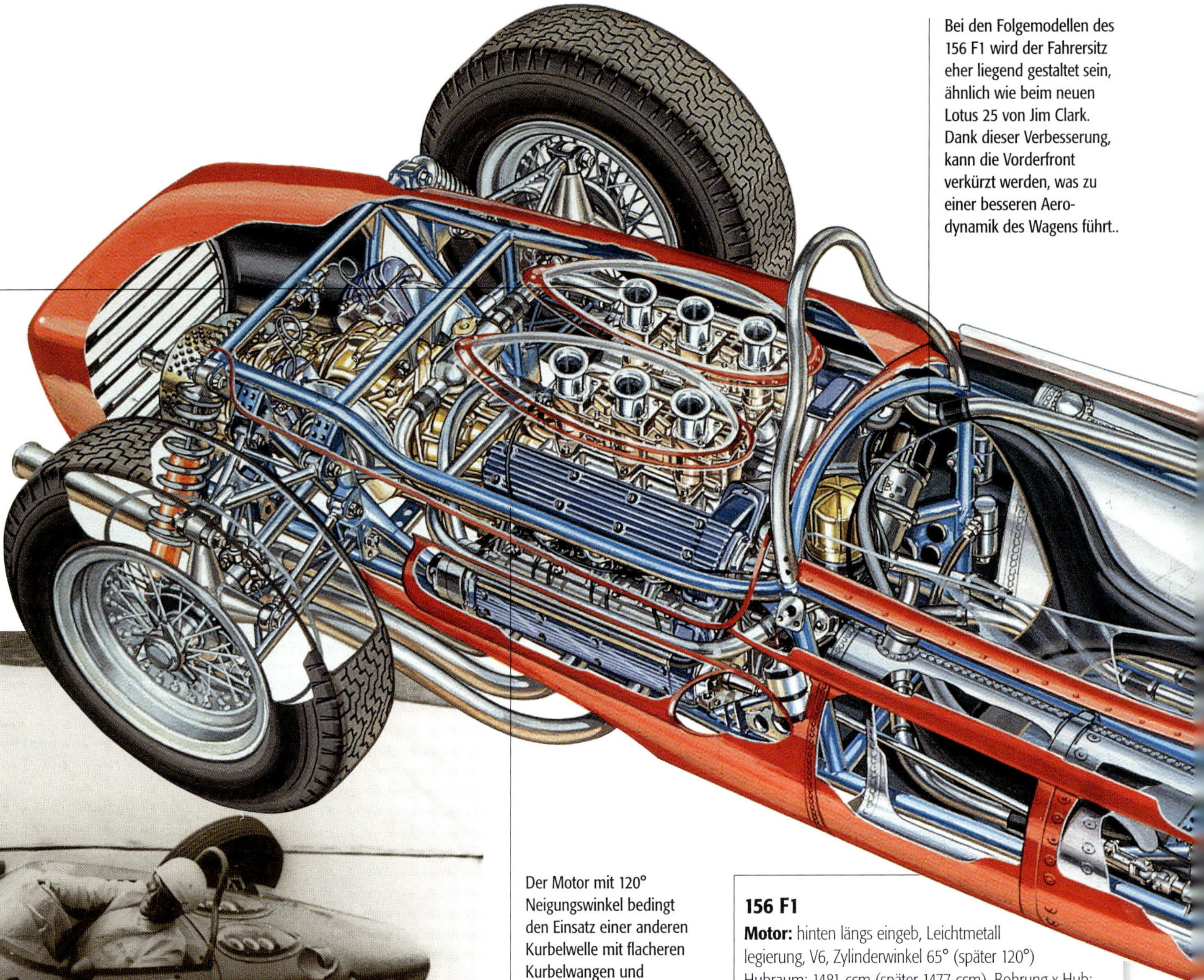

Der Motor mit 120° Neigungswinkel bedingt den Einsatz einer anderen Kurbelwelle mit flacheren Kurbelwangen und leichteren Pleueln. Es werden dadurch die Trägheitsmomente verbessert sowie die bewegten Massen des Motors verringert.

Phil Hill, der 1961 die Formel 1-Weltmeisterschaft gewinnen wird, hier am Karussell, der berühmten Kurve am Nürburgring, beim Großen Preis von Deutschland; Hill wird Dritter, es gewinnt Moss auf Lotus.

Plexiglas geschützt. Außerdem befindet sich hinter dem Kopf des Fahrers für den Fall eines Aufpralls einen Überrollbügel.
Einzelradaufhängung, separat angeordnetes und längs eingebautes 5-Gang-Getriebe mit selbsttätigem ZF-Sperrdifferenzial mit Anzugskeil, besonders aerodynamische Aluminiumkarosserie: der 156 F1 ist der Konkurrenz weit überlegen.
Einen ersten Beweis hierfür bringt der Große Preis von Belgien in Spa-Francorchamps, bei dem Ferrari die Plätze Eins bis Vier belegt. Der Weltmeistertitel für Phil Hill ergibt sich aus einer derartigen Überlegenheit fast automatisch. Doch auch dieser Triumph wird von einer Tragödie überschattet: Am 14. September berührt der Jim Clarks Lotus in Monza beim Eintreten in die Parabolica-Kurve den Ferrari von Berghe von Trips, der die Weltmeisterschaft mit 33 Punkten anführt. Teamkollege Hill liegt bei 29 Punkten. Der Ferrari kommt von der Fahrbahn ab und rast ins Publikum. Tragische Bilanz: Der Pilot und 14 Zuschauer sterben.
Nach diesem Desaster bleibt die Scuderia dem letzten Grand Prix der Saison, dem Großen Preis von Watkins Glen in den USA, fern. Phil Hill erringt den Weltmeistertitel und ist damit der erste Amerikaner, der Formel-1-Weltmeister wird. 1961 ist auch das erste Jahr, in dem Ferrari die für Konstrukteuren ausgeschriebe-

156 F1

Motor: hinten längs eingeb, Leichtmetall legierung, V6, Zylinderwinkel 65° (später 120°) Hubraum: 1481 ccm (später 1477 ccm). Bohrung x Hub: 67 x 70,0 mm (später: 73 x 58,8 mm), Leistung: 180 PS bei 9200 U/min (später 190 PS bei 9500 U).
Spezifische Leistung: 121,9 PS/Liter (später 128,6)
Ventilsteuerung: zwei obenliegende Nockenwellen pro Zylinderreihe mit zwei schräg hängenden Ventilen, Rollenkette. *Zündung:* Batterie-Doppelzündung mit zwei Zündkerzen pro Zylinder und vier Zündspulen
Kraftstoffzufuhr: drei Weber-Vergaser 42 DCN (später zwei Dreifachvergaser 401F3C)
Schmierung: Trockensumpfschmierung mit Ölkühler
Antrieb: Hinterräder. *Getriebe:* 5-Gang hinten längs eingeb., mit selbsttätigem Sperrdifferenzial
Reifen: 5,50 x 13 v, 7 x 13 h
Karosserie: Monoposto aus Aluminium, Gitterrohrrahmen; Vorderachse mit einstellbaren Doppelquerlenkern, Schraubenfedern, Kurvenstabilisator und Teleskopstoßdämpfern; Hinterachse mit einstellbaren Doppelquerlenkern Schraubenfedern, Kurvenstabilisator und koaxialen Teleskopstoßdämpfern;
Kraftstofftank: 2 x seitlich (Fassungsvermögen: 150 Liter)
Bremsen: innenbelüftete Scheibenbremsen (hinten innen montiert)
Lenkung: Zahnstangenlenkung
Maße und Gewicht: *Radstand:* 2320 mm
Spur: 1200 mm v, 1200 mm h. *Länge:* 4060 mm, Breite: 1380 mm, Höhe: 1000 mm.
Leergewicht: 440 kg
Fahrleistungen:
Höchstgeschwindigkeit: 260 km/h
Verhältnis Gewicht/PS: 2,44 kg/PS (später 2,13 kg/PS)

F1 Weltmeisterschaft der Fahrer
1. Phil Hill auf einem Ferrari 156 F1
2. Wolfgang von Trips auf einem Ferrari 156 F1
3. Stirling Moss auf Lotus
Dan Gurney auf Porsche
5. Richie Ginther auf einem Ferrari 156 F1

F1 Weltmeisterschaft der Konstrukteure
1. Ferrari
2. Lotus
3. Porsche

Weltmeisterschaft der Sportwagen-konstrukteure
1. Ferrari

F1 Grand Prix
Holland, Zandvoort
1. Wolfgang Berghe von Trips auf einem *156 F1*
Belgien, Spa-Francorchamps
1. Phil Hill auf einem *156 F1*
Frankreich-Reims
1. Giancarlo Baghetti auf einem *156 F1*
Großbritannien, Aintree
1. Wolfgang von Trips auf einem *156 F1*
Italien, Monza
1. Phil Hill auf einem *156 F1*

Zwölf Stunden von Sebring
1. Hill / Gendebien auf einem *250 TR 61*
Targa Florio
1. von Trips / Gendebien auf einem *246 SP*
24 Stunden von Le Mans
1. Hill / Gendebien auf einem *250 TR 61*
Vier Stunden von Pescara
1. Bandini / Scarlatti auf einem *250 TR 61*

Tour de France
1. Mairesse / Berger auf einem *250 GT*
1000 Kilometer von Paris
1. P. Rodriguez / R. Rodriguez auf einem *250 GT*

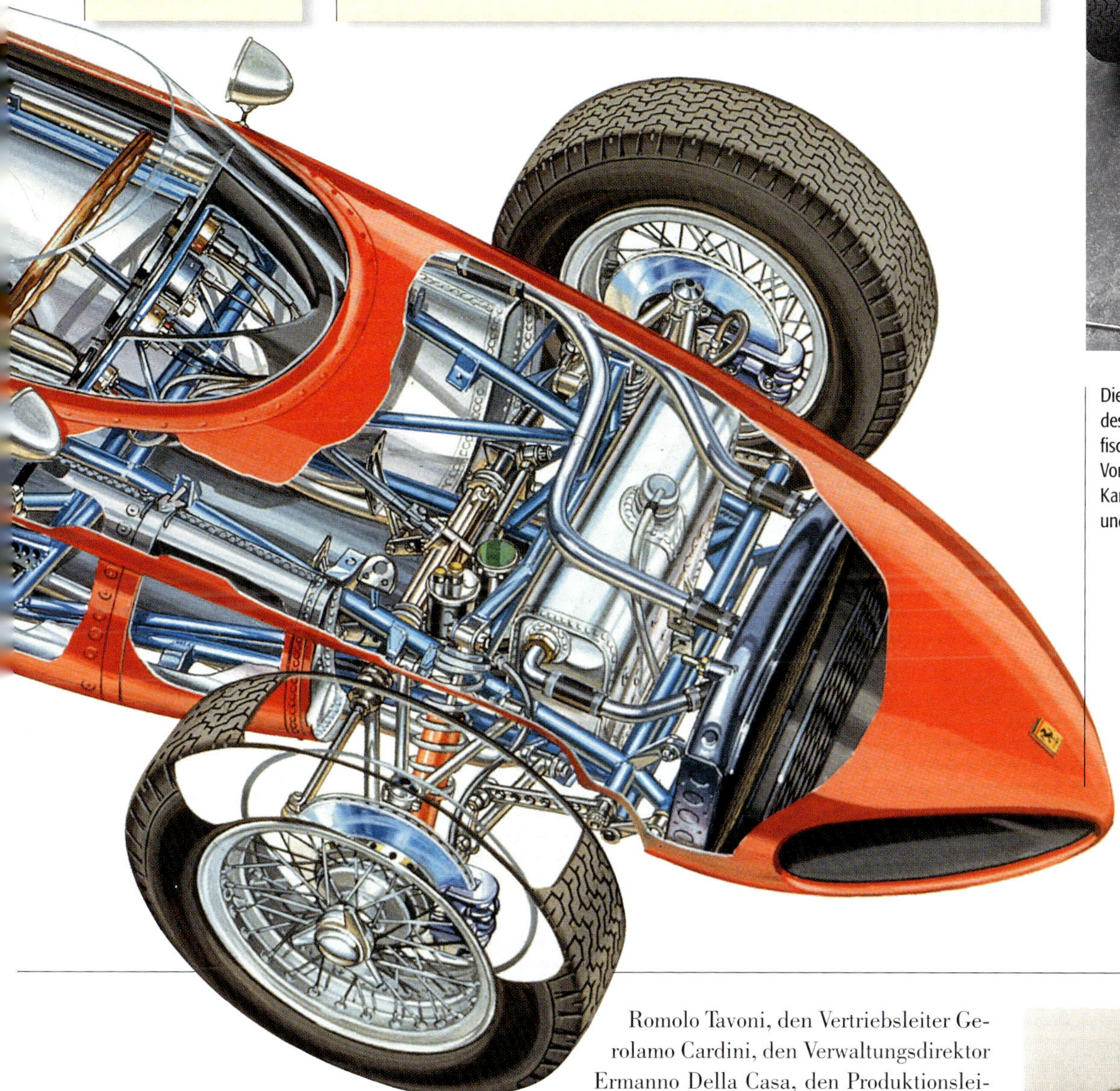

Die aerodynamische Front des 156 F1, auch „Haifischmaul" genannt, ist Vorbild für eine Reihe von Karosserien für Monoposti und Sportzweisitzer.

Beim 156 F1 ist alles nach hinten verlagert; der Wagen hat einen ausgefeilten Gitterrohrrahmen, die Kupplungs-Getriebe-Einheit ist an der Hinterachse elastisch aufgehängt. Der sehr leistungsstarke V6 mit 190 PS lässt den englischen Vierzylindern so gut wie nie eine Chance.

Der Mailänder Pilot Giancarlo Baghetti (Ferrari 156 F1, Nr. 50) vor Dan Gurney (Porsche) beim Großen Preis von Frankreich 1961 in Reims. Baghetti gewinnt das Rennen in einem unvergesslichen und nervenaufreibenden Endspurt.

ne Formel-1-Weltmeisterschaft der Marken für sich entscheidet.

Die Diaspora der Direktoren

Im November trifft den Commendatore ein weiterer harter Schlag: Acht seiner Führungskräfte verlassen Ferrari. Es handelt sich dabei um die Ingenieure Carlo Chiti (technischer Leiter) und Giotto Bizzarrini (Verantwortlicher im Bereich Erfahrung), den Leiter im Bereich Sport Romolo Tavoni, den Vertriebsleiter Gerolamo Cardini, den Verwaltungsdirektor Ermanno Della Casa, den Produktionsleiter Federico Giberti, den Leiter der Gießerei Fausto Galassi sowie den Personaldirektor Enzo Selmi. Die Gründe für diesen Gruppenrükkzug werden nie geklärt. Manche sprechen von einer Ohrfeige, die Enzo Ferraris Frau Chiti gegeben haben soll, manche sprechen von dem Versuch der Direktoren, Ferrari zu stürzen. Und so steht Enzo Ferrari plötzlich allein auf der Kommandobrücke seines Unternehmens, während seine ehemaligen Führungskräfte den Rennstall ATS gründen. Nur zwei der Direktoren kehren einen Monat später zu Ferrari zurück.

Der Original-250 GT, Karosserie Pininfarina, mit einem Heck im Stil des Superamerica.
Ein weiterer 250, ebenfalls von Pininfarina karossiert, der im Auftrag von Prinz Bernhard von Holland angefertigt wurde.

Ein Stern namens Baghetti

Giancarlo Baghetti (Mailand 25. Dezember 1934 – 27. November 1995) hat weder aufgrund seines großen Talents noch wegen der erzielten Ergebnisse, die seinen Fähigkeiten eigentlich nicht entsprachen, Formel-1-Geschichte geschrieben, sondern weil er der einzige Pilot war, der gleich bei seinem Formel-1-Debüt gewann (nach Nino Farina beim ersten Trainingslauf der Weltmeisterschaft, am 13. Mai 1950 beim Großen Preis von England). Und das auf einem Ferrari. Schade nur, dass der Große Preis von Frankreich 1961 der einzige gewertete Formel-1-Grand Prix war, den er je für sich entscheiden konnte. Auf dem Ferrari 156 F1 hat er noch vor dem Sieg in Frankreich zwei weitere Siege errungen, jedoch bei Rennen, die für die Titelwertung nicht relevant waren. Am 25. April gewann er beim Großen Preis von Syrakus und holte damit den ersten Grand Prix-Sieg auf einem F1-Ferrari mit hinten eingebautem Motor. Am 14. Mai konnte er schließlich auch den Großen Preis von Posillipo (Neapel) für sich entscheiden.

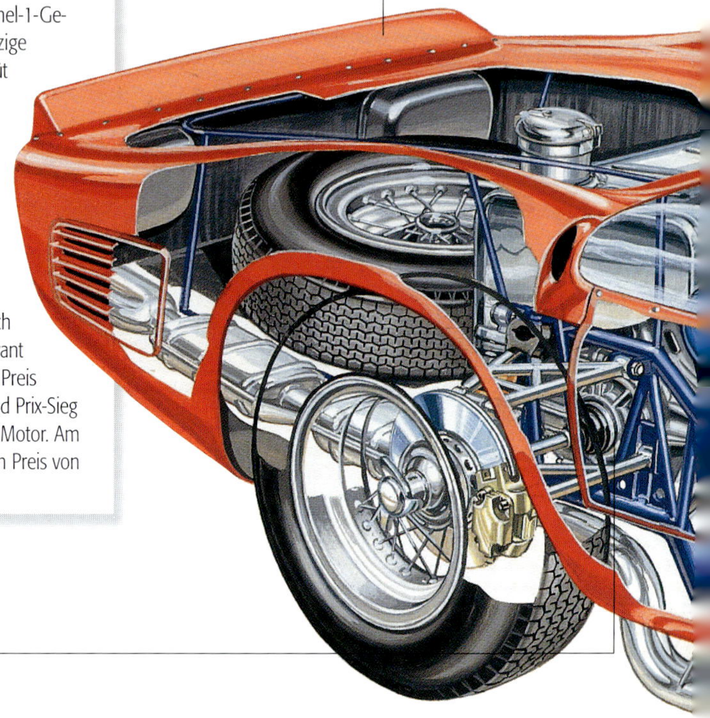

Beim 250 TR 61 ist die Aerodynamik besonders weit entwickelt: Neben der vom 156 F1 übernommenen Front mit doppeltem Lufteinlass verfügt der Wagen auch über Spoiler am Ende des langen Hecks, die den Druck auf die Antriebsräder erhöhen.

Der 250 Testa Rossa in der Ausführung von 1961, auch 250 TR 61 genannt. Er hat hinten keine Starrachse mehr, sondern Einzelradaufhängungen mit einstellbaren Doppelquerlenkern. Er verfügt auch über Scheibenbremsen, wie sie bereits auf den 250 TR 1959 montiert wurden.

Der erste Spoiler

Auch bei den Sport- und Straßenwagenrennen steht das Jahr unter einem guten Stern. Mit dem gleichen Erfolg wie bei der Formel 1 setzt man auch bei geschlossenen Fahrzeugen das Bauprinzip mit hinten eingebauten Motoren fort. So entsteht der 246 SP mit einem Dino-V6-Motor mit 2417 ccm und 275 PS. Der Wagen ist klein, wendig, blitzschnell und kommt auf kurvenreichen Strecken wie der Targa Florio (die er gewinnt) und dem Nürburgring gut zurecht. An diesem Zweisitzer testet Carlo Chiti in Monza zusammen mit dem Piloten Richie Ginther erstmals den Einsatz eines Heckspoilers. Ihr Wagen ist auf der Geraden schnell, doch in der Kurve instabil. Also bringt Chiti eine „Blechzunge" (später als Spoiler bezeichnet) an. Diese erweist sich als sehr wirkungsvoll, da sie den Druck auf die Hinterräder verstärkt, ohne das Gewicht des Fahrzeugs zu erhöhen Zwar verliert der Wagen auf der Geraden ein wenig an Geschwindigkeit, doch die eingebrachte Veränderung macht sofort Schule. Die Hinterachse des 246 SP verfügt über Einzelradaufhängung und die Getriebe-Kupplungseinheit ist, ebenso wie beim Monoposto, separat hinter den Achsen angeordnet. Auf den Hinterrädern hat der Wagen innenbords angebrachte Scheibenbremsen. Auf der Rennstrecke kommt der Wagen erstmals bei den Zwölf Stunden von

250 Testa Rossa

Motor: vorne längs eingeb, Leichtmetalllegierung, V12 Zylinderwinkel 60°, Hubraum: 2953 ccm. Bohrung x Hub: 73 x 58,8 mm. Leistung: 330 PS bei 7500 U/min.
Spezifische Leistung: 111,8 PS/Liter
Ventilsteuerung: eine obenliegende Nockenwelle pro Zylinderreihe mit schräg hängenden Ventilen, Rollenkette.
Zündung: Batterie-Doppelzündung
Kraftstoffzufuhr: sechs Weber-Doppelvergaser 38 DCN
Schmierung: Trockensumpfschmierung
Antrieb: Hinterräder
Getriebe: 5-Gang im Motorblock integriert; selbsttätiges Sperrdifferenzial
Reifen: 5,50 x 16 v, 6,00 x 16 h
Karosserie: zweisitziger Sportwagen, Aluminiumkarosserie (Scaglietti). Gitterrohrrahmen; Vorderachse mit einstellbaren Doppel-Querlenkern, Schraubenfedern, Kurvenstabilisator und Teleskopstoßdämpfern; Hinterachse mit einstellbaren Doppel-Querlenkern, Schraubenfedern, Kurvenstabilisator und Teleskopstoßdämpfern.
Bremsen: vorne und hinten Scheibenbremsen
Lenkung: Segmentlenkung
Kraftstofftank: hinter dem Fahrersitz (Fassungsvermögen: 140 Liter)
Maße und Gewicht: *Radstand:* 2410 mm.
Spur: 1308 mm v, 1300 mm h. *Gewicht fahrfertig:* 750 kg
Leistungen:
Höchstgeschwindigkeit: über 270 km/h
Verhältnis Gewicht/PS: 2,27 kg/PS

Ein Blick auf den siegreichen 246 SP (2417 ccm, V6, 275 PS) des Teams von Trips / Gendebien / Ginther bei der Targa Florio. Es ist der erste Sieg des Ferrari-Zweisitzers mit hinten eingebautem Motor.

Der Motor des 250 TR 61 ist der klassische 3-Liter-V12 mit einer Nockenwelle. Doch er verfügt über Trockensumpfschmierung und so erreicht er in der 4-Liter-Sonderversion 330 TRi LM knapp die 390-PS-Marke.

Sebring unter den Piloten von Trips und Ginther zum Einsatz, der das Fahrzeug mitentwickelt hat. Der Sieg scheint gewiss, doch der deutsche Pilot kommt von der Fahrbahn ab, die Vorderachse wird beschädigt und der Wagen ist nicht mehr fahrfähig. In seiner zweijährigen Laufbahn, 1961 und 1962, erholt sich der 246 SP jedoch von seinem unglücklichen Debüt in Sebring und fährt noch viele hervorragende Ergebnisse ein.

Die Sportwagen-Weltmeisterschaft wieder im Griff

Der 246 SP trägt zusammen mit dem 250 TR zur Rückeroberung des Weltmeistertitels bei den Sportwagen bei. Der 250 TR gewinnt in der Version von 1961 mit dem Team Gendebien / Hill die 24 Stunden von Le Mans und fährt damit den fünften Rennsieg für Ferrari ein. Der 250 TR 61 ist der ungewöhnlichste Testa Rossa und auch der letzte, da der 4-Liter 330 TRi LM aus dem Jahr 1962 bereits als Weiterentwicklung dieses Modells angesehen werden kann. Sein V12 verfügt über Trockensumpfschmierung (bereits beim TR der Version 1960 eingesetzt) und bringt es auf 360 PS, die allerdings nach wie vor unter der vorderen Haube stecken. Die Hinterachse verfügt bis 1960 über Einzelradaufhängung. Man ändert derzeit die Position des Motors bei den Gran Turismo nicht, und zwar weder bei den Straßen- noch bei den Rennwagen.

Die 250 GT Berlinetta mit kurzem Radstand ist weiter auf Siegeskurs. Bereits 1960 hat dieser Ferrari die 1000 Kilometer von Paris und die Tour de France für sich entschieden. Der 3-Liter-V12 mit 280 PS (Rennwagenversion) wird durch eine Ölwanne aus Elektron verbessert. Auch in diesem Jahr gewinnt der Wagen die beiden Rennen und fährt außerdem bei der Tourist Trophy mit Moss und den Sechs Stunden in der Auvergne mit dem Team Mairesse / Dumay als Erster durchs Ziel. Gleichzeitig geht die Produktion der Straßen-Berlinetta (Typ Lusso) weiter: Stahlkarosserie, Stoßstangen, Kurbelscheiben, Innenausstattung in Leder, 240-PS-Motor.

1962 Der GTO – eine Legende

Der 250 GTO in seiner endgültigen Ausführung, hier mit geschlossenen Öffnungen der Luftansaugstutzen. Der Wagen ist flach, wendig, leicht und kompakt und hat damit die besten Chancen, sich stets ganz vorne zu platzieren – was ihm auch gelingt.

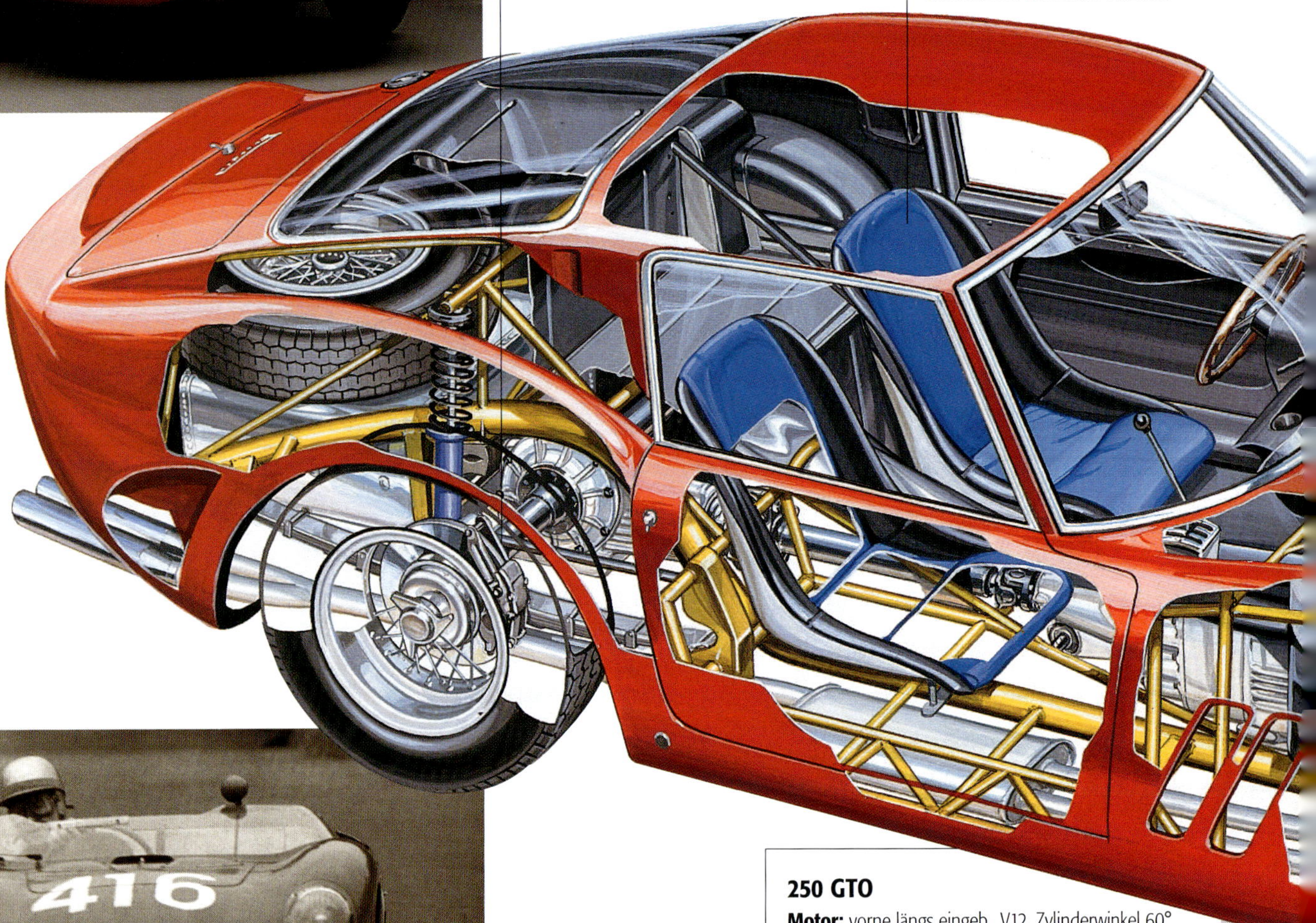

Der GTO verfügt über eine hintere Starrachse mit Querlenkern. Er unterscheidet sich also hinsichtlich des Rahmens nicht von den Vorgängermodellen der Gran Turismo Rennsportwagen. Sein Radstand misst 2400 mm und entspricht dem des 250 GT SWB.

Der GTO ist der Inbegriff sportlicher Eleganz mit Frontmotor. Sein für Renneinsätze konzipierter Gitterrohrrahmen trägt einen V12-Motor, dessen Zuverlässigkeit und Leistung geradezu legendär sind. Der Wagen verfügt außerdem über Scheibenbremsen an allen vier Rädern – eine Besonderheit, die sich bei den GT- Weltmeisterschaftsläufen auf der Rennstrecke wie auch auf der Straße auszahlt.

Der unerschrockene Lodovico Scarfiotti fährt seinen Ferrari 196 SP auf der Bergstrecke Parma-Poggio bei Berceto 1962 zum Sieg. Am Ende der Rennsaison sichert sich Scarfiotti den Titel des Europa-Bergmeisters.

Der 250 GTO ist durch puren Zufall, oder besser gesagt: durch reines Ausprobieren entstanden. In Maranello existiert keine Zeichnung, kein einziger noch so grober Entwurf, als man dort mit der Konstruktion eines Autos beginnt, der sich am als einer der schönsten, faszinierendsten und begehrtesten Ferraris aller Zeiten entwickeln sollte. Es gibt nur eine klare Vorstellung im Kopf von Giotto Bizzarrini, jenem begabten Livorneser, der eine starke Leidenschaft für Flugzeuge hat und bei Ferrari die Versuchsabteilung leitet. Bizzarrini möchte die Leistung des 250 GT mit kurzem Radstand verbessern. Doch wie? Indem er den Motor der Berlinetta so tief und so weit nach hinten wie möglich legt. Damit wird auch die Motorhaube niedriger, die schließlich als Gegenpol zu dem kurzem Heck ein markanteres Profil bekommt hervorsticht und dem Wagen zugleich eine verbesserte Aerodynamik verleiht.

Bizzarrini lässt also verkürzen, absenken, zusammenschweißen und testen und hat bereits Mitte 1961 einen ersten Prototyp des legendären GTO vor sich stehen. Ende des Jahres verlässt Bizzarrini allerdings zusammen mit den anderen Direktoren die Scuderia; Enzo Ferrari überantwortet anschließend die Technische Leitung einem 25jährigen Ingenieur, der zwar ein schlauer Kopf ist, den jedoch alle für viel

250 GTO

Motor: vorne längs eingeb., V12, Zylinderwinkel 60°. *Hubraum:* 2953 ccm, Bohrung x Hub: 73 x 58,8 mm. Leistung 300 PS bei 7500 U/min. *Spezifische Leistung:* 101,6 PS/Liter. *Ventilsteuerung:* eine obenliegende Nockenwelle pro Zylinderreihe mit zwei schräg hängenden Ventilen pro Zylinder, Rollenkette. *Zündung:* Batterie-Doppelzündung. *Kraftstoffzufuhr:* sechs Weber-Doppelvergaser 38 DCN. *Schmierung:* Druck-Trockensumpfschmierung.
Antrieb: Hinterräder.
Getriebe: 5-Gang in den Motorblock integriertes selbsttätiges Sperrdifferenzial.
Reifen: 6,00 x 16 v, 6,00 x 16 h.
Karosserie: Berlinetta-Zweisitzer aus Aluminium (Scaglietti), Vorderachse mit einstellbaren Doppelquerlenkern, Schraubenfedern, Kurvenstabilisator und Teleskopstoßdämpfern; hinten Starrachse mit Längsblattfedern, Schraubenfedern und hydraulischen Teleskopstoßdämpfern. Kraftstofftank: hinter der Hinterachse (Inhalt 133 Liter).
Bremsen: vorne und hinten Scheibenbremsen.
Lenkung: Segmentlenkung.
Maße und Gewicht: *Radstand:* 2400 mm
Spur: 1354 mm v, 1350 mm h. *Länge*: 4325 mm, Breite: 1600 mm, Höhe: 1210 mm
Gewicht fahrfertig: 900 kg
Fahrleistungen: *Höchstgeschwindigkeit:* 280 km/h
Verhältnis Gewicht/PS: 3,0 kg/PS

Tour de France 1963: Start zu einem der Qualifikationsläufe zu diesem Etappenrennen. In der ersten Reihe, von links nach rechts, der Ferrari GTO des Siegerteams Guichet / Behra, daneben die Wagen von Bandini / Tavano und Abate / Bianchi (Zweite in der Gesamtwertung).

Der Motor der 250 GTO ist nicht neu, sondern die Weiterentwicklung des 250 TR-Triebwerks gleichen Baujahrs, also ein 3-Liter-V12 mit Druck-Trockensumpfschmierung und einer Leistung von 300 PS. In einigen GTO wird hingegen ein 4-Liter-Motor eingebaut, der einem Motorblock mit längerem Hub aufweist.

Die drei Ansaugstutzen an der gedrungenen, ovalen Motorhaubenfront erhöhen die Luftzufuhr der Kühlung. Die Karosserie des GTO stammt aus dem innovativen Hause Scaglietti.

Unten: Ricardo Rodriguez führt auf einem Ferrari 156 F1 auf dem Nürburgring beim Großen Preis von Deutschland 1962 das Team an. Für den angriffslustigen Mexikaner endet das Rennen mit einem sechsten Platz. Der Sieg geht an Graham Hill auf BRM.

zu jung für diesen Posten halten. Doch wieder einmal hatte der Commendatore das richtige Gespür, denn der junge Mauro Forghieri ist ein Gewinn auf ganzer Linie. Mit einer kurzen Unterbrechung zwischen 1972 und 1973 bleibt er bis 1984 Technischer Leiter bei Ferrari. Und eben jener Forghieri zeichnet schließlich für die endgültige Entwicklung des GTO verantwortlich, auch wenn der eigentliche geistige Vater des Wagens natürlich Giotto Bizzarrini ist.

Dreimal Weltmeister

Eigentlich sollte der Wagen nur eine Weiterentwicklung der 250 Berlinetta mit kurzem Radstand sein, doch der GTO mausert sich schließlich zu einem eigenständigen Modell, auch was seine Bezeichnung aussagt. Ursprünglich wollte man ihn nur GT nennen, doch ein an die beiden Buchstaben GT angehängtes O, das für „omologato" (typgeprüft, homologiert) steht, bestätigt die Zuordnung des Wagens zur Kategorie Gran Turismo und verleiht ihm schließlich die Bezeichnung GT Omologato, also GTO.

Im September 1961 unterzieht Stirling Moss den Prototyp in Monza einem ersten Test. Das Serienmodell stellt man der Presse schließlich am 24. Februar 1962 in Maranello vor. Innerhalb von drei Jahren werden 36 Stück mit ei-

F1 Fahrer-Weltmeisterschaft
1. Graham Hill auf *BRM*
2. Jim Clarks auf *Lotus*
3. Bruce McLaren auf *Cooper*
6. Phil Hill auf einem *Ferrari 156 F1*
11. Giancarlo Baghetti auf einem Ferrari 156 F1

F1 Konstrukteurs-Weltmeisterschaft
1. BRM
2. Lotus
3. Cooper
5. Ferrari

Internationale GT-Konstrukteurs-meisterschaft
1. Ferrari
Gruppe III über 2000 ccm

Internationale Rundstrecken-meisterschaft
1. Ferrari

Europäische Bergmeisterschaft
1. Lodovico Scarfiotti auf einem *196 SP*

12 Stunden von Sebring
1. Bonnier / Bianchi auf einem *250 TR 61*
Targa Florio
1. Mairesse / Rodriguez / Gendebien auf einem *246 SP*
1000 Kilometer Nürburgring
1. Hill / Gendebien auf einem *246 SP*

24 Stunden von Le Mans
1. Hill / Gendebien auf einem *330 TRi LM*
Tourist Trophy
1. Innes Ireland auf einem *250 GTO*
1000 Kilometer von Paris
1. P. Rodriguez / R. Rodriguez auf einem *250 GTO*

Ganz oben: Lorenzo Bandini im modifizierten 156 F1 beim GP von Deutschland auf dem Nürburgring. Für Bandini endet das Rennen in der vierten Runde nach einem Unfall.

Oben:
Ein 250 Testa Rossa, Modell 1962, der offiziell als 330 TRi LM bezeichnet wurde, bei den 24 Stunden von Le Mans. Am Steuer lösten sich Gendebien und Hill (hier zu sehen) ab. Die beiden gewannen den Langstreckenklassiker.

nem Drei-Liter-Motor (2953 ccm) und drei mit einem 4-Liter-Motor (3967 ccm, besser bekannt als 330 LM) gebaut. Drei Jahre lang, und zwar 1962, 1963 und 1964, fährt der GTO für die Scuderia den Weltmeistertitel der Konstrukteure ein, die in diesen Jahren mit GT-Wagen und nicht mehr mit Sportwagen ausgetragen wird. Der Wagen gewinnt alle Rennen, am Lenkrad sitzen sowohl Privatfahrer als auch offizielle Werksfahrer von Ferrari.
Der Rahmen mit ovalem Rohrquerschnitt besteht aus Stahl, die aus der Luftfahrt stammt. Er wird von Vaccari in Modena angefertigt und ist wesentlich steifer als der Rahmen der 250 GTO Berlinetta. Der Entwurf der Aluminiumkarosserie stammt von Ferrari und wird von Scgalietti umgesetzt. Die Windschutzscheibe hat einen starken Neigungswinkel, die Motorhaube ist sehr lang. Die drei frontalen Luftansaugstutzen oberhalb der ovalen Öffnung verleihen dem Wagen sein unverwechselbares Äußeres. Das Heck ist kurz, was für die Gran Turismo aus Maranello ne ist. In der endgültigen Version erhält er jenen Spoiler, der erstmals beim 246 SP zum Einsatz kam. Der 3-Liter-Motor ist eine Weiterentwicklung des Testa-Rossa-Motors, seine ursprüngliche Leistung beträgt 290 PS. Der 4-Liter-Motor, dessen Zylinderblock (Konstruktion Lampredi) den langem Hub aufweist, hat 370 PS und eine niedrigere Höchstdrehzahl (7000 im Vergleich zu 8000 U/min).
1964 wird die Karosserie modifiziert, wodurch dem Wagen eine noch bessere Aerodynamik erhält. Mittel- und Heckteil werden verändert, dadurch entsteht jenes Fahrzeug, das inoffiziell als 250 GTO '64 bezeichnet wird.

Ein schwaches Formel-1-Jahr

Der 156 F1 wird auch 1962 eingesetzt, allerdings nicht mit dem gleichen Erfolg. Die Rennsaison ist eigentlich ein Desaster. Während der Wagen 1961 triumphierte, gewinnt er 1962 nicht ein einziges Rennen. Seine Gegner stammen, bis auf Porsche, alle aus England (BRM,

Links: Ein zweisitziges Coupé Superfast III auf dem Chassis eines 400 Superamerica.

Ganz links: Ein zweisitziges Ferrari 400 SA Cabriolet Pininfarina; der Wagen wurde im Frühjahr 1962 im Coliseum von New York vorgestellt.

Für Ferrari sind dies nicht nur die Jahre des großen Verkaufserfolgs für den 250 GTO, sondern auch die Jahre der großen Hubräume. Hier ein zweisitziges Superfast IV Coupé auf dem Rahmen eines 400; ganz oben ein 400 Superamerica.

Lotus, Cooper, Brabham und Lola). Sie alle haben große Fortschritte gemacht (vor allem die V8 von BRM und Climax), während man bei Ferrari Gründe für die Niederlagen sucht. Die Krise der Scuderia ist ausschließlich technischer Natur, denn am Lenkrad der 156 F1 sitzen großartige Piloten wie Phil Hill, der amtierende Weltmeister sowie der großartige Giancarlo Baghetti. Die einzigen Formel-1-Siege holt die Scuderia bei nicht zur Weltmeisterschaft zähölenden Grand-Prix-Rennen. Willy Mairesse gewinnt den Großen Preis von Brüssel und den von Neapel: Lorenzo Bandini fährt beim Großen Preis von Pergusa als Erster durchs Ziel.

Der 156 F1 aus dem Jahr 1962 ist mit einem verstärkten Motor ausgestattet und bringt es auf 200 PS und eine Drehzahl von 10.000 U/min. Da jedoch der Ingenieur Carlo Chiti aus dem Technischen Stab der Scuderia ausscheidet, kommt die Weiterentwicklung des Monoposto zum Stillstand. Die ersten Verbesserungen sind erst wieder beim Großen Preis von Deutschland zu erkennen, und zwar in Form einer verkürzten Fahrzeugfront sowie einer stärker geneigten Fahrerposition, ähnlich wie bei Jim Clarks Lotus 25.

Meister der Bergstrecken

Zwar geizt die Formel 1 mit positiven Ergebnissen, dafür fährt der 196 SP, ein Zweisitzer mit einem V6-Mittelmotor von 1984 ccm Hubraum (200 PS), die erwünschten Resultate ein. 2000 ccm stellen bei Bergrennen das Hubraumlinit dar. Der 196 SP ist die abgespeckte Version des 246 SP mit reduziertem Hubraum. Der Konstruktion des Wagens entspricht den kurvenreichen Straßen der Europäischen Bergmeisterschaft. Der Bergspezialist Lodovico Scarfiotti holt für Ferrari den Meistertitel.

Ein Testa Rossa mit dem 4-Liter-Motor des GTO (der 330 TRi LM) gewinnt mit dem Team Hill / Gendebien die 24 Stunden von Le Mans. Es ist der sechste Ferrari-Sieg bei diesem Rennen; die Scuderia bricht somit den Rekord der Streckensiege von Bentley und Jaguar.

Der 250 GT Bertone trägt die Handschrift des jungen Giugiaro. Die Frontseite der Karosserie entspricht dem Design der damaligen Formel-1- und Sportwagen.

Auf den folgenden Seiten: Zwei Mythen aus dem Hause des Cavallino rampante im Vergleich. Im Hintergrund ein GTO und im Vordergrund die Motorhaube eines Testa Rossa in der Ausführung von 1961.

1963

Das Zeitalter der grandiosen Sportwagen bricht an

Monza: John Surtees testet den neuen Ferrari 156 F1 in der Version von 1963. Leider ist die Rennsaison nicht von Erfolgen gekrönt, und so muss sich der ehemalige Motorradweltmeister am Ende mit einem vierten Rang begnügen.

In Monte liefert sich Carlo Surtees auf einem 156 F1 ein Duell mit dem BRM von Richie Ginther; die beiden werden als Vierter bzw. Zweiter durchs Ziel gehen. Sieger ist Graham Hill, ebenfalls auf BRM.

Während der GTO seine Gegner bei den GT-Konstrukteursweltmeisterschaften abhängen kann, bringt Ferrari auch bei den Sportwagen eine wirksame Waffe auf die Piste: den 250 P. Es ist das erste Modell der künftig mit dem Buchstaben P gekennzeichneten Sportwagen. Diese Zweisitzer sollen das Feld ab Mitte der Sechziger Jahre beherrschen und sich mit Ford heiße Wettkämpfe um die Vorherrschaft in Le Mans liefern. Den Höhepunkt ihrer Laufbahn erreichen die schnellen Sportwagen mit dem P4 im Jahr 1967.

Der erste V12-Mittelmotor für Sportwagen

Der 250 P ist der erste Ferrari Sportwagen mit einem Zwölfzylinder-Mittelmotor. Am 4. März wird er in Monza vorgestellt. Am Lenkrad sitzt Mike Parkes, der Ingenieur und Pilot, der den Wagen zusammen mit Mauro Forghieri entwickelte. Der Gitterrohrrahmen stammt vom 246 SP, Version 1961. Als Motor wird der bewährte, auch in den GTO eingebaute V12 des Testa Rossa mit 2953 ccm eingesetzt. Er verfügt über sechs Weber-Doppelfallstromvergaser mit 38 mm und bringt eine Leistung von 300 PS bei 7800 Umdrehungen. Die Höchstgeschwindigkeit beträgt bei der langen Übersetzung für die Strecken von Monza und Le Mans 290 km/h. Die unverwechselbare Karosserie stammt von Pininfarina. Der Wagen ist rot mit blauen Stoffsitzen, er sieht eher wie ein Ausstellungsmodell und nicht wie ein Rennauto aus. Gleich bei seinem Debüt fährt der 250 P die ersten Siege ein. Er gewinnt die 12 Stunden von Sebring durch Lodovico Scarfiotti und dem Neuzugang für die Formel 1, dem siebenfachen Motorradweltmeister John Surtees. Doch dieses Rennen ist auch im Gesamtergebnis ein großer Erfolg für die Scuderia, die hier die ersten sechs Plätze belegt. Beim 24-Stunden-Rennen von Le Mans kommen sechs Ferrari auf die ersten sechs Plätze. Das Haus in Maranello präsentiert sich in Bestform und entscheidet das französische Rennen zum siebten Mal und zum vierten Mal in Folge für sich. Am Ende der Saison gewinnt Ferrari außerdem das Championat der GT-Prototypen.

Der Engländer John Surtees und der Belgier Willy Mairesse bei den 24 Stunden von Le Mans. Sie fahren mit ihrem 250 P, dem ersten Zwölfzylinder Ferrari mit Mittelmotor, das Rennen leider nicht zu Ende...

F1 Weltmeisterschaft der Fahrer
1. Jim Clark auf *Lotus*
2. Graham Hill auf *BRM*
4. John Surtees auf einem *Ferrari 156 F1-63*
9. Lorenzo Bandini auf einem *Ferrari 156 F1-63*

F1 Konstrukteurs-Weltmeisterschaft
1. Lotus
2. BRM
3. Brabham
4. Ferrari

Internationale GT-Konstrukteurs-Meisterschaft
1. Ferrari
Gruppe III über 2000 ccm

Internationale GT-Prototypen-Meisterschaft
1. Ferrari
Klasse bis 3000 ccm
Klasse über 3000 ccm

Internationale Rundstrecken-Meisterschaft
1. Ferrari

F1 Grand Prix
Deutschland, Nürburgring
1. John Surtees auf einem *156 F1-63*

Zwölf Stunden von Sebring
1. Surtees / Scarfiotti auf einem *250 P*
500 Kilometer von Spa-Francorchamps
1. Willy Mairesse auf einem *250 GTO*
24 Stunden von Le Mans
1. Scarfiotti / Bandini auf einem *250 P*
Tour de France
1. Guichet / Behra auf einem *250 GTO*

Von oben nach unten: Ein Ferrari 250 GT Speciale, eine Berlinetta Einzelanfertigung.
Ein 250 GT 2+2 Coupé Pininfarina (auch 250 GT 2+2), der klassische Ferrari GT jener Tage.
Ein 250 GT/L, der die Berlinetta mit kurzem Radstand ersetzt und der in vielen Details wesentlich ausgefeilter ist.

Dieses außergewöhnliche Jahr für die Wagen mit verdeckten Rädern bekommt durch den GTO einen weiteren Höhepunkt: Zum neunten Mal kann Ferrari mit diesem Wagen die zum zwölften Mal stattfindende Tour de France für sich entscheiden.

„Big John": Von Motorradsattel ins Formel-1-Cockpit

Der Einstieg von John Surtees, der auf Motorrädern bereits Renngeschichte schrieb, bringt Ferrari Glück. In seinem vierten Formel-1-Jahr, allerdings dem ersten mit einem wirklich wettbewerbsfähigen Auto, erringt „Big John" einen überzeugenden Sieg auf dem Nürburgring und verweist Jim Clark auf Rang Zwei. Der 156 F1 wurde wesentlichen Veränderungen unterzogen. Vor allem wurden die Vergaser durch eine direkte Einspritzanlage von Bosch ersetzt, was zu einer verbesserten Leistung im unteren und mittleren Drehzahlbereich führt (die Leistung des V6 mit 1477 ccm Hubraum beträgt 205 PS bei 10.500 U/min). Auch der Rahmen wurde verbessert; beim Großen Preis von Italien wird der so genannte Aero-Rahmen präsentiert, der für die Formel-1-Achtzylinder bereits im Entwurfstadium existierte. Die Neuerung besteht darin, dass Aluminiumschalen den klassischen Stahlrohrrahmen umgeben. Diese technische Lösung wird hier von Ferrari zum ersten Mal angewendet.

1964 Siegreiches Debüt des Achtzylinders

Watkins Glen beim Großen Preis der USA 1964. In der Mitte mit der Nummer 7 John Surtees: Er fährt den Monoposto 158 F1 mit den Farben der Scuderia NART. Führend mit der Nummer 1: Jim Clark auf Lotus.

Das Getriebe des Weltmeisterwagens 158 F1 ist ragt über die Hinterachse hinaus. Die Bremsen sind innenliegend, um das Gewicht der ungefederten Massen zu verringern, also all dessen, was sich außerhalb der Mitte der Radaufhängungslenker in Richtung Reifen befindet.

Ein Engländer schlägt die Engländer, und zwar auf einem Ferrari. John Surtees, auch „Sohn des Windes" genannt, präsentiert den neuen Formel-1-Achtzylinder. Das Debüt führt direkt zum Sieg. Surtees gewinnt zwei Grands Prix, den Großen Preis von Deutschland und den von Italien (neben drei zweiten und einem dritten Platz) und wird Weltmeister. Es ist das erste und einzige Mal in der Renngeschichte, dass sich ein Motorradweltmeister auch in der Formel 1 den Weltmeistertitel holt.

Der erste komplette V8 aus dem Hause Ferrari

Der neue F1 V8 ist ein erstklassiger Monoposto. Er ist innovativ, leistungsstark, zuverlässig und schnell. Es ist der zweite Ferrari V8 nach dem von Lancia übernommenen Motor, der beim D50 in der Version von 1956 und beim 801 von 1957 eingesetzt wurde. Doch es ist gleichzeitig der erste komplett in Maranello entwickelte und gebaute V8. Er weist wie sein Vorgängermodell einen Zylinderneigungswinkel von 90° auf sowie eine fünffach gelagerte Nockenwelle. Erstmals wird er – zwei Jahre vor seinem Weltmeisterschaftsdebüt – in einen Sportwagen mit Frontmotor, den 248 SP (2459 ccm) eingebaut, der allerdings nur vereinzelt eingesetzt wird. Der Hubraum wurde gemäß dem Reglement auf 1489 ccm verringert. Die Motorleistung beträgt 210 PS. Dank der direkten Einspritzung von Bosch, die bereits beim Formel-1-Vorgängermodell erprobt wurde, ist der Motor des 158 F1 nicht nur sehr leistungsstark, sondern vor allem im unteren Drehzahlbereich auch elastischer. Doch nicht den Motor darf man als eine Revolution bezeichnen. Die ebenso wichtigen Neuerungen des 158 F1 findet man beim Rahmen. Die Motor-Getriebe-Einheit ist für die Hinterradaufhängungen tragend ausgelegt, und das klassische Gitterwerk der Stahlrohre ist mit Aluminiumtafeln vernietet, wo-

Eine der zahlreichen Neuerungen des 158 F1 sind die vorderen Stoßdämpfer, die im Inneren der Karosserie montiert sind. Es ist das erste Mal, dass ein Formel 1 Wagen von Ferrari diese technische Lösung anwendet, die es erlaubt, die Kinematik und den Koeffizienten der Aerodynamik zu verbessern.

Der Rahmen des Formel 1 Ferrari von 1964 ist eine Mischform: Er besteht aus einem selbsttragenden Körper und Aluminiumtafeln, die auf ein Gitterwerk aus Stahlrohren genietet sind. Durch diese Bauweise lässt sich die Steifigkeit des Rahmens erhöhen und somit die Straßenlage verbessern.

Der Motor des 158 F1 ist ein V8 mit 90° Zylinderwinkel (gleiche Bauart wie beim Ferrari-Lancia D50) mit einer fünffach gelagerten Kurbelwelle. Anfangs verfügt er über eine Batterie mit vier Doppelvergasern, die jedoch nicht genügend Leistung bringen und schließlich durch eine direkte Einspritzung von Bosch ersetzt werden.

158 F1
Motor: hinten längs eingeb, in Leichtmetalllegierung; V8, Zylinderwinkel 90°.
Hubraum: 1489 ccm, Bohrung x Hub: 67 x 52,8 mm. Leistung 210 PS bei 11.000 U/min.
Spezifische Leistung: 141,3 PS/Liter.
Ventilsteuerung: zwei obenliegende Nockenwellen pro Zylinderreihe mit zwei schräg hängenden Ventilen pro Zylinder, Rollenkette.
Zündung: Doppel-Batteriezündung (mit vier Zündspulen)
Kraftstoffzufuhr: Bosch Direkteinspritzung.
Schmierung: Druck-Trockensumpfschmierung mit Ölkühler.
Antrieb: Hinterradantrieb.
Getriebe: 5-Gang hinten längs eingeb., mit selbsttätigem Sperrdifferenzial .
Reifen: 5,50 x 13 v, 7,00 x 13 h.
Karosserie: Monoposto; halb selbsttragender Rahmen (Rohre + Verstärkungstafeln).
Vorderachse mit einstellbaren Doppelquerlenkern, Schraubenfedern, Kurvenstabilisator und innerhalb des Wagenkörpers montierte Teleskopstoßdämpfer; Hinterachse mit einstellbaren Doppelquerlenkern, zwei Längslenker mit Schraubenfedern und koaxialen Teleskopstoßdämpfern.
Kraftstofftank: 2 seitlich (Inhalt: 125 Liter).
Bremsen: innenbelüftete Scheibenbremsen, hinten.
Lenkung: Zahnstangenlenkung.
Maße und Gewicht: *Radstand:* 2380 mm
Spur: 1350 mm v, 1350 mm h. *Länge:* 3950 mm, Breite: 697 mm, Höhe: 768 mm. *Leergewicht:* 468 kg
Fahrleistungen: *Höchstgeschwindigkeit:* 270 km/h
Verhältnis Gewicht/PS: 2,23 kg/PS

John Surtees auf dem Ferrari 158 F1 beim Großen Preis von Holland: er fährt vor dem Lotus-Climax von Peter Arundell (3.). „Big John" wird Zweiter hinter Clark.

durch die gesamten Struktur mehr Stabilität bekommt (Aero-Rahmen).
Mit dem Team Bandini-Surtees hält ein neuer Rennstil in der Formel 1 Einzug. Die Scuderia schickt ebenso wie die anderen Rennställe jeweils nur zwei Piloten ins Rennen, die alle Meisterschaftsläufe bestreiten. Surtees, der sich den Weltmeistertitel mit nur einem Punkt Vorsprung auf Graham Hill (BRM) holt, ist der Teampilot Nummer eins. Er ist auch der einzige, dessen Wagen mit den neuen V8 (es wurde anfangs nur ein Exemplar angefertigt) ausgestattet ist, während Lorenzo Bandini mit dem V6 des Vorjahres fährt und nur beim Großen Preis von Italien in den Genuss des V8 kommt. Die den Konstrukteuren vorbehaltene Formel-1-Weltmeisterschaft der Marken entscheidet Ferrari durch Bandinis Sieg auf der schwierigen Strecke von Zeltweg für sich. Dies ist der letzte Sieg eines Ferrari mit Sechszylindermotor bis 1981, als die Saugmotoren durch Turbolader-Aggregate ersetzt werden. Es ist auch der letzte Sieg des Ferrari-Piloten Bandini in der Formel 1.
Neben den Triumphen der Ferrari-Piloten in der Formel 1 sollte eine Begebenheit am Rande erwähnt werden, nämlich der Protest der Scuderia beim Großen Preis der USA (und dann beim anschließenden Großen Preis von Mexiko). Am 4. Oktober werden in Watkins Glen die Ferrari Monoposto vom North America Racing Team des amerikanischen Importeurs Luigi Chinetti angemeldet. Allerdings sind die Wagen in den amerikanischen Nationalfarben Weiß und Blau lackiert. Es ist somit das erste Mal, dass ein Formel 1 Ferrari nicht im klassischen Rot an einem Rennen teilnimmt. Der Grund für den Protests liegt darin, dass die neue Berlinetta 250 LM nicht in der GT-Kategorie anerkannt wurde.

Die Formel 1 wählt den Boxer

Beim Großen Preis von Amerika und von Mexiko bekommt Lorenzo Bandini, der das ganze Jahr zugunsten des Teams und Surtees zurück-

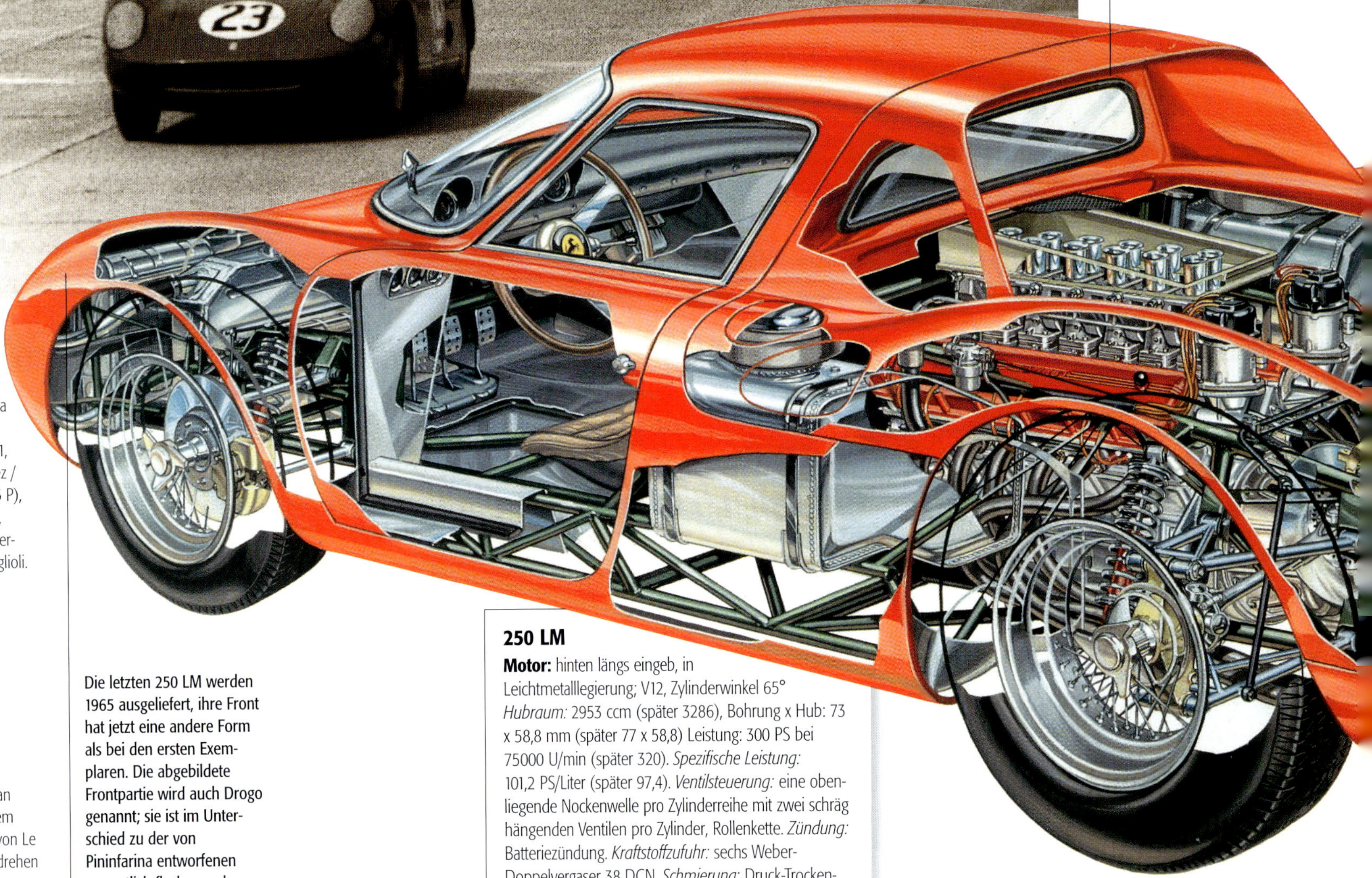

Die Karosserie des 250 LM ist bis ins kleinste Detail ausgetüftelt. Das Dach läuft über der Heckscheibe hinaus; es fungiert auf diese Weise als Überrollbügel; gleichzeitig wird eine bessere Aerodynamik erzeugt. Bei einigen Exemplaren ist am Rande des Dachs ein kleiner Flügel angebracht.

Am Start der Zwölf Stunden von Sebring 1964. Vorne die Ferrari von Scarfiotti / Vaccarella (Nr. 23, Ferrari 275 P), Surtees / Bandini (Nr. 21, Ferrari 330 P), Rodriguez / Fulp (Nr. 25, Ferrari 275 P), Parkes / Maglioli (Nr.22, Ferrari 275 P). Das Siegerteam heißt Parkes / Maglioli.

Die letzten 250 LM werden 1965 ausgeliefert, ihre Front hat jetzt eine andere Form als bei den ersten Exemplaren. Die abgebildete Frontpartie wird auch Drogo genannt; sie ist im Unterschied zu der von Pininfarina entworfenen wesentlich flacher und markanter.

250 LM

Motor: hinten längs eingeb, in Leichtmetalllegierung; V12, Zylinderwinkel 65° *Hubraum:* 2953 ccm (später 3286), Bohrung x Hub: 73 x 58,8 mm (später 77 x 58,8) Leistung: 300 PS bei 75000 U/min (später 320). *Spezifische Leistung:* 101,2 PS/Liter (später 97,4). *Ventilsteuerung:* eine obenliegende Nockenwelle pro Zylinderreihe mit zwei schräg hängenden Ventilen pro Zylinder, Rollenkette. *Zündung:* Batteriezündung. *Kraftstoffzufuhr:* sechs Weber-Doppelvergaser 38 DCN. *Schmierung*: Druck-Trockensumpfschmierung.
Antrieb: Hinterräder. *Getriebe:* 5-Gang längs eingeb. selbsttätiges Sperrdifferenzial.
Reifen: 5,50 x 15 v, 7,00 (oder 6,50) x 16 h.
Karosserie: Zweisitziges Sportcoupé, Aluminiumkarosserie, Gitterrohrrahmen; Vorderachse mit einstellbaren Doppelquerlenkern, Schraubenfedern, Kurvenstabilisator und Teleskopstoßdämpfern; Hinterachse mit einstellbaren Doppelquerlenkern, Kurvenstabilisator und koaxialen hydraulischen Teleskopstoßdämpfern. *Kraftstofftank:* hinten (Inhalt 130 Liter).
Bremsen: innenbelüftete Scheibenbremsen, hinten, innenliegend.
Lenkung: Zahnstangenlenkung.
Maße und Gewicht: *Radstand:* 2240 mm *Spur:* 1350 mm v, 1340 mm h. *Länge:* 4210 mm, Breite: 1700 mm, Höhe: 1115 mm. *Leergewicht:* 850 kg
Fahrleistungen:
Höchstgeschwindigkeit: 287 km/h (später 295) *Verhältnis Gewicht/PS:* 2,8 kg/PS (später 2,6)

Nino Vaccarella und Jean Guichet haben auf einem 275 P die 24 Stunden von Le Mans gewonnen; hier drehen sie mit dem Technikerteam eine Ehrenrunde.

gesteckt hat, nun den Ferrari Monoposti, der die Weltmeisterschaft 1965 bestreiten wird. Der Wagen hat einen 158 Aero-Rahmen, in den ein V12 mit 180° Zylinderwinkel, d.h. mit flachliegenden Zylindern eingebaut ist. Dieser Motor wird von allen, auch von Ferrari, in technischer Hinsicht fälschlicherweise als „Boxer" bezeichnet. Der Wagen heißt 512 F1 und ist der erste Ferrari, der mit einem derartigen Motor ausgestattet ist.
Trotz der Kinderkrankheiten zeigt der 512 sofort, was er kann, und so wird der in Mexiko zweitplatzierte Bandini aufgefordert, seinen Rang dem drittplatzierten Surtees zu überlassen, da „Big John" andernfalls nicht Weltmeis-

Der 250 LM ist der erste Ferrari mit Heckmotor, der auch für den Straßeneinsatz Verwendung findet. Aber der Wagen ist eigentlich für die Rennstrecke konzipiert, stammt er doch vom 250 P ab. Insgesamt 34 Stück werden zwischen 1963 und 1965 gebaut.

F1 Weltmeisterschaft der Fahrer
1. John Surtees auf einem *Ferrari 158 F1*
2. Graham Hill auf *BRM*
3. Jim Clark auf *Lotus*
4. Lorenzo Bandini auf einem *Ferrari 158 F1*

F1 Konstrukteurs-Weltmeisterschaft
1. Ferrari
2. BRM
3. Lotus

Internationale Meisterschaft der GT-Konstrukteure
1. Ferrari
Gruppe über 2000 ccm

Internationale Rundstrecken-Meisterschaft
1. Ferrari

F1 Grand Prix
Deutschland, Nürburgring
1. John Surtees auf einem *158 F1*
Österreich, Zeltweg
1. Lorenzo Bandini auf einem *158 F1-63*
Italien, Monza
1. John Surtees auf einem *158 F1*

2000 Kilometer Daytona
1. P. Rodriguez / G. Hill auf einem *250 GTO*
12 Stunden von Sebring
1. Parkes / Maglioli auf einem *275 P*
Großer Preis von Syrakus
1. John Surtees auf einem *158 F1*
1000 Kilometer Nürburgring
1. Scarfiotti / Vaccarella auf einem *275 P*

24 Stunden von Le Mans
1. Guichet / Vaccarella auf einem *275 P*
12 Stunden von Reims
1. G.Hill / Bonnier auf einem *250 LM*
Tour de France
1. Bianchi / Berger auf einem *250 GTO*
1000 Kilometer von Paris
1. G. Hill / Bonnier auf einem *330 P*

Mit seinem Stahlrohrrahmen und der Einzelradaufhängung mit einstellbaren Doppelquerlenkern wird der 250 LM nicht in der GT-Kategorie zugelassen und kann somit den 250 GTO nicht, wie ursprünglich vorgesehen, ersetzen. Doch auch in der Kategorie der Prototypen wird dieser Wagen eine steile Karriere absolvieren.

Der 250 GTO '64 von Pedro Rodriguez (im Team mit Phil Hill) gewinnt am 16. Februar 1964 die 2000 Kilometer von Daytona.

Ein 250 LM in gewohnter Rennstreckenumgebung. Nur drei oder vier Wagen haben das Lenkrad links. Die meisten LM werden für den Rennsport konzipiert und haben daher, wie bei Sportwagen üblich, Rechtslenkung.

ter würde. Lorenzo gehorcht, der Titel ist gesichert. Der Motor hat eine besonders hohe spezifische Leistung: 151 PS/Liter, bei einer Gesamtleistung von 225 PS bei 11.500 U/min. Auch der Einzelhubraum ist rekordverdächtig: 124 ccm – noch nie war der Hubraum eines Ferrari-Zylinders so klein.
Eine weitere interessante Besonderheit des Motors stellt die Nockenwelle dar, die nur vierfach gelagert ist. Die Einspritzanlage stammt von dem Hersteller Lucas, da es von Bosch keine Anlage für Zwölfzylinder gibt. Die Karosserie ist komplett aus Glasfaserkunststoff.

Sport mit ganzer Kraft

1964 erweist sich als ein in jeder Hinsicht erfolgreiches Jahr. In der Sportwagen- Kategorie kann Ferrari dank zweier neuer Fahrzeuge, dem 275 P und dem 250 LM, überzeugende Resultate einfahren. Der 250 LM sollte ja eigentlich in der Kategorie GT zugelassen werden, das wünschte sich zumindest Enzo Ferrari, doch letztendlich fährt und siegt er schließlich als Sportwagen.
Mit einem 275 P gewinnen die Konstrukteure aus Maranello zum siebten Mal das 12-Stunden-Rennen von Sebring, eine Strecke, die die Scuderia inzwischen für sich reserviert zu haben scheint. Der Wagen ist mit einem V12 von 3286 ccm

Ein 275 GTS: Nach den extravaganten Ausflügen beim 250 GT Spyder California präsentiert sich dieser Ferrari als hervorragender Straßenwagen. Er verfügt über die gleiche Mechanik wie der GTB, nur wurde die Motorleistung von 280 auf 260 PS herabgesetzt.

Die große Neuerung beim 275 GTB ist die hintere Einzelradaufhängung: Er ist der erste Ferrari-Straßenwagen, der mit dieser technischen Neuheit ausgestattet ist. Das Getriebe mit Sperrdifferenzial befindet sich hinten, eine Lösung, die Ferrari auch bei vielen weiteren Sportwagen einsetzen wird.

Bei den Straßenwagen verwendet Ferrari jetzt Räder von Campagnolo in Leichtmetalllegierung; sie ersetzen die Drahtspeichenräder von Borrani.

Beim 500 Superfast dreht sich alles um den Motor: Der Wagen hat einen V12 mit 4961 ccm und 400 PS. Der Radstand beträgt 2650 mm. 1964 produziert Ferrari davon 654 Stück.

Hubraum und 320 PS ausgestattet. Er gewinnt auch die 1000 Kilometer auf dem Nürburgring sowie die 24 Stunden von Le Mans und landet damit den großen Coup der Saison. An diesem für Ferrari siegreichen Rennen von Le Mans nimmt zum ersten Mal auch ein starkes Ford-Team teil und liefert bereits jetzt einen Vorgeschmack auf die Duelle, die den Asphalt auf der französischen Strecke ab 1965 zum Kochen bringen werden. Am Lenkrad des 275 sitzen die besten Fahrer der damaligen Zeit: von Vaccarella über Scarfiotti und Maglioli bis zu Parkes.
Der 250 LM steht dem 275 GTB in Sachen Erfolg in nichts nach. Diese Berlinetta mit Heckmotor ist zudem so formschön, dass sie sich sogleich bei jenen Ferraristi zum Kult-Straßenwagen entwickelt, die viel Wert auf Stil legen und das nötige Kleingeld für seine Anschaffung besitzen. Der Wagen geht als erster Straßenwagen mit Mittelmotor in die Ferrari-Geschichte ein. Er sticht natürlich auch bei den Wettkämpfen heraus, wobei er ausschließlich von Privatfahrern eingesetzt wird, die damit den 250 GTO ersetzen. Der größte Erfolg des 250 LM, der den gleichen Motor wie der 275 P besitzt (manche sagen, dass er eigentlich davon die Version mit geschlossener Karosserie darstellt), ist der Sieg bei den 12 Stunden von Reims. Doch erst 1965 wird dieses Auto das Un-

275 GTB

Motor: vorne längs eingebaut in Leichtmetalllegierung; V12. Zylinderwinkel 60°. *Hubraum*: 3286 ccm, Bohrung x Hub: 77 x 58,8 mm. Leistung 280 PS bei 7500 U/min. *Spezifische Leistung:* 85,2 PS/Liter. Ventilsteuerung: eine obenliegende Nockenwelle pro Zylinderreihe mit zwei schräg hängenden Ventilen pro Zylinder, Rollenkette. *Zündung:* Doppel-Batteriezündung. *Kraftstoffzufuhr:* drei Weber-Doppelvergaser 40 DC/6. *Schmierung:* Druckschmierung
Antrieb: Hinterräder
Getriebe: 5-Gang hinten eingebaut mit selbsttätigem Sperrdifferenzial
Reifen: 205 x 14
Karosserie: zweisitzige Berlinetta, Stahlkarosserie (Design Pininfarina, Konstruktion Scaglietti); Gitterrohrrahmen; Vorderachse mit einstellbaren Doppelquerlenkern, Schraubenfedern, Kurvenstabilisator und Teleskopstoßdämpfern; Hinterachse mit einstellbaren Doppelquerlenkern, Schraubenfedern, Kurvenstabilisator und hydraulischen Teleskopstoßdämpfern.
Kraftstofftank: hinter der Hinterachse (Inhalt: 86 Liter)
Bremsen: vorne und hinten Servo-Scheibenbremsen
Lenkung: Gemmerlenkung
Maße und Gewicht: *Radstand:* 2400 mm
Spur: 1377 mm v, 1393 mm h. *Länge:* 4325 mm, Breite: 1725 mm, Höhe: 1250 mm.
Gewicht fahrfertig: 1100 kg
Fahrleistungen:
Höchstgeschwindigkeit: 258 km/h
Verhältnis Gewicht/PS: 3,93 kg/PS

Der 275 GTB gilt als Straßenversion des GTO. Einige Veränderungen an der Form machen ihn moderner und gefälliger. 1965 verschwindet das linke Ausstellfenster, die Glasfläche der Heckscheibe wird vergrößert, die Kofferdeckelscharniere werden sichtbar, und die Motorhaube bekommt eine Auswölbung.

Der 275 GTB ist der Inbegriff der Ferrari Straßen-Berlinetta der sechziger Jahre und bleibt es bis zum Erscheinen des 365 GTB/4 Daytona, einem GT, der ein neues Kapitel bei den Straßenwagen eröffnen wird.

Das Herzstück des Ferrari 275 GTB ist aus einem Rennaggregat für den 275 P entstanden. Der Hubraum des V12 ist identisch, doch die Motorleistung wurde verringert, um die Verwendung auf der Straße zu ermöglichen, vor allem auch, um die Zuverlässigkeit des Wagens zu erhöhen.

mögliche möglich machen und gewissermaßen eine Revanche gegenüber den Rennsportbehörden einfahren, nämlich den Sieg bei den 24 Stunden von Le Mans.

Der Erbe des GTO auf der Straße

Die Straßenwagen des Cavallino rampante haben nach wie vor einen Frontmotor. 1964 erscheint der 275 GTB, der aufgrund seiner hochwertigen technischen Eigenschaften und seiner faszinierenden Form als Serienausführung des GTO anzusehen ist. Häufig ist er in der Cabrioletversion als GTS zu sehen.

Mit dem 275 GTB gibt es erstmals einen Ferrari mit hinterer Einzelradaufhängung sowie einem an der Hinterachse montierten 5-Gang-Getriebe (Transaxle). Der Motor ist der des 275 P (3286 ccm), allerdings in seiner Leistung vermindert: Die Berlinetta hat 280 PS (270 km/h), der Spider GTS 260 PS (240 km/h).

Der Wagen wird auf dem Pariser Autosalon vorgestellt. Die Karosserie stammt von Pininfarina, sie hat ein kurzes Heck und wie der GTO eine stark geneigte Windschutzscheibe. Gebaut wird der Wagen von Scaglietti, allein im ersten Jahr werden 250 Stück ausgeliefert. Der Komfort ist größer im Vergleich zu den älteren GT. Doch auch die Tradition wird nicht vernachlässigt: Einige Exemplare des GTB werden in Aluminium karossiert, so dass Privatfahrer damit an den Rennstart gehen können.

Auf dem Genfer Autosalon wird der 500 Superfast vorgestellt, eine von Pininfarina entworfene Straßen-Berlinetta, die einer besonders zahlungskräftigen Kundschaft vorbehalten bleibt. Der V12-Motor mit 4961 ccm Hubraum leistet 400 PS, die Höchstgeschwindigkeit beträgt 280 km/h. Es werden nur wenige Exemplare angefertigt (25 in der ersten Serie, 11 in der zweiten). 1966 wird der Wagen aus dem Programm genommen. Seine stolzen Besitzer sind unter anderem der Aga Khan, der Schah von Persien, Prinz Bernhard der Niederlande sowie der Schauspieler Peter Sellers

1965 Ferrari - Ford: 1:0

Lorenzo Bandini wird mit seinem 512 F1 beim Großen Preis von Monaco 1965 Zweiter, allerdings passiert er mit über einer Minute Rückstand auf den Sieger Graham Hill auf BRM das Ziel.

Das letzte Formel-1-Jahr für Wagen mit 1,5 Liter Hubraum ist eine eher deprimierende Saison für den amtierenden Weltmeister Ferrari. Probleme bei der Zuverlässigkeit, beim Feinschliff, vor allem was den Rahmen betrifft, sowie Schwierigkeiten mit den Reifen machen dem 512 F1 Zwölfzylinder aus Maranello zu schaffen. Surtees und Bandini setzen sogar den V8-Motor ein, doch sie erringen nicht einen einzigen Sieg.
Die Beiden werden von Clark und seinem Lotus 33 sowie der Neuentdeckung des Jahres, dem schottischen Piloten Jackie Stewart, im wahrsten Sinne des Wortes von der Piste gefegt. In der Formel-1-Konstrukteurs-Weltmeisterschaft rutscht Ferrari hinter Lotus, BRM und Brabham auf Platz Vier.
Die guten Nachrichten – und derer gibt es viele – kommen aber wieder einmal aus dem Bereich der Sportwagen. Der größte Triumph ist der erstaunliche Sieg eines 250 LM bei den 24 Stunden von Le Mans. Damit gewinnt das Cavallino rampante dieses Rennen zum neunten, allerdings auch zum letzten Mal.

David gegen Goliath

Der Kampf um die Vorherrschaft in Le Mans geht in die erste Runde. Der Riese aus Detroit hat den Zwerg aus Maranello herausgefordert. Dieser hat ihm eine Portion Glück und große Geschicklichkeit entgegenzusetzen. Eine Berlinetta mit 3,3 Liter Hubraum besiegt die Ford-Armada, die auf dieses 24-Stunden-Rennen große Hoffnungen setzt: mit zwei Mk.II 7 Liter, fünf Cobra 4,7 Liter sowie vier GT 40 4,7 Liter. Der von der NART gemeldete Ferrari 250 LM mit dem Pilotenteam Masten Gregory und Jochen Rindt ist allerdings der einzige der elf Ferrari, der sich gegen die elf Wagen von Ford durchsetzen kann. Den zweiten Platz belegt ein

Auf der Suche nach der optimalen Zylindergröße entwickelt Coventry-Climax einen 1,5-Liter Motor mit 16 Zylindern, worauf Ferrari mit einem Zwölfzylinder gleicher Kubatur und einem Einzelhubraum von 124 ccm reagiert. Hier im Bild die Version mit Doppelzündung.

Der 512 F1 ist nicht nur hinsichtlich des Motors ein ausgefeilter Monoposto. Der Rahmen besteht aus einer Stahlrohrstruktur mit genieteten Aluminiumtafeln; die Karosserie besteht erstmals im Hause Ferrari zu hundert Prozent aus Glasfaserkunststoff, die Bremsen sind innen montiert.

512 F1

Motor: hinten längs eingeb. in Leichtmetalllegierung, V12, Zylinderwinkel 180°.
Hubraum: 1490 ccm, Bohrung x Hub: 56 x 50,4 mm.
Leistung 220 PS bei 11.500 U/min.
Spezifische Leistung: 147,7 PS/Liter.
Ventilsteuerung: zwei obenliegende Nockenwellen pro Zylinderreihe mit zwei schräg hängenden Ventilen pro Zylinder, Rollenkette.
Zündung: Doppel-Batteriezündung (mit Doppel-Zündspule).
Kraftstoffzufuhr: Indirekte Einspritzung von Lucas.
Schmierung: Druck-Trockensumpfschmierung mit Ölkühler.
Antrieb: Hinterradantrieb.
Getriebe: 5-Gang hinten längs mit Motorblock integriert; selbsttätigem Sperrdifferenzial.
Reifen: 5,50 x 13 v, 7,00 x 13 h.
Karosserie: Monoposto mit Glasfaserkunststoff-Karosserie, mittragender Rahmen (Rohre + Verstärkungstafeln); Vorderachse mit einstellbaren Doppelquerlenkern, Schraubenfedern, Kurvenstabilisator und im Wagenkörper montierte Teleskopstoßdämpfer; Hinterachse mit einstellbaren Doppelquerlenkern, zwei Längslenkern, Schraubenfedern und koaxialen Teleskopstoßdämpfern.
Kraftstofftank: 2 seitliche (Inhalt: 140 Liter).
Bremsen: innenbelüftete Scheibenbremsen, hinten innenliegend.
Lenkung: Zahnstangenlenkung.
Maße und Gewicht: *Radstand:* 2400 mm
Spur: 1350 mm v, 1340 mm h. *Länge:* 3950 mm, Breite: 697 mm, Höhe: 768 mm. *Leergewicht:* 468 kg
Fahrleistungen: *Höchstgeschwindigkeit:* 270 km/h
Verhältnis Gewicht/PS: 2,12 kg/PS

F1 Weltmeisterschaft der Fahrer
1. Jim Clark auf *Lotus*
2. Graham Hill auf *BRM*
3. Jackie Stewart auf *BRM*
5. John Surtees auf einem *Ferrari 158 F1 – 512* F1
6. Lorenzo Bandini auf einem *Ferrari 158 F1 – 512 F1*

F1 Konstrukteurs-Weltmeisterschaft
1. Lotus
2. BRM
3. Brabham
4. Ferrari

Internationale GT-Prototypen-Meisterschaft
1. Ferrari Einheitsklasse

Internationale Rundstrecken-meisterschaft
1. Ferrari

Europäische Bergmeisterschaft
1. Lodovico Scarfiotti auf einem 206 P und S

1000 Kilometer von Monza
1. Parkes / Guichet auf einem *275 P2*
Targa Florio
1. Bandini / Vaccarella auf einem *275 P2*
1000 Kilometer Nürburgring
1. Surtees / Scarfiotti auf einem *330 P2*
Mugello-Rennen
1. Casoni / Nicodemi auf einem *250 LM*

24 Stunden von Le Mans
1. Rindt / Gregory auf einem *250 LM*
Zwölf Stunden von Reims
1. P. Rodriguez / Guichet auf einem *365 P*
Großer Preis von Österreich
1. Jochen Rindt auf einem *250 LM*

weiterer, von der Ecurie Francorchamps angemeldeter 250 LM mit dem Team Dumay / Gosselin, während der gleiche Wagentyp der Scuderia Filipinetti mit Spoerry / Boller auf Rang Sechs fährt. In dem Sieg steckt allerdings auch ein Wermutstropfen. Er wurde schließlich mit einem „Kundenwagen" errungen und nicht von den neuen 275 P2 und 330 P2, die trotz des Titelgewinns bei der Internationalen Meisterschaft für Prototypen ihr Ziel verfehlen.
Die P2 Wagen stellen die zweite Etappe in der Entwicklung der P-Reihe dar. In der Version 275 (V12-Mittelmotor mit 3286 ccm Hubraum und 350 PS) gewinnen sie die Targa Florio sowie die 1000 Kilometer von Monza, in der 330er Version (3967 ccm, 410 PS) setzen sie sich am Nürburgring durch.

Ein Leben im Aufwärtstrend

Bei Lodovico Scarfiotti bleibt auch das Jahr 1965 in guter Erinnerung. Die Europameisterschaft der Bergrennen kann er abermals für sich entscheiden, was er nicht zuletzt dem auf kurvenreichen Strecken unschlagbaren Dino 206 P (V6 1987 ccm, 205 PS) zu verdanken hat. Mit diesem Wagen lanciert Ferrari die Marke Dino, die in Zukunft als Logo für den „kleinen" Ferrari stehen soll. Bei der Karosserie nimmt man die Linie des P2 wieder auf, allerdings in der Berlinetta-Version.

Ganz oben: Der 275 P2 von Mike Parkes und Guichet bei den 1000 Kilometern von Monza. Die beiden Ferraristi entscheiden das Rennen für sich.

Oben:
Hier eine faszinierende Berlinetta speciale 250 LM.

1966
Trennungen und Arbeitskämpfe

Oben: Der Ferrari P3 Nr. 27 aus dem NART-Rennstall beim 24-Stunden-Rennen von Le Mans mit dem Team Ginther / Rodriguez am Steuer. Der Sieg geht allerdings an Ford.

Links: Ein 500 Superfast Sportwagen mit großem Hubraum (4961 ccm). Es wurden in der ersten Serie nur 25 Stück produziert. Der Wagen wurde schließlich 1965 in einer aktualisierten Version neu herausgebracht.

Ein 365 California, der serienmäßig mit Servolenkung ausgestattet ist. Der Motor hat 4,4 Liter Hubraum und eine Leistung von 320 PS.

312 F1

Motor: hinten längs eingeb., Leichtmetalllegierung, V12, Zylinderwinkel 60°.
Hubraum: 2989 ccm. Bohrung x Hub: 77 x 53,5 mm.
Leistung: 360 PS bei 10.000 U/min.
Spezifische Leistung: 120 PS/Liter (später 127,1).
Ventilsteuerung: zwei obenliegende Nockenwellen pro Zylinderreihe, zwei schräg hängende Ventile pro Zylinder, (später drei pro Zylinder), Rollenkette.
Zündung: Doppel-Batteriezündung (mit vier Zündspulen) und zwei Zündkerzen pro Zylinder. *Kraftstoffzufuhr:* Indirekte Einspritzung von Lucas. *Schmierung:* Druck-Trockensumpfschmierung mit Ölkühler.
Antrieb: Hinterradantrieb.
Getriebe: 5-Gang hinten längs eingeb. mit selbsttätigem Sperrdifferenzial.
Reifen: 5,50 x 14 v, 7,00 x 15 h.
Karosserie: Monoposto, Aluminiumkarosserie, mittragender Rahmen(Rohre + Verstärkungstafeln); Vorderachse mit einstellbaren Querlenkern, Schraubenfedern und an der innen montierten Teleskopstoßdämpfern. Hinterachse mit einstellbaren Querlenkern, zwei Längslenkern, Schraubenfedern, Kurvenstabilisator und koaxialen Teleskopstoßdämpfern.
Kraftstofftanks: 2 seitlich angeordnete (Inhalt: 158 Liter).
Bremsen: innenbelüftete Girling-Scheibenbremsen.
Lenkung: Zahnstangenlenkung.
Maße und Gewicht: *Radstand:* 2400 mm
Spur: 1450 mm v (später 1500), 1436 mm h
Fahrleistung:
Höchstgeschwindigkeit: über 300 km/h; *Verhältnis Gewicht/PS:* 1,52 kg/CV (poi 1,56).

Der 12. Juni ist für Ferrari der wichtigste Tag des Jahres. Denn John Surtees gewinnt mit seinem 312 F1, dem neuen Formel-1-Ferrari mit 3 Liter Hubraum, auf regennasser Fahrbahn den Großen Preis von Belgien. Dies ist allerdings der letzte Grand-Prix-Sieg, den der Brite für Ferrari einfährt. Es kommt zur Trennung zwischen dem Piloten und der Scuderia – die Gründe dafür kamen nie ans Tageslicht. Für Ferrari bedeutet das den Verlust einer Weltmeisterschaft, die man hätte gewinnen können, doch die statt dessen an Jack Brabham und dem von ihm konstruierten F1 geht.
Arbeitskämpfe verlangsamen den Bau der Monoposti, was sich negativ auf die Zuverlässigkeit der Wagen auswirkt und letztendlich Bandini die Saison vermasselt. Beim Großen Preis von Italien in Monza gewinnt jedoch ein Lodovico Scarfiotti in Bestform, der Mike Parkes mit großem Abstand hinter sich lässt.
Das Reglement hat sich geändert und der maximale Hubraum für Saugmotoren beträgt nun nicht mehr 1,5, sondern 3 Liter. Ferrari hat vom Fachmotor Abstand genommen und den 312 F1 mit einem V12 mit 60° Neigungswinkel in einer Version mit äußerst kurzem Hub und 2989 ccm ausgestattet. Die Motorleistung beträgt zunächst 360 PS, wird aber später auf 390 PS und schließlich auf 436 PS erhöht, und zwar dank Weiterentwicklung der Ventilsteuerung auf drei Ventile pro Zylinder (ab dem Großen Preis von Italien) und ab 1967 schließlich auf vier Ventile. Neu ist auch die selbstragende Schalenbauweise der Karosserie aus Aluminiumtafeln auf einem Stahlrohrrahmen.

Niederlage in Le Mans

Das Jahr 1966 erweist sich auch bei den wichtigen Langstreckenrennen als schwierig. Ferrari muss in Le Mans eine Niederlage einstecken, die erste seit 1959. Nachdem sein Versuch, Ferrari zu übernehmen, gescheitert war, hat Henry Ford II gesagt: „Wenn wir sie schon nicht kaufen kön-

F1 Weltmeisterschaft der Fahrer
1. Jack Brabham auf *Brabham*
2. John Surtees auf einem *Ferrari 312 F1-66*
3. Jochen Rindt auf einem *Cooper-Maserati*
8. Lorenzo Bandini auf einem *Ferrari 312 F1-66*

F1 Konstrukteurs-Weltmeisterschaft
1. Brabham
2. Ferrari
3. Cooper

F1 Grand Prix
Belgien, Spa-Francorchamps
1. John Surtees auf einem *312 F1-66*
Italien, Monza
1. Lodovico Scarfiotti auf einem *312 F1-66*

1000 Kilometer von Monza
1. Surtees / Parkes auf einem *330 P3*

1000 Kilometer von Spa-Francorchamps
1. Parkes / Scarfiotti auf einem *330 P3*

1000 Kilometer von Paris
1. Parkes / Piper auf einem *250 LM*

John Surtees auf einem 312 F1 Zwölfzylinder mit 3 Liter Hubraum beim Großen Preis von Monaco 1966, wo er ausscheiden muss, nachdem er bereits in Führung lag. Lorenzo Bandini wird mit seinem 2,4 Liter Sechszylinder Zweiter.

Der Monoposto 312 F1 hier in der Version, die beim Großen Preis von Italien 1966 an den Start geht. Bei dieser Gelegenheit wird der V12 mit 2989 ccm Hubraum erstmals mit neuen Zylinderköpfen mit drei Ventilen (davon zwei Einlassventile mit gemeinsamer Ansaugleitung) ausgestattet, wodurch sich die Motorleistung von 360 auf 380 PS steigert.

Kennzeichnend für die Silhouette des 312 F1 ist der hochliegende Auspuff, der oberhalb der Aufhängungen und der Achswellen verläuft. Es ist das erste Mal, dass ein Formel 1 Ferrari so ausgerüstet wird.

nen, versuchen wir wenigstens, sie zu besiegen!“
Und das ist ihm gelungen. Natürlich schmerzt die Niederlage den Commendatore.
Das dritte und vorletzte Modell aus der P-Reihe, der 330 P3, verfehlt sein Ziel, auch wenn er die 1000 Kilometer von Monza und Spa-Francorchamps gewinnt. Der Motor ist leistungsstärker (V12 mit 3967 ccm Hubraum, 420 PS, 310 km/h); der Rahmen ist verstärkt und mit dem Motor eine gemeinsame tragenden Einheit, das Getriebe bildet jedoch keine Einheit mehr mit dem Sperrdifferenzial. Die Karosserie steht sowohl in einer offenen als auch einer geschlossenen Version zur Verfügung; sie ist breiter, kürzer und niedriger als die des P2, wobei die Frontpartie länger und schmaler ist und eine flache, abgerundete Windschutzscheibe hat. Alle diese Neuerungen bremsen den P3 allerdings auf seinem Weg zum Erfolg, es treten oftmals Defekte auf, wie etwa der Getriebeschaden am Fahrzeug von Pedro Rodriguez in Le Mans.
In der Dino-Reihe wird indes der 206 P weiterentwickelt, wobei es dem neuen 206 S nicht gelingt, dessen Erfolge zu wiederholen. Der kleine 2-Liter-Sportwagen wird mit einem 220-PS-Motor mit 3 Ventilen pro Zylinder und einer Einspritzanlage von Lucas ausgestattet. Neu ist außerdem die Berlinetta-Karosserie. Der Dino 206 S ist das erste Auto, das Maranello ohne das berühmte Pferdchen auf der Motorhaube verlässt; an seiner Stelle ist dort das blaue Dino-Logo auf gelbem Grund zu finden.

300 PS für die Straße

Am 3. April stirbt Battista Pininfarina. Die Geschicke des Unternehmens liegen damit nun in den Händen seines Sohnes Sergio. Der letzte Ferrari, der unter der Leitung Battistas entstand, ist der 275 GTB, der in diesem Jahr als Ferrari-Straßenwagen einen Motor mit vier Nockenwellen bekommt, woraufhin man seine Bezeichnung in 275 GTB/4 ändert. Der V12 mit 3286 ccm Hubraum bringt 300 PS bei 8000 Umdrehungen, die Höchstgeschwindigkeit beträgt 265 km/h.

Auf der nächsten Seite:
John Surtees auf einem 312 F1; er gewinnt in Spa-Francorchamps bei wolkenbruchartigem Regen den Großen Preis von Belgien vor Rindt auf Cooper-Maserati und seinem Teamkollegen Bandini.

1967 „La belle et la bête"

Ein Bild steht für ein ganzes Jahr: Am 5. Februar 1967 gehen drei Ferrari beim 24-Stunden-Rennen von Daytona gleichzeitig durchs Ziel. Das ist mehr als nur ein Sieg! Dieser Erfolg der Scuderia, die mit ihren Wagen die ersten drei Plätze belegt, ist unvergesslich, da er sich noch dazu im Hause des Gegners Ford zuträgt, der Ferrari in Le Mans das Königszepter aus der Hand nahm. Doch 1967 gibt es auch bei den Ferrari-Straßenwagen wichtige Neuerungen. Es entsteht der „kleine Ferrari" namens Dino: Er hat sechs Zylinder, 2 Liter Hubraum und ist unheimlich schnell. Seine attraktiven Linien verzaubern Fachwelt und Publikum gleichermaßen.

Geburt des legendären P4

Der Kampf zwischen Ferrari und Ford um die Vorherrschaft bei den wichtigen Langstreckenrennen erreicht 1967 seinen Höhepunkt. Das Haus in Maranello bereitet seinen letzten Wagen aus der P-Reihe vor, den 330 P4. Der Motor hat den üblichen Hubraum von 3967 ccm, seine Leistung wird dank der Mitwirkung von Franco Rocchi auf 450 PS erhöht. Jeder Zylinder ist mit drei Ventilen bestückt, zwei Einlassventilen und einem Auslassventil, (wie beim F1 des Vorjahres), wodurch die Lucas-Einspritzung optimal genutzt wird. Stärkster Konkurrent ist noch immer der Ford GT40 in seiner optimierten Form. Die Saison ist wie ein Krieg, die Rennen werden wie Schlachten ausgetragen. In Daytona gehen die ersten beiden Plätze an Ferrari P4 (am Lenkrad Bandini / Amon und Parkes / Scarfiotti), den dritten Rang belegt ein fast identischer 412 P (Pedro Rodriguez / Guichet). In Sebring gewinnt ein Ford und rächt damit die Schmach des Scuderia-Sieges auf amerikanischem Boden. In Monza hat das Cavallino rampante ein leichtes Spiel, da sein amerikanischer Gegner nicht mit von der Partie ist. Bei den 1000 Kilometern von Spa-Francorchamps bremsen mechanische Probleme den P4, und bei der Targa Florio begeht Nino Vaccarella einen der wenigen Fehler seiner Laufbahn: Sein Wagen kommt von der Straße

F1 Weltmeisterschaft der Fahrer
1. Denis Hulme auf *Brabham*
2. Jack Brabham auf *Brabham*
3. Jim Clark auf *Lotus*
4. Chris Amon auf einem *Ferrari 312 F1*
16. Mike Parkes auf einem *Ferrari 312 F1*

F1 Weltmeisterschaft der Konstrukteure
1. Brabham
2. Lotus
3. Cooper
4. Ferrari

Internationale Meisterschaft der Konstrukteure von Sportwagen-Prototypen
1. Ferrari
Klasse über 2000 ccm

24 Stunden von Daytona
1. Bandini / Amon auf einem *330 P4*

1000 Kilometer von Monza
1. Bandini / Amon auf einem *330 P4*

Großer Preis von Syrakus
1. ex aequo Lodovico Scarfiotti und Mike Parkes auf einem *330 P4*

Oben: Lodovico Scarfiotti beim Großen Preis von Holland in Zandvoort, wo er auf Platz Sechs ins Ziel kommt.

Links: Der Ferrari 330 P4 von Lorenzo Bandini und Chris Amon, Sieger der 24 Stunden von Daytona, gefolgt vom 330 P3 des Teams Rodriguez / Guichet.

Das weltberühmte Foto vom Dreifachsieg bei den 24 Stunden von Daytona mit den Unterschriften der erfolgreichen Ferrari-Piloten, darunter Scarfiotti und Amon.

ab, als er den Sieg eigentlich bereits in der Tasche hat.
In Le Mans fordern elf Ford acht Ferrari heraus. Aus Maranello schickt man vier P4, drei Berlinetta und einen Spider an den Start. Das Rennen ist packend von der ersten bis zu letzten Minute, als der Ford von Dan Gurney und A.J. Foyt als erster die Ziellinie passiert, gefolgt von zwei Ferrari. Dank dieser Platzierungen und dem zweiten Platz von Chirs Amon und Jackie Stewart bei den 500 Meilen von Brands Hatch gelingt es dem Haus in Maranello, den Weltmeistertitel bei den Sportwagen-Prototypen zurückzuerobern. Es sind die letzten glorreichen Tage der großen Ferrari Sportwagen, denn ab 1968 wird die Weltmeisterschaft der Konstrukteure wieder von Fahrzeugen mit maximal 3 Liter Hubraum ausgetragen.

Adieu Lorenzo

Am 10. Mai stirbt Lorenzo Bandini nach dreitägigem Todeskampf. Er hat sich bei einem Unfall beim Großen Preis von Monaco schwere Verbrennungen zugezogen, als er an zweiter Position hinter Denis Hulme lag. Gerüchten zufolge soll das Team ihn angestachelt haben, über seine Grenzen hinauszugehen, als er sein körperliches Limit bereits erreicht hatte. Nach dieser Tragödie tritt der Ausgang der Weltmeisterschaft natürlich in den Hintergrund. In jeder Beziehung ist das Jahr für die Scuderia ein Desaster: nicht ein einziger Sieg und nur Platz Vier bei der F1-Konstrukteurs-Weltmeisterschaft.
Einige wichtige Ereignisse sind jedoch erwähnenswert, auch wenn sie sich nicht in der Formel 1 zugetragen haben. Der elegante Dino Straßenwagen gibt sein Debüt. Seine Bezeichnung lautet Dino 206 GT, er hat einen V6-Motor mit 1978 ccm Hubraum, 185 PS und erreicht eine Höchstgeschwindigkeit von 235 km/h. Der Wagen ist mit einem quer eingebauten Mittel-Heckmotor ausgestattet, was eine interessante Neuerung darstellt. Die Leistungen des Wa-

Der Prototypen-Rennwagen Dino Berlinetta, ein von Pininfarina 1967 gebautes Einzelstück, das als Studie für einen GT-Sportwagen diente.

Nach zwei Prototypen, die 1965 auf dem Pariser Autosalon und 1966 auf der Autoausstellung in Turin gezeigt wurden, präsentiert sich der Dino 1967 in seiner endgültigen Version. Der Motor wird anfangs längs, später quer eingebaut.

Ohne dass je große Veränderungen an der Mechanik oder an der Karosserie vorgenommen wurden, läuft 1969 die Produktion des Dino 206 GT aus. Inklusive der beiden Vorläufer wurden insgesamt 150 Stück dieses Wagens angefertigt.

Der Querschnitt des Dino 206 GT: Die Linien seiner Karosserie sind fließend, sie wurde nach einem Entwurf von Pininfarina von Scaglietti in Modena gebaut.

gens sind mehr als bemerkenswert, seine Formen sehr ansprechend. Mit seinen abgedeckten Scheinwerfern und dem geschwungenen Karosserielinien avanciert er bald zu einem Klassiker.

Dino – Der König der Formel 2

Neben dem Dino-Straßenwagen gibt es auch den Dino-Rennwagen. Es handelt sich dabei nicht um einen Sportwagen, sondern um ein Formel-2-Fahrzeug mit der Bezeichnung Dino 166 F2. Um den Wagen zum Rennen homologieren zu können, müssen pro Jahr mindestens 500 identische Motoren (V6, 1596 ccm, 200 PS, drei Ventile und zwei Zündkerzen pro Zylinder) hergestellt werden. Enzo Ferrari trifft deshalb ein Abkommen mit Fiat. Es wird eine kleine Reihe Fiat Dino 2 Liter mit V6 Motoren produziert, die zwar weniger leistungsstark sind, aber direkt vom Motor des Dino 206 GT abstammen. Damit ist die erste konkrete Zusammenarbeit zwischen Ferrari und Fiat besiegelt.

Der in seiner Ästhetik dem 312 F1 sehr ähnliche Dino 166 F2 startet – und gewinnt. Siegreich ist der Wagen vor allem 1968, als er mit Andrea De Adamich und Tino Brambilla bei der Temporada Argentina siegt. Für dieses Rennen wird die Motorleistung durch einige Veränderungen, wie etwa der Verlängerung des Hubs, auf 225 PS gesteigert (der neue Hubraum beträgt 1593 ccm). Sein Debüt gibt der Wagen bei der Formel-2-Europaweltmeisterschaft am 7. April 1968 in Hockenheim, einem Rennen, das durch Jim Clarks Unfalltod traurige Berühmtheit erlangt.

Die GT wachsen heran

Es erscheint der 365 GT 2+2, die Weiterentwicklung des viersitzigen Ferrari von 1960, als der 250 GT 2+2 entstand. Von diesem Wagen wurde im Laufe von acht Jahren 1100 Exemplare in verschiedenen Versionen produziert, das entspricht der Hälfte der Ferrari-Gesamtproduktion in jenem Zeitraum. Nun kommt es

Der von Pininfarina eingekleidete Dino 206 GT.

Unten: Der großartige 365 GT 2+2 (V12, 4390 ccm, 320 PS) war praktisch baugleich mit dem 330 GT 2+2, der auf dem Pariser Salon 1967 vorgestellt wurde. Der wichtigste Unterschied zwischen den beiden betraf die Hinterachse, die beim 365 GT durch eine Einzelradaufhängung ersetzt worden war.

Die von Pininfarina entworfene 365 P Berlinetta speciale mit Heckmotor. Es handelt sich um ein Einzelstück, das auf Bestellung von Gianni Agnelli angefertigt wurde. Der Wagen verfügt über drei Sitzplätze in einer Reihe.

nicht bei der Karosserie, sondern im Bereich der Mechanik zu einer wichtigen Neuerung. Der V12-Motor wächst, und zwar von 4000 auf 4390 ccm, von 300 auf 320 PS, das Drehmoment wird von 33,2 auf 37 mkg erhöht, die Höchstgeschwindigkeit beträgt 245 km/h. Zum ersten Mal wird ein Ferrari Viersitzer mit hinterer Einzelradaufhängung versehen. Außerdem hat der Wagen einen hydropneumatisch arbeitenden Niveauausgleich Die Spurmaße sind größer, der Wagen verfügt außerdem über Servolenkung und Klimaanlage. Von Ende 1967 bis 1971 werden 800 Exemplare des 365 GT 2+2 hergestellt.

Dino 206 GT

Motor: hinten quer eingebaut; Leichtmetalllegierung, V6, Zylinderwinkel 65°.
Hubraum: 1987 ccm. Bohrung x Hub: 86 x 57 mm.
Leistung: 180 PS bei 8000 U/min.
Spezifische Leistung: 90,6 PS/Liter.
Ventilsteuerung: zwei obenliegende Nockenwellen pro Zylinderreihe, zwei schräg hängende Ventile pro Zylinder, Rollenkette. *Zündung:* Batterie-Doppelzündung.
Kraftstoffzufuhr: drei Weber-Doppelfallstromvergaser 40 DCN.
Schmierung: Druckschmierung.
Antrieb: Hinterräder.
Getriebe: 5-Gang hinten quer eingebaut mit selbsttätigem 40%-Sperrdifferenzial.
Reifen: 185 HR14.
Karosserie: Zweisitziges Coupé mit Aluminiumkarosserie (Design Pininfarina, Konstruktion Scaglietti). Gitterrohrrahmen; Vorderachse mit einstellbaren Doppelquerlenkern, Schraubenfedern, Kurvenstabilisator und koaxialen Teleskopstoßdämpfern; Hinterachse mit einstellbaren Doppelquerlenkern, Schraubenfedern, Kurvenstabilisator und koaxialen Teleskopstoßdämpfern; *Kraftstofftank:* hinten (Inhalt: 62 Liter).
Bremsen: innenbelüftete Servo-Scheibenbremsen.
Lenkung: Zahnstangenlenkung
Maße und Gewicht: *Radstand:* 2280 mm.
Spur: 1425 mm v, 1400 mm h
Länge: 4150 mm, Breite: 1700 mm, Höhe: 1115 mm
Leergewicht: 900 kg
Fahrleistungen: *Höchstgeschwindigkeit:* 235 km/h
Verhältnis Gewicht/PS: 5,0 kg/PS

Der 612 CanAm bei einem Test: Der Wagen soll an den Sportwagen-Rennserie in Nordamerika teilnehmen. Er hat einen 6,2-Liter-V12 mit 620 PS und erreicht eine Höchstgeschwindigkeit von 340 km/h. Allerdings hat der Wagen in den USA keine glorreiche Karriere absolviert.

1968 Ein Mythos namens Daytona

Jacky Ickx in der Parabolica-Kurve von Monza (mit beweglichem Flügel) beim Großen Preis von Italien 1968, bei dem er als Dritter nach Hulme auf McLaren und Servoz-Gavin auf Matra durchs Ziel fährt.

312 F1-68

Motor: Motor: hinten längs eingeb.; Leichtmetalllegierung, V12, Zylinderwinkel 60°. *Hubraum:* 2990 ccm. Bohrung x Hub: 77 x 53,5 mm. Leistung: 410 PS bei 11.000 U/min, Spezifische *Leistung:* 137,1 PS/Liter.
Ventilsteuerung: zwei obenliegende Nockenwellen pro Zylinderreihe, vier schräg hängende Ventile pro Zylinder, Rollenkette.
Zündung: Doppel-Batteriezündung (mit vier Zündspulen) und einer Zündkerze pro Zylinder.
Kraftstoffzufuhr: Indirekte Einspritzung von Lucas
Schmierung: Druck-Trockensumpfschmierung mit Ölkühler.
Antrieb: Hinterradantrieb.
Getriebe: 5-Gang hinten längs eingeb. mit selbsttätigem Sperrdifferenzial.
Reifen: 4,75 x 15 v, 6,00 x 15 h
Karosserie: Monoposto, Aluminiumkarosserie; erstmals verstellbarer Heckflügel bei einem F1-Wagen; mittragender Rahmen. Vorderachse mit einstellbaren Querlenkern, Schraubenfedern und innen montierten Teleskopstoßdämpfern. Hinterachse mit einstellbaren Doppelquerlenkern, zwei Längslenkern, Schraubenfedern, Kurvenstabilisator und koaxialen Teleskopstoßdämpfern. Kraftstofftank: 2 seitliche (Inhalt: 182 Liter).
Bremsen: innenbelüftete Girling-Scheibenbremsen.
Lenkung: Zahnstangenlenkung.
Maße und Gewicht: *Radstand:* 2400 mm
Spur: 1550 mm v, 1560 mm h. *Länge:* 4050 mm, Breite: 720 mm, Höhe: 850 mm. *Leergewicht:* 507 kg
Fahrleistungen: *Höchstgeschwindigkeit:* über 300 km/h
Verhältnis Gewicht/PS: 1,24 kg/PS

Der 365 GTB/4, genannt Daytona. Der Wagen ist einer der berühmtesten und meistbegehrten Ferrari aller Zeiten.

Während die ersten Studentenproteste von den USA nach Europa überschwappen, taucht das neue GT-Flaggschiff von Ferrari auf, der 365 GTB/4. Der Wagen ist die jüngste Berlinetta-Version aus dem Hause des Cavallino rampante mit einem V12- Motor mit vier, vom 275 GTB/4 übernommenen obenliegenden Nockenwellen, jedoch mit einem auf 4390 ccm erweiterten Hubraum, 352 PS und einer Höchstgeschwindig-

F1 Weltmeisterschaft der Fahrer
1. Graham Hill auf *Lotus*
2. Jackie Stewart auf *Matra*
3. Denis Hulme auf *McLaren*
4. Jacky Ickx auf einem Ferrari *312 F1-68*
10. Chris Amon auf einem Ferrari *312 F1-68*

F1 Konstrukteurs-Weltmeisterschaft
1. Lotus
2. McLaren
3. Matra
4. Ferrari

F1 Grand Prix
Frankreich, Rouen
1. Jacky Ickx auf einem *312 F1-68*

200 Meilen von Nürnberg
1. David Piper auf einem 330 P3

Großer Preis von Rom
1. Tino Brambilla auf einem *Dino 166 F2*

3-Stunden-Rennen von Kapstadt
1. Paul Hawkins auf einem *330 P4*

Großer Preis von Buenos Aires
1. Tino Brambilla auf einem *Dino 166 F2*

Großer Preis von Córdoba
1. Andrea De Adamich auf einem *Dino 166 F2*

Großer Preis von Zonda
1. Andrea De Adamich auf einem *Dino 166 F2*

Chris Amon gewinnt mit dem Dino 246 Tasmania am 6. Januar 1968 den Großen Preis von Neuseeland. In der Weltmeisterschaft wird er Zweiter hinter Jim Clark auf Lotus.

Der Auslasskrümmer befindet sich wie beim 312 F1, Version 1967, innerhalb des Zylinderwinkels. Dies ist der erste Ferrari-Motor mit einem Zylinderkopf mit vier Ventilen pro Zylinder (bereits 1967).

Eine der Neuerungen beim 312 F1, Version 1968, ist die erste von Ferrari montierte transistorbestückte Zündung mit kapazitiver Funkentladung: Sie ersetzt die Batteriezündung und erhöht damit die Motorleistung.

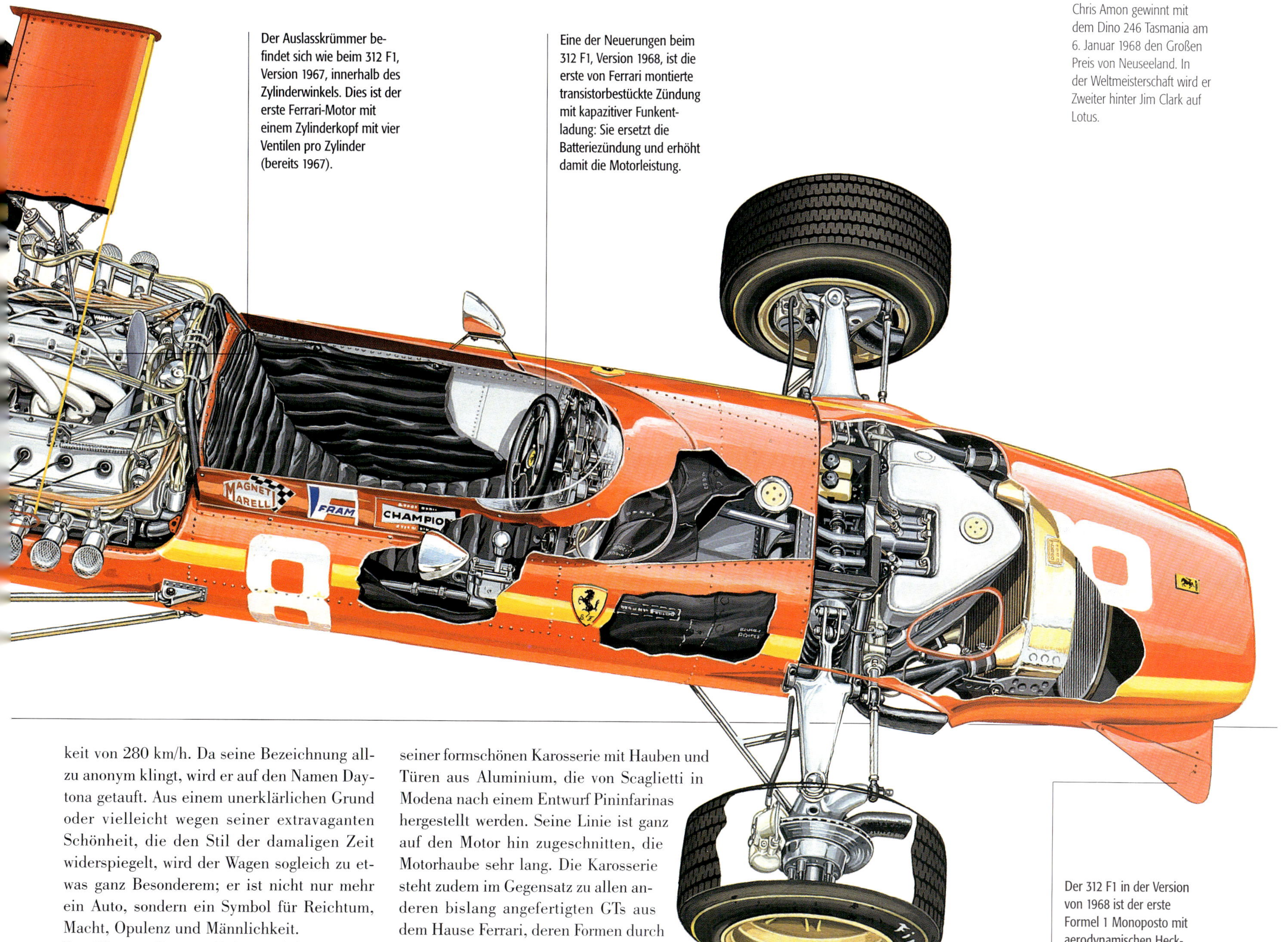

Der 312 F1 in der Version von 1968 ist der erste Formel 1 Monoposto mit aerodynamischen Heckspoiler (Großer Preis von Belgien) und verstellbarem Flügel (Großer Preis von Italien). Die von Ferrari durchgeführten Experimente werden sogleich kopiert.

keit von 280 km/h. Da seine Bezeichnung allzu anonym klingt, wird er auf den Namen Daytona getauft. Aus einem unerklärlichen Grund oder vielleicht wegen seiner extravaganten Schönheit, die den Stil der damaligen Zeit widerspiegelt, wird der Wagen sogleich zu etwas ganz Besonderem; er ist nicht nur mehr ein Auto, sondern ein Symbol für Reichtum, Macht, Opulenz und Männlichkeit.
Der Wagen gibt sein Debüt auf dem Pariser Autosalon und verbucht einen immensen Erfolg: 1366 Stück werden zwischen 1968 und 1973 verkauft. Dass der Daytona so gut ankommt, liegt einerseits an der leistungsstarken sowie äußerst sportlichen Mechanik, andererseits an seiner formschönen Karosserie mit Hauben und Türen aus Aluminium, die von Scaglietti in Modena nach einem Entwurf Pininfarinas hergestellt werden. Seine Linie ist ganz auf den Motor hin zugeschnitten, die Motorhaube sehr lang. Die Karosserie steht zudem im Gegensatz zu allen anderen bislang angefertigten GTs aus dem Hause Ferrari, deren Formen durch Kurven und Rundungen gekennzeichnet waren. Der Erfolg ist so groß, dass sogar eine Spiderversion des Wagens angefertigt wird, der 365 GTS/4; er wird auf der IAA Frankfurt 1969 vorgestellt. Der Daytona ist der letzte Ferrari, der vor der Fiat-Ära produziert wird.

Eine Stilübung aus dem Hause Pininfarina: Ferrari P5, ein Prototyp in Einzelanfertigung, der ausschließlich auf den internationalen Autosalons gezeigt wurde.

Der Ferrari 365 GTB/4, inoffiziell Daytona genannt in Erinnerung an das gleichnamige 24-Stunden-Rennen des Vorjahres, verfügt über hintere Einzelradaufhängung, wie es inzwischen bei allen Ferrari GTs üblich ist. Das Getriebe ist mit dem Sperrdifferenzial verblockt.

Die wunderschöne Form des Daytona ist ebenfalls eine Kreation von Pininfarina, auch wenn die Stahl- und Aluminiumkarosserie von Scaglietti in Modena gebaut wird. Allein der Prototyp wurde in Turin angefertigt. Der Rahmen behält die Bauweise der Vorgängermodelle bei.

Der Ferrari 350 CanAm (V12 mit 4,2 Liter Hubraum) beim Warwick-Farm-Rennen in Sidney, Australien, am 18. Januar. Am Lenkrad der Neuseeländer Chris Amon.

Die Erfindung der Flügel

In der Formel 1 zeigt sich Ferrari nicht von seiner besten Seite. Bis auf einen Ausreißer des Belgiers Jacky Ickx bei Regen in Rouen, einer Rennstrecke, bei der es sehr auf das Talent des Piloten ankommt, liefert der 312 F1 in der Version von 1968 keine Glanzleistung ab.

Der V12-Motor hat 2989 ccm Hubraum mit vier Ventilen pro Zylinder, die Auspuffrohre hat man in den Neigungswinkel der Zylinder gelegt und die Motorleistung von 410 auf 436 PS erhöht. Ausnahmsweise ist Ferrari diesmal der erste mit einer kleinen technischen Sensation und montiert auf einen Grand-Prix-Wagen einen Heckspoiler. Mit ihm debütiert am 9. Juni

Mit dem Motor des Daytona folgt Ferrari dem mit dem 275 GTB/4 eingeschlagenen Weg: Ventilsteuerung mit zwei obenliegenden Nockenwellen. Dank seiner Leistung und seiner Zuverlässigkeit ist dieser Motor eine optimale Grundlage für die Rennversionen, die nach der Anfertigung der für die Homologation in der Klasse 4 nötigen 500 Stück entstehen.

Die Front des Daytona ist einzigartig. Das herausragende Merkmal ist das Perspex-Band, das die gesamte Vorderseite umspannt und die Scheinwerfer und Blinker umschließt.

365 GTB/4 Daytona

Motor: Motor: vorne längs eingeb.; Leichtmetalllegierung, V12, Zylinderwinkel 60°. *Hubraum:* 4390 ccm. Bohrung x Hub: 81 x 71 mm. Leistung: 352 PS bei 7500 U/min, Spezifische *Leistung:* 80,2 PS/Liter. *Ventilsteuerung:* zwei obenliegende Nockenwellen pro Zylinderreihe, zwei schräg hängende Ventile pro Zylinder, Rollenkette. *Zündung:* Batteriezündung. *Kraftstoffzufuhr:* sechs Weber-Doppelvergaser 40 DCN/20. *Schmierung:* Druck-Trockensumpfschmierung.
Antrieb: Hinterradantrieb.
Getriebe: 5-Gang hinten eingeb. mit selbsttätigem Sperrdifferenzial.
Reifen: 215 x 70, VR15.
Karosserie: Berlinetta-Zweisitzer, Stahl- und Aluminiumkarosserie (Design Pininfarina, Konstruktion Scaglietti), Gitterrohrrahmen; Vorderachse mit einstellbaren Doppelquerlenkern, Schraubenfedern, Kurvenstabilisator und Teleskopstoßdämpfern; Hinterachse mit einstellbaren Doppelquerlenkern, Schraubenfedern, Kurvenstabilisator und hydraulischen Teleskopstoßdämpfern
Kraftstofftank: hinter der Hinterachse (Inhalt: 130 Liter).
Bremsen: vorne und hinten innenbelüftete Servo-Scheibenbremsen.
Lenkung: Gemmerlenkung.
Maße und Gewicht: *Radstand:* 2400 mm
Spur: 1440 mm v, 1425 mm h. *Länge:* 4425 mm, Breite: 1760 mm, Höhe: 1245 mm
Gewicht fahrfertig: 1200 kg
Fahrleistungen:
Höchstgeschwindigkeit: 280 km/h
Verhältnis Gewicht/PS: 3,41 kg/PS

in Spa-Francorchamps der Ferrari von Chris Amon. Dieser Heckflügel kann bereits beim Großen Preis von Italien in Monza vom Piloten während des Rennens verstellt werden, um so die Belastung in der Kurve zu erhöhen und den Widerstand auf der Geraden zu verringern. Diese Neuerung wird bald von allen anderen kopiert. Dennoch verläuft das Jahr für Ferrari insgesamt enttäuschend. Als bester Ferrari-Pilot platziert sich Ickx am Ende der Saison auf Platz Vier, wobei er lediglich den Großen Preis von Rouen für sich entscheiden kann. Das Jahr gehört eindeutig dem Lotus 49 und Graham Hill.

Sowohl die klare und unverwechselbare Linie des 365 GTB/4 Daytona als auch der Innenraum strahlen sportlichen Luxus aus.

1969 Der Verbündete aus Turin

F1 Weltmeisterschaft der Fahrer
1. Jackie Stewart auf *Matra*
2. Jacky Ickx auf *Brabham*
3. Bruce McLaren auf *McLaren*
12. Chris Amon a uf einem *Ferrari 312 F1*

F1 Konstrukteurs-Weltmeisterschaft
1. Matra
2. Brabham
3. Lotus
4. Ferrari

Europäische Bergmeisterschaft
Peter Schetty auf einem *212 E*

Tasman-Rennserie
Chris Amon auf einem *246/T 69*

Links: Chris Amon beim Großen Preis von Frankreich in Clermont-Ferrand, gefolgt vom Matra des Piloten Beltoise. Der Neuseeländer fährt das Rennen allerdings nicht zu Ende.

Unten: Amon beim Großen Preis von Monaco, wo er wegen Problemen mit dem Antrieb vorzeitig ausscheiden muss.

Die große Neuigkeit des Jahres 1969 kommt weder von der Rennstrecke noch aus der Produktion, sondern sie betrifft die Gesellschafterstruktur der Scuderia: Am 21. Juni wird Fiat zur Hälfte Eigentümer der Firma Ferrari. Der Commendatore hat das wichtigste italienische Automobilunternehmen ausgewählt, um auf diese Weise die Zukunft seiner Firma zu sichern und ihr ein weiteres Wachstum zu ermöglichen.
Der Produktionsausstoß ist für ein Überleben zu jener Zeit noch zu gering, 1969 werden nur 619 Autos verkauft.
Die Beziehung mit den Turinern wird nicht immer reibungslos verlaufen, und schließlich wird sich Enzo Ferrari nur noch um die Leitung seiner Rennabteilung und um seine Piloten kümmern, während er die Produktion von Serienautos ganz den Fiat-Managern überlässt.

Revanche in den Bergen

In der Formel 1 finden keine Höchstleistungen statt, und an den Sportwagenrennen nimmt Ferrari nicht teil. Dafür finden die sportlichen Triumphe 1969 bei den Bergrennen statt.
Nachdem Lodovico Scarfiotti am 8. Juni 1968 während eines Testlaufs beim Bergrennen von Rossfeld am Steuer eines Porsche ums Leben kam, geht der Titel des Bergstrecken-Europameisters an Peter Schetty, einen Schweizer Bergspezialisten, den man 1969 ins Team holt, um die Farben des Cavallino rampante offiziell gegen Porsche zu verteidigen; 1971 und 1972 arbeitet Schetty außerdem als Technischer Leiter bei Ferrari.
Der Wagen, mit welchem Schetty Europameister – der höchsten Auszeichnung im Bergrennsport – wird, ist der 212 E. Die Barchetta mit den abgerundeten Linien hat einen Motor mit 1991 ccm Hubraum und zwölf gegeneinander versetzten Zylindern, eine Weiterentwicklung des Monoposto-512-F1-Triebwerks aus dem Jahr 1965. Mit dem 212 E (300 PS) gewinnt Schetty alle sieben Läufe zur Europameisterschaft.

Großer Preis von Neuseeland
1. Chris Amon
auf einem *246/T 69*
Großer Preis von Australien
1. Chris Amon
auf einem *246/T 69*
Bergrennen von Montseny
1. Peter Schetty
auf einem *212 E.*
Bergrennen Rossfeld
1. Peter Schetty
auf einem *212 E*
Bergrennen Mont-Ventoux
1. Peter Schetty
auf einem *212 E*
Trient-Bondone
1. Peter Schetty
auf einem *212 E*
Freiburg-Schauinsland
1. Peter Schetty
auf einem *212 E*
Cesana-Sestrière
1. Peter Schetty
auf einem *212 E*
Ollon-Villars
1. Peter Schetty auf *212 E*

Oben: der 365 GTS, ein Modell, von dem zwischen Januar und April 1969 nur 20 Stück angefertigt wurden.

Der Dino 246 GT, dessen Motor einen größeren Hubraum und eine höhere Leistung hat als der des 206 GT.

Unten: Chris Amon 1969 auf der Rennstrecke in seinem leistungsstarken 612 CanAm. Der Wagen hat einen V12-Motor mit 6222 ccm Hubraum.

Gegenüberliegende Seiten
Chris Amon geht 1969 bei den 1000 Kilometern auf dem Nürburgring bis ans Limit: Er fährt im Team mit Pedro Rodriguez. Die beiden fallen aus und müssen das Rennen vorzeitig beenden.

Endlich ein Sieg für Amon

Am anderen Ende der Welt gewinnt Chris Amon im Januar das Tasman-Rennen am Steuer eines 246 T mit einem Sechszylinder von 2.4 Liter Hubraum und 300 PS (der Erfolg wird 1970 von Graeme Lawrence wiederholt). Der Neuseeländer fährt jedoch nur die erste Hälfte der Weltmeisterschaft und trennt sich Ende des Jahres von der Scuderia auf der Jagd nach jenem Formel-1-Sieg, den er sich so sehr wünscht, der ihm aber nicht gegönnt ist. Amon wird vom Pech verfolgt und trotz zahlreicher Platzierungen das Siegerpodest nie besteigen.

In der Formel 1 ist 1969 für Ferrari eines der schwärzesten Jahre: der Autobauer in Maranello wird nur Fünfter bei der Konstrukteurs-Weltmeisterschaft, der Werksfahrer Amon landet nur auf Platz zwölf. Die Meisterschaft wird von Stewart auf Matra-Ford beherrscht, einer Kombination, die sich als unschlagbar erweist. Indessen geht die Entwicklung der GT-Straßenwagen weiter. Es entstehen der 365 GTC und GTS, in der Coupé- bzw. Spiderversion. Sie stammen vom 330 GTC und GTS ab. Der V12 Motor hat einen größeren Hubraum (4390 ccm) und eine höhere Leistung (320 PS), doch die Produktionsdauer dieses Modells, von dem 200 Stück angefertigt werden, beträgt nur ein Jahr.

1970 Das Pferd springt wieder

F1 Weltmeisterschaft der Fahrer
1. Jochen Rindt auf *Lotus*
2. Jacky Ickx auf einem Ferrari *312 B F1*
3. Clay Regazzoni auf einem *312 F1*

F1 Konstrukteurs-Weltmeisterschaft
1. Lotus
2. Ferrari
3. March

Tasman-Serie
1. Graeme Lawrence auf einem *246/T 69*

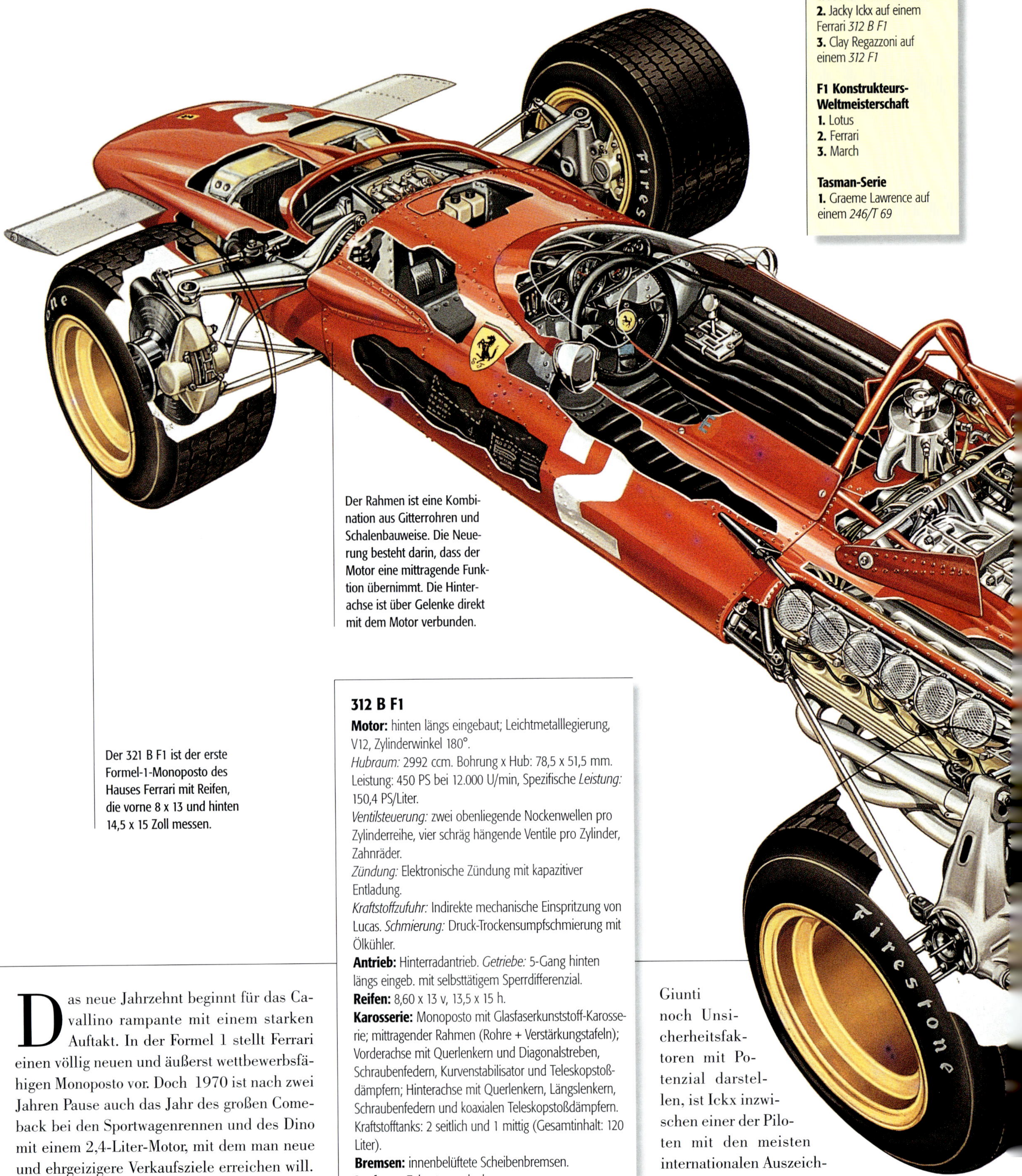

Der Rahmen ist eine Kombination aus Gitterrohren und Schalenbauweise. Die Neuerung besteht darin, dass der Motor eine mittragende Funktion übernimmt. Die Hinterachse ist über Gelenke direkt mit dem Motor verbunden.

Der 321 B F1 ist der erste Formel-1-Monoposto des Hauses Ferrari mit Reifen, die vorne 8 x 13 und hinten 14,5 x 15 Zoll messen.

Das neue Jahrzehnt beginnt für das Cavallino rampante mit einem starken Auftakt. In der Formel 1 stellt Ferrari einen völlig neuen und äußerst wettbewerbsfähigen Monoposto vor. Doch 1970 ist nach zwei Jahren Pause auch das Jahr des großen Comeback bei den Sportwagenrennen und des Dino mit einem 2,4-Liter-Motor, mit dem man neue und ehrgeizigere Verkaufsziele erreichen will.

Alle jagen Lotus nach

Drei Herzasse für Ferrari bei der Formel 1 1970 und drei Spitzenpiloten: Jacky Ickx, Clay Regazzoni und Ignazio Giunti, die italienische Formel-1-Hoffnung. Während Regazzoni und Giunti noch Unsicherheitsfaktoren mit Potenzial darstellen, ist Ickx inzwischen einer der Piloten mit den meisten internationalen Auszeichnungen. Nach einem Jahr im Rennstall von Brabham ist er zu Ferrari zurückgekehrt. Er hatte die Scuderia Ende 1968 verlassen, weil er sich mit Enzo Ferrari nicht über eine Gage für die Rennsaison 1969 einigen konnte.

312 B F1

Motor: hinten längs eingebaut; Leichtmetalllegierung, V12, Zylinderwinkel 180°.
Hubraum: 2992 ccm. Bohrung x Hub: 78,5 x 51,5 mm.
Leistung: 450 PS bei 12.000 U/min, Spezifische *Leistung:* 150,4 PS/Liter.
Ventilsteuerung: zwei obenliegende Nockenwellen pro Zylinderreihe, vier schräg hängende Ventile pro Zylinder, Zahnräder.
Zündung: Elektronische Zündung mit kapazitiver Entladung.
Kraftstoffzufuhr: Indirekte mechanische Einspritzung von Lucas. *Schmierung:* Druck-Trockensumpfschmierung mit Ölkühler.
Antrieb: Hinterradantrieb. *Getriebe:* 5-Gang hinten längs eingeb. mit selbsttätigem Sperrdifferenzial.
Reifen: 8,60 x 13 v, 13,5 x 15 h.
Karosserie: Monoposto mit Glasfaserkunststoff-Karosserie; mittragender Rahmen (Rohre + Verstärkungstafeln); Vorderachse mit Querlenkern und Diagonalstreben, Schraubenfedern, Kurvenstabilisator und Teleskopstoßdämpfern; Hinterachse mit Querlenkern, Längslenkern, Schraubenfedern und koaxialen Teleskopstoßdämpfern. Kraftstofftanks: 2 seitlich und 1 mittig (Gesamtinhalt: 120 Liter).
Bremsen: innenbelüftete Scheibenbremsen.
Lenkung: Zahnstangenlenkung.
Maße und Gewicht: *Radstand:* 2200 mm
Spur: 1425 mm v, 1420 mm h
Leergewicht: 650 kg
Fahrleistungen: *Höchstgeschwindigkeit:* 320 km/h
Verhältnis Gewicht/PS: 1,444 kg/PS

F1 Grand Prix
Österreich, Österreichring
1. Jacky Ickx
auf einem *312 B F1*
Italien, Monza
1. Clay Regazzoni
auf einem *312 B F1*
Kanada, Mont Tremblant
1. Jacky Ickx
auf einem *312 B F1*
Mexiko, Mexiko City
1. Jacky Ickx
auf einem *312 B f1*

12 Stunden von Sebring
1. Giunti / Vaccarella / Andretti auf einem *512 S*
500 Kilometer von Belgien
1. Georg Loos
auf einem *512 S*
Großer Preis Mount Fuji, Japan
1. Manfredini / Moretti
auf einem *512 S*
9 Stunden von Rand, Kyalami
1. Ickx / Giunti
auf einem *512 M*

Oben: Jacky Ickx in einem 312 B F1 beim Probelauf zum Großen Preis von Spanien 1970, der in Jarama ausgetragen wird. Im Rennen scheidet er wegen eines Unfalls in der ersten Runde aus.

Unten: Der 365 GTC/4, auch Gobbone (zu deutsch: großer Buckel) genannt, der 1970 beim Autosalon Paris vorgestellt und 1971-72 angeboten wird.

Ganz unten: Hier nochmals der 365 GTB/4 mit Klappschweinwerfern, die bis 1970 dem amerikanischen Markt vorbehalten sind, später jedoch bei allen Daytonas eingesetzt werden.

Um beim 312 B F 1 den durch Reibung erzeugten Leistungsabfall des V12 mit gegenüberliegenden Zylindern zu verringern, setzen die Techniker aus Maranello nur noch vier anstelle von sieben Hauptlagern ein. Dies führt jedoch zu Problemen bei der Zuverlässigkeit..

Ein Monoposto mit Siegespotenzial steht zur Verfügung, der 312 B F1. Der Wagen ist völlig neu, er hat einen 3-Liter-Flachmotor mit zwölf (gegenüberliegenden) Zylindern mit sehr engem Neigungswinkel (22°) zwischen den Ventilen (vier pro Zylinder), einer nur vierfach gelagerten Nockenwelle und hinten positionierter Anordnung der Steuer-Zahnräder. Der Buchstabe B steht für Boxer.
Der Motor hat mittragende Funktion. Mit ihm ist der Grundstein für eine neue Generation von Formel1-Fahrzeugen gelegt, die in der zweiten Hälfte der Siebziger Jahre dreimal die Weltmeisterschaft der Fahrer und viermal die Weltmeisterschaft der Konstrukteure gewinnen werden.
Die erste Hälfte der Saison ist noch nicht überragend; fünf Grand-Prix Siege gehen an den blitzschnellen Lotus des Österreichers Jochen Rindt. Doch dann wendet sich das Blatt. In Österreich kommt es zu einem Ferrari-Doppelsieg von Ickx und Regazzoni, die am Ziel nur 61 Hundertstelsekunden voneinander trennen. Es kommt zu einer Revanche des Schweizers in Monza, wo Jochen Rindt, der erste und einzige Formel-1-Weltmeister Österreichs, am Nachmittag des 5. September bei einem Probelauf den höchsten Preis für die Schnelligkeit seines instabilen Lotus 72 bezahlt. In der Parabolica-

Das 12-Stunden-Rennen von Sebring 1970: Mario Andretti gewinnt zusammen mit Ignazio Giunti und Nino Vaccarella auf einem Ferrari 512 S.

Im Bild der Pininfarina Modulo, der im März 1970 in Genf vorgestellt wurde. Die für die damalige Zeit ungewöhnliche, von den großzügig geschnittenen Fenstern dominierte, keilförmige Linie des Fahrzeugs mit der tief gelegenen Front ist die Sensation der Ausstellung.

Vom 512 S, der Antwort von Ferrari auf den Porsche 917, werden 25 Stück produziert, damit man die Zulassung zu den Rennen bekommt. Die Inspektoren der Internationalen Automobil-Rennsportbehörde FIA bestätigen die vollständige Herstellung im Januar 1970.

Der Motor des 512 S ist ein leistungsstarker V12 mit 550 PS und zwei obenliegenden Nockenwellen mit vier Ventilen pro Zylinder. Die Kraftstoffzufuhr erfolgt über Lucas-Einspritzung, mit der das Fahrzeug eine Höchstgeschwindigkeit von 340 km/h erreicht.

Kurve, fast an der gleichen Stelle, an der neun Jahre davor Wolfgang Berghe von Trips den Tod fand, kommt es zu einem mechanischen Defekt der Bremsen-Kupplungseinheit. Der Wagen rast gegen die Leitplanke und Rindt kommt ums Leben.

Zwei weitere Ferrari-Doppelsiege schließen die Saison ab: In Kanada und in Mexiko fährt Ickx zweimal vor dem überraschten Regazzoni ins Ziel. Doch am Ende geht der begehrte Titel posthum an den hervorragenden und doch so unglücksseligen Rindt. Am 2. Juni kommt auch der Fahrer und Konstrukteur Bruce McLaren (er hat vier Formel-1-Grands Prix gewonnen) bei einem Probelauf in Goodwood ums Leben. Auf der gleichen Strecke fand auch 1962 die Karriere von Stirling Moss aufgrund einer Unfallverletzung ihr jähes Ende.

Ein großartiger Sportwagen

Nach zweijähriger Abwesenheit kehrt ein Ferrari Sportwagen auf die Piste zurück, um die Farben des Cavallino rampante zu verteidigen. Nach dem 24-Stunden-Rennen von Le Mans 1967 hat die Internationale Sportkommission CSI das Reglement geändert: Für eine Homologation müssen 50 Stück bei den 5-Liter Sportwagen und ein Exemplar bei den 3-Liter Prototypen angefertigt werden. Aus Protest gegen eine Entscheidung, die die großen Konstrukteure favorisiert und die kleinen (zu denen sich Ferrari zählt) benachteiligt, die nicht der Lage sind, in einem Jahr 50 Rennwagen anzufertigen, ist die Scuderia 1968 aus dem Rundstreckenzirkus ausgestiegen. Nun aber ist der Moment des Wiedereinstiegs gekommen, und zwar mit einem Auto, das auf Siege setzt. Die Berlinetta 512 S (V12-Mittelmotor, 4994 ccm, 550 PS, 340 km/h) wird mit finanzieller Unterstützung des neuen Gesellschafters Fiat gebaut. Es müssen 25 Stück angefertigt werden, um laut neuem Reglement die Zulassung in der Klasse Sportwagen-Prototypen zu erhalten. Der Rahmen des Wagens hat eine relativ einfache Struktur, um eine Serienproduktion zu erleich-

Die Mechanik und der Motor des Modulo stammen vom 512 S. Sowohl das Triebwerk als auch die Radaufhängungen wurden der Benutzung auf der Straße angepasst: der Hubraum wurde von 4993 auf 4390 ccm reduziert, wodurch die Motorleistung von 550 auf 340 PS gesunken ist.

Während der Rennsaison 1970 wird die Aerodynamik des 512 S vor allem im Front- und Heckbereich weiterentwickelt. Die Scheinwerfer sind verkleidet.

Der Pininfarina Modulo ist ein Einzelstück, von dem es nur diesen Prototyp gibt.

tern. Am 20. Januar werden die Fahrzeuge den zuständigen Kommissaren der CSI in Maranello präsentiert.
Der 512 S gewinnt die 12 Stunden von Sebring. Bei der Targa Florio belegt Nino Vaccarella, genannt „Professor", mit diesem Auto Platz Drei hinter den superschnellen Porsche 908, und das nach einem Unfall und einem beinahe unmöglichen Aufholmanöver auf den engen Straßen in der Madonie. Doch in Le Mans kann der 512 S nicht gegen die Übermacht von Porsche konkurrieren, die mit dem leichteren 917 antreten: von vier offiziellen 512 S scheiden zwei aufgrund mechanischer Defekte, die anderen beiden wegen Unfällen aus. Der Wagen liefert der Scuderia eine heiße, leider allerdings auch durch Tragödien gekennzeichnete Saison: Der Ferrari von Jacky Ickx kommt in der Führungsposition von der Strecke ab und prallt auf die Tribüne der Rennkommissare, wobei einer von ihnen ums Leben kommt. Ein weiterer Trauerfall trübt die Karriere dieses Sportwagens: Am 11. Juli 1971 stirbt Pedro Rodriguez während eines Rennens im 512 S von Herbert Müller. Es ereilt ihn damit das gleiche Schicksal wie seinen Bruder Pedro, der acht Jahre davor in einem Lotus ums Leben kam.

Ein Kind seiner Zeit

Der kleine Ferrari wächst heran. Zwar nicht in der Größe, denn er behält die von Pininfarina für den 206 GT entworfene Karosserie bei, dafür aber in der Mechanik. Der V6-Motor des neuen Dino 246 GT wird auf 2418 ccm Hubraum gebracht. Damit steigt die Motorleistung auf 195 PS bei einer Höchstgeschwindigkeit von 245 km/h. Ebenso erhöhen sich der Reifenquerschnitt (205-14 anstatt 185) und die Spuren. Dank dieser Modifizierungen findet der Dino GT sofort eine große Käuferschicht. Während vom 206 lediglich 150 Stück produziert wurden, werden vom 246 bis Ende 1974 in geschlossener Version 2481 Stück ausgeliefert. Zu den Käufern des Dino 246 GT zählen unter anderem Tony Curtis.

F1 Weltmeisterschaft der Fahrer
1. Jackie Stewart auf *Tyrrell*
2. Ronnie Peterson auf *March*
3. François Cévert auf *Tyrrell*
4. Jacky Ickx auf einem *Ferrari 312 B F1*
7. Clay Regazzoni auf einem Ferrari *312 B F1*

F1 Konstrukteurs-Weltmeisterschaft
1. Tyrrell
2. BRM
3. March
4. Ferrari

F1 Grand Prix
Südafrika, Kyalami
1. Mario Andretti auf einem 312 B F1
Holland, Zandvoort
1. Jacky Ickx auf einem *312 B2 F1*

Bergrennen Montseni
1. Peter Schetty auf einem *212 E*
Bergrennen Rossfeld
1. Peter Schetty a uf einem *212 E*
Bergrennen Mont-Ventoux
1. Peter Schetty auf einem *212 E*
Trient-Bondone
1. Peter Schetty auf einem *212 E*
Freiburg-Schauinsland
1. Peter Schetty auf einem *212 E*
Cesana-Sestrière
1. Peter Schetty auf *212 E*
Ollon-Villars
1. Peter Schetty auf *212 E*

1971 Produktionsziele

Rechts: Am Start der 24 Stunden von Daytona 1971. Hier mit der Nummer sechs der Ferrari 512 M von Donohue / Hobbs aus dem amerikanischen Rennstall Sunoco, der am Ende den dritten Platz belegt. Mit der Nummer eins startet der Porsche 917 K von Rodriguez / Oliver, der schließlich auch als Erster das Ziel passieren wird.

Unten: Das Innenleben des kraftvollen 612 CanAm

Zum ersten Mal produziert Ferrari mehr als 1000 Autos pro Jahr: Ende Dezember 1971 haben 1246 Wagen das Werk in Maranello verlassen. Das Haus des Cavallino rampante ist nicht mehr eine kleine, exklusive Autoschmiede für Begüterte, sondern ein veritables Industrieunternehmen. Das Werk wird vergrößert, die Zahl der Montagestraßen verdoppelt.

Jahre des Stillstands in der Formel 1

Die zweite Version des 312 F1 mit Zwölfzylinder-Flachmotor (dank eines kürzeren Hubs von 470 auf 485 PS verstärkt) holt zwei bepunktete Siege und weitere zwei, die für die Weltmeisterschaft nicht relevant sind. Probleme bei der Reifenleistung und der Motorschmierung bremsen den Wagen, so dass er nicht mit einem Tyrrell mithalten kann, der Jackie Stewart zu einer langen, siegreichen Phase verhilft.

Für das Haus in Maranello fängt die Weltmeisterschaft gut an: Mario Andretti gewinnt den Großen Preis von Südafrika mit dem Monoposto des Vorjahres. Doch das Jahr endet für Ferrari lediglich mit einem vierten Platz bei der Konstrukteurs-Weltmeisterschaft und einem weiteren vierten Platz bei den Fahrern für Ickx. Der neue Monoposto 312 B2 verfügt über eine Hinterradaufhängung mit einer beinahe horizontal positionierten Feder-Stoßdämpfer-

SUNOCO
6

Oben: Clay Regazzoni auf dem 312 B2 F1. Der Monoposto wirkt noch ein wenig provisorisch, so etwa bei den Lufteinlässen oder dem großen Frontflügel, dessen Form den Luftstrom über die Räder leiten sollte.

Rechts: Der 512 M von Donohue/Hobbs bei den 12 Stunden von Sebring 1971.

Einheit oberhalb des Getriebes. Ickx fährt mit diesem Wagen beim Großen Preis von Holland zum Sieg.

Ferrari boykottiert Le Mans

Die Welt der zweisitzigen Rennsportwagen ist stark in Bewegung. In Maranello wird der große 512 verbessert, es wird die M-Version („M" für modifiziert) herausgebracht. Die neue, Ende 1970 fertiggestellte Version hat im Gegensatz zum 512 S nun einen V12-Motor mit 4993 ccm Hubraum und 620 PS, ist um ca. 30 Kilogramm leichter und verfügt über eine bessere Aerodynamik sowie neue Radaufhängungen. Seinen ersten großen Auftritt hat er Ende 1970 mit dem Sieg von Ickx und Giunti beim 9-Stunden-Rennen von Kyalami. Die weitere Laufbahn des 512 M ist dann allerdings nicht mehr so glorreich. Enzo Ferrari überlässt ihn den privaten Rennställen und widmet sich stattdessen der Entwicklung des 3-Liter-Prototyps, der bei den Sportwagen-Weltmeisterschaften 1972 anstelle des 5-Liter-Sportwagens teilnehmen wird. Diese Entscheidung bringt Ferrari um einen Sieg bei den 24 Stunden von Le Mans, an denen Ferrari nicht einmal teilnimmt, obwohl man jetzt endlich ein Auto hätte, das dem Porsche 917 hätte gefährlich werden können. Nichtsdestoweniger kann der 512 M einige schöne Platzierungen vorweisen, wie etwa die dritten Plätze von Donohue / Hobbs bei den 24 Stunden von Daytona und den 12 Stunden von Sebring und natürlich auch den Sieg von Merzario bei den 300 Kilometern von Imola.

Den Wettkampf im Blut

In Sebring gab 1969 ein Zweisitzer mit den runden Linien des P4 sein Debüt. Er hieß 312 P und hatte einen V12-Motor mit 2990 ccm und 430 PS. In Sebring tritt 1971 eine weitere Ferrari-Barchetta mit der Bezeichnung 312 P an, doch hinter dem selben Namen steckt jetzt ein ganz anderes Auto.
Die Geschichte des Wagens wird eine völlig andere sein, auch wenn der neue 312 P aus die-

Links: Der 712 CanAm von Mario Andretti beim Rennen in Watkins Glen. Der italo-amerikanische Pilot schneidet als Vierter ab.

Oben: Ein Ferrari, der seine Spuren hinterlassen wird: Der 365 GT/4 BB, eine Berlinetta mit einem kraftvollen Boxer-Heckmotor und einer Linie, die mit dem Äußeren des Dino GT verwandt ist. Der Wagen wird 1971 auf dem Autosalon Turin vorgestellt, ist allerdings nur 1973 auf dem Markt.

Rechts: Ein Sondermodell von Zagato beim Autosalon Turin. Die Mechanik ist die des 250 GT.

sem Rennen aufgrund eines Getriebeschadens ausscheidet. Die Karosserie ist kantig, der Motor hat zwölf Zylinder, die diesmal gegenüber liegen. Inoffiziell wird der Wagen auch 312 PB genannt, wobei das „B" für Boxer steht, um ihn vom 312 P aus dem Jahr 1969 zu unterscheiden.

Dank Flachmotor-Bauweise lässt sich der Schwerpunkt des Wagens absenken. Es handelt sich um das Triebwerk des Grand-Prix-Wagens 312 B F1 (2992 ccm, 450 PS, 320 km/h), der für den Einsatz bei Rundstreckenrennen modifiziert wurde. Auch die Hinterradaufhängung wurde von dem Formel-1-Monoposto übernommen. Der Rahmen besteht mit Aluminiumtafeln, die an das Gitterrohrwerk genietet sind. Die Polyester-Karosserie ist sehr dünn und daher extrem leicht.

Giuntis Tragödie

1971 ist das Jahr der Weiterentwicklung für den neuen Ferrari 312 P, den man aus vielen Rennen, für die er gemeldet war, wieder zurückzieht. 1972 wird das ruhmreiche Jahr dieses Wagens sein, in dem er die Gegner hinwegfegt und die Sportwagen-Markenweltmeisterschaft für sich entscheidet. Doch es gibt auch einen bittern Wermutstropfen in der Geschichte dieses Ferrari, der zu den siegreichsten und besten Fahrzeugen aus dem Hause des Cavallino rampante zählt. Am 10. Januar stirbt der talentierte Spitzenfahrer Ignazio Giunti, als er beim 1000-Kilometer-Rennen von Buenos Aires mit dem 3 Liter 312 P vor den Wagen mit 5-Liter-Motor in Führung liegt.

Der Unfallhergang ist völlig absurd: Giunti ist gerade dabei, seinen Teamkollegen Mike Parkes zu überrunden. Er befindet sich hinter ihm, deshalb sieht er Jean-Pierre Beltoise nicht, dem das Benzin ausgegangen ist und der seinen Wagen in Richtung Boxen schiebt. Parkes kommt gerade noch an Beltoises Auto vorbei, doch Giunti fährt mitten hinein. Nach dem Aufprall auf Beltoises Matra geht Giuntis Ferrari mit dem Piloten an Bord in Flammen auf.

1972 Ein glorreiches Jahr

Oben: 1972 wird in Genf der neue 246 GT in Cabrioletversion vorgestellt. Dieser Ferrari feiert vor allem in den USA große Erfolge.

Rechts: Der 1972 auf dem Pariser Autosalon vor-gestellte 365 GT 4 2 +2. Er ersetzt den 365 GT 2 + 2, doch in der Mechanik stammt er vom 365 GTC/4 ab.

Rechts: Jacky Ickx tritt 1972 beim Großen Preis von Spanien mit dem Versuchsmodell 312 B2 F1 an. Er platziert sich als Zweiter hinter Emerson Fittipaldi auf Lotus.

Eine wunderbare Wettkampfsaison für Ferrari: Der 312 P gewinnt mit haushoher Überlegenheit die Sportwagen-Markenweltmeisterschaft. Wie in den besten Jahren lässt er seinen Konkurrenten keine Chance.

Die Scuderia verfügt über ein angriffslustiges Team, dem die zehn besten Piloten der damaligen Zeit angehören, nämlich Mario Andretti, Ronnie Peterson, Jacky Ickx, Clay Regazzoni, Arturo Merzario, Tim Schenken, Brian Redman, Sandro Munari, Carlos Pace und Helmut Marko – und das alle Rennen gewinnt, an denen Ferrari teilnimmt (zehn von elf angesetzten Weltmeisterschaftsläufen). Das Team ist eine wahrhaftige Kampfmaschine: Man verfügt über die besten Fahrer, die sich von Rennen zu Rennen abwechseln und über zahlreiche Autos, die im Rotationsverfahren eingesetzt werden. An der Spitze steht Peter Schetty, der die Seiten gewechselt hat und jetzt Rennsportleiter bei Ferrari ist.

Siebter Sieg bei der Targa Florio

Ein Bilderbuchrennen ist die Targa Florio, die Arturo Merzario zusammen mit Sandro Munari, dem italienischen Rallyefahrer Nummer Eins, gewinnt. Es ist der siebte Ferrari-Sieg bei der Targa Florio, aber es sollte auch der letzte sein. Die Krönung bildet allerdings das 1000-Kilometer-Rennen von Österreich, bei dem vier 312 P die ersten vier Plätze belegen. Es fehlt in diesem Jahr allerdings das 24-Stunden-Rennen von Le Mans, zu denen die Ferrari, wie bereits 1971, nicht offiziell gemeldet sind. Der Gesamtsieg geht an Matra, doch ein Ferrari sticht trotzdem hervor, und zwar der 365 GTB/4 Daytona Competizione des Teams von Charles Pozzi. Der Wagen erobert mit dem Team Andruet / Ballot-Lena Platz Fünf in der Gesamtwertung sowie den ersten Platz in seiner Klasse. Der gleiche Wagen beschert Ferrari, und zwar zum elften Mal, den Sieg bei der Tour de France. Der 312 P ist zwar ein Wagen, der oftmals Erster wird, in mancher Hinsicht allerdings auch das

KENT

Der 312 P von Jacky Ickx und Clay Regazzoni auf regennasser Fahrbahn bei den 1000 Kilometern von Monza. Das belgisch-schweizerische Team gewinnt das Rennen, bei dem es vom Start weg in Führung ging.

Um ihn von dem 312 P aus dem Jahr 1969 zu unterscheiden, nennt die Presse den Wagen 312 P B, wobei das „B" für Boxer steht. Der Motor mit zwölf gegenüberliegenden Zylindern und 2992 ccm Hubraum stammt von dem Formel-1-Wagen 312 B und bringt eine Leistung von 450 PS. 1973 wird er gegen einen Motor mit kurzem Hub ausgetauscht, auch die Radaufhängungen und die Aerodynamik werden dabei modifiziert.

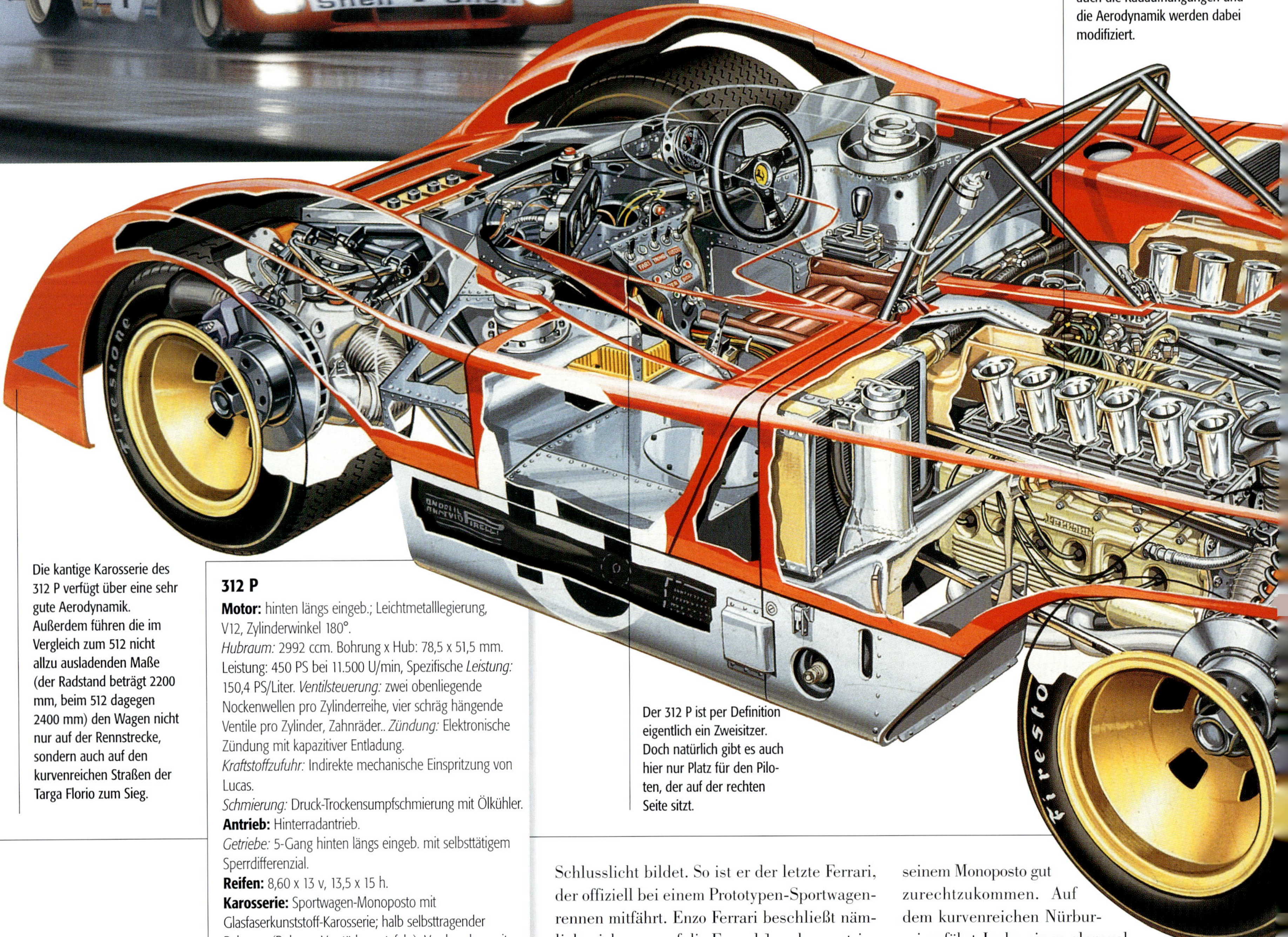

Die kantige Karosserie des 312 P verfügt über eine sehr gute Aerodynamik. Außerdem führen die im Vergleich zum 512 nicht allzu ausladenden Maße (der Radstand beträgt 2200 mm, beim 512 dagegen 2400 mm) den Wagen nicht nur auf der Rennstrecke, sondern auch auf den kurvenreichen Straßen der Targa Florio zum Sieg.

Der 312 P ist per Definition eigentlich ein Zweisitzer. Doch natürlich gibt es auch hier nur Platz für den Piloten, der auf der rechten Seite sitzt.

312 P

Motor: hinten längs eingeb.; Leichtmetalllegierung, V12, Zylinderwinkel 180°.
Hubraum: 2992 ccm. Bohrung x Hub: 78,5 x 51,5 mm. Leistung: 450 PS bei 11.500 U/min, Spezifische *Leistung:* 150,4 PS/Liter. *Ventilsteuerung:* zwei obenliegende Nockenwellen pro Zylinderreihe, vier schräg hängende Ventile pro Zylinder, Zahnräder.. *Zündung:* Elektronische Zündung mit kapazitiver Entladung.
Kraftstoffzufuhr: Indirekte mechanische Einspritzung von Lucas.
Schmierung: Druck-Trockensumpfschmierung mit Ölkühler.
Antrieb: Hinterradantrieb.
Getriebe: 5-Gang hinten längs eingeb. mit selbsttätigem Sperrdifferenzial.
Reifen: 8,60 x 13 v, 13,5 x 15 h.
Karosserie: Sportwagen-Monoposto mit Glasfaserkunststoff-Karosserie; halb selbsttragender Rahmen (Rohre + Verstärkungstafeln); Vorderachse mit Querlenkern und Diagonalstreben, Schraubenfedern, Kurvenstabilisator und Teleskopstoßdämpfern; Hinterachse mit Querlenkern und Diagonalstreben Schraubenfedern, Kurvenstabilisator und koaxialen Teleskopstoßdämpfern;
Kraftstofftanks: 2 seitlich und 1 mittig (Inhalt: 120 Liter).
Bremsen: innenbelüftete Scheibenbremsen.
Lenkung: Zahnstangenlenkung.
Maße und Gewicht: *Radstand:* 2200 mm
Spur: 1425 mm v, 1420 mm h. *Leergewicht:* 650 kg
Fahrleistungen: *Höchstgeschwindigkeit:* 320 km/h
Verhältnis Gewicht/PS: 1,444 kg/PS

Schlusslicht bildet. So ist er der letzte Ferrari, der offiziell bei einem Prototypen-Sportwagenrennen mitfährt. Enzo Ferrari beschließt nämlich, sich ganz auf die Formel 1 zu konzentrieren und die Teilnahmen an Zeitrennen, auch aufgrund der sich ständig ändernden Reglementvorschriften, aufzugeben. Der 312 P nimmt 1973 zwar noch an einigen Läufen teil, doch der Schwung ist bereits verloren und dam Ende des Jahres steigt Ferrari definitiv aus dieser Art von Rennen aus.
In der Formel 1 steht Ferrari in diesem Jahr allerdings in einigem nach. Der 312 B2 hat Probleme mit der Straßenlage. Doch beim Großen Preis von Deutschland scheint Ickx mit seinem Monoposto gut zurechtzukommen. Auf dem kurvenreichen Nürburgring fährt Jacky einen glanzvollen Sieg heraus, und die Freude darüber wird durch den zweiten Platz von Regazzoni noch erhöht.

Die ersten Runden in Fiorano

Weil er sich davon eine Verbesserung seiner Formel-1-Monoposti verspricht, tauscht Enzo Ferrari den Technischen Stab in Maranello aus. Maurizio Forghieri wechselt in die Forschungsabteilung, um sich dort mit zukünftigen Projekten und Änderungen des Reglements zu be-

F1 Weltmeisterschaft der Fahrer
1. Emerson Fittipaldi auf *Lotus*
2. Jackie Stewart auf *Tyrrell*
3. Denis Hulme auf *McLaren*
4. Jacky Ickx auf einem *Ferrari 312 B2 F1*
6. Clay Regazzoni auf einem *Ferrari 312 B2 F1*

F1 Konstrukteurs-Weltmeisterschaft
1. Lotus
2. Tyrrell
3. McLaren
4. Ferrari

Sportwagen-Markenweltmeisterschaft
1. Ferrari

F1 Grand Prix
Deutschland, Nürburgring
1. Jacky Ickx auf einem *312 B2 F1*

1000 Kilometer von Buenos Aires
1. Peterson / Schenken auf einem *312 P*

6 Stunden von Daytona
1. Ickx / Andretti auf einem *312 P*

12 Stunden von Sebring
1. Ickx / Andretti auf einem *312 P*

1000 Kilometer von Brands Hatch
1. Ickx / Andretti auf einem *312 P*

1000 Kilometer von Monza
1. Regazzoni / Ickx auf einem *312 P*

1000 Kilometer von Spa-Francorchamps
1. Redman / Merzario auf einem *312 P*

Targa Florio
1. Merzario / Munari auf einem *312 P*

1000 Kilometer Nürburgring
1. Peterson / Schenken auf einem *312 P*

1000 Kilometer von Österreich
1. Ickx / Redman auf einem *312 P*

6 Stunden von Watkins Glen
1. Ickx / Andretti auf einem *312 P*

Tour de France
1. Andruet / „Biche" auf einem *365 GTB/4 C*

500 Kilometer von Imola
1. Arturo Merzario auf einem *312 P*

9 Stunden von Rand, Kyalami
1. Regazzoni / Merzario auf einem *312 P*

fassen, während Alessandro Colombo neuer Technischer Leiter der Rennsportabteilung wird. Am 8. April wird die neue Ferrari-Teststrecke in Fiorano, nur wenige hundert Meter vom Werksgelände entfernt, eingeweiht. Die Strecke ist 2999 Meter lang und setzt sich aus einer Kombination der schwierigsten Rennstrecken-Kurven der ganzen Welt zusammen. Von nun an ist Fiorano der Ort, an dem alle Ferrari weiterentwickelt und getestet werden.

Neuerungen bei den 2+2 Gran Turismo Straßenwagen

Der 365 GTC/4 wird auch 1971 und 1972 weiter produziert (V12-Motor mit 4390 ccm und vier obenliegenden Nockenwellen, 340 PS); er zeichnet sich durch die außerhalb des Zylinderneigungswinkels gelegenen Vergaser aus, was eine niedrigere Motorhaube ermöglicht. Dennoch gibt man dem Wagen, vor allem wegen der unverwechselbaren Form der Motorhaube, den wenig schmeichelhaften Beinamen „großer Buckel". Die Höchstgeschwindigkeit des 365 GTC/4 beträgt 260 km/h, und wegen seiner beiden Notsitze im Fond verdient er beinahe tatsächlich die Bezeichnung 2+2.
Aus ihm wird schließlich der 365 GT/4 2+2 weiterentwickelt, der ab Ende 1972 mit dem Motor des 365 GTC/4 bestückt und mit mehr Komfort ausgestattet wird, um den Ansprüchen des US-Marktes gerecht zu werden. Die Linie dieses Gran Turismo ist neu und originell, der Wagen gefällt durch seine Eleganz. Die Höchstgeschwindigkeit des 365 GT/4 2 +2 ist niedriger als die des GTC/4, sie liegt bei 250 km/h. In Genf wird die Version mit dem abnehmbaren Dach des Dino 246 GT vorgestellt. Auch das Design des 246 GTS stammt von Pininfarina und er ist ebenso erfolgreich wie das Coupé. Bis 1974 werden immerhin 1274 Stück gebaut. Insgesamt werden 1972 1844 Ferrari verkauft – ein Rekord, der erst 1978 gebrochen wird.

Ganz oben: Clay Regazzoni in Aktion beim Großen Preis von Belgien 1972, der auf der Rennstrecke von Nivelles-Baulers ausgetragen wird. Regazzoni scheidet nach einer Berührung mit dem Tecno von Galli aus.

Oben: Nochmals der 365 GT/4 2+2. Bei diesem Wagen handelt es sich um einen echten 2+2. Sein kommerzieller Erfolg veranlasst Ferrari, ihn bis 1976 zu bauen.

1973 Wende bei den Gran Turismo

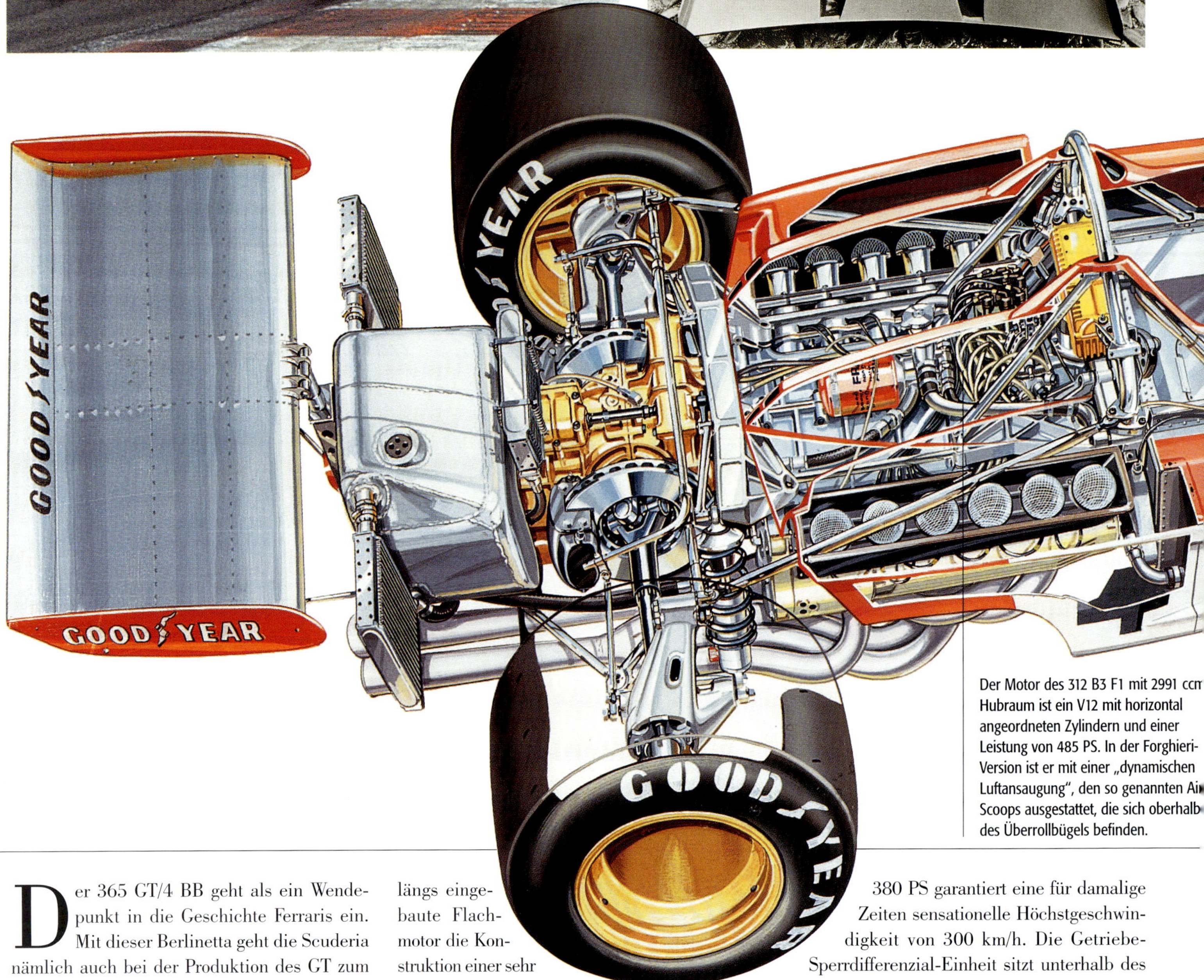

Der Motor des 312 B3 F1 mit 2991 ccm Hubraum ist ein V12 mit horizontal angeordneten Zylindern und einer Leistung von 485 PS. In der Forghieri-Version ist er mit einer „dynamischen Luftansaugung", den so genannten Air Scoops ausgestattet, die sich oberhalb des Überrollbügels befinden.

Der 365 GT/4 BB geht als ein Wendepunkt in die Geschichte Ferraris ein. Mit dieser Berlinetta geht die Scuderia nämlich auch bei der Produktion des GT zum Heckmotor über. Außerdem ist dieser Wagen in technischer und stilistischer Hinsicht die Grundlage für zukünftige Sportwagengenerationen aus dem Hause des Cavallino rampante.

Berlinetta Boxer

Durch den Mittelmotor ist es Pininfarina möglich, den neuen Sportwagen nach dem Muster des Dino zu entwerfen. Auch hat der neue Wagen einen weiteren Vorteil: Seine Abmessungen sind größer als die des kleinen Ferrari, deshalb erlaubt der längs eingebaute Flachmotor die Konstruktion einer sehr niedrigen Motorhaube und einer langgestreckten Karosserie. Die faszinierende und ausgewogene Linie dieses Ferrari soll Schule machen. Das Herzstück des 365 GT/4 BB ist der Zwölfzylindermotor, nicht ganz korrekt als Boxer bezeichnet („BB" steht für Berlinetta Boxer) mit 4390 ccm Hubraum. Der Wagen lehnt sich an den 312 B aus der Formel 1 und den 312 P Sport an, wobei natürlich die für die Straßenbenutzung erforderlichen Modifizierungen vorgenommen wurden. Die Motorleistung von 380 PS garantiert eine für damalige Zeiten sensationelle Höchstgeschwindigkeit von 300 km/h. Die Getriebe-Sperrdifferenzial-Einheit sitzt unterhalb des Motors, so dass der ohnehin schon tiefe Schwerpunkt noch weiter abgesenkt werden kann. Obwohl die Energiekrise gerade auf ihrem Höhepunkt ist, werden von diesem sehr speziellen und auch kostspieligen Modell in einem Zeitraum von knapp drei Jahren immerhin 387 Stück angefertigt.

Der Achtzylinder kehrt zurück

Bei den Gran Turismo gibt es etwa Neues zu vermelden. Es entsteht ein Modell mit V8-Motor,

Gegenüberliegende Seite links: Jacky Ickx beim Großen Preis von Frankreich 1973 in Le Castellet, den er mit einem großen Rückstand auf den Sieger Ronnie Peterson (Lotus 72D) als Fünfter beendet; der 312 B3 F1 wird in dieser Version wegen seines breiten Frontspoilers „Schneepflug“ genannt..

Rechts: Jcky Ickx beim Großen Preis von Italien auf seinem Ferrari 312 B3 F1. Er liegt vor Beltoise und Lauda, beide auf BRM. Dies ist das letzte Rennen, das Ickx auf einem Ferrari fährt. Er komt als Achter ins Ziel.

An der Front des Ferrari von 1973 werden zahlreiche Veränderungen vorgenommen: Sie ist breit und platt, später erhält sie die klassischere, hier im Querschnitt gezeigte Form (ähnlich dem 312 B3 F1 von 1972), d.h. sie wird rechteckiger und bekommt einen Spoiler, der über die gesamte Wagenbreite reicht und nicht mehr von der Karosserie unterbrochen wird. Der Wagen ist also ein Vorläufermodell für die Monoposti der Folgejahre.

Der 312 B3 F1 hier erstmals in selbsttragender Schalenbauweise aus Aluminiumtafeln, die Ingenieur Sandro Colombo von den Spezialisten John Thompson in England herstellen lässt. Allerdings erweist sich dieser Monoposto als nicht sehr erfolgreich.

Ab dem Großen Preis von Österreich 1973 in Zeltweg wird ein neuer, von Mauro Forghieri entworfener 312 B3 F1 ins Rennen geschickt. Sein Rahmen hat die klassische Gitterrohrstruktur mit genieteten Aluminiumtafeln.

dessen Zylinderwinkel 90° beträgt; es ist der Dino 308 GT/4. Der Wagen wird zum Ursprungsmodell einer neuen Generation von „kleinen“ Ferraris, die es auch noch dreißig Jahre später geben wird.

Auch wenn es sich nicht mehr um einen Sechs- sondern einen Achtzylinder handelt, wird der Name Dino beibehalten, um den Unterschied zu den GT Zwölfzylindern deutlich zu machen. Der 308 GT/4 steht jedoch anderen Ferrari-Modellen in nichts nach. Der Motor mit 2927 ccm Hubraum und 255 PS ist quer vor der Hinterachse eingebaut, was die Gesamtlänge des Wagens reduziert und zu einer guten Straßenlage beiträgt. Die Höchstgeschwindigkeit

Hier der 312 B3 F1 mit verkleideter Front bei der Präsentation des Wagens und der Fahrer in Maranello für die Saison 1973.

312 B3 F1

Motor: hinten längs eingebaut; Leichtmetalllegierung, V12, Zylinderwinkel 180°.
Hubraum: 2992 ccm. Bohrung x Hub: 80 x 49,6 mm. Leistung: 485 PS bei 12.500 U/min, Spezifische *Leistung:* 162,1 PS/Liter.
Ventilsteuerung: zwei obenliegende Nockenwellen pro Zylinderreihe, vier schräg hängende Ventile pro Zylinder, Zahnräder. *Zündung:* Elektronische Zündung mit kapazitiver Entladung. *Kraftstoffzufuhr:* Indirekte mechanische Einspritzung von Lucas. *Schmierung:* Druck-Trockensumpfschmierung mit zwei Ölkühlern.
Antrieb: Hinterradantrieb. *Getriebe:* 5-Gang hinten längs eingeb. mit selbsttätigem Sperrdifferenzial.
Reifen: 9,2 x 13 v, 13,1 x 13 h.
Karosserie: Monoposto mit Glasfaserkunststoff-Karosserie; Rahmen in Schalenbauweise aus Aluminiumtafeln; Vorderachse mit Querlenkern und Diagonalstreben, Schraubenfedern, Kurvenstabilisator und Teleskopstoßdämpfern; Hinterachse mit Querlenkern und Diagonalstreben, Schraubenfedern und koaxialen Teleskopstoßdämpfern.
Kraftstofftank: 2 seitliche (Inhalt: 233 Liter)
Bremsen: innenbelüftete Scheibenbremsen, hinten innenbords montiert.
Lenkung: Zahnstangenlenkung
Maße und Gewicht: *Radstand:* 2500 mm
Spur: 1625 mm v, 1605 mm h. *Länge:* 4335 mm, Breite (über Reifen): 2056 mm, Höhe: 900 mm
Gewicht fahrfertig: 578 kg
Fahrleistungen: Höchstgeschwindigkeit: 325 km/h
Verhältnis Gewicht/PS: 1,191 kg/PS

F1 Weltmeisterschaft der Fahrer
1. Jackie Stewart auf *Tyrrell*
2. Emerson Fittipaldi auf *Lotus*
3. Ronnie Peterson auf *Lotus*
9. Jacky Ickx auf einem *Ferrari 312 B3 F1*
12. Arturo Merzario auf einem *Ferrari 312 B3 F1*

F1 Konstrukteurs-Weltmeisterschaft
1. Lotus
2. Tyrrell
3. McLaren
6. Ferrari

1000 Kilometer von Monza
1. Ickx / Redman auf einem *312 P*

1000 Kilometer Nürburgring
1. Ickx / Redman auf einem *312 P*

Oben: Jacky Ickx beim 1000-Kilometer-Rennen am Nürburgring von 1973 am Lenkrad des 312. Der Belgier gewinnt das Rennen gemeinsam mit Brian Redman.

Der 365 GT/4 BB: auch die Ferrari GT mit zwölf Zylindern haben von nun an einen Heckmotor.

beträgt 250 km/h. Das Design des Wagens stammt von Bertone – bei Pininfarina hatte man einfach keine Zeit, den Auftrag zu übernehmen. Damit ist dieser Ferrari seit 1953 der erste, der nicht von Pininfarina karossiert wurde. Der Viersitzer weist eine etwas eckige Karosserie auf, die sicher nicht als eine der schönsten in Ferraris Annalen eingehen wird. Auch wenn er nicht viele Anhänger findet, so erzielt der Dino 308 GT/4 doch den beachtlichen Verkaufserfolg von 2796 produzierten Exemplaren.

Abschied der Sport-Prototypen

Der 312 P, jetzt mit dem kurzhubigen Motor ausgestattet, der 1972 in der Formel 1 eingesetzt wurde, fährt bei den Langstreckenrennen nochmals Erfolge ein, auch wenn diese nicht so glamourös sind wie im Vorjahr. Der Wagen gewinnt die 1000 Kilometer in Monza und am Nürburgring durch das bewährte Team Ickx / Redman. In Monza ist die Freude doppelt, denn den zweiten Platz belegt das Team Reutemann / Schenken mit dem 312 P. Doch diese Freude ist nur von kurzer Dauer. Zwar sind Ferrari und Matra die großen Protagonisten der Sportwagen-Weltmeisterschaft, doch am Ende wird der französische Hersteller über das Haus in Maranello dominieren. Ein Grund hierfür ist, dass sich bei Ferrari inzwischen alles auf die Formel 1 konzentriert.

Kein Glück in der Formel 1

1973 ist ein verheerendes Jahr, das am Ende eine Bilanz ohne jeglichen Sieg aufweist. Ferrari belegt Platz Sechs in der Konstrukteurswertung, in der Fahrerwertung kommt Ickx auf Rang neun, während Merzario nur den 12. Platz belegt.

Die neue Ausgabe des 312 F1, der B3, entsteht in einer für Ferrari schwierigen Phase. Der B3 wird in vier Versionen gebaut, die sich alle stark voneinander unterscheiden. Das erste Modell, wegen seiner breiten und schaufelförmigen Schnauze „Schneepflug" genannt, stammt von Forghieri, der derzeit von den Rennen noch fern gehalten wird und sich experi-

Im Vergleich zum 1971 auf dem Autosalon von Turin vorgestellten Prototyp weist der 365 GT/4 keine spektakulären Neuerungen auf. Der Wagen hat sechs anstelle von vier Rückleuchten, die untere Heckverkleidung umschließt nun auch den Auspuff, der Einfüllstutzen des Benzintanks sitzt an einer anderen Stelle.

Der Innenraum ist weniger spartanisch als bei den anderen Modellen des Scuderia. Man will damit auch eine Klientel ansprechen, die von einem Ferrari nicht nur Sportlichkeit, sondern auch Komfort und Exklusivität erwartet.

Die Stärke des 365 GT/4 BB ist sein Zwöfzylinder-Mittelmotor, der aus dem Aggregat des Formel-1-Wagens entstand. Auch das Getriebe kann mit dem Motor mithalten: Es befindet sich unterhalb des Motors und wird von einer Reihe hinter dem Triebwerk positionierter Zahnräder aktiviert.

365 GT/4 BB

Motor: hinten längs eingeb.; Leichtmetalllegierung, V12, Zylinderwinkel 180°.
Hubraum: 4390 ccm. Bohrung x Hub: 81 x 71 mm (später 77 x 58,8). Leistung: 380 PS bei 7700 U/min, Spezifische Leistung: 86,6 PS/Liter. Ventilsteuerung: zwei obenliegende Nockenwellen pro Zylinderreihe, zwei schräg hängende Ventile pro Zylinder, Zahnriemen.
Zündung: Batteriezündung. *Kraftstoffzufuhr:* vier Weber-Doppelfallstromvergaser 40 IF3C.
Schmierung: Druck-Trockensumpfschmierung.
Antrieb: Hinterradantrieb.
Getriebe: 5-Gang hinten eingeb. mit selbsttätigem Sperrdifferenzial, unterhalb vom Motor.
Reifen: 2,15/70 x 15
Karosserie: Berlinetta-Zweisitzer, Stahlkarosserie (Pininfarina), Gitterrohrrahmen; Vorderachse mit einstellbaren Doppelquerlenkern, Schraubenfedern, Kurvenstabilisator und koaxialen Teleskopstoßdämpfern; Hinterachse mit einstellbaren Doppelquerlenkern, Kurvenstabilisator und koaxialen Teleskopstoßdämpfern; *Kraftstofftank:* hinten, zweigeteilt (Inhalt: 120 Liter).
Bremsen: innenbelüftete Scheibenbremsen.
Lenkung: Zahnstangenlenkung.
Maße und Gewicht: *Radstand:* 2500 mm. *Spur:* 1500 mm v, 1520 mm h
Länge: 4360 mm, Breite: 1800 mm, Höhe: 1112 mm. *Leergewicht:* 1120 kg
Fahrleistungen: *Höchstgeschwindigkeit:* 300 km/h
Verhältnis Gewicht/PS: 2,95 kg/PS (später 2,6)

mentellen Projekten wie diesem widmet. Dem „Schneepflug" steht der B3 gegenüber, der von Ferraris technischem Leiter Sandro Colombo entwickelt wurde. Dieser Wagen ist mit einem Aluminiumrahmen in Schalenbauweise ausgestattet, der in England angefertigt wurde, weil in Maranello wieder einmal ein Streik der Werksarbeiter ins Haus stand.
Angefertigt wird er von dem Spezialisten John Thompson (TC Prototypes of Weedon, Northampton). Wie sich allerdings herausstellt, kann der B3 von Colombo der Konkurrenz in Form des blauen Tyrrell 006 von Weltmeister Jackie Stewart (der sich nach dem dritten Titelsieg aus dem Renngeschehen zurückzieht) und der schwarzen Lotus 72 von Ronnie Peterson und Emerson Fittipaldi nicht das Wasser reichen.
Ab dem Großen Preis von Österreich wird eine dritte Version des B3 eingesetzt. Forghieri (der erneut als Technischer Leiter zur Ferrari berufen wurde) gibt diesem dritten Modell den Feinschliff; an der Karosserie, an den Aufhängungen so wie bei der Gewichtsverteilung werden einschneidende Veränderungen vorgenommen. Doch das Ergebnis ist nach wie vor enttäuschend. Erst die vierte Version des B3, die im Winter entwickelt wird und 1974 zum Einsatz kommt, zeitigt die gewünschten Resultate.

In der Formel 1 müssen indes tragische Verluste hingenommen werden: Es sterben François Cevert, der Erbe Jackie Stewarts, als er in Watkins Glen gegen eine Leitplanke prallt, sowie Roger Williamson, der in Zandvoort bei einer Live-Übertragung vor den Augen der Fernsehzuschauer verbrennt. Mit Ausnahme des mutigen David Purley unterbricht keiner der Fahrer das Rennen, um dem Kollegen aus den Flammen zu helfen...

1974 Wiederauferstehung in Maranello

Das Projekt 312 B3 F1 entwickelt sich enorm weiter: Die Veränderungen betreffen vor allem die Aerodynamik, d.h. den äußeren Aspekt des Monoposto. Sie sind das Ergebnis einer langen Testreihe, die im Winter 1973-74 auf der Ferrari-Teststrecke in Fiorano durchgeführt wurde.

F1 Weltmeisterschaft der Fahrer
1. Emerson Fittipaldi auf *McLaren*
2. Clay Regazzoni auf einem *Ferrrari 312 B3 F1*
3. Jody Scheckter auf *Tyrrell*
4. Niki Lauda auf einem *Ferrari 312 B3 F1*

F1 Konstrukteurs-Weltmeisterschaft
1. McLaren
2. Ferrari
3. Tyrrell

F1 Grand Prix
Spanien, Jarama
1. Niki Lauda auf einem *312 B3 F1*
Holland, Zandvoort
1. Niki Lauda auf einem *312 B3 F1*
Deutschland, Nürburgring
1. Clay Regazzoni auf einem *312 B3 F1*

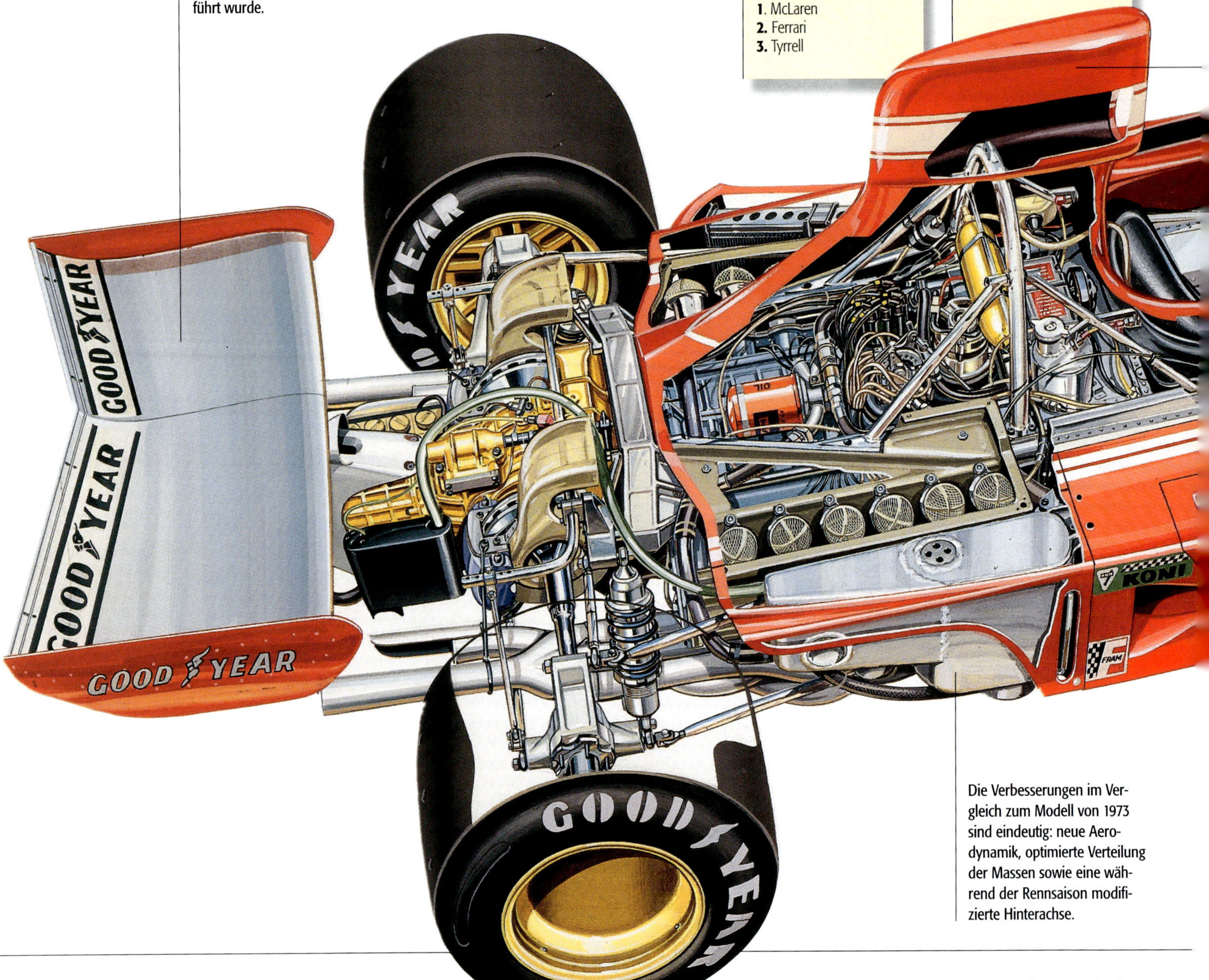

Die Verbesserungen im Vergleich zum Modell von 1973 sind eindeutig: neue Aerodynamik, optimierte Verteilung der Massen sowie eine während der Rennsaison modifizierte Hinterachse.

1973 dachten viele, dass die Karriere Regazzonis am Ende sei. Durch Ferrari gelangt er zurück in die Weltspitze, und zwar dank eines Monoposto, der endlich der starken Konkurrenz gewachsen ist.
Auch diesmal handelt es sich um einen 312 B3, doch dieser Wagen fährt auf der Siegerspur. Um ihn von den Vorgängermodellen zu unterscheiden, gibt man ihm die Bezeichnung B3 S (das S steht für „sperimentale“, experimentell). Er weist diverse Neuerungen auf, die als Grundlage für die Entwürfe der nachfolgenden Jahre dienen: Man konzentriert die Massen so stark wie möglich, wobei der Fahrersitz weiter nach vorne rückt und die Kühler nach hinten an die Seitenwände versetzt werden. Die neue Aerodynamik zeichnet sich durch riesige, periskopisch angeordnete Luftansaugboxen aus, so genannte Air Scoop, um eine wirkungsvollere Versorgung des Motors zu gewährleisten.

A Winning Team

Der Wagen hält, was er verspricht: Er qualifiziert sich zehn Mal für die Pole Position, erringt drei Siege (der erste der Rennsaison in Spanien durch Niki Lauda ist gleichzeitig Ferraris 50. Formel 1-Sieg), den zweiten Platz bei der Weltmeisterschaft der Fahrer sowie bei der Konstrukteurswertung. Dass Spitzenfahrer im Cockpit sitzen, macht natürlich einen großen Teil dieses Erfolges aus.
Regazzoni und Lauda sind 1973 für BRM gefahren. 1974 wechseln sie mit wehenden Fahnen zu Ferrari, wo sie beide bis 1976 bleiben. Anfangs ist Regazzoni der Spitzenfahrer und Lauda sein „Gehilfe“, doch bereits wenig später ist es genau umgekehrt. Und schon treten die ersten Rivalitäten zwischen Lauda und Regazzoni zutage. Rennsportleiter der Scuderia ist in jenen Tagen ein junger Mann, der noch eine ansehnliche Karriere vor sich hat: Luca di Montezemolo. Die Zusammenarbeit der beiden Ferrari-Piloten ist nicht die beste. Lauda unter-

Der Air Scoop ragt aus dem Überrollbügel heraus und versorgt den Motor mit Luft. Die Abmessungen dieser Boxen werden immer größer.

Niki Lauda mit dem letzten der 312 B, dem S (S für „sperimentale", experimentell), hier beim Großen Preis von England, bei dem er sich als Fünfter platziert.

Der Fahrersitz ist im Vergleich zum 312 B3 F1 von 1973 weiter nach vorne gerückt, während die Kühler nach hinten versetzt werden, um die Verteilung der Massen und damit die Ausgewogenheit des Monoposto zu optimieren. Der Rahmen (nach wie vor aus Rohren sowie Aluminiumtafeln bestehend) wird geringfügig schmaler, um den Luftwiderstand zu verringern.

312 B3 S F1

Motor: hinten längs eingeb.; Leichtmetalllegierung, V12, Zylinderwinkel 180°.
Hubraum: 2992 ccm. Bohrung x Hub: 80 x 49,6 mm. Leistung: 485 PS bei 12.500 U/min, Spezifische *Leistung:* 162,1 PS/Liter. Ventilsteuerung: zwei obenliegende Nockenwellen pro Zylinderreihe, vier schräg hängende Ventile pro Zylinder, Zahnräder. *Zündung:* Elektronische Zündung mit kapazitiver Entladung. *Kraftstoffzufuhr:* Indirekte mechanische Einspritzung von Lucas. *Schmierung:* Druck-Trockensumpfschmierung mit zwei Ölkühlern.
Antrieb: Hinterradantrieb. *Getriebe:* 5-Gang hinten längs eingeb. mit selbsttätigem Sperrdifferenzial.
Reifen: 9,2 x 13 v, 13,1 x 13 h.
Karosserie: Monoposto mit Glasfaserkunststoff-Karosserie; Rahmen in Schalenbauweise aus Rohren und Aluminiumtafeln; Vorderachse mit Querlenkern und Diagonalstreben, Schraubenfedern, Kurvenstabilisator und Teleskopstoßdämpfern; Hinterachse mit Querlenkern und Diagonalstreben, Schraubenfedern und koaxialen Teleskopstoßdämpfern.
Kraftstofftank: 2 seitliche (Inhalt: 233 Liter).
Bremsen: innenbelüftete Scheibenbremsen, hinten innenliegend.
Lenkung: Zahnstangenlenkung.
Maße und Gewicht: *Radstand:* 2500 mm
Spur: 1625 mm v, 1605 mm h. *Länge:* 4335 mm, Breite (über Reifen): 2056 mm, Höhe: 900 mm
Gewicht fahrfertig: 578 kg
Fahrleistungen: *Höchstgeschwindigkeit:* 325 km/h
Verhältnis Gewicht/PS: 1,21 kg/PS

stützt seinen Teamkollegen im Kampf um den Weltmeistertitel in keiner Weise. Nach dem Großen Preis von Deutschland am 4. August überholt Regazzoni Lauda und geht beim Kampf um den Weltmeistertitel in Führung. Montezemolo allerdings setzt auf Lauda, zumindest stellt er sich dessen Ehrgeiz nicht entgegen. Dies sollte sich als Fehler erweisen, denn Pannen sowie seine ungestüme Raserei bremsen den Österreicher aus.

Spannendes Finale

Beim letzten Rennen der Saison, dem Großen Preis der USA, liegen Fittipaldi und Regazzoni punktgleich in Führung. Trotz der Ermahnungen von Montezemolo unterstützt Lauda wie schon in den früheren Rennen Regazzoni nicht. Außerdem stehen Lauda für dieses letzte Rennen nicht nur der neuere B3, sondern auch der Ersatzwagen zur Verfügung, während Regazzoni am Steuer eines Monoposto sitzt, der das erste Mal 1973 von Merzario beim Großen Preis von Spanien gefahren wurde und nun schon zum 11. Mal bei einem Grand Prix an den Start geht. Das Ergebnis: Regazzoni geht als Neunter an den Start, beim Rennen belegt er schließlich Platz elf (es kam zu Problemen bei den Stoßdämpfern) mit vier Runden Rückstand auf den Sieger. Der Weltmeistertitel geht damit für Regazzoni, vor allem aber für Ferrari, verloren.

Der Entwurf der Karosserie des 308 GT/4 stammt von Bertone, gebaut hat sie Scaglietti. Der Wagen wird 1973 auf dem Autosalon 1973 präsentiert, die Produktion setzt allerdings erst 1974 ein.

1975 Mit dem Quergetriebe zum Erfolg

Der unerschrockene Weltmeister

Andreas Nikolaus Lauda, genannt Niki, wurde am 22. Februar 1949 in Wien geboren. Laudas Rennfahrerkarriere beginnt 1968 mit einem Mini Cooper S, dann steigt er in die Formel 3 und Formel 2 ein. Sein erstes Formel-1-Rennen fährt Lauda 1971 auf BRM, scheidet hier allerdings vorzeitig aus. 1974 geht er zu Ferrari. Lauda erweist sich sofort als Spitzenfahrer und hervorragender Versuchspilot. Bereits in seinem ersten Jahr beteiligt er sich am Kampf um den Weltmeistertitel, den er 1975 mit großem Vorsprung auch erringt. Mitte der Rennsaison 1976 scheint sein Vorsprung bereits nicht mehr einzuholen zu sein, als am 1. August auf dem Nürburgring sein Ferrari von der Strecke abkommt und Feuer fängt. Lauda kann sich retten; nicht einmal 40 Tage später geht er, von Brandverletzungen entstellt, bereits wieder in Monza an den Start und belegt den vierten Platz. Beim letzten Rennen der Saison, dem Großen Preis von Japan, könnte er theoretisch noch immer Weltmeister werden. Doch am Renntag fällt unwetterartiger Regen, Lauda dreht nur eine Runde und gibt den Weltmeistertitel damit an James Hunt ab. Der Weltmeister mit den stahlblauen Augen, der sich insgesamt dreimal den Titel holte, hätte das Unmögliche beinahe möglich gemacht.

Beim Großen Preis von Südafrika in Kyalami, dem dritten Weltmeisterschaftsrennen 1975, gibt der neue Ferrari F1, der 312 T, sein Debüt. Der Monoposto erweist sich sofort als wettbewerbsfähig, und zwar dank einer Reihe von Modifikationen am Fahrwerk.

F1 Weltmeisterschaft der Fahrer

1. Niki Lauda auf einem *Ferrari 312 T*
2. Emerson Fittipaldi auf *McLaren*
3. Carlos Reutemann auf *Brabham*
5. Clay Regazzoni auf einem *Ferrari 312 T*

F1 Konstrukteurs-Weltmeisterschaft

1. Ferrari
2. Brabham
3. McLaren

F1 Grand Prix

Monaco, Monte-Carlo
1. Niki Lauda auf einem *312 T*
Belgien, Zolder
1. Niki Lauda auf einem *312 T*
Schweden, Anderstorp
1. Niki Lauda auf einem *312 T*
Frankreich, Le Castellet
1. Niki Lauda auf einem *312 T*
Italien, Monza
1. Clay Regazzoni auf einem *312 T*
USA, Watkins Glen
1. Niki Lauda auf einem *312 T*

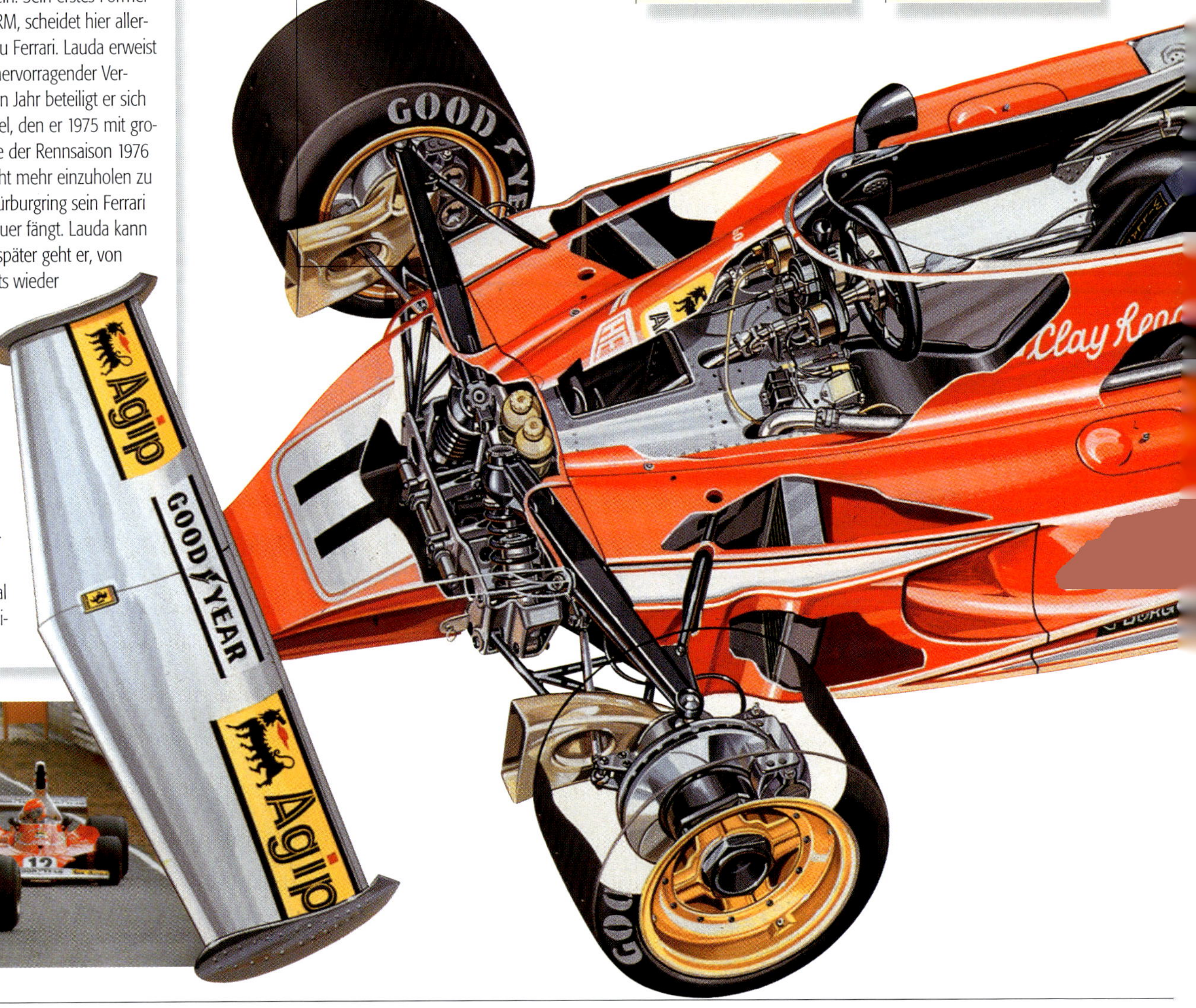

Clay Regazzoni vor seinem Teamkollegen Niki Lauda. Endlich verfügen die beiden Piloten über Fahrzeuge mit Siegeschancen. Lauda hat den Wagen besser im Griff und erringt nach elf Jahren endlich wieder den Weltmeistertitel für Ferrari.

Nur ein Buchstabe ändert sich beim Formel-1-Wagen 312: das B wird zum T, doch dieser Buchstabe stellt einen Wendepunkt in der Geschichte von Ferrari dar: Nach elf mageren Jahren gewinnt die Scuderia sowohl die Weltmeisterschaft der Fahrer als auch die der Konstrukteure. Ein Ergebnis, das sich in den Jahren 1977 und 1979 wiederholen wird, während 1976 zumindest der Titel der Konstrukteure an Ferrari geht.

Eine siegreiche Spezies

Die größte Neuerung des 312 T ist das Quergetriebe (T steht für „trasversale“, quer), das sich erstmals vor der Achse der Hinterräder befindet. Das Quergetriebe hat eine Reduzierung der Trägheitsmomente auf den Rahmen und eine Verbesserung des Antriebs zur Folge. Neu ist außerdem die Schalenbauweise mit Gitterrohrrahmen, die Platzierung der Kühler, die Geometrie der Radaufhängung sowie die Aerodynamik.

Der flache und breite Motor mit je sechs sich gegenüberliegenden Zylindern begünstigt eine Karosserie mit abgeflachtem Heck, das zusammen mit den Spoilern den Auftrieb stark reduziert. Die Motorhaube verfügt über eine große periskopisch angeordnete Luftansaugung. Die Motorleistung wurde Schritt für Schritt zunächst auf 495, dann auf 500 PS erhöht.

Lauda, König von Monte-Carlo

Das Jahr beginnt mit einem Nervenkitzel für die Ferraristi, denn die Scuderia geht bei den ersten vier Rennen leer aus. Doch dann erobert sich Lauda in Monte-Carlo die Pole Position und siegt auf regennasser Fahrbahn (Ferrari hat auf der monegassischen Rennstrecke zuletzt 1955 mit Trintignant gewonnen). Diesem Triumph folgen Siege in Belgien und Schweden. Laudas Siege auch in Frankreich und in Amerika bestätigen die technische Überlegenheit Ferraris. Lediglich bei zwei Weltmeisterschaftsläufen holt Lauda keine Punkte. Doch neben seinen Siegen belegt der Österreicher auch den zweiten Platz in Holland, den dritten Platz

Die Weiterentwicklung der Aerodynamik des 312 hat die Leistungen der Ferrari Monoposti deutlich verbessert. Der Heckflügel ist an einem einzigen, mit dem Getriebe verbundenen Träger befestigt.

Der Motor mit je sechs sich gegenüberliegenden Zylindern ist eine der Stärken des 312 T. Er ist äußerst zuverlässig und leistungsstark (495 PS bei 12.200 U/min) und verfügt nur über vier Hauptlager. Niki Lauda verliert nicht einen einzigen Weltmeisterschaftspunkt aufgrund von Motorproblemen; der Österreicher scheidet in dieser Saison nur aus einem einzigen Rennen aus.

Die wichtigste Neuerung des 312 T ist das Quergetriebe, das innerhalb des Achsstandes der Räder positioniert ist und zu einer Reduzierung der Massen bei gleichbleibend kurzem Radstand beiträgt. So ist der 312 T nur 18 Millimeter länger als der 312 B3 S des Vorjahres.

312 T

Motor: hinten längs eingeb.; Leichtmetalllegierung, V12, Zylinderwinkel 180°. *Hubraum:* 2992 ccm. Bohrung x Hub: 80 x 49,6 mm. Leistung: 495 PS bei 12.200 U/min, Spezifische *Leistung:* 165,4 PS/Liter. *Ventilsteuerung:* zwei obenliegende Nockenwellen pro Zylinderreihe, vier schräg hängende Ventile pro Zylinder, Zahnräder. *Zündung:* Elektronische Zündung mit kapazitiver Entladung. *Kraftstoffzufuhr:* Indirekte mechanische Einspritzung von Lucas. *Schmierung:* Druck-Trockensumpfschmierung mit zwei Ölkühlern
Antrieb: Hinterradantrieb.
Getriebe: 5-Gang hinten längs eingeb. mit selbsttätigem Sperrdifferenzial.
Reifen: 9,2 x 13 v, 16,2 x 13 h.
Karosserie: Monoposto mit Glasfaserkunststoff-Karosserie; Rahmen mit Misch-Struktur (Gitterrohre und Aluminiumtafeln); Vorderachse mit Querlenkern und schrägem Pleuel, Schraubenfedern, Kurvenstabilisator und koaxialen Teleskopstoßdämpfern; Hinterachse mit Querlenkern und Diagonalstreben, Schraubenfedern und koaxialen Teleskopstoßdämpfern.
Kraftstofftanks: 2 seitliche und 1 mittig (Gesamtinhalt: 200 Liter).
Bremsen: innenbelüftete Scheibenbremsen, hinten innenliegend.
Lenkung: Zahnstangenlenkung.
Maße und Gewicht: *Radstand:* 2518 mm
Spur: 1510 mm v, 1530 mm h. *Länge:* 4143 mm, Breite (über Reifen): 2030 mm, Höhe: 1275 mm
Gewicht fahrfertig: 575 kg
Fahrleistungen:
Höchstgeschwindigkeit: 330 km/h
Verhältnis Gewicht/PS: 1,161 kg/PS

in Italien, den fünften in Brasilien und Südafrika sowie den sechsten in Argentinien und Australien. Er gewinnt die Weltmeisterschaft bereits ein Rennen vor Saisonende. Den Titelgewinn feiert er in Watkins Glen, wo er als erster Ferrari-Pilot einen Sieg beim Großen Preis der USA erringt.
Für Regazzoni verläuft das Jahr 1975 dagegen nicht glorreich. Er gewinnt nur ein für den Weltmeisterschaftstitel relevantes Rennen beim Großen Preis von Italien in Monza sowie den nicht bepunkteten Großen Preis der Schweiz. Die Saison geht mit der Tragödie um Graham Hill und Tony Brise zu Ende. Sie kommen am 29. November zusammen mit weiteren vier Kollegen des von Hill gegründeten Embassy Teams ums Leben, als ihr Flugzeug infolge schlechten Wetters nordwestlich von London abstürzt.

Rekordverkäufe

Beim Autosalon in Paris gibt ein Wagen sein Debüt, der zu den meistverkauften Ferraris in der Geschichte des Cavallino rampante zählt, der 308 GTB. Von 1975 bis 1985 werden davon, wenn auch mit unterschiedlichen Karosserien und Motoren, 12.143 Stück angefertigt. Das Modell verfügt über den zwischen dem Fahrerraum und der Hinterachse eingebauten Motor des Dino 308 GT/4 (wird allerdings nicht mehr Dino genannt): Es ist ein V8 mit 90° Zylinderwinkel, 2926 ccm und 255 PS. Seine Form ist einfach atemberaubend. Der Entwurf der Karosserie in Glasfaserkunststoff stammt von Pininfarina. Er vereint die weichen Formen des Dino 246 GT mit den damals modernen kantigeren Elementen. Seine Höchstgeschwindigkeit beträgt über 250 km/h. Auch für den Dino 308 GT/4 ist es eine erfolgreiche Saison, denn er wird in einer auf 2 Liter Hubraum reduzierten Version neu aufgelegt. Der 208 GT/4 ist mit einem V8 mit 1991 ccm Hubraum und 170 PS ausgestattet. Die Motorleistung ist nicht überragend (220 km/h), bringt jedoch den Vorteil mit sich, dass man der auf 38 % angehobenen italienischen Mehrwertsteuer für Autos mit 2 Liter Hubraum entgeht

Oben: Der 308 GTB, in dem sich der Radstand des 246 GT mit dem Motor des 308 GT4, hier allerdings mit Trockensumpfschmierung, vereint. Die Karosserie stammt von Pininfarina, gebaut wurde sie auch diesmal von Scaglietti.

Auf den nächsten Seiten: Niki Lauda am Lenkrad des 312 T. Sie bilden eine siegreiche Kombination und holen für Ferrari sowohl den Weltmeistertitel der Fahrer als auch der Konstrukteure.

MARTINI
uwauto
12
GOOD YEAR
Agip
Niki Lauda
Marlboro
SKF
arexons

GOOD YEAR
Agip
Agip
12

1976 Feuer und Wasser

Ein dramatisches, unmögliches und zugleich schönes Jahr. Nach dem Doppel-Weltmeistersieg 1975 von Niki Lauda und seinem 312 T startet Ferrari in die neue Formel-1-Saison und ihre 16 Rennen mit einem Wagen, an dem nur wenige Veränderungen vorgenommen wurden. Die technische Weiterentwicklung des 312 T2 besteht lediglich in einer Verringerung des Gesamtgewichts um 19 Kilo (anfangs denkt man auch über eine Wiedereinführung der Hinterradaufhängung mit De-Dion-Achse nach; diese Möglichkeit wird zwar getestet, im Rennen aber letztendlich nicht eingesetzt). Infolge der neu in Kraft getretenen Normen zur maximalen Höhe und zum Überhang des Flügels sowie anderer aerodynamischer Komponenten erhält die Karosserie ein völlig neues Design, und zwar ab dem vierten Großen Preis der Saison (Spanien, 2. Mai). Es verschwindet der riesige periskopische Luftansaugstutzen, der das Cockpit des 312 T dominierte; er wird durch zwei breite, aber dünne dreieckige Öffnungen an der vorderen Haube unterhalb der kleinen Windschutzscheibe ersetzt. Außerdem testet man zwei aerodynamische Schilde, die vor den Vorderreifen angebracht sind und gekippt werden können. Rechtfertigen wollte man diese Schilde damit, dass sie auch als Luftansaugung für die Bremsen dienen. Sie wurden jedoch sogleich verboten. Im Team gibt es allerdings noch eine Neuerung: Luca di Montezemolo verlässt seinen Posten als Rennsportleiter und wechselt zu Fiat, wo er Daniele Audetto ersetzt.

Angst um Lauda

Während die Weiterentwicklung des 312 T2 noch im Gange ist, schickt Ferrari den Wagen aus der Vorjahressaison auf die Rennstrecke. Lauda gewinnt sofort in Brasilien und Südafrika, in Long Beach belegen Lauda und sein Teamkollege die Plätze Eins und Zwei. Der neue T2 gibt, wie vorgesehen, in Spanien sein Debüt. Der österreichische Pilot geht allerdings in Jarama mit Blessuren an den Start, die er sich

Links: Niki Lauda auf seinem Ferrari 312 T2, er wird hier von seinem überlegenen Saisongegner James Hunt auf einem McLaren M23 bedrängt. Hunt entscheidet die Weltmeisterschaft mit einem Punkt Vorsprung für sich.

Unten: Die Erneuerung des Berlinetta Boxer. Auf den 365 GT/4 BB von 1973 folgt nun der 512 BB mit einem horizontal eingebauten 5-Liter-Zwölfzylinder mit Trockensumpfschmierung.

Ganz unten: Eine viel diskutierte Neuheit der Scuderia. Auf dem Pariser Salon wird der viersitzige 400 GT auch in der Version 400 GTA gezeigt. Es handelt sich dabei um den ersten Ferrari mit Getriebeautomatik.

bei einem eigenartigen Unfall zugezogen hat. Er hat sich zwei Rippen gebrochen, als sein Traktor umkippte, mit dem er im Garten seiner Villa in Salzburg arbeitete. Lauda geht mit eingegipstem Oberkörper an den Start und wird Zweiter. Bei den fünf nächsten Grands Prix ist er wieder obenauf und fährt drei Siege in Belgien, Monaco und England ein. Am Nürburgring startet er am 1. August aus erster Reihe, doch nach der Hälfte der zweiten Runde verliert er in einer schnellen Kurve die Kontrolle über das Fahrzeug: Der T2 prallt gegen einen Stein, wird von dort wieder auf die Piste geschleudert, fängt Feuer und der Surtees von Brett Lunger schießt seitlich in den Wagen. Lunger sowie den Über-

Auch der Innenraum des 512 BB wurde im Hinblick auf größeren Komfort erneuert. An der Karosserie hat Pininfarina hingegen nur leichte funktionale Veränderungen vorgenommen.

Nebenstehend: Hier der Fahrerplatz des beeindruckenden und luxuriösen 400 GTA, der vor allem die Klientel aus den USA ansprechen soll. Bemerkenswert ist der Wählhebel für die amerikanische 3-Gang-Automatik.

Der 312 T2 wird auf der Teststrecke von Fiorano mit De-Dion-Hinterachse und „Kotflügeln" vor den Vorderreifen präsentiert. Beide Lösungen kommen jedoch nicht zum Einsatz.

F1 Weltmeisterschaft der Fahrer
1. James Hunt auf *McLaren Ford*
2. Niki Lauda auf einem *Ferrari 312 T/T2*
3. Jody Scheckter auf *Tyrrell Ford*
5. Clay Regazzoni auf einem *Ferrari 312 T/T2*

F1 Konstrukteurs-Weltmeisterschaft
1. Ferrari
2. McLaren-Ford
3. Tyrrell-Ford

F1 Grand Prix
Brasilien, Interlagos
1. Niki Lauda auf einem *312 T*
Südafrika, Kyalami
1. Niki Lauda auf einem *312 T*
USA West, Long Beach
1. Clay Regazzoni auf einem *312 T*
Belgien, Zolder
1. Niki Lauda auf einem *312 T2*
Monaco, Monte-Carlo
1. Niki Lauda auf einem *312 T2*
Großbritannien, Brands Hatch
1. Niki Lauda auf einem *312 T2*

Die Karosserie des 312 T2 wurde aufgrund der neuen Normen hinsichtlich der Aerodynamik überarbeitet. Der Überhang des Hinterflügels wird von 100 auf 80 Zentimeter reduziert, was natürlich seine Wirksamkeit beeinträchtigt.

Augrund des Verbotes, eine bestimmte Höhe zu überschreiten, verschwindet der riesige periskopische Luftansaugstutzen, der beim 312 T den Motor überragte. Neue Begrenzungen (53,4 cm) werden auch bei der Reifenbreite eingeführt.

lebenden Merzario, Edwards und Ertl gelingt es, den bewusstlosen Piloten aus dem brennenden Autowrack zu befreien. Lauda kommt ins Krankenhaus und schwebt in höchster Lebensgefahr. Wie durch ein Wunder überlebt der Österreicher nach einem sechswöchigen Krankenhausaufenthalt und mit einem verstümmelten rechten Ohr. Bereits am 12. September sitzt er beim Großen Preis von Italien wieder am Lenkrad eines Ferrari und wird Vierter. Nach einem achten Platz in Kanada und einem dritten Platz in den USA geht der in der WM-Wertung führende Lauda beim letzten Grand Prix, dem Großen Preis von Japan, mit drei Punkten Vorsprung an den Start. Doch am Mount Fuji bricht ein gewaltiges Unwetter los. Der Österreicher stoppt an den Boxen und erklärt (ebenso wie Carlos Pace), dass er nicht riskieren will, unter derart verheerenden Wetterbedingen weiterzufahren. Damit gibt er mit nur einem Punkt Rückstand den Titel an den McLaren-Piloten James Hunt ab. Trotzdem gewinnt Ferrari die vierte Weltmeisterschaft der Konstrukteure.

Technischer Skandal

Eine Neuigkeit gibt es bei den Ferrari Straßenfahrzeugen. Der 365 GT/4 2+2, seit 1972 auf dem Markt, wird zum 400 GT mit minimalen Veränderungen (wie etwa ein effizienter Frontspoiler) an der Karosserie von Pininfari-

312 T2

Motor: hinten längs eingeb.; Leichtmetalllegierung, V12, Zylinderwinkel 180°. *Hubraum:* 2992 ccm. Bohrung x Hub: 80 x 49,6 mm. Leistung: 500 PS bei 12.200 U/min, spezifische *Leistung:* 167,1 PS/Liter. *Ventilsteuerung:* zwei obenliegende Nockenwellen pro Zylinderreihe, vier schräg hängende Ventile pro Zylinder, Zahnräder. *Zündung:* Elektronische Zündung mit kapazitiver Entladung. *Kraftstoffzufuhr:* Indirekte mechanische Einspritzung von Lucas. *Schmierung:* Druck-Trockensumpfschmierung mit zwei Ölkühlern.
Antrieb: Hinterradantrieb. *Getriebe:* 5-Gang hinten quer eingeb. mit selbsttätigem Sperrdifferenzial.
Reifen: 9,2 x 13 v, 16,2 x 13 h
Karosserie: Monoposto mit Glasfaserkunststoff-Karosserie; Rahmen mit Misch-Struktur (Gitterrohre und Aluminiumtafeln); Vorderachse mit Querlenkern, Schrauben-federn, Kurvenstabilisator und koaxialen Teleskopstoßdämpfern; Hinterachse mit Querlenkern und Diagonalstreben, Schraubenfedern und koaxialen Teleskopstoßdämpfern. *Kraftstofftanks:* 2 seitliche und 1 mittig (Gesamtinhalt: 200 Liter)
Bremsen: innenbelüftete Scheibenbremsen, hinten innenliegend.
Lenkung: Zahnstangenlenkung
Maße und Gewicht: *Radstand:* 2560 mm
Spur: 1405 mm v, 1430 mm h. *Länge:* 4316 mm, Breite (über Reifen): 1930 mm, Höhe: 1020 mm
Gewicht fahrfertig: 575 kg

Die technische Weiterentwicklung des 312 T2 besteht vor allem in einer Reduzierung des Gesamtgewichts um 19 kg, wodurch die Wendigkeit des Fahrzeugs erhöht werden soll. Der Ferrari wiegt nun 575 kg im Gegensatz zu den 590 kg des gegnerischen McLaren.

Die neuen technischen Normen fordern auch einen verbesserten Schutz für die Piloten, wie etwa einen zweiten, am Armaturenbrett angebrachten Überrollbügel sowie einen Aufpralldämpfer vor der Pedalsteuerung.

Niki Lauda beim Rennen am Nürburgring: Nur kurze Zeit später wird er knapp aus seinem brennenden 312 T2 gerettet, der gegen einen Stein geprallt ist. Nach diesem Unfall wird auf dem Eifelkurs vor seiner Erneuerung kein GP-Rennen mehr ausgetragen.

Hier Clay Regazzoni mit seinem 312 T2 auf der Rennstrecke. In dieser Saison holt sich der Schweizer einen fantastischen Sieg in Long Beach. Die Ferrari gehen mit den Nummern 1 und 2 an den Start, da Niki Lauda der amtierende Weltmeister ist.

na. Der Wagen hat aber den klassischen V12-Motor mit einem um 7 mm verlängerten Hub und jetzt 4823 ccm Hubraum. Die Motorleistung (340 PS bei 6500 U/min) bleibt dabei unverändert, doch das Drehmoment verbessert sich entscheidend (48 mkg bei nur 3600 U/min gegenüber den bisherigen 43 mkg bei 4600 U/min). Auf dem Autosalon von Paris im Oktober kommt die wahre Motivation für die Weiterentwicklung des Motors zutage: Neben dem 400 GT wird auch der 400 Automatic vorgestellt, der die puristischen Anhänger der Scuderia allerdings brüskiert. Es ist der erste Ferrari mit Automatikgetriebe, das dem sportlichen Image der Marke entgegen steht. Zudem handelt es sich noch nicht einmal um eine Technologie aus Maranello, wie es bislang bei allen mechanischen Ferrari-Getrieben der Fall war, sondern um eine Turbo Hydramatic Drei-Gang-Schaltung von General Motors, die potentielle amerikanischen Kunden so sehr schätzen. Um die Nachteile der Kupplungshydraulik und der langen Untersetzungen sowie den verzögerten Gangwechsel auszugleichen, wurde das Drehmoment des leistungsstarken V12-Motors dementsprechend verändert.
Auch der Berlinetta Boxer 365 GT/4 BB von 1973 profitiert in diesem Jahr von Neuerungen beim quer eingebauten Zwölfzylinder mit horizontalen, gegenüberliegenden Zylindern: Der Hubraum wird von 4390 auf 4942 ccm erhöht (die Bohrung von 81 auf 82 mm, der Hub von 71 auf 78 mm). Die Motorleistung von 360 PS erhöht sich nicht, sie wird allerdings bereits bei 900 U/min weniger erreicht. Das Drehmoment verbessert sich dagegen um 10 %, außerdem ist der Wagen nun mit Trockensumpfschmierung ausgestattet. Neu ist die Bezeichnung 512 BB (5 Liter, 12 Zylinder). Die Pininfarina-Karosserie bleibt bis auf einen Frontspoiler und kleinere Veränderungen am Heck im großen und ganzen unverändert; sie wird lediglich um 4 cm verlängert und ist etwas breiter, um den größeren Motor und die größeren Hinterreifen (225/70-15) unterzubringen.

1977 Rückkehr zu Ruhm und Ehre

F1 Fahrer-Weltmeisterschaft
1. Niki Lauda
auf einem *Ferrari 312 T2*
2. Jody Scheckter
auf *March-Ford*
3. Mario Andretti
auf *Lotus-Ford*
4. Carlos Reutemann auf einem *Ferrari 312 T2*

F1 Konstrukteurs-Weltmeisterschaft
1. Ferrari
2. Lotus Ford
3. McLaren Ford

F1 Grand Prix
Brasilien, Interlagos
1. Carlos Reutemann
auf einem *312 T2*
Südafrika, Kyalami
1. Niki Lauda
auf einem *312 T2*
Deutschland, Hockenheim
1. Niki Lauda
auf einem *312 T2*
Holland, Zandvoort
1. Niki Lauda
auf einem *312 T2*

Beim Autosalon in Turin präsentiert Pininfarina diese Version der Berlinetta Ferrari 308 GTB mit Spezialkarosserie. Die besonderen Merkmale sind ein aggressiver Frontspoiler sowie in die Kühlerverkleidung integrierte Scheinwerfer.

Siebzehn Grand Prix werden in dieser Saison ausgetragen. Die Scuderia entschließt sich dazu, erneut den 312 T2 einzusetzen, der sich als sehr wettbewerbsfähig erwiesen hat. Es wird lediglich die PS-Zahl ein wenig erhöht und der Fahrersitz etwas nach vorne versetzt. Eine intensive Testphase im Winter bringt außerdem eine verbesserte Aerodynamik des Flügels und der Karosserie im Fahrerbereich dank verkleinerter Luftansaugstutzen unterhalb der Windschutzscheibe mit sich.
Spannende Neuigkeiten dagegen innerhalb des Teams: Der Argentinier Carlos Reutemann (der bereits im Vorjahr für den Fall verpflichtet wurde, dass sich Lauda nicht mehr von seinem

Die lange erwartete Spiderversion 308 GTS präsentiert sich neben dem 308 GTB und konsolidiert damit den seit zwei Jahren bestehenden Erfolg dieses Modells. Die Karosserie (Pininfarina) ist ein „Targa"-Modell mit abnehmbarem Hardtop.

Unfall am Nürburgring erholt) ersetzt nun Clay Regazzoni. Als Sportchef übernimmt Roberto Nosetto den Posten von Daniele Audetto. An der Seitenwand des T2 ist nun unter den Sponsoren auch der Name FIAT zu lesen.

Der Super-Lauda

Die Saison wird zu einem Triumph für Niki Lauda: Er holt sich drei Siege, wird sechsmal Zweiter und je einmal Dritter, Vierter und Fünfter Und obwohl er auf die Teilnahme am Großen Preis von Spanien verzichtet hat, um sich von den Unfällen des Vorjahres zu erholen, ist ihm sein zweiter Weltmeistertitel rein rechnerisch bereits beim drittletzten Rennen der Saison sicher. Zu diesem Zeitpunkt handelt er aus einer überlegenen Position heraus seinen neuen Vertrag aus, verlangt eine exorbitante Gage, die aber nicht bezahlt wird; Lauda steigt deshalb bei Ferrari aus und geht zu Brabham. Enzo Ferrari besetzt den Posten am Steuer des T2 bei den letzten beiden Grands Prix mit einem jungen Fahrer, dessen instinktive Verwegenheit ihm gefällt: mit dem 25jährigen Kanadier Gilles Villeneuve. Durch einen Sieg und diversere gute Platzierungen von Reutemann sichert sich Ferrari zum fünften Mal den Konstrukteurstitel.

Die Entdeckung für die Straße

Auf der IAA in Frankfurt am Main stellt Ferrari im September 1977 den 308 GTS vor, eine Spiderversion, die sich neben der zwei Jahre zuvor erschienenen Berlinetta Gran Turismo GTB mit dem gleichen hinten quer eingebauten 3-Liter-V8-Motor (250 PS) präsentiert. Der einzige Unterschied liegt in der Schmierung, denn das Cabriolet verfügt über Nasssumpfschmierung, nicht über Trockensumpfschmierung.
Bei der Karosserie setzt Pininfarina wieder auf das bewährte abnehmbare Hardtop (das man in einem dafür vorgesehenen Platz hinter den Sitzen verstauen kann); es wurde bereits 1972 mit großem Erfolg beim Dino 246 GTS verwendet.

Bei den Grand Prix triumphiert Ferrari mit dem 312 T2 des Vorjahres, an dem lediglich die Aerodynamik (der Fahrersitz befindet sich weiter vorne, um die Effizienz des Flügels zu steigern) verbessert sowie die Motorleistung um einige PS erhöht wurde. Niki Lauda holt damit seinen zweiten Weltmeistertitel.

1978 Aerodynamik-Box

F1 Weltmeisterschaft der Fahrer
1. Mario Andretti auf *Lotus*
2. Ronnie Peterson auf *Lotus*
3. Carlos Reutemann auf einem *Ferrari 312 T2/T3*
9. Gilles Villeneuve auf einem *Ferrari 312 T2/T3*

F1 Konstrukteurs-Weltmeisterschaft
1. Lotus
2. Ferrari
3. Brabham

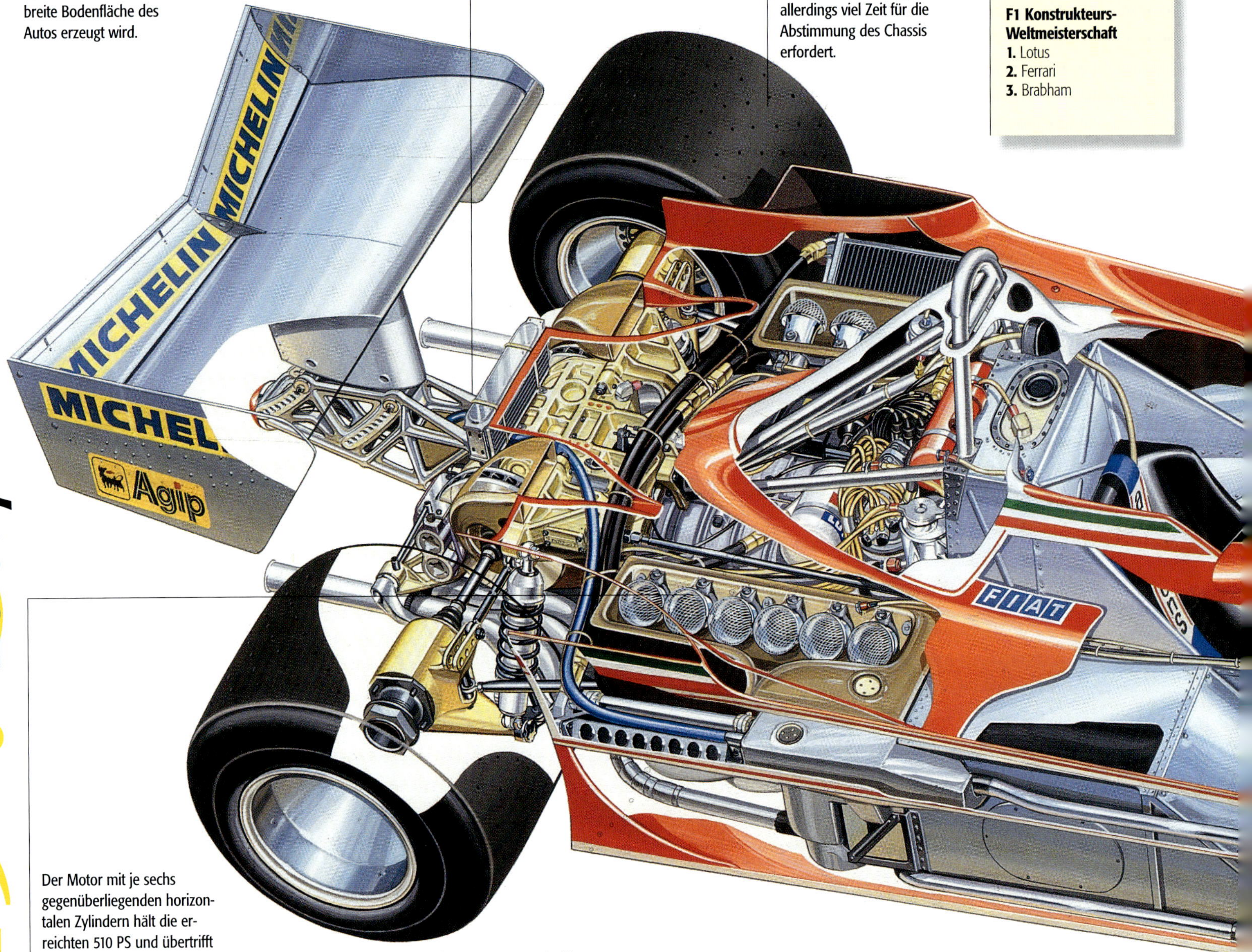

Am 312 T3 wird verstärkt Forschung zur Aerodynamik betrieben, vor allem, um den Abtrieb zu verstärken, der durch die flache und bei diesem Modell besonders breite Bodenfläche des Autos erzeugt wird.

Ferrari verabschiedet sich von den konventionellen Goodyear-Reifen (mit diagonal aufgebauten Karkassen) und benutzt nun die innovativen Michelin Radial-Reifen. Eine richtige Entscheidung, die allerdings viel Zeit für die Abstimmung des Chassis erfordert.

Der Motor mit je sechs gegenüberliegenden horizontalen Zylindern hält die erreichten 510 PS und übertrifft damit auch den neuen, in dieser Saison erschienenen Renault Turbo.

Der 312 T3, Nachfolger des ruhmreichen 312 T2, erfährt eine technische Rundum-Erneuerung. Der neue Monoposto wurde nach dem bislang unbekannten Konzept des Modulrahmens entwickelt: Um den selbsttragenden, in Schalenbauweise hergestellte Monocoq, hinsichtlich des Fahrerschutzes Verbesserungen erfahren hat, gruppieren sich die Fahrzeug-Seitenwände und die anderen mechanischen Teile wie unabhängige Einheiten drumherum. Dank dieser Bauweise können an dem Wagen in kurzer Zeit Veränderungen, etwa an den Aufhängungen, vor allem aber an der Aerodynamik vorgenommen werden. Hierzu führt man in den Windkanälen von Fiat und Pininfarina zahlreiche Tests durch, vor allem, um den Abtriebeffekt auszuloten, der sich durch den flachen und breiten Boden des Wagens ergibt.

Carlos Reutemann und Gilles Villeneuve, hier noch mit dem 312 T2 beim Großen Preis von Brasilien.

Die neuen Erkenntnisse hinsichtlich Aerodynamik und Struktur führen zu einer Erhöhung des Gewichts auf 611 kg. Zudem führt Ferrari die innovativen Radial-Reifen von Michelin ein, die im Vergleich zu den konventionellen Goodyear-Reifen schneller reagieren, andererseits jedoch eine neue und schwer zu optimierende Abstimmung der Radaufhängung erfordern. Der Zwölfzylinder-Flachmotor des T3 mit 510 PS bei 12.200 U/min ist in jenen Tagen der leistungsstärkste 3-Liter.

F1 Grand Prix
Brasilien, Rio de Janeiro
1. Carlos Reutemann auf einem *312 T2*
USA West, Long Beach
1. Carlos Reutemann auf einem *312 T3*
Großbritannien, Brands Hatch
1. Carlos Reutemann auf einem *312 T3*
USA Ost, Watkins Glen
1. Carlos Reutemann auf einem *312 T3*
Kanada, Montréal
1. Gilles Villeneuve auf einem *312 T3*

Oben: Villeneuve in Monte-Carlo (Er scheidet nach einem Unfall aus.)

Unten: Der 208 GTS als „Sparversion" (2 Liter, 155 PS) des 308.

312 T3

Motor: hinten längs eingeb.; Leichtmetalllegierung, V12, Zylinderwinkel 180°. *Hubraum:* 2992 ccm. Bohrung x Hub: 80 x 49,6 mm. Leistung: 510 PS bei 12.200 U/min, Spezifische *Leistung:* 170,4 PS/Liter. *Ventilsteuerung:* zwei obenliegende Nockenwellen pro Zylinderreihe, vier schräg hängende Ventile pro Zylinder, Zahnräder. *Zündung:* Elektronische Zündung mit kapazitiver Entladung. *Kraftstoffzufuhr:* Indirekte mechanische Einspritzung von Lucas. *Schmierung:* Druck-Trockensumpfschmierung mit zwei Ölkühlern.
Antrieb: Hinterradantrieb.
Getriebe: 5-Gang hinten quer eingeb. mit selbsttätigem Sperrdifferenzial.
Reifen: 24/55 x 13 v, 40/65 x 13 h.
Karosserie: Monoposto mit austauschbaren Karosseriemodulen in Glasfaserkunststoff. Selbsttragender Rahmen in Mischstruktur (Gitterrohre und Aluminiumtafeln); Vorderachse mit Querlenkern, Schraubenfedern, Kurvenstabilisator und koaxialen Teleskopstoßdämpfern; Hinterachse mit Querlenkern und Diagonalstreben, Schraubenfedern und koaxialen Teleskopstoßdämpfern. *Kraftstofftanks:* 2 seitlich und 1 mittig (Inhalt: 200 Liter).
Bremsen: innenbelüftete Scheibenbremsen, hinten innenbords montiert.
Lenkung: Zahnstangenlenkung
Maße und Gewicht: *Radstand:* 2700 mm
Spur: 1620 mm v, 1585 mm h. *Länge:* 4250 mm, Breite (über Reifen): 2130 mm, Höhe: 1010 mm. *Gewicht fahrfertig:* 611 kg
Fahrleistungen: *Höchstgeschwindigkeit:* 320 km/h; *Verhältnis Gewicht/PS:* 1,198 kg/PS

Eine Nebensaison

Der neue Rennsportleiter des Teams heißt Marco Piccini. Bei den ersten beiden Rennen im Januar geht noch der T2 an den Start. Der 312 T3 gibt sein Debüt in Südafrika am 4. März. Sein erster Auftritt ist alles andere als glorreich: Villeneuve muss einen Stopp einlegen, weil sein Wagen Öl verliert. Der nachfolgende Reutemann verursacht einen Crash, da er auf dem Öl, das der Wagen seines Teamkollegen verloren hat, ins Rutschen kommt. In der Folge wechseln sich Niederlagen, Platzierungen und die beiden Erfolge von Reutemann ab. Bei den beiden letzten Grand-Prix-Rennen der Saison kommt der T3 bereits besser mit den Radialreifen zurecht. Reutemann gewinnt in den USA und Villeneuve holt in seiner Heimat Kanada den ersten Sieg. Doch selbst der starke Ferrari-Motor reicht nicht aus, um gegen den Lotus 79 bestehen zu können. Durch neue Schürzen und höhere Abtriebskräfte, die durch den Effekt der in den Seitenkästen angebrachten Venturirohre erzeugt werden, verfügt der Lotus über eine bessere Aerodynamik. Reutemann belegt bei der Fahrerwertung Platz Drei hinter den beiden Vorkämpfern von Lotus.

1979 Abschiede

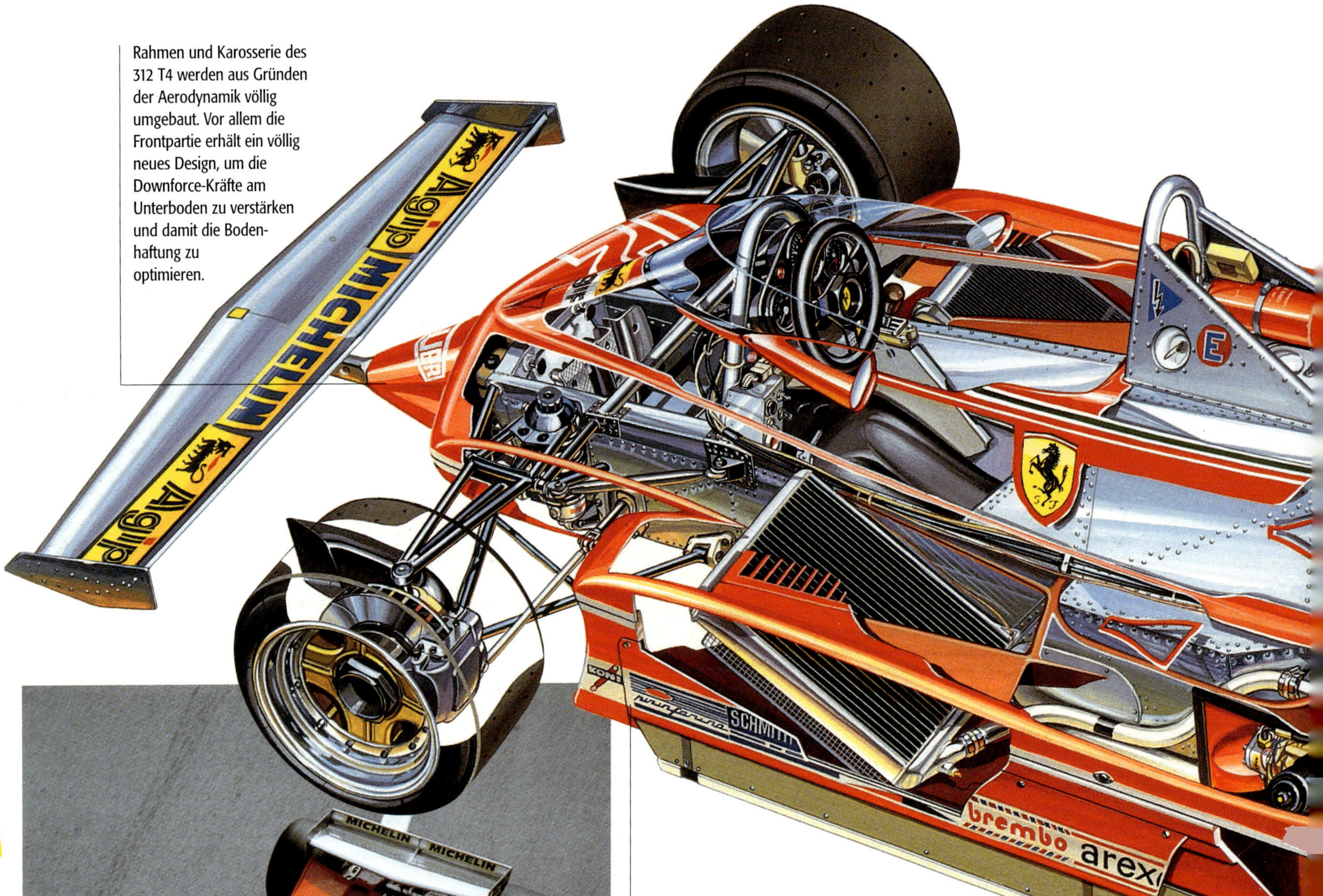

Rahmen und Karosserie des 312 T4 werden aus Gründen der Aerodynamik völlig umgebaut. Vor allem die Frontpartie erhält ein völlig neues Design, um die Downforce-Kräfte am Unterboden zu verstärken und damit die Bodenhaftung zu optimieren.

Ein Jahr nach Lotus führt auch Ferrari die so genannten „Schürzen" und die Venturirohre unterhalb der Fahrzeugflanken ein. Der Karosseriekörper wird schmaler, die hinteren Stoßdämpfer werden in die Mitte verlagert.

Dieses beim Großen Preis von Monaco aufgenommene Bild macht die innovative Aerodynamik des 312 T4 deutlich. Die extremen Ausmaße, die breite und niedrige Form des Wagens scheinen übertrieben. Doch dieses Auto beschert Ferrari eine Doppel-Weltmeisterschaft – die letzte für die nächsten zwanzig Jahre.

Ferrari tut es Lotus gleich und beschließt, ebenfalls die „Schürzen" einzusetzen. Für die vierte Version des Monoposto 312 T wird also eine Rahmenstruktur entworfen, die ganz auf optimalen aerodynamischen Bodeneffekt ausgerichtet ist. Der zentrale Karosseriekörper des 312 T4 wird so schmal wie möglich gehalten, um die Seitenkästen erweitern und den Platz für die beiden innerhalb der Kästen angebrachten, auf den Boden gerichteten Venturirohre vergrößern zu können. Die Federn und vertikalen Stoßdämpfer der Hinterradaufhängung werden in die Mitte hinter das Getriebe verlegt, um einen aerodynamisch effizienten Austritt der Luft aus den Venturikanälen zu ermöglichen. Die schmale Frontpartie sieht kurioserweise so aus, als wäre sie mit einem Schutzdach versehen. Mit diesem designtechnischen Hilfsmittel soll so viel Luft wie möglich an die Wagenunterseite strömen und dort den gewünschten Bodeneffekt verstärken. Die Abgasrohre des Motors ragen nicht mehr unter der Achswelle hervor, sondern sie direkt in die Höhe, wodurch die Abzugs-Lufttrichter der Venturirohre eine stärkere Neigung erhalten können. Hierbei erweist sich die große Oberfläche des Zwölfzylinder-Flachmotors als ein sehr platzraubend und stellt damit einen deutlichen Minuspunkt des Ferrari gegenüber dem Lotus dar. Trotzdem ist das aerodynamische Re-

312 T4

Motor: hinten längs eingeb. Leichtmetalllegierung, V12, Zylinderwinkel 180°. *Hubraum:* 2992 ccm. Bohrung x Hub: 80 x 49,6 mm. Leistung: 515 PS bei 12.300 U/min, Spezifische *Leistung:* 172,1 PS/Liter. *Ventilsteuerung:* zwei obenliegende Nockenwellen pro Zylinderreihe, vier schräg hängende Ventile pro Zylinder, Zahnräder. *Zündung:* Elektronische Zündung mit kapazitiver Entladung. *Kraftstoffzufuhr:* Indirekte mechanische Einspritzung von Lucas. *Schmierung:* Druck-Trockensumpfschmierung mit zwei Ölkühlern.
Antrieb: Hinterradantrieb.
Getriebe: 5-Gang hinten quer eingeb. mit selbsttätigem Sperrdifferenzial.
Reifen: 23/59 x 13 v, 38/68 x 13 h.
Karosserie: Monoposto mit Glasfaserkunststoff-Karosserie; Rahmen in Mischbauweise (Gitterrohre und Aluminiumplatten); Vorderachse mit Querlenkern, Schraubenfedern, Kurvenstabilisator und koaxialen Teleskopstoßdämpfern; Hinterachse mit Querlenkern und Stabilisator, Schraubenfedern und koaxialen vertikalen, innenbords mittig eingeb. Teleskopstoßdämpfern. *Kraftstofftank:* hinter dem Fahrersitz (Inhalt: 210 Liter).
Bremsen: innenbelüftete Scheibenbremsen, hinten innenliegend.
Lenkung: Zahnstangenlenkung.
Maße und Gewicht: Radstand: 2700 mm
Spur: 1700 mm v, 1600 mm h
Länge: 4460 mm, Breite (über Reifen): 2120 mm, Höhe: 1010 mm
Gewicht fahrfertig: 590 kg
Fahrleistungen: *Höchstgeschwindigkeit:* 320 km/h
Verhältnis Gewicht/PS: 1,145 kg/PS

F1 Weltmeisterschaft der Fahrer
1. Jody Scheckter auf einem *Ferrari 312 T4*
2. Gilles Villeneuve auf einem Ferrari *312 T4*
3. Alan Jones auf *Williams Ford*

F1 Weltmeisterschaft der Konstrukteure
1. Ferrari
2. Williams Ford
3. Ligier Ford

F1 Grand Prix
Südafrika, Kyalami
1. Gilles Villeneuve auf einem *312 T4*
USA West, Long Beach
1. Gilles Villeneuve auf einem *312 T4*
Belgien, Zolder
1. Jody Scheckter auf einem *312 T4*
Monaco, Monte-Carlo
1. Jody Scheckter auf einem *312 T4*
Italien, Monza
1. Jody Scheckter auf einem *312 T4*
USA Ost, Watkins Glen
1. Gilles Villeneuve auf einem *312 T4*

Weltmeisterschaftslauf
1. Gilles Villeneuve auf einem 312 T4

Kurzer Höhenflug eines Helden
Jody Scheckter kam, sah, siegte – und war wieder verschwunden. Der Südafrikaner litauischer Abstammung wurde am 29. Januar 1950 in East London geboren. Er stieß 1979 zu Ferrari, nachdem er 84 Grands Prix für McLaren, Tyrrell und Wolf absolviert hatte; bei den Punkterennen für den Weltmeistertitel hat er sich sieben Siege, zwei dritte Plätze sowie einen zweiten Platz geholt. „Ich hatte ihn bereits zwei Jahre lang mit Interesse beobachtet", erzählt Enzo Ferrari später, „und ich war mir sicher, dass ihn seine tollkühne Entschlossenheit eines Tages an die Weltspitze bringen würde, wenn er die adäquate technische Unterstützung eines professionellen Teams bekäme." So kam es auch: Dank des 312 T4 gelang Scheckter sofort der Sprung ganz nach vorne. „Der große Zwölfzylinder-Flachmotor machte es unmöglich, den aerodynamischen Abtrieb zu generieren, den die neuesten Wagen mit Bodeneffekt und V8-Motor erzeugen", so Scheckter einige Jahre später. „Aber der T4 hatte andere Stärken, die mir letztendlich zum Sieg verhalfen." Doch nachdem er den so lange ersehnten Weltmeistertitel gewonnen hatte, verlor Scheckter am Rennsport rasch das Interesse. Bereits ein Jahr später stieg er aus, da er es vorzog, sich seiner Familie (er hat zwei Kinder) und seinen Geschäften zu widmen.

sultat des Designs bemerkenswert: Der Gleitwert erreicht das Verhältnis 4:1 (d.h. der Abtrieb ist viermal so groß wie der Luftwiderstand). Der englische Gegner bringt es, soviel man weiß, auf ein Verhältnis von 5:1. Ferrari kann jedoch auf den leistungsstärkeren Motor setzen, der im T4 mit 515 PS bei 12.300 U/min seinen bisherigen Höhepunkt erreicht. Zwar wird die flache Form des Zwölfzylinders nicht den Ansprüchen optimaler Aerodynamik gerecht, bietet dafür aber den Vorteil eines tieferen Schwerpunktes.

Doppelter Triumph

Enzo Ferrari bezeichnet den 312 T4 als den hässlichsten Monoposto, der in Maranello je gebaut wurde. Doch er lächelt dabei, denn er glaubt an die Leistung des Wagens. Als Ersatz für Reutemann, der zu Lotus gewechselt hat, holt Enzo Ferrari einen neuen Piloten ins Team, der beinahe ebenso vielversprechend scheint wie Villeneuve, nämlich den Südafrikaner Jody Scheckter. Mit dem innovativen T4 fährt jeder der beiden Ferrari-Piloten drei Siege ein. Doch Scheckter holt mit seinen Platzierungen mehr Weltmeisterschaftspunkte. Die Entscheidung über den Titel fällt bereits beim drittletzten Rennen in Monza. Villeneuve hätte die Möglichkeit zum Sieg, doch er weiß, dass Scheckter sich mit diesem ersten Platz den Titel sichern könnte, er hingegen nicht. Also lässt sich Villeneuve direkt hinter seinen Teamchef zurückfallen, und die beiden fahren beinahe zeitgleich ins Ziel. Mit diesem Triumph beendet die 312 T-Reihe ihre glorreiche Laufbahn.

Cavallino auf Erfolgskurs

Auch die Produktion der Gran Turismo Straßenwagen überschreitet 1979 eine wichtige Marke: Es sind erstmals über 2000 Stück (genau: 2221) pro Jahr, das sind zweimal so viele wie noch vor acht Jahren.

Oben: Die 312 T4 von Gilles Villeneuve (Nr.12) und Jody Scheckter (Nr.11) beim Rennen. Jeder Wagen wird drei Siege einfahren und damit Ferrari den sechsten Weltmeistertitel der Konstrukteure sichern.

Auf den folgenden Seiten: Jody Scheckter mit seinem 312 T4 in einer Kurve in Monte-Carlo. Er startet aus der Pole Position, bleibt über die gesamten 76 Grand-Prix-Runden in Führung und gewinnt schließlich mit 44 Hundertstelsekunden Vorsprung auf den Williams von Regazzoni.

Agip
MICHELIN
BROOKLYN
Jody Scheckter

Agip
HEUER

1980 Ruhige Übergangsphase

F1 Weltmeisterschaft der Fahrer
1. Alan Jones auf *Williams*
2. Nelson Piquet auf *Brabham*
3. Carlos Reutemann auf *Williams*
13. Gilles Villeneuve auf einem *Ferrari 312 T5*
19. Jody Scheckter auf einem *Ferrari T5*

Die Ventilsteuerung des 3-Liter-V8-Motors wird durch die mechanische Mehrfacheinspritzung mit elektronischer Dosierung sowie elektronischer Zündung weiter verbessert. Es entsteht dadurch ein graduelles Drehmoment von 24,8 mkg bei 4600U/min.

Jody Scheckter mit dem 312 T5 beim Großen Preis von Österreich auf dem Österreichring. Der amtierende Weltmeister bringt es in der gesamten Rennsaison auf nur zwei Weltmeisterschaftspunkte mit einem 5. Platz in Long Beach.

Der 312 T5, den Ferrari gerade noch rechtzeitig für den ersten Grand Prix 1980 fertig stellt, ist eine Weiterentwicklung des siegreichen T4. Die technischen Neuerungen des T5 sind vor allem auf eine Verbesserung der Aerodynamik ausgerichtet: Der Rahmen wird im vorderen Bereich noch weiter verengt, um den Luftstrom an der Wagenunterseite zu vergrößern; die Zylinderköpfe des Zwölfzylinder-Flachmotors wurden so verändert, dass auf jeder Seite 4,4 cm an Motorbreite eingespart werden. Dank dieser Modifizierung sollen auch die Ausgänge der unter den Seitenkästen angebrachten Venturikanäle erweitert werden; die Aerodynamik wird dadurch wesentlich verbessert. Aber das allein reicht nicht aus. Andere Rennställe, vor allem der siegreiche Williams, schöpfen die Vorteile des Flügelwagens mit Schürzen und Bodeneffekt bis an die Grenzen aus und erzielen durch den aerodynamischen Schub vor allem in den Kurven weitaus höhere Geschwindigkeiten. Auf Ferrari lasten zunehmend die Nachteile des breiten 312-Flachmotors.

Keine Erfolge in Sicht

Auch andere Probleme belasten diese ohnehin schon erfolglose Saison. Die Zusammenarbeit mit Michelin in Bezug auf die Entwicklung der Radialreifen verschlechtert sich, weil der französische Reifenhersteller seine Forschungen in

Obwohl der Mondial 8 eine sportliche Berlinetta ist, verfügt der Wagen über viel Komfort: Klimaanlage, elektrische Fensterheber, verstellbares Lenkrad, Scheibenwischer mit vier Geschwindigkeitsstufen, Zentralverriegelung, Schiebedach.

Rechts: Das spritzige Profil des Ferrari Mondial 8.

Bei der von Pininfarina entworfenen und gebauten Karosserie des Viersitzers bestehen die tragenden Elemente aus Stahl, während zahlreiche Verkleidungskomponenten aus einer Leichtmetall-Legierung sind.

Bild unten: Der 312 T5 verfügt über eine optimierte Aerodynamik, so dass sich die Gleitzahl im Vergleich zum ursprünglichen Verhältnis 4 : 1 weiter verbessert. Trotzdem ist der Wagen nicht mehr wettbewerbsfähig.

Unten: Der einzige Entwurf eines Ferrari Viertürers: der Prototyp Pinin, der von Pininfarina zum 50. Firmenjubiläum karossiert, aber nie in Serie produziert wurde.

Mondial 8

Motor: hinten in der Mitte quer eingeb.; Leichtmetalllegierung, V12 Zylinderwinkel 90°. Hubraum: 2926 ccm. Bohrung x Hub: 81 x 71 mm. Leistung: 215 PS bei 6600 U/min, Spezifische Leistung: 73,5 PS/Liter. Ventilsteuerung: zwei obenliegende Nockenwellen pro Zylinderreihe, zwei schräg hängende Ventile pro Zylinder, Zahnriemen;
Zündung: Elektronische Zündung.
Kraftstoffzufuhr: Mechanische Einspritzung mit elektronischer Dosierung (Mehrfacheinspritzung) Bosch K-Jetronic.
Schmierung: Druck-Trockensumpfschmierung.
Antrieb: Hinterradantrieb.
Getriebe: 5-Gang mit selbsttätigem Sperrdifferenzial unter dem Motor.
Reifen: 240/55 VR 390.
Karosserie: Berlinetta 2+2 mit Stahl-Aluminiumkarosserie (Design Pininfarina). Gitterrohrrahmen aus Stahl; Vorderachse mit einstellbaren Doppelquerlenkern, Schraubenfedern, Kurvenstabilisator und koaxialen Teleskopstoßdämpfern; Hinterachse mit einstellbaren Doppelquerlenkern, Kurvenstabilisator und koaxialen Teleskopstoßdämpfern.
Kraftstofftank: hinten, zweigeteilt (Inhalt: 84 Liter).
Bremsen: innenbelüftete Servo-Scheibenbremsen.
Lenkung: Zahnstangenlenkung.
Maße und Gewicht: *Radstand:* 2650 mm
Spur: 1495 mm v, 1517 mm h. *Länge:* 4580 mm, Breite: 1790 mm, Höhe: 1260 mm.
Gewicht fahrfertig: 1512 kg
Fahrleistungen: *Höchstgeschwindigkeit:* 219 km/h
Verhältnis Gewicht/PS: 7,03 kg/PS

erster Linie mit Rücksicht auf den Renault Turbo durchführt, der allerdings völlig andere Spezifikationen braucht. Auch Ferrari selbst kümmert sich nicht mit der nötigen Beharrlichkeit um den T5, da man zu sehr damit beschäftigt ist, einen neuen aufgeladenen Motor für die kommenden Jahre zu testen. Zudem hat Jody Scheckter seinen Rückzug beschlossen. Er kämpft nicht mehr, in Kanada schafft er nicht einmal die Qualifizierung. Ferrari landet bei der Konstrukteurs-Weltmeisterschaft nur auf Rang zehn.

Rückkehr des Mondial

Bei den Gran Turismo Straßenwagen kehrt die Bezeichnung Mondial zurück, und zwar für die neue viersitzige Berlinetta von Pininfarina, die den 308 GT/4 von Bertone aus dem Jahr 1973 ablöst. Der auf dem Autosalon Genf vorgestellte Mondial 8 verfügt nach wie vor über einen hinten quer eingebauten V8 mit 2927 ccm Hubraum, jetzt allerdings mit Einspritzung und elektronischer Zündung.
Aus wirtschaftlichen Gründen führt Ferrari den 208 GTB und GTS ein, Ableger des 308 mit einem auf 1990 ccm verkleinerten Motor (155 PS, 215 km/h). Diese Modelle sind ausschließlich für den italienischen Markt bestimmt, um damit die Besteuerung mit 38% Mehrwertsteuer (anstelle von 18%) zu umgehen, die für Wagen mit einem Hubraum über 2 Liter gilt. Der Erfolg ist mäßig, die geringe Motorleistung passt einfach nicht zur Marke Ferrari.

1981 Einzug des Turbomotors

Die Leistung und das starke Drehmoment des neuen Turbomotors verhelfen dem Ferrari 126 C und seinem Piloten Gilles Villeneueve auf der langsamen Rennstrecke von Monte-Carlo zum Sieg, da sich hier die aerodynamische Unterlegenheit weniger bemerkbar macht.

Der Ferrari 126 C verfügt noch über den alten Rahmentyp aus der 312 T-Serie: Schalenbauweise aus Aluminiumplatten mit innerer Gitterohrstruktur aus Stahl.

Der herkömmliche Rahmen des Ferrari erweist sich als weniger leicht und weniger starr als die fortschrittlicheren Modelle der Konkurrenz. Im Vergleich zu den siegreichen Wagen von Williams und Brabham wiegt der 126 C von Ferrari 35 Kilo mehr.

Seit 1979 arbeitet man bei Ferrari an der Entwicklung eines Turbomotors für die Formel 1. Jetzt sind die Entwicklungsarbeiten abgeschlossen: Ein V6 (wie der Dino vor zwanzig Jahren) mit 120° Zylinderwinkel, 24 Ventilen und einem vom Reglement vorgeschriebenen Hubraum (1500 ccm gegenüber dem 3-Liter-Saugmotor) ist das Ergebnis. Die Aufladung erfolgt über zwei Abgasturbolader des deutschen Herstellers KKK (Kühnle, Kopp & Kausch). Gleichzeitig testet Ferrari den Druckwellenkompressor Comprex von Brown Boveri, dessen Vorteil darin besteht, dass er die für den Turbo typischen Übertragungsverzögerungen beim Last-

F1 Weltmeisterschaft der Fahrer
1. Nelson Piquet auf *Brabham Ford*
2. Carlos Reutemann auf *Williams Ford*
3. Alan Jones auf *Williams Ford*
7. Gilles Villeneuve auf einem *Ferrari 126 C*
13. Didier Pironi auf einem *Ferrari 126 C*

F1 Weltmeisterschaft der Konstrukteure
1. Williams Ford
2. Brabham Ford
3. Renault
5. Ferrari

F1 Grand Prix
Monaco, Monte-Carlo
1. Gilles Villeneuve auf einem *126 C*
Spanien, Jarama
1. Gilles Villeneuve auf einem *126 C*
Tour de France
1. J.C. Androuet/C. Bouchetal auf einem *308 GTB*

Die Auspuffrohre befinden sich zusammen mit den beiden Turboladern oben im 120° weiten Zylinderwinkel des Ferrari-Sechszylinders; damit stellen sie kein Hindernis im unteren Motorbereich dar und es entsteht an der Wagenunterseite mehr Raum für adäquate Aerodynamik mit Bodeneffekt.

Gilles Villeneuve hält mit seinem 126 C (Nr. 27) seine Verfolger beim Großen Preis von Frankreich auf der Rennstrecke von Dijon-Prénois in Schach. Gruppenletzter ist Didier Pironi (Ferrari Nr. 28). Villeneuve scheidet aus dem Rennen aus, Pironi belegt schließlich Platz fünf.

126 CK

Motor: hinten längs eingebaut; Leichtmetalllegierung, V6, Zylinderwinkel 120°. *Hubraum:* 1496 ccm. Bohrung x Hub: 81 x 48,4 mm. Leistung: 580 PS bei 11.500 U/min, Spezifische *Leistung:* 387,7 PS/Liter. *Ventilsteuerung:* zwei obenliegende Nockenwellen pro Zylinderreihe, vier schräg hängende Ventile pro Zylinder, Zahnräder. *Zündung:* Elektronische Zündung mit kapazitiver Entladung. *Kraftstoffzufuhr:* Mechanische Einspritzung mit elektronischer Dosierung von Lucas, Abgasaufladung mit zwei Turbolader KKK, zwei Intercooler. *Schmierung:* Druck-Trockensumpfschmierung mit zwei Ölkühlern
Antrieb: Hinterradantrieb. *Getriebe:* 5-Gang hinten quer eingeb. mit selbsttätigem Sperrdifferenzial
Reifen: 22/59 x 13 v, 38/66 x 13 h.
Karosserie: Monoposto mit Glasfaserkunststoff-Karosserie; Rahmen mit Misch-Struktur (Gitterrohre und Aluminiumplatten); Vorderachse mit Querlenkern, Schraubenfedern, innenliegenden koaxialen Teleskopstoßdämpfern und Kurvenstabilisator; Hinterachse mit Querlenkern und Stabilisator, Schraubenfedern und koaxialen innenbords mittig eingebauten Teleskopstoßdämpfern.
Kraftstofftank: hinter dem Fahrersitz (Inhalt: 210 Liter).
Bremsen: innenbelüftete Scheibenbremsen.
Lenkung: Zahnstangenlenkung.
Maße und Gewicht: *Radstand:* 2718 mm
Spur: 1700 mm v, 1685 mm h. *Länge:* 4468 mm, *Breite (über Reifen):* 2110 mm, Höhe: 1025 mm
Gewicht fahrfertig: 610 kg
Fahrleistungen: *Höchstgeschwindigkeit:* 320 km/h
Verhältnis Gewicht/PS: 1,051 kg/PS

Mittlerweile verboten sind die „Schürzen", die wie Schieber nach unten ausgefahren werden. Man hat sie durch starre Schürzen ersetzt, die bei Stillstand des Wagens mindestens 6 cm vom Boden entfernt sein müssen. Der Bodeneffekt reduziert sich dadurch etwa auf ein Viertel. Doch früher oder später umgehen alle Konstrukteure diese Vorschrift, indem sie die ihre Monoposti mit einer Hydraulik ausstatten, die diese Vorrichtung beim Boxenstopp ein- und auf der Rennstrecke wieder ausfahren.

Die KKK-Turbolader mit den Endstücken der Abgasrohre. Das in der Mitte sichtbare gerippte Gehäuse umfasst das Wastegate-Ventil, das den Ladedruck reguliert und Überschüsse nach oben ausstößt.

Im Herbst präsentiert Ferrari die letzte Version des Berlinetta-Zweisitzers 512 BB mit horizontalem Zwölfzylinder-Heckmotor. Wegen der neuen Kraftstoffzufuhr mittels Einspritzung bekommt der Wagen die Bezeichnung 512 BBi.

Die Karosserie (Pininfarina) und der Innenraum des 512 BBi bleiben weitgehend unverändert. Dank der Einspritzung, die das Drehmoment (451 Nm) voller und über einen größeren Bereich verfügbar macht, ist der Wagen wesentlich angenehmer zu fahren.

Der in die Front integrierte aerodynamische Spoiler ist nicht sehr auffällig und beeinträchtigt somit nicht die schlichte Eleganz des Wagens. Er verringert jedoch wirksam den Auftrieb im hohen Geschwindigkeitsbereich.

Die in die Seitenwände integrierten dreieckigen Lufteinlässe (Typ NASA) dienen zur Abkühlung der hinteren Scheibenbremsen und beeinträchtigen weder die Ästhetik noch die Aerodynamik der Karosserie.

wechsel eliminiert. Er erweist sich allerdings für die Formel 1 als ungeeignet und wird daher nicht weiter eingesetzt. Der für den neuen Motor konzipierte Monoposto führt zu Beginn die Doppelbezeichnung 126 CK (Turbo KKK) und 126 CX (Comprex). Später behält man nur noch die vereinfachte Bezeichnung 126 C bei (120°, 6 Zylinder, Kompressor). Der Rahmen ist im großen und ganzen der des 312 T: Schalenbauweise, achteckig mit Modulen aus Aluminiumplatten mit interner Gitterrohrstruktur; vertikale Radaufhängungen mit Feder-Stoßdämpfereinheit in der Mitte; quer eingebautes Getriebe; gleicher Radstand wie beim T5, nämlich 2718 mm, der allerdings für bestimmte Strecken auf 2850 mm verlängert werden kann. Der V-Motor ist wesentlich schmaler und kompakter als der 312-Flachmotor. Dadurch können die Venturikanäle unter den Seitenkästen freier gestaltet werden, was wiederum zu einer Optimierung der Aerodynamik führt.

Mit ganzer Motorkraft

Die Stärke des 126 C basiert in jedem Fall auf der Motorleistung des V6, die im Laufe der Saison von 560 auf 580 PS steigt und mit beeindruckenden Drehmomentwerten einhergeht. Bei Renault, wo man bereits über eine fünfjährige Erfahrung mit dem Turbomotor verfügt, kann man noch nicht so große Fortschritte verbuchen.

Der F1-Pilot-Carlos Reutemann am Steuer des 512 BBi bei einem gewagten Fahrtest. 1979 trat das Modell bei den 24 Stunden von Le Mans gegen eine starke Konkurrenz an. Der Wagen schied sechs Stunden vor Ende des Rennens aus und belegte in der Gesamtwertung Platz drei.

512 BBi

Motor: hinten längs eingebaut. Leichtmetalllegierung, V12, Zylinderwinkel 180°
Hubraum: 4942 ccm. Bohrung x Hub: 82 x 78 mm. Leistung: 340 PS bei 6000 U/min, Spezifische *Leistung:* 68,8 PS/Liter.
Ventilsteuerung: zwei obenliegende Nockenwellen pro Zylinderreihe, zwei schräg hängende Ventile pro Zylinder, Zahnriemen. *Zündung:* Elektronische kontaktlose Zündung. *Kraftstoffzufuhr:* Mechanische Mehrfacheinspritzung Bosch K-Jetronic. *Schmierung:* Druck-Trockensumpfschmierung.
Antrieb: Hinterradantrieb. *Getriebe:* 5-Gang mit selbsttätigem Sperrdifferenzial unter dem Motor.
Reifen: 240/55 VR 415.
Karosserie: Berlinetta-Zweisitzer mit Stahlkarosserie (Pininfarina). Gitterrohrrahmen; Vorderachse mit einstellbaren Doppelquerlenkern, Schraubenfedern, Kurvenstabilisator und koaxialen Teleskopstoßdämpfern; Hinterachse mit einstellbaren Doppelquerlenkern, Kurvenstabilisator, Doppelschraubenfedern und doppelten koaxialen Teleskopstoßdämpfern.
Kraftstofftank: hinten, zweigeteilt (Inhalt: 120 Liter).
Bremsen: innenbelüftete Servo-Scheibenbremsen.
Lenkung: Zahnstangenlenkung
Maße und Gewicht: *Radstand:* 2500 mm
Spur: 1508 mm v, 1572 mm h. *Länge:* 4400 mm, Breite: 1830 mm, Höhe: 1120 mm. *Gewicht fahrfertig:* 1499 kg
Fahrleistungen:

Die Stahlplatten-Karosserie fördert die Festigkeit des Gitterrohrrahmens, der deshalb mit einer sehr leichten Struktur konzipiert wurde.

Da die sperrigen Vergaser wegfallen, weist der Motor auch nach außen eine schlichtere und funktionalere Optik auf.

Verschiedene gegnerische Fahrzeuge mit V8-Cosworth-Saugmotor (490 PS) zeichnen sich durch eine hohe Rahmenflexibilität und höhere Kurvengeschwindigkeiten aus, doch Ferrari schlägt seine Herausforderer mit besserer Beschleunigung. Gilles Villeneuve und Didier Pironi, Ersatz für Jody Scheckter, sitzen am Lenkrad der 126 C, die aufgrund mangelnder Zuverlässigkeit bei den Rennen oftmals noch ausscheiden. Doch Villeneuve überrascht die Rennwelt mit einem Sieg in Monte-Carlo und einem noch verblüffenderen Sieg in Jarama, Spanien, wo er dank der Motorleistung auf der Geraden vier Konkurrenten hinter sich lässt, obwohl die in den Kurven alle schneller sind als er. Am Ende passieren alle fünf Wagen innerhalb einer Sekunde das Ziel.

Die Einspritzanlage setzt sich durch

Der Zwölfzylinder-Flachmotor ist aus der Formel 1 zwar verschwunden, bei der Gran Turismo Berlinetta 512 BB behält man ihn jedoch bei. Der Straßenwagen wird nun in der Version 512 BBi vorgestellt, die Vergaser wurden durch eine mechanische Einspritzung ersetzt. Die Neuerung führt zu einer Verbesserung des erfolgreichen und bei den Kunden beliebten Wagens, von dem im Vorjahr 240 Stück produziert wurden. Ferrari arbeitet bereits seit 1979 an der Entwicklung des 512-Einspritzmotors; vier BB-Sondermodelle mit einer Motorleistung von 480 PS nehmen mit Privatteams am 24-Stunden-Rennen von Le Mans teil.

1982 Glanz und Trauer

Mit diesem überraschenden Überholmanöver, bei welchem Pironi (Nr. 28) an Villeneuve in Imola vorbeizieht, ignoriert Teamkollege Pironi die Order, die Positionen beizubehalten. Aus der Rivalität zwischen den beiden Piloten entwickelt sich erbitterte Feindschaft.

F1 Weltmeisterschaft der Fahrer
1. Keke Rosberg auf *Williams*
2. Didier Pironi auf einem *Ferrari 126 C2*
3. John Watson auf *McLaren*
7. Patrick Tambay auf einem *Ferrari 126 C2*
16. Gilles Villeneuve auf einem *Ferrari 126 C2*
19. Mario Andretti auf einem *Ferrari 126 C2*

F1 Weltmeisterschaft der Konstrukteure
1. Ferrari
2. McLaren
3. Renault

F1 Grand Prix
San Marino, Imola
1. Didier Pironi auf einem *126 C2*
Holland, Zandvoort
1. Didier Pironi auf einem *126 C2*
Deutschland, Hockenheim
1. Patrick Tambay auf einem *126 C2*

Tour de France
1. Androuet/„Biche" auf einem *308 GTB*

Der 126 C2 ist der erste Ferrari mit einem Schalenrahmen aus Verbundwerkstoffen, in erster Linie „Honeycomb" (Bienenwabe) aus Aluminium. Sein Körper ist härter, schmaler und leichter. Der neue Monoposto wiegt 15 Kilo weniger als das Vorgängermodell.

Anstelle der fest angebrachten „Schürzen" sind nun flexible Schürzen aus Gummi zugelassen, die in ständigem Bodenkontakt am Asphalt entlang streifen. Ferrari nutzt ihre Wirkung optimal.

Der neue 126 C2 ist weit mehr als nur eine Weiterentwicklung des Vorgängermodells: Er ist der erste Ferrari mit einem Karosseriekörper aus Verbundwerkstoffen (vor allem aus dem sogenannten „Bienenwaben"-Aluminium mit Kohlenstoff-Anteilen). Entwickelt wurde er unter der Leitung von Forghieri von dem Ingenieur Harvey Postlethwaite, der als Spezialist für den Einsatz derartiger Materialien eingestellt wurde. Erneute Änderungen des Reglements sehen wieder neue seitliche Schürzen vor: Keine ausfahrbaren Schürzen mehr, auch keine fest angebrachten oberhalb des Bodens, wie noch im Vorjahr, sondern elastische Schürzen müssen es jetzt sein, deren Unterkante sich beim Entlangschleifen auf der Rennstrecke nach innen biegt. Aus diesem Grund muss die Bodenhöhe des Wagens durch extrem starre Radaufhängungen und einen im Härtegrad angepassten Rahmen so exakt wie möglich beibehalten werden. Der Karosseriekörper aus Verbundwerkstoffen entspricht dieser Anforderung. Außerdem ist er leichter und schlanker und begünstigt damit den Bodeneffekt der breiteren und wirkungsvolleren Seitenwände. Dadurch ergibt sich auch bei der in den Windkanälen von Fiat und Pininfarina gründlich studierten Aerodynamik eine Verbesserung. Beim Motor handelt es sich nach wie vor um einen V6 mit 120° Zylinderwinkel und zwei Turboladern. Die Motorleistung beträgt anfangs 580 PS bei 11000 Umdrehungen, wird jedoch im Laufe der Saison auf 600 PS gesteigert, auch dank einer direkten Wassereinspritzung in die Zylinder, die in Zusammenarbeit mit AGIP entwickelt wurde und dazu dient, die Brennkammern abzukühlen und so einen höheren Abgasaufladungsdruck zu erzeugen (der Einsatz der Vorrichtung wird von Tyrrell beanstandet, doch die FIA erklärt ihn als rechtmäßig). Bei Testläufen zu einigen Grands Prix wird der Einsatz eines längs eingebauten Getriebes sowie Bremsscheiben aus Kohlenstoff getestet; beides wird jedoch nicht unmittelbar verwendet. Ab Juni werden hingegen neue Vorderradaufhängungen mit der Bezeichnung „pull-rod" benutzt:

Die Leistung des Turbomotors erhöht sich auf 600 PS, und zwar dank einer exklusiven Wassereinspritzung in die Zylinder, die diese abkühlen hilft und damit eine höhere Aufladung ermöglicht..

Die Stoßdämpfer der Hinterradaufhängung wurden weiter in die Mitte und nach vorne verlagert, wodurch sich das Trägheitsmoment verringert. Bei der Vorderradaufhängung wird das modernere „pull-rod"-System eingeführt.

Gilles und warum er ein Mythos wurde.

Als er bei seinem allerletzten „Flug" am 8. Mai 1982 im belgischen Zolder von der Piste abkommt, ist Gilles Villeneuve 30 Jahre alt, hat 67 Grand-Prix-Rennen gefahren, sechs davon gewonnen und ist bereits ein Mythos. Hier ein Auszug aus seinem letzten Interview: „Du wirst auch der ‚Flieger' genannt, weil Du schon so oft und auf so spektakuläre Weise von der Piste abgekommen bist...." Antwort: „Eigentlich habe ich nicht mehr Unfälle gebaut als andere Piloten. Meine waren nur um einiges aufsehenerregender. Ende 1978 hatte ich bereits vier solcher Unfälle verursacht, und das machte natürlich die Runde, was mich übrigens ziemlich störte. Für mich war das Ganze eine Gratwanderung: Sollte ich meine Aggressivität zähmen oder sollte ich einfach so weiterfahren wie ich immer gefahren bin? Da ich ein instinktiver Mensch bin, habe ich auf meinen Bauch gehört, der mir sagte: Mach einfach so weiter wie bisher. Denn nur, wenn ich mit voller Kraft fahre, macht mir das Ganze wirklich Spaß, nur dann interessieren mich die Rennen. Also bin ich genauso aggressiv weiter gefahren wie bisher. Ich habe allerdings alles daran gesetzt, meine technischen Fahrfehler auszumerzen. Ich bin allerdings trotzdem der Meinung, dass zwei Unfälle pro Jahr für einen Spitzenpiloten unausweichlich sind. Wenn ich sieben Rennen hintereinander unfallfrei gefahren bin, fange ich an, mir Sorgen zu machen."

126 C2

Motor: hinten längs eingeb.; Leichtmetalllegierung, V6, Zylinderwinkel 120°; Hubraum: 1496 ccm. *Bohrung* x Hub: 81 x 48,4 mm. Leistung: 580 PS (später 600) bei 11.000 U/min, Spezifische Leistung: 387,7 (später 401) PS/Liter. Ventilsteuerung: zwei obenliegende Nockenwellen pro Zylinderreihe, vier schräg hängende Ventile pro Zylinder, Zahnräder. *Zündung:* Elektronische Zündung mit kapazitiver Entladung. *Kraftstoffzufuhr:* Mechanische Einspritzung mit elektronischer Dosierung von Lucas, Abgasaufladung mit zwei Turboladern KKK, zwei Intercooler. *Schmierung:* Druck-Trockensumpfschmierung mit zwei Ölkühlern.
Antrieb: Hinterradantrieb. *Getriebe:* 5-Gang hinten quer eingeb. mit selbsttätigem Sperrdifferenzial.
Reifen: 23,5-10,0 x 13 v, 26,0-15,5 x 15 h.
Karosserie: Monoposto mit Glasfaserkunststoff-Karosserie; selbsttragender Verbundwerkstoff-Rahmen aus Bienennst-Alumium und Kohlenstoffanteilen; Vorderachse mit Querlenkern, Schraubenfedern, innenliegenden koaxialen Teleskopstoßdämpfern und Kurvenstabilisator; Hinterachse mit Querlenkern und Stabilisator, Schraubenfedern und koaxialen innenbords mittig eingeb. Teleskopstoßdämpfern. *Kraftstofftank:* hinter dem Fahrersitz (Inhalt: 240 Liter).
Bremsen: innenbelüftete Scheibenbremsen.
Lenkung: Zahnstangenlenkung.
Maße und Gewicht: *Radstand:* 2856 mm
Spur: 1787 mm v, 1644 mm h. *Länge:* 4333 mm, Breite (an den Reifen): 2110 mm, Höhe: 1025 mm. *Gewicht fahrfertig:* 595 kg
Fahrleistungen: *Höchstgeschwindigkeit:* 320 km/h
Verhältnis Gewicht/PS: 1.025 kg/PS

Gilles Villeneuve auf dem 126 C2 beim Ostküsten-GP der USA in Long Beach. Er wurde Dritter, später aber wegen eines angeblich nicht reglementkonformen Flügels disqualifiziert.

Bei diesen neuen Aufhängungen bewegen diagonale Zugstangen mittels kleiner Kipphebel von unten die vertikalen Stoßdämpfer – eine fortschrittliche, leichte und für die Aerodynamik vorteilhafte Lösung, die von der Konkurrenz bereits eingesetzt wird.

Bittere Siege

Ferrari ersetzt die Radialreifen von Michelin durch die flexibleren Goodyear-Reifen, was zu einem optimierten Einsatz der elastischen „Schürzen" führt. Nach einem blassen Saisoneinstieg greifen die Piloten aus Maranello schließlich mit dem erheblich weiterentwickelten, wettbewerbsfähigen 126 C2 an. Am 25. April in Imola fahren Gilles Villeneuve und Didier Pironi an der Spitze: Der Franzose gewinnt, nachdem er den Kanadier im letzten Moment überholt hat. Dieses Manöver unternahm er trotz der Boxenvorgabe zu verlangsamen und die Positionen beizubehalten. Es kommt zu einer erbitterten Feindschaft zwischen den beiden. Dreizehn Tage später, beim Testlauf zum Großen Preis von Belgien in Zolder, unternimmt Villeneuve den Versuch, seinen Rivalen beim Zeitfahren zu schlagen. Sein Wagen prallt auf den March von Jochen Mass: Der Mann, der schon zu Lebzeiten ein Mythos war, kommt von der Fahrbahn ab und stirbt. Am 13. Juni ereignet sich in Kanada eine weitere Tragödie: Pironi

Die Abgas-Turboaufladung wird nun auch bei Ferrari Serienwagen eingesetzt: die 208 mit „energiesparendem" 2-Liter-Motor tragen nun die Bezeichnungen 208 GTB Turbo und 208 GTS Turbo *(großes Foto links außen).*

Der komfortable Innenraum des neuen Mondial 8, der nun Quattrovalvole, also Vierventiler, genannt wird. Der Berlinetta-Viersitzer von Pininfarina ist mit einem 3-Liter-V8-Motor und einer Steuerung mit 32 Ventilen ausgestattet.

misslingt der Start aus der ersten Reihe, der Osella von Riccardo Paletti prallt mit voller Geschwindigkeit auf Pironis Ferrari. Paletti kommt ums Leben. Beim Großen Preis von Deutschland (Hockenheim, 8. August) liegt Pironi trotz allem bei der Weltmeisterschaft mit neun Punkten in Führung. Doch bei einem Testlauf stößt er bei hoher Geschwindigkeit mit dem Williams von Daly zusammen und trägt so schwere Verletzungen davon, dass dies das Ende seiner Formel-1-Karriere ist. Er wird durch den Franzosen Patrick Tambay ersetzt (Enzo Ferrari hat ihn kurz davor als Ersatz für Villeneuve engagiert), der das Rennen gewinnt und so die hohe Wettbewerbsfähigkeit des 126 C2 auf schnellen Rennstrecken unter Beweis stellt. Durch den zweiten Platz Tambays in Monza geht der Weltmeistertitel der Konstrukteure (die erst vor kurzem zur vollgültigen Weltmeisterschaft erklärt wurde) zum siebten Mal an Ferrari, während Pironi bei den Weltmeisterschaften der Fahrer den zweiten Platz belegt.

Voller Turboeinsatz

Der Übergang zum aufgeladenen Motor vollzieht sich bei Ferrari nun auch bei den Straßenwagen. Die Berlinetta und der Spider 208 GTB und 208 GTS (die „energiesparenden" Versionen der 308, die seit zwei Jahren mit einem auf 2 Liter Hubraum gedrosselten V8 auf dem Markt sind, um der italienischen Super-Mehrwertsteuer von 38% zu entgehen), erzielten aufgrund ihrer relativ schwachen Leistung nur enttäuschende Ergebnisse. Nun werden sie zum 208 GTB Turbo und 208 GTS Turbo aufgewertet: Durch die Aufladung steigt die Motorleistung von 155 auf 220 PS, die Höchstgeschwindigkeit von 215 auf 240 km/h. Auch die Motorleistung der viersitzigen Berlinetta Pininfarina Mondial 8 wird von 214 auf 240 PS gesteigert, allerdings nicht durch einem Turbo, sondern mittels einer Steuerung durch vier Ventile pro Zylinder. Sie geben dem Wagen auch seine neue Bezeichnung: Mondial 8 Quattrovalvole (Vierventiler).

Linke Seite unten:
Der Motorraum der 208 GTB und GTS Turbo. Der neue, quer eingebaute 2-Liter-V8-Kompressormotor mit KKK-Turbolader steigert seine Motorleistung sogar um 42 Prozent.

1983 Abschied von den Schürzen

F1 Weltmeisterschaft der Fahrer
1. Nelson Piquet auf *Brabham BMW*
2. Alain Proust auf *Renault*
3. René Arnoux auf einem *Ferrari 126 C2B/C3*
4. Patrick Tambay auf einem *Ferrari 126 C2B/C3*

F1 Weltmeisterschaft der Konstrukteure
1. Ferrari
2. Renault
3. Brabham BMW

F1 Grand Prix
San Marino-Imola
1. Patrick Tambay auf einem *126 C2B*
Kanada-Montréal
1. René Arnoux auf einem *126 C2B*
Deutschland-Hockenheim
1. René Arnoux auf einem *126 C3*
Holland-Zandvoort
1. René Arnoux auf einem *126 C3*

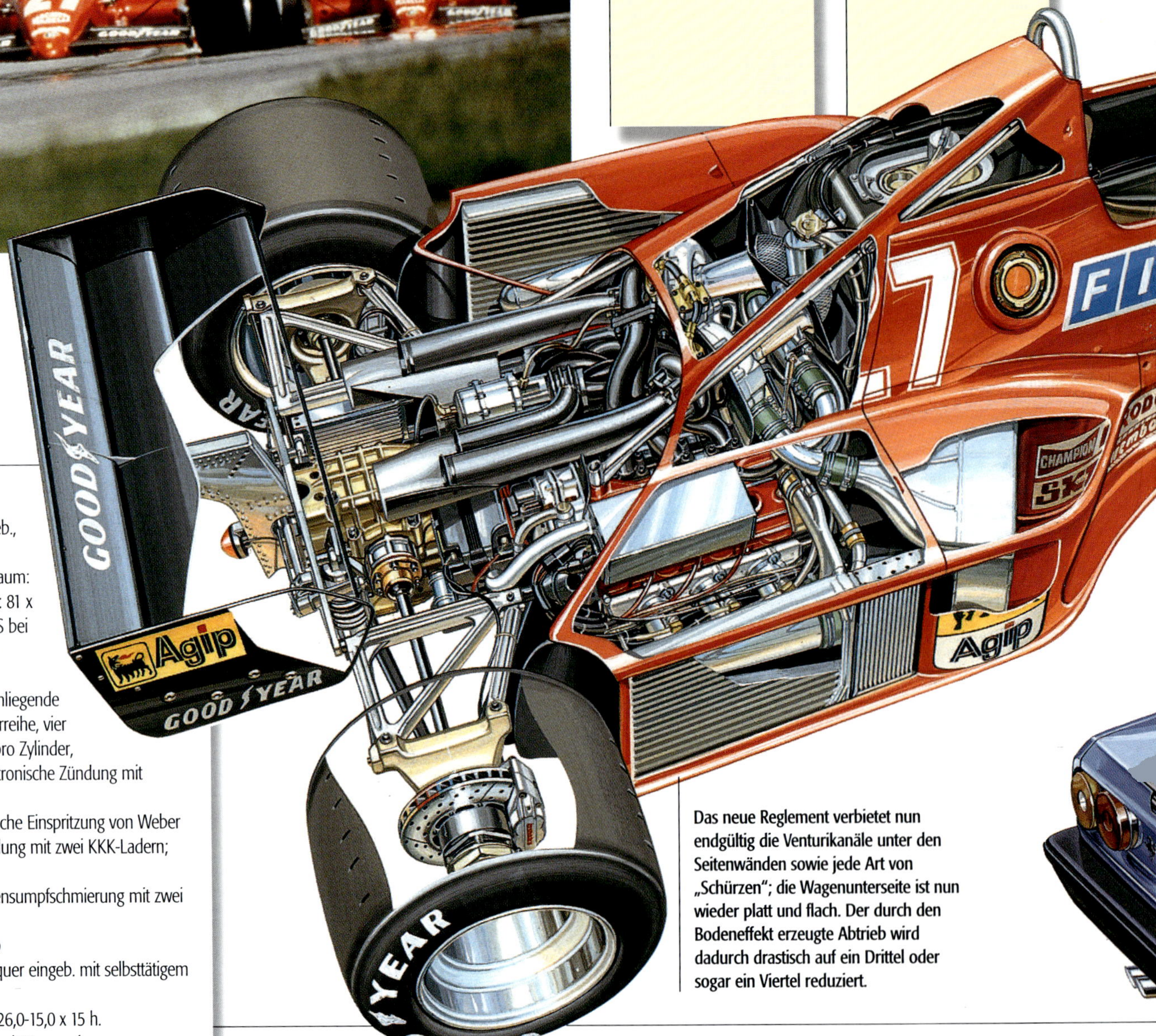

Das neue Reglement verbietet nun endgültig die Venturikanäle unter den Seitenwänden sowie jede Art von „Schürzen"; die Wagenunterseite ist nun wieder platt und flach. Der durch den Bodeneffekt erzeugte Abtrieb wird dadurch drastisch auf ein Drittel oder sogar ein Viertel reduziert.

126 C3
Motor: hinten längs eingeb., Leichtmetalllegierung, V6, Zylinderwinkel 120°; Hubraum: 1496 ccm. Bohrung x Hub: 81 x 48,4 mm. Leistung: 600 PS bei 10.500 U/min, Spezifische Leistung: 401 PS/Liter.
Ventilsteuerung: zwei obenliegende Nockenwellen pro Zylinderreihe, vier schräg hängende Ventile pro Zylinder, Zahnräder. *Zündung:* Elektronische Zündung mit kapazitiver Entladung.
Kraftstoffzufuhr: Elektronische Einspritzung von Weber Marelli. Abgas-Turboaufladung mit zwei KKK-Ladern; zwei Intercooler.
Schmierung: Druck-Trockensumpfschmierung mit zwei Ölkühlern
Antrieb: Hinterradantrieb
Getriebe: 5-Gang hinten quer eingeb. mit selbsttätigem Sperrdifferenzial
Reifen: 23,5-10,5 x 13 v, 26,0-15,0 x 15 h.
Karosserie: Monoposto mit Karosserie aus Kohlenstoff-Verbundwerkstoffen. Selbsttragender Rahmen aus Kohlenstoff- und Kevlar-Verbundwerkstoffen. Vorderachse mit Querlenkern, „pull rod"-Zugstangen, Schraubenfedern und innenliegenden koaxialen Teleskopstoßdämpfern; Hinterachse mit Querlenkern und Zugstrebe; Schraubenfedern und koaxialen, innenliegenden Teleskopstoßdämpfern.
Kraftstofftank: hinter dem Fahrersitz (Inhalt: 240 Liter).
Bremsen: innenbelüftete Scheibenbremsen.
Lenkung: Zahnstangenlenkung.
Maße und Gewicht: *Radstand:* 2600 mm
Spur: 1768 mm v, 1666 mm h. *Länge:* 4333 mm, Breite (an den Reifen): 2110 mm, Höhe: 1025 mm
Gewicht fahrfertig: 595 kg
Fahrleistungen: *Höchstgeschwindigkeit:* 320 km/h
Verhältnis Gewicht/PS: 0,991 kg/PS

Bild ganz oben: Patrick Tambay (Nr. 27) und René Arnoux (Nr. 28) starten in dieser Reihenfolge aus Reihe eins. Sie führen in der ersten Hälfte beim Großen Preis von Österreich mit den wettbewerbsfähigen 123 C3. Doch nur Arnoux erreicht das Ziel; er wird Zweiter.

Wie 1982 deutlich wurde, sind Verbesserungen bei den Sicherheitsvorkehrungen dringend nötig. Entsprechend reagieren die Sportaufsichtsorgane der FIA: Mit neuen Normen hinsichtlich der Aerodynamik soll die Leistung der Formel-1-Wagen reduziert werden, also verbietet man die „Schürzen" und Venturikanäle, die Bodenseite der Monoposti wird in Zukunft völlig flach, fest und glatt sein, und zwar von der Aufstellfläche der Vorderreifen bis zur Vorderkantenlinie der Hinterreifen. Die durch den Abtrieb erzeugte aerodynamische Last wird auf diese Weise drastisch reduziert. Ferrari wird, wie alle anderen auch, von dieser Reglement-Änderung überrollt und setzt daraufhin in den ersten acht Grands Prix (bei zwei Siegen) den 126 C2 ein, der lediglich hinsichtlich der Aerodynamik verändert wurde. Gleichzeitig entwickelt man im Hinblick auf die neuen Normen den 126 C3 weiter. Vieles ist an diesem Monoposto äußerst innovativ: Er ist nicht nur der erste Ferrari, dessen Rahmen komplett aus Kohlenstoff- und Kevlar-Verbundwerkstoffen besteht, sondern er ist auch der erste Formel-1-Wagen, bei dem man den selbsttragenden Rahmen als mittragende Struktur versteht, die den Karosseriekörper von der Front bis zum Heckschott ersetzt. Dadurch wird die Aerodynamik des Wagens verbessert und gleichzeitig sein Gewicht reduziert.

Der 126 C3 hat ein völlig neues Chassis: Der Rahmen in Schalenbauweise ist nicht mehr aus Aluminium, sondern aus Kohlenstoff und Kevlar und ersetzt als mittragende Struktur den Karosseriekörper. Der Radstand wurde um 260 mm verkürzt.

Das Cockpit des Mondial Cabriolet bietet mit 2 + 2 Plätzen relativ viel Platz. Das Verdeck verschwindet gefaltet in einem Hohlraum oberhalb vom Motor.

Der Gitterrohrrahmen und die Stahlkarosserie gewährleisten bei dem offenen Wagen die gleiche Festigkeit wie bei der Berlinetta, ohne das Gewicht des Cabriolets zu erhöhen (1510 kg fahrfertig).

Aus der viersitzigen Berlinetta Mondial 8 Quattrovalvole (oben im Bild), die im Vorjahr erstmals präsentiert wurde, entwickelt Pininfarina die neue Version Cabriolet Mondial.

Der V8-Motor mit 90° Zylinderwinkel ist der gleiche wie bei der Berlinetta mit vier Ventilen pro Zylinder, elektronischer Zündung, Kraftstoffzufuhr mittels Einspritzung, einem maximalen Drehmoment von 26,5 mkg bei 5000 Umdrehungen und einer Motorleistung von 240 PS bei 7000 Umdrehungen.

Lediglich die stark zurückversetzten Seitenkästen sowie die Motorhaube sind nicht in diese spindelförmige Schale integriert. Der V6 mit den beiden Turboladern und 1496 ccm Hubraum gibt sein Debüt mit einer Leistung von 600 PS bei nur 10.500 U/min und dadurch stark verringerter Übertragungsverzögerung. Der Wagen hat wie üblich ein 5-Gang-Getriebe; Vorder- und Hinterradaufhängungen verfügen über „pull-rod“ Zugstangen. Ferrari erneuert den Vertrag von Patrick Tambay und stellt ihm einen weiteren Franzosen zur Seite: René Arnoux, einen mutigen Fahrer, den man auch „das Geschwindigkeitstier“ nennt, weil er in einem unvergesslichen Duell in Dijon sogar den zähen Villeneuve besiegt hat.

Der 126 C3 tritt beim Großen Preis von England am 16. Juli mit Tambay am Steuer an. Im August gewinnt Arnoux zweimal, in Hockenheim und in Zandvoort, wo Tambay Platz zwei belegt. Mit vier Saisonsiegen wirg Ferrari 1983 zum achten Mal Weltmeister der Konstrukteure.

Offen für Amerika

Bei den Gran Turismo Straßenwagen reiht sich neben den Mondial 8 Quattrovalvole aus dem Vorjahr nun die viersitzige, offene Version Mondial 8 Cabriolet, die für allem für den amerikanischen Markt konzipiert wurde (an den 80% der Produktion gehen). Leistungen und Merkmale des Wagens sind unverändert: V8 Quattrovalvole (Vierventiler) mit 2972 ccm, 240 PS und eine Höchstgeschwindigkeit von 240 km/h.

1984 Tradition in neuem Gewand

Die 126 C4 mit dem Ferrari-Neuzugang Michele Alboreto (Nr. 27) sowie René Arnoux (Nr 28) am Steuer. Die Wagen sind sehr wettbewerbsfähig, allerdings kommt es mitunter zu Unzuverlässigkeiten bei Zulieferteilen.

Fast alle F1-Wagen setzen in diesem Jahr kleine Zusatzflügel ein, um mehr Abtrieb zu erzeugen. Für Ferrari ist das besonders wichtig, da die Goodyear-Reifen eine geringere Bodenhaftung haben als die Michelin-Reifen der siegreichen McLaren.

Der Ferrari V6 mit zwei Turboladern beginnt die Saison mit einer Motorleistung von 660 PS (was nicht mehr wettbewerbsfähig ist) und steigert sich schließlich dank der Weiterentwicklung auf die 720 PS des „führenden" Motors, den TAG Porsche Turbo im McLaren.

In der Formel-1-Saison 1984 wird lediglich das bereits Bestehende weiterentwickelt. Beim neuen Modell 126 C4 geht es hauptsächlich um eine Reduzierung der Massen: beim Motor (der auf ein Gesamtgewicht von 151,8 kg, also um 10%, reduziert wird), bei der Getriebe-Sperrdifferenzial-Einheit (minus 8%) sowie beim Karosseriekörper (minus 6%). Man erreicht dadurch genau das vom Reglement vorgeschriebene Minimalgewicht von 540 kg. Außerdem führt Ferrari weitere Versuche hinsichtlich der Aerodynamik durch, was im Laufe der Saison zu diversen Masseanalysen der Seitenkästen führt. Diese sind anfangs kurz, haben nach hinten versetzte Kühler (laut Entwurf eine „pfeilförmige" Anordnung) und werden in der Folge mehr oder weniger stark verlängert. Eine neue Verordnung, die den Wettlauf um immer stärkere Leistungen der Turbomotoren bremsen soll, beinhaltet eine Einschränkung des Kraftstoffverbrauchs: Das Tanken während des Rennens wird verboten, der Inhalt des Tanks auf 220 Liter begrenzt (davor betrug er 250 Liter); diese Menge muss für einen ganzen Grand Prix (zwischen 300 und 330 Kilometer) reichen. Die Reduzierung des Kraftstoffverbrauchs bekommt dadurch eine hohe Priorität: Um diese Ober-

F1 Weltmeisterschaft der Fahrer:
1. Niki Lauda auf *McLaren Porsche*
2. Alain Prost auf *McLaren Porsche*
3. Elio de Angelis auf *Lotus Renault*
4. Michele Alboreto auf einem *Ferrari 126 C4*
6. René Arnoux auf einem *Ferrari 126 C4*

F1 Weltmeisterschaft der Konstrukteure:
1. McLaren Porsche
2. Ferrari
3. Lotus Renault

F1 Grand Prix
Großer Preis von Belgien, Zolder
1. Michele Alboreto auf einem *126 C4*

Der 126 C4 in seiner ursprünglichen Version mit kurzen Seitenwänden. In dieser Saison steigen Alboreto und Arnoux jeweils viermal aufs Siegertreppchen.

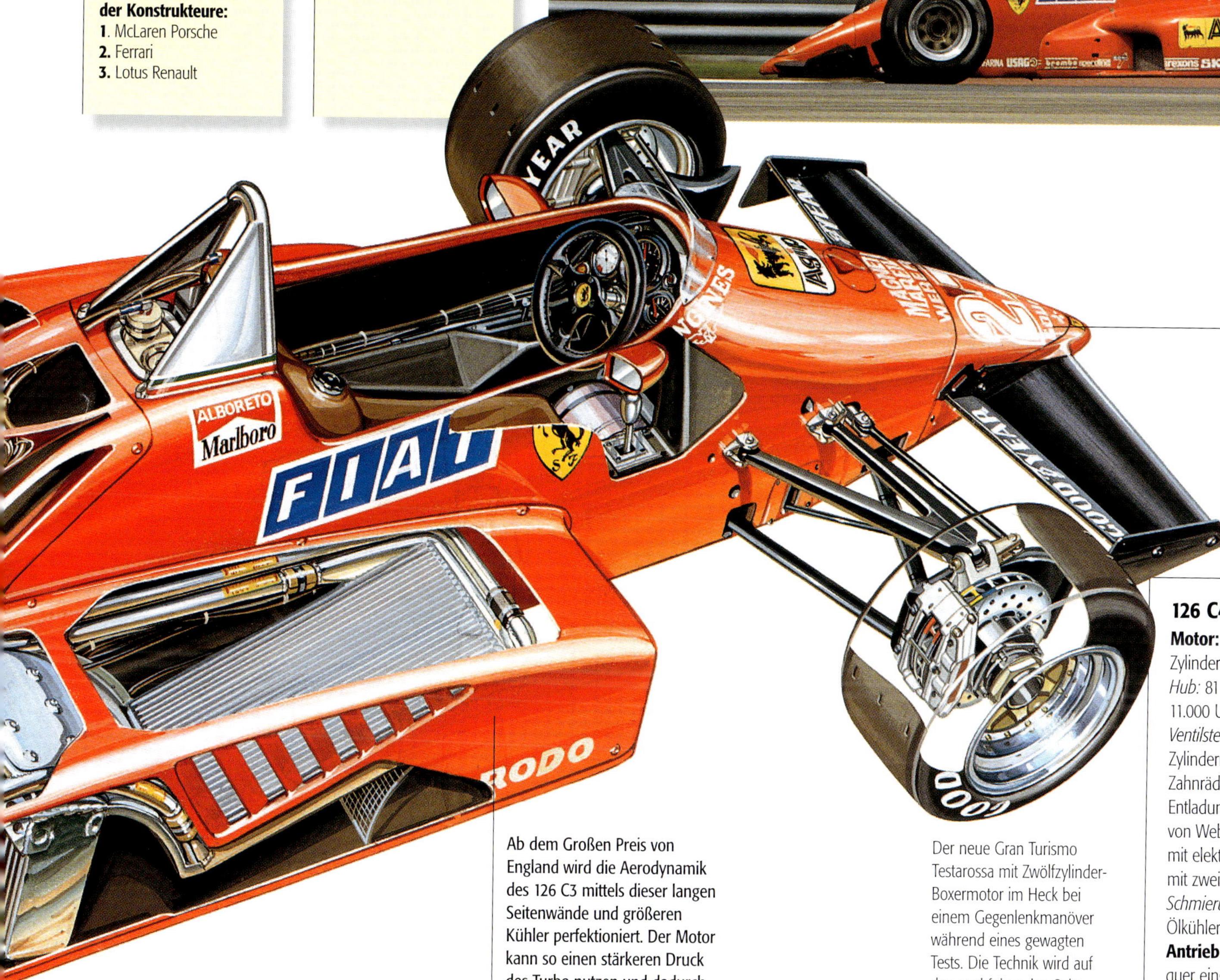

Im Vergleich zum 126 C3 wurde das Gewicht des Karosseriekörpers um 6%, das des Motors um 10% und des Getriebes um 8% reduziert. So erreicht ein Ferrari Monoposto erstmals das vom Reglement vorgeschriebene Minimalgewicht von 540 Kilogramm.

Ab dem Großen Preis von England wird die Aerodynamik des 126 C3 mittels dieser langen Seitenwände und größeren Kühler perfektioniert. Der Motor kann so einen stärkeren Druck des Turbo nutzen und dadurch seine Leistung steigern.

Der neue Gran Turismo Testarossa mit Zwölfzylinder-Boxermotor im Heck bei einem Gegenlenkmanöver während eines gewagten Tests. Die Technik wird auf den nachfolgenden Seiten beschrieben.

126 C4

Motor: hinten längs eingeb.; Leichtmetalllegierung, V6, Zylinderwinkel 120°; Hubraum: 1496 ccm. *Bohrung x Hub:* 81 x 48,4 mm. Leistung (anfangs): 660 PS bei 11.000 U/min, Spezifische Leistung: 441,2 PS/Liter. *Ventilsteuerung:* zwei obenliegende Nockenwellen pro Zylinderreihe, vier schräg hängende Ventile pro Zylinder, Zahnräder. Elektronische Zündung mit kapazitiver Entladung. *Kraftstoffzufuhr:* Elektronische Einspritzung von Weber Marelli (später mechanische Einspritzung mit elektronischer Regulierung von Lucas). Aufladung mit zwei KKK-Turboladern; zwei Intercooler. *Schmierung:* Druck-Trockensumpfschmierung mit zwei Ölkühlern.
Antrieb: Hinterradantrieb. *Getriebe:* 5-Gang hinten quer eingeb. mit selbsttätigem Sperrdifferenzial.
Reifen: 25,0-9,0 x 13 v, 26,0-15,0 x 13 h.
Karosserie: Monoposto mit Karosserie aus Kohlenstoff-Verbundwerkstoffen. Selbsttragender Rahmen aus Kohlenstoff- und Kevlar-Verbundwerkstoffen. Vorderachse mit Querlenkern, Schraubenfedern und koaxialen innbords eingebauten, von „pull-rod" Zugstangen bewegten Teleskopstoßdämpfern, Kurvenstabilisator. Hinterachse mit Querlenkern und schrägem Pleuel, Schraubenfedern und koaxialen, innenliegenden Teleskopstoßdämpfern.
Kraftstofftank: hinter dem Fahrersitz (Inhalt: 220 Liter).
Bremsen: innenbelüftete Scheibenbremsen.
Lenkung: Zahnstangenlenkung.
Maße und Gewicht: *Radstand:* 2600 mm
Spur: 1768 mm v, 1680 mm h
Länge: 4115 mm, Breite (an den Reifen): 2125 mm, Höhe: 1080 mm
Gewicht fahrfertig: 540 kg
Fahrleistungen: *Höchstgeschwindigkeit:* 320 km/h
Verhältnis Gewicht/PS: 0,818 kg/PS

grenze einzuhalten, entwickelt Ferrari für den V6 mit 120° Neigungswinkel und zwei Turboladern neue Zylinderköpfe und Leitungen: Die Pleuel sowie die Nockenwelle werden leichter, die Einspritzung wird mittels Elektronik gesteuert (das vollständig elektronische System kommt von Weber-Marelli, es wird jedoch aus Gründen mangelnder Zuverlässigkeit durch das halbelektronische Lucas-Marelli-System ersetzt). Die Motorleistung steigt damit auf 660 PS, wobei der durchschnittliche Kraftstoffverbrauch unterhalb des vorgeschriebenen Limits (ca. 1,5 km/ Liter) liegt. Die Übertragung der Bremsleistung funktioniert bei den Kohlenstoffbremsen noch nicht dauerhaft zufrieden-

Links: Die aggressive Linie der äußerst sportlichen Berlinetta 288 GTO: Es wird nur eine limitierte Zahl von 272 Stück angefertigt

In die hinteren Seitenfenster und in die Seitenwände wurden Luftansaugkanäle eingebaut, die die beiden Turbolader (maximaler absoluter Luftdruck: 1,8 bar) versorgen und die jeweiligen Wärme-austauscher belüften.

Der Rahmen des 288 GTO ist ein Gitterrohrrahmen aus Stahl mit Strukturelementen aus Kohlenstoff. Die Karosserie besteht aus Leichtmetall-Legierungen.

Hier der Fahrersitz des 288 GTO; seine Chiffre entspricht dem legendären wie siegreichen Ferrari GT der Sechziger Jahre.

288 GTO

Motor: hinten längs eingebaut; Leichtmetalllegierung, V8, Zylinderwinkel 90°
Hubraum: 2855 ccm. Bohrung x Hub: 81 x 71 mm.
Leistung: 400 PS bei 7000 U/min, Spezifische *Leistung:* 140,1 PS/Liter.
Ventilsteuerung: zwei obenliegende Nockenwellen pro Zylinderreihe, zwei schräg hängende Ventile pro Zylinder, Zahnriemen.
Zündung: Elektronische Zündung (in die Kraftstoffzufuhr integriert).
Kraftstoffzufuhr: Elektronische Mehrfacheinspritzung mit zwei parallelen Anlagen von Marelli I.A.W. Aufladung mit zwei Turboladern IHI; zwei Intercooler.
Schmierung: Druck-Trockensumpfschmierung.
Antrieb: Hinterradantrieb.
Getriebe: 5-Gang längs eingeb. mit selbsttätigem Sperrdifferenzial unter dem Motor.
Reifen: 225/55 VR 16 v; 265/50 VR 16 h.
Karosserie: Berlinetta-Zweisitzer mit Karosserie aus Verbundwerkstoffen (Design Pininfarina); Gitterrohrrahmen; Vorder- und Hinterachse mit einstellbaren Doppelquerlenkern, Schraubenfedern, Kurvenstabilisator und koaxialen Teleskopstoßdämpfern.
Kraftstofftank: hinten, zweigeteilt (Inhalt: 120 Liter).
Bremsen: innenbelüftete Servo-Scheibenbremsen.
Lenkung: Zahnstangenlenkung.
Maße und Gewicht: *Radstand:* 2450 mm
Spur: 1559 mm v, 1562 mm h
Länge: 4290 mm, Breite: 1910 mm, Höhe: 1120 mm
Gewicht fahrfertig: 1160 kg
Fahrleistungen: *Höchstgeschwindigkeit:* 305 km/h
Verhältnis Gewicht/PS: 2,90 kg/PS

stellend, daher werden sie derzeit nur hin und wieder bei Qualifikationsläufen eingesetzt.

Eine durchwachsene Saison

An die Seite von René Arnoux kommt ein junger italienischer Pilot namens Michele Alboreto zu Ferrari. Mit seinen 27 Jahren kann er bereits auf zwei Siege im Rennstall von Tyrrell zurückblicken (einer davon war der letzte mit den legendären V8-Cowsworth-Saugmotoren errungene Sieg). Der 126 C4 erweist sich in seiner Leistung als konkurrenzfähig, ist allerdings nicht sehr zuverlässig. Beim Großen Preis von Brasilien liegt Alboreto elf Runden lang in Führung, dann wird er wegen Problemen an den Bremsen zum Stopp gezwungen. Kurz darauf hat sein Teamkollege Arnoux Probleme mit dem Motor. In Südafrika ist kein Erfolg zu verbuchen, doch im belgischen Zolder erfüllt sich schließlich ein sehnlicher Wunsch: Alboreto gewinnt seinen ersten Grand Prix als Ferrari-Pilot. Doch danach warten nur wenige Platzierungen, dafür aber sieben Ausfälle auf ihn. Arnoux ergeht es noch schlechter. Außerdem gehört diese Saison ohnehin ganz dem McLaren TAG Porsche Turbo mit den Piloten Lauda und Prost – sie beherrschen die gesamte Saison und belegen die Plätze Eins und Zwei mit nur einem halben Punkt Abstand. Alboreto ist Vierter, Arnoux Sechster. Ferrari belegt bei den Konstrukteurs-

Der Motor des Testarossa ist der gleiche Zwölfzylinder-Flachmotor (4942 ccm) der letzten BBi-Version (mit Einspritzung), doch durch die neuen Zylinderköpfe mit vier Ventilen pro Zylinder stieg die Leistung von 340 auf 390 PS.

Eine interessante Neuerung: Die Kühler befinden sich in den Seitenwänden hinter dem Fahrerraum; sie werden von den mit einem langen, horizontalen Kühlergrill versehenen Luftansaugungen belüftet, die den Stil des Testarossa prägen.

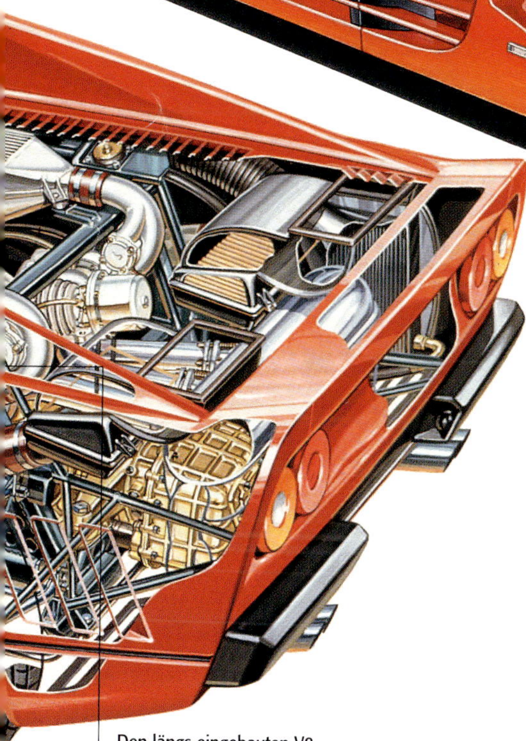

Den längs eingebauten V8-Heckmotor mit 90° Zylinderwinkel hat man zur optimalen Verteilung des Gewichts so weit wie möglich nach vorne verlegt. Das 5-Gang-Getriebe ist ebenfalls längs eingebaut.

weltmeisterschaften Platz Zwei, allerdings mit großem Rückstand auf McLaren.

Große Comebacks

Bei den Ferrari Straßenwagen gibt es viel Innovatives zu vermelden. Der BB (Berlinetta Boxer) schließt seine erfolgreiche Laufbahn ab (zwischen 1973 und 1984 wurden 2323 Stück in den Versionen 365 und 512 produziert). Er wird nun zu einem neuen Modell weiterentwickelt, das den ruhmreichen Namen der Sportwagen aus den Fünfziger Jahren wieder aufgreift: Testarossa. Die brandneue, von Pininfarina entworfene und gebaute Karosserie mit einem großen Anteil an Aluminium vereint aerodynamische Funktionalität mit einer keilförmigen Linie von atemberaubender Ästhetik, die Kraft und Eleganz ausdrückt. Der Wagen debütiert im Oktober auf dem Pariser Autosalon und feiert dort einen absoluten Triumph. Der Zwölfzylinder-Heckmotor hat noch einen Hubraum von 4943 ccm, doch seine Ventilsteuerung und die Kühlung wurden modifiziert. Die Leistung beträgt 390 PS bei einer Höchstgeschwindigkeit von 290 km/h. Doch der Testarossa ist nicht die einzige Neuigkeit des Jahres. Ferrari stellt seine neuesten technologischen Errungenschaften zur Schau: Auch der 288 GTO wird erstmals präsentiert, eine Berlinetta von extremer Sportlichkeit, die bei Sammlern und Liebhabern sofort Kultstatus erreicht. Und so ist es kein Zufall, dass der Wagen ebenfalls die Abkürzung GTO wie der legendäre, bei Straßenrennen eingesetzte Gran Turismo trägt, der in seiner Klasse die Weltmeisterschaften 1962 bis 1964 gewann. Die Zahl 288 bezieht sich auf den Hubraum (2855 ccm) des längs eingebauten V8-Heckmotors. Mit zwei Turboladern kommt er auf eine Leistung von 400 PS. Die Rahmenstruktur besteht teils aus Stahl, teils aus Kohlenstoff, die von Pininfarina entworfene Karosserie aus synthetischen Leichtmaterialien (das Verhältnis Gewicht /Leistung des Wagens liegt bei nur 2,9 kg/PS). Dieser neue GTO wird bis 1986 in einer limitierten Auflage von 272 Exemplaren produziert.

Oben: Aus einem Guss: Der Testarossa mit seinen charakteristischen seitlichen Lufteinlässen. Diese dienen in erster Linie dazu, den Bremsen Luft zuzufächeln.

Auf den folgenden Seiten: Gruppenbild mit Ferrari: Vorn der 126 C4 von Michele Alboreto beim GP von Großbritannien in Brands Hatch, dahinter, mit der Nummer 28, Arnoux. Beide Ferrari beenden das Rennen, der eine auf dem fünften, der andere auf dem sechsten Platz.

GOODYEAR

GOODYEAR
LONGINES
Agip
27
GOODYEAR

1985 Zerronnener Traum von der WM

Michele Alboreto mit dem 156/85 bei Großen Preis von Italien in Monza. Hier beginnt sich für ihn und seinen Ferrari der Traum vom Weltmeistertitel in Luft aufzulösen. Der Ferrari scheidet – ebenso wie bei den vier folgenden Rennen – vorzeitig aus.

156/85
Motor: hinten längs eingeb.; Leichtmetalllegierung, V6, Zylinderwinkel 120°
Hubraum: 1496 ccm. Bohrung x Hub: 81 x 48,4 mm. Leistung: 780 PS bei 11.000 U/min, Spezifische *Leistung:* 521,4 PS/Liter. *Ventilsteuerung:* zwei obenliegende Nockenwellen pro Zylinderreihe, zwei schräg hängende Ventile pro Zylinder, Zahnräder. *Zündung:* Elektronische Zündung mit kapazitiver Entladung. *Kraftstoffzufuhr:* Elektronische Einspritzung von Weber Marelli. Abgas-Turboaufladung mit zwei KKK-Turboladern; zwei Intercooler. *Schmierung:* Druck-Trockensumpfschmierung mit zwei Ölkühlern.
Antrieb: Hinterradantrieb.
Getriebe: 5-Gang hinten quer eingeb. mit selbsttätigem Sperrdifferenzial.
Reifen: 25,0-10,0 x 13 v, 26,0-15,0 x 13 h.
Karosserie: Monoposto mit Karosserie aus Kohlenstoff-Verbundwerkstoffen. Selbsttragender Rahmen aus Kohlenstoff- und Kevlar-Verbundwerkstoffen. Vorderachse mit Querlenkern, Schraubenfedern und von „pull-rod" Zugstangen bewegten, innenliegenden Teleskopstoßdämpfern, Kurvenstabilisator. Hinterachse mit Querlenkern und schrägen Zugstangen, Schraubenfedern und innenliegenden. koaxialen Teleskopstoßdämpfern.
Kraftstofftank: hinter dem Fahrersitz (Inhalt: 220 Liter).
Bremsen: innenbelüftete Kohlenstoff-Scheibenbremsen.
Lenkung: Zahnstangenlenkung.
Maße und Gewicht: *Radstand:* 2762 mm
Spur: 1797 mm v, 1663 mm h. *Länge:* 4292 mm, Breite (an den Reifen): 2135 mm, Höhe: 1080 mm
Gewicht fahrfertig: 548 kg
Fahrleistungen: *Höchstgeschwindigkeit:* 330 km/h
Verhältnis Gewicht/PS: 0,702 kg/PS

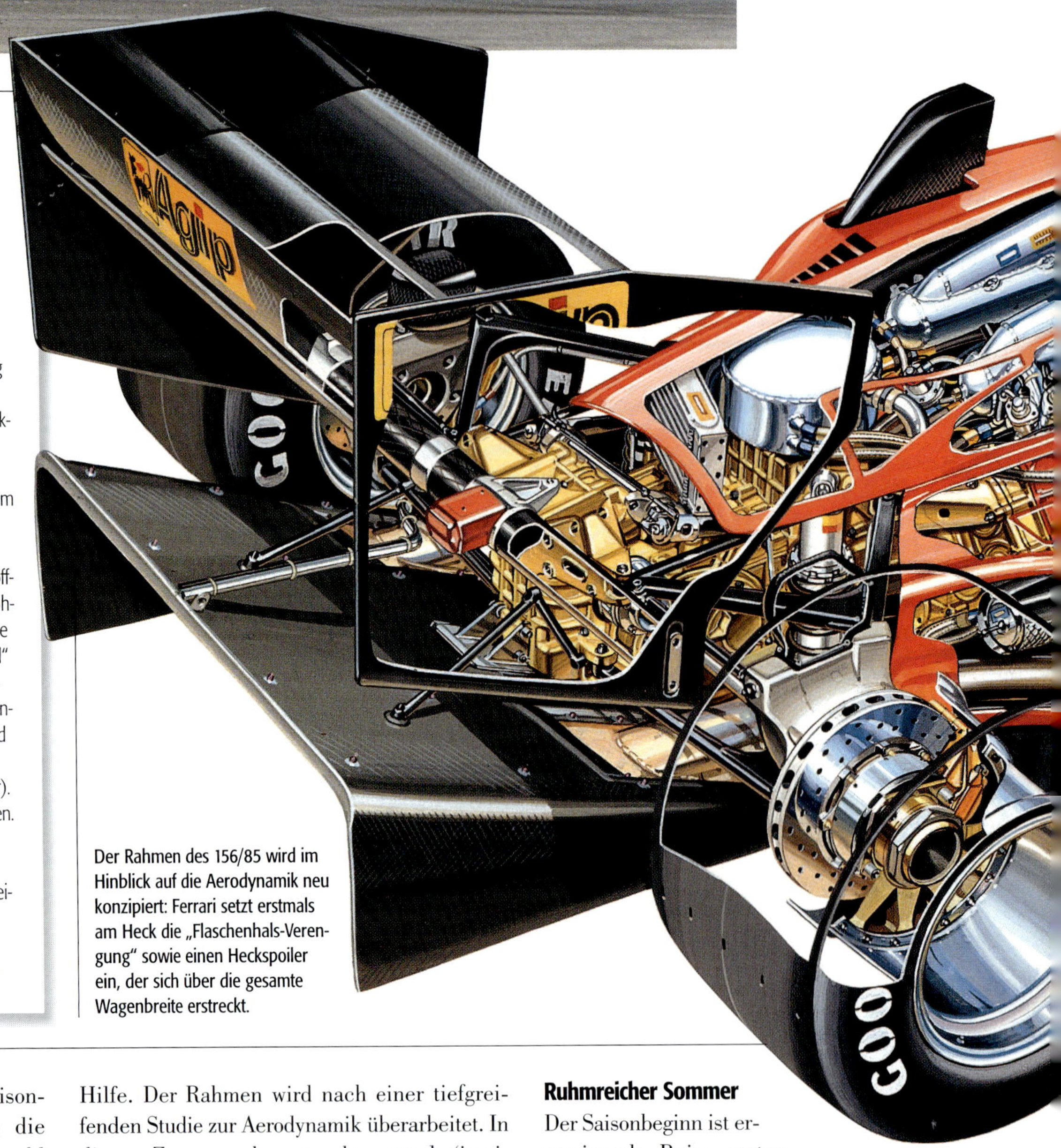

Der Rahmen des 156/85 wird im Hinblick auf die Aerodynamik neu konzipiert: Ferrari setzt erstmals am Heck die „Flaschenhals-Verengung" sowie einen Heckspoiler ein, der sich über die gesamte Wagenbreite erstreckt.

a Ferrari kämpft sich in der ersten Saisonhälfte wieder nach vorne, doch die Niederlage folgt auf dem Fuße. Sowohl die Erfolge als auch die Rückschläge gehen auf das Konto des Modells 156/85. Die neue Bezeichnung (die sich auf den Hubraum, sechs Zylinder und die Jahresszahl bezieht) steht auch für die technische Weiterentwicklung im Vergleich zur 126 C-Serie: So werden sowohl die Struktur als auch die Form des selbsttragenden Rahmens und der Karosserie neu konzipiert. Erstmalig nimmt man dazu ein computergesteuertes Rechen-, Planungs- und Umsetzungsprogramm (CAD/CAM) in Zusammenarbeit mit der Luftfahrtindustrie (Aermacchi) zu Hilfe. Der Rahmen wird nach einer tiefgreifenden Studie zur Aerodynamik überarbeitet. In diesem Zusammenhang taucht erstmals (in einem Ferrari) die „Flaschenhals-Verengung" der hinteren Seitenwände auf, um dadurch die Wirksamkeit des Heckflügels zu optimieren, der sich wesentlich stärker als bisher verbreitert. Die Position des Motors wird der Aerodynamik angepasst, wobei die Auspuffrohre und die beidseitigen KKK-Turbolader nach hinten und die Ansaugtrichter noch oben in die Mitte des V versetzt werden, dessen 120°-Neigungswinkel man beibehält. Die Motorleistung steigt auf 780 PS im Rennen und auf 830 PS bei den Qualifikationsläufen.

Ruhmreicher Sommer

Der Saisonbeginn ist ermutigend: Beim ersten Grand Prix (Brasilien) belegt Michele Alboreto hinter dem siegreichen McLaren TAG Porsche von Alain Prost Platz zwei, nachdem er zunächst acht Runden in Führung lag. René Arnoux hingegen wird zweimal überrundet. Enzo Ferrari hält den Piloten inzwischen für unmotiviert und ersetzt ihn durch Stefan Johansson. Alboreto fährt noch einen Sieg in Kanada (Doppelsieg mit Johansson) sowie einen weiteren in Deutschland (auf dem neuen Nürburgring) ein. Außerdem holt er diverse Platzierungen. Ab dem 16. Juni führt er die Weltmeisterschafts-

F1 Weltmeisterschaft der Fahrer
1. Alain Prost auf *McLaren Porsche*
2. Michele Alboreto auf einem *Ferrari 156/85*
3. Keke Rosberg auf *Williams Honda*
7. Stefan Johansson auf einem *Ferrari 156/85*
17. René Arnoux auf einem *Ferrari 156/85*

F1 Weltmeisterschaft der Konstrukteure
1. McLaren Porsche
2. Ferrari
3. Williams Honda

F1 Grand Prix
Kanada, Montréal
1. Michele Alboreto auf einem *156/85*
Deutschland, Nürburgring
1. Michele Alboreto auf einem 156/85

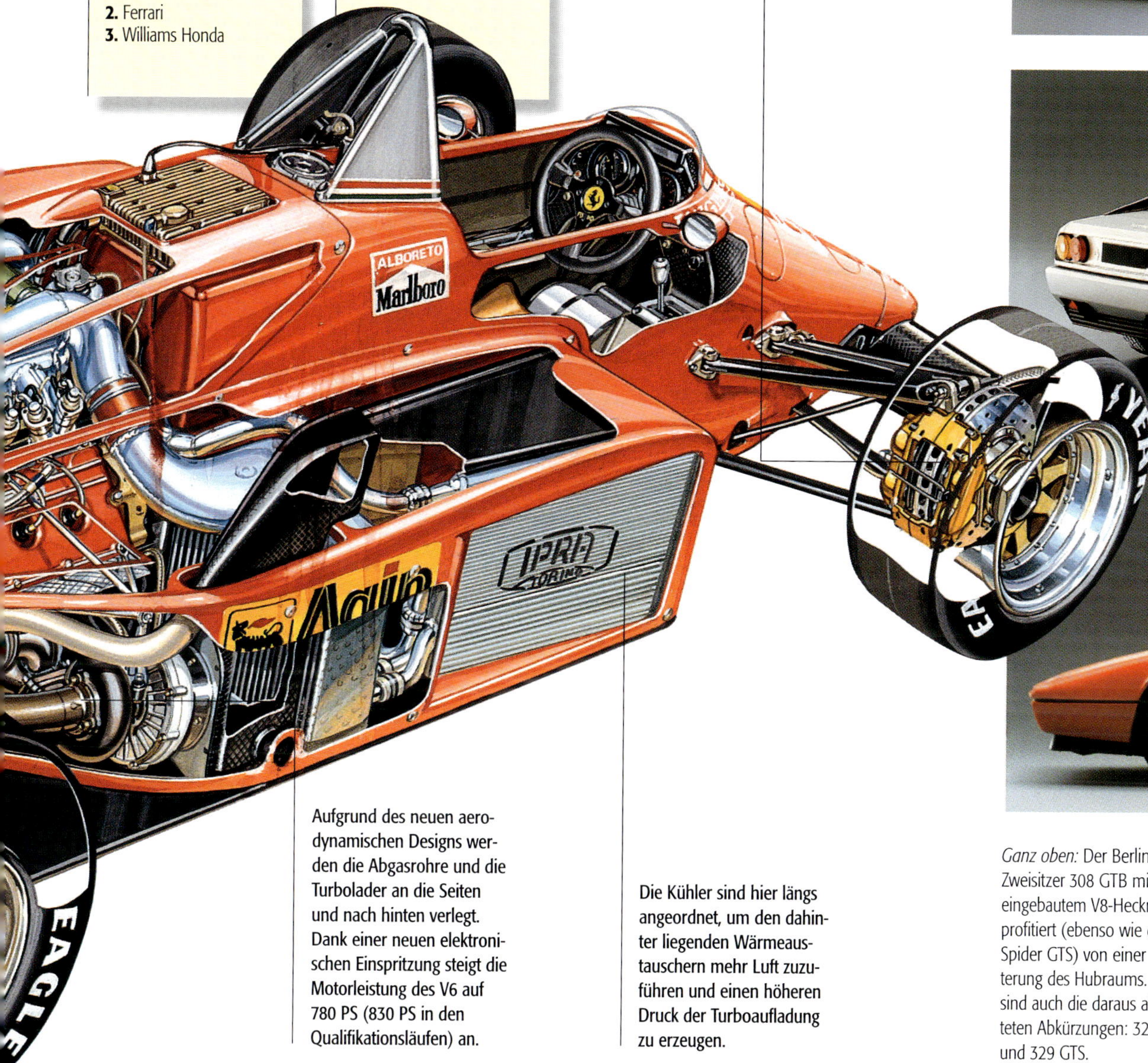

Nach dem versuchsweisen und sporadischen (bei den Qualifikationsläufen) Einsatz in den vergangenen Jahren führt nun auch Ferrari endgültig die Kohlenstoff-Scheibenbremsen mit Titanbelägen ein.

Aufgrund des neuen aerodynamischen Designs werden die Abgasrohre und die Turbolader an die Seiten und nach hinten verlegt. Dank einer neuen elektronischen Einspritzung steigt die Motorleistung des V6 auf 780 PS (830 PS in den Qualifikationsläufen) an.

Die Kühler sind hier längs angeordnet, um den dahinter liegenden Wärmeaustauschern mehr Luft zuzuführen und einen höheren Druck der Turboaufladung zu erzeugen.

Ganz oben: Der Berlinetta Zweisitzer 308 GTB mit quer eingebautem V8-Heckmotor profitiert (ebenso wie der Spider GTS) von einer Erweiterung des Hubraums. Neu sind auch die daraus abgeleiteten Abkürzungen: 328 GTB und 329 GTS.

Mitte: Auch die Berlinetta Mondial 8 Quattrovalvole erhält mehr Hubraum (3184 ccm) und Leistung (240 PS). An der Wagenfront werden stilistische Änderungen vorgenommen. Neu ist auch die Bezeichnung: Mondial 3.2.

Oben: Die offene Version des Mondial erhält die Bezeichnung Mondial 3.2 Cabriolet mit gleicher Vergrößerung von Hubraum und Motorleistung. Die neuen Mondial 3.2 sind zudem mit einem Mehr an Komfort ausgestattet.

klassifizierung an und behält diese Führungsposition bis zum 18. August bei. Es scheint, dass endlich ein weiterer italienischer Fahrer nach Alberto Ascari in der Lage ist, den Weltmeistertitel zu holen. Doch wegen Fehlern im Team bleibt der Traum leider nur ein Traum. Auch reagiert der Rahmen des 156/85 auf einigen Strecken nervös. Daraufhin versuchen sich die Techniker an riskanten Lösungen und treiben die Motorleistung in extreme Höhen. Das Ergebnis: Alboreto bleibt bei den letzten fünf Rennen auf der Strecke.

Neuer Produktionsrekord

Die Produktion der Ferrari Gran Turismo Straßenwagen überschreitet die neue Höchstmarke von 3000 ausgelieferten Wagen (3119) pro Jahr. 1979, also sechs Jahre davor, wurde erst die 2000er-Marke überschritten.
Es werden in diesem Jahr keine neuen Modelle vorgestellt, sondern nur Änderungen an der bestehenden Produktpalette vorgenommen. Die Berlinetta sowie der Spider 308 GTB und GTS, die Zugpferde der Ferrari-Produktion in den letzten zehn Jahren (12.000 Stück seit 1975), werden nun mit einem quer eingebauten V8 Heckmotor mit einem auf 3185 ccm erweiterten Hubraum sowie einer von 250 auf 270 PS gesteigerten Motorleistung ausgestattet. (Höchstgeschwindigkeit 263 km/h): Sie erhalten die neuen Bezeichnungen 328 GTB und 328 GTS. Auch beim Mondial, der viersitzigen. Berlinetta bzw. dem Cabriolet, wird der Hubraum in gleichem Maße erweitert (3185 ccm) und auch die Motorleistung erhöht (von 240 auf 270 PS). Die neue Bezeichnung lautet Mondial 3.2. Auf dem Genfer Autosalon präsentiert Ferrari zudem die endgültige Version der 400er-Serie: Man hat bei dem leistungsstarken Viersitzer mit traditionellem Frontmotor den Hubraum des V12 mit 60° Neigungswinkel leicht erweitert (4943 ccm). Die Motorleistung bleibt dabei unverändert (340 PS), doch das Handling des Wagens hat sich deutlich verbessert. Der Wagen trägt nun die Bezeichnung 412.

1986 Enorme Power

Oben: Alboreto mit dem F1/86 in Monte-Carlo, wo er ausscheidet... Die beiden Ferrari bleiben bei 50 Prozent der Rennen auf der Strecke, was erstaunlicherweise an dem zu starken Motor (850-1000 PS) liegt.

Stefan Johansson mit dem F1/86 beim Großen Preis von Belgien: Er wird Dritter (Alboreto belegt Platz vier). Der Rahmen des neuen F1/86 ist 160 mm niedriger als sein Vorläufer, woraus sich Vorteile für die Aerodynamik und den Schwerpunkt ergeben.

Auf der ganzen Welt wird der hundertste Geburtstag des Automobils gefeiert. Doch für Ferrari gibt es zumindest bei der Formel 1 keinen Grund, sich zu freuen. Ende 1984 hat Mauro Forghieri nach 23 Jahren die technische Leitung abgegeben und ist in den Bereich Forschung gewechselt. Als Konstruktionschef wurde er von Harvey Postlethwaite abgelöst, doch die Stimmung in der Scuderia ist von Rivalitäten und Spannungen geprägt, die an den Misserfolgen von 1985 nicht ganz unschuldig sind. Nun überarbeitet Postlethwaite den 156/85 und verbessert die Aerodynamik, die Radaufhängungen sowie das Gewicht: Der neue Monoposto mit der Bezeichnung F1/86 hat allerdings trotzdem keinen sehr wettbewerbsfähigen Rahmen, der den enormen Motorleistungen des V6 mit zwei Turboladern (850 PS im Rennen, 1000 PS bei den Qualifikationsläufen) standhalten könnte. Und dies, obwohl das neue Reglement den maximalen Inhalt des Tanks sowie die Höchstmenge an Kraftstoff pro Grand Prix von 220 auf 195 Liter herabgesetzt hat.

Häufige Defekte

Der F1/86 stellt beim Großen Preis von Frankreich in Castellet einen Geschwindigkeitsrekord (342 km/h) auf, ist allerdings in den Kurven nicht sehr effizient, da er Mängel bei der Aerodynamik und der Motorik aufweist, die mit einer fragwürdigen Zuverlässigkeit einhergehen. Die beiden Fahrer werden oft durch mechanische Defekte ausgebremst und erzielen dadurch nur hier und da eine Platzierung: Bei der Weltmeisterschaft der Fahrer wird Stefan Johansson am Ende Fünfter, Michele Alboreto belegt nur Platz Zehn. Der Titel geht an Alain Prost auf McLaren. Bei den Konstrukteursweltmeisterschaften belegt Ferrari Platz Vier, das Championat geht an Williams und deren starken Honda-Turbomotor.

F1 Weltmeisterschaft der Fahrer
1. Alain Prost auf *McLaren*
2. Nigel Mansell auf *Williams*
3. Nelson Piquet auf *Williams*
5. Stefan Johansson auf einem *Ferrari F1/86*
10. Michele Alboreto auf einem *Ferrari F1/86*

F1 Weltmeisterschaft der Konstrukteure
1. Williams
2. McLaren
3. Lotus
4. Ferrari

Für die Motorkühlung ist ein Frontkühler zuständig. Die vom Turbo komprimierte Luft wird hingegen von einem leistungsstarken Wärmeaustauscher gekühlt, der sich direkt oberhalb des Motors befindet.

Der GTB Turbo hat eine zweite Luftansaugung Typ NACA, die an der Unterseite der Seitenwände geöffnet ist, um den Turbolader besser zu versorgen; dieses stilistische Element unterscheidet ihn vom 328 GTB.

Die neue Berlinetta GTB Turbo (2-Liter V8-Motor) wird zusammen mit dem GTS Turbo auf dem Turiner Autosalon präsentiert. Die Karosserien sind mit denen des 328 GTB und GTS fast identisch.

GTB Turbo – GTS Turbo

Motor: hinten quer eingeb. Leichtmetalllegierung, V8, Zylinderwinkel 90°. *Hubraum:* 1991 ccm. Bohrung x Hub: 66,8 x 71 mm. *Leistung:* 254 PS bei 6500 U/min, Spezifische Leistung: 127,6 PS/Liter. Ventilsteuerung: zwei obenliegende Nockenwellen pro Zylinderreihe, zwei schräg hängende Ventile pro Zylinder, Zahnriemen
Zündung: Elektronische Digitalzündung (mit Zündzeitpunktsensor). *Kraftstoffzufuhr:* Mechanische Mehrfacheinspritzung mit elektronischer Regulierung Bosch K-Jetronic. Abgasaufladung mit einem Turbolader IHI und Luft/Wasser Intercooler
Schmierung: Druck-Trockensumpfschmierung
Antrieb: Hinterradantrieb. *Getriebe:* 5-Gang mit selbsttätigem Sperrdifferenzial unter dem Motor.
Reifen: 205/55 VR 16 v; 225/50 VR 16 h.
Karosserie: Berlinetta-Zweisitzer mit Stahlkarosserie (Pininfarina); Gitterrohrrahmen; Vorder- und Hinterachse mit einstellbaren Doppelquerlenkern, Schraubenfedern, Kurvenstabilisator und koaxialen Teleskopstoßdämpfern. *Kraftstofftank:* hinten, zweigeteilt (Inhalt: 74 Liter).
Bremsen: innenbelüftete Servo-Scheibenbremsen.
Lenkung: Zahnstangenlenkung
Maße und Gewicht: *Radstand:* 2350 mm. *Spur:* 1485 mm v, 1465 mm h. *Länge:* 4255 mm, Breite: 1730 mm, Höhe: 1128 mm. *Gewicht fahrfertig:* 1265 kg (GTS Turbo: 1275kg)
Fahrleistungen: *Höchstgeschwindigkeit:* 253 km/h
Verhältnis Gewicht/PS: 4,98 kg/PS
(GTS Turbo 5,01 kg/PS

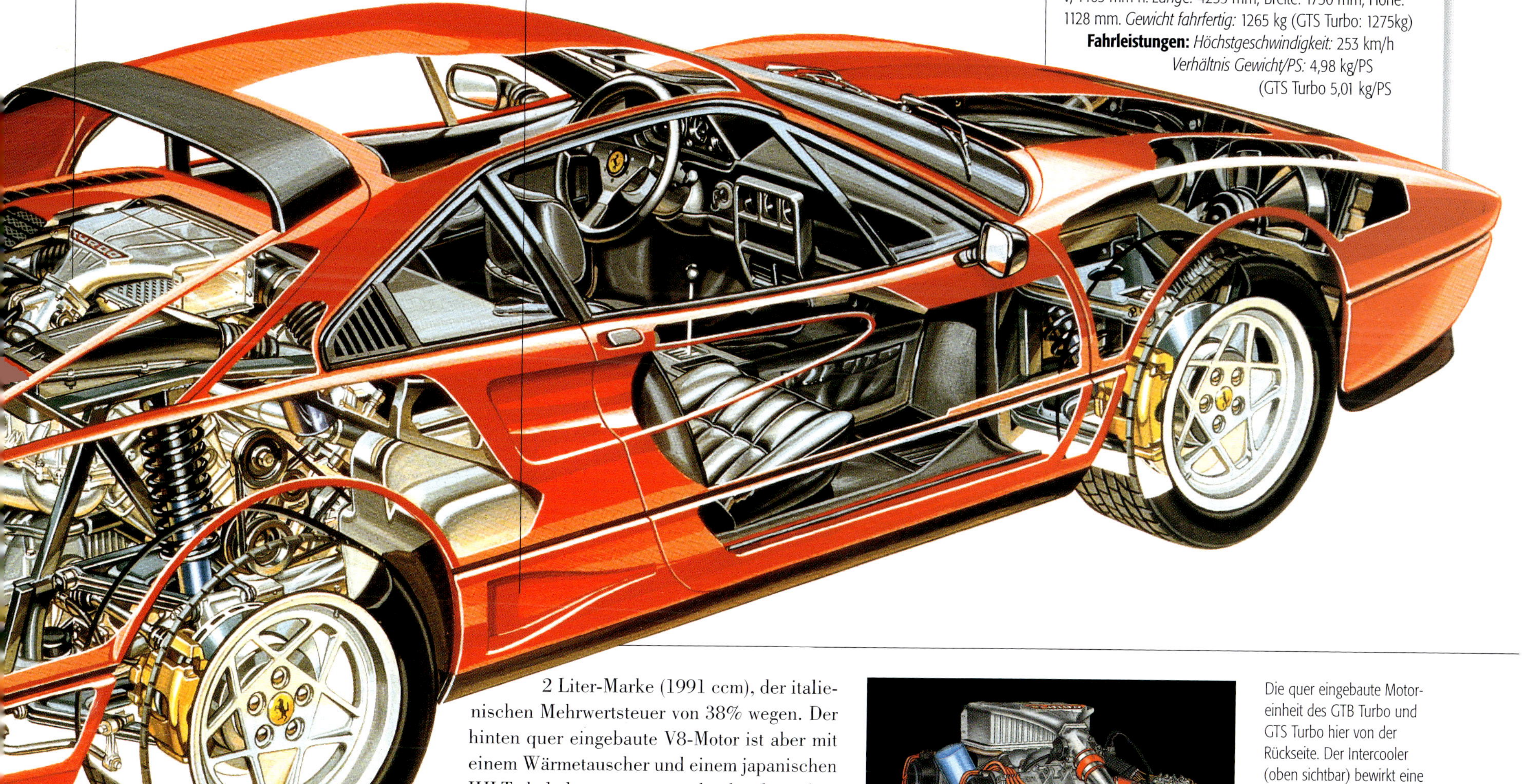

Schnellere Pferde:

Neue Bezeichnungen tauchen bei den Gran Turismo Serienwagen auf: GTB Turbo und GTS Turbo. Dies sind die neuen, weiterentwickelten und leistungsstärkeren Versionen der 208 Turbo Berlinetta und Spider aus dem Jahr 1982. Der Hubraum unterschreitet nach wie vor die 2 Liter-Marke (1991 ccm), der italienischen Mehrwertsteuer von 38% wegen. Der hinten quer eingebaute V8-Motor ist aber mit einem Wärmetauscher und einem japanischen IHI Turbolader ausgestattet, der den deutschen KKK ersetzt: Es werden dadurch die Leistungswerte (16% höher, bei 254 PS), vor allem aber die Drehmomente (plus 37%) erhöht. Die Höchstgeschwindigkeit steigt von 242 auf 253 km/h an. Dank des hervorragenden, vom Turbolader verstärkten Drehmoments können sich die Leistungen bei der Beschleunigung mit denen der „Artverwandten" 328 GTB und GTS mit 3,2-Liter Saugmotor und vier Ventilen messen.

Die quer eingebaute Motoreinheit des GTB Turbo und GTS Turbo hier von der Rückseite. Der Intercooler (oben sichtbar) bewirkt eine deutliche Steigerung der Motorleistung. Der Übergang vom KKK-Lader zum japanischen IHI reduziert die Übertragungsverzögerungen („Turboloch").

1987 Ferrari wird 40

F1/87

Motor: hinten längs eingebaut, Zylinderblock aus Gusseisen, Zylinderköpfe aus Leichtmetalllegierung, V6 Zylinderwinkel 90°. *Hubraum:* 1496 ccm. Bohrung x Hub: 81 x 48,4 mm. Leistung: 880 PS bei 11.5000 U/min, Spezifische *Leistung:* 588,2 PS/Liter. *Ventilsteuerung:* zwei obenliegende Nockenwellen pro Zylinderreihe, vier schräg hängende Ventile pro Zylinder, Zahnräder. *Zündung:* Elektronische Zündung mit kontaktloser Hochspannungsverteilung. *Kraftstoffzufuhr:* Elektronische Einspritzung (zwei Einspritzventile pro Zylinder) von Weber Marelli. Abgasaufladung mit zwei Turboladern von Garrett, zwei Intercooler.
Schmierung: Druck-Trockensumpfschmierung.
Antrieb: Hinterradantrieb
Getriebe: 5-Gang längs eingeb. mit selbsttätigem Sperrdifferenzial unter dem Motor.
Reifen: 25,0-10,0 x 13 v; 26,0-15,0 x 13 h.
Karosserie: Monoposto mit Karosserie aus Kohlenstoff-Verbundwerkstoffen. Selbsttragender Rahmen aus Kohlenstoff- und Kevlar-Verbundwerkstoffen. Vorderachse mit Querlenkern, Schraubenfedern und von „pull-rod" Zugstangen bewegten innenliegenden Teleskopstoßdämpfern, Kurvenstabilisator. Hinterachse mit Querlenkern, Schraubenfedern und innenliegenden koaxialen Teleskopstoßdämpfern.
Kraftstofftank: hinter dem Fahrersitz (Fassungsvermögen: 195 Liter).
Bremsen: innenbelüftete Kohlenstoff-Scheibenbremsen.
Lenkung: Zahnstangenlenkung.
Maße und Gewicht:
Radstand: 2800 mm
Spur: 1791 mm v, 1673 mm h
Länge: 4280 mm, Breite (an den Reifen): 2120 mm, Höhe: 1030 mm
Gewicht fahrfertig: 542 kg
Fahrleistungen:
Verhältnis Gewicht/PS: 0,615 kg/PS

Neben den technischen Problemen, die die Wettbewerbsfähigkeit des F1/87 beinahe über die Saison hinweg einschränken, treten Defekte und übermäßige Abnutzungserscheinungen bei den Bremsen auf (vor allem in Imola und in Detroit).

Es findet eine Revolution im Team statt. Das Unternehmen des Cavallino rampante feiert seinen 40. Geburtstag, doch sein Begründer Enzo Ferrari ist bereits 89 Jahre alt und seine Gesundheit ermöglicht es ihm nicht mehr, die Zügel der Firma fest in der Hand zu halten. Für die Formel 1 stellt er deshalb den englischen Ingenieur John Barnard ein, der technische Genius, der McLaren an die Spitze brachte. Ihm übergibt Enzo Ferrari die technische Leitung, um damit dem konfusen Organigramm im Hause wieder eine hierarchische Struktur zu verleihen. Doch diese Strategie funktioniert nur zur Hälfte, denn Barnard bedingt sich aus, in England zu arbeiten. Ferrari richtet für ihn deshalb ein neues Technologiezentrum, das Centro GTO, in Guildford ein. Das technische Team in Maranello verliert dadurch, da ohne direkte Führung, an Struktur, was sich in internen Rivalitäten manifestiert.

Der neue Monoposto F1/87, der beim Einstieg von Barnard bereits so gut wie fertiggestellt ist, hat viele geistige Väter: Der Entwurf stammt von Gustav Brunner, der Karosseriekörper von Postlethwaite, die Aerodynamik von Jean-Claude Migeot und der Motor wurde von Jean-Jacques His entwickelt, der einst bei Renault arbeitete. Die Fortschritte in den einzelnen Bereichen sind allerdings bemerkenswert. Der V6 mit zwei Turboladern und einem Hubraum von 1496 ccm hat einen Zylinderblock aus Gusseisen für höhere Festigkeit. Der Zylinderwinkel wurde von 120° auf 90° verringert, um die aerodynamische Effizienz des Autos mittels eines noch schmaler zulaufenden Hecks zu verstärken. Um die Karosserie am Heck noch schlanker zu gestalten, kehrt Ferrari nach zwölf Jahren vom quer zum längs eingebauten Getriebe zurück. Eine neue Verordnung schreibt indes bei den Tur-

Gerhard Berger ersetzt Johansson am Steuer des F1/87 Nr. 28 und gewinnt die letzten beiden Grands Prix. Im Verlauf der Saison scheiden die Ferrari allerdings bei 60% aller Rennen aus.

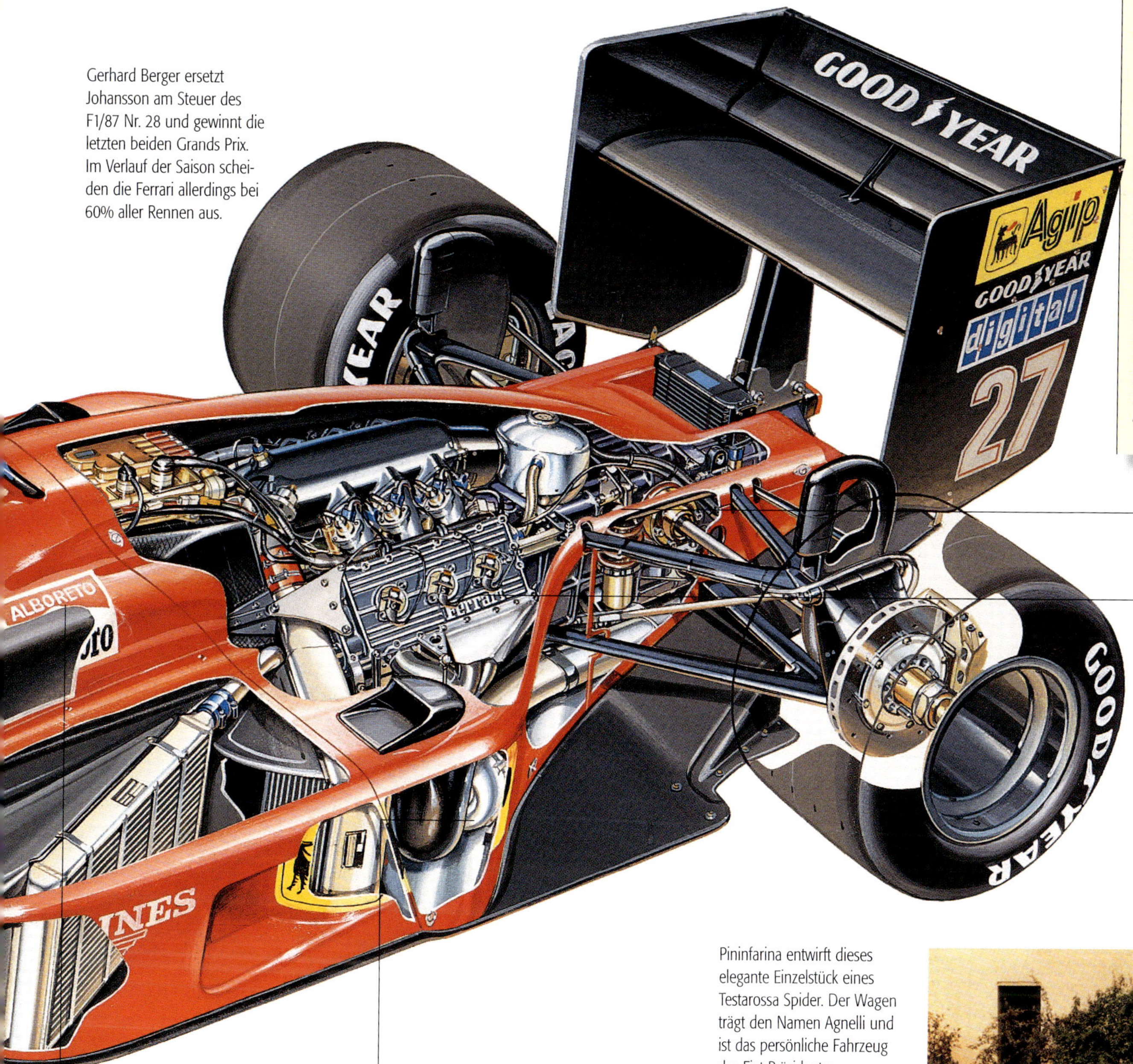

F1 Weltmeisterschaft der Fahrer
1. Nelson Piquet auf *Williams Honda*
2. Nigel Mansell auf *Williams Honda*
3. Ayrton Senna auf *Lotus Renault*
5. Gerhard Berger auf einem *Ferrari F1/87*
7. Michele Alboreto auf einem *Ferrari F1/87*

F1 Weltmeisterschaft der Konstrukteure
1. Williams Honda
2. McLaren Porsche
3. Lotus Renault
4. Ferrari

F1 Grand Prix
Japan, Suzuki
1. Gerhard Berger auf einem *F1/87*
Australien, Adelaide
1. Gerhard Berger auf einem *F1/87*

Um die Karosserie am Heck deutlich verengen zu können, wird das Getriebe nicht mehr quer sondern längs eingebaut.
Die enorme Motorleistung (880-950 PS) führt dazu, dass einige Verbindungsstücke der Achswellen brechen.

Der V6-Motor mit zwei Turboladern hat einen neuen Zylinderblock aus Gusseisen mit einem von 120° auf 90° verengten Zylinderwinkel, um die Aerodynamik im Heckbereich zu verbessern.

Auch das elektronische Management verursacht oftmals Motorpannen, wenn die Übertragungen durch die starken Vibrationen, denen sie ausgesetzt sind, gestört werden.

So mancher Ausfall ist auf einen Bruch der Turboschaufeln oder der Verbindungsachse zwischen den Laufrädern aufgrund zu hoher Temperaturen zurückzuführen (1100° C).

Pininfarina entwirft dieses elegante Einzelstück eines Testarossa Spider. Der Wagen trägt den Namen Agnelli und ist das persönliche Fahrzeug des Fiat-Präsidenten.

Ein weiteres Ferrari-Einzelstück, die Berlinetta PPG des I.De.A., dem die ruhmreiche Rolle des „Pace Car" bei einem der berühmtesten Rennen der Welt zukommt, dem 500 Meilen-Rennen von Indianapolis.

bomotoren ein so genanntes „offizielles" Ventil vor, das zur Versiegelung dient und für alle Wagen einheitlich ist. Dieses Ventil begrenzt den Abgasaufladungsdruck auf 4 bar. Damit soll die Höchstleistung des Motors bei den Qualifikationsläufen auf 950 PS beschränkt werden (davor war sie in manchen Fällen auf 1200 PS angestiegen), während die Leistung des Ferrari V6 noch bis zu 880 PS betragen darf, wenn nur das Limit des Benzinverbrauchs eingehalten wird.

Verspätete Siege

Nach dem Ausscheiden von Stefan Johansson wird Alboreto ein starker, von Barnard favorisierter Fahrer zur Seite gestellt, der Österreicher Gerhard Berger. Die ersten Rennen bringen dem F1/87 vier nicht allzu brillante Platzierungen. Der ganze Sommer verläuft ziemlich erfolglos. Barnard versucht, noch etwas zu retten, indem er Veränderungen an den Radaufhängungen vornimmt und den Konstrukteur Gustav Brunner entlässt, der irritiert das Feld räumt. Im Herbst zeitigt die Weiterentwicklung bei Ferrari erste Ergebnisse (unter anderem eine Pole Position durch Berger in Portugal), bis der Österreicher schließlich bei den letzten beiden Grands Prix in Japan und Australien gewinnt. Doch zu spät: Berger wird bei der Weltmeisterschaft der Fahrer nur Fünfter, Alboreto belegt Platz Sieben, während Ferrari bei

Der F40 (oben), der Jubiläumswagen zum 40-jährigen Bestehen des Unternehmens, ist der schnellste Straßenwagen der Welt. Er bringt es auf eine Höchstgeschwindigkeit von 324 km/h und auf eine Beschleunigung von 0 auf 100 km/h in nur 4,5 Sekunden.

der Weltmeisterschaft der Konstrukteure auf Platz Vier kommt. Das Jahr ist ohnehin das Jahr des Triumphes für Nelson Piquet und Nigel Mansell auf ihren Williams mit Honda-Turbomotor und den wirksamen aktiven, elektronisch gesteuerten Aufhängungen, deren Entwicklung man ganze sieben Jahre gewidmet hat. Ferrari hingegen war aufgrund der instabilen Firmenstruktur nicht in der Lage diese Art von Aufhängungen zu testen.

Ein Flitzer zum Geburtstag

Um das vierzigjährige Jubiläum des Unternehmens (1947-1987) gebührend zu feiern, beginnt Enzo Ferrari in diesem Jahr mit der Produktion einer limitierten Stückzahl eines besonders schnellen Ferrari-Sondermodells, das den leidenschaftlichsten Ferrari-Anhängern gewidmet ist. Er nennt ihn F40, das F steht natürlich für Ferrari, die Zahl 40 für das Jubiläum. Enzo Ferrari präsentiert ihn persönlich am 12. Juli in Maranello und bezeichnet ihn „als Sportwagen, der in die Fußstapfen des 250 GTO und des Le Mans tritt", da er die ideale Mischung zwischen einem Rennwagen und einem Gran Turismo-Straßenwagen darstellt. Der F40 hat einen Gitterrohrrahmen, der durch eine Klebverbindung mit Platten aus Verbundwerkstoffen (Kohlenstoff und Kevlar) verstärkt wird, aus denen sich die Karosserie und der Fahrerraum zusammensetzen.

Die Aufhängungen sind in drei Stufen höhenverstellbar: Die niedrigste Stufe ist Autobahnstrecken bei hoher Geschwindigkeit vorbehalten. Der Motor, ein längs eingebauter V8-Mittel-Heckmotor mit 90° Zylinderwinkel, hat 2936 ccm Hubraum, verfügt über zwei Turbolader IHI mit Wärmetauschern und bringt eine Leistung von 478 PS bei 7000 U/min sowie ein enormes Drehmoment von 58,8 mkg bei 4000 U/min. Das Verhältnis Gewicht/PS des F40 liegt bei 2,58 kg/PS. Bei Beschleunigung aus dem Stand (stehender Start)

Das Wageninnere strahlt eine sportliche Eleganz aus, bei der Funktionalität im Vordergrund steht. Das einzige Zugeständnis an den Reisekomfort ist eine Klimaanlage.

Die Aufhängungen mit hydropneumatischen Stoßdämpfern sind je nach Geschwindigkeit und Fahrweise auf drei Stufen in Höhe und in Härte verstellbar.

Die von Pininfarina entworfene Karosserie des Gran Turismo Straßenwagens weist erstmals typische Formel-1-Elemente auf, wie etwa den großen Heckflügel oder die Luftansaugschächte an den Flanken.

Der V8-Motor mit 90° Zylinderwinkel und elektronischer Doippeleinspritzung und vier Ventilen pro Zylinder hat aufgrund der Hochdruck-Abgasaufladung mit zwei Turboladern (2,3 bar absolut) eine extrem hohe spezifische Leistung (163 PS/Liter).

Beim Rahmen greift man Renn-Technologien auf und passt diese den Anforderungen eines Straßenwagens an; der F 40 hat einen leichten Gitterrohrrahmen

absolviert der Wagen 1000 m in 21 Sekunden. Die vom Werk angegebene Höchstgeschwindigkeit liegt bei 324 km/h. Die klare Linie, eine Mischung aus Aggressivität und Eleganz, und die genauestens austarierte Aerodynamik tragen die Handschrift von Pininfarina.

1988 Abschied vom Commendatore

F1 Weltmeisterschaft der Fahrer
1. Ayrton Senna auf *McLaren Honda*
2. Alain Prost auf *McLaren Honda*
3. Gerhard Berger auf einem *Ferrari F1-87/88C*
5. Michele Alboreto auf einem *Ferrari F1-87/88C*

F1 Weltmeisterschaft der Konstrukteure
1. McLaren Honda
2. Ferrari
3. Benetton Ford

F1 Grand Prix
Italien, Monza
1. Gerhard Berger auf einem Ferrari *F1-87/88C*

Nebenstehend: Gerhard Berger beim Großen Preis von Italien in Monza. Dies ist der einzige Augenblick des Ruhmes für den F1 87/88C: Der Österreicher gewinnt das Rennen und Alboreto folgt ihm dichtauf mit einem zweiten Platz. Zu diesem Triumph verhalfen ihnen allerdings auch die ansonsten siegreichen McLaren, da deren beide Wagen vorzeitig ausgeschieden sind.

Nebenstehend: Der Vorjahres-Ferrari in der oberflächlich erneuerten Version F1 87/88C leidet unter den strengen neuen Begrenzungen der Motorleistung.
Alboreto in Imola: Ein Motorschaden stoppt ihn sechs Runden vor dem Ziel.

Das Jahr ist vom Tode Enzo Ferraris geprägt. Der Gründer der Marke des Cavallino rampante wird am 18. Februar 1989 90 Jahre alt. Doch bereits am 4. Juni erlaubt es sein Gesundheitszustand nicht mehr, persönlich anwesend zu sein, als Papst Johannes Paul II das Werk in Maranello besichtigt. Enzo Ferrari stirbt am 14. August 1988. Sein Formel-1-Team erlebt indes einen leichten Aufwind, was aufgrund der Umstände allerdings in den Hintergrund rückt. Es ist das letzte Jahr, in welchem das Reglement Turbomotoren zulässt, die ab 1989 verboten werden und deren Motorleistung eine noch niedrigere Obergrenze auferlegt wird. Der maximal zugelassene Druck bei Abgasaufladung wird auf 2,5 bar beschränkt, der Kraftstoffverbrauch pro Grand Prix auf nur 150 Liter herabgesetzt. John Barnard zieht es deshalb auch vor, sich mit der Formel-1-Planung für das kommende Jahr zu beschäftigen, das ganz im Zeichen eines anderen Motors, eines neuen 3-Liter-V12-Saugmotors, stehen wird. In der Zwischenzeit setzt Ferrari weiterhin den F1/87 ein und passt den V6-Turbomotor in der Weiterentwicklung den verschärften Reglementvorschriften an. Die Motorleistung sinkt im Wettkampf auf 620 PS, in den Qualifikationsläufen auf 650 PS. Der Monoposto bekommt die Bezeichnung F1 87/88C „mixed".

Sieg im Gedächtnis an Enzo Ferrari

Die Saison steht unter der absoluten Vorherrschaft von McLaren, die von Williams die Honda-Turbomotoren übernommen haben: 15 Siege (bei 16 Rennen) gehen an die McLaren Fahrer, den Aufsteiger und neuen Weltmeister Ayrton Senna sowie den Routinier Alain Prost. Nur beim Großen Preis von Italien am 11. September gelingt Ferrari ein fantastischer Doppelsieg: Berger gewinnt und sein Teamkollege geht mit nur einer halben Sekunde Rückstan als Zweiter durchs Ziel. Auf dem Siegerpodest würdigt Berger seinen Erfolg im Gedenken an Enzo Ferrari. Weitere 15 Platzierungen verhelfen der Scuderia zum zweiten Platz bei den

Rechts: Gerhard Berger mit dem F1 87/88C auf der Rennstrecke von Monte-Carlo; er liegt hier vor dem McLaren von Alain Prost, doch schlussendlich wird Prost als Erster und Berger als Zweiter ins Ziel fahren (Michele Alboreto belegt Platz Drei).

Auf den nachfolgenden Seiten: Ein letztes virtuelles Bild von Enzo Ferrari neben dem F40, den er zum 40-jährigen Firmenjubiläum des ruhmreichen Cavallino rampante bauen ließ. Ein Jahr später, am 14. August 1988, stirbt der Commendatore.

Konstrukteursweltmeisterschaften, wenn auch nur mit einem Drittel der Punktzahl gegenüber dem Sieger McLaren.

Das Erbe

Enzo Ferrari durfte diesen Erfolg leider nicht mehr miterleben: Ende 1988 überschreitet die Jahresproduktion von Ferrari Straßenwagen erstmals die 4000er Marke (4001). Erst drei Jahre davor lag die Jahresproduktion erstmals über 3000 Stück. Fiat übernimmt nun Ferrari zu 90% (bislang betrug der Fiat-Anteil nur 50%, wovon die Rennabteilung ausgenommen war); die restlichen 10% bleiben bei Enzo Ferraris Sohn Pietro.

1989 Bahnbrechende Getriebe

Oben: Der Pilot Nigel Mansell auf dem F1-89 (auch 640) mit dem neuen 3,5-Liter Saugmotor; es ist der erste von John Barnard entworfene Ferrari. Bemerkenswert ist die „Entenschnabel"-Schnauze.

Unten: Der neue 348TB bei einem Probelauf im Autodrom von Mugello: Ferrari erwirbt diese schnelle und anspruchsvolle Piste (5245m lang, um dort Formel-1-Wagen zu testen.

Ab Juni bessern sich die Leistungen des F1-89 (nicht allerdings die Zuverlässigkeit), und zwar dank guter Fortschritte in der Aerodynamik, insbesondere beim Front- und Heckflügel.

Im Formel-1-Reglement kommt es zu tiefgreifenden Veränderungen. Die Motoren mit Turbolader werden von der FIA verboten, man kehrt zu den Saugmotoren mit maximal 3,5 Liter Hubraum zurück. Ferrari greift seinen bewährten V12 wieder auf, wobei der Neigungswinkel mit 65° ganz nahe bei den klassischen 60° liegt (eine Forderung John Barnards zugunsten der Aerodynamik), während die Neuerung in den fünf Ventilen pro Zylinder besteht. Das Motorgehäuse ist aus besonderem Gusseisen, dessen Wände extrem dünn und fest sind. Die Leistung von 600 PS steigt im Laufe der Saison zunächst auf 630 und später auf 650 PS (und wird nur von McLarens V10 Honda knapp übertroffen). Der Entwurf des Motors stammt aus dem Jahr 1987, und zwar von Jean-Jacques His, der im darauffolgenden Jahr wieder zu Renault zurückkehrt. Mit diesem Motor schickt Ferrari seinen ersten Wagen ins Rennen: Es ist der F1-89, bekannter unter der Konstruktionsnummer 640. Sein Kohlenstoffrahmen und sein aerodynamisches Design sind völlig neu; die Seitenkästen sind stark abgerundet, die Flaschenhalsöffnung am Heck wurde noch weiter verengt. Auch die Geometrie der Aufhängungen hat sich verändert, man ist vom Typ „pull-rod" (mit Zugstange) zum Typ „push-rod" (mit diagonaler Druckstange von unten nach oben) übergegangen, um so mehr Aerodynamik an der Bodenunterseite und damit besseren Abtrieb zu erhalten. Doch der F1-89 birgt vor allem beim Getriebe eine revolutionäre Neuerung. In den Ferrari-Archiven hat Barnard die Entwürfe eines halbautomatischen, elektrohydraulischen

F1 Weltmeisterschaft der Fahrer
1. Alain Prost auf *McLaren Honda*
2. Ayrton Senna auf *McLaren Honda*
3. Riccardo Patrese auf *Williams Renalt*
4. Nigel Mansell auf einem *Ferrari F1-89*
7. Gerhard Berger auf einem *Ferrari F1-89*

F1 Weltmeisterschaft der Konstrukteure
1. McLaren Honda
2. Williams Renault
3. Ferrari

F1 Grand Prix
Brasilien, Rio de Janeiro
1. Nigel Mansell auf einem *F1-89*
Ungarn, Hungaroring
1. Nigel Mansell auf einem *F1-89*
Portugal, Estoril
1. Gerhard Berger auf einem *F1-89*

Berger auf dem ersten F1-89 mit tiefen NASA-Lufteinlässen, die den Motor „abwürgen". Aufgrund von Pannen oder Unfällen kommt Berger bei nur bei drei Rennen ins Ziel, wobei er eines gewinnt. Mansell beendet immerhin sechs Rennen und fährt zwei Siege ein.

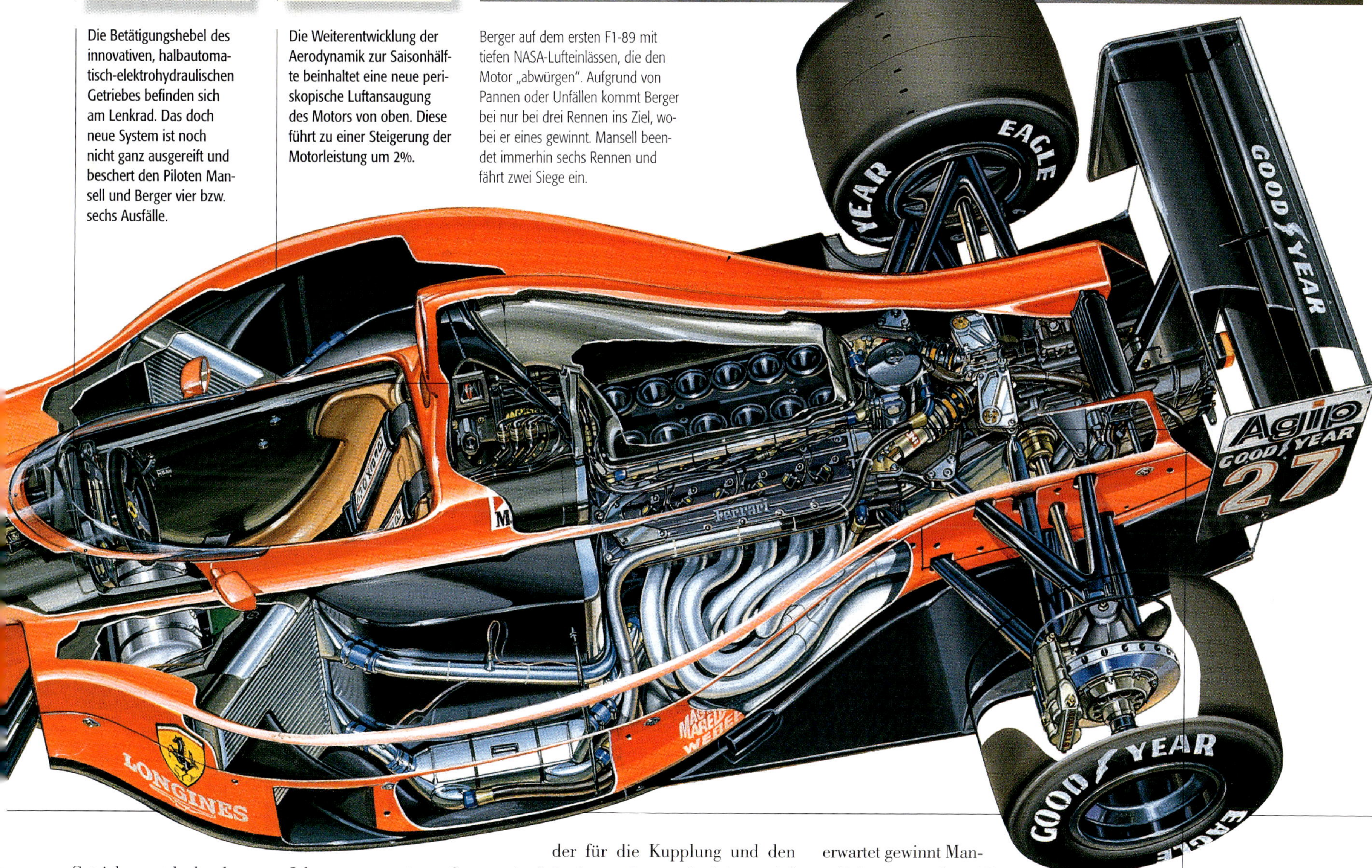

Die Betätigungshebel des innovativen, halbautomatisch-elektrohydraulischen Getriebes befinden sich am Lenkrad. Das doch neue System ist noch nicht ganz ausgereift und beschert den Piloten Mansell und Berger vier bzw. sechs Ausfälle.

Die Weiterentwicklung der Aerodynamik zur Saisonhälfte beinhaltet eine neue periskopische Luftansaugung des Motors von oben. Diese führt zu einer Steigerung der Motorleistung um 2%.

Getriebes entdeckt, das neun Jahre zuvor an einem 312 T4 (Versuchsfahrer war Gilles Villeneuve) getestet und damals für zu komplex und unzuverlässig befunden wurde. Nun folgt der geniale englische Konstrukteur seiner Intuition, greift den Entwurf wieder auf und entwickelt es mit den neuen elektronischen Technologien weiter. Der F1-89 wird also mit einem neuen, längs eingebauten halbautomatischen 7-Gang-Getriebe gebaut, das der Fahrer betätigt, ohne dabei die Hand vom Lenkrad nehmen zu müssen: Er bedient einfach mit den Fingern einen Kipphebel unterhalb der Lenkradspeiche; elektronische Impulse aktivieren die hydraulischen Arbeitszylinder für die Kupplung und den Gangwechsel. In den nächsten zehn Jahren wird dieses System von vielen Konstrukteuren aufgegriffen (auch für Straßenfahrzeuge), es stellt somit einen entscheidenden Wendepunkt in der Formel 1 dar.

Zweimal brüllt der Löwe

Nach dem Ausscheiden von Alboreto tritt Nigel Mansell, ein kämpferischer und instinktiver Engländer, auch „der Löwe" genannt, an die Seite von Gerhard Berger. Die Saison des neuen F1-89 ist allerdings von Ausfällen geprägt, die großenteils auf Kinderkrankheiten des neuen Getriebes zurückzuführen sind. Völlig unerwartet gewinnt Mansell den ersten Grand Prix in Brasilien, nachdem sich die Pannen bei den Testläufen gehäuft hatten. Er kann diesen Erfolg allerdings nur ein weiteres Mal, am 13. August in Ungarn, wiederholen. Am 23. April stößt Berger der schlimmste Unfall seiner gesamten Laufbahn zu: Der Frontflügel des F1-89 löst sich und Berger verliert bei 300 km/h die Kontrolle über sein Fahrzeug, das gegen die Absperrung prallt und Feuer fängt. Dank des sofortigen Einsatzes der Feuerschutztruppe kann Berger gerettet werden, doch seine Genesung dauert einen ganzen Monat. Nichtsdestoweniger gewinnt er den Großen Preis von Portugal.

Der neue V12 Saugmotor wird im Laufe des Saison weiterentwickelt, er steigert nach und nach seine Leistung und erreicht schließlich auch ein zufriedenstellendes Maß an Zuverlässigkeit..

Die neuen Gran Turismo 348 TB und TS, Berlinetta und Spider, stehen auf der IAA in Frankfurt. Sie sind die Nachfolger des 308 und 328, die seit 14 Jahren auch hinsichtlich der Verkaufszahlen die erfolgreichsten Ferraris darstellen.

348 TB – 348 TS

Motor: hinten längs eingeb.; Leichtmetalllegierung, V8, Zylinderwinkel 90° *Hubraum:* 3405 ccm. Bohrung x Hub: 85 x 75 mm. Leistung: 300 PS bei 7200 U/min, Spezifische Leistung: 88,1 PS/Liter. *Ventilsteuerung:* zwei obenliegende Nockenwellen pro Zylinderreihe, vier schräg hängende Ventile pro Zylinder, Zahnriemen. *Zündung:* Elektronische Digitalzündung mit zwei Zündspulen pro Zylinderreihe. *Kraftstoffzufuhr:* Elektronische Mehrfacheinspritzung (Steuerung in die Zündung integriert) Bosch Motronic 2.5. *Schmierung:* Druck-Trockensumpfschmierung mit Ölkühler.
Antrieb: Hinterradantrieb. *Getriebe:* 5-Gang quer eingeb. mit selbsttätigem Sperrdifferenzial.
Reifen: 215/50 ZR 17 v; 255/45 ZR 17 h.
Karosserie: Berlinetta-Zweisitzer mit Stahlkarosserie (Design Pininfarina); Rahmen mit selbsttragendem Körper und Gitterrohrstruktur; Vorderachse mit einstellbaren Doppelquerlenkern, Schraubenfedern, Kurvenstabilisator und koaxialen ölpneumatischen Teleskopstoßdämpfern; Hinterachse mit einstellbaren Doppelquerlenkern, Kurvenstabilisator und koaxialen ölpneumatischen Teleskopstoßdämpfern.
Kraftstofftank: hinten (Inhalt: 95 Liter).
Bremsen: innenbelüftete Servo-Scheibenbremsen, ABS.
Lenkung: Zahnstangenlenkung.
Maße und Gewicht: *Radstand:* 2450 mm
Spur: 1502 mm v, 1578 mm h.
Länge: 4230 mm, Breite: 1894 mm, Höhe: 1170 mm
Gewicht fahrfertig: 1393 kg (348 TS 1398 kg)
Fahrleistungen: *Höchstgeschwindigkeit:* 275 km/h
Verhältnis Gewicht/PS: 4,64 kg/PS (348 TS 4,66 kg)

Die neuen Modelle 348 TB und TS stellen stilistische Meisterwerke Pininfarinas dar. Durch die Verkürzung des heckseitigen Überhangs wirkt der Wagen sehr kompakt. Im Interieur wurde das Augenmerk auf mehr Komfort gelegt.

Da der V8 in den neuen 348 TB nicht mehr quer, sondern längs eingebaut ist, können die Kühler an den Seitenwänden neu positioniert werden. Ihre Belüftung erfolgt wie beim Testarossa durch Lufteintritte mit langem Grill.

Nebenstehend sowie Bild unten: Eine stilistisch gewagte, beinahe bildhauerische Interpretation des Ferrari Spider: das von Pininfarina entworfene Einzelstück „Mythos".

Oben: Der 348 TS kann mit dank Hardtop nach Targa-Art auch offen gefahren werden.

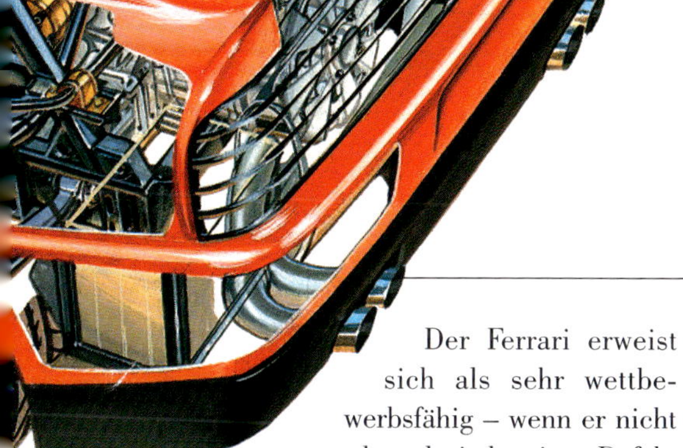

Hinter dem längs eingebauten Motor liegt nun das quer eingebaute Getriebe (der Buchstabe T steht für „trasversale": quer). Daraus ergibt sich ein verkürzter Überhang.

Der Mythos ist ein funktionaler Prototyp und nicht nur ein ästhetisches Versuchsspiel: Rahmen sowie Mechanik stammen vom Testarossa. Frontspoiler und Flügel fahren unterhalb einer bestimmten Mindestgeschwindigkeit ein.

Der Ferrari erweist sich als sehr wettbewerbsfähig – wenn er nicht gerade mal wieder einen Defekt hat. Am Ende belegt die Scuderia bei den Konstrukteursweltmeisterschaften Platz Drei, Mansell und Berger werden bei den Weltmeisterschaften der Fahrer Vierter bzw. Siebter.

Neue Power auf der Straße

Bei den Gran Turismo Straßenwagen ist das neue Modell 348 T die Weiterentwicklung der Erfolgsserie 308-328. Neu ist der Rahmen in einer kombinierten Gitterrohr-Kasten-Bauweise. Der V8-Motor verfügt jetzt über Trockensumpfschmierung, Hubraum (3405 ccm) und Motorleistung (von 270 auf 300 PS) wurden erhöht. Der Motor ist nach wie vor hinten – jetzt allerdings längs – eingebaut. Quer liegt indes das Getriebe, daher auch der Buchstabe T für „trasversale". Neu ist zudem die Karosserie in den beiden Ausführungen 348 TB (Berlinetta) und 348 TS (Spider mit abnehmbarem Hardtop); Pininfarina übernimmt hier einige stilistische und funktionelle Merkmale des Testarossa, wie etwa den langen Grill der seitlichen Luftansaugungen. Die gleichen Neuerungen bei Rahmen und Mechanik fließen auch in das viersitzige Modell Mondial ein: Es entstehen der Mondial T und der Mondial T Cabriolet.

1990 Beinahe wieder ganz vorn

Oben und auf der nächsten Seite: Alain Prost beim Großen Preis von Monaco auf dem Ferrari 641/2 mit der Startnummer 1 des amtierenden Weltmeisters. Ebenso wie Mansell scheidet Prost aufgrund eines Elektrikschadens aus.

F1 Weltmeisterschaft der Fahrer
1. Ayrton Senna auf *McLaren Honda*
2. Alain Prost auf einem *Ferrari 641/2*
3. Nelson Piquet auf *Benetton Ford*
5. Nigel Mansell auf einem *Ferrari 641/2.*

F1 Weltmeisterschaft der Konstrukteure
1. McLaren Honda
2. Ferrari
3. Benetton Ford

F1 Grand Prix
Brasilien, Interlagos
1. Alain Prost auf *641*
Mexiko, Mexiko City

1. Alain Prost auf *641/2*
Frankreich, Le Castellet

1. Alain Prost auf *641/2*
Großbritannien, Silverstone

1. Alain Prost auf *641/2*
Portugal, Estoril

1. Nigel Mansell auf *641/2*
Spanien, Jerez

1. Alain Prost auf *641/2*

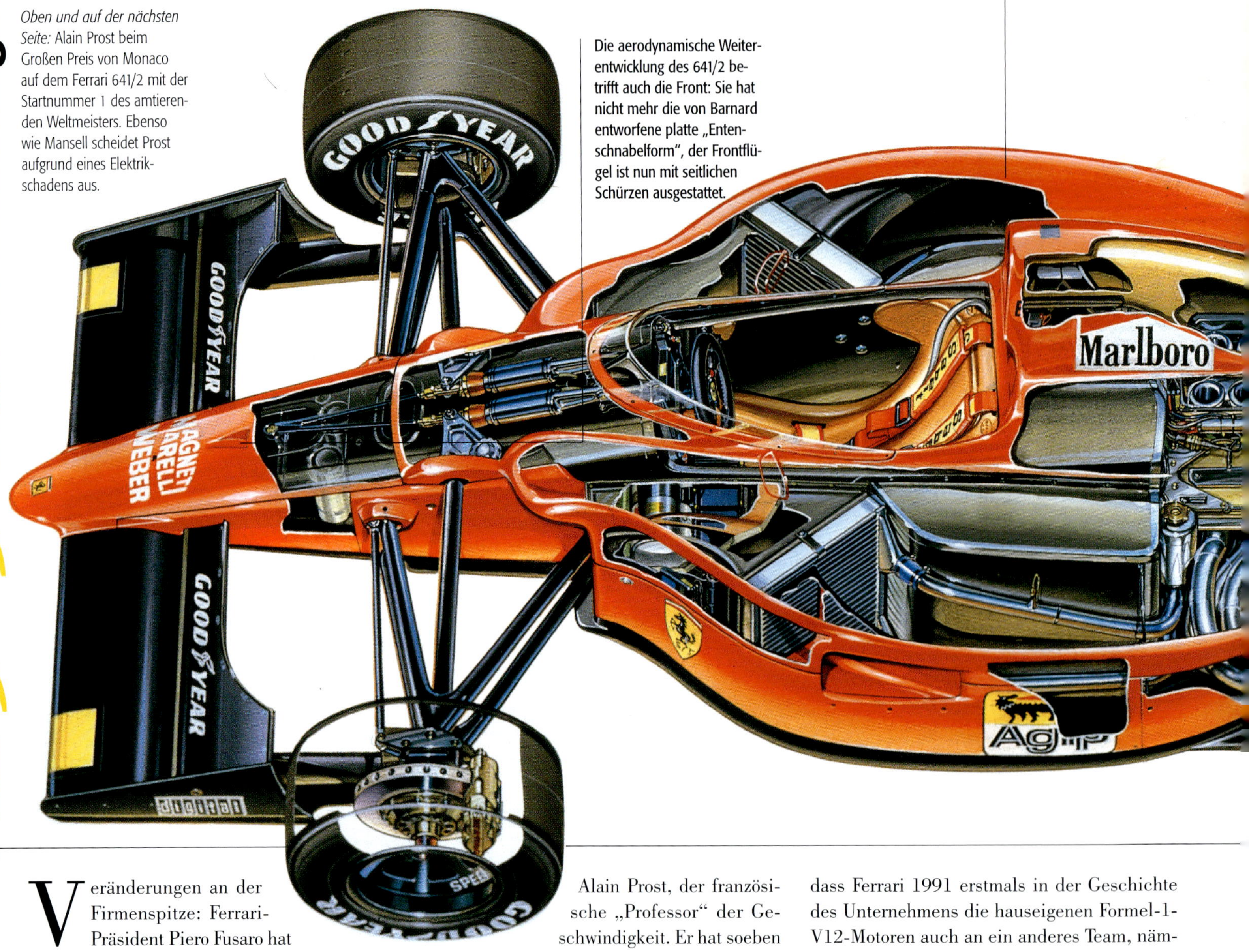

Ab dem Großen Preis von San Marino in Imola sind die Seitenwände höher und stärker abgerundet, um für die heiße Saison größere Kühler unterzubringen.

Die aerodynamische Weiterentwicklung des 641/2 betrifft auch die Front: Sie hat nicht mehr die von Barnard entworfene platte „Entenschnabelform", der Frontflügel ist nun mit seitlichen Schürzen ausgestattet.

Veränderungen an der Firmenspitze: Ferrari-Präsident Piero Fusaro hat den Vertrag von John Barnard (der zu Benetton wechselt) nicht verlängert. Die technische Leitung geht an den Ingenieur Pier Guido Castelli (ehemals Fiat). Verantwortlich für die Motoren ist der Ingenieur Paolo Massai (auch er war vorher bei Fiat). Als Rahmenkonstrukteur holt man den Amerikaner Steve Nichols (vorher bei McLaren), während Cesare Fiorio die Rennsportleitung übernimmt. Bei Lancia war er für die Rallye-Weltmeisterschaftswagen verantwortlich. Auch bei den Piloten gibt es Neuerungen: Berger geht, an seine Stelle tritt Alain Prost, der französische „Professor" der Geschwindigkeit. Er hat soeben auf McLaren seinen dritten Weltmeistertitel errungen und bringt Ferrari bei seinem Einstieg die Startnummer 1 als „kleines Geschenk" mit. Nelson Mansell bleibt bei Ferrari.

In dieser Phase des Wechsels werden aus dem F1-89 oder 640 des Vorjahres nur zwei Folgeversionen, der 641 und der 641/2, weiterentwickelt, die sich äußerlich nicht voneinander unterscheiden. Der V12 wird leichter, seine Leistung steigert sich von anfänglichen 680 auf 700 PS. Im Herbst gibt Cesare Fiorio bekannt, dass Ferrari 1991 erstmals in der Geschichte des Unternehmens die hauseigenen Formel-1-V12-Motoren auch an ein anderes Team, nämlich an Minardi, liefern wird.

Sechs Siege sind nicht genug

Nachdem die Kinderkrankheiten des 640 und des halbautomatischen Getriebes überwunden sind, zeigt sich der 641 – nicht zuletzt dank der Erfahrung eines Alain Prost – endlich als äußerst wettbewerbsfähig. Und so gewinnt Ferrari sechs Große Preise (fünf mit dem „Professor" und einen mit Mansell am Steuer) und damit genauso viele wie der „Erzrivale" Ayrton Senna, der mit seinem McLaren und dem Honda-

Das halbautomatische elektrohydraulische Getriebe gewinnt an Zuverlässigkeit, nicht zuletzt durch eine veränderte Positionierung der Steuerventile, die nun alle oberhalb des Gehäuses liegen.

Bei den letzten Rennen ist das Fahrzeug mit Sensoren ausgestattet, die Rotationsunterschiede zwischen den Antriebsrädern und den Vorderrädern feststellen können und bei Bedarf ein Antriebs-Kontrollsystem aktivieren.

Die viel diskutierte Kollision des McLaren von Senna mit dem Ferrari von Prost im japanischen Suzuka. Der umstrittene Unfall beschert dem Brasilianer den Weltmeistertitel.

Motor den Konkurrenten nur knapp hinter sich lässt und Weltmeister wird. Auch bei den Konstrukteursweltmeisterschaften verweist McLaren Ferrari nur knapp auf Platz zwei. Alain Prost lastet den knapp verfehlten Erfolg vor allem dem Verhalten seines Teamkollegen an. Er beschuldigt Mansell, ihn am Start beim Großen Preis von Portugal behindert zu haben, um sich selbst den Sieg zu sichern, was ihm schließlich auch gelungen sei. Der Vorfall wird heiß diskutiert und führt schließlich auch zu Unstimmigkeiten zwischen dem französischen Weltmeister und Cesare Fiorio.

641

Motor: hinten längs eingebaut, Zylinderblock aus Gusseisen, Zylinderköpfe aus Leichtmetalllegierung, V12 Zylinderwinkel 65°.
Hubraum: 3498 ccm. Bohrung x Hub: 84 x 52,6 mm. Leistung: 680 PS bei 12.750 U/min, Spezifische *Leistung:* 194,3 PS/Liter.
Ventilsteuerung: zwei obenliegende Nockenwellen pro Zylinderreihe, fünf schräg hängende Ventile pro Zylinder, Zahnräder.
Zündung: Elektronische Zündung mit kontaktloser Hochspannungsverteilung.
Kraftstoffzufuhr: Elektronische Einspritzung (mit zwei Einspritzventilen pro Zylinder) von Weber Marelli.
Schmierung: Druck-Trockensumpfschmierung mit einem Ölkühler.
Antrieb: Hinterradantrieb. *Getriebe:* 7-Gang, sequentiell, längs eingeb., halbautomatisch mit elektronischer Steuerung (mittels Hebel am Lenkrad) mit selbsttätigem Sperrdifferenzial unter dem Motor.
Reifen: 25,0-10,0 x 13 v, 26,0-15,0 x 13 h
Karosserie: Monoposto mit Karosserie und Rahmen aus Verbundwerkstoffen (Kohlenstoff und Kevlar in Wabenbauweise / Nomex). Vorderachse mit Querlenkern und diagonaler Strebe („push-rod"), Torsionsstäben, Teleskopstoßdämpfern; Hinterachse mit Querlenkern und „push-rod", Schraubenfedern und koaxialen Teleskopstoßdämpfern. *Kraftstofftank:* 2 x seitlich und 1 x mittig (Inhalt: 220 Liter).
Bremsen: innenbelüftete Kohlenstoff-Scheibenbremsen.
Lenkung: Zahnstangenlenkung.
Maße und Gewicht: *Radstand:* 2855 mm.
Spur: 1800 mm v, 1675 mm h. *Länge:* 4460 mm, Breite (über Reifen): 2130 mm, Höhe: 1000 mm
Gewicht fahrfertig: 503 kg
Fahrleistungen: *Verhältnis Gewicht/PS:* 0,740 kg/PS

1991 Ein Rekord im Chaos

Alain Prost startet mit seinem 642 in Imola aus der zweiten Reihe: Er wird jedoch im Rennen nicht an den Start gehen, da er bereits bei der Aufwärmrunde von der Piste abkommt. Sein neuer Teamkollege Jean Alesi tut es ihm in der dritten Runde gleich.

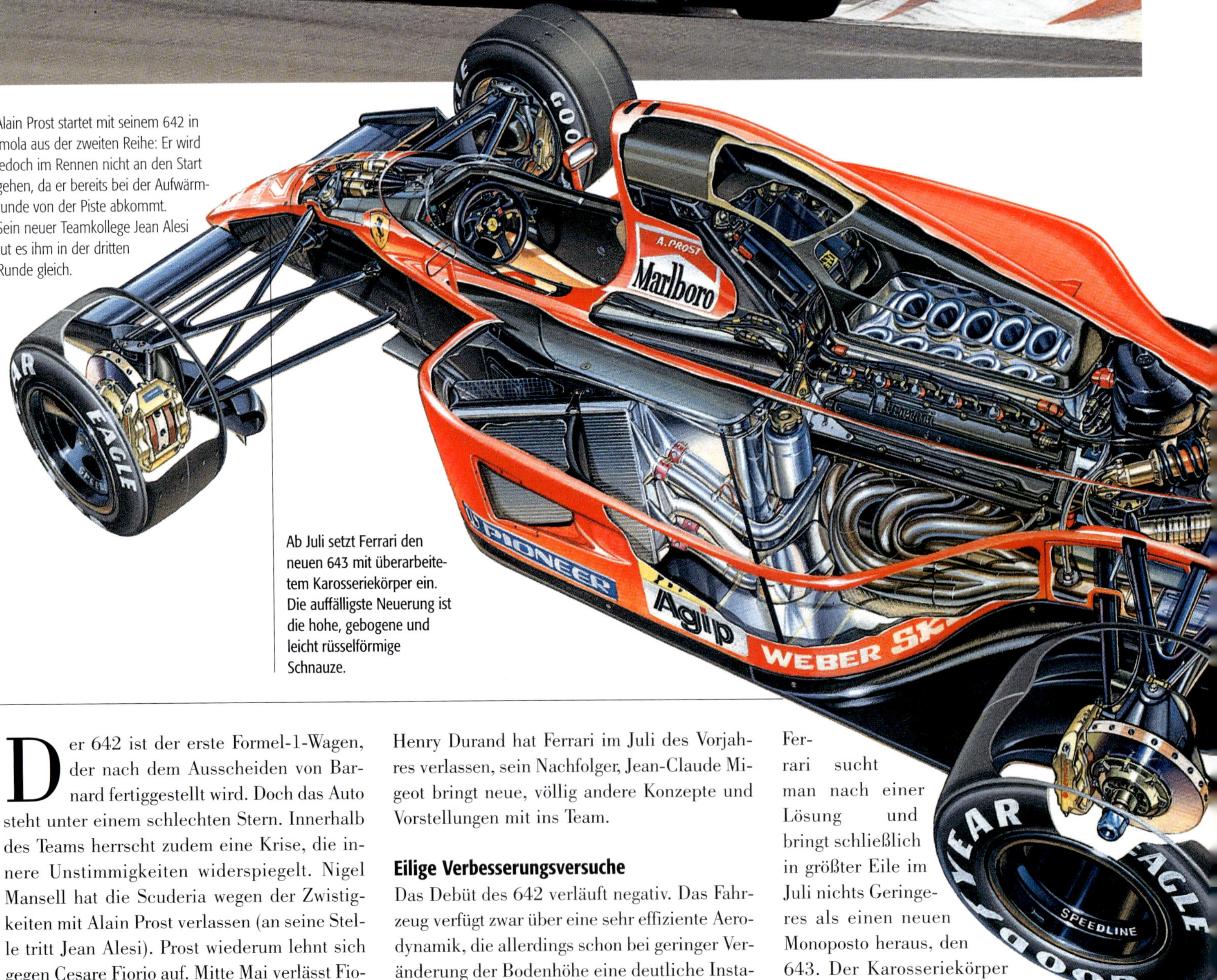

Ab Juli setzt Ferrari den neuen 643 mit überarbeitetem Karosseriekörper ein. Die auffälligste Neuerung ist die hohe, gebogene und leicht rüsselförmige Schnauze.

Der 642 ist der erste Formel-1-Wagen, der nach dem Ausscheiden von Barnard fertiggestellt wird. Doch das Auto steht unter einem schlechten Stern. Innerhalb des Teams herrscht zudem eine Krise, die innere Unstimmigkeiten widerspiegelt. Nigel Mansell hat die Scuderia wegen der Zwistigkeiten mit Alain Prost verlassen (an seine Stelle tritt Jean Alesi). Prost wiederum lehnt sich gegen Cesare Fiorio auf. Mitte Mai verlässt Fiorio schließlich Ferrari. Seinen Posten übernimmt Claudio Lombardi, ein erfahrener Techniker aus dem Hause Lancia. Die Konstruktion des 642 leidet indes unter dem Wechsel bei den Verantwortlichen für die Aerodynamik: Henry Durand hat Ferrari im Juli des Vorjahres verlassen, sein Nachfolger, Jean-Claude Migeot bringt neue, völlig andere Konzepte und Vorstellungen mit ins Team.

Eilige Verbesserungsversuche

Das Debüt des 642 verläuft negativ. Das Fahrzeug verfügt zwar über eine sehr effiziente Aerodynamik, die allerdings schon bei geringer Veränderung der Bodenhöhe eine deutliche Instabilität mit sich zieht. Man versucht Abhilfe zu schaffen, indem man die Aufhängungen härter abstimmt (Tellerfedern an der Vorderachse), doch nun wird die Bodenhaftung durch ständiges Hüpfen der Reifen beeinträchtigt. Bei Ferrari sucht man nach einer Lösung und bringt schließlich in größter Eile im Juli nichts Geringeres als einen neuen Monoposto heraus, den 643. Der Karosseriekörper des neuen Wagens ist anders, seine Schnauze ist wie ein Rüssel gebogen, die Seitenkästen sind um 40 Zentimeter nach hinten versetzt. Auch der Motor – zu „hart“ beim Einsatz seiner 720 PS – wird mittels variabler Ein-

F1 Weltmeisterschaft der Fahrer
1. Ayrton Senna auf *McLaren*
2. Nigel Mansell auf *Williams*
3. Riccardo Patrese auf *Williams*
5. Alain Prost auf *Ferrari 642/643*
7. Jean Alesi auf *Ferrari 642/643*

F1 Weltmeisterschaft der Konstrukteure
1. McLaren
2. Williams
3. Ferrari

Bei Ferrari entsteht der Gran Turismo 512 TR (hier rechts), eine neue Version des Testarossa, die im darauffolgenden Januar präsentiert wird.

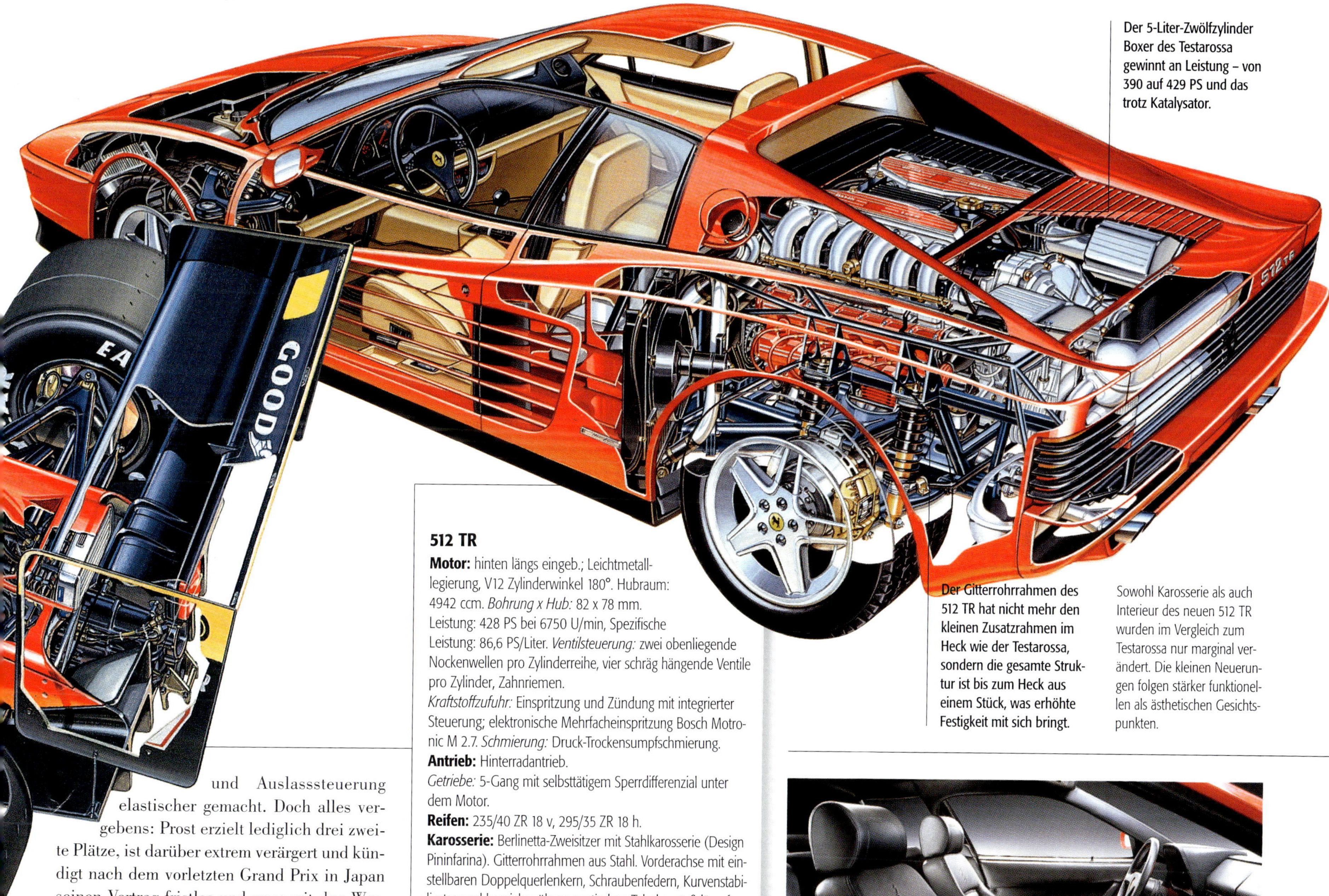

Der 5-Liter-Zwölfzylinder Boxer des Testarossa gewinnt an Leistung – von 390 auf 429 PS und das trotz Katalysator.

Der Gitterrohrrahmen des 512 TR hat nicht mehr den kleinen Zusatzrahmen im Heck wie der Testarossa, sondern die gesamte Struktur ist bis zum Heck aus einem Stück, was erhöhte Festigkeit mit sich bringt.

Sowohl Karosserie als auch Interieur des neuen 512 TR wurden im Vergleich zum Testarossa nur marginal verändert. Die kleinen Neuerungen folgen stärker funktionellen als ästhetischen Gesichtspunkten.

und Auslasssteuerung elastischer gemacht. Doch alles vergebens: Prost erzielt lediglich drei zweite Plätze, ist darüber extrem verärgert und kündigt nach dem vorletzten Grand Prix in Japan seinen Vertrag fristlos und zwar mit den Worten, dass der Ferrari „so wendig wie ein Lastwagen“ zu fahren sei…

Triumph in der Werkstatt

Für die Produktion der Gran-Turismo-Modelle ist die Saison 1991 ein voller Erfolg: Ferrari erreicht den Rekord von 4595 produzierten Exemplaren, eine Zahl, die bis heute unübertroffen ist.

512 TR

Motor: hinten längs eingeb.; Leichtmetalllegierung, V12 Zylinderwinkel 180°. Hubraum: 4942 ccm. *Bohrung x Hub:* 82 x 78 mm. Leistung: 428 PS bei 6750 U/min, Spezifische Leistung: 86,6 PS/Liter. *Ventilsteuerung:* zwei obenliegende Nockenwellen pro Zylinderreihe, vier schräg hängende Ventile pro Zylinder, Zahnriemen.
Kraftstoffzufuhr: Einspritzung und Zündung mit integrierter Steuerung; elektronische Mehrfacheinspritzung Bosch Motronic M 2.7. *Schmierung:* Druck-Trockensumpfschmierung.
Antrieb: Hinterradantrieb.
Getriebe: 5-Gang mit selbsttätigem Sperrdifferenzial unter dem Motor.
Reifen: 235/40 ZR 18 v, 295/35 ZR 18 h.
Karosserie: Berlinetta-Zweisitzer mit Stahlkarosserie (Design Pininfarina). Gitterrohrrahmen aus Stahl. Vorderachse mit einstellbaren Doppelquerlenkern, Schraubenfedern, Kurvenstabilisator und koaxialen ölpneumatischen Teleskopstoßdämpfern; Hinterachse mit einstellbaren Doppelquerlenkern, Kurvenstabilisator und koaxialen ölpneumatischen Teleskopstoßdämpfern. Kraftstofftank: zweigeteilt hinter dem Cockpit (Inhalt: 100 Liter).
Lenkung: Zahnstangenlenkung.
Maße und Gewicht: *Radstand:* 2550 mm
Spur: 1532 mm v, 1644 mm h
Länge: 4480 mm, Breite: 1976 mm, Höhe: 1135 mm
Gewicht fahrfertig: 1630 kg
Fahrleistungen: *Höchstgeschwindigkeit:* 307 km/h
Verhältnis Gewicht/PS: 3,80 kg/PS

1992 Zu viel Aerodynamik

F 92 A

Motor: hinten längs eingebaut, Zylinderblock aus Gusseisen, Zylinderköpfe aus Leichtmetalllegierung, V12 Zylinderwinkel 65°.
Hubraum: 3498 ccm. Bohrung x Hub (geschätzt): 88 x 47,9 mm. Leistung (geschätzt): 740 PS bei 14.700 U/min, Spezifische Leistung (geschätzt): 211,7 PS/Liter.
Ventilsteuerung: zwei obenliegende Nockenwellen pro Zylinderreihe, fünf schräg hängende Ventile pro Zylinder, Zahnräder;
Zündung: Elektronische Zündung mit kontaktloser Spannungsverteilung.
Kraftstoffzufuhr: Elektronische Einspritzung (mit zwei Einspritzventilen pro Zylinder) von Weber Marelli; Länge des Einlasskanals variabel verstellbar.
Schmierung: Druck-Trockensumpfschmierung mit einem Ölkühler.
Antrieb: Hinterradantrieb.
Getriebe: Getriebe: 6-Gang, sequentiell, hinten längs eingebaut (ab dem Großen Preis von Belgien quer), halbautomatisch mit elektronischer Steuerung (mittels Hebel am Lenkrad) mit selbsttätigem Sperrdifferenzial.
Reifen: 25,0-10,0 x 13 v, 26,0-15,0 x 13 h
Karosserie: Monoposto mit Karosserie und Rahmen in Schalenbauweise aus Verbundwerkstoffen (Kohlenstoff und Kevlar in Wabenbauweise / Nomex). Vorderachse mit Querlenkern und diagonaler Strebe („push-rod"), Drehstabfedern, Teleskopstoßdämpfern; Hinterachse mit Querlenkern und „push-rod", Schraubenfedern und koaxialen Teleskopstoßdämpfern.
Kraftstofftank: hinter dem Fahrersitz (Inhalt: 225 Liter).
Bremsen: innenbelüftete Kohlenstoff-Scheibenbremsen.
Lenkung: Zahnstangenlenkung.
Maße und Gewicht: *Radstand:* 2925 mm
Spur: 1810 mm v, 1678 mm h. *Länge:* 4350 mm, Breite (an den Reifen): 2135 mm, Höhe: 978 mm
Gewicht fahrfertig: 505 kg
Fahrleistungen:
Verhältnis Gewicht/PS (geschätzt): 0,682 kg/PS

Im August verbietet eine Verordnung plötzlich das Spezialbenzin, das Agip mit großem Erfolg für Ferrari entwickelt hat. Der V12 wird daraufhin so lange weiterentwickelt, bis er diesen Rückschlag wieder ausgleicht.

Der doppelte flache Boden wird konzipiert, um ihn zukünftig mit selbstregulierenden Aufhängungen, wie sie bereits bei Williams eingesetzt werden, kombinieren zu können; allerdings verfügt Ferrari derzeit noch nicht über dieses System.

Seit dem 15. November des Vorjahres amtiert Luca di Montezemolo als Präsident bei Ferrari und ist damit der Nachfolger Piero Fusaros. Doch Anfang 1992 ist er noch nicht lange genug im Amt, als dass die Neuordnung des Formel-1-Teams bereits Früchte tragen könnte. Montezemolo holt den technischen Leiter Harvey Postlethwaite zu Ferrari zurück, der 1988 gegangen ist und sich in der Zwischenzeit bei Tyrrell als Konstrukteur einen Namen gemacht hat. Doch als Postlethwaite zu Ferrari kommt, ist der neue Monoposto F92 A bereits fertig und nicht mehr veränderbar. Der Wagen ist mit einem innovativen Rahmen ausgestattet, der bei der Präsentation eine Welle der Bewunderung, bei dem einen oder anderen allerdings auch gewisse Zweifel hervorruft. Man stellt bei dem Fahrzeug auf Anhieb die Dominanz des avantgardistischen Aerodynamik-Konzepts von Jean-Claude Migeot fest, dem er die gesamte restliche Fahrzeugstruktur kompromisslos unterordnet. Cha-

F1 Weltmeisterschaft der Fahrer
1. Nigel Mansell auf *Williams*
2. Riccardo Patrese auf *Williams*
3. Michael Schumacher auf *Benetton*
7. Jean Alesi auf einem *Ferrari F 92 A*
13. Ivan Capelli auf einem *Ferrari F 92 A*

F1 Weltmeisterschaft der Konstrukteure
1. Williams
2. McLaren
3. Benetton
4. Ferrari

rakteristische Merkmale des F 92 A sind seine langen, hängenden Seitenkästen, die wie vom Karosseriekörper abgetrennt wirken und 15 cm weiter vom Boden entfernt sind als der flache Unterboden. Dies ermöglicht das Einfügen eines zweiten flachen Unterbodens, der erhöht und parallel zum ersten liegt. Mit dieser Lösung wird der aerodynamische Abtrieb wirksam erhöht, bringt allerdings die Gesamtkonstruktion in ein Ungleichgewicht, das nicht mit den üblichen Ausgleichsmaßnahmen behoben werden kann.

Unbezähmbares Pferdchen

Nach dem Weggang von Alain Prost wird der Mailänder Ivan Capelli neuer Teamkollege von Alesi, doch beide Piloten verfügen nicht über die Erfahrung eines Weltmeisters und sind mit dem störrischen F 92 A überfordert. Durch den enormen, vom doppelten flachen Boden erzeugten Abtrieb reagiert das Fahrzeug sehr empfindlich auf Veränderungen im Fahrbereich durch Nickschwingungen. Dadurch ist der Wagen ständig instabil. Doch es kommt noch schlimmer: Die Erhöhung des Bodens und der Seitenkästen hat zur Folge, dass auch schwere Massen, wie etwa die Kühler, die Abgasrohre und andere Fahrzeugteile höher liegen, was eine Anhebung des Schwerpunkts zur Folge hat. Alle Regulierungsversuche scheitern, die Saison ist eine Katastrophe. Zu allem Überfluss weisen die Motoren Mängel auf, sind unzuverlässig: Dreimal fallen sie bei Alesi aus, viermal bei Capelli. Die Piloten geben ihr Äußerstes bei dem Versuch, diesen störrischen Monoposto zu beherrschen. Doch oft landen sie außerhalb der Piste... Alesi muss vier Unfälle verbuchen, Capelli sechs, darunter einen verheerenden in Kanada. Der Vertrag des Mailänders wird beim drittletzten Rennen der Saison schließlich gekündigt, Einfahrer Nicola Larini ersetzt ihn vorübergehend. Man versucht, den Wagen zu verbessern und geht deshalb vom längs zum quer eingebauten Getriebe über. Am Ende der Saison probiert man außerdem aktive Aufhängungen aus, mit deren Entwicklung

Foto ganz oben: Eine Fontäne sprühender Funken zieht der F 92 A von Jean Alesi bei einer Testfahrt mit extrem tiefgelegtem Fahrwerk hinter sich her. Die besten Saisonergebnisse des Franzosen sind zwei dritte Plätze.

456 GT

Motor: vorne längs eingebaut, Leichtmetalllegierung, V12 Zylinderwinkel 65°; Hubraum: 5474 ccm. *Bohrung x Hub:* 88 x 75 mm. Leistung: 442 PS bei 6200 U/min, Spezifische Leistung: 80,7 PS/Liter. *Ventilsteuerung:* zwei obenliegende Nockenwellen pro Zylinderreihe, vier schräg hängende Ventile pro Zylinder, zwei Zahnriemen. *Kraftstoffzufuhr:* Einspritzung und Zündung mit integrierter Kontaktsteuerung; elektronische Mehrfacheinspritzung Bosch Motronic M 2.7. *Schmierung:* Druck-Trockensumpfschmierung.
Antrieb: Hinterradantrieb.
Getriebe: 6-Gang mit selbsttätigem Sperrdifferenzial.
Reifen: 255/45 ZR 17 v, 285/40 ZR 18 h.
Karosserie: Berlinetta 2+2 mit Karosserie aus Aluminium und Verbundwerkstoffen (Design Pininfarina). Gitterrohrahmen. Vorderachse mit einstellbaren Doppelquerlenkern, Schraubenfedern, Kurvenstabilisator und koaxialen ölpneumatischen Stoßdämpfern mit programmierbarer Eichung; Hinterachse mit einstellbaren Doppelquerlenkern, Schraubenfedern, Kurvenstabilisator und koaxialen ölpneumatischen Stoßdämpfern mit programmierbarer Eichung;
Bremsen: innenbelüftete Servo-Scheibenbremsen, ABS.
Lenkung: Zahnstangenlenkung, hydraulische Servosteuerung mit geschwindigkeitsabhängiger ZF-Servotronic.
Kraftstofftank: hinten (Inhalt: 110 Liter).
Maße und Gewicht:
Radstand: 2600 mm
Spur: 1585 mm v, 1606 mm h
Länge: 4730 mm, Breite: 1920 mm, Höhe: 1300 mm
Gewicht fahrfertig: 1790 kg
Fahrleistungen: *Höchstgeschwindigkeit:* 302 km/h
Verhältnis Gewicht/PS: 4,05 kg/PS

Bei den Ferrari Gran Turismo ändert sich mit dem 456 GT das Aussehen und auch die Konstruktionsphilosophie. Der Wagen wird erstmals im Rahmen der historischen Ferrari-Jubiläumspräsentation gezeigt.

Die Karosserie besteht komplett aus einer Leichtmetalllegierung; nur die Motorhaube (die sich bis zu den Kotflügeln ausdehnt) besteht aus Verbundwerkstoff.

Die Karosserie-Unterseite ist vollständig verkleidet mit flachem Boden und Heckspolier, der durch den Bodeneffekt einen starken stabilisierenden Abtrieb erzeugt.

Der neue 5,5-Liter-V12 des 456 GT zeichnet sich durch seine enorme Leichtigkeit aus. Die elektronische Einspritzung erfolgt über zwei unabhängige Einheiten, einer pro Zylinderreihe, mit je zwei Drosselklappen.

Ferrari allerdings erst vor kurzem begonnen hat. Doch alles vergebens.

Wunderbarer Granturismo

Den Misserfolg in der Formel 1 gleicht der Bereich der Ferrari Straßenwagen ein wenig aus. Am 24. September wird in Brüssel der neue 456 GT vorgestellt: ein viersitziges Coupé mit Zwölfzylinder-Frontmotor, der bei den Ferrari Straßenwagen eine wichtige und lang anhaltende Neuerung darstellt. Die von Pininfarina entworfene Karosserie ruft gleichzeitig Bewunderung und Erstaunen hervor, da sie in perfektem Einklang die Merkmale der großen Ferraris (die Frontpartie des 275 GTB sowie das Heck des Daytona) der Vergangenheit mit modernen weichen Linien und aerodynamischen Formen in sich vereint. Der 5,5-Liter-Motor (traditionsgemäß steht die Abkürzung 456 für den Einzelhubraum eines Zylinders) ist völlig neu, kompakt und leicht; er bringt eine Leistung von 442 PS und gibt dem Fahrzeug eine Höchstgeschwindigkeit von mehr als 300 km/h sowie ein starkes Drehmoment von 55 mkg. Dieses verteilt sich ausgewogen über den gesamten Fahrverlauf und begünstigt die Lenkbarkeit im mittleren Drehzahlbereich ebenso wie blitzartige Beschleunigungsmanöver (von 0 auf 100 km/h in 5,8 Sekunden). Der Stabilität bei schneller Fahrt auf der Autobahn zuträglich ist

Die Stoßdämpfer werden elektronisch mit einer Reihe von Sensoren gesteuert, die die Dämpfung den unterschiedlichen Straßenverhältnissen und Situationen anpassen.

Der Fahrerraum ist mit jeglicher Art von Servogeräten ausgestattet. Für die gesamte elektrische und elektronische Anlage werden 1400 Meter Kabel mit 4000 Kontakten benötigt.

Die Aluminiumkarosserie ist mittels spezieller bimetallischer Platten (Feran) auf den Rahmen geschweißt. Zwei Stahlschotts (am Armaturenbrett und am Kofferraum) erhöhen zudem die Festigkeit des Wagens.

der Abtrieb, der am Unterboden entsteht. Dieser ist komplett verkleidet und mit einem automatisch ausfahrenden, zwischen den beiden Abgasrohren versteckten Heckspoiler ausgestattet. Das Chassis ist ein traditioneller Ferrari-Gitterrohrrahmen mit einer direkt darauf geschweißten Karosserie aus Leichtmetalllegierung, was dem Wagen eine enorme Festigkeit verleiht. Das 6-Gang-Getriebe sitzt zusammen mit dem Sperrdifferenzial an der Hinterachse, um die Gewichtsverteilung zu optimieren Mit zwei Passagieren, dem Kraftstoff sowie 20 Kilogramm Gepäck erreicht man die ideale Gewichtsverteilung von 50 zu 50 auf Vorder- und Hinterachse. Dies ist ein Garant für eine schnelle und sichere Übertragung bei der Lenkung.

Viel gepriesener Testarossa

Nach acht Jahren wird der neue, ultrasportliche Testarossa weiterentwickelt. Im Januar präsentiert Ferrari den neuen 512 TR in Amerika auf dem Autosalon von Los Angeles: wenige Veränderungen (siehe technische Beschreibung S. 179) an der Karosserie (an der Frontseite, um die aerodynamische Last zu verbessern, an der Motorhaube für eine wirksamere Abkühlung). Doch die mechanischen Teile werden alle überarbeitet, um die Besonderheit des Wagens im Vergleich zum Vorgängermodell noch stärker hervorzuheben. Der Zwölfzylinder-Boxer-Heckmotor hat ebenfalls 5 Liter Hubraum und 48 Ventile, seine Leistung steigt allerdings von 390 auf 429 PS, gut für eine Höchstgeschwindigkeit von 314 km/h und eine Beschleunigung von 0 auf 100 km/h in 4,98 Sekunden. Auch an der Lenkung nimmt man Verbesserungen vor. Das neue Modell findet große Akzeptanz, Ferrari rechnet mit einer Jahresproduktion von 1300 Stück.

1993 Übergangsphase

Die F93A von Jean Alesi (Nr. 27) und Gerhard Berger (Nr.28) beim Großen Preis von Monaco. Alesi wird Dritter, Berger produziert infolge eines Unfalls einen der 16 Ferrari-Ausfälle in dieser Saison.

Neue Vorschriften reduzieren den Überhang des Frontflügels von 120 auf 90 cm. Die maximale Fahrzeugbreite (an der Reifenaußenseite gemessen) wird von 215 auf 200 cm herabgesetzt.

Wieder zeichnen sich Veränderungen innerhalb des Formel-1-Teams ab. Und solange die Übergangsphase andauert, lassen herausragende Ergebnisse natürlich auf sich warten. Der Ingenieur Claudio Lombardi zeichnet nun für die Motoren verantwortlich; dieser Bereich stellt derzeit für Ferrari ein Risiko dar, da er sich, im Gegensatz zu früher, in einer Stagnationsphase befindet und dringend eines Schubs bedarf (so hat man beispielsweise erst vor kurzem mit der Entwicklung der pneumatischen Ventilsteuerung begonnen, die bei den siegreichen Renaults bereits seit Jahren eingesetzt wird). Der bisherige technische Leiter Harvey Postlethwaite wird zum Rennsportleiter ernannt, allerdings nur für kurze Zeit. Bereits am 1. Juli wird er auf Montezemolos Wunsch von dem Franzosen Jean Todt abgelöst, der von Peugeot kommt und als geradliniger Macher gilt. Doch es gibt noch weitere personelle Veränderungen: Montezemolo hat bereits in der verheerenden Rennsaison 1992 den Konstrukteur John Barnard zu Ferrari zurückgeholt. Auch diesmal hat man wieder Barnards Bedingung, in England zu arbeiten, akzeptiert und extra für ihn ein neues Technologiezentrum in Shalford mit der Bezeichnung FDD (Ferrari Design & Development) eingerichtet. In dieser Veränderungsphase entsteht der neue F93A, der in großer Eile und mit Behelfsmaßnahmen von Barnard selbst unter Mithilfe des Aerodynamikspezialisten George

F1 Weltmeisterschaft der Fahrer
1. Alain Prost auf *Williams*
2. Ayrton Senna auf *McLaren*
3. Damon Hill auf *Williams*
6. Jean Alesi auf einem *Ferrari F93A*
8. Gerhard Berger auf einem *Ferrari F93A*

F1 Weltmeisterschaft der Konstrukteure
1. Williams
2. Mc Laren
3. Benetton
4. Ferrari

Der V12 Ferrari geht von fünf Ventilen pro Zylinder auf vier über, allerdings mit einem noch nicht ausgereiften pneumatischen Rückholsystem. Die Leistung liegt bei etwa 720 PS.

Die neuen Normen schreiben eine Verkleinerung der Hinterreifen von 18 auf 15 Zoll vor (d.h. von 457 auf 381 mm); die Höhe des Flügels muss von 100 auf 95 cm reduziert werden.

F93A

Motor: hinten längs eingebaut, Zylinderblock aus Gusseisen, Zylinderköpfe aus Leichtmetalllegierung, V12 Zylinderwinkel 65°.
Hubraum: 3498 ccm. Bohrung x Hub (geschätzt): 88 x 47,9 mm. Leistung (geschätzt): 730 PS bei 14.7000 U/min, Spezifische Leistung (geschätzt): 208,7 PS/Liter.
Ventilsteuerung: zwei obenliegende Nockenwellen pro Zylinderreihe, fünf (ab dem Großen Preis von Deutschland: vier) schräg hängende Ventile pro Zylinder, pneumatische Schließung, Zahnräder; *Zündung:* Elektronische Zündung mit kontaktloser Spannungsverteilung.
Kraftstoffzufuhr: Elektronische Einspritzung (mit zwei Einspritzventilen pro Zylinder) von Weber Marelli, Länge des Einlasskanals variabel. *Schmierung:* Druck-Trockensumpfschmierung mit einem Ölkühler.
Antrieb: Hinterradantrieb. *Getriebe:* Getriebe: 6-Gang, sequentiell, hinten quer eingeb., halbautomatisch mit elektronischer Steuerung (mittels Hebel am Lenkrad) mit selbsttätigem Sperrdifferenzial.
Reifen: 25,0-10,0 x 13 v, 26,0-15,0 x 13 h
Karosserie: Monoposto mit Karosserie und Rahmen in Schalenbauweise aus Verbundwerkstoffen (Kohlenstoff und Kevlar in Wabenbauweise / Nomex). Vorder- und Hinterachse mit Querlenkern mit hydraulisch-elektronisch gesteuerter Aktivierung.
Kraftstofftank: hinter dem Fahrersitz (Inhalt: 225 Liter).
Bremsen: innenbelüftete Kohlenstoff-Scheibenbremsen.
Lenkung: Zahnstangenlenkung.
Maße und Gewicht: *Radstand:* 2930 mm
Spur: 1690 mm v, 1605 mm h. *Länge:* 4350 mm, Breite (an den Reifen): 1995 mm, Höhe: 995 mm
Gewicht fahrfertig: 505 kg
Fahrleistungen:
Verhältnis Gewicht/PS (geschätzt): 0,691 kg/PS

Spät aber dennoch: Ferrari testet aktive Hydraulik-Aufhängungen. Sie sind noch nicht ausgereift und funktionieren nur auf den (seltenen) sehr glatten Strecken.

Lenkrad und Armaturenbrett des F93A. Die Betätigungshebel der Gangschaltung befinden sich hinter den Speichen. Der digitale Drehzahlmesser reicht über 15.000 U/min.

Ryton gebaut wird. Letzterem blieb nicht einmal die Zeit, um Tests im Windkanal durchzuführen. Das Ergebnis ist ein einfacher, leichter und konventioneller Wagen, den man als Übergangsfahrzeug und sogar als rollendes Ferrari-Labor für die Entwicklung aktiver Aufhängungen (hydraulisch mit Elektroniksteuerung) ansieht. Vorreiter bei dieser Technologie ist Williams, wo man viele Entwicklungsjahre in diese Aufhängungen gesteckt hat.

Außerdem muss der F93A den neuen restriktiven Bestimmungen des Reglements für das Jahr 1993 Rechnung tragen: Reduzierung der Flügel-Überhänge und vor allem schmalere Vorderreifen (15 Zoll anstelle von 18) sowie eine maximale Breite (bei den Reifen), die von 215 auf 200 Zentimeter reduziert wird.

Ohne Hoffnung

Neben Jean Alesi soll Teamkollege Gerhard Berger den F93A fahren. Doch keiner der beiden Piloten vermag mit einem derart improvisierten Auto Wunder zu bewirken, zumal sich die Aufhängungen bei den Tests als ineffizient erweisen. Ihre Weiterentwicklung wird gestoppt, als zur Mitte der Saison für das Jahr 1994 ein drastisches Verbot der „Rahmenelektronik" bekannt gegeben wird (das Verbot wird vor allem von Montezemolo und Benetton befürwortet, während Williams, die mit Alain Prost und zehn Siegen die Weltmeisterschaft beherrschen, vehement dagegen ist). Auch der Ferrari-Motor befindet sich in einer Übergangsphase; es werden hier und dort Tests mit der pneumatischen Ventilsteuerung und einem Übergang von fünf zu vier Ventilen pro Zylinder durchgeführt. Ab diesem Jahr wird die Leistung nur noch mit geheimnisvollen Angaben wie „über 700 PS" bekannt gegeben (Gerüchte sprechen von 730 – 740 PS). Die Rennergebnisse sind ein weiteres Mal sehr bescheiden: Die beiden Fahrer verzeichnen 16 Ausfälle, einen einzigen zweiten Platz (Alesi) sowie zwei dritte Plätze (einen pro Fahrer). Bei den Konstrukteursweltmeisterschaften belegt Ferrari Platz Vier.

Der 348 Spider ist mit der Mechanik des 348 TS ausgestattet (und genauso schwer), doch er verfügt über eine echte offene Roadster-Karosserie, wie sie die Amerikaner bevorzugen. Der Wagen wird in Kalifornien präsentiert.

Unten: Die neue Spider-Version profitiert von den Neuerungen des 348 TB und TS: Aufhängungen, die die Stabilität erhöhen, weiterentwickelte Reifen sowie eine ausgewogenere Gewichtsverteilung.

Rechts: Spektakuläres Porträt des Cockpits im F93A während eines Rennens. Dank der Gangschaltung am Lenkrad liegt die Karosserieschale eng am Körper des Piloten (im Foto Alesi) an, was ein besseres Abstützen an den Seiten ermöglicht.

Produktion in der Krise

Die weltweit schlechte wirtschaftliche Lage wirkt sich immer stärker auf den Automarkt aus, der seit August 1992 rückläufig ist. Dies bekommt man auch bei Ferrari zu spüren. Die Jahresproduktion (2289 Stück) sinkt auf den tiefsten Stand seit 1982 (2209) ab. Doch in Maranello bereitet man sich schon auf den neuen Aufschwung vor: Im Mai wird die Erweiterung des Werks mit einer neuen Gießerei (9420 qm im Vergleich zu den früheren 3800 qm) fertiggestellt, das auf die Verarbeitung von Legierungen aus Aluminium und Magnesium spezialisiert ist. Außerdem präsentiert Ferrari in Hollywood am 27. Februar ein neues Modell, das vor allem für den amerikanischen Markt bestimmt ist: den 348 Spider, eine sportliche Variante des 348 GTS, diesmal nicht mit abnehmbarem Hardtop, sondern mit einem klassischen Cabrioletdach, das manuell betätigt wird. Das erste Exemplar wird bei einer Benefizveranstaltung unter der Schirmherrschaft der Schauspielerin Sharon Stone für 180.000 Dollar versteigert.

Marlboro
J.ALESI
Marlboro
Marlboro
Marlboro

1994 Erfolge in Übersee

F1 Weltmeisterschaft der Fahrer
1. Michael Schumacher auf *Benetton Ford*
2. Damon Hill auf *Williams Renault*
3. Gerhard Berger auf *Ferrari 412T1*
5. Jean Alesi auf *Ferrari 412 T1*

F1 Weltmeisterschaft der Konstrukteure
1. Williams Renault
2. Benetton Ford
3. Ferrari

F1 Grand Prix
Deutschland-Hockenheim
1. Gerhard Berger auf *Ferrari 412 T1*

500 Kilometer von Suzuka
1. Oloffson / Della Noce auf *Ferrari F40*

6 Stunden von Vallelunga
1. Oloffson / Della Noce auf *Ferrari F 40*

IMSA-Rennen
2 Stunden von Road Atlanta
1. Jay Cochran auf *Ferrari F333 SP*
2 Stunden von Lime Rock
1. Moretti / Salazar auf *Ferrari F333 SP*
3 Stunden von Watkins Glen
1. Moretti / Salazar auf *Ferrari F333 SP*
2 Stunden von Indianapolis
1. Moretti / Salazar auf *Ferrari F333 SP*
Großer Preis von Monterey
1. Evans / Velez auf *Ferrari F333 SP*

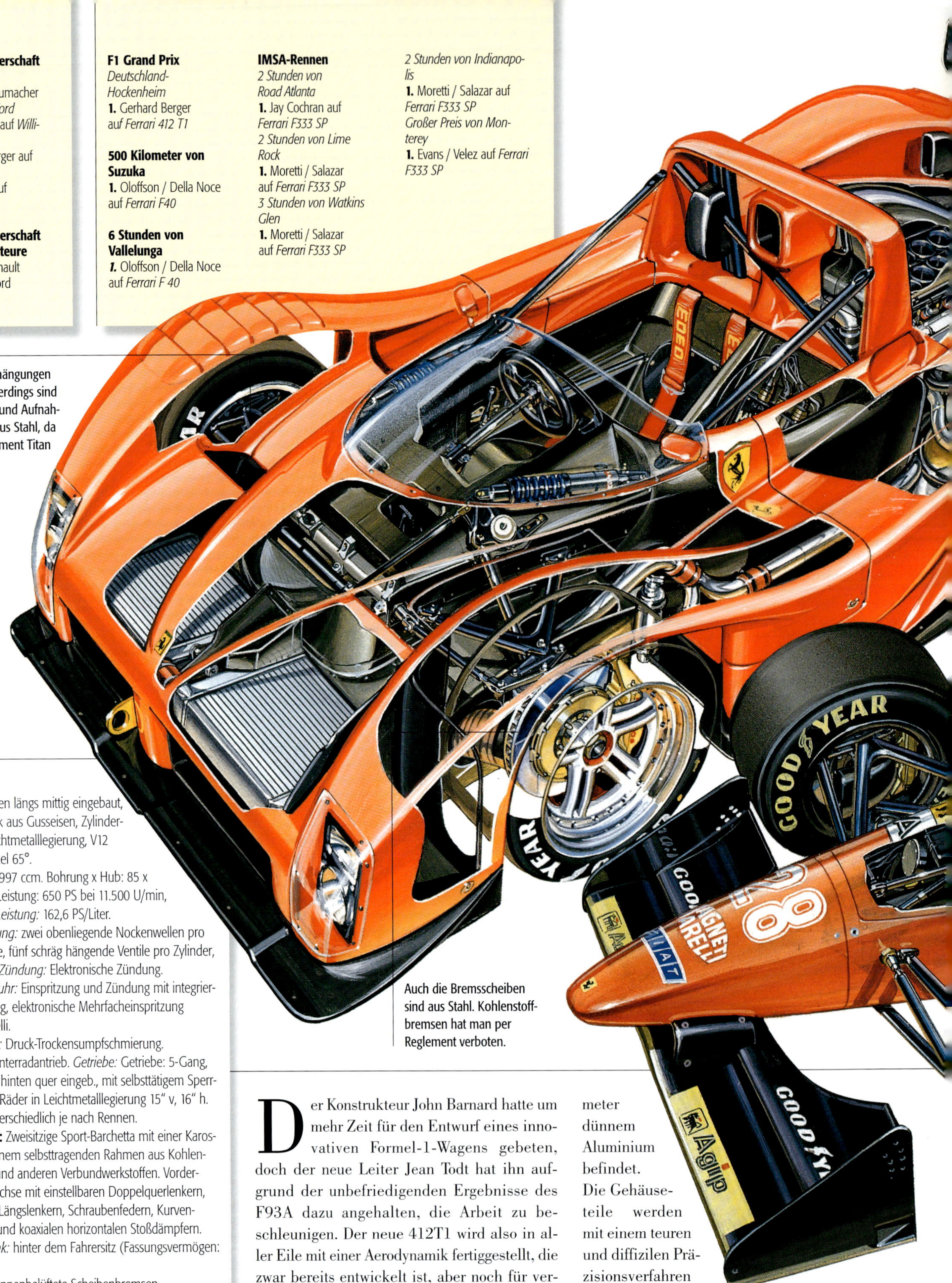

„Push-rod"-Aufhängungen wie beim F1, allerdings sind hier die Lenker und Aufnahmen komplett aus Stahl, da das IMSA-Reglement Titan verbietet.

Auch die Bremsscheiben sind aus Stahl. Kohlenstoffbremsen hat man per Reglement verboten.

F333 SP
Motor: hinten längs mittig eingebaut, Zylinderblock aus Gusseisen, Zylinderköpfe in Leichtmetalllegierung, V12 Zylinderwinkel 65°.
Hubraum: 3997 ccm. Bohrung x Hub: 85 x 58,70 mm. Leistung: 650 PS bei 11.500 U/min, Spezifische *Leistung:* 162,6 PS/Liter.
Ventilsteuerung: zwei obenliegende Nockenwellen pro Zylinderreihe, fünf schräg hängende Ventile pro Zylinder, Rollenkette. *Zündung:* Elektronische Zündung.
Kraftstoffzufuhr: Einspritzung und Zündung mit integrierter Steuerung, elektronische Mehrfacheinspritzung Weber Marelli.
Schmierung: Druck-Trockensumpfschmierung.
Antrieb: Hinterradantrieb. *Getriebe:* Getriebe: 5-Gang, sequenziell, hinten quer eingeb., mit selbsttätigem Sperrdifferenzial. Räder in Leichtmetalllegierung 15" v, 16" h.
Reifen: unterschiedlich je nach Rennen.
Karosserie: Zweisitzige Sport-Barchetta mit einer Karosserie und einem selbsttragenden Rahmen aus Kohlenstofffasern und anderen Verbundwerkstoffen. Vorder- und Hinterachse mit einstellbaren Doppelquerlenkern, „push-rod"-Längslenkern, Schraubenfedern, Kurvenstabilisator und koaxialen horizontalen Stoßdämpfern.
Kraftstofftank: hinter dem Fahrersitz (Fassungsvermögen: 70 Liter)
Bremsen: innenbelüftete Scheibenbremsen.
Lenkung: Zahnstangenlenkung.
Maße und Gewicht: *Radstand:* 2750 mm
Spur: 1660 mm v, 1572 mm h. *Länge:* 4600 mm, Breite: 2000 mm, Höhe: 1000 mm
Gewicht fahrfertig: 886 kg
Fahrleistungen: *Höchstgeschwindigkeit:* 368 km/h

Der Konstrukteur John Barnard hatte um mehr Zeit für den Entwurf eines innovativen Formel-1-Wagens gebeten, doch der neue Leiter Jean Todt hat ihn aufgrund der unbefriedigenden Ergebnisse des F93A dazu angehalten, die Arbeit zu beschleunigen. Der neue 412T1 wird also in aller Eile mit einer Aerodynamik fertiggestellt, die zwar bereits entwickelt ist, aber noch für verbesserungswürdig gehalten wird. Barnard hat den Wagen mit einem neuen, von ihm entwickelten und quer eingebauten 6-Gang-Getriebe mit sequenzieller Schaltung ausgestattet, das sich nicht wie üblich in einem verschweißten Gehäuse, sondern in einem aus 1 bis 2 Millimeter dünnem Aluminium befindet. Die Gehäuseteile werden mit einem teuren und diffizilen Präzisionsverfahren gestanzt und verschweißt. Die Vorteile: das System ist platzsparend und bietet eine maximale Strukturfestigkeit. Weitere mechanische Neuerungen sind die Aufhängungen aus Metallplättchenelementen zwischen Aufhängungslenker und

Der F333 SP (Sport Prototyp) mit Jay Cochran am Steuer gewinnt das 2-Stunden-Rennen von Road Atlanta. Bei allen amerikanischen IMSA-Rennen erweist sich der Ferrari als äußerst wettbewerbsfähig.

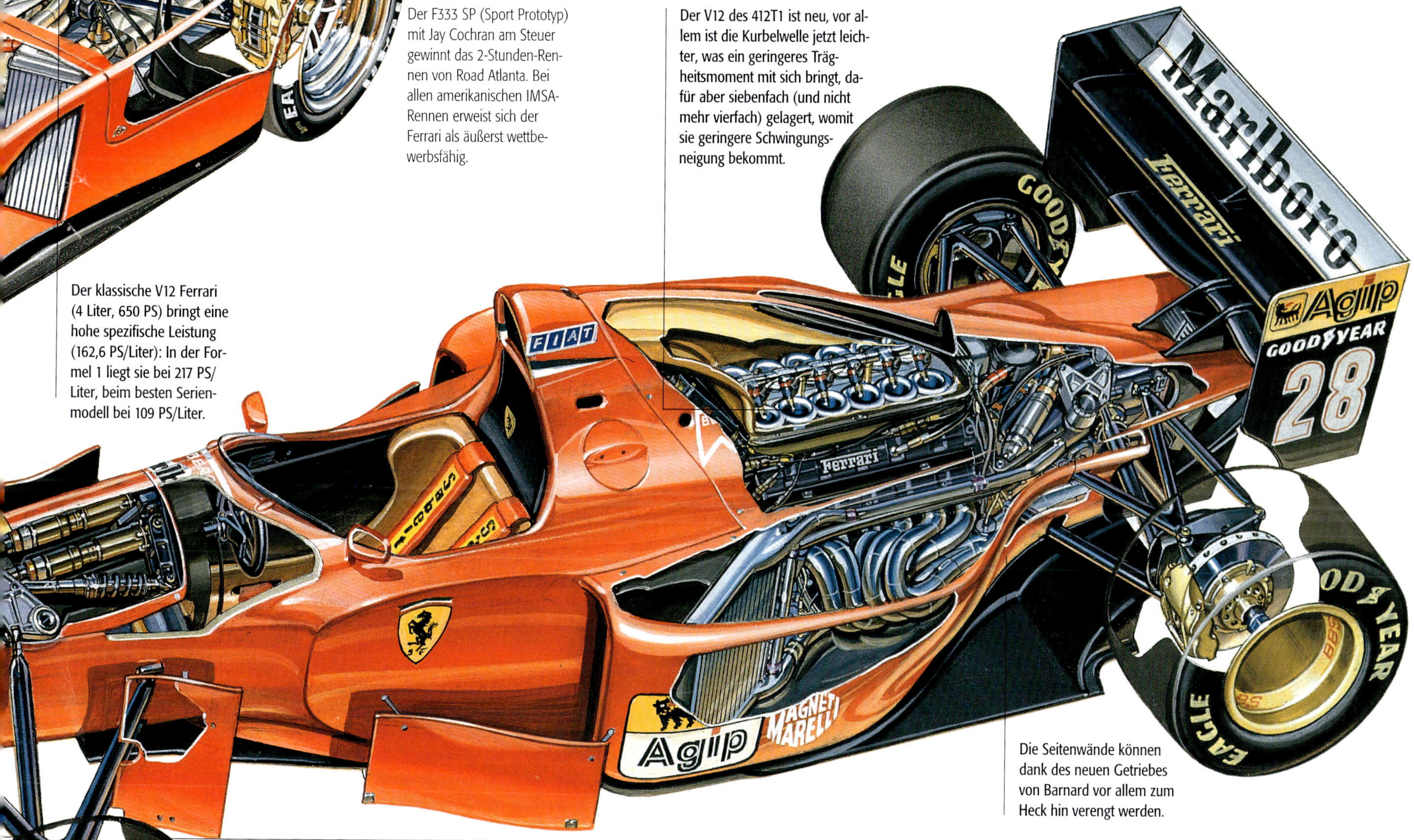

Der V12 des 412T1 ist neu, vor allem ist die Kurbelwelle jetzt leichter, was ein geringeres Trägheitsmoment mit sich bringt, dafür aber siebenfach (und nicht mehr vierfach) gelagert, womit sie geringere Schwingungsneigung bekommt.

Der klassische V12 Ferrari (4 Liter, 650 PS) bringt eine hohe spezifische Leistung (162,6 PS/Liter): In der Formel 1 liegt sie bei 217 PS/Liter, beim besten Serienmodell bei 109 PS/Liter.

Die Seitenwände können dank des neuen Getriebes von Barnard vor allem zum Heck hin verengt werden.

Rahmen (sie sind fester und leichter als die Kugelgelenke von Unibal) sowie die Federstäbe an der Vorder- und Hinterachse. Beide Neuerungen werden bald auch von allen anderen Formel-1-Teilnehmern übernommen.

Zu Anfang der Saison wird noch der Motor aus dem Vorjahr verwendet, doch schon nach wenigen Rennen ist der neue V12 mit einem von 65° auf 75° erweiterten Zylinderwinkel einsatzfähig; der Zylinderblock ist nach wie vor aus dünnem Gusseisen mit Laufbuchsen, die nicht mehr integriert, sondern aufgeschweißt und aus Aluminium sind; außerdem hat der Motor vier Ventile pro Zylinder mit pneumatischer Schließautomatik, die in einem weiteren Winkel (30° anstelle der bisherigen 10°) schräg angeordnet sind; die Bohrung wurde auf 90 mm erweitert. Die (nie offiziell angegebne) erhoffte Motorleistung soll über 760 PS bei über 15.000 U/min betragen.

Ein Lichtblick

Der F412T1 ist sicherlich ein fortschrittlicher Rennwagen, doch bei den Grands Prix weist er noch erhebliche Mängel in Bezug auf die Aerodynamik sowie in Sachen Zuverlässigkeit auf. Die Rückkehr von Gerhard Berger ins Team und seine inoffizielle Position als erster Fahrer irritiert Jean Alesi. Der Franzose, der sich noch von seinen bei einem Probelauf zugezogenen Verletzungen erholt, muss auf den zweiten und dritten Grand Prix verzichten, die der Einfahrer Nicola Larini für ihn übernimmt. Im gleichen Jahr kommt auch der großartige Pilot Ayrton Senna in Imola ums Leben, gleichzeitig beginnt Michael Schumacher seine steile Karriere und holt auf Benetton-Ford seinen ersten Weltmeistertitel. Ferrari ist in technischer Hinsicht im Vorteil, da die aktiven Aufhängungen abgeschafft wurden, deren Entwicklung der

Der Motor ist immer noch ein V8 mit 90° Zylinderwinkel, allerdings mit einem größeren Hubraum (3,5 Liter). Bei 380 PS bringt er es auf einen spezifische Leistung von 109 PS/Liter, was im Bereich der Serienwagen einen Rekord darstellt.

Oben: Die Berlinetta F355 GT sowie die Spiderversion F355 GTS (unteres Bild) sind völlig neue Modelle im vergleich zu den 348, deren Nachfolger sie darstellen.

Scuderia nicht gelungen war. Diese Verbot schmälert die Konkurrenzfähigkeit von Williams drastisch. Die Ergebnisse werden besser, wenn auch nicht überragend. Berger, Alesi und Larini müssen insgesamt 14 Ausfälle vermelden, steigen dafür aber auch elfmal aufs Podest. Berger gelingt es sogar einen Grand Prix, den Großen Preis von Deutschland, zu gewinnen.

Rot mit Stars and Stripes

Ohne die Rennabteilung damit zu belasten, die voll und ganz mit der Entwicklung der Formel-1-Wagen ausgelastet ist, greift man bei Ferrari den zweiten wichtigen Produktionszweig des Unternehmens wieder auf und fertigt einige Exemplare eines zweisitzigen Barchetta Sport-Prototypen an. Der Wagen ist exakt auf die Anforderungen der amerikanischen Rennen der IMSA-Kategorie (International Motor Sports Association) zugeschnitten und für private Teams gedacht. Ferrari selbst nimmt also nicht offiziell an den Rennen teil. Der F333SP wird auf Initiative des Vizepräsidenten Piero Ferrari entwickelt und stellt, wie schon seine Vorgängermodelle vor dreißig Jahren, eine interessante Mittlerposition zwischen der fortschrittlichen Technologie der Wettkampfwagen und den leistungsstarken Gran Turismo-Straßenwagen dar, an deren Weiterentwicklung man ständig arbeitet. Der Rahmen, der (ebenso wie die aerodynamische Struktur) in Zusammenarbeit mit der Spezialfirma Dallara entwickelt wurde, besteht ebenso wie die Formel-1-Wagen aus einem Kohlenstoff-Monocoque, er wiegt allerdings das Doppelte und liefert dafür auch doppelt so großen Schutz und Festigkeit. Auch die Aufhängungen sind denen des Monoposto nachempfunden. Der Mittel-Heckmotor ist ein klassischer V12 mit 65° Neigungswinkel und 60 Ventilen, 4 Liter Hubraum und 650 PS bei 11.500 U/min. Wie bei dem Formel-1-Wagen verfügt er über ein sequenzielles Getriebe, allerdings mit 5 Gängen und mechanischem Schalthebel wie bei den Gran Turismo-Straßenwagen. Acht F333SP gehen an drei Teams (an Momo von Giampiero Moretti, an Scandia sowie an Euro-

Eine der wichtigsten Innovationen beim Motor: fünf Ventile pro Zylinder anstatt vier sowie Titanpleuel (sie wiegen 35% weniger als Pleuel aus Stahl).

Der neue Rahmen hat keine Gitterrohre mehr, sondern besteht aus einer Gehäusestruktur; er ist bei Biegung um 27% fester, bei Verwinden um 22%, und dies ohne Gewichtserhöhung.

Die sportliche Anmutung des Fahrersitzes des F355 (Foto rechts) wird durch das Design des Lenkrades, die Schaltkulisse des 6-Gang-Getriebes sowie durch die Pedale aus durchbohrtem Aluminium unterstrichen.

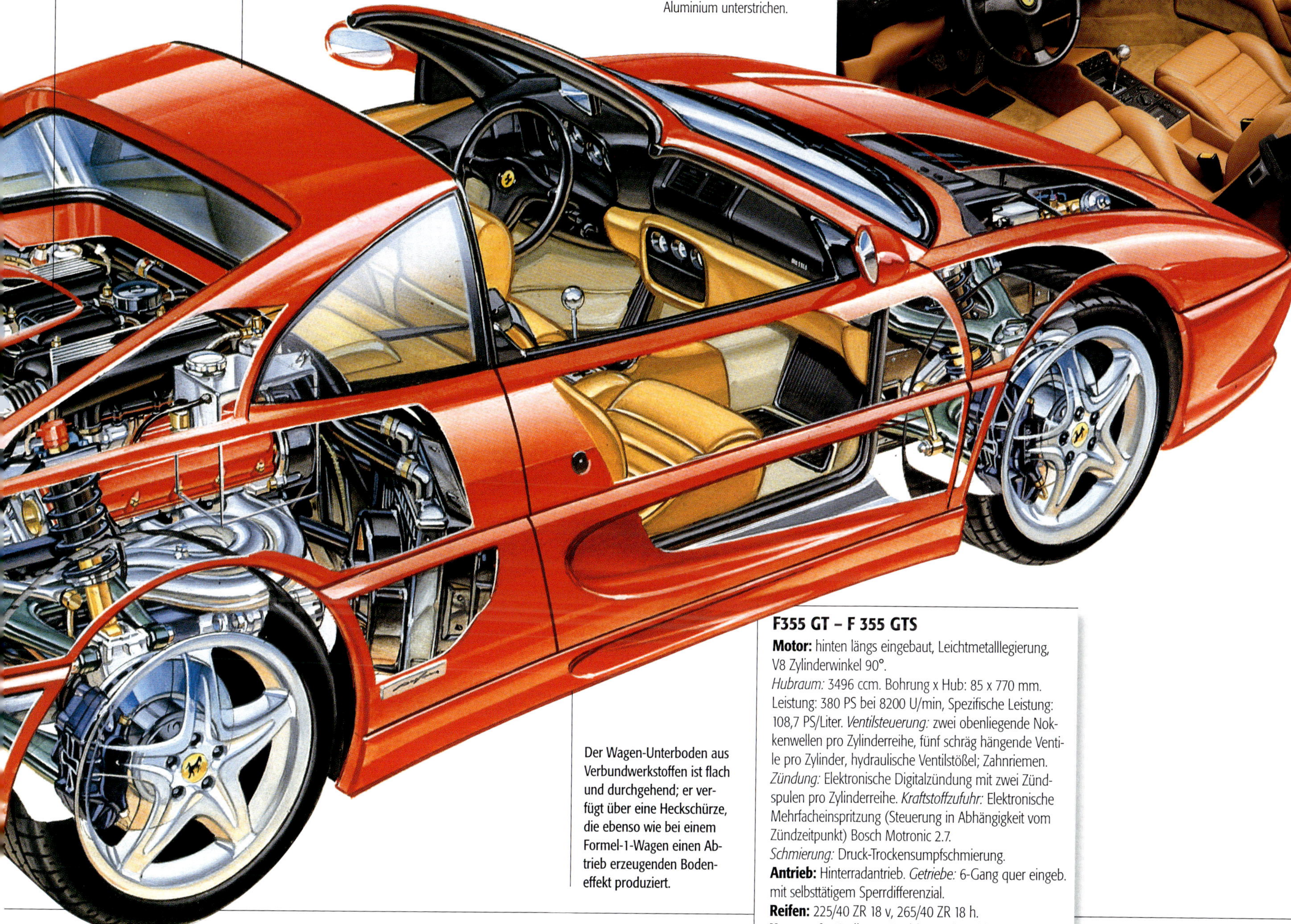

Der Wagen-Unterboden aus Verbundwerkstoffen ist flach und durchgehend; er verfügt über eine Heckschürze, die ebenso wie bei einem Formel-1-Wagen einen Abtrieb erzeugenden Bodeneffekt produziert.

motorsport). Zehn Piloten nehmen an der IMSA-Meisterschaft teil. Zwar sind die Wagen nicht rechtzeitig für das 24-Stunden- und das 12-Stunden-Rennen von Daytona bzw. Sebring einsatzbereit, die eine doppelte Punktzahl einbringen, dafür gewinnen sie alle verbleibenden Rennen der Saison. Nur um Haaresbreite geht Ferrari die Markenmeisterschaft durch die Lappen. Diesen Titel holt man sich allerdings im Jahr darauf mit Pauken und Trompeten!

Granturismo – Eine Neuauflage

Ferrari reagiert auf den schwachen Automarkt im Mai mit der Präsentation des F355 in den beiden traditionellen Versionen Berlinetta und GTS (Spider mit abnehmbarem Dach). Der F355 ist nicht nur die Weiterentwicklung der 348 TB und TS, sondern eine völlig eigenständige Konstruktion, von der Gehäusestruktur des Rahmens bis zum neu konzipierten Motor. Auf dem Pariser Autosalon stellt Ferrari ein weiteres, komplett überarbeitetes Modell vor: Der F512M (M für modifiziert) ist die jüngste Weiterentwicklung der Serie Testarossa-512TR mit einem Zwölfzylinder-Boxer-Heckmotor. Dank des Elektronik-Motormanagements bringt das Triebwerk eine Höchstleistung von 441 PS, das Drehmoment erreicht 51 mkg; das Gesamtgewicht der Motoreinheit sinkt auf 224,5 Kilogramm (nur knapp 0,5 kg/PS).

F355 GT – F 355 GTS

Motor: hinten längs eingebaut, Leichtmetalllegierung, V8 Zylinderwinkel 90°.
Hubraum: 3496 ccm. Bohrung x Hub: 85 x 770 mm. Leistung: 380 PS bei 8200 U/min, Spezifische Leistung: 108,7 PS/Liter. *Ventilsteuerung:* zwei obenliegende Nokkenwellen pro Zylinderreihe, fünf schräg hängende Ventile pro Zylinder, hydraulische Ventilstößel; Zahnriemen.
Zündung: Elektronische Digitalzündung mit zwei Zündspulen pro Zylinderreihe. *Kraftstoffzufuhr:* Elektronische Mehrfacheinspritzung (Steuerung in Abhängigkeit vom Zündzeitpunkt) Bosch Motronic 2.7.
Schmierung: Druck-Trockensumpfschmierung.
Antrieb: Hinterradantrieb. *Getriebe:* 6-Gang quer eingeb. mit selbsttätigem Sperrdifferenzial.
Reifen: 225/40 ZR 18 v, 265/40 ZR 18 h.
Karosserie: Berlinetta-Zweisitzer mit Stahl- und Aluminiumkarosserie (Design Pininfarina). Selbstragender Rahmen in Schalenbauweise mit Gitterrohren. Vorder- und Hinterachse mit einstellbaren Doppelquerlenkern, Schraubenfedern, Kurvenstabilisator und ölpneumatischen verbundenen Stoßdämpfern mit programmierbarer Kennung oder Automatik mit elektronischer Steuerung. Kraftstofftank: zweigeteilt hinter dem Cockpit (Fassungsvermögen: 88 Liter).
Bremsen: innenbelüftete Servo-Scheibenbremsen, ABS.
Lenkung: Zahnstangenlenkung, Servounterstützung geschwindigkeitsabhängig.
Maße und Gewicht: *Radstand:* 2450 mm.
Spur: 1514 mm v, 1615 mm h. *Länge:* 4250 mm, Breite: 1900 mm, Höhe: 1170 mm. *Gewicht fahrfertig:* 1430 kg (F355 GTS 1440 kg)
Fahrleistungen: *Höchstgeschwindigkeit:* 295 km/h
Verhältnis Gewicht/PS: 3,76 kg/PS (F355 GTS 3,78 kg/PS)

1995 Der letzte Sound des Zwölfzylinders

F1 Weltmeisterschaft der Fahrer
1. Michael Schumacher auf *Benetton*
2. Damon Hill auf *Williams*
3. David Coulthard auf *Williams*
5. Jean Alesi auf *Ferrari 412T2*
6. Gerhard Berger auf *Ferrari 412T2*

F1 Weltmeisterschaft der Konstrukteure
1. Benetton
2. Williams
3. Ferrari

IMSA-Meisterschaft der Fahrer
1. Fermin Velez auf *Ferrari F333SP*

IMSA-Meisterschaft der Marken
1. Ferrari

F1 Grand Prix
Kanada, Montreal
Jean Alesi auf *Ferrari 412 T2*

4 Stunden von Anderstorp
1. Ferté / Thévenin auf *Ferrari F 40*
Le Mans, Herbstrennen
1. Drudi / Rosenblad auf *Ferrari F40*

IMSA-Rennen
12 Stunden von Sebring
1. Evans / Velez / van de Poele auf *Ferrari F333 SP*

Drei Stunden von Halifax
1. Baldi / Velez auf Ferrari *F333 SP*

Grand Prix von Lime Rock
1. Taylor auf *Ferrari F333 SP*

3 Stunden von Texas
1. Taylor auf *Ferrari F333 SP*

200 Meilen von Phoenix
1. Fermin Velez auf *Ferrari F333 SP*

Unten: Bei den Grand Prix kehrt man zu den 3-Liter-Motoren zurück. Der Ferrari 412 T2 (hier im Rennen mit Alesi am Steuer) ist – und bleibt es auch – der letzte F1-Zwölfzylinder.

Rechts: Hier ist das erste Jubiläumsexemplar des F50 zum 50-jährigen Bestehen des Unternehmens in der Barchetta-Version zu sehen. Ein automobilistisches Kunstwerk in limitierter Auflage: Nur 349 Fahrzeuge werden von Hand bis 1997 angefertigt.

Beim Formel-1-Reglement tritt ein wichtiger Wendepunkt ein: Der Hubraum der Motoren wird mit dem Ziel, die Leistung zu verringern, von 3,5 auf 3 Liter herabgesetzt. Auch bei der Aerodynamik kommt es zu einer einschneidenden Beschränkung: Der flache Unterboden besteht nicht mehr aus einer einheitlichen Fläche, sondern ist abgestuft, d.h. ein großer Teil des Unterbodens (nämlich die großen Flächen unterhalb der Seitenkästen) wird auf eine Minimalhöhe von 6 cm über dem Boden erhöht, was zu einer deutlichen Reduzierung des Bodeneffekts führen soll. So wird auch die durch Nickbewegungen hervorgerufene aerodynamische Instabilität verringert. Es können nun weichere Aufhängungen eingesetzt werden, was für ein besseres Haftvermögen beim Bremsen sorgt und für eine bessere Traktion bei der Beschleunigung (vor allem nach dem Verbot des Einsatzes elektronischer Geräte zur Traktionskontrolle interessant). Bei all diesen Neuerungen vermeidet es Barnard, zu viele unbekannte Komponenten ins Spiel zu bringen; der Ferrari 412 T2 ist eigentlich eine Wiedergeburt des Vorjahres-Monoposto und wurde lediglich den neuen Vorschriften angepasst. Das Getriebe befindet sich noch immer in einem Gehäuse aus verschweißten Platten, die jetzt allerdings aus leichtem Titan bestehen. Innovativ ist indes der Motor: ein V12 mit 75° Zylinderwinkel mit einem Block aus rostfreiem Stahl mit hauchdünnen Wänden, den man entworfen hat, um die vorgeschriebene Verringerung des Hubraums auf 3 Liter mit sehr hohen, rekordverdächtigen Drehzahlen zu kompensieren (gesetztes Ziel: 17.000). Die offizielle Motorleistung sinkt jedoch auf „über 600 PS“. Es ist der letzte Motor, für den der Ingenieur Lombardi verantwortlich zeichnet (er wechselt in den Produktionsbereich). Vor allem aber ist es der letzte noch in der Formel 1 eingesetzte Zwölfzylinder. Auch Ferrari passt sich nämlich der allgemeinen Tendenz in Richtung Zehnzylinder an: Ingenieur Paolo Martinelli, Lombardis Nachfolger, entwickelt für das nächste Jahr

Ferrari

Das Design ist durch eine gewisse funktionale Eleganz geprägt. Von der vorderen Luftansaugung bis zum Heckflügel sind die auf minimale Größe reduzierten Mechanikteile von einer einheitlichen Linie umgeben.

Weder die starken Bremsen noch das Lenkrad verfügen über Servounterstützung. Der Pilot hat dadurch wie bei einem Rennwagen die volle und direkte Kontrolle über das Fahrzeug.

Der zentrale Karosseriekörper, der das Cockpit umschließt, besteht komplett aus Kohlefasern und Kunststoff-Kleber von Cytec Aerospace Ltd. Er wiegt knapp 102 Kilo und verfügt über eine Verdrehfestigkeit von 3550 mkg pro Grad.

Der F50 ist ein Sammlerstück und wird zu Recht als der Formel-1-Wagen der Straße bezeichnet, da er nach den neuesten technologischen Erkenntnissen für Rennwagen konzipiert ist – gleichzeitig gilt er als ein echter Gran Turismo-Straßenwagen. Es gibt ihn als Barchetta und als Berlinetta (oben im Bild).

eine solche Motoreinheit und führt damit eine umwälzende Neuerung im Hause Ferrari ein.

Alesis Revanche

Die Rennergebnisse des 412T2 bleiben bescheiden, vor allem, weil es dem Wagen an Zuverlässigkeit fehlt. Alesi und Berger haben bei insgesamt 34 Starts 15 Ausfälle zu verzeichnen. Doch wenn er ein Rennen durchsteht, erweist sich der Ferrari durchaus als konkurrenzfähig. Berger steigt sechsmal aufs Podest, Alesi fünfmal, und in Kanada steht er sogar auf einer höheren Treppenstufe als sein Teamkollege. Es ist der erste Sieg in seiner Karriere (und auch der einzige), mit dem er Berger in der Weltmeisterschaftswertung überrundet: Alesi wird am Ende Fünfter, Berger dagegen nur Sechster. Bei der Weltmeisterschaft der Konstrukteure belegt Ferrari Platz Drei, hinter dem Benetton von Michael Schumacher (der zum zweiten Mal Weltmeister wurde) und hinter Williams.

Juwel für ein halbes Jahrhundert

Schon lange vor dem eigentlichen Stichtag präsentiert Ferrari auf dem Genfer Autosalon einen GT-Superwagen, entwickelt zur Feier des 50jährigen Jubiläums der Marke Ferrari (1947-1997) – den F50, auch Formel-1-Wagen der Straße genannt. Der seit 1989 auf Initiative von Piero Ferrari entstandene und seit 1991 schrittweise als Prototyp gebaute F50 verfügt in weiten Bereichen über die Technik der Grand-Prix-Wagen aus Maranello. Sein Motor ist ein hinten längs eingebauter V12 mit 65° Zylinderwinkel mit einem Block aus Sphäroguss mit dünnen Seitenwänden und integrierten Laufbuchsen (mit Nikasil beschichtet); er wiegt nur 198 kg, ist äußerst fest und übernimmt damit die tragende Funktion der Hinterradaufhängungen. Seine Pleuel bestehen aus einer Titanlegierung, die Ventilsteuerung verfügt über fünf radiale Ventile pro Zylinder. Mit 4 Liter Hubraum bringt er eine Leistung von 520 PS (111 PS/Liter) sowie ein Drehmoment von 48 mkg bei 6500 Umdrehungen, das bereits bei 2000 Um-

Nicht nur die Einlasskanäle, auch der Auslass ist in zwei Längen verstellbar (je nach Drehmoment oder Leistung).

F50

Motor: hinten mittig längs eingeb., Zylinderblock aus Gusseisen, Zylinderköpfe aus Leichtmetalllegierung, V12 Zylinderwinkel 65°.
Hubraum: 4698 ccm. Bohrung x Hub: 85 x 69 mm. Leistung: 520 PS bei 8500 U/min, Spezifische Leistung: 110,7 PS/Liter. *Ventilsteuerung:* zwei obenliegende Nokkenwellen pro Zylinderreihe, fünf schräg hängende Ventile pro Zylinder, Mehrfachkette *Zündung:* Elektronische Zündung. *Kraftstoffzufuhr:* Einspritzung und Zündung mit integrierter Steuerung, elektronische Mehrfacheinspritzung Bosch Motronic M 2.7.
Schmierung: Druck-Trockensumpfschmierung.
Antrieb: Hinterradantrieb.
Getriebe: 6-Gang mit selbsttätigem Sperrdifferenzial.
Reifen: 245/35 ZR 18 v, 335/30 ZR 18 h.
Karosserie: Berlinetta oder Barchetta-Zweisitzer nach Wahl mit Karosserie aus Verbundwerkstoffen (Design Pininfarina). Selbsttragender Rahmen aus Kohlefaser. Vorder- und Hinterachse mit einstellbaren Doppelquerlenkern, Schraubenfedern, Kurvenstabilisator und ölpneumatischen verbundenen Stoßdämpfern mit automatischer Kennung mittels Elektroniksteuerung.
Kraftstofftank: hinter dem Cockpit (Fassungsvermögen: 105 Liter).
Bremsen: innenbelüftete Scheibenbremsen.
Lenkung: Zahnstangenlenkung.
Maße und Gewicht: *Radstand:* 2580 mm
Spur: 1620 mm v, 1602 mm h. *Länge:* 4480 mm, Breite: 1986 mm, Höhe: 1120 mm
Gewicht fahrfertig: 1230 kg
Fahrleistungen: *Höchstgeschwindigkeit:* 325 km/h
Verhältnis Gewicht/PS: 2,36 kg/PS

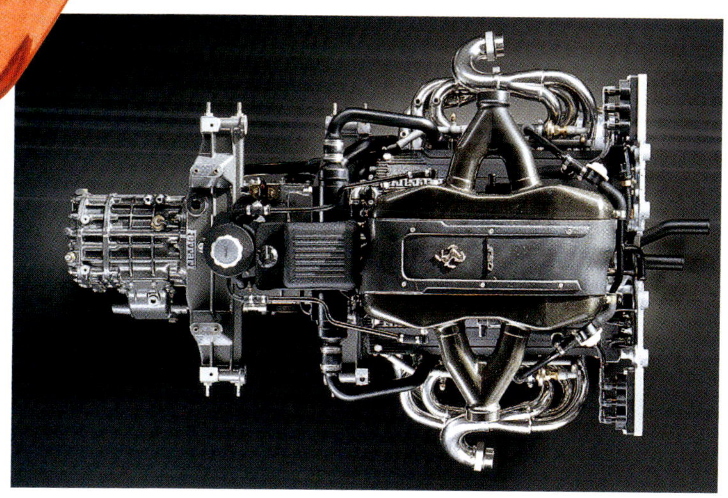

Rechts: Die Motor-Getriebe-Sperrdifferenzialeinheit des F50: eine wunderbare technische Skulptur.

drehungen bei 34 mkg liegt und damit Garant für eine hervorragende Lenkbarkeit ist. Das Getriebe hat sechs Gänge mit „schneller" Kupplung und manueller Schaltung. Die Karosserie stammt von Pininfarina, sie ist schlicht, ihre Linie passt sich kleidsam der technischen Konzeption sowohl in der Berlinetta- als auch in der Barchetta-Version an. Die Höchstgeschwindigkeit des Wagens beträgt 325 km/h. Vom F50, einem wahren Kultobjekt für Sammler, sollen nur 349 nummerierte Exemplare angefertigt werden. Das letzte wird im Jubiläumsjahr 1997 gebaut.

Links: Die Bandbreite der F355 GT (Berlinetta) und GTS (Typ „Targa") wird um diese Spiderversion erweitert: es ist der erste Ferrari mit Automatik-Stoffverdeck.

Auf den beiden nachfolgenden Seiten: Der F50 ist ein Meilenstein in der Geschichte der Ferrari Gran Turismo und verdient damit vollauf dieses doppelseitige Porträt.

1996

Zu neuen Ufern

Michael Schumacher bei seinem Ferrari-Debüt mit dem F310. Er fährt mit der Nr. 1, weil er 1994 und 1995 (auf Benetton) den Weltmeistertitel gewann. Hier am Nürburgring wird er Zweiter mit 726/1000stel Rückstand auf den Williams von Jacques Villeneuve.

Der F310 hat nur zwei Pedale (die Kupplungsbetätigung befindet sich am Lenkrad). Schumacher bremst mit dem linken Fuß und kann gleichzeitig rechts in der Endphase der Abdrosselung wieder beschleunigen.

F310

Motor: hinten mittig längs eingeb., Zylinderblock und Zylinderköpfe aus Leichtmetalllegierung, V10 Zylinderwinkel 75°.
Hubraum: 2998 ccm. Bohrung x Hub (geschätzt): 90 x 47,2 mm. Leistung (geschätzt): circa 700 PS bei 16.500 U/min, Spezifische Leistung (geschätzt): circa 233,5 PS/Liter.
Ventilsteuerung: zwei obenliegende Nockenwellen pro Zylinderreihe, vier schräg hängende Ventile pro Zylinder, pneumatisch schließend, Zahnräder;
Zündung: Elektronische Zündung mit kontaktloser Hochspannungsverteilung
Kraftstoffzufuhr: Elektronische Einspritzung von Marelli, Länge der Einlasskanäle variabel. *Schmierung:* Druck-Trockensumpfschmierung mit zwei Ölkühlern.
Antrieb: Hinterradantrieb.
Getriebe: 6-7 Gang, sequenziell, Gehäuse aus Titan, hinten quer eingeb., halbautomatisch mit Elektroniksteuerung mit selbsttätigem Sperrdifferenzial.
Reifen: Aus Leichtmetalllegierung (Zentralverschluss), Durchmesser 13".
Karosserie: Monoposto mit Karosserie und Rahmen in Schalenbauweise aus Verbundwerkstoffen (Kohlenstoff und Kevlar mit „Bienenwaben" aus Nomex).
Vorderachse mit Querlenkern und diagonaler Strebe („push-rod"), Drehstabfedern, Teleskopstoßdämpfern; Hinterachse mit Querlenkern und „push-rod", Drehstabfedern, Teleskopstoßdämpfern.
Kraftstofftank: hinter dem Fahrersitz.
Bremsen: innenbelüftete Kohlenstoff-Scheibenbremsen.
Lenkung: Zahnstangenlenkung.
Maße und Gewicht: *Radstand:* 2900 mm
Spur: 1690 mm v, 1605 mm h. *Länge:* 4355 mm, Breite (über Reifen): 1995 mm, Höhe: 970 mm
Gewicht fahrfertig mit Fahrer: 600 kg
Fahrleistungen:
Verhältnis Gewicht/PS (geschätzt mit Fahrer): 0,857 kg/PS.

In der Formel 1 ist dies ein entscheidendes Jahr für Ferrari. Montezemolo und Jean Todt haben den stärksten und qualifiziertesten Nachfolger Ayrton Sennas eingekauft: Michael Schumacher, zweifacher Weltmeister, erst 26 Jahre alt. Das ihm zugesicherte Honorar von 40 Milliarden Lire pro Saison (etwa 20 Millionen Euro) sorgt vorübergehend für Aufruhr, doch die Ausgabe ist eine sichere Investition. Mehr noch als vom Geld ist Schumacher von dem Ehrgeiz getrieben, den Mythos Ferrari wieder aufleben zu lassen. Er ist ein Fahrer, der über herausragende teamorientierte Eigenschaften verfügt: Er besitzt ein ausgeprägtes Urteilsvermögen, das er einsetzt, um mit den Technikern eine auf Vertrauen basierende Zusammenarbeit einzugehen, bei der man an einem gemeinsamen Ziel arbeitet: die Leistung des Wagens zu steigern. Es findet um Schumacher herum eine Neuordnung des Ferrari-Teams statt, die mit einer langsam wiedergewonnenen Konkurrenzfähigkeit einhergeht. Für die aktuelle Saison sind allerdings die Würfel schon gefal-

F1 Weltmeisterschaft der Fahrer
1. Damon Hill auf *Williams Renault*
2. Jacques Villeneuve auf *Williams Renault*
3. Michael Schumacher auf *Ferrari F310*
10. Eddie Irvine auf *Ferrari F310*

F1 Weltmeisterschaft der Konstrukteure
1. Williams Renault
2. Ferrari
3. Benetton Renault

F1 Grand Prix
Spanien, Barcelona-Montmelò
1. Michael Schumacher auf *Ferrari F310*

Belgien, Spa-Francorchamps
1. Michael Schumacher auf *Ferrari F310*

Italien, Monza
1. Michael Schumacher auf *Ferrari F310*

IMSA-Rennen
3 Stunden von Road Atlanta
1. Moretti / Papis auf *Ferrari F333SP*
Großer Preis von Limes Rock
1. Moretti / Papis auf *Ferrari F333SP*
6 Stunden von Watkins Glen
1. Moretti / Papis auf *Ferrari F333SP*
4 Stunden von Anderstorp
1. Olofsson / Della Noce auf *Ferrari F40 GTE*

Das sequenzielle elektrohydraulische Getriebe ist in einem Gehäuse aus federleichten geschweißten Titanplatten quer eingebaut. Es hat zunächst sechs, später sieben Gänge.

Die Seitenwände sind erhöht, die kleine Ebene darunter erzeugt Wirbel entlang der Seiten, was den Abtrieb am flachen Unterboden fördert.

Der 046 genannte Motor ist der erste Zehnzylinder in der Geschichte Ferraris. Er ist kompakter und leichter als der V12: er misst in der Länge nur 58 cm und wiegt 120 kg.

len. Der neue Monoposto F310 ist fertig und mit dem V10-Motor mit 75° Zylinderwinkel ausgestattet. John Barnard, der den V12 wegen seiner Sperrigkeit und seines hohen Verbrauchs ausgemustert hat, wollte sogar einen noch schlankeren und leichteren Achtzylinder einbauen. Doch Jean Todt fällt schließlich die Entscheidung zugunsten des V10, mit dem bereits Honda und Renault gute Erfolge erzielt haben und der sich in der Formel 1 immer stärker durchsetzt. Die angegebene Leistung liegt bei „mehr als 600 PS", inoffiziell wird sie auf knapp 700 PS geschätzt.
Schumacher fordert vor allem ein Höchstmaß an Zuverlässigkeit: „Im Moment halte ich es für weniger bedeutend, 10 oder 20 PS mehr unter der Motorhaube zu haben. Momentan ist es wichtig, immer ans Ziel zu kommen." Das Getriebe ist nach wie vor das 6-7-Gang-Getriebe im Titangehäuse, es wurde allerdings überarbeitet und ist nun kompakter. Erstmals tauchen in diesem Ferrari die handbediente Kupplung (das Pedal verschwindet) und das „Armaturenbrett-Lenkrad" auf, d.h. fast alle Instrumente sowie die zahlreichen Schalter und Drehknöpfe befinden sich nun am Steuer. Die Aerodynamik des F310 ist originell. Barnard hat teilweise das Konzept des doppelten Unterbodens wieder aufgegriffen, das ohne großen Erfolg beim F92A aus dem Jahr 1992 eingesetzt

Transparenz beim neuen V10 mit 75° Zylinderwinkel mit Zylinderblock und Köpfen aus Leichtmetalllegierung. Er leistet fast 700 PS bei 16.500 U/min. Die Zuverlässigkeit lässt sich allerdings noch steigern. Bei den Grands Prix von Frankreich und Italien gibt es Motorschäden.

Der 550 Maranello lehnt sich auch im Design an die großen sportlichen GT-Straßen- und Rennwagen an; er verfügt über einen Zwölfzylinder-Frontmotor.

Eine Elektronik ermittelt in jedem Moment die ideale Kennung der Stoßdämpfer je nach Straßenverhältnissen, Beschleunigung, Lenkeinschlagwinkel sowie Druck auf die Bremsen.

Der sportliche zweisitzige Fahrerraum: im Retro-Design, doch mit jeglichem modernem Komfort von der Klimaautomatik bis zur Stereoanlage.

wurde. Das erneuerte, abgespeckte Konzept ist nun einfacher: Die Seitenwände wurden erhöht und im vorderen Bereich abgetrennt, so dass nun in diesem Bereich auch die Oberseite des flachen Unterbodens zur Verstärkung des Bodeneffekts genutzt werden kann.

Saison im Aufwärtstrend

Als zweiter Fahrer wird Michael Schumacher der ungestüme Ire Eddie Irvine zur Seite gestellt. Schumacher fährt immer am Limit und übertreibt es zum Teil mit seinem Eifer. Das geht so weit, dass er in Monte-Carlo aus der Pole Position startet, aber bereits in der ersten Runde einen Crash verursacht. Zudem unterstützt ihn der F310 noch nicht mit der gewünschten Zuverlässigkeit. Beim Großen Preis von Frankreich kann Schumacher nicht starten, da der Motor bei der Aufwärmrunde explodiert. Doch die Gesamtbilanz am Saisonende lässt dennoch hoffen: Trotz sechs Ausfällen holt der deutsche Weltmeister fünfmal die Pole Position und steigt mit drei Siegen insgesamt siebenmal auf das Siegertreppchen. Ferrari erobert diesmal den zweiten Platz in der Konstrukteursweltmeisterschaft.

Maranello – was für eine Leidenschaft!

Im Bereich der Gran Turismo räumt der F512M, letzter Nachfolger des Testarossa und des Zwölf-

Die Aluminiumkarosserie ist in den Gitterrohr-Stahlrahmen mittels durchgehender Verschweißungen mit bimetallischen Feran-Platten integriert, was eine sehr feste Gesamtstruktur ergibt.

Die Hydrolenkung (ZF Servotronic) mit elektronischer Steuerung und variabler, geschwindigkeitsbasierter Unterstützung garantiert auch mit dem starken Frontmotor weiche und präzise Lenkmanöver.

Der 550 Maranello bei einer Testfahrt auf der Rennstrecke. In Fiorano holt er gegenüber dem F512M mit Mittelmotor drei Sekunden pro Runde auf, da er trotz des vorne eingebauten V12 wendiger ist.

550 Maranello

Motor: vorne längs eingebaut, Leichtmetalllegierung, V12 Zylinderwinkel 65°; Hubraum: 5474 ccm. Bohrung x Hub: 88 x 75 mm. Leistung: 485 PS bei 7000 U/min, Spezifische Leistung: 88,6 PS/Liter.
Ventilsteuerung: zwei obenliegende Nockenwellen pro Zylinderreihe, vier schräg hängende Ventile pro Zylinder, hydraulische Ventilstößel, zwei Zahnriemen.
Kraftstoffzufuhr: Einspritzung und Zündung mit integrierter Steuerung; elektronische Mehrfacheinspritzung Bosch Motronic M 5.2.
Schmierung: Druck-Trockensumpfschmierung.
Antrieb: Hinterradantrieb.
Getriebe: 6-Gang mit selbsttätigem Sperrdifferenzial an der Hinterachse.
Reifen: 255/40 ZR 18 v, 295/35 ZR 18 h.
Karosserie: Berlinetta-Zweisitzer mit Karosserie aus Aluminiumblech (Design Pininfarina). Gitterrohrahmen; Vorder- und Hinterachse mit einstellbaren Doppelquerlenkern, Schraubenfedern, Kurvenstabilisator und koaxialen ölpneumatischen Stoßdämpfern mit elektronisch programmierbarer Kennung.
Kraftstofftank: vor der Hinterachse (Fassungsvermögen: 114 Liter).
Bremsen: innenbelüftete Servo-Scheibenbremsen, ABS.
Lenkung: Zahnstangenlenkung, elektrohydraulische Servosteuerung.
Maße und Gewicht: *Radstand:* 2500 mm
Spur: 1632 mm v, 1586 mm h. *Länge:* 4550 mm, Breite: 1935 mm, Höhe: 1277 mm. *Gewicht fahrfertig:* 1690 kg
Fahrleistungen: *Höchstgeschwindigkeit:* 320 km/h
Verhältnis Gewicht/PS: 3,48 kg/PS

Der Radstand ist im Vergleich zum 456 GT um 100 mm verkürzt, Motor und Sitze nach hinten versetzt, das Getriebe befindet sich hinten. Das Gewicht lastet zu 52% auf der Hinterachse.

Dank der guten Aerodynamik des 550 Maranello liegt der Auftrieb in jeder Trimmlage bei Null.

zylinder-Boxer-Heckmotors, das Feld für den neuen 550 Maranello, den Schumacher am Nürburgring vorstellt und damit nicht nur bei seinen Landsleuten eine Welle der Ferrari-Begeisterung auslöst. Der neue Wagen bezeichnet eine Rückkehr zur großen Ferrari-Tradition der sportlichen Gran-Turismo-Wagen mit Zwölfzylinder-Frontmotor und großem Hubraum. Diese „Rückkehr in die Zukunft" ist ein Erfolg auf der ganzen Linie: Der Wagen ist mit der Mechanik des 456 GT-Viersitzers ausgestattet, die allerdings mit den neuesten Technologien aufgerüstet wurde und nun in die Karosserie eines kompakteren Zweisitzers eingebaut ist. Der Motor (Leistungssteigerung auf 485 PS) wurde weiter nach hinten verlagert, das Gesamtgewicht ist stärker auf die Hinterachse verteilt (48% auf der Vorderachse), was zu einer bessern Wendigkeit in der Kurve (dank eines optimalen Trägheitsmoments) und einem optimierten Handling führt. Das Design von Pininfarina ist ein neuer Meilenstein: weich, rund und dynamisch zugleich, klassisch mit deutlichen avantgardistischen Zügen. In der Version 456 GTA mit Automatikschaltung wird der 456 GT sogar noch „straßenfähiger". Es ist außerdem das erste Mal, dass ein Wagen mit Automatikschaltung eine Höchstgeschwindigkeit von 300 km/h erreicht.

1997 Drei siegreiche Männer

F1 Weltmeisterschaft der Fahrer
1. Jacques Villeneuve auf *Williams Renault*
2. Heinz-Harald Frentzen auf *Williams Renault*
3. David Coulthard auf *McLaren-Mercedes*
7. Eddie Irvine auf *Ferrari F310/B*

Anmerkung: Michael Schumacher (2. auf einem Ferrari F310/B nach Punktzahl) wird aus der Weltmeisterschaftswertung wegen Disqualifizierung ausgeschlossen.

F1 Weltmeisterschaft der Konstrukteure
1. Williams Renault
2. Ferrari
3. Benetton Renault

F1 Grand Prix
Monaco, Monte-Carlo
1. Michael Schumacher auf *Ferrari F310/B*

Kanada, Montreal
1. Michael Schumacher auf *Ferrari F310/B*

Frankreich, Magny Cours
1. Michael Schumacher auf *Ferrari F310/B*

Belgien, Spa-Francorchamps
1. Michael Schumacher auf *Ferrari F310/B*

Japan, Suzuka
1. Michael Schumacher auf *Ferrari F310/B*

IMSA-Rennen
12 Stunden von Sebring
1. Evans / Velez / Dalmas/ Johansson auf *Ferrari F333SP*

Großer Preis von Lime Rock
1. Montermini / Hermann auf *Ferrari F333SP*

2 Stunden von Mosport
1. Morgan / Fellow auf *Ferrari F333SP*

2 Stunden von Pikes Peak
1. Montermini / Hermann auf *Ferrari F333SP*

2 Stunden Oktoberfest von Sebring
1. Montermini / Hermann auf *Ferrari F333SP*

Rennen in Zolder
1. Lienhard / Theys auf *Ferrari F333SP*

Nicht nur der Bug, sondern der gesamte Frontteil ist höher und schlanker: die obere Kopfseite der Motorhaube ist tief und länglich. Auch der Pedalbereich und die Beine des Piloten sind nun erhöht.

Der F310B hat einen neuen, schmalen und länglicheren Karosseriekörper mit erhöhtem Bug, um die aerodynamische Strömung an der Wagenunterseite zu optimieren und dadurch den Bodeneffekt zu verstärken.

Die Berlinetta 355 F1 in der Version mit zweifacher Gangschaltung: elektrohydraulisch mit Schalthebeln am Lenkrad, dem Beispiel des F1 folgend, oder mit Automatikschaltung.

Ein weiteres wichtiges Jahr für Ferrari (jenseits der aktuell erzielten Ergebnisse), in dem die Grundsteine für die nachfolgenden Formel-1-Erfolge gelegt werden. Im Einvernehmen mit Montezemolo führt Jean Todt die Neuordnung des Teams zu Ende. Im Februar kündigt er den Vertrag mit Barnard auf und setzt damit der italienisch-englischen Zweiteilung ein Ende. Ab sofort befindet sich die gesamte Rennsportleitung wieder in Maranello, wo man gerade mit dem Bau des neuen, imposanten Windkanals beginnt, ein Entwurf des berühmten Architekten Renzo Piano, und ausgestattet mit den modernsten Technologien. Vor allem aber bringt Jean Todt frischen Wind in die technische Leitung der Scuderia: Neuer Direktor wird der Nuklearingenieur Ross Brawn (43 Jahre), den Bereich Rahmen und Aerodynamik übernimmt der südafrikanische Spezialist Rory Byrne (53 Jahre). Somit ist nun wieder das technische Team vereint, das Michael Schumacher bei Benetton 1994 und 1995 zu seinen Weltmeistertiteln verhalf.

Schrittweise Entwicklung

Der neue Monoposto von Barnard ist bereits fertig und trägt die Bezeichnung F310B. Der Wagen basiert auf einem anderen Entwurf als sein Vorgängermodell von 1996. Der neue Karosseriekörper ist dünn und schlank, sein Bug etwas erhöht. Die gesamte Karosserie ist konzipiert, um die Wirkung der Flügel zu optimieren, indem dichte und saubere Strömungen Richtung Heck fließen. Die neuen Erkenntnisse sind allerdings zu Saisonbeginn noch nicht ausgereift. Wie schon zuvor beklagt sich Barnard, zur Eile angetrieben worden zu sein. Nun holt man das Duo Brawn und Byre, um dort einzuschreiten, wo es möglich ist. Und tatsächlich gelingt es, den F310B im Laufe des Jahres in verschiedenen Phasen mit deutlichen Veränderungen an den äußeren Teilen weiterzuentwickeln. Und auch der Motor hat eine schrittweise Verbesserung nötig. Beim neuen V10 046/2 treten bei den hohen vorgesehenen

Die oberen Karosserieoberflächen gehen vorne fließend in den Fahrzeugbug über; sie sind glatt und kompakt, um so die Wirkung des Heckflügels zu unterstützen. Der Radstand wurde um 35 mm verlängert.

Die neue Version 046/2 des V10 hat einen Zylinderblock aus einer Legierung aus Aluminium, Silizium und Magnesium mit dünnen Wänden, der in einem Präzisionsgussverfahren hergestellt wird. Die aufgeschweißten Laufbuchsen bestehen aus Stahl.

Der Pilot sinkt halb liegend weiter in den Fahrerraum ein, seine Beine sind erhöht. Dadurch liegt der Schwerpunkt tiefer und der Frontbereich wird verkürzt.

Jerez, Großer Preis von Europa: Michael Schumacher rammt mit seinem Ferrari den Williams von Jacques Villeneuve. Das nervenaufreibende Duell der beiden, das sich über das gesamte Jahr hinzieht, endet mit der Disqualifizierung des Ferrari-Piloten.

Drehzahlen (bis zu 17.500 Umdrehungen für eine Motorleistung weit über 700 PS) Dichtprobleme auf, was Ferrari zwingt, die Saison mit dem 046/1 aus dem Vorjahr zu beginnen. Doch schon wenige Monate später bieten sowohl der Motor als auch das neue, inzwischen längs eingebaute (die geringere Breite soll die Aerodynamik am Heck verbessern) 7-Gang-Getriebe mit geschweißtem Titangehäuse – dank einiger Kohlenstoffteile nun leichter – die gewünschte Zuverlässigkeit.

Jagd nach dem Titel

Für Michael Schumacher entwickelt sich die zweite Saison bei Ferrari positiv. Die Zuverlässigkeit des F310B nimmt zu, und die beinahe akrobatischen Anstrengungen des Weltmeisters aus Deutschland lassen die Überlegenheit von Williams-Renault zusammenschrumpfen. Schumacher hat nur noch vier Ausfälle zu verzeichnen, er kann den sieben Siegen von Jacques Villeneuve immerhin fünf entgegenhalten. Beim letzten Rennen, in Jerez, liegt der Ferrari-Pilot mit nur drei Punkten im Rückstand. Wenn er hier gewinnt, gehört der Titel ihm. In der 48. Runde liegt er noch in Führung, als Villeneuve ihn einholt und ihn mit einem Überraschungsmanöver angreift; Schumacher reagiert instinktiv und rammt den Wagen von Villeneuve mit einem Reifen in die Seite. Ein fataler Fehler, für den er doppelt bezahlen muss: Er kommt von der Piste ab (während Villeneuve, des Weltmeistertitels sicher, weiter fährt) und verliert außerdem durch eine Disqualifizierung seine gesamte Jahrespunktzahl.

Ein bisschen F1 auch auf der Straße

Nur eine Neuerung gibt es bei den Gran Turismo: die Berlinetta 355 F1. Er ist eine Version des F 335, daher die Bezeichnung; sein elektronisch gesteuerter Antrieb stammt aus der Formel 1.

1998
Es geht voran

Michael Schumacher im Cockpit seines F300. Im Lenkrad sind mittlerweile alle Instrumente und Steuerungsfunktionen integriert, so dass ein Armaturenbrett verzichtbar ist.

Rechts: Nach jedem Sieg fährt Schumacher mit seinem Ferrari an den Boxen vorbei und dankt dem gesamten Team. Diese Geste der Freude wiederholt er insgesamt sechsmal entlang der gesamten Absperrung.

Hohe Schnauze und tiefer Schwerpunkt: diese Struktur wird Ferrari in den nächsten Jahren beibehalten. Gegenwärtig darf der zusätzliche Ballast zum Austarieren des Gewichts maximal 20 Kilo b etragen.

Neue Vorschriften zur Drosselung der Leistung bringen bei der Formel 1 enorme technische Unbekannte ins Spiel: Die Reifen dürfen nicht mehr glatt (Slicks), sondern müssen profiliert sein, um die bodenhaftende Oberfläche zu verringern; die Spurweite muss um 20 Zentimeter verringert werden, während der Karoseriekörper vorne um 20% breiter werden muss. Um die negativen Auswirkungen dieser neuen Vorschriften möglichst gering zu halten, überarbeiten alle Konstrukteure ihre Projekte gründlich. Zeitgleich zu diesen Neuerungen bringt Ferrari den ersten Monoposto des neuen Technikerduos Rory Byrne und Ross Brawn heraus, den F300. Der Wagen wurde eigens den speziellen Fahrbedürfnissen von Michael Schumacher angepasst. Bei der Entwicklung des F300 versucht man erstmals, jedes einzelne Fahrzeugteil mit so wenig Gewicht wie möglich zu bauen, was den Einsatz des damit immer wichtigeren Ballastes ermöglicht. Dieser wird unter dem Karosseriekörper platziert, um den Schwerpunkt abzusenken und gleichzeitig die polaren Trägheitsmomente zu verringern. Auch der neue V10 mit der Bezeichnung 047 im F300 (mit einer geschätzten Leistung von über 770 PS) weist in diese technische Richtung. Der Zylinderwinkel wird von 75° auf 80° erweitert und die Nockenwelle weiter nach unten versetzt. Damit sinkt der Schwerpunkt des Motors um 15 Millimeter. Byrne hatte indes noch nicht die Möglichkeit, den neuen fortschrittlichen Windkanal zu benutzen. Nichtsdestoweniger überzeugen die Entscheidungen, die man beim F300 hinsichtlich der Aerodynamik getroffen hat. Man tendiert immer stärker zu einem höheren Bug sowie zu schlankeren Seitenwänden, die dank eines kleineren Kühlerblocks realisierbar ist. Der von 2950 auf 3080 mm verlängerte Radstand wird nur auf den schnelleren Strecken von Spa und Monza eingesetzt.

Ein neuer Gegner

Der F300 bietet Michael Schumacher die Chance eines noch aggressiveren Fahrstils. Schu-

Mobil 1
Mobil 1

F1 Weltmeisterschaft der Fahrer
1. Mika Häkkinen auf *McLaren-Mercedes*
2. Michael Schumacher auf *Ferrari F300*
3. David Coulthard auf *McLaren-Mercedes*
4. Eddie Irvine auf *Ferrari F300*

F1 Weltmeisterschaft der Konstrukteure
1. McLaren-Mercedes
2. Ferrari
3. Williams Renault

Beim neuen V10 047 wird bereits eine neue, leichtere Ventilsteuerung eingesetzt. Ein perfektioniertes Viskose-Sperrdifferenzial mit elektronischer Steuerung verringert die Traktionsprobleme.

Schlankere Seitenkästen und ein Kühlerblock, dessen Oberfläche dank einer bis über 110° ansteigenden Betriebstemperatur der Kühlerflüssigkeit verringert werden kann.

macher setzt sich vor allem auf regennasser Fahrbahn durch, da ihm die hohe Zuverlässigkeit des Wagens die entsprechende Sicherheit verleiht. Doch nun taucht ein Gegner auf, der ernster zu nehmen ist als Williams. Er heißt McLaren-Mercedes, und er hat einen Rahmen, der die durch das neue Reglement entstandenen Nachteile fast hundertprozentig ausgleicht und zudem über einen sehr leichten Motor (107 kg) mit einer Leistung von knapp 800 PS verfügt. Mit diesem technisch unschlagbaren Fahrzeug räumt Mikka Häkkinen mit seinen Gegnern auf, die er allesamt gleich beim ersten Rennen überrundet: Mit acht Siegen wird Häkkinen Weltmeister. Schumacher ist der einzige, der ihm die Stirn bietet. Er gewinnt sechs Rennen, zweimal wird er aufgrund äußerer Umstände ausgebremst. In Spa-Francorchamps führt er bei sintflutartigem Regen, als der überrundete McLaren von Coulthard vor ihm bremst und dadurch einen Auffahrunfall auslöst; beim letzten Rennen der Saison in Japan stoppt ihn ein Reifendefekt.

Komfortable Neuerungen

Die Gran Turismo-Serie 456 GT und GTA (Automatik) wird weiterentwickelt: Die eleganten und leistungsstarken viersitzigen Coupés mit V12-Frontmotor mit großem Hubraum (5,5 Liter) zeitigen seit vielen Jahren enorme Verkaufserfolge (ein Stück pro Tag). Nun werden sie natürlich auf den neuesten Stand gebracht und erhalten die Bezeichnungen 456 M GT und 456 M GTA, wobei das M für modifiziert steht, wie es seit jeher bei Ferrari Tradition ist. Die Veränderungen betreffen vor allem die Aerodynamik (die durch ein neues Design der Wagenunterseite verbessert wurde, um so, trotz der Eliminierung des Luftwiderstand produzierenden Verstellflügels, einen ausgewogenen Abtrieb zu erzeugen). Außerdem wird der Komfort des Wagens dank diverser Neuerungen erhöht. Bei gleichbleibender Leistung (442 PS) erfährt auch der Motor eine Modernisierung. Die Lenkbarkeit wird dank einer neuen Zünd-

F1 Grand Prix

Argentinien, Buenos Aires
1. Michael Schumacher auf *Ferrari F300*

Kanada, Montreal
1. Michael Schumacher auf *Ferrari F300*

Frankreich, Magny Cours
1. Michael Schumacher auf *Ferrari F300*

Großbritannien, Silverstone
1. Michael Schumacher auf *Ferrari F300*

Ungarn, Hungaroring
1. Michael Schumacher auf *Ferrari F300*

Italien, Monza
1. Michael Schumacher auf *Ferrari F300*

Der Komfort des viersitzigen Coupés 456 M GT (modifiziert) wird durch verschiedene Veränderungen verbessert, von der Schalldämmung des Cockpits über die Optimierung der Aufhängungen bis hin zur Modernisierung der Innenausstattung.

Den Fahrersitz hat man noch tiefer ins Cockpit versenkt; die Kopfstütze wurde weiter nach hinten versetzt, was eine Liegeposition des Fahrers ergibt.

Im Oktober 1998 stellt ein 550 Maranello Serienwagen auf Initiative der beiden Autozeitschriften Quattroruote und Car and Driver auf einer ovalen Strecke in Ohio (USA) drei neue Weltrekorde auf: 100 km mit einer Durchschnittsgeschwindigkeit von 304,138 km/h; 100 Meilen mnit 306,037 km/h und eine Stunde mit 296,168 km/h.

folge der zwölf Zylinder verbessert (1-7-5-11-3-9-6-12-2-8-4-10 anstelle der klassischen Reihenfolge 1-12-5-8-3-10-6-7-2-11-4-9, die besser für die hohen Drehzahlen der Formel 1 geeignet ist), was zu einer gleichmäßigeren Entwicklung des Drehmoments auch im Minimalbereich führt. Bei den klassischen Karosserielinien wird nur die Motorhaube verändert: Sie ist nun glatter und runder, die Öffnungen zur Luftentweichung sind entfallen, außerdem wurde ihr Gewicht durch die Verwendung von Kohlenstoff und Kevlar um 11 Kilo verringert.

F300

Motor: hinten längs eingeb., Zylinderblock und Zylinderköpfe aus Leichtmetalllegierung, V10 Zylinderwinkel 80°.
Hubraum: 2997 ccm. Bohrung x Hub (geschätzt): 95 x 42,30 mm. Leistung (geschätzt): 770-780 PS bei circa 17.500 U/min, Spezifische Leistung (geschätzt): circa 256,9-260,3 PS/Liter. *Ventilsteuerung*: zwei obenliegende Nockenwellen pro Zylinderreihe, vier schräg hängende Ventile pro Zylinder, pneumatisch schließend, Zahnräder; *Zündung:* Elektronische Zündung mit kontaktloser Hochspannungsverteilung. *Kraftstoffzufuhr:* Elektronische Digitaleinspritzung von Magneti Marelli, Länge der Einlasskanäle variabel. *Schmierung:* Druck-Trockensumpfschmierung mit Ölkühler.
Antrieb: Hinterradantrieb.
Getriebe: 7 Gang, sequenziell, hinten längs eingeb., halbautomatisch mit Elektroniksteuerung (Schaltung mittels Hebel am Lenkrad) mit selbsttätigem, elektronisch gesteuertem viskosem Sperrdifferenzial.
Reifen: Leichtmetalllegierung (Zentralverschluss), Durchmesser 13".
Karosserie: Monoposto mit Karosserie und Rahmen in Schalenbauweise aus Verbundwerkstoffen (Kohlenstoff und Kevlar mit „Bienenwaben" aus Nomex). Vorderachse mit Querlenkern und diagonaler Strebe („push-rod"), Drehstabfedern, Teleskopstoßdämpfern; Hinterachse mit Querlenkern und „push-rod", Drehstabfedern, Teleskopstoßdämpfern. *Kraftstofftank:* hinter dem Fahrersitz (Fassungsvermögen 142 Liter).
Bremsen: innenbelüftete Kohlenstoff-Scheibenbremsen.
Lenkung: Zahnstangenlenkung.
Maße und Gewicht: *Radstand:* 2953 mm.
Spur: 1490 mm v, 1405 mm h. *Länge:* 4340 mm, Breite (über Reifen): 1795 mm, Höhe: 961 mm
Gewicht fahrfertig mit Fahrer: 600 kg
Fahrleistungen: *Verhältnis Gewicht/PS (geschätzt mit Fahrer):* 0769-0,779 kg/PS

1999 Technischer Sieg

16. Mai: Erstmals ein Doppelsieg für Ferrari beim Großen Preis von Monaco: es gewinnt Michael Schumacher (im Bild) mit einem Vorsprung von 30 s auf Eddie Irvine; beide fahren den neuen starken F399.

Der Radstand wurde von 2950 mm auf 3050 mm verlängert, um das Gewicht der Massen besser verteilen und das Trägheitsmoment verringern zu können, indem man Motor, Kraftstofftank und Pilot weiter nach vorne versetzt.

Der F399 hat auffällige, oberhalb der Karosserie liegende Auspuffrohre. Mit dieser vorteilhaften Lösung konnte man das Heck schmaler gestalten.

Viele Rahmenkomponenten wurden neu positioniert, um den Schwerpunkt des Wagens abzusenken: auch die Stoßdämpfer 380 Gramm pro Stück) sind nicht mehr wie früher oben quer eingebaut, sondern vertikal in der Mitte.

F399

Motor: hinten längs eingeb., Zylinderblock und Zylinderköpfe aus Leichtmetalllegierung, V10 Zylinderwinkel 80°. *Hubraum:* 2997 ccm. Bohrung x Hub (geschätzt): 96 x 41,4 mm. Leistung (geschätzt): 770-780 PS bei circa 17.500 U/min, Spezifische Leistung (geschätzt): circa 256,9-260,3 PS/Liter.
Ventilsteuerung: zwei obenliegende Nockenwellen pro Zylinderreihe, vier schräg hängende Ventile pro Zylinder, pneumatisch schließend, Zahnräder; *Zündung:* Elektronische Zündung mit kontaktloser Hochspannungsverteilung *Kraftstoffzufuhr:* Elektronische Digitaleinspritzung von Magneti Marelli, Länge der Einlasskanäle variabel.
Schmierung: Druck-Trockensumpfschmierung mit Ölkühler.
Antrieb: Hinterradantrieb.
Getriebe: 7 Gang, sequenziell, hinten längs eingeb., halbautomatisch mit Elektroniksteuerung (Schaltung mittels Hebel am Lenkrad) mit selbsttätigem, elektronisch gesteuertem Sperrdifferenzial.
Reifen: Leichtmetalllegierung (Zentralverschluss), Durchmesser 13".
Karosserie: Monoposto mit Karosserie und Rahmen in Schalenbauweise aus Verbundwerkstoffen (Kohlenstoff und Kevlar mit „Bienenwaben" aus Nomex). Vorder- und Hinterachse mit Querlenkern und diagonaler Strebe („push-rod"), Drehstabfedern und Teleskopstoßdämpfern.
Kraftstofftank: hinter dem Fahrersitz.
Bremsen: innenbelüftete Kohlenstoff-Scheibenbremsen.
Lenkung: Zahnstangenlenkung.
Maße und Gewicht: *Radstand (offiziell):* 3000 mm (später auf 3052 mm verlängert). *Spur:* 1490 mm v, 1405 mm h. *Länge:* 4387 mm, Breite (über Reifen): 1795 mm, Höhe: 961 mm
Gewicht fahrfertig mit Fahrer: 600 kg
Fahrleistungen: *Verhältnis Gewicht/PS (geschätzt mit Fahrer):* 0769-0,779 kg/PS

Keine Reglementänderung in der Formel 1 – die einzige Neuigkeit ist der Rückzug des Reifenherstellers Goodyear. Nun bemüht sich Bridgestone um den Zuschlag, alle Formel-1-Teams mit Reifen zu beliefern. In dieser Zeit ohne große Veränderungen haben Rory Byrne und Ross Brawn die erforderliche Ruhe, den F399 in jene Richtung weiterzuentwickeln, mit der sie im Vorjahr begonnen haben. Man sucht weiter nach Möglichkeiten, das Gewicht des Wagens zu verringern und am Ende wiegt der gesamte Monoposto 20 Kilo weniger als das Vorgängermodell. Damit steigt der zur Senkung des Schwerpunkts eingesetzte Ballast auf über 40 Kilo an. Auch die aerodynamischen Formen werden weiter verfeinert: Die Seitenkästen sind nun kürzer und fließen in den unteren Teil des Hecks ein, so dass man den hinteren Teil des Wagens noch stärker zum Flaschenhals verengen kann. Ein gut aufeinander eingespielter Stab von Technikern ermöglicht diese Lösungen, die durch eine gute Zusammenarbeit zwischen den für die Motoreinheit und den für den Rahmen verantwortlichen Teams zustande kamen. Der neue V10 mit 80° Zylinderwinkel 048, ein Entwurf von Martinelli in Zusammenarbeit mit dem französischen Ingenieur Gilles Simon (früher bei Peugeot, wie auch Jean Todt), wurde in Hinblick auf den abgesenkten Schwerpunkt konzipiert:

F1 Weltmeisterschaft der Fahrer
1. Mika Häkkinen auf *McLaren-Mercedes*
2. Eddie Irvine auf *Ferrari F399*
3. Heinz-Harald Frentzen auf *Jordan Mugen*
5. Michael Schumacher auf *Ferrari F399*

F1 Weltmeisterschaft der Konstrukteure
1. Ferrari
2. McLaren-Mercedes
3. Jordan Mugen

F1 Grand Prix
Australien, Melbourne
1. Eddie Irvine auf *Ferrari F399*

San Marino, Imola
1. Michael Schumacher auf *Ferrari F399*

Monaco, Monte-Carlo
1. Eddie Irvine auf *Ferrari F399*

Österreich, A1 Ring
1. Eddie Irvine auf *Ferrari F399*

Deutschland, Hockenheimring
1. Eddie Irvine auf *Ferrari F399*

Malaysia, Sepang
1. Eddie Irvine auf *Ferrari F399*

Das Gewicht der einzelnen Fahrzeugteile wird erneut reduziert; der Ballast, der dazu dient, den Schwerpunkt des Wagens abzusenken und für eine ausgewogene Gewichtsverteilung zu sorgen, überschreitet dadurch die 40-Kilogramm-Marke.

Schumacher fällt infolge eines schweren Unfalls in Silverstone für sechs Grand Prix-Rennen aus. Ferrari setzt auf Strategie und so gelingt es dank Eddie Irvine und Mika Salo, den Weltmeistertitel der Konstrukteure zu erringen.

Er ist um 5% leichter (circa 6 kg), die Nockenwelle wurde nochmals um 5 Millimeter in das Kurbelgehäuse abgesenkt. Da der Motor nun eine geringere Höhe und Breite hat, und sich die nach oben weisenden Abgasrohre oberhalb der Karosserie befinden, trägt auch er zu einer verbesserten Aerodynamik des F399 bei. Die Seitenkästen können nun stärker nach unten verjüngt werden. Die Leistung wird gegenüber der Höchstleistung des Vorjahres nicht erhöht, dafür macht man deutliche Fortschritte bei der Lenkbarkeit des Wagens, die für den besonderen Fahrstil Michael Schumachers große Bedeutung hat: Schumacher fährt aggressiv und kontrolliert gleichzeitig die Übersteuerung der Leistung, indem er die Beschleunigung in der Kurve vorwegnimmt. Auch diese Entscheidung bedeutet, dass das Team bei der Verfolgung gemeinsamer Ziele eng zusammenarbeiten muss.

Eine nervenaufreibende Saison

Der F399 ist wettbewerbsfähig, die Erfolge gehen abwechselnd an Ferrari und an den McLaren-Mercedes MP4/14. Beim ersten Grand Prix des Jahres in Australien wird Schumacher indes von technischen Problemen ausgebremst, es gewinnt stattdessen sein Teamkollege Eddie Irvine. Bei den folgenden Rennen gewinnt einmal Häkkinen, einmal Schumacher, einmal holt Ferrari einen Doppelsieg (in Monte-Carlo, was noch nie zuvor der Fall war), und in Spanien gewinnt wieder ein McLaren-Mercedes. Doch beim achten Grand Prix, in Silverstone, werden die Karten vom Schicksal neu gemischt: Aufgrund einer Bremsschraube, die sich gelocker hat, kommt Michael Schumacher bei 300 km/h von der Piste ab. Der Aufprall ist fürchterlich und es scheint wie ein Wunder, dass der Pilot nur mit einem doppelten Bruch des rechten Beins davonkommt. Er fällt allerdings für die nächsten sechs Grands Prix aus. Bei Ferrari er-

360 Modena

Motor: hinten längs eingebaut, Leichtmetalllegierung, Titanpleuel, V8 Zylinderwinkel 90°; Hubraum: 3586 ccm. Bohrung x Hub: 85 x 79 mm. Leistung: 400 PS bei 8500 U/min, Spezifische Leistung: 111,54 PS/Liter. *Ventilsteuerung:* Fünf Ventile pro Zylinder, variable Taktierung. *Zündung:* statische Elektronikzündung von Bosch. *Kraftstoffzufuhr:* Elektronische Mehrfacheinspritzung (mit der Steuerung der Zündung kombiniert); Bosch Motronic ME 7.3. *Schmierung:* Druck-Trockensumpfschmierung.
Antrieb: Hinterradantrieb
Getriebe: 6-Gang mit selbsttätigem Sperrdifferenzial. Elektronisches ASR-System (Antriebssteuerung) und MSR-System (elektron. gesteuertes Rückstellmoment).
Reifen: 215/45 ZR 18 v, 275/40 ZR 18 h.
Karosserie: Berlinetta-Zweisitzer mit Aluminiumkarosserie (Design Pininfarina). Gitterrohrahmen aus Aluminium; Vorder- und Hinterachse mit einstellbaren Doppelquerlenkern, Schraubenfedern, Kurvenstabilisator und koaxialen ölpneumatischen Teleskopstoßdämpfern. *Kraftstofftank:* hinten aus Leichtmetalllegierung (Fassungsvermögen: 95 Liter).
Bremsen: innenbelüftete Servo-Scheibenbremsen, ABS, EBD (elektronische Verteilung der Bremskraft).
Lenkung: Zahnstangenlenkung.
Maße und Gewicht: *Radstand:* 2600 mm
Spur: 1669 mm v, 1617 mm h. *Länge:* 4477 mm, Breite: 1922 mm, Höhe: 1214 mm. *Gewicht fahrfertig:* 1390 kg
Fahrleistungen: *Höchstgeschwindigkeit:* über 295 km/h; Beschleunigung von 0 auf 100 km/h in 4,5 sek.
Verhältnis Gewicht/PS: 3,47 kg/PS

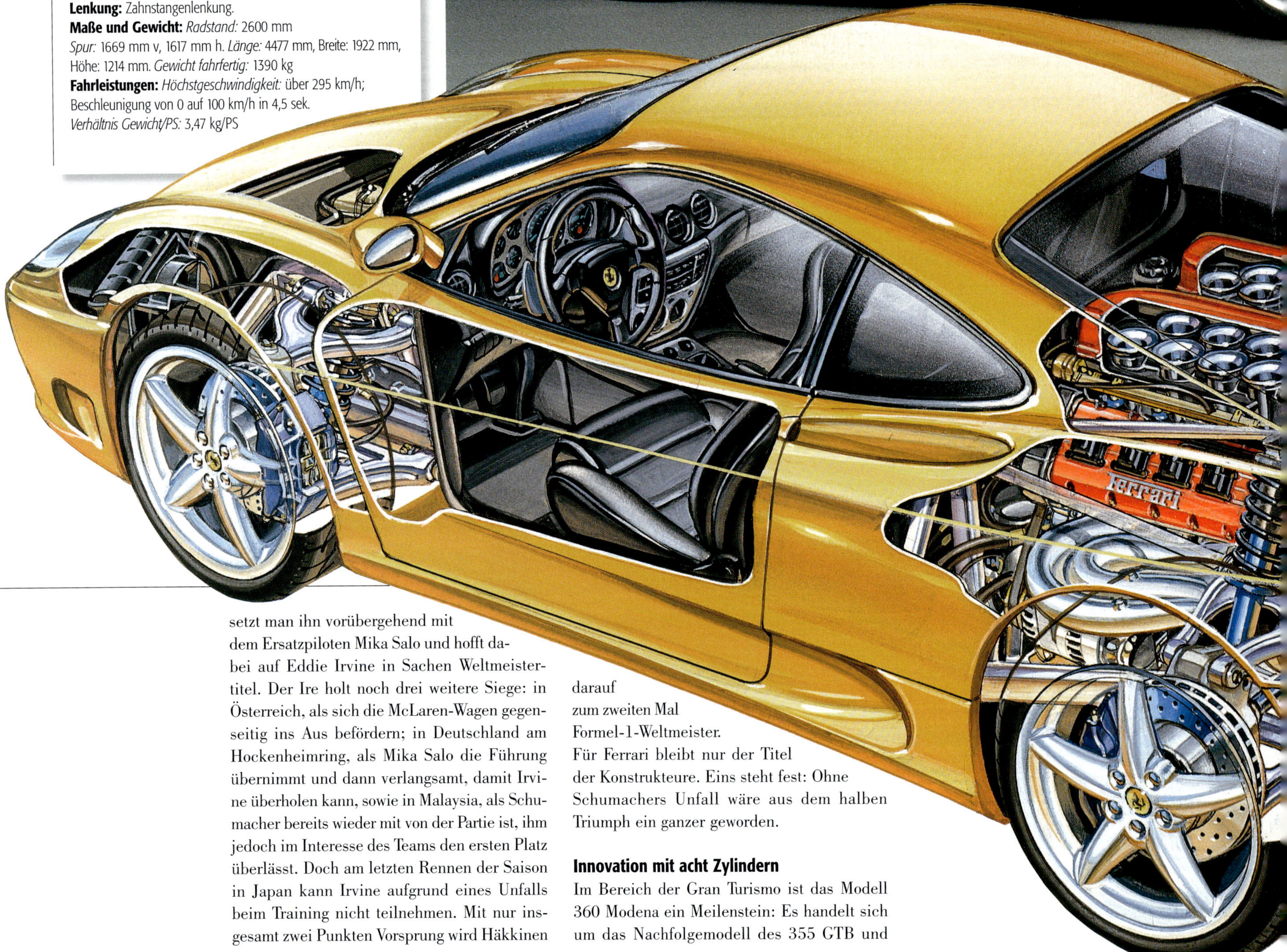

setzt man ihn vorübergehend mit dem Ersatzpiloten Mika Salo und hofft dabei auf Eddie Irvine in Sachen Weltmeistertitel. Der Ire holt noch drei weitere Siege: in Österreich, als sich die McLaren-Wagen gegenseitig ins Aus befördern; in Deutschland am Hockenheimring, als Mika Salo die Führung übernimmt und dann verlangsamt, damit Irvine überholen kann, sowie in Malaysia, als Schumacher bereits wieder mit von der Partie ist, ihm jedoch im Interesse des Teams den ersten Platz überlässt. Doch am letzten Rennen der Saison in Japan kann Irvine aufgrund eines Unfalls beim Training nicht teilnehmen. Mit nur insgesamt zwei Punkten Vorsprung wird Häkkinen darauf zum zweiten Mal Formel-1-Weltmeister. Für Ferrari bleibt nur der Titel der Konstrukteure. Eins steht fest: Ohne Schumachers Unfall wäre aus dem halben Triumph ein ganzer geworden.

Innovation mit acht Zylindern

Im Bereich der Gran Turismo ist das Modell 360 Modena ein Meilenstein: Es handelt sich um das Nachfolgemodell des 355 GTB und

Der neue 360 Modena ist in Hinblick auf eine deutliche Gewichtsreduzierung konzipiert, und dies trotz der auf Komfort ausgelegten größeren Ausmaße des Fahrzeugkörpers.

Die von Pininfarina entworfene Karosserie (aus Aluminium ebenso wie der Rahmen) zeichnet sich vor allem durch das Verschwinden der traditionellen Kühleröffnung und durch separate Öffnungen für die beiden Wasserkühler aus.

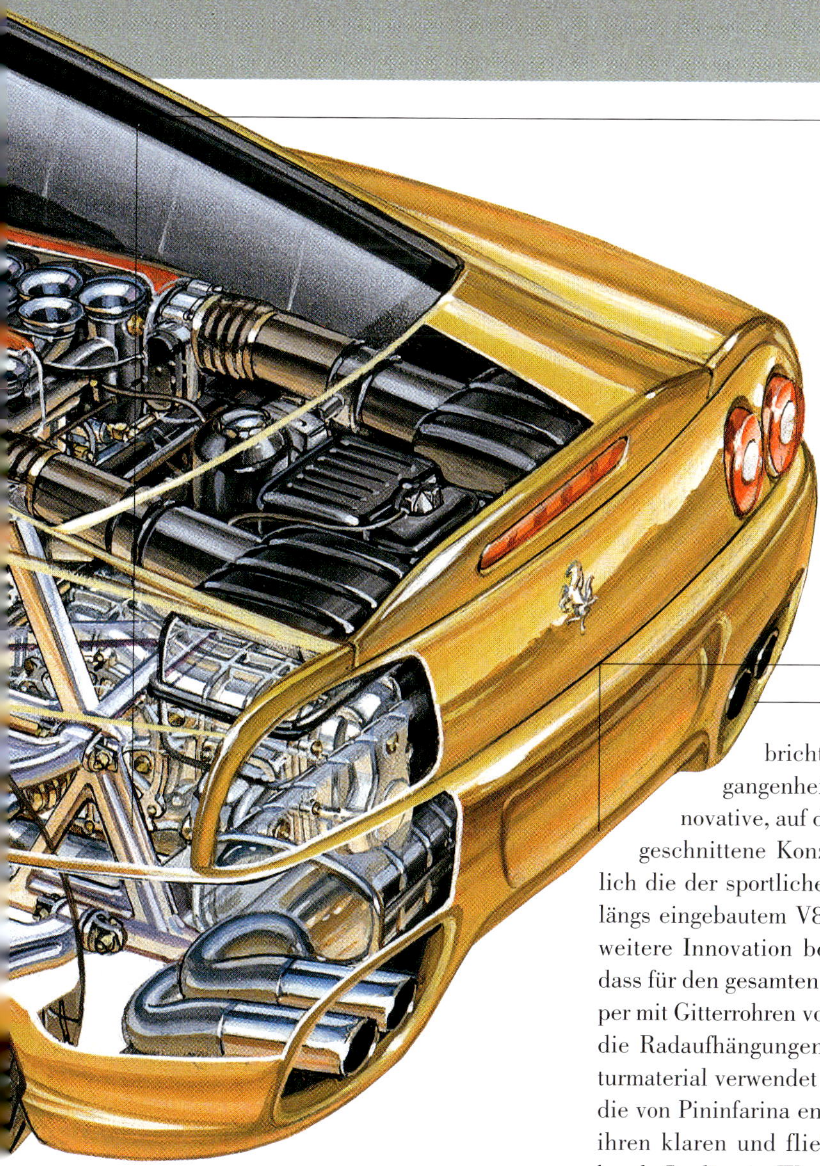

Sehr innovativ ist der Gitterrohrrahmen (Space Frame) aus Aluminium: geradlinige Fließpressteile, die durch Gusselemente miteinander verbunden sind. Nicht nur die tragenden Gitterrohre, auch die Aufhängungen und die Radnabenträger bestehen aus Aluminium.

Wie auch in der Formel 1 mündet der flache Unterboden des 360 Modena in eine Heckschürze, die einen hohen aerodynamischen Abtrieb erzeugt.

bricht doch völlig mit der Vergangenheit. Es liegt ihm eine innovative, auf das neue Jahrtausend zugeschnittene Konzeption zugrunde, nämlich die der sportlichen Ferrari Berlinetta mit längs eingebautem V8 (90°) Heckmotor. Eine weitere Innovation besteht außerdem darin, dass für den gesamten Rahmen (zentraler Körper mit Gitterrohren vorn und hinten) sowie für die Radaufhängungen Aluminium als Strukturmaterial verwendet wird. Innovativ ist auch die von Pininfarina entworfene Karosserie mit ihren klaren und fließenden Linien. Eingehende Studien im Windkanal haben zur Eliminierung der traditionellen Kühlerverkleidung und zur Entscheidung für eine geschlossene, abgerundete Frontseite mit hohem Durchlassfaktor geführt. Der Unterboden ist komplett verkleidet und mündet in eine breite Heckschürze. Dadurch wird mittels Abtrieb ein starker Bodeneffekt erzeugt (200 kg vertikale Belastung bei 290 km/h), ohne dass man auf die Hilfe eines störenden Spoilers oder Flügels zurückgreifen muss. Neben dem V8-Motor mit 3,6 Liter Hubraum, verfügt der Wagen über ein längs eingebautes 6-Gang-Getriebe. Die Gaswechsel steuern fünf Ventile pro Zylinder, die Leistung beträgt 400 PS (111 PS/Liter), bei einer Höchstgeschwindigkeit von über 295 km/h.

Neu ist das Design des Interieurs, das ein angenehmes Gefühl der Geräumigkeit vermittelt. Hinter den Sitzen wurde Platz für zwei Taschen geschaffen. Das Auto kann mit der elektrohydraulischen Formel-1-Lenkradschaltung ausgestattet werden.

2000 Triumphale Rückkehr

F1 Weltmeisterschaft der Fahrer
1. Michael Schumacher auf einem *Ferrari F1/2000*
2. Mika Häkkinen auf *McLaren Mercedes*
3. David Coulthard auf *McLaren Mercedes*
4. Rubens Barrichello auf einem *Ferrari F1/2000*

F1 Weltmeisterschaft der Konstrukteure
1. Ferrari
2. McLaren Mercedes
3. Williams BMW

F1 Grand Prix

Australien, Melbourne
1. Michael Schumacher auf einem *F1/2000*

Brasilien, Interlagos
1. Michael Schumacher auf einem *F1/2000*

San Marino, Imola
1. Michael Schumacher auf einem *F1/2000*

Europa, Nürburgring
1. Michael Schumacher auf einem *F1/2000*

Kanada-Montréal
1. Michael Schumacher auf einem *F1/2000*

Deutschland, Hockenheim
1. Rubens Barrichello auf einem *F1/2000*

USA, Indianapolis
1. Michael Schumacher auf einem *F1/2000*

Japan, Suzuka
1. Michael Schumacher auf einem *F1/2000*

Malaysia, Sepang
1. Michael Schumacher auf einem *F1/2000*

Jedes Fahrzeugteil wird neu positioniert, um den Schwerpunkt des Wagens noch tiefer zu legen. Sogar die hinteren Bremszangen befinden sich jetzt beinahe horizontal unter der Bremsscheibe.

Der neue 049-Motor ist kompakter als das Vorgängermodell (60 mm kürzer) und mit einem von 80° auf 90° erweiterten Zylinderwinkel auch niedriger. Er wiegt nur 100 kg.

Die Rennsportleitung von Ferrari stärkt ihre Position: Die Mitarbeiter in der Formel 1 werden von 450 auf 500 aufgestockt, 135 davon arbeiten im Bereich Motoren und 45 bilden das Erprobungsteam; so ist man in der Lage, auf zwei verschiedenen Strecken und mit unterschiedlichen Zielsetzungen Testläufe durchzuführen. Damit können sich die Formel-1-Wagen auch während der laufenden Saison weiterentwickeln. Nach dem Ausscheiden von Eddie Irvine stößt nun Rubens Barrichello als Teamkollege zu Michael Schumacher. Der Brasilianer bringt viel Erfahrung mit, er hat bereits an 113 Grands Prix teilgenommen, von denen er allerdings keinen einzigen gewonnen hat, da er stets auf zweitklassigen Rennwagen fuhr. Beim Reglement gibt es einige Neuerungen, die sich auf den Schutz der Fahrer konzentrieren. Die Wände des Cockpits werden widerstandsfähiger; sie sind nun 3,5 mm stark und haben zusätzlich eine äußere Kevlarschicht. Außerdem wurde der Karosseriekörper an der Heckseite vergrößert, um einer Kollision besser widerstehen zu können. Zudem werden strengere Crash-Tests durchgeführt. Obwohl der Wagen nun durch diese Maßnahmen verstärkt wurde, ist der neue, von Rory Byrne und Ross Brawn entworfene und gebaute Monoposto F1 2000 leichter als seine Vorgängermodelle. Das exakte Gewicht bleibt zwar ein gut gehütetes Geheimnis, doch man weiß, dass der Zusatzballast zur Absenkung des Schwerpunktes und Reduzierung des Trägheitsmoments inzwischen bei über 70 Kilogramm liegt. Jedes einzelne Fahrzeugteil wurde so leicht wie möglich gehalten. Man hat auf die fortschrittlichsten und teuersten Materialien aus der Raumfahrt zurückgegriffen, um das Gewicht so weit wie möglich zu reduzieren. Der Rahmen aus Verbundwerkstoffen besteht aus hochwertigen Kohlefasern, auch die Lenker der Radaufhängungen bestehen zum ersten Mal bei Ferrari komplett aus Kohlenstoff; die Kugeln

Das Formel-1-Team hat sich um den F1 2000 und seine Piloten versammelt, um den Weltmeisterschafts-Doppelsieg zu feiern.

Zum ersten Mal sind bei einem Ferrari alle Lenker der Radaufhängung aus Kohlenstoff. Das stark verringerte Gewicht des Fahrzeugs erlaubt den Einsatz von über 70 Kilogramm Zusatzballast.

der Kugellager sind aus Keramik und nicht mehr aus Stahl. Die Steuergehäuse der Elektronik sind jetzt kleiner, bringen doppelt so viel Leistung und wiegen nur noch 2 kg im Vergleich zu den 3,5 kg des Vorgängermodells. Die nach hinten versetzten Kühler benötigen kürzere Rohre. Das gesamte Fahrzeug ist außerdem kompakter als der F399: Der Radstand wurde um 42 Millimeter reduziert, die Höhe um 2 Millimeter verringert. Die Positionierung der Hinterradaufhängung wurde für den Einsatz der Bridgestone-Reifen optimiert, mit denen Ferrari im Vorjahr noch nicht recht vertraut war, weil man bislang auf Goodyear-Reifen fuhr.

F1 2000

Motor: hinten längs eingeb., Zylinderblock (Präzisionsgussverfahren mit integrierten Laufbuchsen) und Zylinderköpfe aus Leichtmetalllegierung, V10 Zylinderwinkel 90°. *Hubraum:* 2997 ccm. Bohrung x Hub (geschätzt): 93,5 x 43,7 mm. Leistung: mit über 770 PS angegeben (am Saisonende auf 810 PS bei fast 18.000 U/min), Spezifische Leistung (am Saisonende geschätzt): 270,3 PS/Liter. *Ventilsteuerung:* zwei obenliegende Nockenwellen pro Zylinderreihe, vier schräg hängende Ventile pro Zylinder, pneumatisch schließend, Zahnräder. *Zündung:* Elektronische kontaktlose Zündung von Magneti Marelli. *Kraftstoffzufuhr:* Elektronische Digitaleinspritzung von Magneti Marelli. Länge der Einlasskanäle variabel. *Schmierung:* Druck-Trockensumpfschmierung mit Ölkühler und Öltank vor dem Motor.
Antrieb: Hinterradantrieb.
Getriebe: 7-Gang, sequentiell, hinten längs eingeb.(Gehäuse aus Titan und Kohlenstoff), halbautomatisch mit Elektroniksteuerung (Schaltung mittels Hebel am Lenkrad) mit selbsttätigem, elektronisch gesteuertem Sperrdifferenzial.
Reifen: Aus Leichtmetalllegierung (mit zentraler Mutter fixiert), Durchmesser 13 „.
Karosserie: Monoposto mit Karosserie und Rahmen in Schalenbauweise aus Verbundwerkstoffen (Kohlenstoff und Kevlar mit „Bienenwaben" aus Nomex).
Vorder- und Hinterachse mit Querlenkern (alle aus Kohlenstoff) und diagonaler Strebe („push-rod"), Torsionsstäbe und Teleskopstoßdämpfern. *Kraftstofftank:* hinter dem Fahrersitz (Fassungsvermögen: 140 Liter).
Bremsen: eigenbelüftete Kohlenstoff-Scheibenbremsen.
Lenkung: Zahnstangenlenkung.
Maße und Gewicht: *Radstand:* 3100 mm
Spur: 1490 mm v, 1405 mm h. *Länge:* 4387 mm, Breite (an den Reifen): 1795 mm, Höhe: 961 mm. *Gewicht fahrfertig mit Fahrer und Ballast (von ca. 70 kg):* 600 kg
Fahrleistungen: Verhältnis Gewicht/PS (am Saisonende geschätzt mit Fahrer und Ballast): 0,740 kg/PS

Geheimnisse der Mechanik

Der neue Motor 049 passt perfekt zu dem Konzept, den Wagen schlanker zu gestalten und die Massen neu zu zentrieren. Seine Gesamtlänge liegt unter 600 Millimeter, dank eines kürzeren Hubs und eines neuen, gegossenen Zylinderblocks mit dünnen Wänden und Laufbuchsen, die nicht mehr aufgeschweißt, sondern in den Block integriert sind. Der Neigungswinkel zwischen den Zylinderreihen wird von 80° auf 90° erweitert, um den Schwerpunkt abzusenken; das Gewicht reduziert sich also insgesamt auf knapp 100 Kilogramm. Der Öltank wird neu positioniert und befindet sich nun nicht mehr hinter dem Motor, im Distanzstück des Getriebes, sondern davor, und ist in eine dafür vorgesehene Einbuchtung des Benzintanks eingelassen. Dies bringt den Vorteil mit sich, dass sich das polare Trägheitsmoment verringert. Mit dem gleichen Ziel wird auch das Getriebe, ebenfalls aus Titan und Kohlenstoff, verkleinert und im Gewicht verringert. Am Ende wiegt es ganze fünf Kilogramm weniger. Außerdem fasst man die Schmierung des Motors sowie des Getriebes in einem einzigen Kreislauf zusammen; es gibt nur noch einen Tank und einen Kühler. Die aerodynamische Linie des F1 2000 (die nur zum Teil im neuen Windkanal getestet wurde, da dieser noch nicht hundertprozentig zur Verfügung steht) hebt mehr denn je die hohe Schnauze des

Links: Zwei schwierige Augenblicke in der ruhmreichen Saison von Michael Schumacher. Oben, in Monte-Carlo: „Pole“ und Ausfall. Unten in Spa: Er wird von einem wagemutigen Häkkinen überholt.

Oben: In den Autosalons vielfach bewundert: Die von Pininfarina „La Rossa“ genannte zwölfzylindrige experimentelle Prototyp-Barchetta.

Die Mechanik von „La Rossa“ ist die der Berlinetta Ferrari 550 Maranello: V12 5,5-Liter Frontmotor, hinten eingebautes 6-Gang-Getriebe, Gitterrohrrahmen.

Wagens hervor, die nun noch schmaler und in die untere Vorderseite eingelassen ist, um den Abtrieb am Unterboden zu verstärken.

Langes, ruhmreiches Duell

Der F1 2000 ist höchst wettbewerbsfähig, doch um mit ihm McLaren-Mercedes zu besiegen, benötigt man die außerordentlichen Fahrkünste eines Michael Schumacher sowie eine perfekte Regie in den Ferrari-Boxen. Die drei Anfangssiege sind leicht errungen, denn die gegnerischen Silberpfeile stecken in einer Zuverlässigkeits- und Strategiekrise. Doch schon bald stehen sie wieder pfeilgerade da, und bereits mitten im Sommer fahren sie wieder eine Rei-

„La Rossa“ ist ein Unikat, doch sie ist das Ausgangsmodell für das Ferrari Serien-Sondermodell 550 Barchetta Pininfarina, das nach einem weniger extremen stilistischen Konzept karossiert wurde.

An der Frontseite erleichtern die durch die beiden Kühler getrennten Luftansaugungen den zentralen Eintritt der Abtriebsströmung zum Unterboden des Wagens.

Die Schotte zwischen dem Fahrerraum und dem Motor ist verstärkt und trägt dadurch zu einer größeren Festigkeit des Rahmens, vor allem aber zu einer besseren Schallisolierung bei.

Das komplett versenkbare Automatikverdeck faltet sich jeweils innerhalb von 20 Sekunden auf und wieder zusammen. Der Spider 360 wiegt nur 60 Kilogramm mehr.

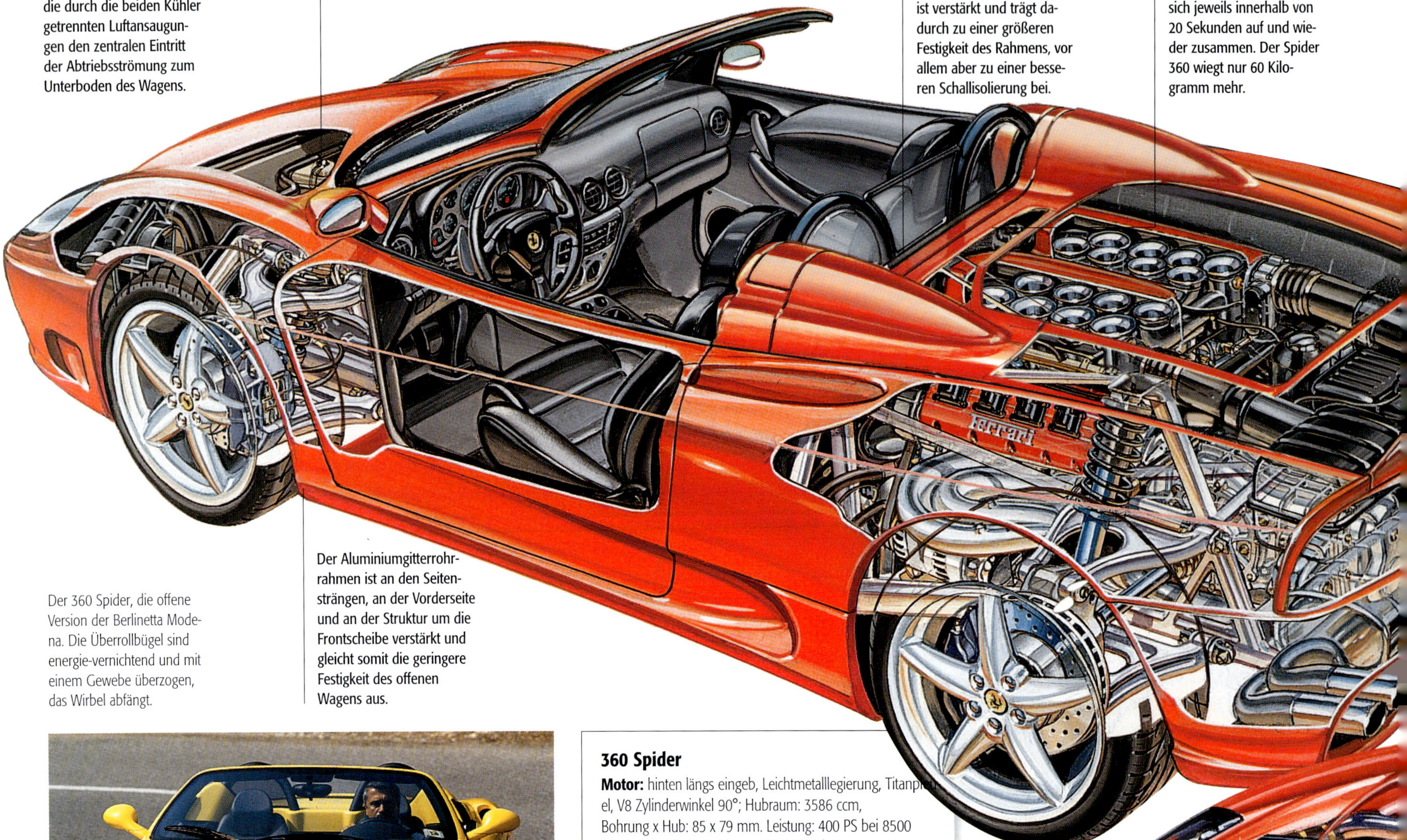

Der 360 Spider, die offene Version der Berlinetta Modena. Die Überrollbügel sind energie-vernichtend und mit einem Gewebe überzogen, das Wirbel abfängt.

Der Aluminiumgitterrohrrahmen ist an den Seitensträngen, an der Vorderseite und an der Struktur um die Frontscheibe verstärkt und gleicht somit die geringere Festigkeit des offenen Wagens aus.

360 Spider

Motor: hinten längs eingeb, Leichtmetalllegierung, Titanp el, V8 Zylinderwinkel 90°; Hubraum: 3586 ccm, Bohrung x Hub: 85 x 79 mm. Leistung: 400 PS bei 8500 U/min. Spezifische Leistung: 111,54 PS/Liter.
Ventilsteuerung: Fünf Ventile pro Zylinder, variable Taktierung.
Zündung: Elektronische Mehrfacheinspritzung (mit der Steuerung der Zündung verbunden); Bosch Motronic ME 7.3.
Schmierung: Druck-Trockensumpfschmierung
Antrieb: Hinterradantrieb.
Getriebe: längs eingeb. 6-Gang-Getriebe mit selbsttätigem Sperrdifferenzial. Elektronisches ASR-System (Antriebssteuerung) und MSR-System.
Reifen: 215/45 ZR 18 v, 275/40 ZR h.
Karosserie: Spider-Zweisitzer mit Aluminiumkarosserie (Design Pininfarina), Stoffverdeck mit vollautomatischem Öffnungs- und Schließsystem (das Verdeck verschwindet komplett). Gitterrohrrahmen aus Aluminium; Vorder- und Hinterachse mit einstellbaren Doppelquerlenkern (Arme und Nabenträger aus Leichtmetalllegierung), Schraubenfedern, Kurvenstabilisator und ölpneumatische Teleskopstoßdämpfern.
Kraftstofftank: hinten aus Leichtmetalllegierung (Fassungsvermögen: 95 Liter)
Bremsen: eigenbelüftete Servo-Scheibenbremsen, ABS, EBD, (elektronisch gesteuerte Verteilung der Bremskraft).
Lenkung: Zahnstangenlenkung.
Maße und Gewicht: Radstand: 2600 mm. *Spur:* 1669 mm v, 1617 mm h.*Länge:* 4477 mm, Breite: 1922 mm, Höhe: 1235 mm. *Gewicht fahrfertig:* 1450 kg
Fahrleistungen:
Höchstgeschwindigkeit: 290 km/h
Beschleunigung von 0 auf 100 km/h in 4,6 sek.
Verhältnis Gewicht/PS: 3,62 kg/PS.

he von Erfolgen ein: Mika Häkkinen gelingt es, Schumacher in der Weltmeisterschaftsklassifizierung zu überrunden, der seinerseits drei Ausfälle zu verzeichnen hat (Barrichello profitiert davon und holt sich seinen ersten Grand-Prix-Sieg). Außerdem gelingt dem Finnen auf McLaren ausgerechnet auf Schumachers Lieblingsstrecke in Spa ein spektakuläres Überholmanöver. Die Revanche von Ferrari beginnt schließlich in Monza: Von nun an holt Schumacher einen Sieg nach dem anderen. Bereits beim vorletzten Grand Prix in Japan feiert er seinen dritten Weltmeistersieg und mit dem letzten Rennen, in Malaysia, sorgt er dafür, dass

550 Barchetta Pininfarina

Motor: vorne längs eingebaut, in Leichtmetalllegierung, V12 Zylinderwinkel 65°; Hubraum: 5474 ccm. *Bohrung x Hub:* 88 x 75 mm. Leistung: 485 PS bei 7000 U/min. Spezifische Leistung: 88,6 PS/Liter. Maximales Drehmoment: 58 mkg bei 5000 U/min. *Ventilsteuerung:* zwei obenliegende Nockenwellen pro Zylinderreihe, vier schräg hängende Ventile pro Zylinder, hydraulische Ventilstößel, zwei Zahnriemen. *Kraftstoffzufuhr:* Einspritzung und Zündung mit integrierter Steuerung; Elektronische Einspritzung Bosch Motronic, verstellbares Ansaugsystem mit 12 elektronisch gesteuerten Ventilklappen.
Schmierung: Druck-Trockensumpfschmierung.
Antrieb: Hinterradantrieb. *Getriebe:* 6-Gang-Getriebe an der Hinterachse mit selbsttätigem Sperrdifferenzial.
Reifen: 255/40 ZR 18 v, 295/35 ZR 18 h.
Karosserie: Barchetta-Zweisitzer mit Aluminiumkarosserie (Design Pininfarina). Gitterrohrrahmen. Vorder- und Hinterachse mit einstellbaren Doppelquerlenkern, Schraubenfedern, Kurvenstabilisator und ölpneumatischen Stoßdämpfern mit elektronisch wählbarer Kennung.
Bremsen: eigenbelüftete Servo-Scheibenbremsen, ABS.
Lenkung: Zahnstangenlenkung, elektrohydraulisches Servo mit differenzierter Effizienz.
Kraftstofftank: vor der Hinterachse.
Maße und Gewicht: *Radstand:* 2500 mm. *Spur:* 1632 mm v, 1596 mm h.. *Länge:* 4550 mm, Breite: 1935 mm, Höhe: 1258 mm. *Gewicht fahrfertig:* 1690 kg.
Fahrleistungen: *Höchstgeschwindigkeit:* 300 km/h. Beschleunigung von 0 auf 100 km/h in 4,4 sek. *Verhältnis Gewicht/PS:* 3,48 kg/PS

Der 5,5-Liter Motor der 550 Barchetta Pininfarina ist der gleiche V12 mit 65° Zylinderwinkel wie der der Berlinetta Maranello: Er ist aus Leichtmetalllegierung mit Titanpleueln und wiegt nur 235 Kilogramm.

Trotz der Rahmenverstärkung und der robusten Überrollbügel, die man in einem offenen Fahrzeug benötigt, wiegt die Barchetta nicht mehr als der Maranello.

Der 550 Barchetta Pininfarina wurde im Gedenken an die großartigen Ferrari-Straßenrennwagen karossiert. Der Wagen besitzt nur ein Notverdeck.

auch diesmal der Konstrukteurstitel wieder an Ferrari geht. Endlich ist ein Pilot aus dem Hause des Cavallino rampante wieder ganz oben: Zwanzig Jahre hat man in der Scuderia sehnsüchtig auf diesen erneuten Vorstoß gewartet, der 1996 seinen Anfang nahm.

Miss Spider

Bei den Straßenwagen präsentiert Ferrari die offene Version der 360 Modena Berlinetta: den 360 Spider-Zweisitzer, „das zwanzigste Straßen-Cabriolet aus Maranello". Man bezeichnet den Wagen auch als „den technologisch fortschrittlichsten Spider der Welt". Die Mechanik, vom Mittel-Heck-3,6-Liter V8-Motor bei 400 PS über das längs eingebaute 6-Gang-Getriebe bis hin zu den überlappten Dreieckslenker-Radaufhängungen ist dieselbe wie die des 360 Modena. Allerdings wurde die Rahmenstruktur überarbeitet, um der offenen Karosserie die gleiche Festigkeit zu verleihen wie dem geschlossenen Modell. Außerdem wollte man Fahrer und Beifahrer das gleiche Maß an Sicherheit bieten, falls der Wagen sich überschlagen sollte. Außerordentlich ist auch die Aerodynamik dieses Wagens, die hohe Abtriebswerte (über 170 kg vertikale Last bei 290 km/h) mit einer Durchdringung erzeugt, mit der die Berlinetta auch dann die Höchstgeschwindigkeit erreicht, wenn das Verdeck (automatisch und komplett versenkbar) zusammengefaltet und versenkt ist. Für Ferraristi, die ihre Sportwagen leidenschaftlich gerne offen fahren, gibt es noch eine Überraschung: den 550 Barchetta Pininfarina mit einem starken V12-Frontmotor und der Mechanik-Grundausstattung der erfolgreichen Berlinetta 550 Maranello. Ein ganz besonderer Ferrari: nur 448 nummerierte und zertifizierte Exemplare werden davon bis 2001 hergestellt.

2001 Ohne Rivalen

F1 Weltmeisterschaft der Fahrer
1. Michael Schumacher auf einem *Ferrari F2001*
2. David Coulthard auf *McLaren Mercedes*
3. Rubens Barricchello auf einem *Ferrari F2001*

F1 Weltmeisterschaft der Konstrukteure
1. Ferrari
2. McLaren Mercedes
3. Williams-BMW

F1 Grand Prix

Australien, Melbourne
1. Michael Schumacher auf einem *F2001*

Malaysia, Sepang
1. Michael Schumacher auf einem *F2001*

Spanien, Barcelona-Montmelò
1. Michael Schumacher auf einem *F2001*

Monaco, Monte-Carlo
1. Michael Schumacher auf einem *F2001*

Europa, Nürburgring
1. Michael Schumacher auf einem *F2001*

Frankreich, Magny Cours
1. Michael Schumacher auf einem *F2001*

Ungarn, Hungaroring
1. Michael Schumacher auf einem *F2001*

Belgien, Spa-Francorchamps
1. Michael Schumacher auf einem *F2001*

Japan, Suzuka
1. Michael Schumacher auf einem *F2001*

Der Motor 050 des F2001 ist ein leichtgewichtiges Meisterwerk: Er wiegt 8% weniger als der 049, also unter 100 kg. Die Luftansaugung ist rund, so dass der stabilere Überrollbügel besser integriert werden kann

Das langgestreckte Profil des F2001. Die Seitenwände wurden neu konzipiert: Gemäß einer neuen Vorschrift müssen sie 100% mehr Aufprallenergie absorbieren als noch im Vorjahr.

Ein weiteres Mal bringen neue Regelungen die technischen Spielereien in der Formel 1 durcheinander. Ab dem fünften Saisonrennen ist die am Rahmen und bei den Fahrhilfen (vor allem bei der Antriebssteuerung) eingesetzte Elektronik wieder salonfähig, nachdem man sie nur wenige Jahre zuvor aus der Formel 1 verbannt hatte. Großes Kopfzerbrechen bereitet den Konstrukteuren indes die neue Vorschrift, dass der Frontflügel fünf Zentimeter weiter vom Boden entfernt sein muss, wodurch sich natürlich der abtriebserzeugende Bodeneffekt verringert. Diese Maßnahme bringt die Aerodynamik deutlich aus dem Gleichgewicht. Wie soll man die dadurch entstehenden Nachteile ausgleichen? Alle Spezialisten konzentrieren ihre Überlegungen auf den Frontteil des Wagens, da dieser in erster Linie für eine wirksame Aerodynamik entlang des gesamten Monoposto verantwortlich ist. Verschiedene Konstrukteure versuchen sich an unterschiedlichen Lösungsansätzen. McLaren beispielsweise hebt die tiefe Schnauze des Monoposto an. Ferrari hingegen senkt die Schnauze des neuen F2001 deutlich nach unten ab, sie weist nun wie der gebogene Schnabel eines Raubvogels nach unten. Dieser Wagen ist übrigens der erste, den das Team um Rory Byrne (40 Mitarbeiter unter der Leitung eines genialen Spezialisten, des Griechen Nicolas Tombazis) komplett im neuen Windkanal in Maranello in über 5000 Teststunden untersuchen und entwickeln konnte. Bis auf die aerodynamischen Änderungen und Feinschliffe (auch die Seitenkästen des Wagens werden verlängert) ist der F2001 die klare Weiterentwicklung der vorhergehenden Monoposti: mit einem noch weiter abgesenkten Schwerpunkt und einer Konzentration der Massen (bei Verringerung der polaren Trägheitsmomente) dank einer noch leichteren Konstruktion, die zu einer Erhöhung des Zusatzballastes bis auf über 90 kg führt. Der neue Motor 050 wurde sowohl im Design als auch hinsichtlich der Technologie überarbeitet: Die Zylinderköpfe sind um 20

Die beiden F2001 in Führung. Zweimal (in Australien und in Malaysia) starten sie gemeinsam aus der ersten Reihe. Schumacher erobert in dieser Saison elfmal die Pole Position.

Der F2001 ist insgesamt noch leichter, so dass man einen Zusatzballast von über 90 kg einsetzen kann, um den Schwerpunkt tiefer zu legen und die Massen zugunsten der Wendigkeit optimaler zu verteilen.

Die Schnauze ist steil nach unten geneigt und wurde um fünf Zentimeter verlängert. Rory Byrne: „Aufgrund der neuen Vorschrift, den Flügel um fünf Zentimeter anzuheben, haben wir herausgefunden, dass unsere typische hohe Schnauze nicht mehr wettbewerbsfähig war."

Der Pilot sitzt nun in einer noch tieferen Liegeposition im Fahrerraum: Es verringern sich dadurch die aerodynamischen Interferenzen des Helms mit den Luftansau-gungen des Motors.

mm kürzer und tiefer, es wurden vor allem bei den inneren mechanischen Teilen 8% des Gewichtes eingespart, was zu einer Verringerung der Reibung, einer besseren Lenkbarkeit sowie zu einer besseren Beschleunigung führt. Was sich allerdings nicht erhöht, ist die Leistung, die man auf 810 bis 820 PS schätzt und damit mehr oder weniger der Motorleistung des 049 entspricht. Man versucht nämlich, einen als kontraproduktiv eingeschätzten erhöhten Kraftstoffverbrauch zu vermeiden. Für Ferrari tut sich außerdem ein Vorteil bei den Reifen auf. Ab diesem Jahr steigt Michelin wieder ins Renngeschehen ein, was den technischen Wettkampf der Konstrukteure erneut anheizt. In Maranello bleibt man allerdings Bridgestone treu und schließt mit dem japanischen Unternehmen ein Sonderabkommen, um neu entwickelte Reifen so genau wie möglich auf die Ferrari-Rahmen abzustimmen.

Herausforderer in weiter Ferne

Das Doppelpack F2001 – Michael Schumacher erweist sich sofort als ein starker Konkurrent. Ein Beispiel: Beim zweiten Rennen in Malaysia startet der deutsche Weltmeister aus der Führungsposition, gerät in der dritten Runde auf einer Öllache ins Rutschen, fällt auf Platz Elf ans Ende des Feldes zurück, holt mit fulminanten Manövern auf und gewinnt am Ende das Rennen. Wie bereits im Vorjahr sammelt Schumacher neun Siege, und in drei Fällen fährt er bei ruhmreichen Ferrari-Doppelsiegen vor seinem Teamkollegen Barricchello ins Ziel: in Malaysia, in Monte-Carlo (hier beträgt der Abstand zwischen dem Ersten und dem Zweiten nur 43/100) und in Ungarn. Außerdem verteilt sich Schumachers Konkurrenz nun auf mehrere Fahrer, was sie ungefährlicher macht. Häkkinen und Coulthard teilen sich die vier McLaren-Siege; weitere vier gehen an den Neuaufsteiger BMW-Williams; der Newcomer wird von einem Motor unterstützt, der die Leistung des Ferrari-Motors um 40 PS übersteigt, dafür ist der

F2001

Motor: hinten längs eingeb., Zylinderblock und Zylinderköpfe aus Leichtmetalllegierung, V10 Zylinderwinkel 90°. *Hubraum:* 2997 ccm. Leistung (am Saisonbeginn geschätzt): über 810 PS bei circa 18.000 U/min am Saisonende auf circa 840 PS geschätzt), Spezifische Leistung (geschätzt): 270,2 – 280,2 PS/Liter. *Ventilsteuerung:* Vier schräg hängende Ventile pro Zylinder, pneumatisch schließend. *Zündung:* Elektronische kontaktlose Zündung von Magneti Marelli. *Kraftstoffzufuhr:* Elektronische Digitaleinspritzung von Magneti Marelli, Länge der Einlasskanäle variabel. *Schmierung:* Druck-Trockensumpfschmierung mit Öltank vor dem Motor

Antrieb: Hinterradantrieb

Getriebe: 7-Gang, sequentiell, hinten längs eingeb., halbautomatisch mit Elektroniksteuerung mit selbsttätigem, elektronisch gesteuertem Sperrdifferenzial.

Reifen: Aus Leichtmetalllegierung (mit zentraler Mutter fixiert), Durchmesser 13 „Karosserie: Monoposto mit Karosserie und Rahmen in Schalenbauweise aus Verbundwerkstoffen. Vorder- und Hinterachse mit Querlenkern und diagonaler Strebe („push-rod") aus Karbon, Torsionsstäben und Teleskopstoßdämpfern.

Kraftstofftank: hinter dem Fahrersitz.

Bremsen: eigenbelüftete Kohlenstoff-Scheibenbremsen.

Lenkung: Zahnstangenlenkung.

Maße und Gewicht: *Radstand:* 3010 mm

Spur: 1470 mm v, 1405 mm h. *Länge:* 4445 mm, Breite (an den Reifen): 1796 mm, Höhe: 959 mm

Gewicht fahrfertig (mit Fahrer und Ballast von über 90 kg): 600 kg

Fahrleistungen: *Höchstgeschwindigkeit:* 356 km/h

Verhältnis Gewicht/PS (geschätzt mit Fahrer und Ballast): 0,736 –0,714 kg/PS

Das Lenkrad des F2001 mit Armaturenbrett und integrierten Steuerelementen (über 20 Knöpfe und Hebel, sowie Gangschaltung und Kupplung): eine Erfindung von Ferrari, die schließlich allgemein übernommen wurde.

Auf den nachfolgenden Seiten: Schumacher gewinnt im F2001 haushoch, doch in Brasilien trumpft der aggressive Montoya bei einem spektakulären Überholmanöver mit dem superstarken BMW-Motor seines Williams auf.

Hier der Ferrari F2001 in ein Kaleidoskop aus lauter kleinen technologischen Wunderwerken zerlegt:

1. Motor 050, 3 Liter, V10 90°, 820-840 PS bei über 18.000 U/min.

2. Sequentielles, elektronisch angetriebenes 7-Gang-Getriebe aus Titan und Karbon.

3. In das Getriebe integrierte Mehrscheibenkupplung aus Karbon (Durchmesser 12 cm).

4. Heckstruktur aus Karbon, verformbar und stoßabsorbierend.

5. Zusammengesetzter abtrieberzeugender Heckflügel (Hauptteil starr mit beweglicher Klappe).

6. Achswelle und Nabenhalter für die hinteren Antriebsräder.

7. Hinterräder, Durchmesser 13, Felgenbettbreite 13,7 Zoll.

8. Karbonbremsen hinten, nach unten ausgerichtete Bremsbacken.

9. Lenker der Radaufhängung und „push rod" Druckstab aus Karbon.

10. Verkleinerte Kühler in Ultraleichtmetalllegierung.

11. hintere Motorhaube mit Ausgängen für die hoch positionierten Auspuffrohre.

12. Kraftstofftank (aus der Luftfahrt übernommen) aus Spezialkautschuk.

13. Zentraler Karosseriekörper in Schalenbauweise aus hochwertigen Karbonbausteinen.

14. Dem Körperbau des Fahrers angepasster Sitz.

15. Abnehmbares Lenkrad mit integrierten Bedienungselementen.

16. Schmalere Vorderreifen, Durchmesser 13, Felgenbettbreite 12 oder 12,5 Zoll.

17. Lenker der Vorderradaufhängungen.

18. Zylinderförmige Luftansaugungen für die vorderen Bremsen – eine Ferrari-Innovation.

19. Bugteil und Frontflügel: aerodynamisch optimal geformt.

Wagen mit einem nicht sehr wettbewerbsfähigen Rahmen ausgestattet. Und so wird Michael Schumacher bereits vier Grand Prix vor Saisonende zum vierten Mal Weltmeister (wie einst Alain Prost). Er stellt außerdem den historischen Rekord von 123 Saisonpunkten auf und hat damit beinahe doppelt so viele Punkte wie der mit 65 Punkten zweitplazierte Coulthard. Ferrari gewinnt mit großem Abstand den Konstrukteurstitel und lässt McLaren mit einem Abstand von 77 Punkten und BMW-Williams mit 99 Punkten hinter sich.

13
14
15
16
17
18
19
Marlboro
Shell
Bridgestone
Potenza
FedEx
Magneti Marelli
1

Marlboro
Marlboro
MAGNETI MARELLI
FIAT

NORTEL
NETWORKS
FedEx

2002 Geschichtsträchtige Rekorde

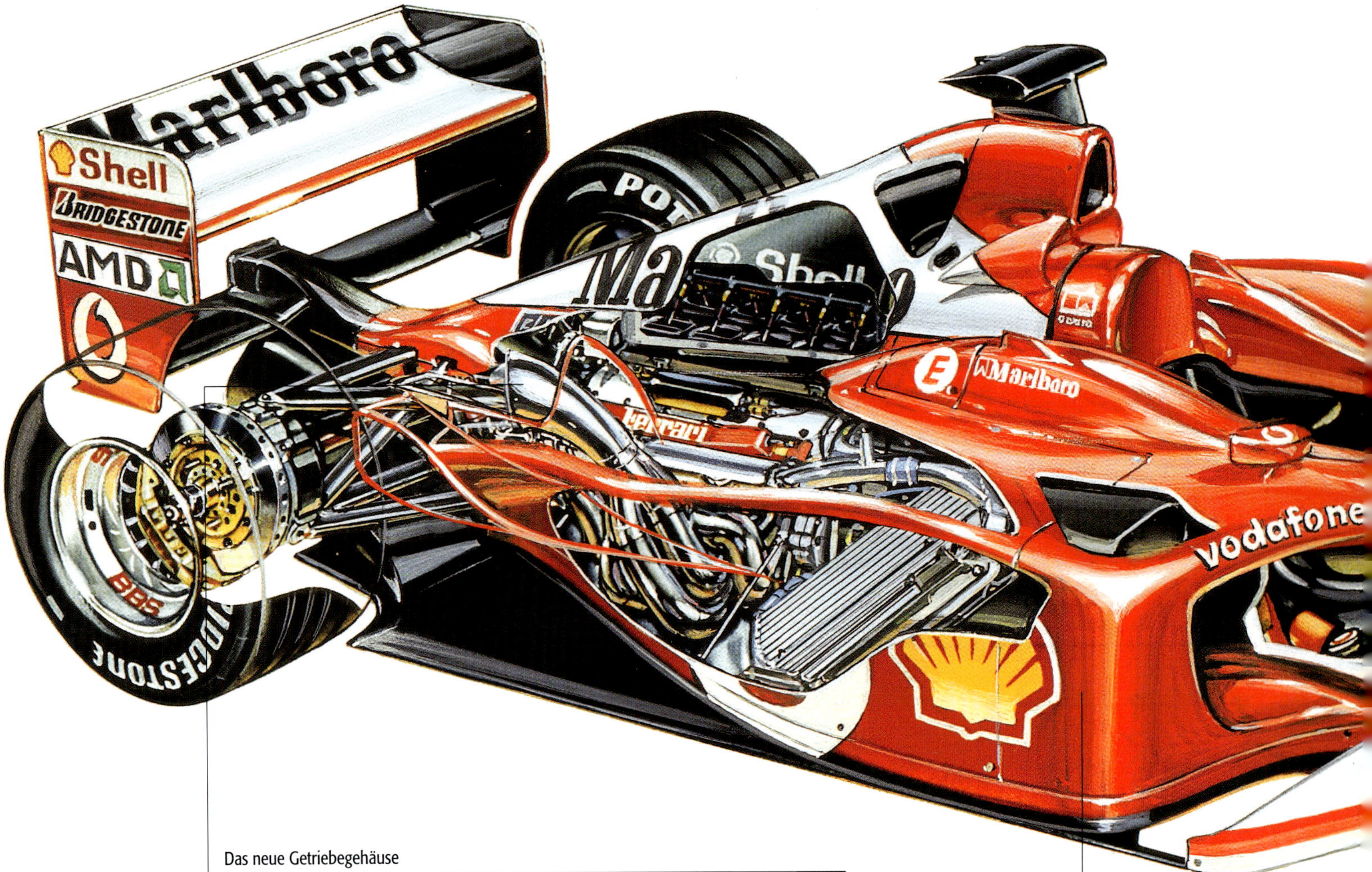

Das neue Getriebegehäuse ist leichter, steifer und kompakter. Es ist nicht mehr aus verschweißten Titanplatten, sondern wird mittels eines Präzisionsgussverfahrens aus dem gleichen Metall wie die hauchdünnen Wände hergestellt.

Dank der nach vorne und diagonal geneigten Kühler können die Seitenkästen und Luftansaugungen kleiner und schmaler gebaut werden, was sich positiv auf die Aerodynamik auswirkt.

Rekorde über Rekorde

Mit seinem Sieg 2002 wird Michael Schumacher zum fünften Mal Formel-1-Weltmeister. Das hat bislang außer Fangio noch kein Pilot geschafft: Doch Schumacher ist erst 33 und nicht 46 Jahre alt wie seinerzeit der Argentinier, das heißt, er ist bereit für einen sechsten, rekordverdächtigen Weltmeistertitel. Der deutsche Ferrari-Pilot ist ohnehin schon der große Held der Formel 1: Er hat bislang an „nur" 178 Grand-Prix-Rennen teilgenommen (im Vergleich dazu: Patrese: 256 Rennen), doch er hält mit 64 Siegen den absoluten Rekord (gefolgt von Prost und Senna mit 51 und 41); auch bei den Weltmeisterschaftspunkten liegt er mit 945 ganz vorne (Prost 798, Senna 614); er fuhr 51 mal die schnellste Runde eines Rennens (Prost 41 mal). Rekord auch bei den Siegen pro Saison: 11 (er schlägt Mansell und Senna); auch der wichtigste Rekord, der „hat-trick", d.h. Pole Position, Sieg und schnellste Runde im gleichen Rennen, geht zwölfmal an Schumacher, der damit den legendären Jim Clark überrundet. 2002 hat „Schumi" außerdem mit einer Differenz von 67 Punkten den Rekord des größten Punkteabstands auf den Zweitplazierten geholt. Und zusammen mit Barricchello gewinnt er mit 15 Erfolgsrennen auch den neuen Rekord der Doppelsiege (die beiden liegen vor dem 14mal siegreichen Duo Ayrton Senna-Alain Prost).

2002 ist das Jahr der Formel-1-Erfolge bei Ferrari. Es ist eine Saison voller geschichtsträchtiger Triumphe, allen voran der fünfte Weltmeistertitel für Michael Schumacher, der damit mit dem legendären Fangio gleichzieht, dessen Erfolgsgeschichte man 45 Jahre lang für unerreichbar hielt. Ein ebenso sportlicher wie technischer Sieg, der sich zum ersten Mal mehr auf die außerordentliche Leistung des Monoposto als auf die des unschlagbaren deutschen Weltmeisters gründet. Michael Schumacher gewinnt nämlich haushoch, indem er die technische Überlegenheit des F2002 zu hundert Prozent ausschöpft. Er fährt seine Rennen sehr locker und es ist nicht einmal nötig (außer bei dem einen oder anderen aggressiven Ausreißer in den ersten Runden), dass er seinen ganzen körperlichen Einsatz bringt. Er ist der einzige Pilot in der Formel-1-Geschichte, der alle Rennkilometer komplett in einer Saison gefahren ist, nämlich insgesamt 1090 Runden. Dies zeigt die außerordentliche Zuverlässigkeit des Ferrari, der sich zum zwölften Mal, und zwar bereits im viertletzten Rennen der Saison, der Konstrukteurstitel sichert. Zudem hält Ferrari mit einer Gesamtzahl von 159 Siegen (im Vergleich zu 135 Siegen des Widersachers McLaren) auch hier den absoluten Rekord. Die technische Überlegenheit des Ferrari lässt sich an weiteren konkreten Zahlen fest-

F1 Weltmeisterschaft der Fahrer
1. Michael Schumacher auf einem *Ferrari F2002*
2. Rubens Barrichello auf einem *Ferrari F2002*
3. Juan Pablo Montoya auf *Williams BMW*

F1 Weltmeisterschaft der Konstrukteure
1. Ferrari
2. Williams BMW
3. McLaren Mercedes

F1 Grand Prix

Australien, Melbourne
1. Michael Schumacher auf einem *F2002*

Brasilien, Interlagos
1. Michael Schumacher auf einem *F2002*

San Marino, Imola
1. Michael Schumacher auf einem *F2002*

Spanien, Barcelona Montmelò
1. Michael Schumacher auf einem *F2002*

Österreich, A1 Ring
1. Michael Schumacher auf einem *F2002*

Kanada, Montréal
1. Michael Schumacher auf einem *F2002*

Europa, Nürburgring
1. Rubens Barricchello auf einem *F2002*

Großbritannien, Silverstone
1. Michael Schumacher auf einem *F2002*

Frankreich, Magny Cours
1. Michael Schumacher auf einem *F2002*

Deutschland, Hockenheim
1. Michael Schumacher auf einem *F2002*

Ungarn, Hungaroring
1. Rubens Barricchello auf einem *F2002*

Belgien, Spa-Francorchamps
1. Michael Schumacher auf einem *F2002*

Italien, Monza
1. Rubens Barricchello auf einem *F2002*

USA, Indianapolis
1. Rubens Barricchello auf einem F2002

Japan, Suzuka
1. Michael Schumacher auf einem *F2002*

F 2002

Motor: hinten längs eingeb., Zylinderblock aus präzisionsgegossenem Aluminium, Zylinderköpfe aus Leichtmetalllegierung, V10 Zylinderwinkel 90°. *Hubraum:* 2997 ccm. Leistung (am Saisonbeginn geschätzt): circa 840 PS bei über 18.000 U/min (am Saisonende auf circa 850 PS geschätzt), Spezifische Leistung (geschätzt): 280,2 – 283,6 PS/Liter. *Ventilsteuerung:* Zwei obenliegende Nockenwellen, vier schräg hängende Ventile pro Zylinder, pneumatisch schließend, Zahnräder. *Zündung:* Elektronische kontaktlose Zündung von Magneti Marelli. *Kraftstoffzufuhr:* Elektronische Digitaleinspritzung von Magneti Marelli, Länge der Einlasskanäle variabel. *Schmierung:* Druck-Trockensumpfschmierung mit Öltank vor dem Motor
Antrieb: Hinterradantrieb. *Getriebe:* 7-Gang, sequentiell, hinten längs eingeb (neues Gehäuse aus präzisionsgegossenem Titan), halbautomatisch mit Elektroniksteuerung (Hebelsteuerung am Lenkrad) mit selbsttätigem, elektronisch gesteuertem Sperrdifferenzial.
Reifen: Aus Leichtmetalllegierung (mit zentraler Mutter fixiert), Durchmesser 13".
Karosserie: Monoposto mit Karosserie und Rahmen in Schalenbauweise aus Verbundwerkstoffen (Kohlenstoff und Kevlar mit „Bienenwaben" aus Nomex). Vorderachse mit Querlenkern und diagonaler Strebe („push-rod") aus Karbon, Torsionsstäben und Teleskopstoßdämpfern. Hinterachse mit Querlenkern und „push-rod", beides aus Karbon, Torsionsstäben und Teleskopstoßdämpfern. *Kraftstofftank:* hinter dem Fahrersitz.
Bremsen: Kohlenstoff-Scheibenbremsen.
Lenkung: Zahnstangenlenkung.
Maße und Gewicht: *Radstand:* 3050 mm
Spur: 1470 mm v, 1405 mm h
Länge: 4495 mm, Breite (an den Reifen): 1796 mm, Höhe: 959 mm
Gewicht fahrfertig (mit Fahrer und Ballast von über 110 kg): 600 kg
Fahrleistungen: *Höchstgeschwindigkeit: 359 km/h. Verhältnis Gewicht/PS (geschätzt mit Fahrer und Ballast):* 0,714 –0,705 kg/PS.

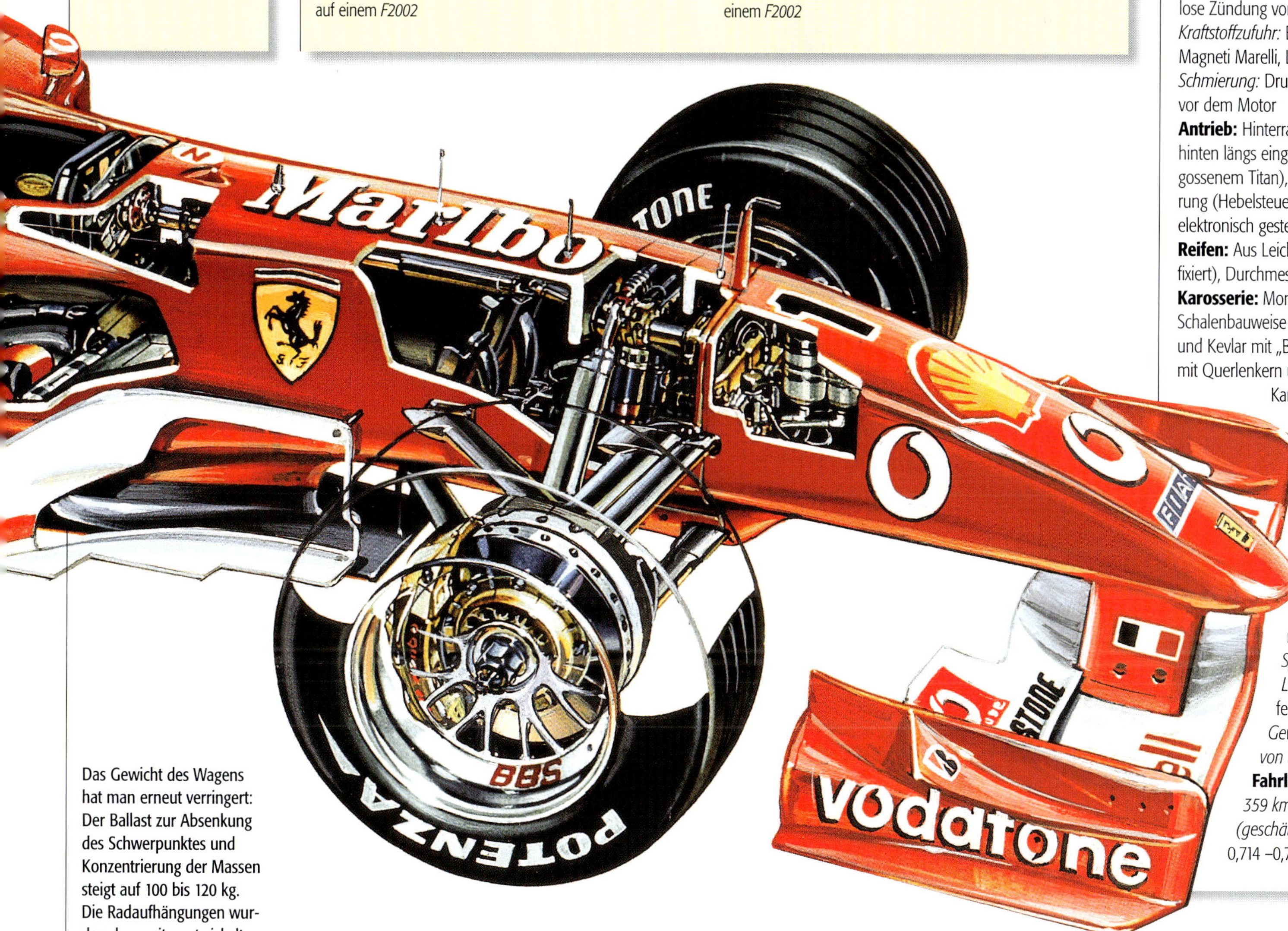

Das Gewicht des Wagens hat man erneut verringert: Der Ballast zur Absenkung des Schwerpunktes und Konzentrierung der Massen steigt auf 100 bis 120 kg. Die Radaufhängungen wurden den weiterentwickelten Reifen angepasst.

machen. Der Rekord von 15 Saisonsiegen (gleichauf mit den 1998 von McLaren eingefahrenen Erstplatzierungen) wurde auch dank der vier Erfolge des zweiten Fahrers, Rubens Barricchello, erzielt, der davor nur einen Sieg im Jahr 2000 eingefahren hatte. Die F2002 holen in dieser Saison neun glamouröse Doppelsiege, mehr als einmal fahren sie wie bei einer Parade gemeinsam durchs Ziel und lassen alle anderen Fahrzeuge namhafter Gegner wie BMW, Ford, Honda, Mercedes, Renault und Toyota mit großem Abstand hinter sich. Am Ende erreicht Ferrari bei der Konstrukteursweltmeisterschaft mit 221 Punkten mehr als doppelt so viele Punkte wie der zweitplatzierte Williams-BMW (92), und dreimal so viele wie der Dritte, McLaren Mercedes (65). Außerdem belegen die beiden Ferrari-Piloten die ersten beiden Plätze der Weltmeisterschaftsrangliste, was bislang nur dreimal in der Geschichte der Scuderia geglückt ist (1952, Ascari und Farina; 1961, Hill und von Trips; 1979, Scheckter und Villeneuve).

Wie man unschlagbar wird

Mit dem F2002 erreichen die ununterbrochen weiterentwickelten Ferrari ihr Höchstmaß an Wettbewerbsfähigkeit. Seit 1996 hat die Scuderia mit Michael Schumacher zudem einen höchst anspruchsvollen Piloten, auf dessen Einschätzungen zu hundert Prozent Verlass ist. Von außen weist das Fahrzeug keinerlei Neuerungen auf, und doch ist der Wagen ein harmonisches Zusammenspiel kleiner, versteckter Innovationen. Er ist das gut durchdachte Ergebnis einer gewissenhaften und ruhelosen Teamarbeit, bei der alle Beteiligten rund um die Uhr in jedem Bereich vollen Einsatz zeigten, von der Forschung nach neuen, fortschrittlicheren Materialien über die Strukturberechnungen, von der Nutzung der analogen Aerodynamik und des perfekten Windkanals, bis hin zur engen Zusammenarbeit mit den Kraft- und Schmierstoflieferanten und den Reifenbauern. Die gesamte Saison über sind die Gegner gezwungen,

Der 550 Maranello entwickelt sich zum neuen 575M Maranello weiter. Das Design von Pininfarina wird nur um einige funktionelle Neuerungen verändert: andere Luftansaugöffnungen an der Frontseite sowie verbesserte Beleuchtungseinheiten.

Die neue extrem sportliche Berlinetta mit der Bezeichnung Enzo, im Gedenken an den Commendatore, feiert die jüngsten Erfolge der „Roten“ in der Formel 1 und greift deren fortschrittliche Technologien auf.

die unglaubliche Wendigkeit der Ferraris in den Kurven und die enorme Flexibilität bei Streckenänderungen mit anzusehen. Diese außerordentliche Leistungsfähigkeit des Wagens liegt an einer perfekten Austarierung des Rahmens sowie an der Konzeption der Aerodynamik, wo es Ferrari zu hundert Prozent gelang, eine hohe Effizienz mit den destabilisierenden Wirkungen, die sich durch das Nicken, Gieren und Schlingern ergeben, in Einklang zu bringen. Auch der neue Motor 051 hat sich weiterentwickelt. Sein Gewicht verringert sich, so heißt es, auf unter 90 Kilo. Die (geschätzte) Leistung erhöht sich im Laufe der Saison auf 840 PS, sogar bis auf 850 PS (oder etwas mehr) bei den letzten Rennen.

Maranello auf Fortschrittskurs

Die erfolgreiche sportliche Berlinetta 550 Maranello entwickelt sich zur neuen fortschrittlichen Version 575M Maranello weiter (der Buchstabe M steht, wie gewöhnlich, für „modifiziert“). Der Stil der von Pininfarina entworfenen Karosserie bleibt so gut wie unverändert, was allgemein auf Zustimmung stößt. Eingriffe werden indes in den Bereichen vorgenommen, die die Leistung des Fahrzeugs steigern. Der Hubraum des V12-Motors mit 65° Zylinderwinkel wird auf 5,75 Liter erweitert, die Leistung auf 515 PS angehoben. Vor allem aber verbessert sich die Lenkbarkeit des Wagens dank eines auf 60 mkg angestiegenen maximalen Drehmoments, das es auch im Bereich von 1000 bis 4000 U/min auf einen Wert von 1,5 mkg bringt. Zum ersten Mal wird außerdem ein Ferrari Straßenwagen mit zwölf Zylindern mit einem sequentiellen, elektronisch betriebenen Formel-1-Getriebe ausgestattet, das vom Lenkrad aus bedient wird.

Im Namen von Ferrari

Um die Formel-1-Erfolge der letzten Jahre zu feiern, gibt man bei Ferrari dem neuen extremen GT, der seit 1996 entwickelt und nun endlich herausgebracht wurde, den Namen des Commendatore: Enzo. Es handelt sich um ein Berlinetta-Sondermodell, das in limitierter,

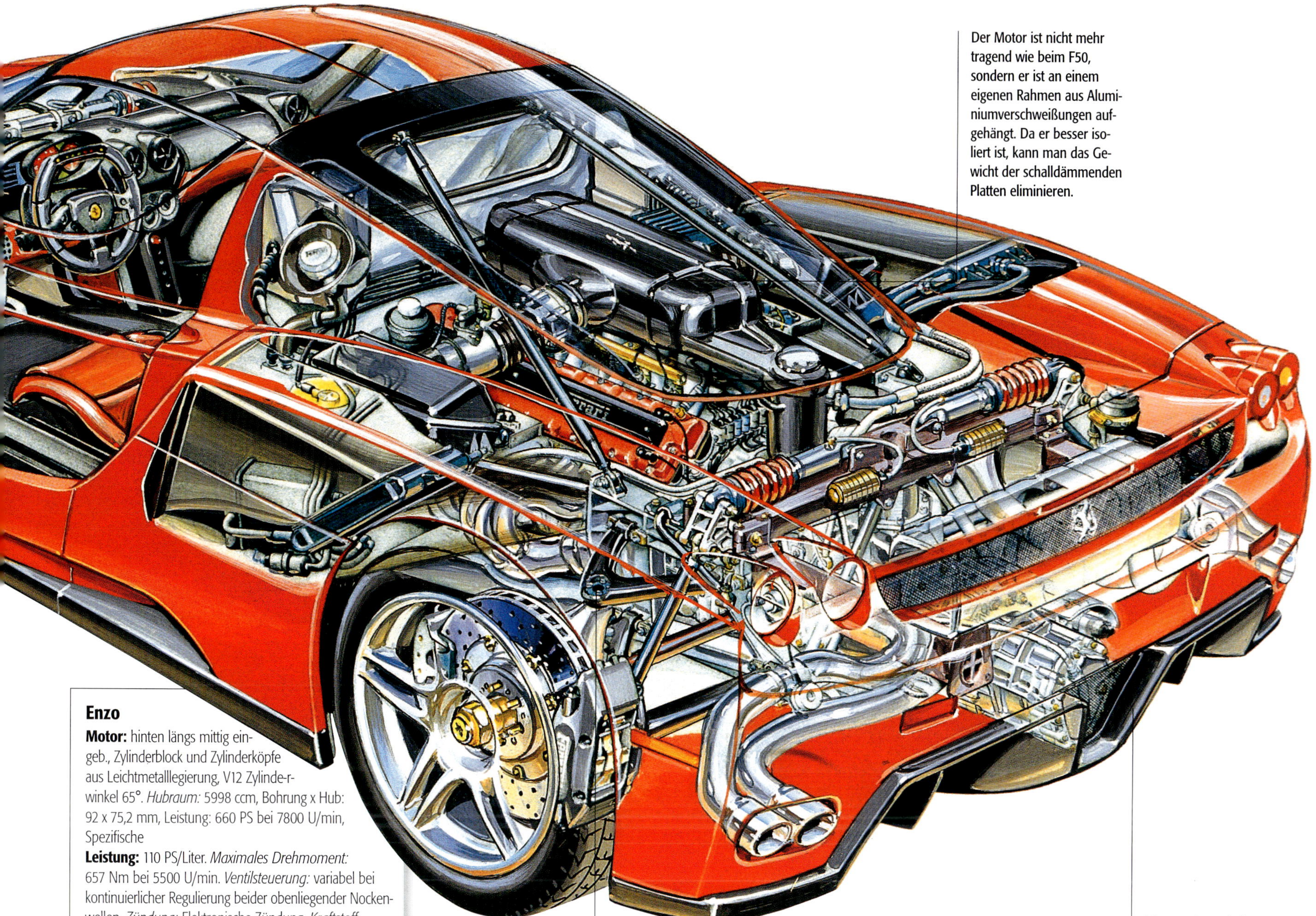

Der Motor ist nicht mehr tragend wie beim F50, sondern er ist an einem eigenen Rahmen aus Aluminiumverschweißungen aufgehängt. Da er besser isoliert ist, kann man das Gewicht der schalldämmenden Platten eliminieren.

Formel 1-push-rod Aufhängungen. Die Bremsen aus Kohlenstoffkeramik entsprechen den Kohlenstoffbremsen der Monoposti, wurden aber den Anforderungen eines Straßenwagens angepasst.

Die aerodynamischen Tunnel an der Fahrzeugunterseite erklären das eigenartige Design der Front sowie des Hecks im Formel-1-Stil. Der Wirkung des Abtriebs ist enorm: 344 kg bei 200 km/h sowie 775 kg bei 300 km/h.

Enzo

Motor: hinten längs mittig eingeb., Zylinderblock und Zylinderköpfe aus Leichtmetalllegierung, V12 Zylinde-rwinkel 65°. *Hubraum:* 5998 ccm, Bohrung x Hub: 92 x 75,2 mm, Leistung: 660 PS bei 7800 U/min, Spezifische
Leistung: 110 PS/Liter. *Maximales Drehmoment:* 657 Nm bei 5500 U/min. *Ventilsteuerung:* variabel bei kontinuierlicher Regulierung beider obenliegender Nockenwellen. *Zündung:* Elektronische Zündung. *Kraftstoffzufuhr:* Länge der Einlasskanäle variabel, Einspritzung und Zündung mit integrierter Steuerung, elektronische Multipoint-Einspritzung Bosch Motronic M E.7.
Schmierung: Druck-Trockensumpfschmierung.
Antrieb: Hinterradantrieb.
Getriebe: 6-Gang mit selbsttätigem Sperrdifferenzial.
Reifen: 245/35 ZR 19 v, 345/35 ZR 19 h.
Karosserie: Berlinetta-Zweisitzer mit Karosserie aus Verbundwerkstoffen (Design Pininfarina). Rahmen in Schalenbauweise aus Karbonfasern. Vorder- und Hinterachse mit einstellbaren Doppelquerlenkern, diagonalen „push-rod"- Streben, Schraubenfedern, Kurvenstabilisator und Stoßdämpfern mit variabler, elektronisch gesteuerter Dämpfung.
Bremsen: eigenbelüftete Kohlenstoffkeramik-Scheibenbremsen.
Lenkung: Zahnstangenlenkung.
Kraftstofftank: aus Leichtmetalllegierung hinter dem Fahrerraum (Fassungsvermögen: 110 Liter).
Maße und Gewicht: *Radstand:* 2650 mm
Spur: 1660 mm v, 1650 mm h. *Länge:* 4702 mm, Breite (an den Reifen): 2035 mm, Höhe: 1147 mm. *Gewicht fahrfertig:* 1365 kg
Fahrleistungen: *Höchstgeschwindigkeit:* über 350 km/h.
Beschleunigung: von o auf 100 km/h in 3,65 sek., von 0 auf 200 km/h in 9,5 sek.
Verhältnis Gewicht/PS: 2,06 kg/PS

nummerierter Auflage produziert werden soll, ebenso wie der F50, von dem er abstammt. Der Enzo ist um einen typischen Ferrari-V12-Motor herum konzipiert, der mit 660 PS enorme Power hat, gleichzeitig aber dank eines formidablen Drehmoments, das schon bei 1000 Umdrehungen (also fast beim Minimum) 50 mkg erreicht, geschmeidig in der Lenkung bleibt. Beim Rahmen werden die für die Formel 1 entwickelten Technologien eingesetzt: Karosseriekörper in Schalenbauweise aus Karbonfasern mit Bienenwabenstruktur aus Nomex. Das 6-Gang-Getriebe ist sequentiell halbautomatisch mit elektronischer Hebelsteuerung am Lenkrad (die Schaltzeit wurde auf 150 Millisekunden verkürzt). Die Bremsen sind aus Kohlenstoffkeramik von Brembo. Der Kohlenstoffrahmen verlängert sich nach hinten mit zwei Flossen aus Verbundwerkstoffen, die die Radaufhängungen unterstützen, während der V12 an einem eigenen, aus zwei Aluminiumverschweißungen bestehenden Rahmen aufgehängt ist. Man eliminiert dadurch die Vibrationen und den hohen Geräuschpegel, die beim F50 störend waren. Die ungewöhnlichen Formen der Karosserie, vor allem an der Unterseite von Front und Heck, dienen dazu (wie in der Formel 1), das Fahrzeug mit einem starken abtriebserzeugenden Bodeneffekt zu stabilisieren.

Auf den nachfolgenden Seiten: Die F2002 von Michael Schumacher und Rubens Barricchello dicht hintereinander in Führungsposition. Die beiden holen neun Doppelsiege in der ruhmreichen Rennsaison 2002.

Marlboro
vodafone
FIAT

2003 Steiniger Weg an die Spitze

18. Mai, Großer Preis von Österreich. Beim Tanken in der 23. Runde fängt Schumachers F2003 GA Feuer. Michael bleibt im Wagen sitzen, fährt wieder los, holt die verlorenen acht Sekunden auf und gewinnt.

Unten: 1. Juni, Großer Preis von Monaco. Infolge der zwangsweise niedrigen Geschwindigkeit kommt in Monte-Carlo die überlegene Aerodynamik des F2003 GA nicht zum Tragen. Michael Schumacher wird Dritter hinter dem Sieger Montoya auf BMW-Williams und dem McLaren von Raikkönen.

Auf der gegenüberliegenden Seite: Sieben Rennen lang muss Michael Schumacher die Leistung seines F2003 GA aufs äußerste in Anspruch nehmen (hier im Bild ein Beispiel), um auch nur mittelmäßige Ergebnisse zu erzielen. Er gewinnt sechsmal, doch immer sehr knapp. Aus den 16 Grand-Prix-Läufen in der Saison 2003 gingen acht verschiedene Sieger hervor, was seit vielen Jahren nicht mehr der Fall gewesen war.

Ein ferrariroter Schein am Formel-1-Himmel: Michael Schumacher holt sich seinen sechsten WM-Titel und bricht damit in einem Abstand von 46 Jahren die historische Bestmarke des Argentiniers Fangio. „Schumis" Rekordliste ist sehr umfangreich: 70 Grand-Prix-Siege (Prost folgt mit 51 Siegen), 15 Hattricks, Dreierkombinationen aus Pole Position, schnellster Runde und Sieg im gleichen Rennen (Clark gelang dies 11 Mal); 51 Siege mit dem gleichen Team, nämlich Ferrari (Senna 35 auf McLaren); 122 Mal auf dem Siegerpodest (Prost 106 Mal); 1038 Weltmeisterschaftspunkte (Prost kam auf 798,5); 3974 Runden in Führungsposition (Senna schaffte 2986); höchste Durchschnittsgeschwindigkeit der schnellsten Runde in einem Rennen, nämlich 247,585 km/h beim Großen Preis von Italien 2003. Viele weitere Erfolge sind das gemeinsame Verdienst Schumachers und Ferraris: 28 aufeinanderfolgende Grand-Prix-Rennen ohne Ausfall; die höchste jemals in der Formel 1 erzielte Geschwindigkeit, nämlich 368,8 km/h (in Monza 2003); fünf aufeinanderfolgende Konstrukteurstitel für Ferrari (McLaren folgt mit vier von 1988 bis 1991 errungenen Titeln).

Ein extremer Monoposto

Für die Saison 2003 bereitet Ferrari einen neuen Formel-1-Wagen vor, der nach den Vorgaben des äußerst erfolgreichen F2002 konzipiert und doch in vieler Hinsicht innovativ ist, was die technische Verfeinerung angeht: den F2003GA, dessen Bezeichnung die Initialen des großen, vor kurzem verstorbenen »Signor Fiat« Gianni Agnelli trägt. Die verbesserte Aerodynamik manifestiert sich in den schlankeren Formen des Monocoque, in den schmaleren Seitenkästen mit reduziertem Frontteil, vor allem aber in der nach hinten extrem verengten Flaschenhalsöffnung, die einen höheren Strömungsverlauf zum Heckflügel bewirkt und damit die Leistung verbessert (mit geringerem Nachlauf wird die gewünschte Belastung erzeugt). Der um circa 50 mm verlängerte Rad-

vodafone
Marlboro
vodafone
1
OLYMPUS
FIAT
vodafone

F1 Weltmeisterschaft der Fahrer
1. Michael Schumacher auf *Ferrari F2002/F2003 GA*
2. Kimi Raikkönen auf *McLaren-Mercedes*
3. Juan Pablo Montoya auf *Williams BMW*
5. Rubens Barricchello auf *Ferrari F2002/F2003 GA*

F1 Weltmeisterschaft der Konstrukteure
1. Ferrari
2. Williams BMW
3. McLaren-Mercedes

F1 Grand Prix
San Marino, Imola
1. Michael Schumacher auf *Ferrari F2002*
Spanien, Barcelona Monmeló
1. Michael Schumacher auf *Ferrari F2003 GA*
Österreich, A1 Ring
1. Michael Schumacher auf *Ferrari F2003 GA*
Kanada, Montreal
1. Michael Schumacher auf *Ferrari F2003 GA*
Italien, Monza
1. Michael Schumacher auf *Ferrari F2003 GA*
USA, Indianapolis
1. Michael Schumacher auf *Ferrari F2003 GA*
Japan, Suzuka
1. Rubens Barricchello auf *Ferrari F2003 GA*

Das aus Titan gegossene Getriebe ist um 2 cm verkürzt und wiegt nur 38 kg, bei den Stoßdämpfern handelt es sich um den neuen Typ in Radialbauweise. das bedeutet weniger sperrige Mechanikteile zugunsten der Aerodynamik.

Der Motor 052 hat einen um circa 1 Grad geringeren Zylinderwinkel und ist dadurch weniger breit. Sein um 4% reduziertes Gewicht beträgt zwischen 85 und 90 kg. Die Einspritzdüsen befinden sich nicht mehr außen, sondern sind zugunsten eines niedrigen Verbrauchs in die Einlasskanäle integriert.

Rechts: Trotz der Angriffslust eines Michael Schumacher bringt ihn der F2003 GA einige Male in Schwierigkeiten: In Ungarn wird er sogar überrundet.

Michael Schumacher bei einem rasanten Gegenlenkmanöver. Der F2003 GA hat ein perfekt ausgewogenes Chassis, doch oftmals (vor allem bei hohen Temperaturen) mangelt es dem Motor an Leistung.

Die Weiterentwicklung von Michael Schumachers Dienstwagen für 2003 zeigt eine verbesserte Aerodynamik und ein verbessertes Kühlsystem. Insgesamt können 120 kg eingespart werden. Die Leistung des V10 steigt von 850 auf gut 880 PS.

stand erhöht die Abtrieb erzeugende Unterbodenfläche und hält gleichzeitig den Heckflügel weiter von den Turbulenzbereichen fern. Die gesamte Mechanik wird dem Aerodynamikkonzept optimal angepasst.

Eine heiß umkämpfte Saison

Der F2003 GA lehrt seine Gegner das Fürchten, doch bereitet er dem Ferrari-Team Sorgen, denn er ist schwierig in den Griff zu bekommen. Vor allem dank seiner ausgefeilten Aerodynamik erbringt der Wagen zwar Leistungen im Superlativbereich, aber bei nur minimalen Abweichungen in der Feinabstimmung fallen sie drastisch ab. So kommt es, dass der Wagen

F2003 GA

Motor: hinten längs eingeb., Zylinderblock aus präzisionsgegossenem Aluminium, Zylinderköpfe aus Leichtmetalllegierung, V10 Zylinderwinkel 89°.
Hubraum: 2997 ccm. Leistung (am Saisonbeginn geschätzt): circa 850 PS bei 18.500 U/min (am Saisonende auf circa 880 PS geschätzt), Spezifische Leistung (geschätzt): 283,6 – 293,6 PS/Liter.
Ventilsteuerung: Zwei obenliegende Nockenwellen, vier schräg hängende Ventile pro Zylinder, pneumatisch schließend, Zahnräder. *Zündung:* Elektronische kontaktlose Zündung von Magneti Marelli.
Kraftstoffzufuhr: Elektronische Digitaleinspritzung von Magneti Marelli, Länge der Einlasskanäle variabel.
Schmierung: Druck-Trockensumpfschmierung mit Ölkühler (Öltank vor dem Motor).
Antrieb: Hinterradantrieb. *Getriebe:* 7-Gang, sequentiell, hinten längs eingeb. (neues Gehäuse aus präzisionsgegossenem Titan), halbautomatisch mit Elektroniksteuerung (Schaltung am Lenkrad) mit selbsttätigem, elektronisch gesteuertem Sperrdifferenzial.
Reifen: Aus Leichtmetalllegierung (Zentralverschluss), Durchmesser 13".
Karosserie: Monocoque mit Karosserie und Rahmen in Schalenbauweise aus Verbundwerkstoffen. Vorderachse mit Querlenkern und diagonaler Strebe (»push-rod«) aus Karbon, Torsionsstäben und Teleskopstoßdämpfern. Hinterachse mit Querlenkern und »push-rod«, beides aus Karbon, Torsionsstäben und neuen Radialstoßdämpfern.
Bremsen: Kohlenstoff-Scheibenbremsen.
Lenkung: Zahnstangenlenkung.
Kraftstofftank: hinter dem Fahrersitz.
Maße und Gewicht: *Radstand:* 3100 mm
Spur: 1470 mm v, 1405 mm h. *Länge:* 4545 mm, Breite (über Reifen): 1796 mm, Höhe: 959 mm
Gewicht fahrfertig (mit Fahrer und Ballast von fast 120 kg): 600 kg
Fahrleistungen: *Höchstgeschwindigkeit:* 368,8 km/h
Verhältnis Gewicht/PS (geschätzt mit Fahrer und Ballast): 0,705–0,681 kg/PS.

Die Bridgestone-Pneus bilden im Sommer den Schwachpunkt des F2003 GA (während die große Hitze den Michelin-Reifen von BMW Williams, McLaren und Renault eher nützt). Bei Regen allerdings ist Bridgestone zweifelsohne überlegen.

beim Training oftmals enorm schnell ist, anschließend jedoch wieder enttäuscht. Ferrari beginnt daher die Saison vorsichtshalber mit dem erwiesenermaßen zuverlässigen F2002 und setzt den neuen Monoposto erst beim fünften WM-Lauf in Spanien ein. Die Weltmeisterschaft wird weiterhin hart von Kimi Raikkönen auf McLaren und Juan Pablo Montoya auf BMW Williams umkämpft. Michael Schumacher erreicht die Spitze der WM-Gesamtwertung erst nach acht Rennen und vier hart erarbeiteten Siegen. Von nun an bleibt er in Führung, am Ende jedoch nur mit einem Punkt Vorsprung, nachdem er einen schwarzen Sommer lang Punkte durch Platzierungen wie einen 5. einen 7. oder einen 8. Platz sammelte, die für ihn wirklich nichts Besonderes sind. Das heiße Klima des Sommers macht den Reifen und der Ausgewogenheit des F2003 GA zu schaffen... Am Ende wendet sich das Blatt für den deutschen Piloten jedoch mit zwei durch gegnerische Fehler begünstigten Siege in Monza und Indianapolis zum Guten. Doch erst beim letzten Grand Prix in Japan sichert ein aufgeholter achter Platz Schumacher den sechsten ruhmreichen Weltmeistertitel, während der Sieg Barricchellos Ferrari als Weltmeister der Konstrukteure erneut bestätigt.

Zukunftweisende Tradition

Im Herbst präsentiert Ferrari die einzige Neuerung des Jahres, einen viersitzigen GT mit völlig neuem Interieur, der 2004 in Serie gehen wird. Es ist der Nachfolger des 456 M GT von 1998, trägt aber alle Merkmale einer neuen Fahrzeuggeneration, auch wenn seine Bezeichnung »612 Scaglietti« an jenen Konstrukteur aus Modena erinnert, der in den 1950er und 1960er Jahren die berühmtesten Ferrari-Sportwagen baute. Der 612, Design Pininfarina, ist der erste Zwölfzylinder aus Maranello, dessen Rahmen und Karosserie komplett aus Aluminium bestehen.

2004
Das Siebte Siegel

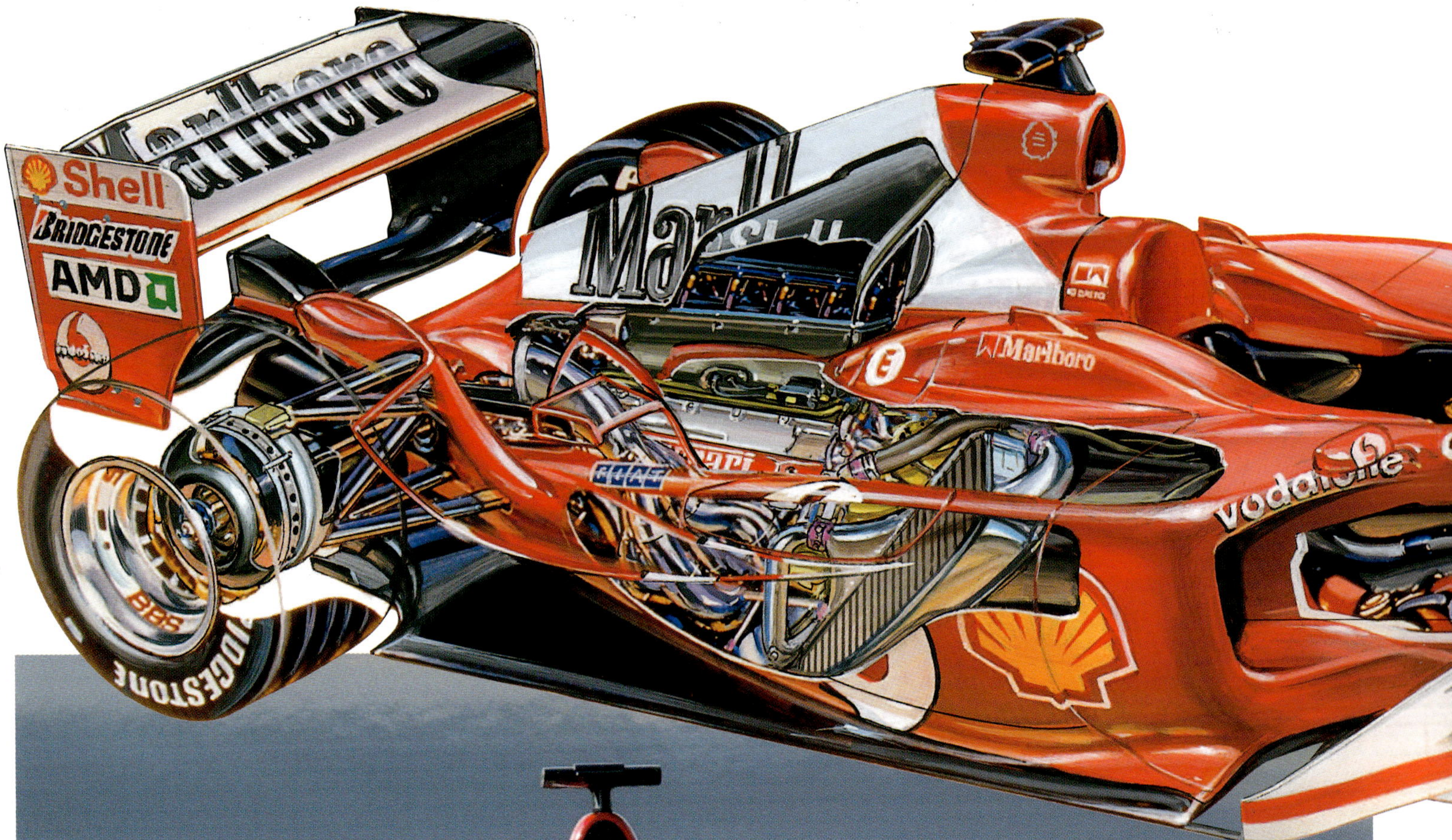

18 Grand Prix stehen in der Saison auf dem Kalender; es gilt neue Rennstrecken auszuloten (in den Vereinten Arabischen Emiraten, Bahrein sowie in China, Shanghai), es kommt zu Einschränkungen bei der Aerodynamik (der Heckflügel wird von drei auf zwei Profilflächen reduziert), vor allem aber sieht das Reglement jetzt vor, dass die Motoren während der gesamten drei Grand-Prix-Tage nicht ausgewechselt werden dürfen, was bedeutet, dass sie nicht wie bisher auf einer Strecke von 400, sondern von 700 Kilometern halten müssen. Es zeichnet sich also eine lange und für alle Teams schwierige Formel-1-Saison ab. Doch Ferrari hat ein weiteres Problem zu bewältigen. Die Michelin-Reifen der gegnerischen Monoposti (allen voran BMW Williams, McLaren-Mercedes und Renault) erweisen sich im gesamten Wintertraining den japanischen Bridgestone-Reifen weit überlegen, deren Laufflächen bereits bei einigen Rennen der Sommersaison 2003 Schwächen gezeigt hatten (hohe Empfindlichkeit bei heißem Wetter). Ferrari und Bridgestone versuchen, dem Problem mit vereinten Kräften beizukommen und entwickeln in einer Reihe von intensiven Wintertests neue Reifen. Und bereits bei den ersten Rennen leuchten Ferraris Farben erneut am Formel-1-Himmel: Der F 2004 erweist sich gegenüber der Konkurrenz als haushoch überlegen!

Kurskorrektur

Bei der Konzeption des F 2004 verfolgen Ross Brawn und Rory Byrne die geradlinige Entwicklung der letzten Jahre weiter. Sie ziehen es vor, der durch bahnbrechende Innovationen entstehenden großen Unbekannten aus dem Weg zu gehen. Sie greifen deshalb die erfolgreiche Technik des F 2003 GA wieder auf und nehmen nur einen Feinschliff an der Aerodynamik und am Rahmen vor. Dafür korrigieren sie jene Aspekte, die die Lenkung des Wagens auf der Rennstrecke extrem schwierig gestalteten, was manchmal zu Leistungsausreißern nach unten führte. Doch auch für dieses Unterfangen müssen fast alle Komponenten neu kon-

Der Pilot des F 2004 ist noch tiefer im Fahrersitz versenkt, so dass der Helm weniger weit herausragt und der Luftansaugbereich des Motors noch besser von Turbulenzen frei gehalten wird.

Die zur Kühlung an den Seitenwänden angebrachten Lufteinlässe hat man weiter nach oben versetzt, wodurch die Strömungen optimiert werden. Es entsteht dadurch an der unteren Seite eine Stufe, die den Abtrieb verbessert.

Im Vergleich zum F 2003 GA ist die Aerodynamik bei diesem Modell noch ausgefeilter: die weiter nach unten gebogene Bugpartie ist schlanker, während das gesamte Heck noch schmaler gehalten ist, was die Effizienz der Flügel und die Abtriebskräfte erhöht.

Michael Schumacher beginnt die Jagd auf seinen siebten WM-Titel mit vier Siegen. Der F2004 unterstützt ihn dabei mit einem Chassis, dessen überragende Effizienz auch auf den hohen Ballastanteil (über 130 kg) zur Ausbalancierung der Massen zurückzuführen ist.

Bridgestone entwickelt für den F2004 wärmeresistentere Reifen. Bei der Vorderreifen orientiert man sich außerdem an den gegnerischen Michelin-Reifen, mit breiteren Schultern und weniger ausgeprägten Kanten

Auftanken des F 2004. Im Vergleich zur Saison 2003 haben sich Gewicht, Leistung und Verbrauch des neuen V10 053 ein wenig verbessert: Ein höheres Maß an Zuverlässigkeit erreicht man durch die Anwendung neuer Materialien.

F 2004

Motor: hinten längs eingeb., Zylinderblock aus präzisionsgegossenem Aluminium, Zylinderköpfe aus Leichtmetalllegierung, V10 Zylinderwinkel 90°.
Hubraum: 2997 ccm. Leistung (am Saisonbeginn geschätzt): über 880 PS bei 19.000 U/min, Spezifische Leistung (geschätzt): 293,6 PS/Liter.
Ventilsteuerung: Zwei obenliegende Nockenwellen, vier schräg hängende Ventile pro Zylinder, pneumatisch schließend, Zahnräder.
Zündung: Elektronische kontaktlose Zündung von Magneti Marelli.
Kraftstoffzufuhr: Elektronische Digitaleinspritzung von Magneti Marelli, Länge der Einlasskanäle variabel.
Schmierung: Druck-Trockensumpfschmierung mit Ölkühler (Öltank vor dem Motor).
Antrieb: Hinterradantrieb.
Getriebe: 7-Gang, sequentiell, hinten längs eingeb. (neues Gehäuse aus präzisionsgegossenem Titan), halbautomatisch mit Elektroniksteuerung (Schaltung am Lenkrad) mit selbsttätigem, elektronisch gesteuertem Sperrdifferenzial.
Reifen: Aus Leichtmetalllegierung (Zentralverschluss), Durchmesser 13".
Karosserie: Monocoque mit Karosserie und Rahmen in Schalenbauweise aus Verbundwerkstoffen. Vorderachse mit Querlenkern und diagonaler Strebe (»push-rod«) aus Karbon, Torsionsstäben und Teleskopstoßdämpfern. Hinterachse mit Querlenkern und »push-rod«, beides aus Karbon, Torsionsstäben und neuen Radialstoßdämpfern.
Bremsen: eigenbelüftete Kohlenstoff-Scheibenbremsen.
Lenkung: Zahnstangenlenkung.
Kraftstofftank: hinter dem Fahrersitz.
Maße und Gewicht:
Radstand: 3050 mm
Spur: 1470 mm v, 1405 mm h
Länge: 4545 mm, Breite (über Reifen): 1796 mm, Höhe: 959 mm
Gewicht fahrfertig (mit Fahrer und Ballast von über 125 kg): 605 kg
Fahrleistungen: Verhältnis Gewicht/PS (geschätzt mit Fahrer und Ballast):0,687 kg/PS.

zipiert werden, wobei Brawn und Byrne zwei Ziele verfolgen. Erstens soll das Kühlsystem verbessert werden (um unter anderem eine längere Lebensdauer des Motors zu garantieren). Beim F 2003 GA war das Kühlsystem bis ans Limit ausgereizt: Bei Rennen in heißem Klima mussten an den Seiten breite Zusatzöffnungen bedient werden, die sich nicht nur negativ auf die Aerodynamik auswirkten, sondern auch eine Erhitzung der Reifen zur Folge hatten, über die sich warme Luftströme ergossen. Zweitens wollte man mehr Flexibilität bei der Gewichtsverteilung, um sie für jede Rennstrecke anders vornehmen zu können und auf die der F 2003 GA äußerst empfindlich reagierte. Diese beiden Probleme zu lösen und zugleich die bereits erreichte hohe aerodynamische Effizienz weiter zu verbessern, sind die Herausforderungen, denen der F 2004 gerecht werden soll. Das Technikerteam von Ferrari ist der Meinung, diesem Anspruch durch tiefgreifende (wenn auch wenig sichtbare) Änderungen beim Design und der Struktur zu genügen. Der Karosseriekörper ist komplett neu, er besteht aus noch fortschrittlicheren Verbundwerkstoffen, die widerstandsfähiger und leichter sind. Der Karosseriekörper selbst fällt dadurch kleiner und dünnwandiger aus. Der innere Teil der Seitenkästen wird zugunsten der Zufuhr von kalten Luftströmen vergrößert, ohne dass man deswegen

612 Scaglietti

Motor: vorne längs mittig eingeb., Leichtmetalllegierung, V12 Zylinderwinkel 65°.
Hubraum: 5748 ccm, Bohrung x Hub: 89 x 77 mm, Leistung: 540 PS bei 7250 U/min, Spezifische Leistung 93,9 PS/Liter.
Ventilsteuerung: Zwei obenliegende Nockenwellen, vier schräg hängende Ventile pro Zylinder, 2 Zahnriemen.
Kraftstoffzufuhr: Einspritzung und Zündung mit integrierter Steuerung, elektronische Multipoint-Einspritzung Bosch Motronic M E.7.
Schmierung: Druck-Trockensumpfschmierung mit Ölkühler.
Antrieb: Hinterradantrieb.
Getriebe: Mechanisches 6-Gang-Getriebe an der Hinterachse mit selbsttätigem Sperrdifferenzial.
Reifen: 245/45 ZR 18 v, 285/40 ZR 19 h.
Karosserie: Berlinetta-Viersitzer mit Karosserie aus Aluminium (Design Pininfarina). Aluminiumrahmen und Karosseriekörper in space frame-Architektur. Vorderachse mit einstellbaren Doppelquerlenkern, Schraubenfedern, ölpneumatischen Stoßdämpfern mit elektronisch gesteuerter Dämpfung. Hinterachse mit einstellbaren Doppelquerlenkern, Schraubenfedern, ölpneumatischen Stoßdämpfern mit elektronisch gesteuerter Dämpfung. Elektronische Stabilitäts- und Traktionskontrolle.
Kraftstofftank: aus Leichtmetalllegierung hinten (Fassungsvermögen: 110 Liter).
Bremsen: eigenbelüftete Scheibenbremsen, Servobremsen, ABS.
Lenkung: Zahnstangenlenkung, hydraulische Servolenkung mit geschwindigkeitsabhängiger Wirkung.
Maße und Gewicht: Radstand: 2950 mm
Spur: 1688 mm v, 1641 mm h.
Länge: 4902 mm, Breite: 1957 mm, Höhe: 1344 mm. *Gewicht fahrfertig:* 1840 kg
Fahrleistungen:
Höchstgeschwindigkeit: über 315 km/h.
Beschleunigung: von 0 auf 100 km/h in 4,2 sek.
Verhältnis Gewicht/PS: 3,40 kg/PS

Die Aerodynamik des 612 Scaglietti ist bemerkenswert: Der Luftwiderstandsbeiwert von 0,34 cw ist für einen Wagen mit Frontmotor erstaunlich; der allein durch den Unterboden erzeugte Abtrieb erzeugt bei 300 km/h ohne die Verwendung unschöner Spoiler eine Masse von 115 kg.

Der Zwölfzylindermotor F133F des 612 ist weiterentwickelt worden; man hat die Luftmengensteuerung am zentralen Ansaugtrakt durch einen dynamischen Einlasstrichter optimiert.

Der Ferrari 550 GT Maranello hier in der Rennversion. Mit einem 550 des Rennstalls BMS Scuderia Italia haben die Piloten Thomas Biagi und Matteo Bobbi 2003 die Internationale GT-Meisterschaft gewonnen. 2004 tritt der neue 575 GTC an.

an der Außenseite auf die schlanke aerodynamische Form verzichten müsste, die im gesamten Heckbereich sogar noch schmaler ist als beim Vorgängermodell. Dadurch befinden sich die Auspuffrohre und zusätzliche Auslassöffnungen, aus denen warme Luft entweicht, näher bei der Mittellinie (und weiter von der Reifen entfernt). Die Aerodynamik gewinnt auch durch viele kleine Detailmodifizierungen an Effizienz (und dadurch an Lenkbarkeit, da die gewünschte Lastverteilung durch einen weniger kritischen Bodenabstand erzeugt werden kann). Zu den sichtbarsten Veränderungen gehört der Bug des Wagens, der stärker nach unten gebogen ist, und der Pilot versinkt noch tiefer im Fahrersitz, so dass der Helm noch weniger herausragt; die Luftansaugstutzen an den Seitenwänden sind weiter oben angebracht, so dass sich der Wagen in der unteren Heckpartie zu einem noch engeren Flaschenhals verjüngt.

Im Namen des Mythos

Der bereits 2003 auf dem Papier vorgestellte Ferrari 612 Scaglietti mit Zwölfzylinder-Frontmotor zeigt sich wenige Monate später auch in Realität und erntet bei der Detroit Motor Show uneingeschränkte Bewunderung. Sein Name lehnt sich an die Straßenrennwagen an, die zum Mythos des Cavallino rampante gehören: der

Der Stil des mit Pininfarina entwickelten Berlinetta-Viersitzers 612 Scaglietti verbindet Anforderungen an Funktionalität mit Ästhetik. Das aerodynamische Design ist das Ergebnis von 3500 Stunden Forschungsarbeit am Computer und im Windkanal.

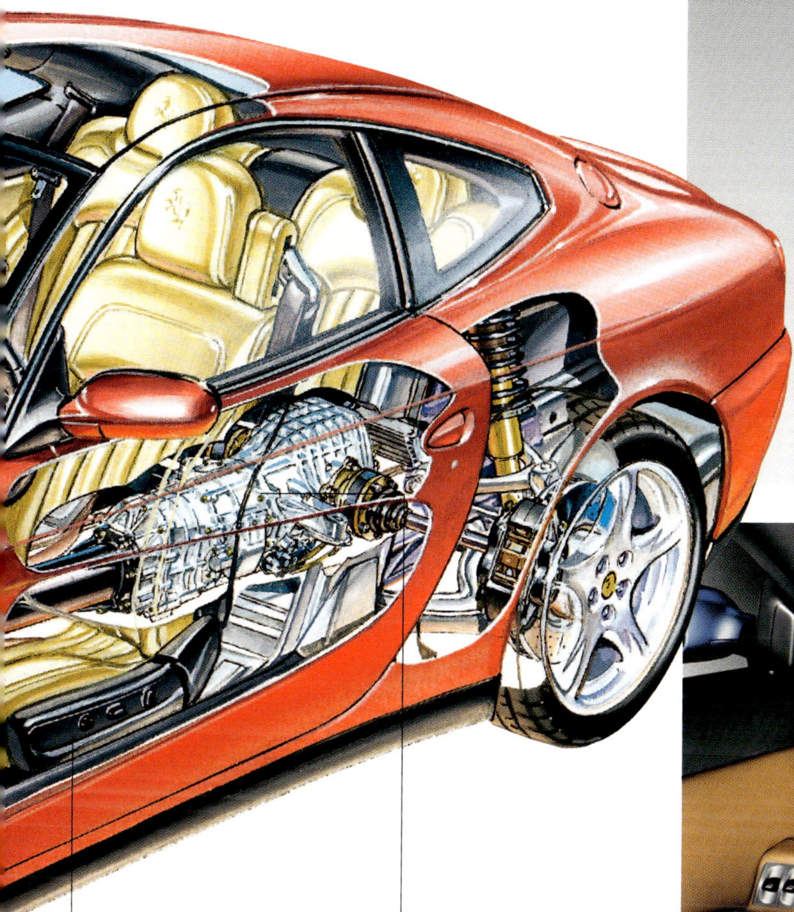

Der space frame-Rahmen ist komplett aus Aluminium und besteht zu 38% aus Stranggussteilen, die durch Elemente aus einer in Sand geschmolzenen Legierung (»verlorene Form«) verbunden sind. Diese haben verstärkende und mittragende Funktion.

Das mechanische 6-Gang-Getriebe an der Hinterachse ist sowohl mit manueller als auch mit einer weiterentwickelten elektronisch gesteuerten F1A-Schaltung (A für Affinato, weiterentwickelt) und wird mit Tasten am Lenkrad bedient.

250 Testa Rossa, der 250 GTO, der 275 LM... Der 612 ist indes ein Berlinetta-Viersitzer für lange Strecken – noch nie war ein Ferrari so geräumig! – der mit modernstem Komfort ausgestattet ist. Diesen Komfort verbindet er mit der sportlichen Power eines typischen Ferrari: seine spezifische Leistung beträgt 94 PS / Liter, die Höchstgeschwindigkeit 315 km/h. Die Beschleunigung kommt der eines Rennwagens gleich, geht aber mit einer äußerst angenehmen Lenkbarkeit im Straßenverkehr einher. Diese geht auf die Elastizität eines Drehmoments von 60 mkg zurück, das bereits im unteren Drehzahlbereich zu 80 bis 90% erreicht werden kann. Im Gegensatz zum 456 M GT von 1998 besteht die gesamte Konstruktion, Karosserie und Rahmen (im Werk Scaglietti mit modernster Leichtmetalltechnologie hergestellt) des Nachfolgers 612 aus Aluminium, was trotz des größeren Ausmaßes zu einer 60%igen Verbesserung beim Verhältnis Steifheit / Gewicht führt. Dies wiederum wirkt sich positiv auf den Komfort und den Insassenschutz aus. Die beinahe zentrale Platzierung des Motors hinter der Vorderachse sowie das 6-Gang-Getriebe mit Sperrdifferenzial an der Hinterachse führen zu einer äußerst günstigen Verteilung der Massen: 46% auf den Vorderrädern und 54% auf den hinteren Antriebsrädern. Dadurch ist der Wagen hervorragend lenkbar. Die von Pininfarina entworfene Karosserie bildet eine wunderbare Synthese von Eleganz und Dynamik. Die Ästhetik des Wagens besticht auch durch sein größeres Ausmaß, vor allem durch seine Verlängerung um 139 mm im Vergleich zum 456 M.

Der Komfort im Innenraum des 612 Scaglietti hat sich im Vergleich zum 456 M deutlich verbessert: die Öffnung der Türen wurde um 15 cm erweitert, die Fondplätze sind um 7 cm höher und der Winkel der Sitzlehnen wurde um 12° verbreitert. Das Fassungsvermögen des Kofferraums beträgt 240 Liter.

Die Fahrzeuge

Die Monopostos

Die einsitzigen Autos haben bei Ferrari eine lange Tradition, von 1948 bis 2004 waren sie in Maranello zu jeder Zeit präsent. Das Produktionsfenster beinhaltet Fahrzeuge der Formel 1 (ab 1950), der Formel 2 (ab 1948) und den Typ 375 Indy von 1952, gebaut für Indianapolis. In den ersten Jahren wurden auch einige Sportwagen, nachdem man ihnen die Stoßstangen abmontiert hatte, zu den Monopostos gezählt (wie zum Beispiel der 166 SC).

125 F1

1948 *1497 ccm, V12 60°, 230 PS, 260 km/h*

166 F2

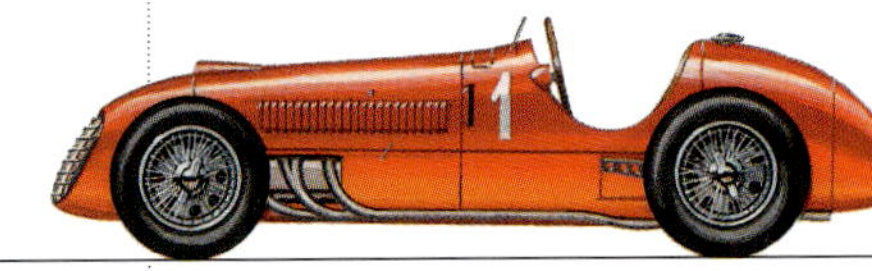

1948 *1995 ccm, V12 60°, 155 PS, 235 km/h*

500 F2

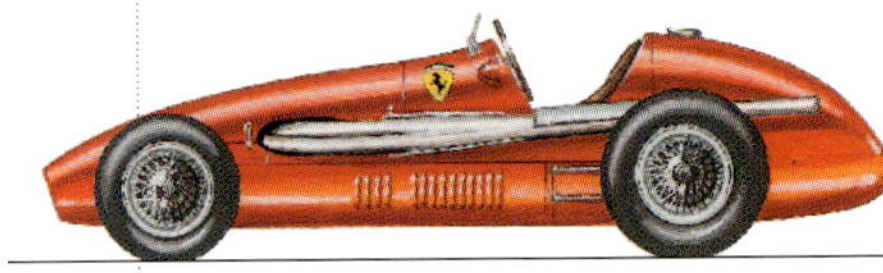

1952 *1985 ccm, Vierzylinder-Reihenmotor, 185 PS, 260 km/h*

375 Indy

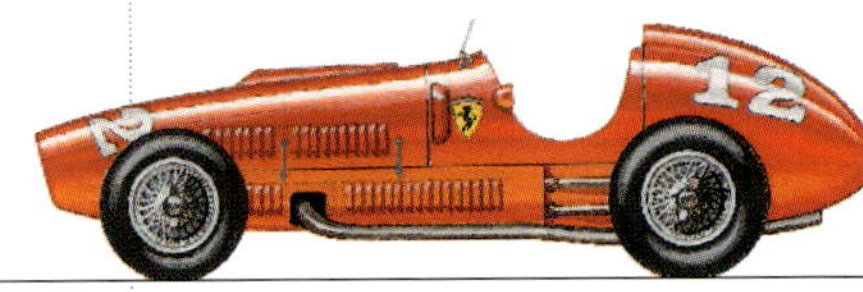

1952 *4382 ccm, V12 60°, 400 PS, 330 km/h*

553 F2

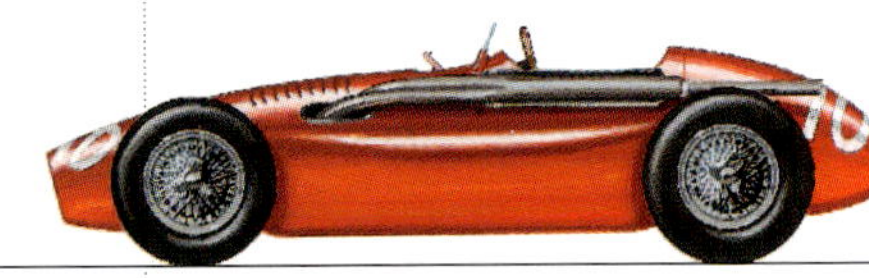

1953 *1997 ccm. Vierzylinder-Reihenmotor, 190 PS, 260 km/h*

D 50

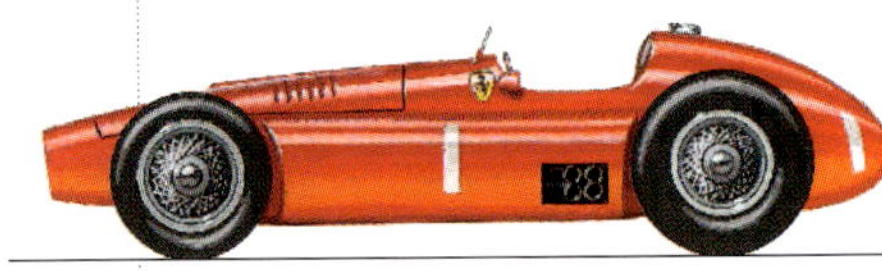

1955 *2486 ccm, V8 90°, 265 PS, 280 km/h*

801 F1

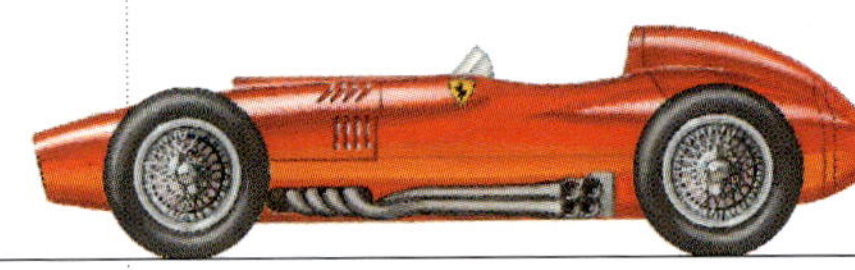

1957 *2493 ccm, V8 90°, 275 PS, 280 km/h*

Dino 156 F2

1957 *1489 ccm, V6 65°, 180 PS, 240 km/h*

Dino 156 F1

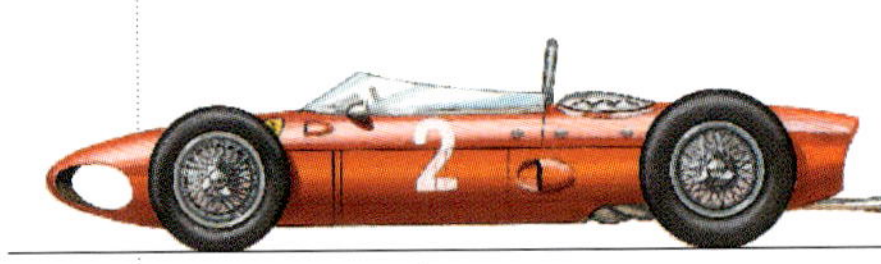

1961 *1477ccm, V6 65°, 180 PS, 260 km/h*

158 F1

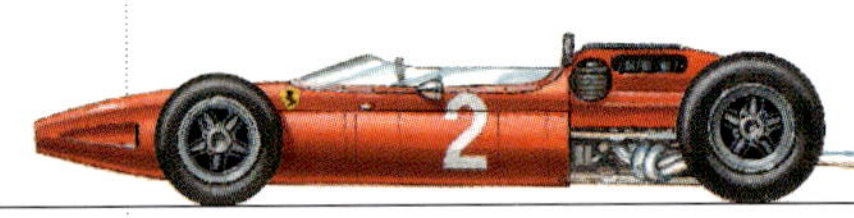

1964 *1489 ccm, V9 90°, 210 PS 270 km/h*

512 F1

1964 *1490 ccm, V12 180°, 220 PS, 270 km/h*

312 B

1970 *2991 ccm, V12 180°, 450 PS, 320 km/h*

312 B2

1971 *2992 ccm, V12 180°, 470 PS, 320 km/h*

312 B3

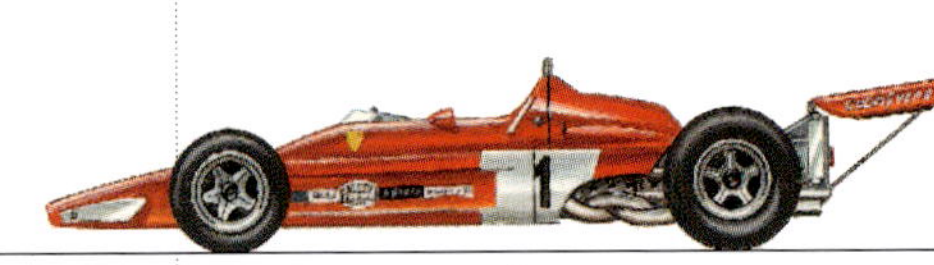

1973 *2992 ccm, V12 180°, 485 PS, 325 km/h*

312 T4

1979 *2992 ccm, V12 180°, 515 PS, 320 km/h*

312 T5

1980 *2992 ccm, V12 180°, 510 PS,. 320 km/h*

126 CK

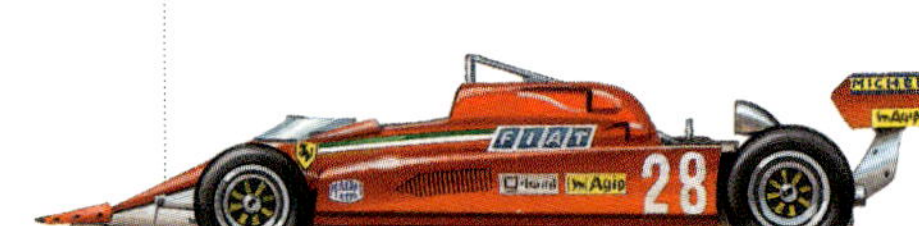

1981 *1496 ccm, V6 120°, 580 PS, 320 km/h*

275 F1

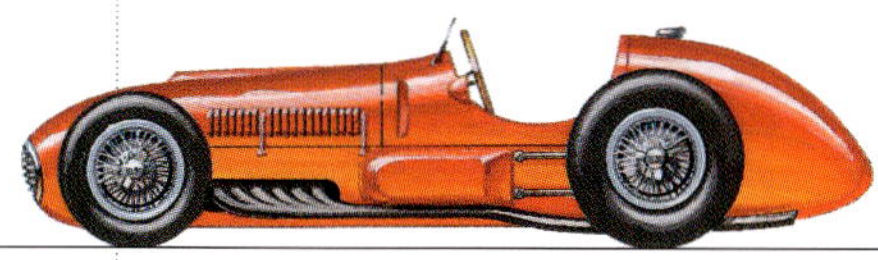

3322 ccm, V12 60°, 300 PS, 280 km/h.

1950

340 F1

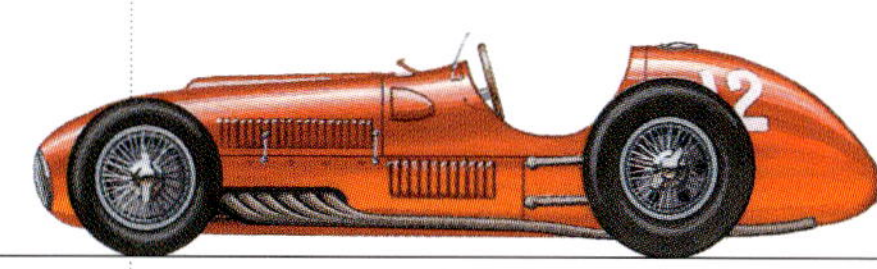

4102 ccm, V12 60°, 335 PS, 300 km/h

1950

375 F1

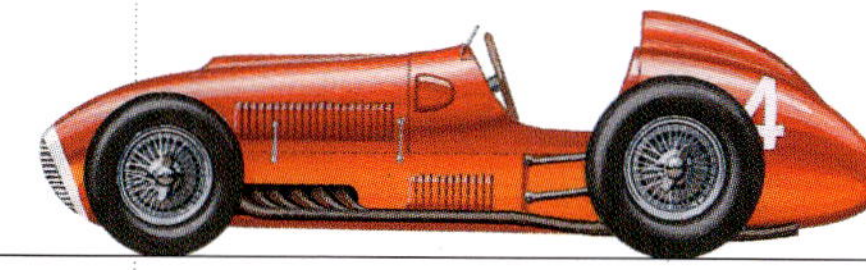

4494 ccm, V12 60°, 360 PS, 320 km/h

1950

553 F1

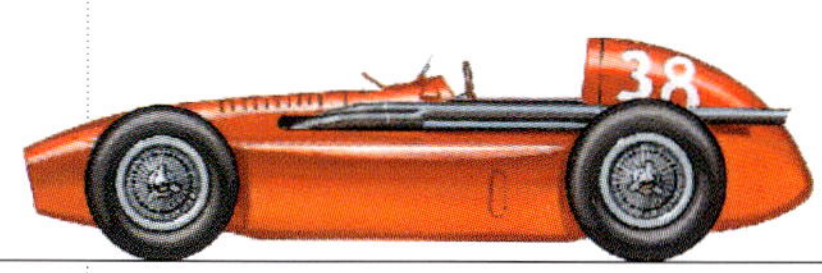

2497 ccm, Vierzylinder-Reihenmotor, 260 PS, 280 km/h

1954

625 F1

2498 ccm, Vierzylinder-Reihenmotor, 250 PS, 270 km/h

1954 1955

555 F1

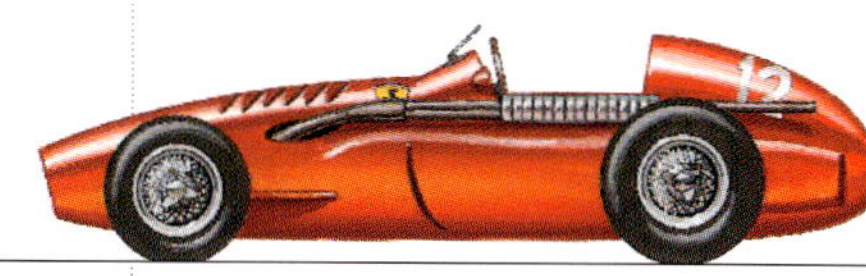

2497 ccm, Vierzylinder-Reihenmotor, 260 PS, 280 km/h

1955

246 F1

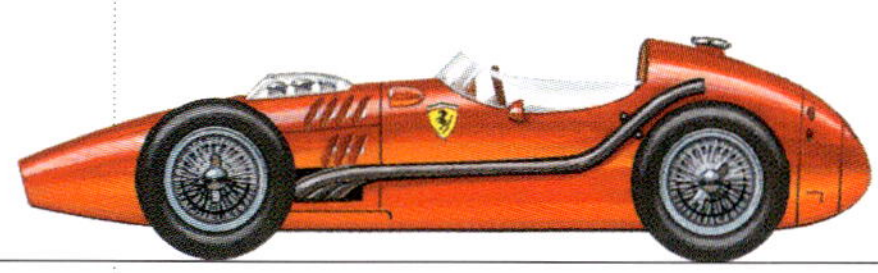

2417 ccm, V6 65°, 280 PS, 280 km/h

1958

412 M1

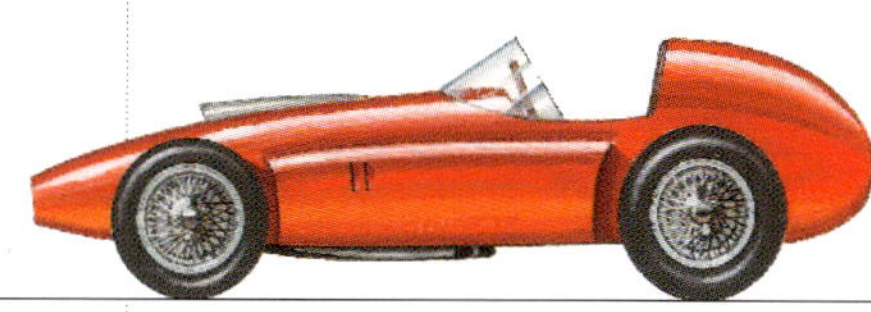

4023 ccm, V12 60°, 447 PS, 320 km/h

1958

256 F1

2474 ccm, V6 65°, 295 PS, 280 km/h

1959 1960

312 F1

2989 ccm, V12 60°, 360 PS, 300 km/h

1966

Dino 166 F2

1596 ccm, V6 65°, 200 PS, 265 km/h

1967

312 F1

2989 ccm, V12 60°, 410 PS, 310 km/h

1968

312 T

2992 ccm, V12 180°, 495 PS, 330 km/h

1975

312 T2

2992 ccm, V12 180°, 500 PS, 300 km/h

1976

312 T3

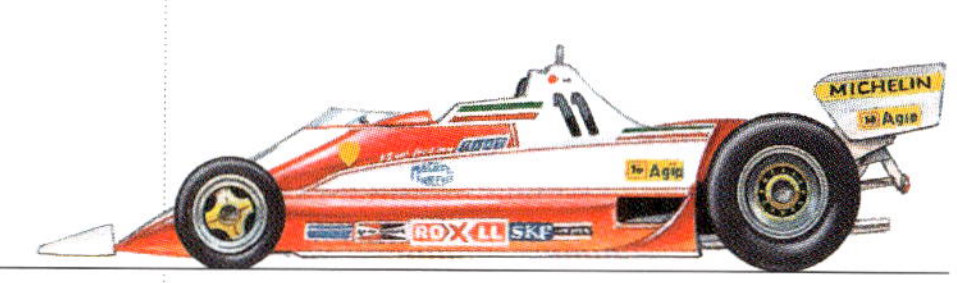

2992 ccm, V12 180°, 510 PS, 320 km/h

1978

126 C2

1496 ccm, V6 120°, 600 PS, 320 km/h

1982

126 C3

1496 ccm, V6 120°, 600 PS, 320 km/h

1983

126 C4

1496 ccm, V6 120°, 660 PS, 320 km/h

1984

Die Monopostos

156/85

1985
1496 ccm, V6 120°,
780 PS, 330 km/h

F1 86

1986
1496 ccm, V6 120°,
850 PS, 330 km/h

F1 67

1987
1496 ccm, V6 90°,
880 PS, 330 km/h

F1 642/643

1991
3499 ccm, V12 65°,
720 PS, 320 km/h

F 92 A

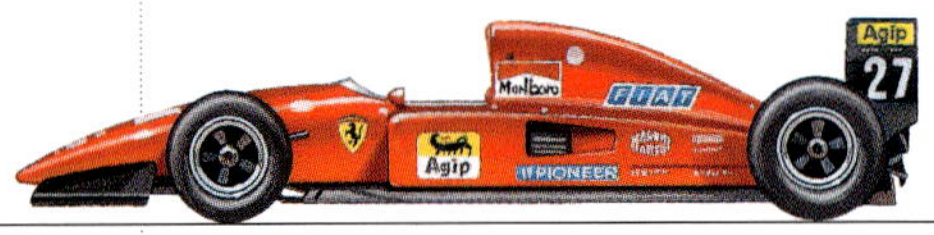

1992
3498 ccm, V12 65°,
über 740 PS, 320 km/h

F 93 A

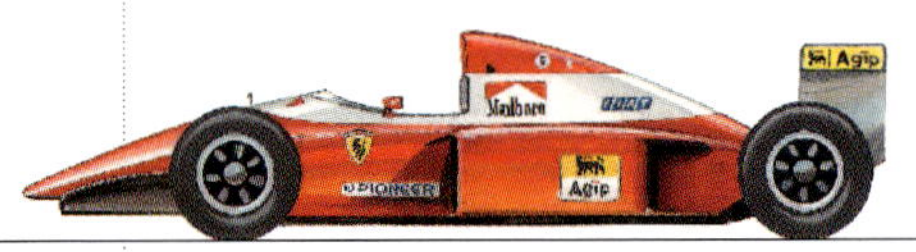

1993
3498 ccm, V12 65°,
730 PS, 320 km/h

F 310 B

1997
2998 ccm, V10 75°,
über 700 PS, 325 km/h

F 300

1998
2997 ccm, V10 80°,
770-780 PS, 340 km/h

F 399

1999
2997 ccm, V10 80°,
770-780 PS, 351 km/h

F 2003 GA

2003
2997 ccm, V10 90°,
850 PS, 369 km/h

F 2004

2004
2997 ccm, V10 90°,
900 PS 370 km/h

Die Sport-Prototypen

Von der Gründung bis 1972, dem letzten Jahr, in dem Ferrari offiziell an Langstreckenrennen teilnahm, galten die Sport-Prototypen als die eigentlichen „Streitrösser“ aus Maranallo. Die Liste enthält auch einige GTs wie den 625 TF oder den 330 LMB, die ausschließlich für Rennzwecke konstruiert worden waren. 1994 wurde der 333 SP präsentiert, ein Rennwagen für Privatfahrer. Auch dieser Ferrari war von Erfolg gekrönt und gewann viele Rennen.

Auto Avio Costruzioni 815

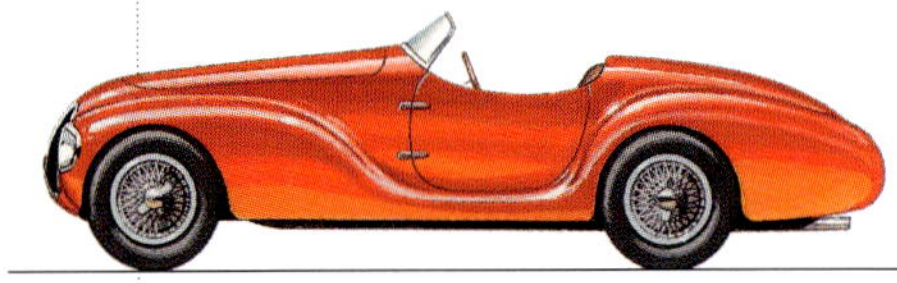

1940
1496 ccm, Achtzylinder-Reihenmotor,
72 PS, 160-170 km/h

125 S

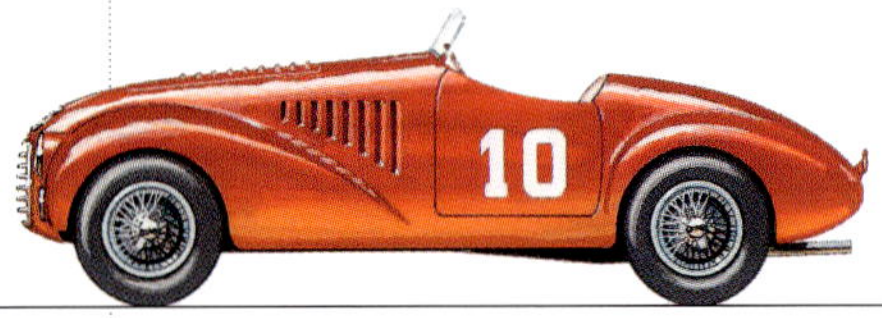

1947
1496 ccm, V12 60°,
100 PS, 170 km/h

F1 87/88C

1988

1496 ccm, V6 90°,
620 PS, 310 km/h

F1 89

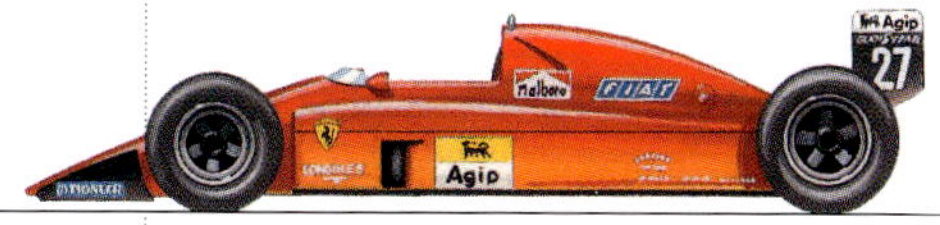

1989

3498 ccm, V12 65°,
600 PS, 300 km/h

F1 641

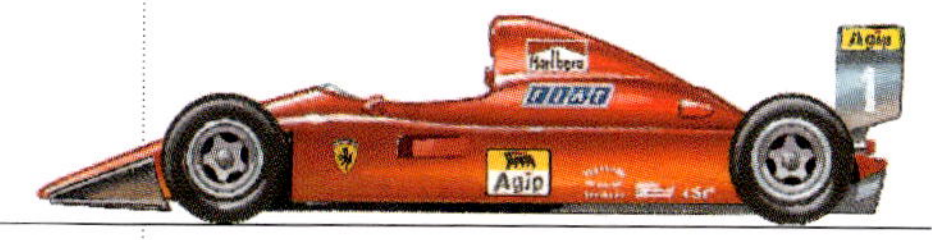

1990

3499 ccm, V12 65°,
680 PS, 310 km/h

412 T1

1994

3498 ccm, V12 65°,
780 PS, 320 km/h

412 T2

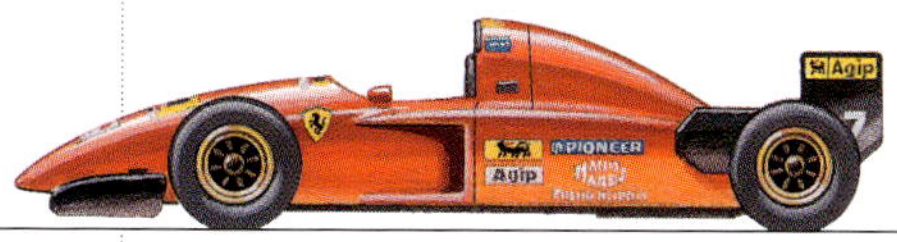

1995

2997 ccm, V12 75°,
über 600 PS, 310 km/h

F 310

1996

2998 ccm, V10 75°,
700 PS, 320 km/h

F 2000

2000

2997 ccm, V10 90°,
800 PS, 353 km/h

F 2001

2001

2997 ccm, V10 90°,
840 PS, 356 km/h

F 2002

2002

2997 ccm, V10 90°,
840 PS, 359 km/h

159 S

1947

1902 ccm, V12 60°,
125 PS, 180 km/h

166 SC

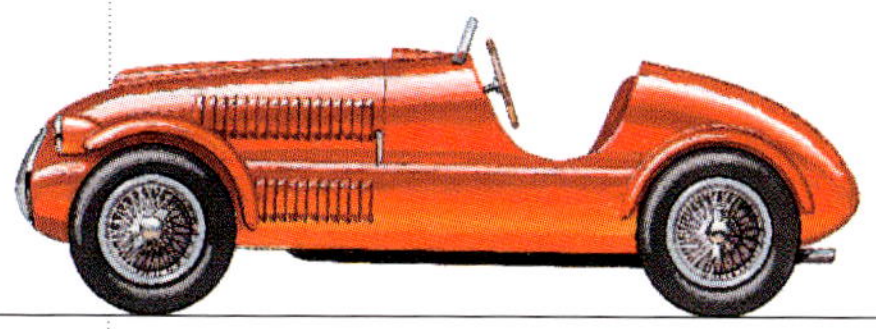

1948

1995 ccm, V12 60°,
130 PS, 225 km/h

166 Sport

1948

1995 ccm, V12 60°,
105 PS, 170 km/h

Die Sport-Prototypen

166 MM

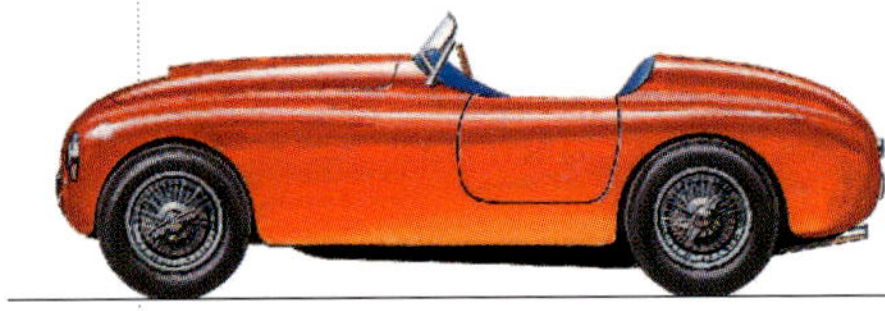

1951 – *1995 ccm V12 60°, 140 PS, 220 km/h*

225 S

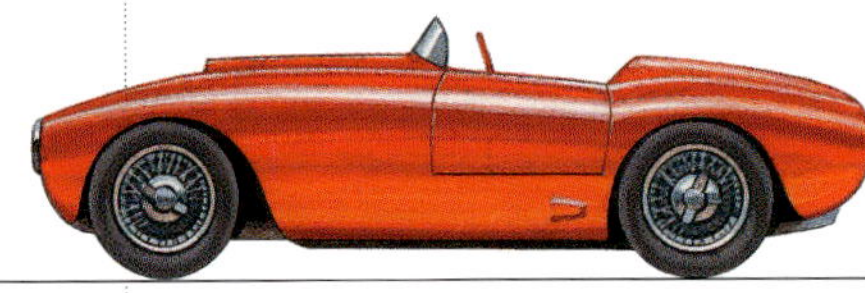

1952 – *2715 ccm, V12 60°, 210 PS, 230 km/h*

250 S

1952 – *2953 ccm, V12 60°, 230 PS, 250 km/h*

340 MM

1953 – *4102 ccm, V12 60°, 300 PS, 270 km/h*

375 MM Spider

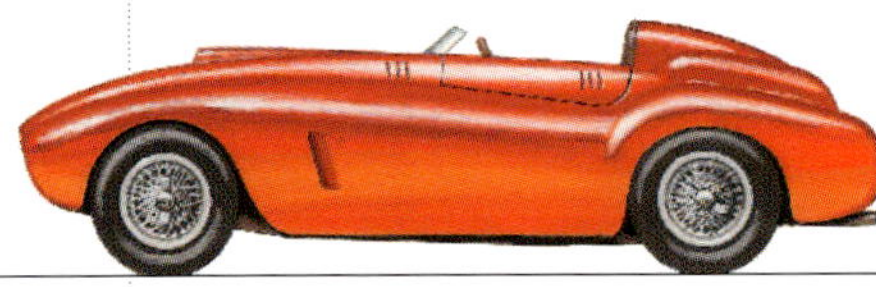

1953 – *4523 ccm, V12 60°, 340 PS, 290 km/h*

750 Monza

1954 – *2999 ccm, Vierzylinder-Reihenmotor, 250 PS, 265 km/h*

410 S

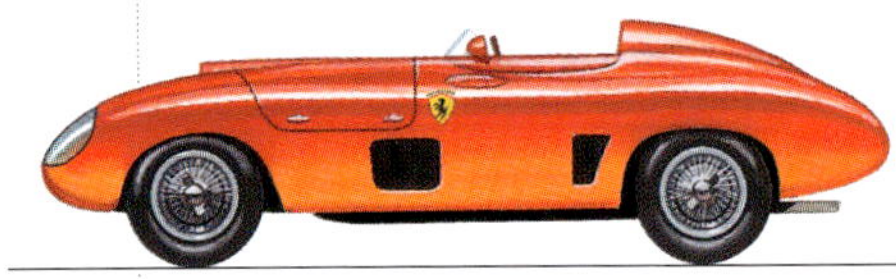

1955 – *4962 ccm, V12 60°, 380 PS, 280 km/h*

500 Testa Rossa

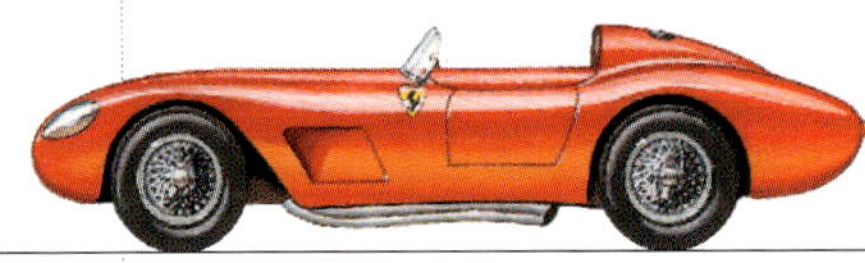

1956 – *1985 ccm, Vierzylinder-Reihenmotor, 180 PS, 245 km/h*

290 MM

1956 – *3491 ccm, V12 60°, 320 PS, 280 km/h*

335 S

1957 – *4023 ccm, V12 60°, 390 PS, 300 km7h*

250 Testa Rossa

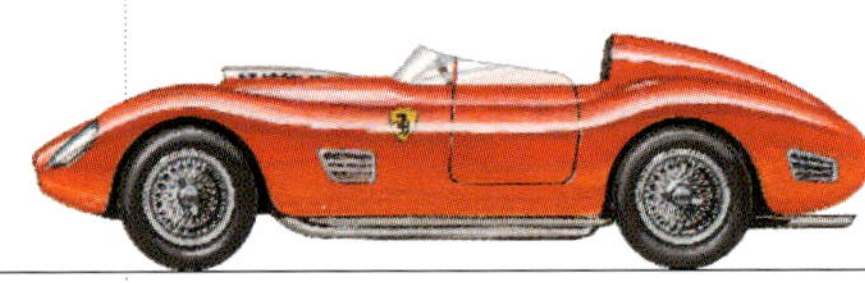

1958 1959 – *2953 ccm, V12 60°, 300 PS, 270 km/h*

Dino 196 S - 246 S

1959 – *1984 (2497) ccm, V6 60°, 195 (245) PS, 250 (260) km/h*

250 P

1963 – *2953 ccm, V12 60°, 300 PS, 290 km/h*

330 LMB

1963 – *3967 ccm, V12 60°, 390 PS, 280 km/h*

275 P - 330 P

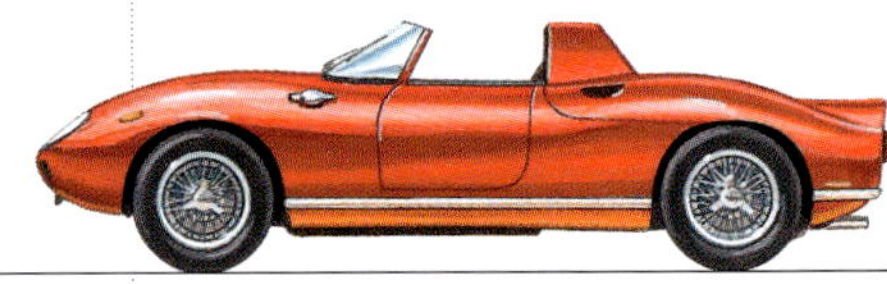

1964 – *3286 (3967) ccm, V12 60°, 320 (370) PS, 300 (300) km/h*

365 P

1965 – *4390 ccm, V12 60°, 380 PS, 300 km/h*

Dino 206 S

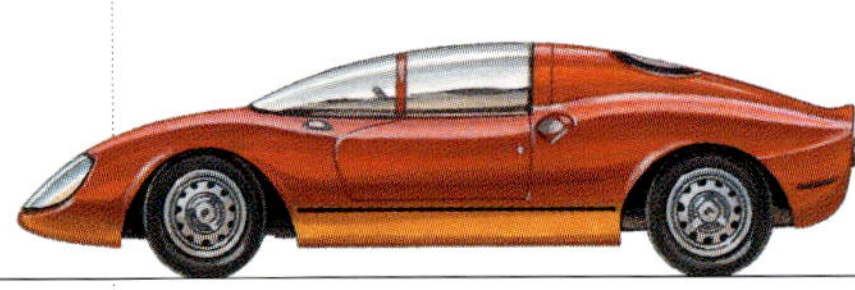

1966 – *1987 ccm, V6 65°, 220 PS, 260 km/h*

330 P3

1966 – *3967 ccm, V12 60°, 420 PS, 310 km/h.*

340 Mexico

1952

500 Mondial

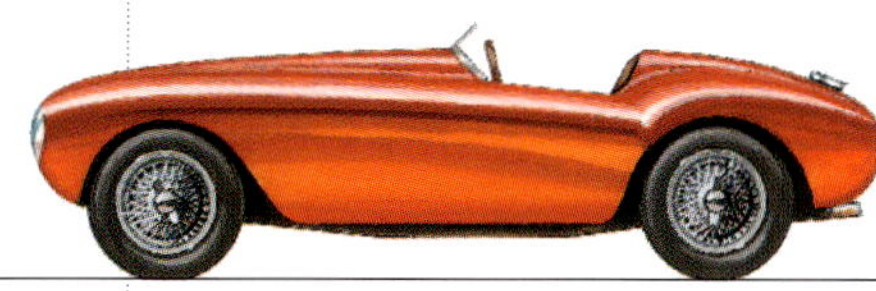

1953

1985 ccm, Vierzylinder-Reihenmotor, 160 PS, 235 km/h

625 TF

1953

2498 ccm, Vierzylinder-Reihenmotor, 200 PS, 240 km/h

250 Monza

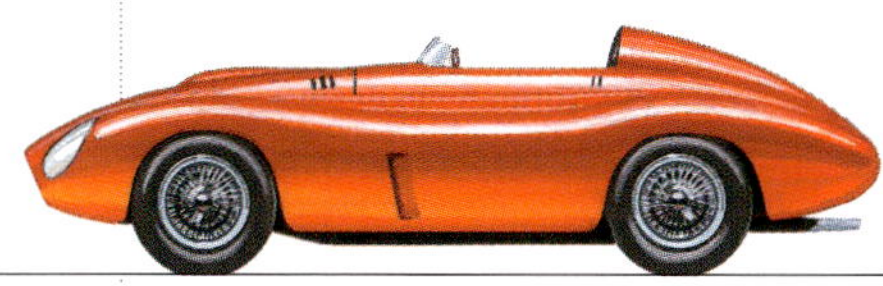

1954

2953 ccm, V12 60°, 240 PS, 250 km/h

375 Plus

1954

4954 ccm, V12 60°, 330 PS, 280 km/h

860 Monza

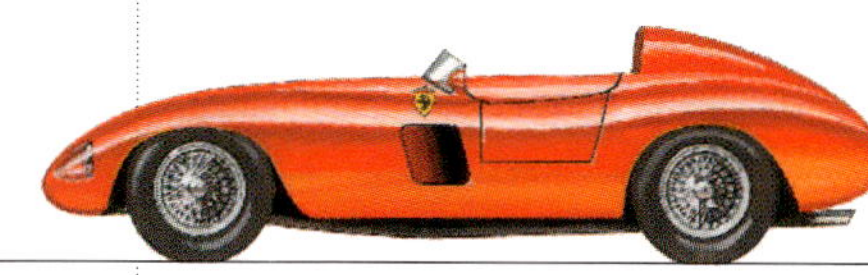

1955

3431 ccm, Vierzylinder-Reihenmotor, 280 PS, 260 km/h

625 LM

1956

2498 ccm, Vierzylinder-Reihenmotor, 255 PS, 250 km/h

500 TRC

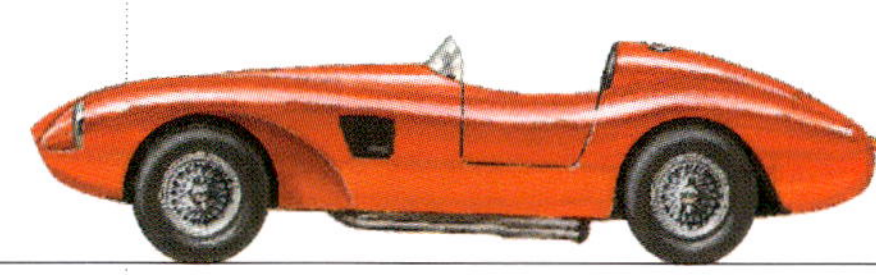

1957

1985 ccm, Vierzylinder-Reihenmotor, 180 PS, 245 km/h

315 S

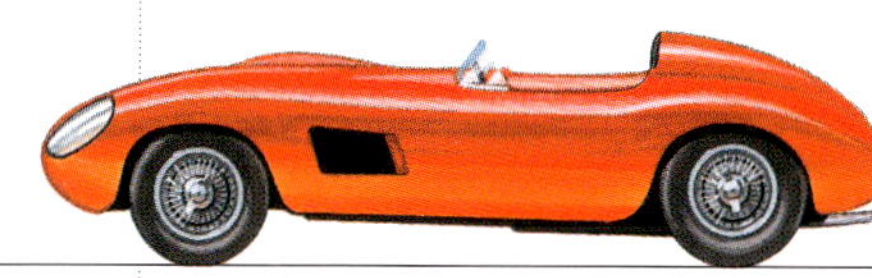

1957

3783 ccm, V12 60°, 360 PS, 290 km/h

246 SP

1961

2417 ccm, V6 65°, 275 PS, 270 km/h

196 P

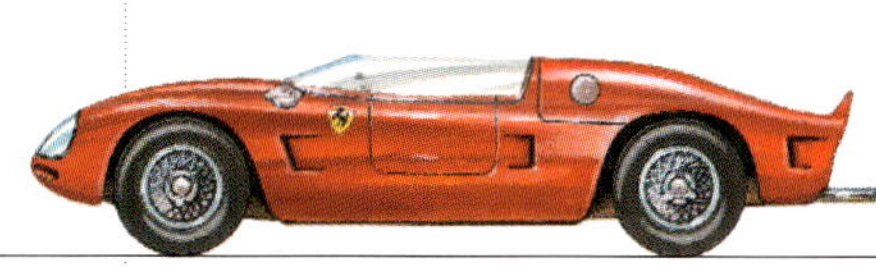

1962

1984 ccm, V6 60°, 200 PS, 240 km/h

248 SP

1962

2459 ccm, V8 90°, 250 PS, 290 km/h

250 Le Mans

1964

3286 ccm, V12 60°, 320 PS, 287 km/h

Dino 166 P - 206 P

1965

1592 (1986) ccm, V6 65°, 180 (205) PS, 260 (270) km/h

275 P2 - 330 P2

1965

3286 (3967) ccm, V12 60°, 350 (410) PS, 290 (300) km/h

330 P4 - 412 P

1967

3967 (3967) ccm, V12 60°, 450 (350) PS, 320 (290) km/h

612 Can-Am

1968

6222 ccm, V12 60°, 620 PS, 340 km/h

212 E

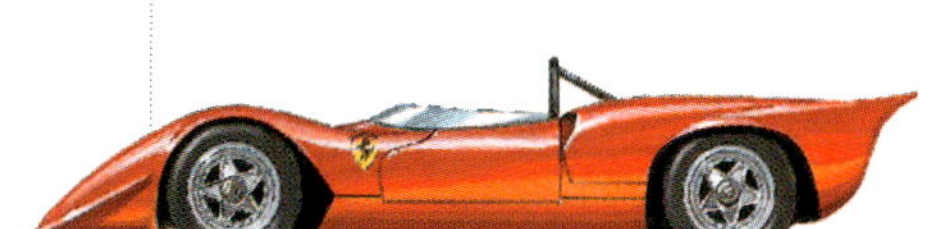

1969

1991 ccm, V12 180°, 300 PS, 250 km/h

Die Sport-Prototypen

312 P

1969

2989 ccm, V12 60°,
420 PS, 320 km/h

512 S

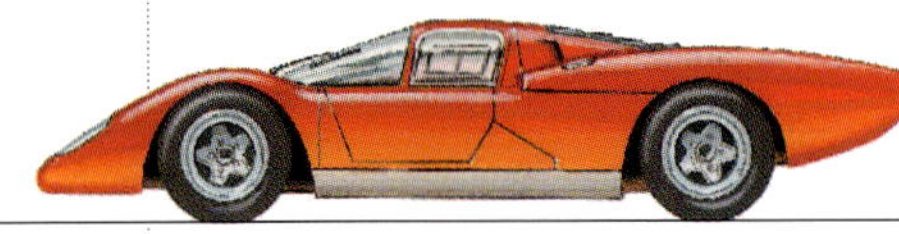

1970

4993 ccm, V12 60°,
550 PS, 340 km/h

512 M

1971

4993 ccm, V12 60°,
610 PS, 310 km/h

Die Gran Turismos

Hier sind die Ferraris aufgelistet, die für den Straßenverkehr zugelassen waren und sind. Es beginnt mit dem ersten Straßenfahrzeug (stradale), dem 166 Inter von 1948. Einige der hier aufgeführten Fahrzeuge, so zum Beispiel der 195 S oder 250 GTO, wurden aber auch in Rennen eingesetzt. Enthalten sind in dieser Liste schließlich auch die 2+2-sitzigen Ferraris vom 250 GT 2+2 bis zum 612 Scaglietti, die Spider und die GTS mit abnehmbarem Verdeck.

166 Inter

1948

1995 ccm, V12 60°,
90 PS, 170 km/h

195 S

1950

2341 ccm, V12 60°,
170 PS, 199 km/h

340 America

1951

4102 ccm, V12 60°,
220 PS, 240 km/h

342 America

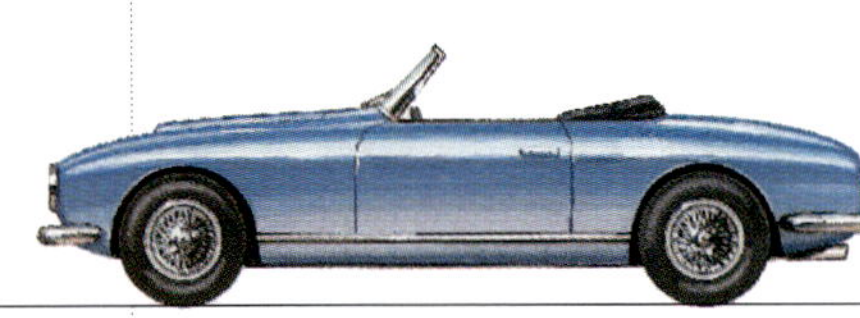

1952

4102 ccm, V12 60°,
200 PS, 186 km/h

250 MM

1953

2963 ccm, V12 60°,
240 PS, 250 km/h

250 GT Coupé Pinin Farina

1954

2953 ccm, V12 60°,
220 PS, 230 km/h

410 SA - 410 Superfast

1956

4962 ccm, V12 60°,
340 PS, 260 km/h

GT Spider Pinin Farina

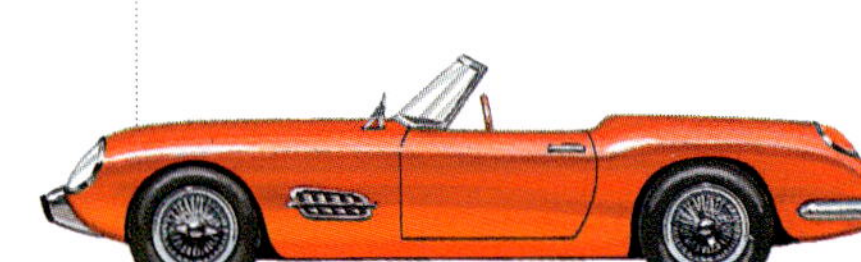

1957

2953 ccm, V12 60°,
240 PS, 250 km/h

250 GT Spider Pinin Farina II

1959

2953 ccm, V12 60°,
240 PS, 250 km/h

400 Superamerica

1960

3967 ccm, V12 60°,
340 PS, 280 km/h

250 GT 2+2

1960

2953 ccm, V12 60°,
240 PS, 220 km/h

312 P

1971

2991 ccm, V12 180°,
450 PS, 320 km/h

F 333 SP

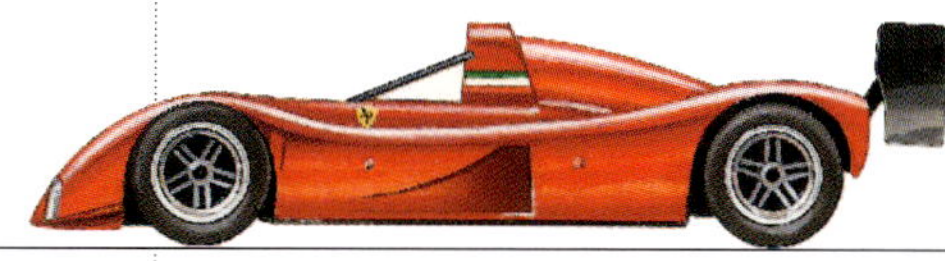

1994

3997 ccm, V12 65°,
650 PS, 368 km/h

195 Inter

1951

2341 ccm, V12 60°,
130 PS, 180 km/h

212 Export

1951

2562 ccm, V12 60°,
150 PS, 220 km/h

212 Inter

1951

2562 ccm, V12 60°,
160 PS, 200 km/h

375 MM Coupé

1953

4523 ccm, V12 60°,
340 PS, 270 km/h

250 Europa

1953

2963 ccm, V12 60°,
200 PS, 218 km/h

250 America

1953

4523 ccm, V12 60°,
300 PS, 250 km/h

250 GT California

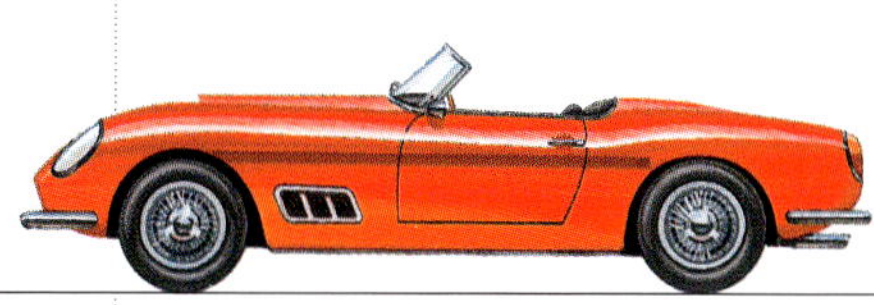

1957

2953 ccm, V12 60°,
240 PS, 250 km/h

250 GT Berlinetta

1958

2953 ccm, V12 60°,
280 PS, 270 km/h

250 GT Coupé

1958

2953 ccm, V12 60°,
240 PS, 250 km/h

250 GT Berlinetta

1960

2953 ccm, V12 60°,
280 PS, 280 km/h

250 GTO

1962

2953 ccm, V12 60°,
300 PS, 280 km/h

250 GTL

1962

2953 ccm, V12 60°,
250 PS, 240 km/h

Die Gran Turismos

250 GTO 64

1964
*2953 ccm, V12 60°,
300 PS, 280 km/h*

275 GTB - GTS

1964
*3286 ccm, V12 60°,
280 PS, 258 km/h*

330 GT 2+2

1964
*3967 ccm, V12 60°,
300 PS, 245 km/h*

365 California

1966
*4390 ccm, V12 60°,
320 PS, 245 km/h*

Dino 206 GT

1967
*1987 ccm, V6 65°,
180 PS, 235 km/h*

365 GT 2+2

1967
*4390 ccm, V12 60°
320 PS, 245 km/h*

365 GTC/4

1971
*4390 ccm, V12 60°,
340 PS, 260 km/h*

365 GT/4 2+2
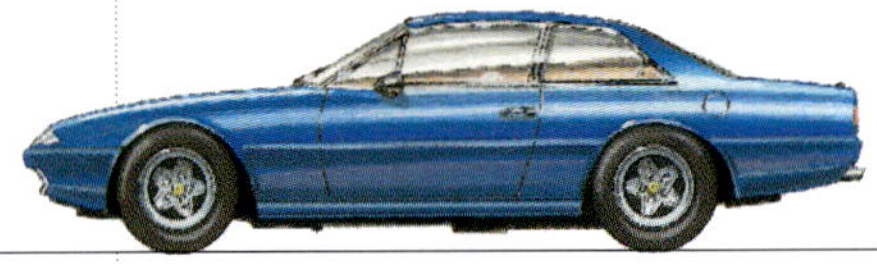
1972
*4390 ccm, V12 60°,
320 PS, 245 km/h*

308 GT 4

1973
*2927 ccm, V8 90°,
250 PS, 250 km/h*

400 Automatic - 400 GT - 400i

1976
*4923 ccm, V12 60°,
340 (310) PS, 240 km/h*

512 BB - BBi

1976
*4942 ccm, V12 180°,
340 PS, 283 km/h*

208 GTB - GTS

1980
*1990 ccm, V8 90°,
155 PS, 215 km/h*

288 GTO

1984
*2885 ccm, V8 90°,
400 PS, 305 km/h*

Testarossa

1984
*4943 ccm, V12 180°,
390 PS, 290 km/h*

328 GTB - GTS

1985
*3185 ccm, V8 90°,
270 PS, 263 km/h*

GTB Turbo - GTS

1986
*1990 ccm, V8 90°,
254 PS, 253 km/h*

F 40

1987
*2936 ccm, V8 90°,
478 PS, 324 km/h*

480/4RM

1987
*3998 ccm, V8 90°,
300 PS, 310 km/h*

500 Superfast

1964

4961 ccm, V12 60°,
400 PS, 280 km/h

275 GTB/4

1966

3286 ccm, V12 60°,
300 PS, 268 km/h

330 GTC - GTS

1966

3967 ccm, V12 60°,
300 PS, 245 km/h

365 GTB/4 Daytona - 365 GTS/4

1968

4390 ccm, V12 60°,
352 PS, 280 km/h

365 GTC - GTS

1969

4390 ccm, V12 60°,
320 PS, 245 km/h

Dino 246 GT - GTS

1970

2491 ccm, V6 65°,
195 PS, 245 km/h

365 GT/4 BB

1973

4390 ccm, V12 180°,
380 PS, 302 km/h

208 GT/4

1975

1990 ccm, V8 90°,
180 PS, 220 km/h

308 GTB - GTS

1975

2927 ccm, V8 90°,
250 PS, 255 km/h

Mondial 8 - Quattrovalvole

1980

2927 ccm, V8 90°,
215 (240) PS, 230 km/h

208 Turbo GTB - GTS

1982

1990 ccm, V8 90°,
220 PS, 240 km/h

Mondial Cabriolet

1983

2927 ccm, V8 90°,
240 PS, 240 km/h

Mondial 3,2

1985

3185 ccm, V8 90°
270 PS, 245 km/h

Mondial 3,2 Cabriolet

1985

3185 ccm, V8 90°,
270 PS, 245 km/h

412

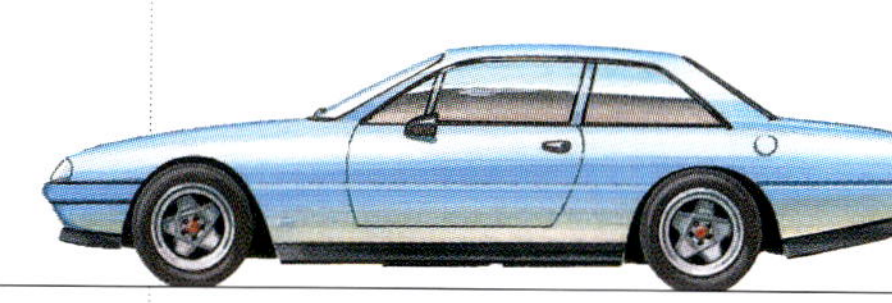

1985

4943 ccm, V12 60°,
340 PS, 255 km/h

Mondial T

1989

3405 ccm, V8 90°,
300 PS, 245 km/h

Mondial T Cabriolet

1989

3405 ccm, V8 90°,
300 PS, 245 km/h

348 TB - TS

1989

3405 ccm, V8 90°,
300 PS, 245 km/h

512 TR

1992

4943 ccm, V12 180°,
428 PS, 314 km/h

456 GT

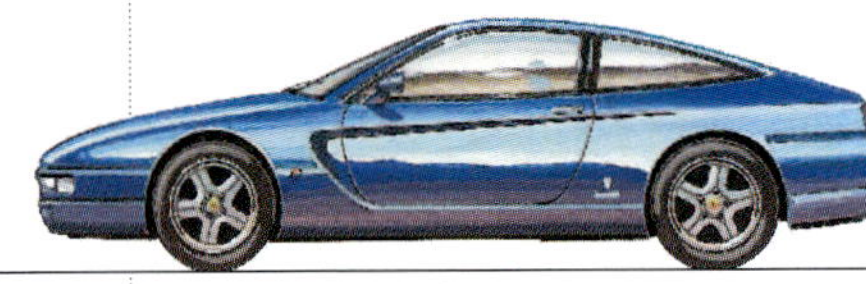

1992

5474 ccm, V12 65°,
442 PS, 300 km/h

348 Spider

1993

3405 ccm, V8 90°,
300 PS, 275 km/h

F 335 Spider

1995

3496 ccm, V8 90°,
380 PS, 295 km/h

550 Maranello

1996

5474 ccm, V12 65°,
485 PS, 320 km/h

355 F1

1997

3496 ccm, V8 90°,
380 PS, 295 km/h

575 M Maranello

2002

5748 ccm, V12 65°,
515 PS, 325 km/h

Enzo

2002

5998 ccm, V12 65°,
660 PS, 350 km/h

612 Scaglietti

2004

5748 ccm, V12 65°,
540 PS, 320 km/h

F 355 Berlinetta - GTS

1994

3495 ccm, V8 90°,
380 PS, 295 km/h

F 512 M

1994

4943 ccm, V12 180°,
440 PS, 315 km/h

F 50

1995

4698 ccm, V12 65°,
520 PS, 325 km/h

360 Modena

1999

3586 ccm, V8 90°,
400 PS, 296 km/h

360 Modena Spider

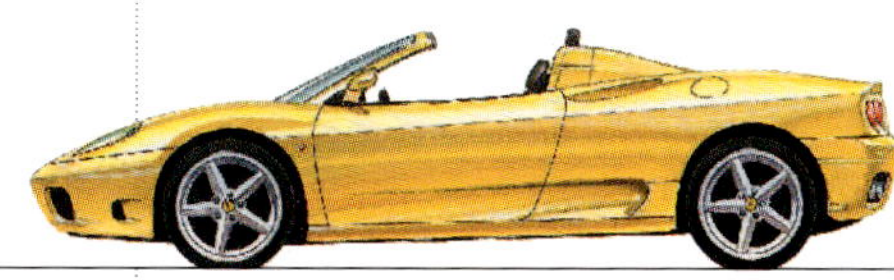

2000

3586 ccm, V8 90°,
400 PS, 296 km/h

550 Barchetta

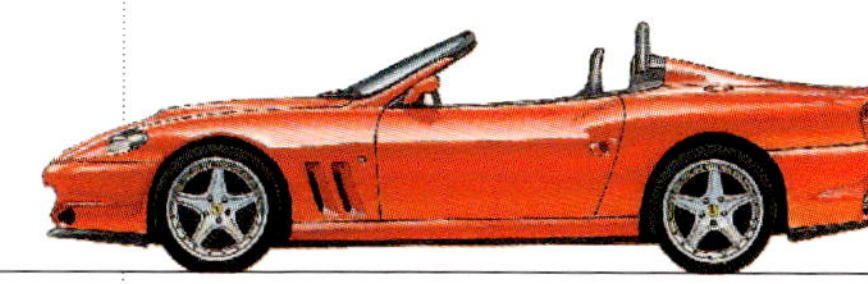

2000

5474 ccm, V12 60°,
485 PS, 300 km/h

Die Piloten

A

Michele Alboreto

Italiener
Geboren in Mailand
am 23. Dezember 1956.
Ferrari-Pilot von
1984 bis 1988.

3 GP-Siege auf Ferrari:
Belgien 1984 (126 C4)
Kanada 1985 (156/85)
Deutschland 1985 (156/85)

Nach dem Verlust Bandinis (1967) will Enzo Ferrari keine italienischen Piloten mehr auf seinen Formel-1-Wagen sehen. Doch für Michele Alboreto, der 1984 an die Seite von René Arnoux gestellt wird, ändert er seine Meinung. Der intelligente Mailänder, der auf seinem Tyrrell so schnell ist, gefällt ihm. Alboreto geht erstmals 1981 an den Start, gewinnt 1982 in Las Vegas und 1983 in Detroit (letzter Erfolg des Cosworth-V8-Saugmotors). Mit dem leistungsstärkeren Turbo 126 C4 zeigt Michele bald, was er kann: Pole Position und Sieg beim Großen Preis von Belgien. Doch seine große Saison ist das Jahr 1985. Mit einzigartiger Präzision zügelt er die Pferdestärken des 156/85, erringt Siege in Kanada und Deutschland, vier zweite Ränge sowie weitere Platzierungen. Er führt die WM-Klassifizierung bis August an, doch dann beeinträchtigen plötzliche Änderungen am Motor die Zuverlässigkeit des Wagens; der Titel geht ihm zugunsten von Alain Prost auf McLaren verloren. Nach 80 Grand Prix mit dem Cavallino kehrt Alboreto 1989 zu Tyrrell zurück und fährt mit anderen Teams noch bis 1994. Danach nimmt er an der Indy-Meisterschaft und bei den Superturismo-Rennen teil und fährt 1997 eine historische Strecke am Steuer eines Porsche: Die 24 Stunden von Le Mans, die er mit seinem ehemaligen Ferrari-Teamkollegen Stefan Johansson und Tom Kristensen gewinnt. Im Anschluss erlebt er sogar einen zweiten Höhepunkt bei Audi (Erfolg bei den 12 Stunden von Sebring 2001) und verfolgt mit Ehrgeiz einen weiteren ruhmreichen Sieg in Le Mans – bis zu seinem verheerenden Unfall am Lausitzring am 25. April 2001. Ferrari beschreibt ihn als einen „schnellen Piloten mit schönem Fahrstil: Seine Talente erinnerten mich an Wolfgang v. Trips, dem Alboreto auch in seiner Ernsthaftigkeit und höflichen Zurückhaltung ähnelte".

Jean Alesi

Franzose
Geboren in Avignon
am 11. Juni 1964.
Ferrari-Pilot von
1991 bis 1995.
1 GP-Sieg auf Ferrari:
Kanada 1995 (412 T2)

Der Sohn eines sizilianischen, nach Avignon ausgewanderten Karossiers beweist schon sehr bald, dass er für das Metier des Rennfahrers geeignet ist: Mit 23 Jahren ist er Französischer Meister der Formel 3, mit 25 Europameister der Formel 3000. 1989 steigt er in die Formel 1 ein und fährt zunächst auf einem nicht sehr wettbewerbsfähigen Tyrrell. Man wird auf ihn aufmerksam, als er im Jahr darauf mit tollkühnem Ehrgeiz und nach harten Duellen mit dem Mc Laren von Ayrton Senna zwei zweite Plätze erringt. Von 1991 bis 1995 ist er ein treuer Diener Ferraris. Er bestreitet für Maranello 79 Grand Prix, wobei ihm ein frustrierendes und zugleich kurioses Schicksal widerfährt: Er ist immer sehr schnell, äußerst ungestüm, handelt instinktiv, fährt hervorragend bei Regen, weckt den Enthusiasmus und die Sympathien vieler – doch er erzielt nie die entsprechenden Resultate. Seinen ersten Formel-1-Sieg holt er sich erst beim 91. Rennen auf einem 412 T in Kanada: Es ist der 11. Juni 1995, sein 31. Geburtstag. In den Jahren 1996 –1997 fährt er für Benetton, holt zwar keinen ersten Platz, jedoch eine fantastische zweite Pole Position in Monza (nach jener, die er 1994 auf Ferrari errungen hat). In den vier Folgejahren fährt er für Sauber (mit Ferrari-Motor), für Prost und schließlich für Jordan und holt als beste Platzierung einen dritten Rang beim GP von Belgien 1998. Am Ende der Saison 2001 scheidet er nach 201 Grands Prix aus der Formel 1 aus und nimmt auf Mercedes-Benz an der DTM teil.

Bei den Angaben zu den GP-Siegen der einzelnen Piloten sind alle Rennen bis zum Ende der Saison 2003 berücksichtigt.

Cliff Allison

Brite
Geboren in Brough
am 8. Februar 1932.
Ferrari-Pilot von
1959 – 1960

1952 steigt er, von seinem Vater ermutigt, im Alter von zwanzig Jahren ins Renngeschehen ein und macht 1957 mit einer herausragenden Leistung bei den 24 Stunden von Le Mans auf sich aufmerksam. Im Jahr darauf wechselt er zur Formel 1 und nimmt an neun Grands Prix auf Lotus und Maserati teil. Ein sehr präziser, effizienter und gleichmäßiger Fahrstil zeichnet ihn aus. Dieser erregt die Aufmerksamkeit Enzo Ferraris, der ihn 1959 ins Team holt. Sein Einstieg dort ist dramatisch: Beim ersten Grand Prix in Monte-Carlo startet er mit einem 156 der Formel 2 aus dem hinteren Feld und wird sofort in einen gefährlichen Unfall mit dem Porsche von Wolfgang Berghe v. Trips verwickelt. In der Folge fährt er weitere acht GPs mit einem 256 aus der Formel 1 und kommt auf einen fünften Platz in Monza. 1960 nimmt er nur am GP von Argentinien teil und wird, wieder auf dem 256, Zweiter. Dies sollte sein bestes Resultat sein. Im Jahr danach erleidet er, nun wieder auf Lotus, einen schweren Unfall beim Training in Spa-Francorchamps und zieht sich danach aus dem Rennsportzurück.

Chris Amon

Neuseeländer
Geboren in Bulls
am 20. Juli 1943.
Ferrari-Pilot von 1967
bis 1969.

Als er 40 Jahre alt wird, bekommt Christopher Arthur Amon von Enzo Ferrari eine Fotografie mit folgender Widmung: „Für den besten und unglücksseligsten Piloten." Dieser Satz ist ein treffende Zusammenfassung seiner langen Karriere: 96 WM-Grands Prix von 1963 bis 1976 (27 auf einem Ferrari-Monoposto), fünf Pole Positions – kein Sieg, sondern nur drei zweite Plätze, unglaublich viele Ausfälle aufgrund von Mechanikproblemen. Und das, obwohl er seine Autos immer gut behandelte: Ferrari nannte ihn den Nazzarro der 60er Jahre, einen Künstler am Lenkrad. Amon stößt 1967 zur Scuderia: Seine Rennsportkarriere begann er bereits mit 17, mit 24 konnte er schon auf eine vierjährige Formel-1-Erfahrung bei Lotus und Cooper sowie auf einen Sieg bei den 24 Stunden von Le Mans auf Ford GT40 zurückblicken. Auch bei Ferrari erzielt er einige Sportwagen-Erfolge. Doch Triumphe in der Formel 1 scheint ihm das Schicksal nicht zu gönnen: Sein bestes Ergebnis bei der Scuderia ist ein zweiter Platz beim GP von Großbritannien 1968 auf einem 312. Danach versucht er sein Glück bei March, Matra, Tecno, Tyrrell, Ensign und schließlich sogar mit einem eigenen Wagen, dem Amon. Doch bei der WM-Klassifizierung kommt er nie über den 1967 auf Ferrari erzielten vierten Platz hinaus. Ende 1976 geht er nach Neuseeland zurück und wird dort Flugzeugpilot und Motorenhersteller.

Mario Andretti

Amerikaner
Geboren in Montona (Istrien)
am 28. Februar 1940.
Ferrari-Pilot von
1969 bis 1972.
1 GP-Sieg auf Ferrari:
Südafrika 1971 (312 B)

Er sollte ein Champion in allen Klassen werden, jener Junge aus Istrien, der sich in der Nachkriegszeit aus dem toskanischen Flüchtlingslager davonstahl, um die Wagen der Mille Miglia vorbeiflitzen zu sehen, und der mit 15 Jahren mit seiner Familie nach Amerika auswanderte, mit dem Traum des Rennsports im Herzen. Mario Andretti hat alles gewonnen: Die 500 Meilen von Indianapolis, die Meisterschaften der Indy-Rennen und die Formel-1-WM. Doch von seinen 128 bepunkteten Grand Prix hat er nur zwölf auf Ferrari gefahren und nur wiederum einen davon gewonnen: 1971 in Südafrika auf einem 312 B. Weltmeister wurde er sieben Jahre später auf einem Lotus 79. Bei den Italienern war der Italo-Amerikaner immer sehr beliebt: Sie nannten ihn „Bleifuß". Enzo Ferrari bedauerte es, ihn nur so kurz, nicht einmal über zwei komplette Saisons hinweg, in seinem Team zu haben: „Ein mutiger und großzügiger Champion, außerdem ein sehr professioneller Pilot. Doch es war beinahe unmöglich, ihn exklusiv unter Vertrag zu haben, da er in den USA astronomische Summen verdiente." Der Commendatore hatte ihn 1982 aus einer Notsituation heraus bei zwei Grands Prix um Unterstützung gebeten: Als Ferrari Villeneuve und Pironi verlor, Tambay verunglückt war und die Scuderia ohne Pilot da stand. Andretti sagte sofort zu: In Monza startet er aus der Pole Position und wird Dritter auf einem 126 C2, in Las Vegas kommt er von der Strecke ab.

René Arnoux

Franzose
Geboren in Grenoble
am 4. Juli 1948.
Ferrari-Pilot von
1983 bis 1985.

3 GP-Siege auf Ferrari:
Kanada 1983 (126 C2)
Deutschland 1983 (126 C3)
Holland 1983 (126 C3)

Er war mit 35 Jahren, in seinem sechsten Jahr als Pilot, zum Team der Scuderia gestoßen und „hatte den Ruf ein Raser zu sein, was ihm nicht sehr gefiel", erzählte Enzo Ferrari. Dieser Ruf war vor allem durch ein Duell entstanden, das er Reifen an Reifen mit dem heißblütigen Gilles Villeneuve austrug, den er schließlich auf der Strecke von Dijon bezwang. Arnoux war klein, hart, lächelte gerne, zwinkerte den Leuten zu und hatte bis zu jenem Moment bereits vier GPs mit einem Renault Turbo gewonnen. „Bei uns erwies er sich als sehr schnell", erinnerte sich Ferrari, „Außerdem besaß er eine instinktive Intelligenz. Er zeigte sein Können im direkten Zweikampf, wenn er spürte, dass der Moment für ein erfolgreiches Manöver gekommen war." 1983, im ersten

Jahr im Ferrari-Cockpit, erringt er drei Siege auf den 126 C2 und C3, und zwar bei den GPs von Kanada, Deutschland und Holland. Zudem startet er viermal aus der Pole Position. Doch schon im Jahr danach erscheint er Enzo Ferrari mit nur zwei zweiten Plätzen demotiviert: „Er rechtfertigte sein Verhalten mit der Begründung, dass die Grand Prix bei ihm nicht mehr Priorität hätten.“ Anfang 1985, nachdem er zweimal bei Trainigsläufen des GP von Brasilien (sein 32.für Ferrari, bei dem er Platz Vier belegte) von der Piste abgekommen war, kommt die plötzliche Kündigung. Arnoux wechselt zu Ligier und fährt bis 1989 ohne Siege. Insgesamt bringt er es auf 149 Grand-Prix-Rennen.

Alberto Ascari

Italiener
Geboren in Mailand
am 13. Juli 1918.
Ferrari-Pilot von
1949 bis 1953.

Weltmeister 1952 und 1953.

13 GP-Siege auf Ferrari:
Deutschland 1951 (375)
Italien 1951 (375)Belgien 1952 (500 F2)
Frankreich 1952 (500 F2)
Großbritannien 1952 (500 F2)
Deutschland 1952 (500 F2)
Holland 1952 (500 F2)
Italien 1952 (500 F2)
Argentinien 1953 (500 F2)
Holland 1953 (500 F2)
Belgien 1953 (500 F2)
Großbritannien 1953 (500 F2)
Schweiz 1953 (500 F2)

In den Adern Alberto Ascaris flossen die gleiche Leidenschaft und der instinktive Wagemut seines Vaters Antonio, dem Weltmeister, der seinen Sohn mit sieben Jahren zum Waisen machte. Mit 18 steigt Alberto im Motorradsport ein und absolviert 27 halsbrecherische Rennen. Mit 22 nimmt er 1940 erstmals an einem Autorennen mit dem ersten aller Ferrari teil, der damals noch nicht einmal diesen Namen trug: dem 815 Auto Avio Costruzioni. Bei der Mille Miglia fordert er den Wagen so sehr, dass der Motor sreikt... Als er 1949 zu Ferrari zurückkehrt, ist er ein anderer: Sein Körper ist robuster (sein Spitzname: Dickerchen), er ist besser trainiert („Ich bin vor allem ein Läufer“, sagt er) und mit einem Fahrstil, der im Laufe von 36 Formel-1- und Sportwagenrennen immer ausgefeilter wurde. Seine ungestüme Art ist einer berechnenden Entschlossenheit gewichen. Auf den Wagen des Cavallino fährt er sofort fünf Erfolge ein. 1950 nimmt die Geschichte der Formel-1-WM ihren Anfang und Ascari macht mit zwei zweiten Plätzen bei den GPs von Monaco und Italien von sich reden, außerdem gewinnt er weitere zehn, nicht bepunktete Rennen. 1951 kämpft er gegen Fangio und nur um einen Punkt verpasst er beim letzten Rennen den WM-Titel. Dann der Höhepunkt mit zwei WM-Titeln in Folge, 1952 und 1953, die er auf dem 500 F2 mit 2 Liter erobert. „Ascari war nicht mehr einzuholen, wenn er in Führung lag, denn dann konnte er völlig frei seine präzise und entschlossene Fahrtechnik ausleben“, so Fangio über ihn. Und Ferrari merkte an: „Wenn er hingegen jemanden verfolgen musste, wurde er nervös, dann war er plötzlich kein Kämpfer mehr.“ Ascari verlässt Ferrari 1954 und kann auf 13 Siege bei insgesamt 26 gefahrenen WM-Rennen zurückblicken. Er wechselt zunächst zu Maserati, dann zu Lancia, erzielt aber keine weiteren nennenswerten Ergebnisse. Er kommt am 25. Mai 1955 bei einem mysteriösen Unfall in Monza ums Leben, als er den Ferrari 750 Sport von Castellotti für die Trophy Supercortemaggiore probefährt.

B

Giancarlo Baghetti

Italiener
Geboren in Mailand
am 25. Dezember 1934.
Ferrari-Pilot 1961, 1962,
1965, 1966 und 1968.

1 GP-Sieg auf Ferrari:
Frankreich 1961 (156)

Er ist der einzige Pilot, der den ersten bepunkteten Formel-1-Grand Prix gewann, an dem er teilnahm. Der Sohn eines Mailänder Industriellen beginnt seine Autoleidenschaft, indem er mit den Fahrzeugen der Familie fährt, die er heimlich frisieren lässt. Dann erregt er 1960 mit einem Formel Junior Dagrada-Lancia aufsehen: Er fährt diverse Erfolge ein und beweist vor allem seinen Wagemut und sein präzises Können auf regennasser Fahrbahn. 1961 ist schließlich das Jahr des unerwarteten Triumphs: Ferrari vertraut ihm einen der neuen 156 Formel-1 Wagen an. Baghetti gewinnt sofort zwei nicht bepunktete Grands Prix in Syrakus und in Neapel. An den Weltmeisterschaften nimmt er erstmals beim Großen Preis von Frankreich teil. Die anderen, stärkeren Ferrari von Phil Hill, Wolfgang Berghe v. Trips und Richie Ginther haben Probleme und so muss er plötzlich gegen den Lotus von Jim Clark und den Porsche von Dan Gurney kämpfen, die er sozusagen im Fluge und einem Vorsprung von wenigen Zehntel Sekunden überholt. Ein sensationelles Unterfangen, doch die Welle des Enthusiasmus, die ihm folgt, scheint Ferrari eifersüchtig zu machen. Er gratuliert dem jungen Fahrer nicht, sondern stellt ihm stattdessen die ironische Frage:“ Mit welchem Auto sind Sie gefahren?“ 1962 fährt Baghetti noch die Formel 1- und Sportwagen von Ferrari, doch bereits im Jahr darauf verlässt er die Scuderia, wo man ihm nachsagte, er sei für den Beruf des Rennfahrers nicht motiviert genug. Er fährt schließlich für andere Teams, allerdings ohne großartige Ergebnisse. Nach der Saison 1968 verlässt er den Rennsport und startet eine Karriere als Fotograf und Journalist. Im November 1995 stirbt Baghetti krankheitsbedingt.

Lorenzo Bandini

Italiener
Geboren in Barce (Libyen)
am 21. Dezember 1935.
Ferrari-Pilot von
1962 bis 1967.

1 GP-Sieg auf Ferrari:
Österreich 1964 (156).

In den 60er Jahren war er über einen langen Zeitraum der beliebteste italienische Pilot. Der Sohn von Auswanderern aus der Emilia-Romagna wurde zum Kriegswaisen, und als er kaum 16 Jahre alt war, suchte er sich in Mailand einen Job als Automechaniker in der Werkstatt von Goliardo Freddi. Dort findet er eine zweite Familie. Seine Rennfahrertätigkeit beginnt er mit 21 Jahren mit gebrauchten Autos, die er nächtelang mit großer Leidenschaft repariert; dann kommen die ersten Erfolge mit einem Formel Junior. 1961 vertraut ihm schließlich der Rennstall Centro-Sud einen Cooper-Maserati an: Dies bedeutet endlich seinen lange ersehnten Einstieg in die Formel 1 und im Jahr darauf in die Scuderia Ferrari. Auf einem 156 belegt er in Monte-Carlo sofort den dritten Platz. 1963 holt er nur fünfte Plätze, doch auf einem 250 P gewinnt er zusammen mit Lodovico Scarfiotti die 24 Stunden von Le Mans. 1964 ist sein goldenes Jahr: Er heiratet Margherita Freddi, die Tochter seines früheren Chefs, und gewinnt (auf einem 156) den einzigen bepunkteten Grand Prix seiner Karriere in Zeltweg, Österreich. 1965 und 1966: zweimal Platz Zwei in Monte-Carlo, seiner Schicksalsstrecke. Ein starker Wille, Zuversicht und große Teamfähigkeit sind die Qualitäten, die Ferrari an ihm schätzte; es fehlte ihm vielleicht dieser instinktive Drang zur Geschwindigkeit, der letzte Kick zum Champion. 1967 ist der Ferrari 312 der stärkste der neuen Formel-1-Wagen mit 3-Liter-Motor. „Mit dem kann man gewinnen“, sagt Bandini zu seinem alten Freund Gino De Sanctis, einem Rennwagenhersteller, „doch mit 400 PS unterm Hintern kann man auch schnell sterben.“ Dies geschieht am 7. Mai in Monte-Carlo. Bandini liegt auf Platz Zwei, doch da schleudert sein Wagen in die Hafenbegrenzung, der Wagen fängt Feuer und Bandini kommt ums Leben.

Rubens Barricchello

Brasilianer
Geboren in Sao Paolo
am 23. Mai 1972.
Ferrari-Pilot seit dem
Jahr 2000.

7 GP-Siege auf Ferrari:
Deutschland 2000 (F1-2000)
Europa 2002 (F2002)
Ungarn 2002 (F2002)
Italien 2002 (F2002)
USA 2002 (F2002)
Großbritannien 2003 (F2003 GA)
Japan 2003 (F2003 GA)

Barricchello wird nur wenige Meter von der Rennstrecke von Interlagos entfernt geboren. Schon immer brennt ihn ihm die Leidenschaft für den Rennsport. Nach dem Tod von Ayrton Senna 1994 verkörpert er die Hoffnung der Brasilianer in der Formel 1. Seine Wettkampfkarriere beginnt bereits in frühester Kindheit: Mit neun Jahren steigt er, wie viele, in den Kartsport ein und wird fünfmal brasilianischer Meister. 1990, mit noch nicht einmal 18 Jahren, wechselt er nach Europa zur Formel Opel und macht sich dort sofort einen Namen. 1991 gewinnt er in der englischen Formel 3 und im Jahr darauf wird er als einer der schnellsten Piloten der Strecke Dritter bei der internationalen Formel 3000. Und so kommt er ins Formel-1-Team von Jordan, für das er vier Saisons lang ohne großartige Resultate fährt. Weitere drei Jahre, von 1997 bis 1999, steht er bei Stewart-Ford unter Vertrag, doch es gelingt ihm nicht ein Sieg, im Gegensatz zu seinem Teamkollegen Johnny Herbert. Im Jahr 2000 kommt endlich seine große Chance: Er unterschreibt bei Ferrari und wird Teamkollege von Michael Schumacher. In jenem Jahr gewinnt er seinen ersten GP, dem 2002 weitere vier (er wird Vize-Weltmeister) und in 2003 zwei Triumphe folgen (entscheidend ist sein Erfolg in Suzuka; ein Doppel-WM-Sieg für Ferrari). Auch wenn er seinem Teamkollegen fast immer unterlegen ist, hat der Brasilianer doch oft sehr starke Tage, vor allem dann, wenn die Wetterbedingungen, allen voran die regennasse Fahrbahn, auf seiner Seite sind.

Jean Behra

Franzose
Geboren in Nizza
am 16. Februar 1921.
Ferrari-Pilot 1959.

Er war zunächst bei Gordini und dann im Rennstall von Maserati das sogenannte „Ass im Ärmel“. Doch bei Ferrari war seine unglücksselige Laufbahn nicht von Dauer. Bei der Marke, die den Dreizahn Neptuns als Symbol trägt, fühlt er sich zu hundert Prozent in seinem Element: Seine Qualitäten als Techniker und Testfahrer waren anerkannt und bewährt. Doch als er 1959 zu Ferrari stößt, muss er sogleich feststellen, dass das Technikerteam der Scuderia keine Einmischung duldet: Die Piloten sollen nur ans Fahren denken. Die Spannungen im Team nehmen bald überhand. Behra nimmt ohne große Ergebnisse an drei bepunkteten GPs in Monte-Carlo, Holland und Frankreich teil. Im Juli hält er die angespannte Situation nicht mehr aus und verlässt Ferrari. Einer seiner Zukunftspläne ist es, seinen eigenen Sportwagen zu bauen, doch am ersten August kommt er am Lenkrad eines Porsche bei einem unbedeutenden Rennen auf der Avus ums Leben.

Derek Bell

Engländer
Geboren in Pinner
(bei London)
am 31. Oktober 1941.
Ferrari-Pilot von
1968 bis 1970.

Ein Meteorit am Ferrarihimmel. Der aus einer reichen und berühmten Familie stammende Derek Bell startet seine Karriere mit 23 Jahren, behauptet sich in der Formel 3 und 27 und stößt schließlich zum Team des Cavallino, um sein Können in der Formel 2 und direkt im Anschluss in der Formel 1 zu beweisen. Er nimmt an den letzten beiden Grand Prix der Saison, in Italien und den USA auf einem 312 teil: keine Platzierung. 1969, nach der Tasmanien-Meisterschaft auf Ferrari, wechselt er zu McLaren; dort lässt man ihn nicht nur am GP von Großbritannien teilnehmen, sondern macht ihn auch zum Testpiloten des Monoposto-Sondermodells mit vier Antriebsrädern. Bell nimmt bis 1974 an weiteren sechs Grand Prix mit Brabham, Surtees und Tecno teil.

Gerhard Berger

Österreicher
Geboren in Wörgl
am 27. August 1959.
Ferrari-Pilot von
1987 bis 1989 und von
1993 bis 1995.

5 GP-Siege auf Ferrari:

Japan 1987 (F1-87)
Österreich 1987 (F1-87)
Italien 1988 (F1-87/88C)
Portugal 1989 (F1-89)
Deutschland 1994 (412 T)

Mit 21 Jahren steigt er in Italien, bei der Trophy Alfasud, sowie mit 25 bei der italienischen Formel 3 in das Renngeschehen ein. Im gleichen Jahr, 1984, beginnt er bereits mit der Formel 1 und fährt drei Jahre lang mit den Teams, die den BMW Turbomotor einsetzen: ATS, Arrows und Benetton. Er überzeugt durch seinen entschlossenen Fahrstil, er ist schnell und durchsetzungsfähig, achtet bei seinen Wagen vor allem auf Bremsen und Reifen. Auf Benetton gewinnt er in Mexiko und 1987 holt ihn Ferrari schließlich an die Seite von Alboreto: „Er war damals der aufsteigende Stern am Formel-1-Himmel und mit uns hat er sofort sein Können bewiesen: Er gewann in Japan und Australien."
Ferrari imponierte vor allem der Sieg in Suzuka, in der japanischen Heimat von Honda, der mit seinem Williams-Motor damals alle Siege abräumte. September 1988: Ferrari triumphiert in Monza, Berger gewinnt, Alboreto wird mit nur wenigen Metern Abstand Zweiter. April 1989: Der Österreicher entgeht nur knapp dem Tod, als sein Ferrari in der todbringenden Tamburello Kurve in Imola vollkommen zerstört wird und in Flammen aufgeht; doch bereits im September gewinnt Berger schon wieder den GP von Portugal.
Nachdem er drei Jahre lang für McLaren gefahren ist, kehrt er von 1993 bis 1995 zu Ferrari zurück und gewinnt 1994 am Hockenheimring. Und eben auf dieser Strecke, wo er nochmals auf Benetton siegte, besiegelt er 1997 seinen Rückzug aus dem Rennsport: Nach 14 Jahren, 210 Grand Prix (96 auf Ferrari) und 10 Siegen. Von 1998 bis 2003 kümmert er sich als Manager um die Rennsportangelegenheiten bei BMW.

Clemente Biondetti

Italiener
Geboren in Buddusò
(Sassari) am
18. August 1898.
Ferrari-Pilot von
1948 bis 1949.

Wie auch Nuvolari steigt er zunächst bei den Motorradrennen ein. Als er im Alter von 31 Jahren auf die vier Räder umsteigt, beweist Biondetti sein einmaliges Talent als herausragender Straßenpilot. Er gewinnt viermal die Mille Miglia, davon dreimal in Folge. Seinen ersten Sieg holt er 1938 mit Alfa Romeo: Biondetti stellt mit einer Durchschnittsgeschwindigkeit von 133,391 km/h einen Rekord auf, der bis 1953 ungebrochen bleibt. Auch 1947 ist er wieder mit Alfa Romeo siegreich und schlägt den Cisitalia von Nuvolari. Das neu geborene Unternehmen Ferrari holt den sardischen Piloten zu sich, der 1948 mit einem 166 S 2 und 1949 mit dem stärkeren 166 MM die Mille Miglia-Rennen gewinnt. Mit dem 166 S und dem 166 SC gewinnt er auch die Targa Florio-die Tour von Sizilien jener beiden Jahre. In der Folgezeit gewinnt Biondetti weiterhin auf einem privaten Ferrari 212 Export die Zehn Stunden von Mexiko (1952). Er stirbt krankheitsbedingt 1955 in Florenz.

Bira

Thailänder
Geboren in Bangkok
am 15. Juli 1914.
Ferrari-Pilot 1948.

Sie nannten ihn Bira, doch sein richtiger Name war Birabongse Bhanuban. Der Prinz von Siam (dem heutigen Thailand) studierte in England, in Eton und Cambridge, und war zwanzig Jahre lang, von 1935 bis 1955, ein geschickter Pilot sowie eine repräsentative Persönlichkeit in der Welt des Motorsports, wobei er Erfolge mit Autos aller Arten und Kategorien erzielte. Für Ferrari fährt er nur sporadisch im Sommer 1948. Zusammen mit Raymond Sommer und Nino Farina hebt er das erste Grand Prix-Fahrzeug von Ferrari, den 125, aus der Taufe, und zwar bei dem am 5. September im Valentinopark in Turin ausgetragenen Rennen. Er beendet seine Laufbahn 1956, um in seine Heimat Thailand zurückzukehren. 1970 nimmt er an einigen Flugmeisterschaften teil. Er stirbt 1985 in London.

Giampiero Biscaldi

Italiener
Geboren 1937 in Mailand.
Ferrari-Pilot von
1965 bis 1966.

Als guter Privatfahrer bei Bergrennen und später als Werksfahrer von Fiat-Abarth und Alfa Romeo bei den Langzeitrennen, stößt Biscaldi 1965 zur Formel 1, und zwar nur für den (nicht bepunkteten) Großen Preis von Pergusa auf einem BRM des Rennstalls Centro Sud. Für Ferrari fährt er in diesem sowie im darauffolgenden Jahr und nimmt sowohl an Straßen- als auch an Rundstreckenrennen teil: Targa Florio, 1000 Kilometer vom Nürburgring, 24 Stunden von Le Mans, mit Wagen wie etwa der Wettkampfversion des 275 GTB, dem 275 P2. Seine Teamkollegen sind die Meister Giancarlo Baghetti und Lorenzo Bandini. 1967 wird er mit einem offiziellen 2-Liter Porsche bei der Targa Florio Zweiter. In der darauffolgenden Saison nimmt er mit dem Alfa Romeo-Team an der Marken-WM teil: Er wird Sechster bei der Targa Florio und den 24 Stunden von Le Mans sowie Siebter bei den 24 Stunden von Daytona. Auch 1969 holt er noch ansehnliche Ergebnisse für Fiat-Abarth, bevor er sich im Jahr darauf aus gesundheitlichen Gründen aus dem Rennsport zurückzieht.

Bob Bondurant

Amerikaner
Geboren in Evanston
am 27. April 1933.
Ferrari-Pilot
1965 und 1966.

In der Geschichte des Cavallino rampante spielt dieser Amerikaner aus Illinois, ein guter Pilot der starken Cobra-Ford von Carrol Shelby, lediglich eine untergeordnete Rolle. Auf einem Ferrari 158 fährt er nur ein Formel-1-Rennen, den Großen Preis der USA 1965 in Watkins Glen (er wird Neunter mit einem Rückstand von vier Runden auf den Gewinner). In der Folge nimmt er auf Lotus, BRM und Eagle an weiteren acht Grand Prix teil. Sein bestes Ergebnis: ein vierter Platz 1966 in Monte-Carlo. Ferrari erinnert sich nicht wirklich an ihn: „Er hat keinen bleibenden Eindruck hinterlassen." Bei einem Unfall während eines Can-Am Rennens in Amerika wird er schwer verletzt. Daraufhin gibt Bondurant seine Wettkampftätigkeit auf und gründet eine der besten Pilotenschulen der USA.

Felice Bonetto

Italiener
Geboren in Manerbio
(Brescia) am 9. Juni 1903.
Ferrari-Pilot 1949.

Er galt als der mutigste und ungestümste italienische Fahrer in den Jahren vor und nach dem Zweiten Weltkrieg. Er war einer der schnellsten und kämpferischsten, doch er musste immer mit Autos fahren, die nicht wirklich wettbewerbsfähig waren. Als Sohn eines Eisenbahners steigt er im Alter von 17 Jahren in den Motorradsport ein. 1931 beginnt er mit den Automobilrennen, wobei er als nicht vermögender Privatpilot unter größten Schwierigkeiten beachtliche Ergebnisse erzielt. 1947 stößt er endlich zu einem offiziellen Team, dem Cisitalia, und wird im Jahr darauf italienischer Meister der Formel 2. 1949 holt ihn Ferrari zu sich. Bonetto bleibt nur eine Saison bei der Scuderia und sammelt in dieser Zeit einige zweite Plätze (bei der Mille Miglia auf einem 166 MM und beim GP des Autodroms von Monza auf einem 166 F2). Mit der Rennsportleitung von Ferrari kommt es zu Differenzen: Bonettos stolzer und halsstarriger Charakter erlaubt es ihm nicht, die manchmal demütigenden Anweisungen von oben hinzunehmen. 1950 fährt er als unabhängiger Pilot auf Osca, privaten Maseratis sowie einem Alfa aus der Vorkriegszeit (1° beim GP von Oporto). 1951 ist er gemeinsam mit Fangio und Farina bei Alfa und fährt einen 159. Dann wechselt er zu Lancia (für die Sportwagenrennen) und zu Maserati (Formel 1). Dies ist der Höhepunkt seiner Karriere (1952, Targa Florio auf einem Lancia Aurelia B20 und der GP des Jubiläumsjahres in Lissabon auf einem Lancia D24, wo er Stirling Moss besiegt). Bonetto kommt bei der Carrera Panamericana ums Leben, als er mit seinem Lancia Sport deutlich in Führung liegt.

Franco Bordoni

Italiener
Geboren 1913 in Mailand.
Ferrari-Pilot 1952.

Der begeisterte und starke Privatpilot für Sportwagen kommt ursprünglich aus der Luftwaffe und stößt zusammen mit Bracco, Farina, Taruffi und Villoresi zu Ferrari, als Ascari gerade seinen ersten Weltmeistertitel erobert. Am Steuer eines 166 MM des Cavallino wird er Zehnter sowie Zweiter bei den 2-Liter Sportwagen der Mille Miglia von 1952, die sein Teamkollege Giovanni Bracco gewinnt. Das Jahr darauf wechselt er zu Gordini und wird italienischer Meister in der Kategorie internationale Sportwagen mit Hubraum über 2 Liter. Mit dem Gordini und später den 3-Liter Maseratis nimmt er bis Anfang der 60er Jahre an Rennen teil. Auch als Pilot von Motorbooten kann er beachtenswerte Erfolge verbuchen. Er stirbt zusammen mit seinem kleinen Sohn bei einem Flugzeugabsturz 1969.

Giovanni Bracco

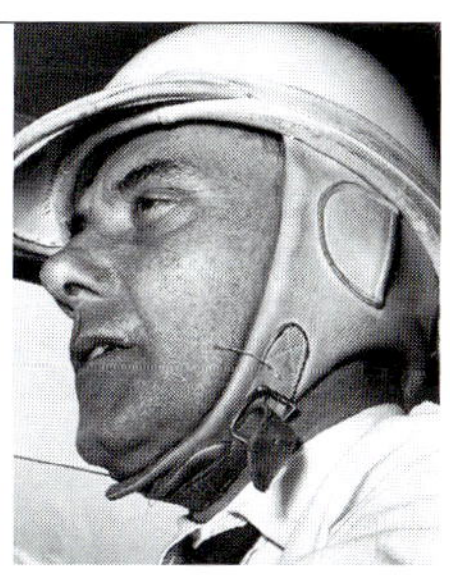

Italiener
Geboren in Biella
am 6. Juni 1908.
Ferrari-Pilot 1952.

Der Erbe eines Textilunternehmens wollte immer selbst die Autos kaufen, mit denen er Rennen fuhr, auch wenn er mit seinen hervorragenden Qualitäten als Straßenpilot Teil eines professionellen Teams hätte sein können. Doch er zog es vor, ein intensives Leben zu führen. Er wollte trinken und rauchen, wann es ihm gefiel (er hatte eine Schwäche für guten Wein) und aufgrund seines freiheitsliebenden Wesens wäre für ihn die Bindung an einen Rennstall unvorstellbar gewesen. Auch in seinem Fahrstil war er ein mutiger Improvisator, der die vor ihm liegenden Schwierigkeiten oftmals unterschätzte. Bei seinem Debüt 1934 kommt er von der Piste ab und trägt schwere Verletzungen davon. Er verliert den linken Lungenflügel. Nach dem Tod des Vaters, der ihm einen zweiten Anlauf strengstens verboten hat, kehrt er ins Renngeschehen zurück. 1947 widerfährt ihm erneut ein verheerender Unfall auf der Rennstrecke von Modena: Er rast in eine Gruppe von Zuschauern, von denen einige ums Leben kommen. Er selbst wird erneut schwer verletzt. Doch er erholt sich, reift an den Erfahrungen und behauptet sich bei den großen Rennen wie der Carrera Mexicana, der Targa Florio und den 24 Stunden von Le Mans. 1952 gelingt ihm sein Meisterstück: der Sieg bei der Mille Miglia, wo er den favorisierten Mercedes 300 SL von Karl Kling einfach hinter sich lässt. Ferrari bietet ihm daraufhin einen offiziellen Rennwagen an, den Bracco allerdings, wie es sein Gewohnheit ist, kaufen möchte. Es ist eine Berlinetta Vignale 250 mit einem 3-Liter Zwölfzylinder, der sich bei regennasser Fahrbahn als ideales Fahrzeug für die Mille Miglia erweist. In Florenz kommt „Gioanin“ Bracco, wie Ferrari ihn nannte, mit Rückstand auf Kling an. Doch da holt er sich eine Flasche Chianti, einen guten Vorrat amerikanischer Zigaretten (er gibt zu, gut 90 Stück geraucht zu haben). Auf der Futa und Raticosa holt er schließlich alles aus sich heraus und gewinnt das Rennen. Auf dem 250 S gewinnt er im gleichen Jahr auch die Zwölf Stunden von Pescara (zusammen mit Paolo Marzotto). Bei der Carrera Panamericana hat er, ebenfalls auf Ferrari, einen Ausfall, als er in Führung liegt. Mitte der 50er Jahre steigt er aus dem Renngeschehen aus. Seine Bilanz: 87 Siege. Bracco stirbt 1968 in seinem Heimatort Biella.

Tino Brambilla

Italiener
Geboren in Monza
am 31. Januar 1934.
Ferrari-Pilot 1968 und 1969

Ernesto (Tino) Brambilla ist ein geradliniger Typ, ein Experte in Sachen Mechanik (er hat eine eigene Werkstatt in Monza), ebenso heißblütig wie großherzig. Er fährt zunächst Motorradrennen und wird hier von 1954 bis 1960 sechsmal italienischer Meister. Sein Fahrstil ist sehr instinktiv, aggressiv und risikofreudig, und eben diesen Stil legt er auch am Lenkrad seiner Formel Junior und Formel 3 zutage, die er selbst herrichtet und zum Teil auch selbst baut. Glorreiche Siege und Unfälle wechseln sich ab, doch am Ende erringt er 1966 den wohlverdienten Titel des italienischen Meisters in der Formel 3. Zwei Jahre später vertraut ihm Ferrari den Dino 166 aus der Formel 2 an, mit dem Brambilla zwei Rennen der Europe Trophy (in Hockenheim und in Vallelunga) sowie ein Rennen der Temporada Argentina (Buenos Aires) gewinnt. „Er hat einen starken Willen, ist immer zum Kampf bereit“, so beschrieb ihn Enzo Ferrari. „ Er war so gutherzig und wusste überhaupt nicht, wie er zu dem Ruf des hartgesottenen Typen kam, für den ihn alle hielten. Er war der erste, der auf dem Dino Formel 2-Wagen einen Sieg errungen hat und das werde ich nicht vergessen.“ 1969 bietet Ferrari Tino Brambilla einen 312 Formel-1-Wagen für den Großen Preis von Italien an. Der Mann aus Monza, der gerade einen Motorradunfall hatte, präsentiert sich mit einem Gipsarm, fährt einige Runden beim offiziellen Testlauf, muss schließlich aber doch auf die Rennteilnahme verzichten.

Tony Brooks

Engländer
Geboren in Dukinfield
am 25. Februar 1932.
Ferrari-Pilot 1959.

2 GP-Siege auf Ferrari:
Frankreich 1959 (256)
Deutschland 1959 (256)

Der Zahnarzt aus Dukinfield fährt bis zum Alter von 23 Jahren als Privatpilot, dann wird man auf ihn aufmerksam und Aston Martin holt ihn für die Langstreckenrennen zu sich. Die ersten Erfolge in der Formel 1 erzielt der „Fliegende Zahnarzt“ mit den offiziellen Vanwall in den Jahren 1957 und 1958: 14 Grands Prix, vier Siege, den letzten davon in Italien, in Monza. Das Jahr darauf fährt er schließlich für Ferrari. Doch Italien bringt ihm kein Glück: Brooks heiratet die italienische Basketballmeisterin Pina Resegotti. Im Team des Cavallino wird er zum Spitzenpiloten, da Hawthorn im Jahr zuvor ausgeschieden ist und Jean Behra ständig im Clinch mit der Rennsportleitung liegt. Mit dem 256 F1 Sechszylinder bestreitet er sieben bepunktete Grand Prix, er gewinnt davon zwei und am Ende wird er Vize-Weltmeister. Doch Enzo Ferrari schätzt ihn nicht besonders und entledigt sich seiner noch vor Ende der Saison: „Er hat sich in Italien als Pilot mit sicherem Fahrstil präsentiert, was er auch bewiesen hat. Doch er ist viel zu vorsichtig...“ Brooks fährt noch zwei Jahre für Vanwall, Cooper und BRM, doch er verbucht keine Siege und hört schließlich auf, um in England einen Autohandlung zu betreiben. Dies verwundert niemanden, denn schon seine Frau sagte, dass er ein berechnender Fahrer war, zwar verrückt nach der Welt des Motorsports, aber eben nicht unheilbar.

C

Giulio Cabianca

Italiener
Geboren in Verona
am 19. Februar 1923.
Ferrari-Pilot 1959 und 1960.

Der Spezialist für Berg- und Straßenrennen war auf Sportwagen mit kleinem Hubraum meist unschlagbar. Nachdem er bereits 1951 und 1952 italienischer Meister in der Kategorie Sport 1100, mit diversen Klassensiegen bei der Mille Miglia und der Targa Florio war, erobert er den italienischen Meistertitel 1958 mit einem Osca 1500 zurück. In der darauffolgenden Zeit geht er zu anspruchsvolleren Fahrzeugen, am Ende sogar zur Formel 1 über: Er nimmt dreimal am Großen Preis von Italien teil, 1958 und 1959 auf einem Monoposto von Maserati und 1960 auf einem Cooper mit Ferrari-Motor, mit dem er den vierten Platz hinter den Ferraris von Hill, Ginther und Mairesse belegt. Im Mai 1959 gelingt ihm in Monza ein erfolgreiches Debüt des Ferrari 196 S, den er (zusammen mit Scarlatti) auch bei der Targa Florio, den 1000 Kilometern vom Nürburgring, den 24 Stunden von Le Mans und bei der Tourist Trophy fährt. Nach einigen Erfahrungen mit dem leistungsstärkeren 246 S (Vierte bei der Targa Florio 1960, zusammen mit Mairesse und Scarfiotti), lässt Cabianca auf seinen Cooper einen 3-Liter Ferrari-Motor montieren und nimmt damit an den Rennen der Formel Intercontinental teil: Am 15. Juni 1961, als er gerade mit dem Monoposto auf dem Autodrom von Modena einen Testlauf unternimmt, fährt er am Ende der schnellsten Geraden aus unerklärlichen Gründen geradeaus weiter und rast durch ein offenstehendes Tor direkt auf die vielbefahrene Via Emilia. Er reißt drei Passanten mit sich in den Tod.

Ivan Capelli

Italiener
Geboren in Mailand
am 24. Mai 1963.
Ferrari-Pilot 1992.

Ein Siegertyp, der mit 20 bzw. 21 Jahren (1983 und 1984) mit den kleineren Monoposto Italienischer und Europäischer Meister der Formel 3 und zwei Jahre später bereits der anspruchsvolleren Formel 3000 wird. Zur Formel 1 kommt Ivan Capelli 1985, er fährt zunächst nur zwei Grand Prix und belegt sofort den vierten Platz in Australien. 1987 absolviert er seine erste komplette Rennsaison auf March. Das darauffolgende Jahr sollte das erfolgreichste des Mailänders werden: ein zweiter Platz, ein dritter, drei fünfte und ein sechster Platz; Siebter in der Gesamtwertung der WM. Enzo Ferrari hielt „sein Verhalten und seine Korrektheit im Wettkampf für vorbildlich“ fügt jedoch hinzu, dass er für ein endgültiges Urteil noch mehr Zeit verstreichen lassen müsse. Nach Maranello kommt Capelli 1992 (vier Jahre nach dem Tod des Commendatore), mit einer Rennerfahrung von 78 Grand Prix im Gepäck und wird Teamkollege von Jean Alesi. Die Konfrontation mit dem ungestümen Franzosen scheint ihm nicht genug Antrieb zu verleihen und so löst man bei Ferrari seinen Vertrag nach der Teilnahme an 14 Grand Prix, und dies trotz eines fünften und eines sechsten Platzes auf dem F92 A. 1993 verlässt Capelli die Formel 1 nach einem letzten

Grand Prix auf Jordan. Heute ist er ein angesehener Sportreporter.

Mario Casoni

Italiener
Geboren 1939 in
Finale Emilia (Modena).
Ferrari-Pilot 1965,
1966 und 1968.

1963 spezialisiert er sich Casoni im Alter von 24 Jahren darauf, Bergrennen mit den Monoposti oder den Formel Junior, und im Jahr darauf mit den Wagen der neu entstandenen Formel 3 zu gewinnen. Zwei Jahre in Folge holt er den Meistertitel der Berg-Trophy. 1964 fährt er schließlich auch Sportwagenrennen, wobei er Straßenrennen bevorzugt. Ein Jahr später führt er zusammen mit Nicodemi die Ferrari-Berlinetta 250 LM zum Sieg auf der schwierigen Strecke des Mugello, die damals über 60 km lang war und über den Joch- und den Futapass führte. Mit demselben Fahrzeug gewinnt er den Preis der Stadt Enna auf der Rennstrecke von Pergusa und bestreitet damit auch die Targa Florio. 1966 fährt er die „Targa" und die 24 Stunden von Le Mans mit dem Dino 206 S. 1968 bestreitet er schließlich ein paar Rennen mit dem Dino 166 aus der Formel 2. Im selben Jahr wechselt er für die Sportwagenrennen zum offiziellen Team von Alfa Romeo-Autodelta (er wird Dritter bei der Targa Florio und Sechster bei den 24 Stunden von Le Mans), dann stößt er zu Abarth, wo ihm 1970 ein schlimmer Unfall am Mont Ventoux zustößt. Schließlich wechselt er zu Porsche und wird Dritter bei den 24 Stunden von Le Mans 1972.

Eugenio Castellotti

Italiener
Geboren in Lodi (Mailand)
am 10. Oktober 1930.
Ferrari-Pilot von
1955 bis 1957.

Eugenio Castellotti ist erst 26 Jahre alt, als er 1956 den schönsten und gleichzeitig letzten Höhepunkt seiner kurzen Karriere erlebt. Die athletische Jugendlichkeit und der freudige Mut zum Risiko machen den jungen Piloten bei den Italienern, vor allem aber bei den Italienerinnen, so beliebt. Seine Popularität nimmt noch weiter zu, als er die fürchterliche Mille Miglia gewinnt, die in jenem Jahr bei einem schrecklichen Unwetter stattfindet. Castellotti zähmt die 320 PS seines 290 MM, fliegt mit 270 km/h über die Pfützen hinweg und lässt die anderen Ferraris von Collins, Muso und Fangio hinter sich. „Da hat der Junge ganzen Einsatz und Siegeswillen gezeigt", sind die Worte von Enzo Ferrari. „Er war kein außergewöhnlicher Pilot, auch sein Fahrstil war nicht perfekt, doch er war ein Athlet von außerordentlicher Großzügigkeit". Castellotti stammt aus einer wohlhabenden Familie, die viele Ländereien besaß. Mit 21 Jahren steigt er in den Rennsport ein und kauft sich einen Ferrari Sportwagen. 1953 und 1954 erringt er den Titel des italienischen Bergmeisters mit einem Lancia Sport, schließt Freundschaft mit Alberto Acsari (der in ihm seinen Nachfolger sieht) und holt einen dritten Platz bei der Carrera Panamericana. 1955 debütiert er in der Formel 1 auf Lancia: Dank eines zweiten Platzes beim GP von Monaco und einer ruhmreichen „Pole" beim Grand Prix von Belgien, in Spa, wo er vor den Mercedes von Fangio und Moss liegt, öffnen ihm die Tür zur Scuderia. Er fährt sogleich einen dritten Platz beim GP von Italien in Monza ein. Die folgende Saison, 1956, ist die des großen Triumphs bei der Mille Miglia sowie eines zweiten Platzes in der Formel 1 beim GP von Frankreich, einem Rang Vier in Monaco sowie fünf Starts aus der ersten Reihe. Der Stern und auch das Leben von Castellotti erlöschen ganz plötzlich am 14. März 1957 auf der Rennstrecke von Modena bei einem Testlauf mit einem Formel-1-Wagen von Ferrari-Lancia.

Peter Collins

Engländer
Geboren in Kidderminster
am 8. November 1931.
Ferrari-Pilot von
1956 bis 1958.

3 GP-Siege auf Ferrari:
Belgien 1956
(Ferrari-Lancia D50)
Frankreich 1956
(Ferrari-Lancia D50)
Großbritannien 1958 (246)

Der Sohn eines Autohändlers und Besitzer eines Maschinenbauunternehmens gefiel Ferrari wegen seiner überwältigenden Leidenschaft, die er in die Rennen steckte und wegen der großen Klasse, die noch in ihm heranreifte", aber auch wegen seiner überdurchschnittlichen technischen Kompetenz: „Er war ein Pilot, der das Fahrzeug regelrecht in sich aufnahm." Peter Collins startete seine Rennlaufbahn auf den kleineren Monoposti, Seite an Seite mit Stirling Moss. 1955 hatten die beiden gemeinsam die Targa Florio am Lenkrad eines Mercedes gewonnen und Collins hatte zusammen mit Paul Frère auf Aston Martin den zweiten Platz bei den 24 Stunden von Le Mans geholt. Diese Ergebnisse waren für Enzo Ferrari Grund genug, ihn 1956 ins Team zu holen. Der junge Engländer behauptet sich sofort in der Formel 1, startet aus der ersten Reihe und gewinnt bei den bepunkteten GPs von Belgien und Frankreich auf einem D50 Achtzylinder. In einem Kopf-an-Kopf-Rennen kämpft er mit seinem Teamkollegen Fangio um den Weltmeistertitel, bis er dem argentinischen Fahrer-Ass beim letzten GP in Monza großzügig seinen Wagen überlässt (wie es damals das Reglement erlaubte), weil dessen Monoposto liegen geblieben war. Fangio erringt so seinen vierten Weltmeistertitel. „Ich bin erst 25 und habe noch so viel Zeit, um zu gewinnen", so Collins zu Enzo Ferrari. Doch bereits 1958, zwei Wochen nach seinem dritten Grand Prix-Sieg (in England), kommt er am Nürburgring von der Piste ab und stirbt.

Franco Cortese

Italiener
Geboren 1903 in Oggebbio
(Novara).
Ferrari-Pilot von
1947 bis 1949 sowie 1951.

Er war der erste Pilot, der in einem Rennen den ersten von Ferrari konstruierten Wagen fuhr: den 125 S einen Sport-Zweisitzer, Zwölfzylinder, 1,5-Liter Hubraum, ca. 100 PS. Wenige Pferdestärken, die aber damals ausreichten, um ein Rennen anzuführen, wie es Cortese damals auf der Rennstrecke von Piacenza an jenem geschichtsträchtigen 11. Mai 1947 bis zur 17. Runde tat, wo ihn schließlich leider ein Defekt an der Benzinpumpe ausbremste. Zwei Wochen später, am 25. Mai, haben derselbe Fahrer und dasselbe Auto gemeinsam den ersten Sieg eines Ferrari geholt: beim Großen Preis von Rom, vor einem Maserati. Franco Cortese, 44 Jahre alt, gab sein Debüt 1926 und konnte bereits auf eine außergewöhnliche Erfahrung als Straßenpilot zurückblicken: 21 mal hat er an der Mille Miglia teilgenommen, wo er 1933 Zweiter wurde und sonst immer unter den erste Zehn war. Dieser Lebenslauf zeigt, dass er kein Freund großer Risken war. Er war bekannt für seinen klaren, rationalen und gleichmäßigen Fahrstil, der sich besonders bei weniger leistungsstarken Fahrzeugen auszahlte. Enzo Ferrari hatte ihn „wegen seines natürlichen Talents und seiner technischen Fähigkeiten" in Betracht gezogen. „Er war genau der richtige Mann für das Debüt eines neuen Wagens." (Ferrari erinnerte auch immer wieder gerne an die unglaublich bunten Socken, die Cortese trug). Cortese konnte jedoch nicht nur bei den Sportwagen, sondern auch auf den Monoposti sein Können unter Beweis stellen: 1950 gewann er auf der Rennstrecke von Posillipo den Großen Preis von Neapel mit einem privaten 166 F2. 1958 stieg er aus dem Motorsport aus und starb 1986.

D

Andrea de Adamich

Italiener
Geboren in Triest
am 3. Oktober 1941.
Ferrari-Pilot 1967 und 1968.

Der aus Triest stammende Pilot, der Mailand zu seiner Wahlheimat machte, debütiert mit 21 Jahren bei den Bergrennen. Nach seinem Aufstieg in die Formel 3 wird er 1965 in dieser Klasse italienischer Meister; in den Folgejahren erringt er zweimal nacheinander die Europäische Tourenwagenmeisterschaft auf einem Alfa Romeo GTA. Diese Ergebnisse bringen ihm im Herbst 1967 den Einstieg bei Ferrari, mit der schwierigen Aufgabe, in der Formel 1 die Nachfolge von Lorenzo Bandini anzutreten, der in Monte-Carlo wenige Monate davor gestorben ist. Sein Formel-1-Debüt gibt de Adamich im Januar 1968 beim Großen Preis von Südafrika. Bei seinem zweiten Rennen auf einem 312, dem Testlauf zum Rennen der Meister in Brands Hatch, kommt er auf verheerende Weise von der Fahrbahn ab. Verletzungen an den Halswirbeln und damit eine lange Zeit der Rekonvaleszenz sind die Folgen. Nach seinem Abschied vom Team des Cavallino fährt der Mailänder Pilot noch bis 1973 in der Formel 1, und zwar auf McLaren, March, Surtees und Brabham. Er bringt es insgesamt auf 30 Grand Prix (die besten Ergebnisse: zwei vierte Plätze) und gewinnt indes einige Langzeitrennen mit den Sportwagen von Alfa Romeo. Nach einem letzten Unfall mit dem Brabham Formel-1-Wagen in Silverstone, verlässt er den Rennsport und wird Journalist.

Alfonso de Portago

Spanier
Geboren in London
am 11. Oktober 1928.
Ferrari-Pilot 1956 und 1957.

Der aus einer spanischen Adelsfamilie stammende Alfonso Cabeza de Vaca de Portago frequentierte die internationale High-Society und war ein Liebhaber von riskanten Sportarten. Er war bereits Olympiasieger im Bobfahren, als Luigi Chinetti den 25-Jährigen auffordert, als zweiter Mann an seiner Seite auf einem Ferrari 340 MM die Carrera Mexicana 1953 zu bestreiten. Fasziniert von dem Angebot kauft de Portago kurz darauf einen Ferrari 250 MM und widmet sich mit Erfolg dem Rennsport. Als er dank der Vermittlungsarbeit von Luigi Chinetti zum Ferrari-Team stößt, ist er zwar bereits mehr als nur ein ehrgeiziger Anfänger, aber noch immer kein erfahrener professioneller Pilot. Auf den offiziellen Ferraris bestreitet er neben den Langzeitrennen auch fünf Formel-1-Grands Prix (vier davon 1956, einen 1957), doch ohne nennenswerte Ergebnisse. Bei der tragischen Mille Miglia von 1957 geht er am Steuer des leistungsstarken 335 S mit 4-Liter Hubraum an den Start. Er ist Vierter, es fehlen nur noch wenige Kilometer bis zum Ziel, als ihm auf der Geraden bei Guidizzolo ein Reifen platzt und der Ferrari von der Straße abkommt. Es kommt zu einem Blutbad unter den Zuschauern und de Portago stirbt zusammen mit dem Journalist Nelson, der ihn begleitet. Der Aufschrei, der in Folge des Unfalls durch die Öffentlichkeit geht, bereitet der Geschichte der historischen Mille Miglia ein Ende.

F

Juan Manuel Fangio

Argentinier
Geboren in Balcarce
am 24. Juni 1911.
Ferrari-Pilot und
Weltmeister 1956.

3 GP-Siege auf Ferrari:
Argentinien
(Ferrari-Lancia D50)
Großbritannien 1956
(Ferrari-Lancia D50)
Deutschland 1956 (Ferrari-Lancia D50)

Bis zum Auftauchen des Phänomens Schumacher galt das argentinische Ass einhellig als der beste Rennfahrer aller Zeiten: 20 Jahre im aktiven Rennsport, 51 bepunktete Formel-1-Grands Prix von 1950 bis 1958 mit 28 Pole Positions, 24 Siege und zehn zweite Plätze; bis 2002 war er der einzige Pilot, der fünfmal Weltmeister wurde (1951, 1954, 1955, 1956 und 1957, also in dem Alter von 40 bis 46 Jahren). Nur ein kleiner Teil dieses triumphalen Siegeszuges geht auf das Konto von Ferrari: die Saison 1956, als Fangio beschließt zum Team des Cavallino zu wechseln, nachdem er bereits mit Alfa Romeo, Maserati und Mercedes je eine Weltmeisterschaft gewonnen hat. Alle Konstrukteure reißen sich um ihn und schon aus diesem Grund hat er nicht die hundertprozentige Sympathie von Enzo Ferrari. Dieser anerkennt „sein unbestrittenes Wettkampftalent, seine überdurchschnittliche Vorausschau des Rennverlaufs, seine Ausgeglichenheit, die technische Intelligenz sowie seine einzigartige Sicherheit im Fahrverhalten." Doch er bezeichnet ihn auch als „eine undurchschaubare Persönlichkeit", hält ihn also für nicht wirklich vertrauenswürdig. Und so kommt es mitten in einer glanzvollen Saison, die mit einem Sieg beim GP von Argentinien begonnen hat und deren Erfolge sich auch bei den Sportwagenrennen fortsetzen, zu Differenzen, die Fangio dazu bewegen, sich unter dem Vorwand einer totalen Erschöpfung eine Auszeit zu nehmen. Er kehrt schließlich zurück und schließt die Saison mit den Siegen bei den Großen Preisen von Großbritannien und Deutschland und der Eroberung seines vierten WM-Titels ab. Doch Fangio zieht es vor, im Folgejahr zu Maserati zurückzukehren. Nach 1958 verlässt er die Formel 1. Das Renn-Ass stirbt am 17. Juli 1995 im Alter von 84 Jahren.

Nino Farina

Italiener
Geboren in Turin
am 30. Oktober 1906.
Ferrari-Pilot von
1947 bis 1949 und von
1952 bis 1955.

1 GP-Sieg auf Ferrari:
Deutschland 1953 (500 F2)

Giuseppe Farina, genannt Nino, ist der Sohn eines Bruders des berühmten Karossiers Pinin Farina. 1950 wird er der erste Weltmeister in der WM-Geschichte der Formel 1. Er erobert den Titel, indem er Fangio auf einer Alfetta 159 besiegt. Nino Farina wurde bereits 1937 und 1938 auf Alfa Romeo italienischer Meister. Zu Ferrari stößt er in den ersten drei Anfangsjahren der Scuderia und gewinnt 1948 die Rundstrecke am Gardasee mit einem 125 F1 sowie mit einem 166 aus der Formula libera einen Testlauf der Temporada Argentina 1949. Mit dem errungenen WM-Titel kehrt er 1952 zu Ferrari zurück, doch findet er dort einen Teamkollegen vor, der alle anderen in die Tasche steckt: Alberto Ascari. Farina, der bereits auf die 50 zugeht, bleibt immer hinter Ascari zurück. Mit den Monoposti des Cavallino rampante gewinnt er nur einen bepunkteten Grand Prix: 1953 mit einem 500 F2 auf dem teuflischen Nürburgring, nachdem Ascari einen Reifen verloren hat. Ansonsten holt er andere Erfolge bei Langstreckenrennen oder in weniger bedeutsamen Wettkämpfen. Er ist trotz allem „ein grandioser Pilot, ein Mann, dessen Mut das Unmöglich möglich macht", so die Einschätzung von Enzo Ferrari. „Bei ihm musste man immer auf der Hut sein. Er war sowohl am Start als auch kurz vor der Ziellinie noch zu einem verrückten Manöver fähig. Er hatte deshalb auch schon ein Abo für die Fahrt ins Krankenhaus." Und dieser Hitzkopf hat erst Jura studiert, bevor er sich bei Fahrradrennen, Pferderennen, Skiwettkämpfen und schließlich mit den Rennwagen versuchte. 1956 und 1957 nimmt er sogar am Rennen in Indianapolis teil, danach jedoch, verlässt er die Welt des Motorsports. Farina kommt bei einem Autounfall am 30. Juni 1966 in Frankreich ums Leben.

Paul Frère

Belgier
Geboren in Frankreich,
in Le Havre,
am 30. Januar 1917.
Ferrari-Pilot 1955,
1956 und 1960.

Der Ingenieur und Journalist ist Pilot aus Leidenschaft. Er liebt die Rennen und die Technik. Frère ist vor allem ein Spezialist für Langzeitrennen, was ihm den Spitznamen „Mathematiker am Lenkrad" einbringt. Er startet seine Rennfahrerkarriere spät, mit 31 Jahren auf Tourismus-Wagen, doch bereits 1952 bestreitet er drei Formel-1-Grand Prix auf HWM und Gordini. Im Jahr darauf nimmt er erstmals an den 24 Stunden von Le Mans teil (er wird Erster in seiner Klasse auf einem offiziellen Porsche 1500). Auch 1955 tritt er als zweiter Fahrer neben Peter Collins auf einem Aston Martin in Le Mans an (zweiter Platz in der Gesamtwertung). Im selben Jahr, sowie sporadisch auch noch im darauffolgenden, fährt er für die Scuderia, unter anderem auch in der Formel 1: Er wird Zweiter beim GP von Belgien 1956 (auf einem D50) und liegt damit direkt hinter seinem Freund Collins. Mit einem 250 GT Wettkampfmodell triumphiert er 1957 und 1958 bei den Zwölf Stunden von Reims zusammen mit Olivier Gendebien. 1960 feiert er einen riesigen Erfolg: Er gewinnt, wieder mit Gendebien, auf einem Ferrari 250 Testa Rossa die 24 Stunden von Le Mans. Danach steigt er aus dem Renngeschehen aus und wird Journalist.

G

Nanni Galli

Italiener
Geboren in Bologna
am 2. Oktober 1940.
Ferrari-Pilot 1972.

Der Mann aus der Toskana stammt aus einer Familie von Textilunternehmern (der Geburtsort Bologna ist eher zufällig). Giovanni Galli wird 1965, im Alter von 25 Jahren, Pilot und holt sich sogleich den italienischen Meistertitel in der Tourismusklasse. Der im Motorsport unter dem Spitznamen Nanni bekannte Pilot kann internationale Erfolge mit den offiziellen 2- und 3-Liter Alfa Romeos Giulia GTA und Sport 33 verbuchen. Auch in der Formel 1 versucht er sich auf March-Alfa Romeo und Tecno, allerdings ohne beachtenswertes Ergebnis. 1972 kommt es zu seiner einzigen, äußerst kurzen Erfahrung bei Ferrari: Er soll für Clay Regazzoni beim GP von Frankreich einspringen (der sich beim Fußballspiel einen Knöchel gebrochen hat). Ein Kuriosum am Rande: Beim Rennen davor war Nanni Galli mit seinem Tecno ins Schleudern geraten, was einen Auffahrunfall mit dem Ferrari von Regazzoni verursachte. Am Lenkrad des gleichen 312 B2, der ihm reingefahren war, wird er nun 13. mit einer Runde Rückstand auf den Sieger Jackie Stewart. In den nächsten beiden Jahren nimmt er noch auf Iso (und zunächst auf Williams) an Sportwagen- und Formel-1-Rennen teil. 1974 steigt Nanni Galli aus dem Rennsport aus.

Olivier Gendebien

Belgier
Geboren am 12. Januar 1924.
Ferrari-Pilot von
1956 bis 1962.

Gendebien ist ein Ass der Langstreckenrennen und sieben Jahre lang, von 1956 bis 1962, ein treuer Ferrari-Pilot. Enzo Ferrari vertraut dem aus adeliger Familie stammenden belgischen Piloten eine ganze Palette von Sportwagen an, in der Gewissheit, dass dieser sie siegessicher ins Ziel fahren würde. Und in der Tat sind die Erfolge von Gendebien rekordverdächtig: vier Siege bei den 24 Stunden von Le Mans, sowie je drei Triumphe bei der Targa Florio, den Zwölf Stunden von Sebring (einmal am Steuer eines Porsche) sowie bei der Tour de France. „Es gelang ihm, seine noble Herkunft am Steuer in einen elegante und geradlinige Aggressivität umzusetzen", sagte der Commendatore, der eigentlich keine besondere Vorliebe für Blaublütige hatte. „Gendebien war wie eine Stoppuhr", perfekt, „für all jene Rennen, die Kontinuität, Charakter und Intelligenz verlangten." Für die Formel 1 war er daher weniger geeignet. Auf den Ferrari- Monoposti nimmt Gendebien an insgesamt acht Grand Prix teil: Seine besten Ergebnisse sind die vierten Plätze beim GP von Frankreich 1959 (auf einem 256) und beim GP von Belgien 1961 (auf einem 156). Gendebien stirbt im Oktober 1998.

Richie Ginther

Amerikaner
Geboren in Los Angeles,
Kalifornien,
am 5. August 1930.
Ferrari-Pilot
1960 und 1961.

„Richie Ginther war genau das Gegenteil seines großen und athletisch gebauten Landsmannes Dan Gurney, nämlich klein, hektisch, immer auf dem Sprung, mit einem Blick, der ins Leere schweifte und einem doch plötzlich zuzwinkerte", so jedenfalls beschrieb ihn Enzo Ferrari. Der in einer Flugzeugfabrik in Kalifornien als Ingenieur arbeitende Ginther lernte Phil Hill kennen und ist mit ihm 1953 und 1954 die Carrera Panamericana auf alten Ferraris gefahren. Er war stets eng mit Hill verbunden, deshalb war es klar, dass er ihm 1960 nach Maranello folgte. Hier kommt aber Richie in erster Linie die Rolle des Einfahrers zu: Mit unzähligen Testfahrten arbeitet er, im Hinblick auf das neue, 1961 in Kraft tretende Formel-1-Regelment, an der Entwicklung des 1,5-Liter 156 mit. Parallel dazu nimmt er mit einem 246 P (mit Heckmotor) an nur drei Grand Prix teil und holt in Italien, Monza, einen zweiten Platz. Im Jahr darauf ist der 156 dank Ginthers Testeinsatz ebenso perfekt wie siegessicher und der kleine Amerikaner steht bei allen Grand Prix-Rennen Wolfgang Berghe v. Trips und Phil Hill zur Seite, die um den Weltmeistertitel wetteifern. In Monte-Carlo allerdings kommt er selbst mit nur 3,6 Sekunden Rückstand auf den Sieger Stirling Moss ins Ziel und schlägt damit Hill. „Er war ein kleiner Mann mit großem Mut und starkem Willen“, so Enzo Ferrari. Ginther verlässt die Scuderia zum Jahresende, um die Chance zu nutzen, selbst zum ersten Fahrer aufzusteigen. Nach den 10 GPs auf Ferrari fährt er zwischen 1962 und 1966 weitere 42 auf BRM, Cooper-Maserati und Honda, wobei er nur einen einzigen Sieg erringt: 1965 in Mexiko, auf einem japanischen Monoposto. Er stirbt 1989.

Ignazio Giunti

Italiener
Geboren in Rom
am 30. August 1941.
Ferrari-Pilot
1970 und 1971.

Kurz, nicht einmal ein Jahr, doch intensiv und vielversprechend leuchtet der Stern von Ignazio Giunti am Ferrarihimmel, bevor er in einem tragischen Augenblick ganz plötzlich erlischt. „Er besaß Talent, eine große Rennleidenschaft und viele hatten ihn ins Herz geschlossen“, erinnerte sich Enzo Ferrari. „Auf unseren Sportwagen war er perfekt, doch auch im Monoposto hätte er sicher viele Erfolge erzielt.“ Giunti kommt 1970 im Alter von 29 Jahren zu Ferrari. Davor hat er bereits große Triumphe auf Alfa Romeo, zunächst mit der Giulia GTA und später mit dem 33 Sport, gefeiert (er wurde zum Beispiel Zweiter bei der Targa Florio 1968). Bei Ferrari erweist er sich in der einzigen dort absolvierten Saison 1970 als geschickter Pilot. Er gewinnt zusammen mit Mario Andretti und Nino Vaccarella die 12 Stunden von Sebring und gibt in jenem Jahr auch sein Formel-1-Debüt: vier bepunktete Grand Prix mit einem vierten Platz in Belgien auf einem 312 B. Nach einem weiteren Erfolg Ende des Jahres bei den 9 Stunden von Kyalami beginnt er die Folgesaison 1971 selbstbewusst und voller Siegeswillen. Am 10. Januar führt er bei den 1000 Kilometern von Buenos Aires mit dem 312 PB und ist dem 512 von Mike Parkes dicht auf den Fersen, um ihn zu überrunden. Doch plötzlich taucht vor Parkes der Matra von Beltoise auf, der mitten auf der Strecke steht. Parkes reißt das Lenkrad herum und kann gerade noch ausweichen. Giunti jedoch sieht das stehende Fahrzeug nicht rechtzeitig und rammt es frontal. Der italienische Pilot verbrennt am Unfallort.

Froilan Gonzalez

Argentinier
Geboren in Arrecifes
am 5. Oktober 1922.
Ferrari-Pilot 1951 und 1954.

2 GP-Siege auf Ferrari:
Großbritannien 1951 (375)
Großbritannien 1954 (625)

Er ist der erste Pilot, der einen Ferrari bei einem bepunkteten Formel-1-Grand Prix zum Sieg führt, und zwar beim Großen Preis von am 14. Juli 1951 Großbritannien in Silverstone. Ein historisches Datum für Enzo Ferrari, denn endlich gelingt die lange ersehnte Revanche an Alfa Romeo. Gonzales besiegt mit seinem 375 4,5 Liter Zwölfzylinder den Mythos Alfetta 159 von Fangio. Gonzalez ist ein ganz eigenwilliger Pilot. Der große Argentinier, ein einziges Muskelpaket, trägt den Spitznamen „El Cabezón“ (dicker Kopf); er gilt als mutig, ungestüm und manchmal auch unbesonnen. Er hat einen improvisierten Fahrstil, nimmt die Kurven ohne jede Berechnung, fährt energiegeladen, und sein besorgtes Gesicht ist bei jedem Rennen schweißgenässt. An guten Tagen ist seine beinahe akrobatische Leistung unschlagbar, an anderen Tagen bringt er ohne ersichtlichen Grund eine völlig enttäuschende Leistung. Nachdem er nur ein Jahr an europäischen Rennen teilgenommen hat, stößt Gonzalez bereits zu Ferrari. 1952 und 1953 wechselt er zu Maserati, um 1954, seinem besten Jahr, wieder in die Scuderia zurückzukehren. Er gewinnt die 24 Stunden von Le Mans mit einem Sport 375 Plus sowie erneut den Großen Preis von Großbritannien mit dem Formel-1-Wagen 625 und wird in jenem Jahr hinter Fangio Vize-Weltmeister. Ab 1955 nimmt er nur noch an einem Grand Prix pro Jahr teil, am Großen Preis von Argentinien. Den letzten vor seinem Rückzug absolviert er 1960 nochmals auf einem Ferrari.

Masten Gregory

Amerikaner
Geboren in Kansas City,
Kansas, am 29. Februar 1932.
Ferrari-Pilot 1957 und 1965.

Ein frühreifer, abenteuerlustiger junger Bursche ist dieser Masten Gregory, der im Automobilsport jene Erfüllung findet, die ihn von zwielichtigen Geschäften und Personen fernhält. Schon mit 15 fährt er nachts und ohne Führerschein, heiratet mit 17 Jahren und wird noch in sehr jungen Jahren Vater von vier Kindern. Das Erbe des Vaters verschafft ihm die nötigen Mittel, um sich dem Sport zu widmen, der ihn begeistert. Mit 22 holt er den ersten Sieg von internationaler Bedeutung bei der Nassau Trophy auf den Bahamas mit einem privaten Ferrari 375 MM. Von jenem Moment an fährt Gregory, der seinen Wohnsitz nach Europa verlegt, jede Art von Fahrzeug und jede Marke. Er nimmt von 1957 bis 1965 an 38 Grands Prix teil und fährt auf Maserati, Cooper, Porsche, Lotus, Lola und BRM. Seine besten Ergebnisse sind ein zweiter und zwei dritte Plätze. Doch auch die großen Langstreckenrennen für Sportwagen mit großem Hubraum vernachlässigt er nicht. Mit einem Ferrari 290 MM (der zum offiziellen Rennwagen wurde, weil die anderen Wagen des Cavallino Probleme bereiteten) gewinnt er unter anderem die 1000 Kilometer von Buenos Aires 1957 zusammen mit Luigi Musso und Eugenio Castellotti. Vier Jahre später gelingt ihm ein weiterer ruhmreicher Triumph bei den 1000 Kilometern vom Nürburgring, diesmal am Lenkrad eines Maserati. Wiederum mit einem Ferrari, einem vom Rennstall NART (North American Racing Team) angemeldeten 250 LM, holt er sich 1965 gemeinsam mit Jochen Rindt den größten Erfolg seines Lebens, den Sieg bei den 24 Stunden von Le Mans. Der ungestüme und mutige Pilot setzt oftmals alles auf eine Karte, was ihm eine ansehnliche Reihe von Unfällen einbringt. Viele glaubten, dass er eines Tages bei einem Unfall im Rennwagen ums Leben kommen würde. Doch Masten Gregory fährt bis zu seinem 40. Lebensjahr und stirbt schließlich mit 53, viele Jahre nach seinem Abschied von den heißen Motoren.

Jean Guichet

Franzose
Geboren 1927 in Marseille.
Ferrari-Pilot von
1964 bis 1966.

Der aus Marseille stammende Industrielle Guichet ist Besitzer einer Reparatur-Schiffswerft und widmet sich seit 1949 aus persönlicher Leidenschaft dem Automobilsport. Zunächst betätigt er sich als Rallyefahrer, steigt schließlich auf Zeitrennen um und beweist ein außergewöhnliches Talent als Straßenpilot, vor allem auf der Ferrari 250 GT Berlinetta sowie dem GTO. Auf Ferrari holt er sich viermal den Titel des französischen GT-Meisters (zum ersten Mal 1961). Giuchet wird 1964 ins Team des Cavallino geholt und gewinnt gemeinsam mit Nino Vaccarella auf einem 275 P auf Anhieb die 24 Stunden von Le Mans. Im Jahr danach erzielt er weitere Erfolge mit Mike Parkes bei den 1000 Kilometern von Monza (275 P2) und mit Pedro Rodriguez bei den 12 Stunden von Reims am Steuer eines 265 P des North American Racing Team (NART). Ebenfalls mit Rodriguez und seinem Wagen des amerikanischen Teams (diesmal einem 412 P) wird er Dritter bei den 24 Stunden von Daytona 1967. Im Anschluss wechselt Guichet zum französischen Team Matra. 1970 gründet er seinen eigenen Rennstall, doch drei Jahre später steigt er aus dem Motorsport aus, um sich ganz seinem Familienbetrieb zu widmen.

Dan Gurney

Amerikaner
Geboren in Port Jefferson,
New York, am 13. April 1931.
Ferrari-Pilot 1959.

Dan Gurney fährt auf Ferrari nur die ersten vier der insgesamt 86 Grand Prix seiner elfjährigen Laufbahn in der Formel 1. „Ein willensstarker Athlet, mutig, einfach und ernsthaft“, so beschrieb ihn Enzo Ferrari. Er wurde dem Commendatore von Luigi Chinetti empfohlen, dem Gurneys aggressive Geschicklichkeit bei amerikanischen Sportwagenrennen aufgefallen war. Anfang 1959 holt man Gurney zusammen mit Phil Hill und Olivier Gendebien in das Ferrari-Team, das bei an 12 Stunden von Sebring teilnehmen soll. Gurney trägt zum Sieg bei (unter anderem gelingt es ihm, einen Crash mit einen Konkurrenten, der ihm am Heck hängt, zu vermeiden, indem er die Strecke verlässt und mit einem völlig unbeschädigten Wagen sofort wieder ins Rennen einsteigt – und das alles in nur 31 Sekunden). In Maranello muss er viele Testrunden absolvieren, bis Ferrari sich dazu entschließt, ihn bei der Formel 1 an den Start zu schicken. Und der „Marine“, wie sie ihn nennen, enttäuscht die Erwartungen nicht: Er holt einen zweiten Platz beim GP von Deutschland und einen dritten in Portugal. Am Ende der Saison verlässt er Ferrari, nimmt aber noch weitere zehn Jahre an der Formel 1 auf BRM, Porsche, Brabham, Eagle (die er selbst baut) und schließlich auf McLaren teil. Er gewinnt insgesamt vier Grand Prix. Nach 1970 zieht er sich nach Kalifornien zurück.

H

Duncan Hamilton

Ire
Geboren am 30. April 1920
in Cork.
Ferrari-Pilot 1956.

Duncan Hamilton stammt aus einer wohlhabenden Familie, er studiert Luftfahrttechnik und ist Rennfahrer aus Leidenschaft. Während des Krieges wird Hamilton als Zwanzigjähriger zu einem Abenteurer der ganz anderen Art: Er wird in Norwegen von den Nazis festgenommen und wegen Spionage zum Tode verurteilt. Doch ihm gelingt die Flucht und er nimmt bis zum Ende des Krieges seine Spionagetätigkeit für den britischen Geheimdienst wieder auf. Danach fährt er mit eignen Wagen erneut Autorennen (MG, Bugatti, Maserati) und entwickelt schließlich mit seinem Freund Tony Rolt eine Strategie, um die 24

Stunden von Le Mans zu gewinnen. Nach etlichen Versuchen, die sie 1950 starteten, erreichen sie 1953 auf einem Jaguar ihr Ziel. Wenige Tage später erleidet Hamilton in Oporto einen schweren Unfall: Die Sanitäter halten ihn für tot, doch ein Arzt stellt fest, dass er noch am Leben ist und rettet ihn. In den darauffolgenden Jahren fährt er auf Jaguar und holt bis 1956 viele Siege. In jenem Jahr wird er jedoch des Teams verwiesen, weil er beim 12-Stunden-Rennen von Reims laut Teamorder den ersten Platz nicht seinen Kollegen Hawthorn und Frère überlassen hat. Er wechselt zu Ferrari, erzielt jedoch keine nennenswerten Ergebnisse außer einem dritten Platz beim Großen Preis von Schweden mit einem 860 Monza, wie ihn auch Hawthorn und de Portago gefahren haben. Hamilton erwirbt wieder einen Jaguar, startet in Le Mans, wo er bei einem Unfall 1958 schwere Beinbrüche davonträgt. Nach seiner Genesung schließt er sich Ende des Jahres mit seinem Freund Mike Hawthorn zusammen, der soeben auf Ferrari Weltmeister geworden ist. Nur wenige Wochen später kommt Hawthorn bei einem Verkehrsunfall ums Leben; man ruft Hamilton, um den Freund zu identifizieren. Dieser ist von dem Anblick so schockiert, dass er seine Rennfahrerkarriere an den Nagel hängt. Er stirbt im Mai 1994.

Mike Hawthorn

Brite
Geboren am 10.April 1929
in Mexborough
Ferrari-Pilot 1953, 1954, 1957 und 1958.
Weltmeister 1958.

3 GP-Siege auf Ferrari:
Frankreich 1953 (500 F2)
Spanien 1954 (553)
Frankreich 1958 (246)

Die zu kurze Geschichte eines Piloten, der sich selbst zerstört, weil er „jenseits aller Grenzen" fährt (und lebt), so der Titel seiner Autobiografie.
Hawthorn beginnt seine Karriere 1950 bei lokalen Rennen auf Autos mit kleinem Hubraum. 1952 steigt er auf die Formel 2 um (die in diesem und im nächsten Jahr die Weltmeisterschaft austragen) und erzielt bei seinem Debüt auf einem Cooper-Bristol einen hervorragenden vierten Platz beim Großen Preis von Belgien auf der schnellen und schwierigen Rennstrecke von Spa. In Silverstone belegt er Platz Drei (hinter den Ferrari von Ascari und Taruffi) und in Holland Platz Vier. Mit diesen Ergebnissen zieht er die Aufmerksamkeit des Ferrari-Teams auf sich. Enzo Ferrari bewunderte „den berechnenden und kaltblütigen Mut jenes großen blonden Jungen mit den leuchtenden Augen, der ohne Wimpernzucken zu den kühnsten Manövern bereit war, im nächsten Augenblick aber völlig in sich zusammensackte." Ein Jahr später holt er ihn ins Ferrari-Team, und Hawthorn dankt ihm dafür mit einem Sieg beim GP von Frankreich in Reims (auf einem 500 F2), wo er Fangio, Gonzalez, Ascari und Farina hinter sich lässt. Einen weiteren Sieg holt er 1954 beim GP von Spanien, dem letzten Rennen der Saison. Dies ist ein wichtiger Sieg, denn er hat damit die übermächtigen Mercedes geschlagen.
Tragödie und Ruhm im Jahr 1955: Nach seinem Wechsel zu Jaguar gewinnt Hawthorn die 24 Stunden von Le Mans, nachdem er mit einem gewagten Überholmanöver einen Unfall verursacht hat, der etwa 90 Zuschauern das Leben kostet: Der Mercedes-Benz des Franzosen Pierre Levegh war in die Tribüne geschleudert worden. Nach seiner Rückkehr zu Ferrari erringt Hawthorn im 1958 den Weltmeistertitel durch einen weiteren Sieg in Reims vor Stirling Moss auf Vanwall sowie fünf zweite Plätze bei den Grands Prix. Er ist der erste britische Weltmeister und wird von seinem Heimatland dafür mit besonderen Ehren gefeiert.
Doch der Tod seines Freundes Peter Collins am Nürburgring sowie der seines Teamkollegen Luigi Musso in Reims haben ihm die Motivation geraubt. Im Dezember kündigt Hawthorn seinen Ausstieg aus dem Renngeschehen an. Sechs Wochen später kommt er im Alter von knapp 30 Jahren bei einem tragischen Verkehrsunfall ums Leben.

Phil Hill

Amerikaner
Geboren am 20. April 1927
in Miami, Florida.
Ferrari-Pilot von
1955 bis 1962.
Weltmeister 1961.

3 GP-Siege auf Ferrari:
Italien 1960 (256)
Belgien 1961 (156)
Italien 1961 (156)

Er ist bereits als Junge Rennen gefahren, wie es in Amerika nicht unüblich war, und hat sich seine ersten Sporen auf Sportwagen verdient. Nachdem er zweimal äußerst erfolgreich mit Ferrari-Wagen an der Carrera Panamericana teilgenommen hat (ein sechster und ein zweiter Platz), kommt er 1955 zum Team von Maranello. In den ersten Jahren vertraut man ihm Sportwagen an: Es ist schwierig, alle Siege von Phil Hill bei den bedeutendsten Langstreckenrennen aufzuzählen (hier nur einige Beispiele: 1000 Kilometer von Buenos Aires, 12 Stunden von Sebring und die 24 Stunden von Le Mans 1958; erneut Le Mans in den Jahren 1961 und 1962, alle mit dem 250 Testa Rossa und seinen Nachfolgern). Mit einem Ferrari-GP-Wagen geht er erstmals 1958 an den Start; bis Ende 1962 bringt er es auf insgesamt 31 Grand Prix. Seinen ersten Sieg holt er sich in Monza 1960 mit dem 256. Zwei weitere Siege kommen 1961 (mit auf 1,5 Liter reduziertem Hubraum) hinzu; er gewinnt in Belgien und dann in Monza – bei einem Rennen, das von der Tragödie des Teamkollegen Wolfgang Berghe v. Trips überschattet wird, der über die Piste geschleudert wird und stirbt, während sein Ferrari in die Zuschauermenge fliegt und 15 Personen in den Tod reißt. Nun geht der Weltmeistertitel, der bis zu jenem Moment dem Deutsche sicher gewesen war, an Phil Hill. „Er war kein außergewöhnlich guter Pilot", so Ferrari, „aber er war sicher, vor allem in den schnellen Kurven, wo er eine Präzision an den Tag legte, die ihm dafür auf sehr kurvenreichen Strecken fehlte." Hill verlässt Ferrari 1963 und geht zu ATS. 1967 verabschiedet er sich vom aktiven Rennsport.

I

Jacky Ickx

Belgier
Geboren am 1. Januar 1945
in Brüssel.
Ferrari-Pilot 1968 und 1970
bis 1973.
6 GP-Siege auf Ferrari:
Frankreich 1968 (312)
Österreich 1970 (312 B)
Kanada 1970 (312 B)
Mexiko 1970 (312 B)
Holland 1971 (312 B2)
Deutschland 1972 (312 B2)

Man nannte ihn den Regenkönig wegen seine Kunst, Fahrzeuge auf regennasser Fahrbahn perfekt zu beherrschen; die Techniker in Maranello aber nannten ihn „die Nervensäge", weil er stets darauf bestand, dass jedes kleine Detail seines Wagens exakt überprüft wurde. Ferrari bezeichnete ihn als eine „ideale Mischung aus Kühnheit und Berechnung." Ickx kommt 1968 im Alter von 23 Jahren bereits als siegreicher Formel-2-Pilot zu Ferrari. In der Formel 1 gewinnt er noch in der gleichen Saison den GP von Frankreich auf einem 312, doch ein Unfall in Kanada erlegt ihm gleich im Anschluss eine unfreiwillige Pause auf. 1969 fährt er auf Brabham, doch schon die vier Jahre darauffolgenden Jahre ist er wieder bei Ferrari und holt sich sechs seiner acht bepunkteten Grand-Prix-Siege, außerdem wird er 1970 Formel-1-Vizeweltmeister. Im gleichen Jahr rettet er sich auf der Rennstrecke von Jarama in Spanien wie durch ein Wunder aus seinem brennenden 312 B. Ickx fährt 55 der 116 bepunkteten Grands Prix seiner Laufbahn auf Ferrari, und auch bei Langstreckenrennen erweist er sich als zuverlässiger und kämpferischer Fahrer: acht Siege auf einem 312 PB, sechs davon verhelfen der Scuderia 1972 zum Marken-Weltmeistertite. Ickx selbst wurde nie Weltmeister, doch er hält dafür den Rekord von sechs Siegen bei den 24 Stunden von Le Mans. Keinen einzigen hat er indessen davon auf Ferrari erzielt.

Innes Ireland

Schotte
Geboren am 12. Juni 1930
in Kirkcudbright.
Ferrari-Pilot 1962.

Der ehemalige Fallschirmspringer und Inhaber einer Rolls-Royce-Vertretung hat eine bemerkenswerte Formel-1-Karriere vorzuweisen: Teilnahme an 50 Grands Prix zwischen 1959 und 1966, davon ein Sieg, zwei zweite Plätze, ein dritter Platz sowie weitere zehn Platzierungen unter den ersten Sechs. Diese Erfolge hat er jedoch nie auf einem Ferrari, sondern auf Lotus, Cooper, BRP und BRM erzielt. 1961 gelingt ihm in den USA auf Lotus sein einziger Triumph bei einem bepunkteten Grand Prix. Doch die Tatsache, dass Colin Chapman den aufstrebenden Jim Clark bevorzugt, schürt in ihm die Eifersucht und er wechselt zum Rennstall UDT Laystall. 1962 vertraut Ferrari diesem Team eine Berlinetta 250 GTO an und Ireland fährt den Wagen bei der Tourist Trophy zu einem ruhmreichen Sieg. Vier Jahre später steigt er aus der Formel 1 aus. Ireland stirbt 1993.

Eddie Irvine

Ire
Geboren am
10. November 1965 in
Newtownards.
Ferrari-Pilot von
1996 bis 2000.

4 GP-Siege auf Ferrari:
Australien 1999 (F399)
Österreich 1999 (F399)
Deutschland 1999 (F399)
Malaysia 1999 (F399)

Dem in armen Verhältnissen aufgewachsenen Irvine gelang es – ähnlich Nigel Mansell – sich dank großer Leidenschaft, ausgeprägten Temperaments und vieler persönlicher Einschränkungen einen angesehenen Platz in der Welt des Motorsports zu erobern. Mit 22 wird Irvine britischer Meister der Formel Ford. Zur Formel 1 kommt er 1993, nachdem er vier Jahre lang in der Formel 3000 sein Können unter Beweis gestellt hat. Irvine gelingt der Einstieg, weil der Konstrukteur Eddie Jordan ihn schätzen gelernt hat. Er stellt den jungen Fahrer seinem damaligen Spitzenmann Rubens Barricchello zur Seite. Irvine steht dem Teamkollegen in nichts nach, er ist bei den Qualifikationsläufen sogar schneller als der Brasilianer. Nach 32 Grand Prix kommt Irvine 1996 zusammen mit Michael Schumacher zu Ferrari. Nach einer Reihe von zweiten und dritten Plätzen gelingen ihm 1999 vier Siege. Es kommt ihm zugute, dass Michael Schumacher in jenem Jahr wegen eines Unfalls in Silverstone lange ausfällt und seine Gegner von McLaren-Mercedes gerade eine schwache Phase haben. Irvine kämpft in dieser Saison mit Mika Häkkinen um den Weltmeistertitel, der jedoch am Ende mit einem Vorsprung von zwei Punkten an den Finnen geht. Nach dem Jahr 2000 und seiner Trennung von Ferrari fährt er noch drei Saisons in der Formel 1 beim neuen Jaguar-Team, das auf starke finanzielle Unterstützung von Ford bauen kann. Seine besten Ergebnisse sind die dritten Plätze in Monte-Carlo 2001 und Monza 2002. Am Ende zieht sich Irvine mit einer Bilanz von 146 Grand-Prix-Rennen aus der Formel 1 zurück.

J

Stefan Johansson

Schwede
Geboren am
8. September 1956 in Växjö.
Ferrari-Pilot 1985 und 1986.

Stefan Johansson ist mit 20 Jahren Schwedischer Meister der Formel Ford, mit 23 Britischer Meister der Formel 3 und kommt 1983 als Einfahrer des neuen Honda Sechszylinder-Turbo, der versuchsweise ins Chassis eines Formel-2-Wagens montiert wurde, für sechs Grand Prix zur Formel 1. Trotz des ungeeigneten Fahrzeugs gelingt es Johansson, bei den Qualifikationsläufen sein Können zu zeigen. Ferrari nimmt ihn daraufhin näher ins Visier und beurteilt ihn als „mutig, entschlossen bei Überholmanövern und schnell in weiten Kurven“. Er holt ihn 1985 ins Team, an die Seite von Michele Alboreto. Im Jahr darauf wird der junge Schwede mit vier dritten und zwei vierten Plätzen Fünfter in der Weltmeisterschaftswertung. 1987 ersetzt ihn Ferrari nach 31 Grand Prix durch Gerhard Berger. Johansson fährt weiterhin Formel-1-Rennen, und zwar auf McLaren, Ligier, Onyx und Footwork, bis er 1992 mit einer Gesamtbilanz von 79 Grand Prix zur Formel Indy wechselt. 1997 gewinnt er auf Sportwagen die 12 Stunden von Sebring (mit einem privaten Ferrari 333 S) sowie die 24 Stunden von Le Mans am Lenkrad eines TWR Porsche, zusammen mit seinen ehemaligen Ferrari-Kollegen Alboreto und Kristensen.

L

Chico Landi

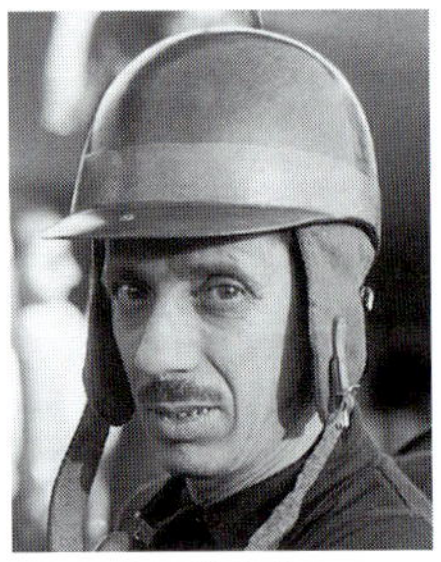

Brasilianer
Geboren am 14. Juni 1907.
Ferrari-Pilot 1948,
1949 und 1951.

Ein Meteorit aus Brasilien! Francisco Landi, bekannt unter dem Spitznamen Chico, sichert sich erst im Alter von 40 Jahren seinen Platz im Rennsport, und zwar mit einem dritten Platz bei der Coppa Peròn 1947 am Steuer eines Alfa Romeo. 1948 zieht er nach Italien um und gewinnt auf einem Ferrari 166 SC den GP von Bari in der Formel 2 und lässt die Cisitalia von Bonetto und Varzi hinter sich. Dies ist sein ruhmreichster Moment. 1951 nimmt er mit einem Ferrari 125 am GP von Italien in Monza teil. Es ist sein erstes Weltmeisterschaftsrennen, das jedoch bereits in der ersten Runde wegen eines Defekts am Antrieb endet. In den Folgejahren nimmt er noch an weiteren fünf Grand Prix auf Maserati teil. 1956 wird er Vierter in Argentinien, dann zieht er sich vom Rennsport zurück. Landi stirbt 1989 in Sao Paolo.

Nicola Larini

Italiener
Geboren am
19. März 1964 in Camaiore (Lucca).
Ferrari-Pilot 1992 und 1994.

Bei seinem Einstieg in die Formel 1 1987 mit Colini und in den vier darauffolgenden Jahren mit Osella, Ligier und Lambo (letzterer musste vor Saisonende Konkurs anmelden), erweist sich Larini als hervorragender Testfahrer und entschlossener Pilot, der immer kämpft, obwohl die Autos, die man ihm zur Verfügung stellt, keineswegs die besten sind. Er bringt es insgesamt auf 40 Grand-Prix-Rennen. Ferrari heuert ihn 1992 als Einfahrer an und setzt ihn auch in den darauffolgenden Jahren ein. Die Techniker des Cavallino bescheinigen ihm, dass er ein sehr schneller Fahrer ist, der die technischen Fortschritte gut zu nutzen weiß. „Er ist bewundernswert und immer voller Energie. Und er setzt sich so ein, als würde er am Sonntag selbst an den Start gehen.“ Was im übrigen auch viermal der Fall ist: 1992 ersetzt Larini bei den letzten beiden Grand Prix in Japan und Australien Ivan Capelli, dessen Vertrag gekündigt worden war; 1994 übernimmt er den Wagen von Alesi, der noch immer an den Folgen eines Unfalls leidet und nimmt an den GPs des Pazifik und von San Marino teil. Und dort in Imola steigt er, nachdem er die Bestürzung über den Tod von Ayrton Senna überwunden hat, als Zweiter aufs Podest. 1997 überlässt ihn das Team aus Maranello für die fünf ersten Grands Prix dem Team Sauber-Petronas, deren Wagen mit einem V10 von Ferrari ausgestattet sind. 1998 endet Larinis Zusammenarbeit mit Ferrari. Er fährt nun auf Alfa Romeo ausschließlich Tourenwagen- und Supertourenwagen-Rennen.

Niki Lauda

Österreicher
Geboren am
22. Februar 1949 in Wien.
Ferrari-Pilot von
1974 bis 1977.
Weltmeister 1975 und 1977.

15 GP-Siege auf Ferrari:
Spanien 1974 (312 B3)
Holland 1974 (312 B3)
Monaco 1975 (312 T)
Belgien 1975 (312 T)
Schweden 1975 (312 T)
Frankreich 1975 (312 T)
USA 1975 (312 T)
Brasilien 1976 (312 T)
Südafrika 1976 (312 T)
Belgien 1976 (312 T2)
Monaco 1976 (312 T2)
Großbritannien 1976 (312 T2)
Südafrika 1977 (312 T2)
Deutschland 1977 (312 T2)
Holland 1977 (312b T2)

Der aus wohlhabender Familie stammende Nikolaus Lauda steigt gegen den Willen seiner Eltern mit 18 Jahren ins Renngeschäft ein. Mit 22 ist er bereits Formel-1-Pilot und fährt den ersten der 171 Grand Prix seiner ruhmreichen Karriere (25 Siege, 24 mal Pole Position). Auf Anraten Clay Regazzonis stellt Ferrari 1974 ihm diesen jungen Mann mit dem hageren Körperbau und dem entschlossenen Siegeswillen zur Seite. Lauda schlägt auf seinem 312 B3 den Maestro Clay mit zwei Siegen sowie mit neun zu einer Pole Position. „Ich empfand ihn sofort als einen sehr ernsthaften jungen Mann; er war pingelig, wenn es um die Technik an seinem Wagen ging, den er mit einem natürlichen Instinkt im Griff hatte“, so die Einschätzung von Ferrari. „In kurzer Zeit entwickelte sich er zu einem großartigen und intelligenten Fahrer“. 1975 gewinnt Lauda mit dem 312 T fünf Grand Prix sowie seinen ersten Weltmeistertitel. Das Gleiche hätte sich im Jahr darauf wiederholt, wäre nicht der fürchterliche Unfall am Nürburgring geschehen: Niki wird aus seinem brennenden Wagen gerettet, trägt schlimme Brandwunden davon und verliert ein Ohr. Er kehrt trotzdem ins Renngeschäft zurück, doch beim entscheidenden Wettkampf in Japan, der bei starkem Unwetter stattfindet, beschließt er stehen zu bleiben und überlässt damit James Hunt auf McLaren den Titel. 1977 steigt er bestärkt wieder in die Formel 1 ein und wird auf dem 312 T2 erneut Weltmeister. Ende 1977 verlässt er die Scuderia (für die er 57 Grand Prix gefahren hat) und alle denken, dass mit seinem endgültigen Ausstieg 1979 die Legende des Niki Lauda ihren Abschluss gefunden hat. Doch der Österreicher kehrt 1984 unerwartet noch einmal zur Formel 1 zurück und holt mit einem halben Punkt Vorsprung auf seinen McLaren-Teamkollegen Prost erneut den Weltmeistertitel.

M

Umberto Maglioli

Italiener
Geboren am
5. Juni 1928 in Biogli (Vercelli).
Ferrari-Pilot von
1953 bis 1955 und von
1963 bis 1964.

Kurz nach seinem Einstieg in den Rennsport wird Maglioli der talentierte Schüler und Begleiter Giovanni Braccos bei zahlreichen Straßenrennen: Auf diese Weise reifen seine Qualitäten als Fahrer heran, und er entwickelt sich zu einem Spezialisten für Langstreckenrennen. 1953 gewinnt er am Steuer eines Lancia vor Juan Manuel Fangio die Targa Florio. Die zwei darauffolgenden Jahre sind seine besten in der Scuderia Ferrari: Er fährt Erfolge bei wichtigen Sportwagenrennen ein, gewinnt in Rekordzeit 1954 die Carrera Panamericana, nimmt an vier Grands Prix teil und erringt zwei dritte Plätze (Italien 1954 und Argentinien 1955). Nach seinem Wechsel zu Maserati und später zu Porsche (womit er schließlich bei zehn Formel-1-Präsenzen liegt) und nach einem erneuten Sieg bei der Targa Florio 1956 zieht er sich bei einem Unfall schwere Verletzungen zu. Schließlich kehrt er zu Ferrari zurück und gewinnt 1964 die 12 Stunden von Sebring. 1968 beschließt er seine zwanzigjährige Rennfahrerkarriere auf Porsche mit seinem letzten Sieg bei der Targa Florio. Maglioli stirbt im Februar 1999.

Willy Mairesse

Belgien
Geboren am
1. Oktober 1928 in Momignies.
Ferrari-Pilot von
1960 bis 1964.

Sieben Jahre nach seinem Debüt beim Rennen Lüttich-Rom-Lüttich 1953 und nach Erfahrungen auf Peugeot und Mercedes-Benz stößt Mairesse 1960 als Testfahrer zu Ferrari. Auf seine Qualitäten bauend, lässt Ferrari ihn an drei Formel-1-Rennen teilnehmen. Beim GP von Italien in Monza wird der Belgier Dritter hinter den Teamkollegen Phil Hill und Richie Ginther. Mehr als sein Kollege

Ginther beweist er Mut zu hohem Tempo, vor allem am Lenkrad von Sportwagen. Enzo Ferrari gefielen sein „nicht zu beugender Wille, der unbändige Mut und seine wahre Kämpfernatur." Die stellt er auch 1962 unter Beweis: Er gewinnt auf einem 156 F1 zwei nicht bepunktete Grands Prix (Brüssel und Neapel) sowie auf einem 246 SP die Targa Florio (zusammen mit Gendebien und Ricardo Rodriguez). Im Folgejahr setzt er sich bei den 1000 Kilometern vom Nürburgring durch, gemeinsam mit Surtees auf einem 250 P, sowie bei den 500 Kilometern von Spa mit einem 250 GTO. Doch in Le Mans und auch beim GP von Deutschland trägt er schwere Unfallverletzungen davon. Nach langer Abwesenheit gewinnt er 1965 erneut in Spa auf einem Ferrari 250 LM, und 1966 holt er sich auf Porsche noch einmal den Sieg bei der Targa Florio. Dies ist der letzte Triumph von Mairesse, der nach einem weiteren Unfall bei den 24 Stunden von Le Mans 1968 (auf einem Ford GT40) im September des darauffolgenden Jahres Selbstmord begeht.

Nigel Mansell

Brite
Geboren am
8. August 1960 in Upton on Severn.
Ferrari-Pilot 1989 und 1990.

3 GP-Siege auf Ferrari:
Brasilien 1989 (F1-89)
Ungarn 1989 (F1-89)
Portugal 1990 (F1-90)

Mansell wird als „großer Pilot mit kleinem Kopf" bezeichnet, als instinktive Kämpfernatur, deren Knochen so zerbrechlich waren wie das Porzellan einer chinesischen Vase (er hat seit seinem Einstieg in die Formel Ford 1976 unzählige Halswirbelbrüche erlitten, was ihn jedoch nicht davon abgehalten hat, an 50 Rennen teilzunehmen, von denen er 20 gewann). Er ist ohne Zweifel ein großartiger Pilot, der den Spitznamen „der Löwe" auch verdient: Er verausgabt sich in jeder Minute am Steuer zu hundert Prozent, beim Rennen ebenso wie bei den Qualifikationsläufen. 187 Formel-1-Rennen hat er von 1980 bis 1995 absolviert. Die Bilanz: 32 Pole Positions, 31 Siege, 32 Unfälle. 1992 Weltmeister auf Williams sowie direkt nach seinem Einstieg in die amerikanische Rennserie Formel-Indy-Weltmeister 1993. Enzo Ferrari gefiel er: „Er ist einer der Stärksten, er hat Mut, er gibt jedes Mal alles, und wenn er einmal mit Berechnung fährt, spürt man, dass er seinen Instinkt gewaltsam unterdrückt." Doch zum Ferrari-Team stößt Mansell erst 1989 nach dem Tod des Commendatore. Er verbringt dort zwei Jahre, eins mit Alain Prost sowie eins mit Gerhard Berger und fährt in dieser Zeit drei Siege ein. Im Gegensatz zur präzisen Methodik von Prost (mit dem sogleich ein Konflikt entbrennt) absolviert er seine Testläufe folgendermaßen: Fünf Runden und dann ist Schluss. „Um den Wagen richtig anzuheizen, hat er lieber erst im entscheidenden Moment alles gegeben", erinnern sich die Techniker bei Ferrari.

Robert Manzon

Franzose
Geboren am
12. April 1917 in Marseille.
Ferrari-Pilot 1954.

Er hat sich 1949 in Frankreich mit einem Sieg der Bol d'Or auf einem Gordini hervorgetan. In der Folge nahm Manzon ebenfalls auf Gordini an 15 Grand-Prix-Rennen teil. Bestes Ergebnis: dritter Platz 1952 in Belgien, wo er gegen die Ferraristi Ascari und Farina antrat. 1953 fährt er auf Lancia, bevor ihn Enzo Ferrari ins Team holt. Der Franzose nimmt an fünf Grands Prix teil, wobei er nur beim GP von Frankreich in Reims durch einen dritten Platz (sowie als bester Ferrari-Pilot) mit einer Runde Rückstand auf die unbezwingbaren Mercedes-Benz von Fangio und Kling hervorsticht. Anschließend kehrt Manzon zu Gordini zurück und gewinnt 1956 überraschend den (nicht zur WM zählenden) GP von Neapel sowie den Großen Preis von Pescara. Mit einer Bilanz von 28 WM-Rennen gibt Manzon anschließend den aktiven Rennsport auf.

Helmut Marko

Österreicher
Geboren am
27. April 1943 in Graz.
Ferrari-Pilot 1972.

Nach seinem Studium steigt der promovierte Jurist Marko mit 25 Jahren in die Welt des Motorsports ein. 1971, nur drei Jahre später, wechselt er von der Formel 3 zur Formel 1 zu BRM, erzielt jedoch keine nennenswerten Ergebnisse. Im gleichen Jahr erweist er sich jedoch als talentierter Sportwagenfahrer: Auf einem Porsche 917 des Martini-Rennstalls gewinnt er unter anderem die 24 Stunden von Le Mans. Dieser Erfolg bringt ihn 1972 in die Teams von Alfa Romeo (Zweiter bei der Targa Florio) und Ferrari. Mit dem 312 PB wird er zusammen mit Carlos Pace Zweiter bei den 1000 Kilometern auf dem Österreichring. Außerdem versucht er, weiterhin mit BRM das schwierige Unterfangen der Formel-1-Rennsports fortzusetzen, wobei er allerdings viel Pech hat. Beim GP von Frankreich wird ihm durch ein vorausfahrendes Fahrzeug ein Stein direkt ins Auge geschleudert. Die schwere Verletzung zwingt ihn, seine Rennfahrerkarriere an den Nagel zu hängen.

Giannino Marzotto

Italiener
Geboren am
13. April 1928 in Valdagno (Vicenza).
Ferrari-Pilot 1953 und 1954.

Gianni, den man meist Giannino nannte, war der beliebteste der vier Marzotto-Brüder, die aus der Familie eines traditionsreichen Textilunternehmens in Valdagno stammten und alle im Motorsport der Nachkriegszeit bedeutsame Ergebnisse erzielt haben. Wie seine drei Brüder beginnt auch Giannino seine Rennfahrerkarriere 1948 als Privatfahrer. Er wird Italienischer Meister in der Tourenwagenkategorie. 1950 wird er berühmt, als er die Mille Miglia mit seiner Ferrari-Berlinetta 195 S gewinnt. Ein Sieg, der auch durch den Rückzug der offiziellen Ferrari- und Alfa Romeo-Piloten Ascari, Villoresi und Sanesi begünstigt wird. Im Jahr darauf behauptet sich Marzotto auch am Steuer eines Monoposto Ferrari 166 F2 und gewinnt den GP von Rouen. Vom Privatfahrer avanciert er 1953 zum Werksfahrer. Enzo Ferrari vertraut ihm einen leistungsstarken 340 MM Spider Vignale an, mit dem Giannino erneut die Mille Miglia gewinnt. Er lässt dabei die Alfa 3500 von Fangio und Kling sowie den Lancia D20 von Bonetto hinter sich und stellt im Kampf gegen diese starken Gegner mit einem Schnitt von 142,540 km/h zugleich einen neuen Rekord auf. Ein Beweis, wie exzellent Giannino – ebenso wie seine Brüder – sein Fahrzeug zu beherrschen verstand. 1953 nimmt er auch zusammen mit seinem Bruder Paolo auf einer 340 MM Berlinetta an den 24 Stunden von Le Mans teil und wird Fünfter in der Gesamtwertung. Ein Jahr später scheidet er aus dem aktiven Rennsport aus.

Paolo Marzotto

Italiener
Geboren am
9. September 1930 in Valdagno (Vicenza).
Ferrari-Pilot von 1953 bis 1955.

Paolo ist zwei Jahre jünger als sein Bruder Giannino, doch er ist ein mindestens ebenso begabter wie leidenschaftlicher Rennfahrer. Seine größten Erfolge erzielt er als Ferrari-Pilot. Sein Erfolgsjahr ist 1952, als er Italienischer Sportwagenmeister wird, und zwar auf einem Spider 225 S Vignale, den er sich gekauft hat, nachdem er auf einem 166 MM die Tour von Sizilien vor Felice Bonetto gewonnen hatte. Paolo ist außerdem Sieger bei der Coppa d'Oro delle Dolomiti, der Rundtour von Kalabrien und des Rennens von Senigallia (wo er Gigi Villoresi überholt). Außerdem gewinnt er auf einer 250 S Berlinetta im Team mit Giovanni Bracco die 12 Stunden von Pescara. Nach seinem Eintritt in die Scuderia Ferrari gewinnt er 1953 erneut die Coppa d'Oro delle Dolomiti (250 MM Spider Vignale) sowie am Steuer einer 375 MM Berlinetta Pinin Farina das Rennen von Senigallia. Nach und nach vermindert er die Zahl seiner Starts, bis er 1955, nach dem Tod von Alberto Ascari und der Tragödie von Le Mans, seine Rennfahrerkarriere schließlich ganz aufgibt.

Umberto Marzotto

Italiener
Geboren am 12. April 1926 in Valdagno (Vicenza).

Umberto Marzotto hat nicht an vielen Rennen teilgenommen, sie allerdings meist am Steuer eines Ferrari bestritten, wobei er im Gegensatz zu seinen Brüdern niemals offizieller Werksfahrer war. 1951 wird er Italienischer Sportwagenmeister in der Klasse über 2 Liter. Zu seinen besten Ergebnissen zählt ein fünfter Platz bei der Coppa d'Oro delle Dolomiti 1952 (die sein Bruder Paolo gewann). Im Folgejahr fährt Umberto noch einige Rennen mit einem Lancia Aurelia und steigt dann aus dem Renngeschehen aus.

Vittorio Emanuele Marzotto

Italiener
Geboren am 13. Juni 1922 in Valdagno (Vicenza).
Ferrari-Pilot 1954.

Der Älteste der Marzotto-Brüder erlangte als Privatpilot am Lenkrad von Ferrari-Wagen einen verdienten Bekanntheitsgrad. 1951 gewinnt er die Tour von Sizilien mit einem 212 Export Spider. 1952 geht er mit einem 225 S Spider Vignale als Sieger beim GP von Monaco hervor, der in jenem Jahr für Sportzweisitzer ausgeschrieben war. Im gleichen Jahr nimmt er an der Coppa d'Oro delle Dolomiti teil und muss dort gegen seine drei Brüder antreten, die allesamt auf Ferrari starten: Paolo gewinnt das

Rennen, Giannino wird Zweiter, er selbst wird Vierter und Umberto Fünfter. Nachdem er zum Ferrari-Team gestoßen ist, nimmt er 1954 mit einem 500 Mondial an der Mille Miglia teil, aus der er als Zweiter in der Gesamtwertung hinter Alberto Ascari auf einem Lancia Sport hervorgeht. Im Jahr darauf verlässt Vittorio Emanuele den Motorsport und geht in die Politik.

Arturo Merzario

Italiener
Geboren am 11. März 1943
in Civenna (Como).
Ferrari-Pilot von
1970 bis 1973.

„Aktiv und mit natürlicher Entschlossenheit", so beschreibt ihn Enzo Ferrari und fügt hinzu: „Bei ihm erinnere ich mich besonders an die Targa Florio 1972, die er mit seinem wunderbaren Fahrstil gemeinsam mit Sandro Munari gewann." Merzario fuhr in der Tat bis an die Grenz-werte, wobei er sein Fahrzeug dennoch stets perfekt unter Kontrolle hatte. Er legte großen Wert auf seine Sitzposition und wollte immer so tief wie möglich im Fahrerraum sitzen, aus dem manchmal nur noch der obere Teil seines Helms hervorblitzte. Wie es ihm trotzdem gelang, die Rennstrecke zu sehen, blieb sein Geheimnis. Mit 27 Jahren kommt er als Spezialist für Straßen- und Langstreckenrennen – bisher auf Abarth-Sportwagen – (1969 Italienischer Meister, Zweiter in der Europäischen Bergmeisterschaft sowie Sieger im Straßenrennen Mugello) zu Ferrari, wo er 1970 bei den 24 Stunden von Daytona auf einem 512 S sein Debüt gibt. Gemeinsam mit Andretti und Ickx wird er Dritter. Bei den 1000 Kilometern von Monza belegt er Platz Vier. 1972 holt er zwei glamouröse Siege auf einem 312 PB, und zwar bei den 1000 Kilometern von Spa (im Team mit Redman) sowie der Targa Florio. In jenem Jahr sowie im Jahr darauf nimmt er auf den Ferrari 312 B2 und B3 an den ersten elf seiner insgesamt 57 Grand-Prix-Rennen teil (seine besten Ergebnisse: je einen vierten Platz in Brasilien und Südafrika 1973). Danach fährt er für Williams und March sowie in seinen beiden letzten Formel-1-Jahren 1978 und 1979 für Merzario-Ford auf Fahrzeugen, die er in seiner eigenen Werkstatt baut. Die Resultate sind allerdings enttäuschend.

Gianni Morbidelli

Italiener
Geboren am 13. Januar 1968
in Pesaro.
Ferrari-Pilot 1991.

Als Sohn eines Konstrukteurs von Grand-Prix-Motorrädern sowie Holzbearbeitungsmaschinen stand es für Gianni Morbidelli fest, dass er eine Rennfahrerkarriere beginnen würde. Nachdem er Italienischer Meister in der Formel 3 und später in der Formel 3000 wurde, steigt er 1990 als Ferrari-Testfahrer in die Formel 1 ein und nimmt unter anderem mit dem BMS-Dallara der Scuderia Italia und für Minardi an drei Grand-Prix-Läufen teil. 1991 wird er bei Minardi Teammitglied, wo man damals Ferrari-Zwölfzylinder einsetzte. Am Ende des gleichen Jahres wirbt ihn Ferrari ab, er soll auf dem ehemaligen F1-91 von Alain Prost in Australien antreten. Prosts Vertrag war damals mit sofortiger Wirkung gekündigt worden, nachdem er die Autos aus Maranello heftig kritisiert hatte. Auf die Rennstrecke von Adelaide geht ein schweres Unwetter nieder, so dass das Rennen nach nur 14 Runden unterbrochen wird: Morbidelli liegt auf Platz Sechs und wird auch mit dieser Position klassifiziert. Es ist sein einziger Grand Prix für Ferrari, wo man ihn als Einfahrer mit großer Sensibilität und ausgeprägter analytischer Fähigkeit schätzt. 1992 fährt er erneut für Minardi (mit Lamborghini-Motoren) sowie 1994 für Arrows. 1997 ergibt sich für Morbidelli erneut eine Zusammenarbeit mit Ferrari: Er wird wieder Testpilot und nimmt für Sauber-Petronas mit V10-Motoren von Ferrari an sieben Grand-Prix-Rennen teil.

Stirling Moss

Brite
Geboren am
17. September 1929
in London.
Ferrari-Pilot 1962.

Weltmeister ohne Titel, König ohne Krone: Der unbändige und dennoch mit so wenig Glück belohnte Mut des Stirling Moss kann nur mit Auszeichnungen dieser Art hervorgehoben werden. Elf Jahre in der Formel 1, von 1951 bis 1961, 66 Grands Prix mit 16 Siegen und einem Negativ-Rekord in der Rangliste der Weltmeisterschaften: Vier Jahre in Folge Zweiter in der Gesamtwertung, weitere drei Jahre Dritter. Und dann sein Rückzug nach dem fürchterlichen Unfall von Goodwood am 23. April 1962. Doch Moss zählt trotz allem zu den größten Rennfahrern aller Zeiten. Enzo Ferrari gab seiner Person folgenden Kommentar ab: „Nuvolari und Moss waren sich in ihrem Fahrstil sehr ähnlich, auch wenn die Epochen völlig unterschiedliche waren. Beide waren in der Lage, jedes Fahrzeug auf jeder Rennstrecke unter nur allen erdenklichen Umständen zu lenken. Sie gaben alles und waren immer die Besten. Auf der Piste waren beide Wagemut und Geschicklichkeit in einer Person. Sie waren in der Lage, ihre enormen Fähigkeiten immer genau im richtigen Maß einzusetzen, egal ob am Steuer einer Berlinetta, eines Sportzweisitzers oder eines Monoposto, während andere Asse, wie etwa Fangio, auf ihren Monoposti erstklassig waren, und doch am Steuer anderer Fahrzeuge Unsicherheiten zeigten." Moss fährt eine unglaubliche Rekordzeit bei der Mille Miglia 1955, die er auf einem Mercedes-Benz mit einem Schnitt von 157,650 km/h gewinnt. Für Ferrari fährt der „englische Nuvolari" allerdings nur gelegentlich. 1960 und 1961 holt er zwei seiner insgesamt sieben Triumphe bei der Tourist Trophy, und zwar am Steuer einer 250 GT Berlinetta aus dem Rennstall Rob Walker. Anfang 1962 übernimmt er es, den 250 GT Sperimentale einzufahren (auch unter seiner Chassisnummer 2643 bekannt) und gewinnt die GT-Kategorie bei den 3 Stunden von Daytona. Kurz darauf nimmt die Karriere von Stirling Moss durch den Unfall in Goodwood ein jähes Ende.

Sandro Munari

Italiener
Geboren am 27. März 1940
in Carvarzere (Venedig).
Ferrari-Pilot 1972.

Sie nannten ihn „den Drachen" wegen seiner Kampfeslust und Siegeslust, mit der er seine Rallyes fuhr. Munari war bereits 1967 und 1969 Italienischer Rallyemeister auf Lancia, einer Marke, der er als loyaler Pilot sehr verbunden war, als er sich schließlich auch in Straßenrennen versuchen will. Sandro Munari erhält gleich nach seinem ersten Sieg bei der Rallye Monte-Carlo auf einer kleinen Fulvia HF (er kann diesen Triumph 1975, 1976 und 1977 mit dem leistungsstärkeren Stratos wiederholen) die Gelegenheit, zusammen mit Arturo Merzario auf einem Ferrari 312 PB an der Targa Florio teilzunehmen. Sie fahren einen fantastischen Sieg heraus und belegen gemeinsam auch bei den 1000 Kilometern von Österreich Platz Vier. Ein erfolgreiches Intermezzo des mehrfachen Rallyechampions Munari, der sich 1973 seinen ersten internationalen Titel holt.

Gino Munaron

Italiener
Geboren am 2. April 1928
in Turin.
Ferrari-Pilot von
1955 bis 1958.

Gino tritt in die Fußstapfen seines Vaters Ramiro, der von 1903 bis zur Mille Miglia 1932 (Achter in der Gesamtwertung) als Rennfahrer aktiv gewesen war. Gino Munaron gibt sein Debüt als 22-jähriger auf einem Sportwagen, den er zusammen mit seinem Freund Paolo Cordero di Montezemolo gebaut hat. Nach diversen Erfolgen mit Fahrzeugen verschiedener Marken (Siata, Lancia, Moretti) stößt er 1955 zur Scuderia Ferrari und gewinnt sofort die 12 Stunden von Hyères mit dem Vierzylinder-Sportwagen 750 Monza. Weitere Erfolge wie etwa der Sieg beim Bergrennen Sassi-Superga bringen ihm 1957 den Titel des Italienischen Meisters in der Sportwagen-Kategorie ein. Sein letzter Sieg mit einem Ferrari ist der 1960 gewonnene GP von Rodi auf einem von der Scuderia Serenissima erworbenen 250 Testarossa.

Luigi Musso

Italiener
Geboren am 29. Juli 1924
in Rom.
Ferrari-Pilot von
1956 bis 1958.

1 GP-Sieg auf Ferrari:
Argentinien 1956
(Ferrari-Lancia D50)

Ferrari nannte ihn „den letzten Vertreter einer Herrenfahrerklasse mit perfektem Stil, die einst mit Nazzaro und Varzi ihren Anfang genommen hatte". Musso, auch Luigino oder „der kleine Römer" genannt, stößt sehr erst 1956 zu Ferrari, naachdem er auf Maserati drei Jahre in Folge den Italienischen Meistertitel in der Sportwagen-Kategorie errungen sowie mit guten Platzierungen an neun Formel-1-Rennen teilgenommen hatte.
Sein Einstieg in die Scuderia ist erfolgversprechend: Er gewinnt den ersten GP der Saison in Argentinien, der in die Annalen der Formel 1 als Rennen mit zwei Siegern eingeht: Musso und Fangio, da „Luigino" gemäß Teamorder seinen Wagen dem argentinischen Spitzenfahrer und Anwärter auf den WM-Titel überlassen musste. Auf einem 860 Monza belegt Musso Platz Drei bei der Mille Miglia hinter seinen Teamkollegen Castellotti und Collins. In den beiden darauffolgenden Jahren sind Mussos beste Ergebnisse vier zweite Plätze bei bepunkteten Grand Prix, zudem gewinnt er zwei Rennen außerhalb der Weltmeisterschaftswertung: Reims und Syrakus. Gute Erfolge erzielt Musso auch mit Ferrari-Sportwagen (1000 Kilometer von Buenos Aires, Targa Florio). Am 6. Juli 1958, beim Großen Preis von Frankreich in Reims, dem 24. seiner Laufbahn, verfolgt er seinen führenden Teamkollegen Mike Hawthorn, doch Musso riskiert zu viel in der gefährlichen Kurve des Calvaire, die er im Jahr davor noch mit Vollgas, allerdings mit einem etwas langsameren Monoposto, durchfahren hatte. Diesmal kommt er von der Fahrbahn ab und verliert durch diesen Fahrfehler sein Leben.

N

Tazio Nuvolari

Italiener
Geboren am
16. November 1892 in
Casteldario (Mantua).
Ferrari-Pilot 1947 und 1948.

Die Legende vom „Fliegenden Mantuaner" wurde in den Zwanziger Jahren geboren und in den Dreißigern weiter genährt. Mehr als hundert Siege auf Motorrädern und Autos hat Nuvolari errungen. Er hatte Nerven wie Drahtseile, einen eisernen Willen, Mut sowie Improvisationstalent und war mit allen Arten von Fahrzeugen erfolgreich. Erinnerungswürdig sind vor allem seine Rennen auf den Alfa Romeo der Scuderia Ferrari sowie auf den Silberpfeilen der Auto Union. Seine spätere Geschichte im Zusammenhang mit Ferrari ist nur eine kurze Episode. „Ferrari, ich bin bereit", lässt Nuvolari seinen Freund wissen, als dieser sich 1947 erstmals als Konstrukteur versucht. Tazio ist bereits 55 Jahre alt, fast alle Knochen seines Körpers waren bereits gebrochen, er hat zwei seiner Kinder verloren und leidet (als Kettenraucher) unter Atembeschwerden, und doch ist er immer noch die alte, unbezähmbare Kämpfernatur, weswegen ihn viele einen „Sohn des Teufels" nennen. Nach den Siegen in Forlì und Parma mit dem brandneuen 125 SC fährt er 1948 auf einem 2-Liter-166 SC eine geschichtsträchtige Mille Miglia: Bei sintflutartigen Regenfällen liegt er in Führung, verliert im Laufe des Rennens Kotflügel, Motorhaube sowie den Beifahrersitz und bleibt dennoch an der Spitze, bis in Reggio Emilia ein Defekt an einer Blattfeder das endgültige Aus bedeutet. Nuvolari genoss beim Commendatore höchstes Ansehen, der ihm zu jener Zeit bescheinigte, „die Personifizierung des höchstens Maßes an Geschicklichkeit und Wagemut am Lenkrad" zu sein. Der Fahrstil des Meisters aus Mantua der Dreißiger Jahre war geprägt von extremer und zugleich kontrollierter Kühnheit, gepaart mit einer unglaublichen, instinktiven Präzision: Er bestand darin, das Fahrzeug vor dem Scheitelpunkt einer Kurve einzulenken und sie im Powerslide zu nehmen, eine Technik, die umso erfolgreicher (aber riskanter) war, je mehr die Leistung des Motors das Haftvermögen der damals harten und sehr schmalen Reifen übertraf. In den letzten Jahren erwog Nuvolari mehrfach eine Rückkehr zum Renngeschehen. Der Fliegende Mantuaner starb nach schwerer Krankheit am 11. August 1953.

O

Jackie Oliver

Brite
Geboren am 14. August 1942
in Chadwell Heath, Romford
(Essex).
Ferrari-Pilot 1970.

Als Formel-1-Pilot hat er nur durchschnittliche Ergebnisse zu vermelden (50 bepunktete Grand Prix von 1967 bis 1977, davon zwei dritte Plätze, zwei fünfte sowie ein sechster Platz); Oliver wurde mehr für seine Erfolge bei Langstreckenrennen bekannt. 1969 gewinnt er mit Jacky Ickx auf einem Ford GT 40 die 12 Stunden von Sebring sowie die 24 Stunden von Le Mans. Diese Erfolge bringen ihn im Jahr darauf zu Ferrari, wo er in einem kurzen Intermezzo den 512 S fährt (im Team mit Ickx belegt er bei den 1000 Kilometern von Brands Hatch Platz Acht). 1971 wechselt er zu Porsche, wobei es ihm gelingt, beim Training in Le Mans als erster Fahrer die Geschwindigkeit von 400 km/h zu überschreiten. In jener Saison gewinnt er die 24 Stunden von Daytona sowie die 1000 Kilometer von Monza und Spa (im Team mit Pedro Rodriguez). Mit einem Shadow gewinnt er 1974 die nordamerikanische CanAm-Meisterschaft. Ende 1977 legt er den Overall des Piloten ab und verlässt gemeinsam mit einigen Teamkollegen Shadow, um das Formel-1-Team Arrows zu gründen. Oliver bleibt dort bis Ende 1998 Rennsportleiter.

P

Carlos Pace

Brasilianer
Geboren am 6. Oktober 1944
in Sao Paolo.
Ferrari-Pilot 1972 und 1973.

Im Alter von 26 Jahren verlässt der Sohn wohlhabender Eltern sein Heimatland, um sich nach dem Vorbild der Brüder Fittipaldi in Europa seine Sporen als Rennfahrer zu verdienen. Nach einer kurzen Lehrzeit in der Formel Ford und der Formel 3 wird man bei March auf Carlos aufmerksam, wo man ihn im Folgejahr für die Europameisterschaft der Formel 2 ins Team holt. Bereits 1972 steigt er in die Formel 1 auf und nimmt für March an elf Grand-Prix-Rennen teil. Die 72 scheint seine Schicksalszahl zu sein: Genau so viele Grand Prix fährt er in seiner gesamten Piloten-Karriere (mit einem Sieg in Brasilien 1975 sowie fünf weiteren Platzierungen auf dem Podest). In der Formel 1 fährt Pace auch für Brabham und Surtees, jedoch nie für Ferrari. Dafür beweist er sich mit dem 312 PB bei den Langstreckenrennen: Zweiter (zusammen mit Marko) bei den 1000 Kilometern von Österreichring 1972, Zweiter (mit Merzario) bei den 24 Stunden von Le Mans sowie den 1000 Kilometern vom Nürburgring 1973. Paces Karriere findet 1977 ein plötzliches Ende: Er wird tot aus den Trümmern eines Sportflugzeugs geborgen, das in der Nähe seines Familienlandgutes abgestürzt war.

Mike Parkes

Brite
Geboren am
24. Dezember 1931
in Richmond.
Ferrari-Pilot von
1962 bis 1967.

Parkes hat bei Ferrari eine facettenreiche Rolle gespielt. Der diplomierte Ingenieur und Pilot aus Leidenschaft beginnt seinen Rennfahrerkarriere mit 21 Jahren und zieht im Alter von 30 als erfolgreicher Privatfahrer am Steuer von GT- und Sportwagen die Aufmerksamkeit Ferraris auf sich. Mit der 250 GT Berlinetta schlägt er zweimal Stirling Moss (in Snetterton und Goodwood) und mit dem 250 Testa Rossa wird er Zweiter in der Gesamtwertung der 24 Stunden von Le Mans. Ferrari möchte ihn ins Team einbinden und stellt ihn 1963 als Konstruktionsingenieur, Einfahrer und Piloten ein. Der hochgewachsene Mike fährt 1964 bedeutende Erfolge ein (bei den 12 Stunden von Sebring auf einem 275 P sowie bei den 500 Kilometern von Spa auf einem 250 GTO) und wird in den Folgejahren immer besser, was auch auf zwei Siege in Folge bei den 1000 Kilometern von Monza (mit einem 275 P2 und einem 330 P3) sowie einem Triumph bei den 1000 Kilometern von Spa 1966 zurückzuführen ist. In jenem Jahr nimmt er mit einem 3-Liter 312 an seinen ersten vier Formel-1-Rennen teil. Beim GP von Italien gibt ihm Ferrari die Anweisung, Lodovico Scarfiotti, dem designierten Sieger, den Rücken frei zu halten und Parkes, der aus der Pole Position startet, kommt wie gewünscht als Zweiter ins Ziel (und wiederholt damit das Ergebnis des GP von Frankreich): Im Jahr darauf gewinnt der Ingenieur zum ersten und letzten Mal ein Formel-1-Rennen: bei einem nicht bepunkteten GP in Syrakus passiert er zeitgleich mit Scarfiotti die Ziellinie. Er holt noch einen zweiten Platz in Le Mans, bevor er sich beim GP von Belgien, auf der äußerst schnellen Rennstrecke von Spa, beide Beine bricht. Nach einer zweijährigen Rekonvaleszenz fährt er sporadisch auf Ferrari Sportwagen, allerdings sind dies Werksfahrzeuge, sondern gehören den Rennställen NART und Filipinetti, wobei er gute Platzierungen in Sebring, in Daytona, bei der Targa Florio und am Nürburgring erzielt. 1971 ist er für die Scuderia Filipinetti als technischer Leiter und Rennchef tätig. Zwei Jahre später wechselt er in die Rennsportabteilung von Lancia. Parkes kommt 1977 bei einem Verkehrsunfall ums Leben.

Cesare Perdisa

Italiener
Geboren am
21. Oktober 1932 in Bologna.
Ferrari-Pilot 1957.

Er hält den kuriosen Rekord der kürzesten Aufenthaltsdauer bei Ferrari. Perdisa steigt sehr jung in den Motorsport ein, ist schon mit 22 Jahren Klassensieger bei der Mille Miglia, erwirbt daraufhin einen Maserati Sportwagen und macht bei Bergrennen von sich reden. 1955 kommt er ins Maserati-Werksteam und damit an die Seite von Luigi Musso. Perdisa nimmt in Monte-Carlo am ersten seiner sieben Grand Prix teil, bei dem er hinter Eugenio Castellotti (Lancia) und dem Sieger Maurice Trintignant (Ferrari) Platz Drei belegt. Im Jahr darauf wird er Klassensieger bei den 3-Liter-Sportwagen in der Mille Miglia und erzielt weitere gute Platzierungen in der Formel 1 (Dritter beim GP von Belgien, Fünfter beim GP von Frankreich). Perdisa schließt sich Anfang 1957 Ferrari an, wo er im Januar den ersten GP der Saison, den Großen Preis von Argentinien, fährt. Doch am 14. März kommt sein Teamkollege und Freund Eugenio Castellotti bei einem Testlauf auf der Rennstrecke von Modena ums Leben: Perdisa ist durch diese Tragödie derart geschockt, dass er seinen Rennfahrerkarriere aufgibt. Er stirbt im Mai 1998.

Ronnie Peterson

Schwede
Geboren am
14. Februar 1944 in Örebro.
Ferrari-Pilot 1970 und 1972.

Der Schwede mit den eisblauen Augen und dem feurigen Fahrstil schlägt wie ein Blitz in das Formel-1-Geschehen der 1970er Jahre ein. Er ist einer der ersten Fahrer jener Generation, die als Jungen ihre ersten Rennerfahrungen beim Karting gesammelt haben (drei nationale und ein europäischer Meistertitel). 1966 wechselt er in die Formel 3; in dieser Kategorie gewinnt er auch den wichtigen GP von Monaco. 1969 Start in der in die Formel 2, wo er zwei Jahre später Europameister wird, und 1970 in der Formel 1. Ab jenem Jahr nimmt er bis 1978 mit guten Ergebnissen an 123 Grand-Prix-Rennen teil: zehnmal Erster, zehnmal Zweiter, sechsmal Dritter, 14 Pole Positions, Vize-Weltmeister 1971 und 1978. In der Formel 1 fährt er für March, Lotus, Tyrrell, dann wieder für Lotus, aber nie für Ferrari. Doch im Team des Cavallino rampante stellt er sein ganzes Können am Steuer von Sportwagen unter Beweis: 1970 nimmt er mit einem 512 S zwar noch glücklos an den 24 Stunden von Le Mans teil, doch zwei Jahre später kassiert er mit dem 312 PB gleich zwei Siege (1000 Kilometer von Buenos Aires und vom Nürburgring), vier zweite Plätze (in Daytona, Sebring, Brands Hatch und Watkins Glen) sowie zwei dritte Plätze (Monza und Zeltweg), jeweils im Team mit dem Australier Tim

Schenken. Peterson genießt in Italien enorme Sympathien. Doch ausgerechnet auf der Rennstrecke von Monza, bei einer Massenkarambolage in der ersten Runde, die den gesamten GP von Italien erschüttert, bremst ihn das Schicksal am 10. September 1978 aus. Ronnie Peterson erliegt am Tag darauf seinen schweren Verletzungen.

David Piper

Brite
Geboren am
2. Dezember 1930
in Edgware.
Ferrari-Pilot 1969.

Der Spezialist für Langstreckenrennen war ein ganz besonderer Kunde im Hause Maranello. Er erwirbt seinen ersten Ferrari 1962 und gewinnt sofort diverse Rennen, darunter die 9 Stunden von Kyalami in Südafrika, wo er den gleichen Erfolg auch in den darauffolgenden vier Jahren (jeweils am Lenkrad der Gran Turismo bzw. Sportwagen von Ferrari) sowie 1969 auf einem Porsche 917 wiederholt. 1966 erringt er in Montlhéry zusammen mit Mike Parkes einen weiteren Sieg bei den 1000 Kilometern von Paris. 1969 stößt er zum offiziellen Ferrari-Team, um an den 1000 Kilometern von Spa (er holt auf einem 312 P zusammen mit Pedro Rodriguez den zweiten Platz) sowie an den 24 Stunden von Le Mans (Ausfall) teilzunehmen. Im Folgejahr fällt Piper bei den Dreharbeiten zu einem Film über die 24 Stunden von Le Mans einem Unfall zum Opfer. Man muss ihm ein Bein amputieren, was seiner Rennsportkarriere ein tragisches Ende bereitet.

Didier Pironi

Franzose
Geboren am
6. März 1952 in Paris.
Ferrari-Pilot 1981 und 1982.

2 GP-Siege auf Ferrari:
San Marino 1982 (126 C2)
Holland 1982 (126 C2)

Er hat seinen Rennfahrerberuf in der Schule gelernt: Pironi ist mit 20 der beste Schüler eines Rennfahrerkurses, mit 22 Jahren französischer und mit 24 Jahren europäischer Meister der Nachwuchsformel von Renault. Der Franzose kommt 1978 zur Formel 1 und gewinnt bereits im selben Jahr auf einem Renault die 24 Stunden von Le Mans. Drei Saisons lang fährt er 45 Grand-Prix-Rennen für Tyrrell und Ligier (er besteigt sieben Mal das Podest, einmal als Sieger, einmal als Zweiter und fünfmal als Dritter). 1981 fängt er als Teamkollege und Gegenspieler von Gilles Villeneuve bei Ferrari an. „Ich habe diesen Franzosen, der seine Wurzeln im Friaul hat, lange beobachtet und seine aggressiven Angriffmanöver sowie seine mutigen Verteidigungsstrategien zu schätzen gelernt. Eine wahre Kämpfernatur", so die Erinnerungen Enzo Ferraris. 1982 sind die 126 C2 die Formel-1-Wagen auf der Siegerseite und aus der Freundschaft zwischen Pironi und Villeneuve wird knallharte Rivalität. In Imola gewinnt Didier mit nur wenigen Zehntel Sekunden Vorsprung auf den angriffslustigen Kanadier. Bei den darauffolgenden Trainingsläufen zum GP von Belgien wird Villeneuve Opfer eines Unfalls. Pironi steht nun alleine da, gewinnt den GP von Holland und gelangt so an die Spitze der WM-Gesamtwertung. Doch in Hockenheim, beim Training zum GP von Deutschland, ereilt ihn ein ähnliches Schicksal wie Villeneuve. Seine Unfallverletzungen sind so schwer, dass er seine Karriere an den Nagel hängen muss. Jahre später versucht er, sich bei off-shore-Regatten einen Namen zu machen, doch am 23. August 1987 ertrinkt er in der Nähe der Isle of Wight auf offener See.

Alain Prost

Franzose
Geboren am
24. Februar 1955 in
Saint Chamond (Loire).
Ferrari-Pilot 1990 und 1991.

5 GP-Siege auf Ferrari:
Brasilien 1990 (F1-90)
Mexiko 1990 (F1-90)
Frankreich 1990 (F1-90)
Großbritannien 1990 (F1-90)
Spanien 1990 (F1-90)

Nach Schumacher und Fangio ist er der Größte, wenn man nach harten Fakten geht: vier Weltmeistertitel (1985, 1986 und 1989 auf McLaren, 1993 auf Williams); 199 Grand Prix zwischen 1980 und 1993; Zweiter bei der Gesamtzahl seiner Siege (51). In der ersten Jahren ist er so ungestüm, dass er oftmals zu viel riskiert, in den späteren Jahren lenkt er seine Wagen mit genauem Kalkül: Alain Prost, genannt „der Professor", der immer auf der Seite der Sieger war. Als er 1990 für nur zwei Jahre zu Ferrari kommt, hat er bereits drei Weltmeistertitel im Gepäck, ist 35 Jahre alt und so extrem genau bei der Vorbereitung seines Wagens, dass es sogar den Technikern zuviel wird. Er holt immer das Beste für sich heraus und schlägt auf der Rennstrecke im richtigen Moment zu, ohne sich dabei unkalkulierbaren Risiken auszusetzen. Ferrari nannte ihn „einen der besten Piloten der Nachkriegszeit: Er ist ernsthaft, hat Stil und fährt mit der Tempo eines Siegers". Doch Ferrari stirbt, bevor Prost in sein Team kommt. Zwei Jahre nach dem Tod des Commendatore verpasst Prost mit fünf Siegen um ein Haar den Weltmeistertitel wegen eines plötzlichen Ausreißers seines Teamkollegen Mansell. Ende 1991, nach dem Ausbleiben weiterer Erfolge, erklärt er, dass sein Ferrari „die Wendigkeit eines Lkw" habe... Prost muss daraufhin den Rennstall der Scuderia verlassen. Nach einjähriger Pause kehrt er 1993 auf Williams-Renault ins Renngeschehen zurück, wird zum vierten Mal Weltmeister und beendet damit seine Rennfahrerkarriere. 1997 übernimmt er das Team Ligier und benennt es in Prost Grand Prix um: ein unglücksseliges Unterfangen, das bereits vier Jahre später scheiterte.

R

Brian Redman

Brite
Geboren am 9. März 1937
in Burnley.
Ferrari-Pilot 1968 und von
1971 bis 1973.

Seine Spezialität: Sportwagen und Gran Turismo mit großem Hubraum in Wettbewerben aller Art. Klar, dass Redman sich auch im Formel-Rennsport versucht: 1968 ist er als 31-jähriger mit einem Ferrari Dino 166 in der Formel 2 am Start, ebenfalls 1968 bis 1974 fährt er auf Formel-1-Wagen von Cooper, Surtees, McLaren, BRM und Shadow: Er nimmt an zwölf bepunkteten Grand Prix teil, seine besten Ergebnisse sind ein dritter und zwei fünfte Plätze – nichts Weltbewegendes. Bei den Sportwagen dagegen lassen die Erfolge nicht auf sich warten, so etwa auf Porsche 1969 und 1970 bei den 1000 Kilometern von Monza, Spa sowie Nürburgring und bei der Targa Florio. Dort baut er im Jahr darauf einen schweren Unfall, muss lange pausieren und geht anschließend zu Ferrari. Auf sein Konto gehen 1972 zwei Siege (Spa, Zeltweg) auf einem 312 PB, mit dem er sich den Marken-WM-Titel holt, ebenfalls 1973 zusammen mit Jacky Ickx, bei den 1000 Kilometern in Monza und am Nürburgring. In den folgenden Jahren schraubt er die Zahl seiner Renneinsätze zurück und fährt fast ausschließlich in den USA, wo er unter anderem drei Jahre in Folge (1974 bis 1976) die Meisterschaft der Formel 5000 gewinnt.

Clay Regazzoni

Schweizer
Geboren am
5. September 1939 in Lugano.
Ferrari-Pilot von
1969 bis 1972 und von
1974 bis 1976.

4 GP-Siege auf Ferrari:
Italien 1970 (312 B)
Deutschland 1974 (312 B3)
Italien 1975 (312 T)
USA-West 1976 (312 T)

Er fuhr mit einer derartigen Lust und Energie, dass er oftmals die technischen Grenzen des Wagens vergaß (Enzo Ferrari vergleicht auch ihn mit Nuvolari). Doch wenn er sich wie ein Profi am Steuer kontrollierte, war er nicht mehr er selbst, der enthusiastische Angreifer Regazzoni. Der extrovertierte, sportliche und weltgewandte Clay war immer in erster Linie Ferrari-Pilot. Er stößt mit 30 Jahren zur Scuderia, bringt allerdings noch nicht viele Erfahrungen mit. 1970 fährt er erstmals in der Formel 1, gewinnt den GP von Italien auf einem 312 B und erringt in der ihm verbleibenden Zeit, für die man ihn dem Formel-2-Team von Tecno überließ, den Europameistertitel. In den Folgejahren fährt er auf Ferrari noch drei weitere Erfolge bei bepunkteten Grand-Prix-Rennen ein (am Nürburgring, erneut in Monza und in Long Beach). Außerdem gewinnt er auf einem 312 PB im Team mit Jacky Ickx 1972 die 1000 Kilometer von Monza. Regazzoni nimmt an insgesamt 132 Grand-Prix-Rennen teil, 73 davon auf Ferrari. Mit den anderen Autos holt er sich nur einen Sieg: 1979 in Großbritannien auf Williams. Doch den größten Triumph erringt Clay nach seinem schrecklichen Unfall, dem er 1980 beim Großen Preis in Long Beach schuldlos zum Opfer fällt (das Bremspedal seines Ensign bricht). Clay ist seit diesem Unfall an den Beinen querschnittsgelähmt, doch seine Lebensfreude verliert der Schweizer deswegen nicht: Er nimmt weiterhin an anstrengenden Wettbewerben teil, etwa der Rallye Paris-Dakar, und organisiert Rennfahrerkurse für behinderte Jugendliche.

Carlos Reutemann

Argentinier
Geboren am 1
2. April 1942 in Santa Fé.
Ferrari-Pilot 1973 sowie
von 1976 bis 1978.

5 GP-Siege auf Ferrari:
Brasilien 1977 (312 T2)
Brasilien 1978 (312 T2)
USA-West 1978 (312 T3)
Großbritannien 1978 (312 T3)
USA-Ost 1978 (312 T3)

Der schöne und gut gebaute Carlos mit dem schmachtenden Blick hatte Verehrerinnen auf der ganzen Welt. In der Formel 1 stand er zwischen 1972 und 1982 (er nahm an 146 bepunkteten Grand Prix teil) insgesamt 45 mal auf dem Podest,12 mal als Sieger, 13 mal als Zweiter und 20 mal als Dritter. Für Ferrari fährt er erstmals 1973, jetzt 31 Jahre alt, nachdem er sich in der Formel 1 bereits mit

Brabham einen Namen gemacht hat. Für die Scuderia nimmt er an Sportwagenrennen teil (Zweiter bei den 6 Stunden von Vallelunga auf einem 312 PB und bei den 1000 Kilometern von Monza, im Team mit Tim Schenken). Drei Jahre später kehrt er zu Ferrari zurück, diesmal als Formel-1-Pilot: Er fährt einen Grand Prix 1976 (in Monza) sowie weitere 33 in den darauffolgenden beiden Jahren. „Er ist ein hervorragender Pilot", so das Urteil Enzo Ferraris, „der von seinem quälenden und gleichzeitig gequälten Temperament beherrscht wird." Reutemann sieht sich gerne in der Rolle des Opfers, was oftmals zu Spannungen innerhalb des Teams führt. „Er ist in der Lage, schwierige Situationen schnell in den Griff zu bekommen sowie auftretende Fahrzeugschwächen auszugleichen. Doch aufgrund seines emotionalen Instabilität verschenkt er so manches Mal eine gute Platzierung." Als Ferrari-Pilot gewinnt er einen Grand Prix 1977 sowie vier weitere 1978, dem Jahr, in dem er sich als Dritter hinter Ronnie Peterson und dem Weltmeister Mario Andretti, beide auf Lotus, platziert. 1979 wechselt er zu Lotus, doch die Ironie des Schicksal will es, dass ausgerechnet in jenem Jahr Ferrari mit Jody Scheckter und Gilles Villeneuve die Formel 1 beherrscht. Im Folgejahr wechselt der unruhige Argentinier zu Williams und kommt dort dem Weltmeistertitel so nah wie nie zuvor. Reutemann wird 1981 Vize-Weltmeister mit nur einem Punkt Rückstand auf den Brabham-Piloten Nelson Piquet. Ein weiteres Mal fehlen ihm die Kraft und die Überzeugung, die letzte, alles entscheidende Hürde zu nehmen. 1982 zieht er sich aus dem Rennsport zurück.

Jochen Rindt

Österreicher
Geboren am 18. April 1942 in Mainz.
Ferrari-Pilot 1965.

Der in Mainz geborene Jochen Rindt wird als Einjähriger zum Vollwaisen, wächst bei seinen Großeltern in Graz auf und wird damit zum Wahl-Österreicher. Zu seinem achtzehnten Geburtstag bekommt er einen Simca geschenkt, mit dem er sich zu Straßenrennen anmeldet, ohne jedoch eine besonderes Talent für den Beruf des Rennfahrers an den Tag zu legen. Anfang der 1960er Jahre lernt er Kurt Bardy-Barry kennen, einen in der Formel Junior etablierten Piloten, der ihm beibringt, einen Rennwagen zu fahren. Rindt hat mit seinem stürmischen und reißerischen Fahrstil Probleme, einen Monoposto zu beherrschen, und doch beweist sich der junge Österreicher durch sein Tempo und überrascht die Szene 1963 mit einem Sieg auf der Rennstrecke von Cesenatico. Schon bald geht er in die Formel 1, wo er 1964 mit einem Brabham-BRM sein Debüt auf seiner Hausstrecke gibt. In den folgenden Jahren gewinnt Rindt nicht nur zwölf bepunktete Formel-2-Rennen, sondern nimmt auch an weiteren 59 Grand Prix teil, zunächst für Cooper-Climax, dann für Cooper-Maserati, erneut für Brabham (mit Repco-Motor) und zuletzt für Lotus-Ford, wobei er sechs Siege einfährt und insgesamt sieben Mal das Podest besteigt. Die Zusammenarbeit mit Ferrari ist allerdings nur kurz: 1965 folgt Rindt einer Einladung Luigi Chinettis vom North American Racing Team (NART) und nimmt an den 24 Stunden von Le Mans sowie am GP von Österreich am Steuer einer Werks-Berlinetta 250 LM teil. Beide Rennen gewinnt er haushoch (ersteres im Team mit Masten Gregory). Jochen Rindts erfolgreichstes Jahre sollte zugleich sein letztes sein. 1970 kommt er bei einem Qualifikationslauf zum GP von Italien in seinem Lotus 72 ums Leben, der vermutlich aufgrund eines mechanischen Defekts von der Fahrbahn abkam. Der Weltmeistertitel wurde Jochen Rindt posthum verliehen.

Pedro Rodriguez

Mexikaner
Geboren am
18. Januar 1940 in Mexiko City.
Ferrari-Pilot von 1960 bis 1962 sowie 1964, 1965 und 1969.

Pedro Rodriguez sichert sich bereits in jungen Jahren Mexikanischen Meistertitel bei Motorrad- sowie später bei Autorennen auf den Ferrari des amerikanischen Importeurs Luigi Chinetti. Als Zwanzigjähriger schließt er sich der Scuderia Ferrari an, wo man ihm bestätigt, ein „sehr stürmischer" Pilot zu sein. 1961 gewinnt er mit einer 250 GTO Berlinetta die 1000 Kilometer von Paris, ein Sieg, den er im Jahr darauf mit seinem eigenen 250 GTO wiederholt. Beide Erfolge erzielt er gemeinsam mit seinem Bruder Ricardo, der jünger und noch impulsiver ist als Pedro. Ricardo kommt noch im selben Jahr bei einem Training auf seiner Heimatstrecke in Mexiko City ums Leben. Pedro ist daraufhin eine Zeitlang völlig orientierungslos und verlässt die Scuderia, zu der er allerdings immer wieder für kurze Phasen zurückkehrt, ohne nennenswerte Ergebnisse zu erzielen. Seine besten Resultate sind der Sieg bei den 12 Stunden von Reims 1965 (mit dem 265 P des NART, gemeinsam mit Jean Guichet), zwei fünfte Plätze bei den GPs der USA 1965 und 1969 sowie – ebenfalls 1969 – ein zweiter und ein vierter Platz bei den 1000 Kilometern von Spa und dem 6-Stunden-Rennen von Brands Hatch. Insgesamt hat Pedro, den Ferrari für sehr begabt, doch nicht sehr kontinuierlich in seinen Leistungen hielt, an 55 Formel-1-Rennen teilgenommen (davon aber nur acht auf Ferrari), wobei er zwei Siege, 1967 auf Cooper-Maserati und 1970 auf BRM einfuhr. Erfolgreicher war er bei Langstreckenrennen: Sieg 1968 bei den 24 Stunden von Le Mans am Steuer eines Ford GT 40 sowie vier weitere Erstplatzierungen 1970 auf Porsche 917 (Daytona, Brands Hatch, Monza, Watkins Glen). Auch 1971 gewinnt er auf Porsche in Daytona, Monza, Spa und am Österreichring. Im Jahr darauf leiht er sich von seinem Schweizer Kollegen Herbert Müller einen Ferrari 512, um an einem weniger bedeutenden Rennen am Norisring teilzunehmen. Mit dieser Rückkehr zu den Wagen des Cavallino rampante, seiner ersten großen Leidenschaft, geht sein Leben zu Ende, als der Wagen von der Strecke abkommt und in Flammen aufgeht.

Ricardo Rodriguez

Mexikaner
Geboren am
14. Februar 1942 in Mexiko City.
Ferrari-Pilot 1961 und 1962.

Ihn zieht es noch früher zum Motorsport als seinen Bruder Pedro: Mit nur 14 Jahren ist Ricardo bereits mexikanischer Motorradmeister, mit 15 gibt er sein Debüt bei Autorennen (auf Osca und Porsche) und mit 18 Jahren nimmt er auf den Ferrari des Rennstalls NART von Luigi Chinetti an den Marken-WM-Qualifikationsläufen teil. Sein Können stellt er in Sebring, am Nürburgring, bei der Targa Florio und vor allem bei den 24 Stunden von Le Mans (Zweiter in der Gesamtwertung auf dem 250 Testa Rossa im Team mit André Pilette) unter Beweis. 1961 gewinnt er die 1000 Kilometer von Paris zusammen mit seinem Bruder, kommt daraufhin zu Pedro ins offizielle Ferrari-Team und gibt im September auf einem 156 bei jenem tragischen GP von Italien sein Debüt, bei dem Wolfgang Berghe v. Trips und viele Zuschauer ihr Leben verloren. 1962 intensiviert Ricardo seine Renntätigkeit sowohl auf Sportwagen (zwei glorreiche Siege bei der Targa Florio, zusammen mit Mairesse und Gendebien, sowie erneut bei den 1000 Kilometern von Paris im Team mit seinem Bruder Pedro) als auch in der Formel 1. Er fährt vier WM-Rennen und holt sich einen vierten Platz in Spa sowie einen sechsten am Nürburgring. Er galt als ein Youngster, der die Geschwindigkeit und das Risiko liebte. Enzo Ferrari war besorgt: „Er fährt mit einer schier unfassbaren Risikobereitschaft und einem unglaublichen Verschleiß seiner Kräfte", sagte der Commendatore und fügte hinzu, dass er sein Temperament zügeln und seinen Stil verbessern müsse. Nach einem Crash mit Jack Brabham nimmt Enzo Ferrari sich den jungen Burschen ernsthaft vor, doch Ricardo tut nur so, als ob er verstanden hätte. Im November des gleichen Jahres, 1962, kommt er mit einem Lotus bei den Qualifikationsläufen zum GP von Mexiko (außerhalb der WM) von der Fahrbahn ab und trägt töd-liche Verletzungen davon. Er wurde nur 20 Jahre alt.

Louis Rosier

Franzose
Geboren am
5. November 1905 in Chap des Beaufort.
Ferrari-Pilot 1952 und 1954.

1928 nimmt Rosier erstmals an einem Autorennen teil, 1956 kommt er am Lenkrad eines Ferrari 750 Monza auf der Rennstrecke von Montlhéry ums Leben: 28 Jahre, von seinem 23. bis zum 51. Lebensjahr, dauert die Rennfahrerkarriere des viermaligen französischen Meisters Louis Rosier. 1947 macht er zum ersten Mal von sich reden, als er auf einem Talbot den GP von Albi gewinnt und beim GP von Frankreich als Vierter abschneidet. Im Jahr darauf entscheidet er, wieder auf Talbot, das Championat des Salon de l'Auto de Paris für sich. Mit dem gleichen Wagen gewinnt er zwischen 1949 und 1951 die nicht bepunkteten GPs von Belgien, Holland (hier gewinnt er zweimal), von Albi, und Bordeaux. Sein geschichtsträchtigster Erfolg ist allerdings sein Sieg bei den 24 Stunden von Le Mans 1950 am Lenkrad eines Talbot Sport im Team mit seinem Sohn Jean-Louis: Doch er, der 45Jährige, ist derjenige, der 23 von 24 Stunden, also den ganzen Tag und die ganze Nacht am Steuer sitzt. Von 1950 bis 1956 nimmt Rosier unter anderem an 38 zur WM zählenden Formel-1-Rennen teil. Seine besten Ergebnisse sind zwei dritte Plätze, zwei vierte sowie zwei fünfte Plätze. Bei der WM-Gesamtwertung 1950 wird er Vierter (ebenfalls auf Talbot).1952 kauft er einen Ferrari 4,5 Liter 375 F1 sowie einen 2 Liter 500 F2 (dessen Hubraum 1954 auf 2,5 Liter erhöht wird). Er fährt damit in drei Jahren 14 erfolglose WM-Grand Prix, gewinnt aber einige nicht bepunktete Rennen: in Albi, in Cadours und in Sables d'Olonne. Mit einem Maserati gewinnt er in Montlhéry die 1000 Kilometer von Paris 1956 zusammen mit Jean Behra, doch nur wenige Monate später verliert er auf der gleichen Rennstrecke in einem Ferrari sein Leben.

S

Mika Salo

Finne
Geboren am
30. November 1966 in Helsinki.
Ferrari-Pilot 1999.

Die Bestimmung des Mika Salo gibt sich bereits sehr früh in einem Namen zu erkennen: Seine gesamte Kindheit verbringt der Finne in einem Vorort von Helsinki und spielt mit einem anderen dort wohnenden Kind namens Mika Häkkinen. Mit sechs Jahren beginnt Salo mit dem Karting und betreibt diese Leidenschaft bis zu seiner Einziehung zum Militär. Er ist so erfolgreich, dass ihm ein großes Unternehmen 1988 den Einstieg in die Formel Ford (fünf Siege vor Michael Schumacher) und 1990 in die englische Formel 3 (Siege in sechs Rennen, doch der Titel geht an Häkkinen) finanziert. Nachdem man ihn nach einem Fest betrunken am Steuer erwischt hat, verliert er seine Sponsoren und geht schließlich zur japanischen Formel 3000; dort befindet er sich mit Eddie Irvine, Heinz-Harald Frentzen und Jaques Villeneuve in guter Gesellschaft. 1994 kehrt er nach England zurück, um auf Lotus, deren Stern bereits am Sinken ist, sein Formel-1-Debüt zu absolvieren. Von 1994 bis 1998 nimmt er auf Lotus, Tyrrell und Arrows an 68 Grand-Prix-Läufen teil und erringt einen vierten, fünf fünfte und zwei sechste Plätze. 1999 bestreitet er drei Grand Prix für BAR (ohne besondere Resultate) und ersetzt dann Michael Schumacher nach dessen schweren Unfall in Silverstone bei sechs Grand Prix auf Ferrari. Der Scuderia-Neuling erlebt nun zwei Augenblicke des Triumphs, den ersten davon in Hockenheim. Er liegt in Führung, der Sieg ist ihm so gut wie sicher, doch der Finne überlässt seine Position pflichtbewusst seinem Teamkollegen Eddie Irvine, der um den WM-Titel kämpft. Den zweiten Erfolgsmoment erlebt Salo in Monza, wo er Dritter wird, während Irvine auf Platz Sechs landet. Salo absolviert noch zwei weitere Formel-1-Jahre (2000 auf Sauber mit Ferrari-Motoren und 2002 auf Toyota), holt sich zwei fünfte Plätze und steigt schließlich nach insgesamt 110 Grand Prix aus der Formel 1 aus.

Lodovico Scarfiotti

Italiener
Geboren am
18. Oktober 1933 in Turin.
Ferrari-Pilot 1960 und
1962 bis 1967.
Europäischer Bergmeister
1962 und 1965.

1 GP-Sieg auf Ferrari:
Italien 1966 (312)

Ein Gentleman am Lenkrad, geschickt und talentiert, der den Automobilsport aus Familientradition und aus Leidenschaft betreibt. Auch sein Vater war von 1927 bis 1937 ein guter Pilot; der Großvater väterlicherseits (der ebenfalls Lodovico hieß) war einer der Gründer und erster Präsident von Fiat. Im Alter von fünf Jahren bekommt Lodovico einen Miniatur-Monoposto geschenkt, der mit einem Motorradmotor betrieben wird. Mit diesem Mini-Auto versucht er sich auf dem heimischen Hof erstmalig als Rennfahrer. Mit knapp 20 Jahren fährt Scarfiotti einen Fiat Topolino und ist bereits mit 23 Klassensieger der Mille Miglia (auf einem 1100 TV) sowie mit 24 italienischer Gran Turismo-Meister (auf einem Fiat 8V Zagato). Mit 30 kommt Lodovico zur Formel 1, nachdem er sich seine Sporen auf Sportwagen verdient hat (zunächst mit Osca, dann mit Ferrari, mit denen er auch an den 24 Stunden von Le Mans teilnimmt). Ferrari vertraut ihm 1962 den neuen 196 SP mit einem 2-Liter-Dino-Motor an, Scarfiotti holt sich den Europa-Bergtitel und lässt den Favoriten Porsche hinter sich. 1963 gewinnt er auf einem 250 P die 12 Stunden von Sebring sowie die 24 Stunden von Le Mans, steigt in Holland in die Formel 1 ein (Platz sechs), wird aber beim Training Opfer eines schweren Unfalls. Nach seiner Genesung kehrt er im Folgejahr zu den Sportwagen zurück und gewinnt die 1000 Kilometer vom Nürburgring im Cockpit eines 275 P. Die Einschätzung Enzo Ferraris: „Er war ungestüm und über alle Maßen draufgängerisch; sein Fahrstil hatte nicht den für die Formel 1 notwendigen Schliff." 1965 verpflichtet Ferrari ihn erneut für Sportwagenrennen (wieder Sieg am Nürburgring mit einem 330 P2) sowie für die europäische Bergmeisterschaft (zweiter Sieg auf einem Dino 206 P). Doch Scarfiotti lechzt nach der Formel 1 und Ferrari gibt seinem Wunsch widerwillig nach. Lodovico, auch Lulù genant, holt sich 1966 den so heiß ersehnten Sieg beim GP von Italien auf dem neuen 3-Liter 312. doch im Jahr darauf verweigert ihm Ferrari die erneute Formel-1-Teilnahme. Scarfiotti wechselt erst zu Eagle, dann zu Cooper und schließlich zu Porsche und fährt sowohl Langstrecken- als auch Bergrennen. 1968 kommt er bei einem Training am Rossfeld auf unerklärliche Weise von der Straße ab und stirbt an den Unfallfolgen.

Giorgio Scarlatti

Italiener
Geboren am
2. Oktober 1921 in Rom.
Ferrari-Pilot 1959 und 1961.

Scarlatti betätigt sich in den ersten Jahren als Privatfahrer und erzielt zwischen 1954 und 1956 erste Resultate bei Berg- und Rundstreckenrennen auf einem Maserati, den ihm der Rennstall Centro Sud von Guglielmo Dei, einem aktiven Talent-Scout, anvertraut hat. 1957 ist Scarlatti offizieller Maserati-Pilot, sichert sich seinen Platz bei den Sportwagenrennen (Vierter bei der Mille Miglia) und nimmt an vier Formel-1-Rennen teil. Sein bestes Ergebnis ist ein fünfter Platz beim GP von Italien. Im Jahr darauf wird er gemeinsam mit Jean Behra auf einem Porsche Zweiter bei der Targa Florio. Bis 1961 fährt Scarlatti sporadisch Formel-1-Rennen auf diversen Monoposti: Maserati, Cooper, Cooper-Maserati und De Tomaso. Mit einem privaten Ferrari nimmt er 1956 am ersten seiner 12 zur WM zählenden Grand Prix teil. Drei Jahre später stößt er zum Ferrari-Team und teilt sich mit Giulio Cabianca den neuen 196 S mit Dino-Sechszylindermotor. 1960 bestreitet er nur wenige Rennen, und das auch mit nur mäßigem Erfolg. 1961 fährt Scarlatti schließlich sein letztes Rennen mit einem Ferrari-Sportwagen: Im Team mit Lorenzo Bandini gewinnt er die 4 Stunden von Pescara, den letzten bepunkteten Wettbewerb der Saison, auf einem 250 Testa Rossa, den ihm der Rennstall Centro Sud zur Verfügung gestellt hat.

Jody Scheckter

Südafrikaner
Geboren am 29. Januar 1950
in East London.
Ferrari-Pilot 1979 und 1980.
Weltmeister 1979

3 GP-Siege auf Ferrari:
Belgien 1979 (312 T4)
Monaco 1979 (312 T4)
Italien 1979 (312 T4)

„Seit zwei Jahren beobachte ich mit Interesse diesen energischen Südafrikaner litauischer Abstammung", erinnert sich Enzo Ferrari, „und ich war immer davon überzeugt, dass ihn sein Siegeswille mit der adäquaten technischen Unterstützung eines professionellen Teams an die Weltspitze bringen würde." Nach ersten Erfolgen in seiner südafrikanischen Heimat findet Scheckter Sponsoren, die einen Aufenthalt in Europa finanzieren, wo er sich zunächst auf britischen Rennstrecken beweist. Anschließend nimmt er in den USA mit Erfolg an Formel-5000-Rennen teil, bevor er im Alter von 22 Jahren zum McLaren-Team stößt. Von 1972 bis 1978 nimmt Scheckter für McLaren, Tyrrell und Wolf an 84 bepunkteten Grand Prix teil und holt dabei zwei dritte und einen zweiten Platz in der WM-Gesamtwertung. Scheckter liefert mehrfach Beweise seines ungestümen Fahrstils ab: Er ist in 15 Unfälle verwickelt und schlägt allein in der Saison 1973 Emerson Fittipaldi in Frankreich und François Cevert in Kanada. Zum Ferrari-Team kommt der Südafrikaner 1979 und gewinnt, wie der Commendatore vorausgesagt hat, sofort drei Grand-Prix-Rennen sowie die Fahrer-WM auf einem 312 T4. Scheckter liefert damit den Beweis, dass er inzwischen nicht nur ein mutiger Kämpfer, sondern auch ein berechnender Profi ist. Doch nach seinen Erfolgen hat Scheckter andere Prioritäten: Er widmet sich seiner Familie (er hat zwei Kinder) und lässt sich als Geschäftsmann in Monte-Carlo nieder. Ende 1980, nachdem er für Ferrari die letzten 28 seiner insgesamt 112 Grand Prix bestritten hat, kehrt er der Welt des Motorsports endgültig den Rücken zu.

Harry Schell

Amerikaner
Geboren am
29. Juni 1921 in Paris.
Ferrari-Pilot 1955 und 1956.

Man durfte den Amerikaner irischer Abstammung als einen recht ungewöhnlichen Piloten bezeichnen, er war leidenschaftlich, stets unruhig und hat nie die Disziplin eines Berufsfahrers aufgebracht oder sich den Regeln eines offiziellen Teams unterworfen. Schell, der manchmal überraschend schnell und andere Male wieder völlig enttäuschend fuhr, startete seine Rennfahrerkarriere 1946 auf einem alten Maserati. Schon bald wechselt er zur Formel 3 und nimmt an zahlreichen Rennen mit guten Ergebnissen teil. In der Formel 1 bestreitet er zwischen 1950 und 1960 insgesamt 55 Rennen auf verschiedenen Fahrzeugen, von Maserati über Gordini und Vanwall bis zu BRM und Cooper (sein bestes Ergebnis ist ein zweiter Platz 1958 in Holland auf BRM). Nur einmal sitzt er im Cockpit eines Werks-Ferrari, beim GP von Monaco 1955, wo er allerdings vorzeitig ausscheidet. Im gleichen Jahr nimmt er mit einem Ferrari 121 LM mit 4,4 Liter-Sechszylindermotor im Team mit Maurice Trintignant am 24-Stunden-Rennen von Le Mans teil, das Pierre Levegh und 88 Zuschauern das Leben kostet. 1956 gewinnt er die 1000 Kilometer vom Nürburgring auf Maserati, erzielt gute Platzierungen mit einem privaten Ferrari (Zweiter in Agadir, in Dakar sowie bei den 1000 Kilometern von Paris in Montlhéry) und bestreitet nochmals ein Rennen mit einem Werksfahrzeug, einem 860 Monza, auf dem er zusammen mit Luigi Musso den zweiten Platz bei den 12 Stunden von Sebring holt. Schell kommt 1960 beim Training in Silverstone mit einem Cooper Formel-1-Wagen ums Leben.

Tim Schenken

Australier
Geboren am
26. September 1943 in
Gordon (Sydney).
Ferrari-Pilot 1972 und 1973.

Wie Ronnie Peterson oder Carlos Reutemann gehört auch Schenken zu jenen Formel-1-Piloten, die nie einen Formel-1-Ferrari gefahren sind, jedoch 1972 mit einigen Teilnahmen auf Ferrari 312 PB zum Erringen des Marken-Weltmeistertitels beigetragen haben. Nachdem Schenken sich in Australien und Neuseeland den Meistertitel geholt hat, geht der 23-jährige nach England und macht dort mit 20 Saisonsiegen sowie Erfolgen bei der Formel Ford von sich reden. In die Formel 1 steigt er 1970 ein und nimmt bis 1974 an 33 bepunkteten Grand-Prix-Rennen auf De Tomaso, Brabham (Teamkollege ist Graham Hill, den er in der Weltmeisterschaftswertung 1971 überholt), Iso und Trojan teil. Seine besten Ergebnisse sind ein dritter, ein fünfter und ein sechster Platz, die er allesamt auf nicht gerade wettbewerbsfähigen Fahrzeugen erzielte. Am Lenkrad der Ferrari 312 PB gewinnt er 1972 gemeinsam mit Peterson die 1000 Kilometer von Buenos Aires und vom Nürburgring. Und mit Carlos Reutemann belegt er Platz Zwei bei den 6 Stunden von Vallelunga sowie bei den

1000 Kilometern von Monza. 1977 gewinnt er auf Porsche erneut die 1000 Kilometer vom Nürburgring.

Peter Schetty

Schweizer
Geboren 1942 in Basel.
Ferrari-Pilot 1969 und 1970.

Europäischer
Bergmeister 1969.

Als Sohn eines Industriellen ist Schetty gegen den Willen seiner Eltern Rennfahrer geworden. 1969 kommt er im Alter von 27 Jahren mit dem Ruf zu Ferrari, ein sehr schneller Bergfahrer zu sein, vor allem auf den 2-Liter-Sportwagen von Abarth, wo man ihn 1967 und 1968 unter Vertrag hatte. Mit dem Ferrari 212 triumphiert er bei der europäischen Bergmeisterschaft: Er gewinnt alle Rennen, an denen er teilnimmt und stellt auf allen Strecken (außer auf der Steigung am Rossfeld auf regennasser Fahrbahn) Rekorde auf, die so schnell nicht gebrochen werden. Nach einer kurzen Erfahrung im Vorjahr auf einem 312 P nimmt er 1970 mit großem Eifer an den Rennen um die Marken-WM teil. Im Team mit John Surtees holt er sich auf einem 512 S den dritten Platz bei den 1000 Kilometern von Monza. „Sein Wagen", so Enzo Ferrari, „war in erster Linie auf Zuverlässigkeit sowie auf konstante Geschwindigkeit und einen ausgeglichenen Fahrstil ausgerichtet; die anderen Fahrzeuge waren mehr für den Angriff konzipiert. Schetty hat jedoch hohe Qualitäten bewiesen und wäre sicher weiter aufgestiegen, wenn ihn nicht seine Familie davon abgebracht hätte." Der junge Schweizer bleibt dem Rennstall aus Maranello zunächst zwei weitere Jahre als Rennleiter erhalten, dann kehrt er nach Basel zurück, um im Familienunternehmen zu arbeiten.

Michael Schumacher

Deutscher
Geboren am 3. Januar 1969
in Hüth-Hermülheim.

Ferrari-Pilot seit 1996.
Weltmeister von
2000 bis 2003.

51 GP-Siege auf Ferrari:
Spanien 1996 (F310)
Belgien 1996 (F310)
Italien 1996 (F310)
Monaco 1997 (F310B)
Kanada 1997 (F310B)
Frankreich 1997 (F310B)
Belgien 1997 (F310B)
Japan 1997 (F310B)
Argentinien 1998 (F300)
Kanada 1998 (F300)
Frankreich 1998 (F300)
Großbritannien 1998 (F300)
Ungarn 1998 (F300)
Italien 1998 (F300)
San Marino 1999 (F399)
Monaco 1999 (F399)
Australien 2000 (F1-2000)
Brasilien 2000 (F1-2000)
San Marino 2000 (F1-2000)
Europa 2000 (F1-2000)
Kanada 2000 (F1-2000)
Italien 2000 (F1-2000)
USA 2000 (F1-2000)
Japan 2000 (F1-2000)
Malaysia 2000 (F1-2000)
Australien 2001 (F2001)
Malaysia 2001 (F2001)
Spanien 2001 (F2001)
Monaco 2001 (F2001)
Europa 2001 (F2001)
Frankreich 2001 (F2001)
Ungarn 2001 (F2001)
Belgien 2001 (F2001)
Japan 2001 (F2001)
Australien 2002 (F2001)
Brasilien 2002 (F2002)
San Marino 2002 (F2002)
Spanien 2002 (F2002)
Österreich 2002 (F2002)
Kanada 2002 (F2002)
Großbritannien 2002 (F2002)
Frankreich 2002 (F2002)
Deutschland 2002 (F2002)
Belgien 2002 (F2002)
Japan 2002 (F2002)
San Marino 2003 (F2002)
Spanien 2003 (F2003-GA)
Österreich 2003 (F2003-GA)
Kanada 2003 (F2003-GA)
Italien 2003 (F2003-GA)
USA 2003 (F2003-GA)

Mit vier Jahren fährt er auf einem Kart mit Pedalen, mit fünf überzeugt er seinen Vater, auf dem Kart den Motor eines Rasenmähers anzubringen und mit sechs fährt er gegen einen Laternenpfahl vor seinem Elternhaus in Kerpen. Seine Eltern haben gar keine andere Wahl, als ihn auf die bestimmt deutlich sicherere Rennstrecke zu schicken. Papa Rolf ist Michaels erster Fan. Er ist derart begeistert von seinem Sohn, dass er die Leitung der örtlichen Kartbahn übernimmt. Hier stellt das zukünftige Formel-1-Ass sofort sein außergewöhnliches Talent unter Beweis und lehrt seine Konkurrenten das Fürchten. Dies ist der Anfang des Aufstiegs von Michael Schumacher, dem sechsfachen Weltmeister (einmal mehr als Juan Manuel Fangio), dem Rekordhalter – 70 von insgesamt 194 bis Ende 2003 gefahrenen Grand Prix –, bei den Starts aus der ersten Reihe (91), den schnellsten Runden (56), den meisten WM-Punkten (1038) sowie bei jeder weiteren Formel-1-Rangliste, außer bei den Pole Positions (hier liegt Ayrton Senna mit 65 zu 55 in Führung). Mit seinem Kart verpasst Michael Schumacher mit 16 Jahren nur knapp einen WM-Titel. Mit 21, im Jahr 1990, ist er Deutscher Meister der Formel 3 und gibt sein Sportwagendebüt auf Mercedes-Benz (und gewinnt). Im Jahr darauf dann der entscheidende Sprung: Michael vollzieht einen schnellen Wechsel zur Formel 3000 und bereits einen Monat später nimmt er für das Formel-1-Team Jordan am GP von Belgien teil.

Dieses Rennen reicht aus, um zu vorauszusagen, dass ein neuer Stern am Formel-1-Himmel aufgegangen ist: Schumacher wird von Benetton abgeworben und bleibt dort bis 1995, nachdem er 1994 und 1995 den Weltmeistertitel errungen hat. Im Jahr darauf geht er, mit 69 Grand Prix-Teilnahmen und 19 Siegen im Gepäck, zu Ferrari und holt die Scuderia aus ihrer tiefen und anhaltenden Krise (den letzten Fahrer WM-Titel holte 1979 Jody Scheckter). Das erste Jahr bei Ferrari bringt Schumacher viel Arbeit und immerhin drei Siege ein. 1997 wird er fünfmal Erster und kämpft in zehn Rennen um den WM-Titel, den er jedoch beim letzten Wettkampf der Saison in einem Kopf-an-Kopf-Rennen gegen den Williams-Renault von Jacques Villeneuve verliert.

Im Jahr darauf hat Schumacher einen neuen Gegner, Mika Häkkinen auf McLaren-Mercedes, doch das Ergebnis bleibt das gleiche: Sechs Siege für Schumacher, dem der WM-Titel erneut beim letzten Rennen durch die Lappen geht. Das Jahr 1999 ist von Freud' und Leid gleichermaßen geprägt: Im März wird „Schumi" zum zweiten Mal Vater, holt zwei unglaubliche Siege in Imola und in Monte-Carlo (Schumacher hält damit den Rekord der meisten Grand-Prix-Siege auf Ferrari: 16 gegenüber 15 von Niki Lauda), doch dann ereignet sich der schwere Unfall in Silverstone: Eine doppelte Fraktur am rechten Bein zwingt Schumacher sieben Rennen auszusetzen. In Malaysia geht er schließlich wieder an den Start (als Zweiter hinter seinem Teamkollegen Irvine). Mit diesem entscheidenden Schritt holt er, nach 16 Jahren, erneut den WM-Titel der Konstrukteure nach Maranello. Und hier die Bilanz der vergangenen vier glorreichen Jahre des Michael Schumacher: vier Weltmeistertitel sowie das unglaubliche Ergebnis von 35 Siegen bei 67 Grand-Prix-Teilnahmen. Und Schumacher ist auch Favorit für den Titel 2004.

Wolfgang Seidel

Deutscher
Geboren am 4. Juli 1926.
Ferrari-Pilot 1957 und 1958.

Seidel ist einer der bemerkenswertesten und wagemutigsten Vertreter jener Generation von Privatfahrern der 1950er und 1960er Jahre, die aus reiner Leidenschaft an den Formel-1-Rennen teilnehmen, auch wenn dies auf wenige Wettkämpfe beschränkt bleibt. Von 1953 bis 1962 nimmt er an zehn Grand Prix teil, wobei ihm vor allem die Rennstrecken von Deutschland und Großbritannien liegen. Er beginnt seine Aktivitäten zunächst mit einem Veritas-Monoposto, fährt dann auf Maserati, Cooper, Emeryson und Lotus (und nie auf Ferrari). Er kommt immer als einer der Letzten oder gar nicht ins Ziel. Mehr als in der Formel 1 zeigt er sein Können bei Langstreckenrennen: 1957 wird er mit einem Prototyp des Ferrari 250 Testa Rossa zusammen mit v. Trips Dritter beim WM-Rennen in Venezuela sowie Zweiter bei den 12 Stunden von Reims am Steuer einer Rennversion des 250 GT, den er sich mit Phil Hill teilt. Im Jahr darauf fährt er sowohl weiterhin auf Sportwagen als auch auf GT-Straßenwagen. Mit einem 250 Testa Rossa Werkswagwen landet er bei den 1000 Kilometern vom Nürburgring gemeinsam mit Gino Munaron auf Platz Fünf und nimmt zusammen mit Wolfgang Berge v. Trips erfolglos an den 24 Stunden von Le Mans teil. In Italien gelingt ihm auf einem Porsche 1500 RSK zusammen mit Edgar Barth 1959 der Sieg bei der Targa Florio. Mit einem Fiat-Abarth 750 gewinnt Seidel 1960 zusammen mit Mario Poltronieri die 3 Stunden von Hockenheim. Seidel stirbt am 1. März 1987.

Dorino Serafini

Italiener
Geboren am
22. Juli 1909 in Pesaro.
Ferrari-Pilot 1950 und 1951.

1927 steigt Serafini im Alter von 18 Jahren im Motorrad-Rennsport ein, und zwar auf einer 175-ccm-Benelli, die wie er aus Pesaro stammt. Auf dem Zweirad erweist er sich als energischer und couragierter Fahrer mit guter Konstitution. Nachdem er auf Motorräder mit großem Hubraum wie MM, Bianchi und zuletzt Gilera (mit Aldrighetti) umgestiegen ist, holt er zwei italienische Titel und wird 1939 als erster Italiener Europameister. Nach dem Zweiten Weltkrieg steigt er als Vierzigjähriger in den Automobilsport ein und gewinnt mit einem Osca Sport 1100 das vom Gardaseerennen. Er versucht sich an einem leistungsstärkeren Maserati, mit dem er bei einem Rennen in Frankreich vor Ascari, Villoresi und Chiron startet. Doch sein Lenkrad bricht, der Wagen kommt von der Piste ab, fängt Feuer und stürzt in einen Kanal, woraufhin die Flammen erlöschen. Serafini rettet sich aus dem Fahrzeug, doch er wird ohnmächtig und kann gerade noch vor dem Ertrinken gerettet werden. Nach seiner Genesung stößt er 1950 zum Ferrari-Team und wird dritter Fahrer nach Ascari und Villoresi. Mit einer Barchetta Touring 195 S holt er schließlich den zweiten Platz bei der Mille Miglia und gewinnt sowohl den Toskana-Pokal als auch die Giro Calabria. In der Formel 1 fährt er einen Erfolg beim GP von Italien ein: Nachdem er sich für den Start aus der zweiten Reihe qualifiziert hat, teilt er sich im Rennen den zweiten Platz mit Alberto Ascari, dem er seinen 375 überlässt, nachdem Ascaris Auto liegengeblieben war. Serafini kehrt 1951 zu den Sportwagenrennen zurück, doch bereits beim fünften der Rennen, der Mille Miglia, kommt sein Ferrari 340 America bei 220 km/h in der Nähe von San Benedetto del Tronto von der Straße ab. Infolge seiner schweren Verletzungen zieht sich Serafini aus dem Rennsport zurück. 1960 wird er wegen seiner sportlichen Verdienste zum Ritter geschlagen. Serafini stirbt im Juli 2000, nur wenige Tage vor seinem 91. Geburtstag.

Sergio Sighinolfi

Italiener
Geboren 1925.
Ferrari-Pilot 1954 und 1955.

Schon als kleiner Junge interessierte sich Sighinolfi für Technik und Automechanik. Er unternimmt auf kleinen Autos, die er in der Werkstatt seines Vaters umgebaut hat, erste Fahrversuche. Alsbald jedoch wechselt er auf kleine Sportzweisitzer, die Stanguellini, ein anderer Konstrukteur aus Modena, herstellt. Sighinolfi erweist sich als kämpferischer und impulsiver Pilot, der sein Temperament trotzdem im richtigen Moment zu zügeln weiß. Auf einem Stanguellini nimmt er auch einmal an der Mille Miglia teil, wird Erster in seiner Kategorie und erreicht eine gute Position in der Gesamtwertung, bis er am Futa-Pass gegen einen Kilometerstein prallt und zum Stehen kommt. 1948 holt er den Titel des Italienischen Meisters in der 1100-ccm-Sportwagenklasse. Dieser Erfolg öffnet ihm die Tür zum Rennstall der Gebrüder Marzotto. Mit Ferrari Sportwagen und den 166 F2 dieses Teams bestreitet er Anfang der 1950er Jahre zahlreiche Rennen und holt sich viele gute Platzierungen. Beim GP von Modena fährt Sighinolfi 1952 zum ersten Mal auf einem Werks-Ferrari, und zwar auf dem 500 F2 von Mike Hawthorn (der sich beim Training verletzt hat). Während des Rennens überlässt er den Wagen schließlich Alberto Ascari (dessen Motor einen Defekt hat), und die beiden belegen gemeinsam Platz Drei. Da er auch die technischen Fähigkeiten Sighinolfis anerkennt, weist ihm Enzo Ferrari die Aufgabe zu, die Wettbewerbswagen einzufahren und lässt ihn gelegentlich auch an Rennen teilzunehmen. (sechster Platz bei der Mille Miglia 1955 mit einem 118 LM). Am Lenkrad eines Berlinetta-Prototyps kommt Sighinolfi am 6. September 1956 bei der Kollision mit einem Zug auf der Straße nach Abetone, nur wenige Meter vom Werk in Maranello entfernt, ums Leben.

André Simon

Franzose
Geboren am 5. Januar 1920
in Paris.
Ferrari-Pilot 1952 und 1956.

Simon hat in seiner knapp zwanzigjährigen Pilotenkarriere die unterschiedlichsten Fahrzeuge gelenkt. 1952 nimmt er mit einem Werks-Ferrari 500 F2 an den Grand Prix der Schweiz am Bremgarten (wo er ausfällt) und am GP von Italien in Monza teil, wo er hinter Felice Bonetto und mit einer Runde Rückstand auf den Sieger Platz Sechs belegt. Im gleichen Jahr teil er mit Ascari, dem er seinen Wagen überlässt, den Sieg vom GP von Comminges in Frankreich und kommt beim GP des Autodroms von Monza auf Platz Zwei. Mit einem von Luigi Chinetti gemeldeten 340 America wird er außerdem Fünfter (gemeinsam mit Vincent) bei den 24 Stunden von Le Mans. 1955 gibt es Erfolge auf Maserati, so beim GP von Albi, und er belegt außerdem einen dritten Platz bei der Tourist Trophy (Sieger ist Moss), wo er sich mit v. Trips und Karl Kling am Steuer eines Mercedes-Benz 300 SLR ablöst. 1956 fährt er bei den 24 Stunden von Le Mans (im Team mit Phil Hill: Ausfall, als sie an vierter Stelle sind) erneut einen Ferrari, den 625 LM. Beim GP von Italien belegt Simon schließlich mit einem Gordini Platz Neun. Ebenfalls in Monza zieht er sich acht Jahre später, 1964, wie durch ein Wunder nur leichte Verletzungen zu, als er beim Einfahren eines 5-Liter-Maserati Prototyps auf der Geraden aufgrund eines geplatzten Reifens mit 250 km/h gegen eine Absperrung prallt.

Raymond Sommer

Franzose
Geboren am 31. August 1906
in Paris.
Ferrari-Pilot von
1947 bis 1950.

Sommer war es, der Enzo Ferrari zu Beginn seiner Konstrukteurskarriere 1947 zum Zwölfzylinder ermutigt hat. Als Sohn eines Textilindustriellen wurde er wegen seiner Kampfeslust, die er auf der Rennstrecke zutage legte, auch „das Löwenherz" genannt. Er beginnt seine Karriere im Jahre 1928. Schon sehr bald wird der elegante Fahrer mit dem weißen Helm und dem Seidenschal dank zwei aufeinanderfolgender Siege bei den 24 Stunden von Le Mans am Steuer eines Alfa Romeo 8C 2300 berühmt: 1932 mit Luigi Chinetti und im Folgejahr im Team mit Tazio Nuvolari. Mit dem Ferrari 159 SC (Sport Competition) gewinnt er 1947 unter anderem den GP von Turin auf der Rennstrecke von Valentino; 1948 fährt er auf einem 166 SC (Spider Corsa) und dem neuen 166 F2 Erfolge in Reims und Florenz ein. Im Herbst des gleichen Jahres geht er mit dem ersten Grand-Prix-Ferrari, dem Typ 125, an den Start und wird Dritter beim GP von Italien in Turin. Beim nachfolgenden GP im Autodrom von Monza fällt er in der 7. Runde wegen eines Asthmaanfalls aus. 1950 setzt sich Sommer mit dem 166 F2 in Roubaix, Aix-les-Bains und in Bern durch. Doch ein Unfall am Lenkrad eines Cooper auf der Rennstrecke von Cadours kostet ihn schließlich das Leben.

Antonio Stagnoli

Italiener
Geboren am 1. Juni 1919
in Brescia.
Ferrari-Pilot 1951.

Stagnoli ist treuer Ferrari-Kunde und ein erfolgreicher Privatfahrer. Eine Saison lang fährt er für die Scuderia Ferrari, nachdem er 1950 sein Können mit einem zweiten Platz beim Europa-Cup von Monza und einem Sieg auf dem Rundkurs von Senigallia am Steuer eines 166 unter Beweis gestellt hat. Er hatte den Wagen privat gekauft und von Zagato zunächst als Panorama-Berlinetta und wenig später als Renn-Barchetta karossieren lassen. Eindrucksvollere Ergebnisse erzielt er nach seiner Rückkehr zu seinen Ferrari-Privatwagen. Gemeinsam mit Biondetti wird er auf einem 225 S Spider Dritter beim GP von Monaco (hinter identischen Fahrzeugen von Vittorio Marzotto und Eugenio Castellotti) sowie beim GP von Oporto 1952, die jeweils ausschließlich Sportwagen vorbehalten sind. Im Jahr darauf nimmt er ebenfalls als Privatfahrer zusammen mit Giuseppe Scotuzzi mit einem Ferrari 375 MM an der Carrera Panamericana teil. Durch einen geplatzten Reifen kommt die Berlinetta in der zweiten Etappe von der Straße ab und fängt Feuer. Scotuzzi ist sofort tot, Stagnoli erliegt in der Nacht seinen schweren Verbrennungen. Die vierte Etappe des gleichen Rennens sollte auch dem auf Lancia führenden Felice Bonetto das Leben kosten.

Bruno Sterzi

Italiener
Geboren 1922 in Intra
(Novara).
Ferrari-Pilot 1948.

Conte Bruno Sterzi gehörte zu den ersten Ferrari-Kunden. Als Mitinhaber des Rennstalls Inter spielte er außerdem eine wichtige Rolle bei den ersten Ferrari-Renneinsätzen. Ende 1947 überantwortet ihm die Scuderia Ferrari die Aufgabe, Ferrari in der Kategorie der Sportwagen zu vertreten, und zwar mit Fahrzeugen wie dem 166, vor allem den vielseitig einsetzbaren 166 SC – Sportzweisitzer, die mittels weniger Veränderungen (Hinzufügen oder Weglassen der Kotflügel und der Scheinwerfer) bei jedem Wettbewerb, von der Mille Miglia bis zu Rundstreckenrennen gefahren werden können. Am Lenkrad dieser Wagen erzielt Sterzi gute Platzierungen: Er wird Zweiter 1948 in Vercelli, Pescara sowie beim Rundkurs vom Gardasee hinter dem 125 F1 Nino Farinas. 1949, nach dem Sieg beim ersten Intereuropäischen Cup in Monza (auf einem Coupé Touring 166 Sport) und den guten Ergebnissen von Angoulême und Aix-les-Bains (mit einem privaten 166 F2) wird Sterzi beim Gardasee-Rennen Opfer eines Unfalls, der ihn bis 1952 vom Renngeschehen fernhält. Doch im selben Jahr sichert er sich bereits wieder den Toskana-Pokal, den Intereuropäischen Cup sowie mit dem eigenen 225 S den Sieg beim Bergrennen Bozen-Mendola. Graf Sterzi stirbt 1980 in Mailand bei einem Brand im Lager der berühmten Papierfabrik, die den Namen seiner Familie trug.

Jackie Stewart

Schotte
Geboren am 11. Juni 1939
in Milton
Ferrari-Pilot 1967.

Jackie Stewart ist Schotte wie Jim Clark. Als Knabe ist er bereits Meister im Tontaubenschießen und erreicht in seiner neunjährigen Formel-1-Laufbahn, im Alter zwischen 26 und 34 Jahren, eine Größe, die sich in folgenden Zahlen widerspiegelt: 99 bepunktete Grand Prix, drei Weltmeistertitel (1969, 1971 und 1973, das Jahr seines Rückzugs), 27 Siege (zwei mehr als Clark), elf zweite und fünf dritte Plätze. Im Laufe seiner Formel-1-Karriere fährt Stewart für BRM, Matra, March und Tyrrell, niemals für Ferrari. Auch wenn er den präzisen, für die Formel 1 notwendigen Fahrstil vorzieht und nichts von Langstreckenrennen hält („denn es gibt keine hundert Piloten, die so gut sind, dass sie ein Auto bei 300 km/h sich beherrschen könnten"), gönnt er sich doch den einen oder anderen Ausflug in die Welt der Sportwagen: so etwa 1965, als er mit dem Rover-BRM-Turbinenwagen an den 24 Stunden von Le Mans teilnimmt. Eine weitere Ausnahme gesteht er Ferrari 1967 zu: Am Lenkrad des 330 P4 wird er mit Chris Amon Zweiter bei den 500 Meilen von Brands Hatch, ein Ergebnis, das für Ferrari entscheidend zur Eroberung des Markentitels beiträgt. Enzo Ferrari bewunderte ihn, wenn auch mit einer gewissen Distanz. Er sah in ihm „ganz klar den Weltmeister", doch er nannte ihn auch „den Buchhalter, der auch sein persönliches Risiko ganz genau kalkulierte.“

John Surtees

Brite
Geboren am
11. Februar 1934
in Tatsfield.
Ferrari-Pilot von
1963 bis 1966 und 1970.
Weltmeister 1964.

4 GP-Siege auf Ferrari:
Deutschland 1963 (156)
Deutschland 1964 (158)
Italien 1964 (158)
Belgien 1966 (312)

Er ist der einzige Motorradweltmeister, dem es gelang, auch Weltmeister in der Formel 1 zu werden. Sieben Mal wird „Big John“ auf MV Agusta Weltmeister; sein Debüt auf vier Rädern gibt der Engländer 1960 im Alter von 26 Jahren. Noch im gleichen Jahr steigt er in die Formel 1 ein und belegt bereits 1962, auf dem nicht besonders schnellen Lola, einen zweiten Platz bei zwei Grand-Prix-Rennen. Diese Ergebnisse bringen ihm 1963 den Einstieg ins Ferrari-Team sowie den ersten Sieg mit einem 156 beim Grand Prix auf dem Nürburgring sowie weitere Erfolge bei den Langstreckenrennen auf einem 250 P (in Sebring sowie erneut auf dem Nürburgring). 1964 wird der 156 zum 158, verfügt über zwei Zylinder mehr und ist dadurch wettbewerbsfähiger. Mit zwei Siegen, wieder auf dem Nürburgring und in Monza, holt Big John den WM-Titel mit einem Punkt Vorsprung auf Graham Hill (BRM). Im Jahr darauf erzielt er in der Formel 1 keine Erfolge (dafür gewinnt er mit dem 330 P2 erneut am Nürburgring). Doch 1966 wäre das richtige Jahr gewesen, um sich mit dem 3 Liter 312 zum zweiten Mal den WM-Titel zu holen. Surtees wechselt allerdings nach den Siegen bei den 1000 Kilometern von Monza auf einem 330 P3 und beim GP von Belgien zu den weniger leistungsstarken Cooper-Maserati, auf denen er nichtsdestoweniger den GP von Mexiko gewinnt. 1966 sichert er sich ebenfalls auf einem Lola-Chevrolet die CanAm-Meisterschaft. Im Jahr darauf gewinnt Surtees überraschenderweise den GP von Italien: Dies ist sein zweiter und letzter Formel-1-Sieg (in insgesamt 111 Rennen). In der Folge fährt er zunächst noch für Honda, dann für BRM und für McLaren, kehrt 1970 für wenige Langstreckenrennen zu Ferrari zurück und wird schließlich bis 1972 selbst ein – allerdings erfolgloser – Konstrukteur. An Surtees wie auch an anderen ehemaligen Motorradpiloten schätzte Ferrari „die Technik, die Leidenschaft und die Ernsthaftigkeit: Er beobachtete seine Gegner ganz genau, kannte jeden Meter der Rennstrecke und war mit seinem Fahrzeug nie ganz zufrieden, weil er wusste, dass es an der Mechanik immer noch etwas zu verbessern gab.“

T

Patrick Tambay

Franzose
Geboren am
25. Juni 1949 in Paris.
Ferrari-Pilot 1982 und 1983.

2 GP-Siege auf Ferrari:
Deutschland 1982 (126 C2)
San Marino 1983 (126 C2)

Ferrari holt ihn 1982 in das durch den Verlust von Gilles Villeneuve geschwächte Team. Der aus einer wohlhabenden Pariser Familie stammende 33jährige Tambay war bereits zweifacher CanAm-Meister (1977 und 1980) und blickt auf eine reiche, allerdings nicht besonders beeindruckende Formel-1-Laufbahn zurück: 49 Grand Prix seit 1977 auf Ensign, McLaren, Theodore und Ligier-Matra, allerdings kommt er nie über einen vierten Platz hinaus. Ein Jahr lang hat er sich vom aktiven Rennsport distanziert, weil er laut Enzo Ferrari das Interesse verloren zu haben schien. Doch Ferrari behielt ihn im Auge, weil er die Fähigkeiten des jungen Franzosen schätzte. „Unser Team erweckte in ihm erneut jene menschlichen Tugenden und technischen Qualitäten, die ich im Verborgenen schlummern sah. Endlich kann sich Patrick als präziser, unermüdlicher Einfahrer und erfolgreicher, siegessicherer Pilot beweisen. Tambay ist ein ehrlicher professioneller Fahrer, eine Art französischer Reutemann.“ In jenem Jahr 1982 folgt Tambay mit dem ruhmreichen Wagen Nr. 27 des Gilles Villeneuve mit der Nummer 28 von Didier Pironi bei den GPs von Großbritannien und Frankreich wie ein Schatten und erringt Platz Drei bzw. Vier mit einem 126 C2 mit Turbomotor. In Deutschland ist es schließlich seine Aufgabe, die Ehre Ferraris zu retten, nachdem sein junger Teamkollege bei einem schweren Unfall verunglückt ist. Und Tambay gewinnt tatsächlich sein erstes Rennen. In Monza fährt er als Zweiter durchs Ziel, doch gegen Ende der Saison macht ihm eine ständig wiederkehrende Halswirbelarthrose zu schaffen. 1983 erlebt er im Team mit Arnoux noch einmal einen Moment des Ruhms, als er in Imola unter tosendem Beifall der ihm und dem Wagen Nr.27 von Villeneuve gewidmet ist, gewinnt. Zweimal fährt er noch auf Platz Zwei (in Belgien wieder auf einem C2, und in Holland mit dem neuen 126 C3) und wird schließlich Vierter in der WM-Gesamtwertung. Tambay verlässt Ferrari, fährt noch weitere drei Jahre Formel-1-Rennen für Renault und Lola, bringt es auf insgesamt 114 bepunktete Grand Prix), kann jedoch keinen weiteren Sieg erringen.

Piero Taruffi

Italiener
Geboren am
12. Oktober 1906 in
Albano Laziale (Rom):
Ferrari-Pilot 1949, 1951,
1952, 1954, 1955 und 1957.

1 GP-Sieg auf Ferrari:
Schweiz 1952 (500 F2)

Der diplomierte Ingenieur war für seine Zeit ein ungewöhnlicher Pilot: Er fuhr eher mit rationaler als mit instinktiver Dynamik, und er versuchte, mittels technischer Vorbereitungen an die Grenzen des Machbaren zu gehen, ohne diese zu überschreiten. Was er an Tempo verlor, glich er durch einen akrobatischen Fahrstil aus. Diese ungewöhnliche Strategie zahlte sich aus: Die Karriere Pietro Taruffis war lange und erfolgreich, er bestritt Rennen auf Motorrädern, Sport- und Formelwagen und wurde viermal Italienischer Meister. Er fuhr sogar auf Fahrzeugen, die er selbst konstruiert hatte, wie etwa dem Tarf I und Tarf II, mit denen er zahlreiche Rekorde aufstellte. Mit einer unglaublichen Flexibilität wechselte er von Maserati zu Lancia, von Alfa Romeo zu Mercedes-Benz, am Lenkrad etlicher Ferrari gewann er seine bedeutendsten Rennen: 1951 die Carrera Panamericana auf einem 212, 1952 (das Jahr, in dem er bei der WM-Gesamtwertung hinter Farina und Ascari Platz drei belegte) den GP der Schweiz am Bremgarten mit einem 500 F2; 1955 auf einem 118 LM Sechszylinder die Sizilien-Rundfahrt; 1957 schließlich gewann er die Mille Miglia auf einem 315 S Zwölfzylinder, den ihm Ferrari für dieses Rennen angeboten hatte. Diese tragische Mille Miglia, die dreizehnte, an der er teilnahm, war auch das letzte Rennen des inzwischen in die Jahre gekommenen „Silberfuchses“ (so wurde Tarfuffi wegen seiner ausgefeilten Taktik im Rennen und seiner grauen Haare genannt). Er zog sich aus dem aktiven Rennsport zurück und löste damit ein Versprechen ein, das er seiner Frau Isabella in der Weihnachtsnacht gegeben hatte. Taruffi starb im Januar 1988 im Alter von 81 Jahren.

Maurice Trintignant

Franzose
Geboren am
30. Oktober 1917 in
Sainte-Cécile-les-Vignes
(Vaucluse).
Ferrari-Pilot 1954,
1955 und 1957.

1 GP-Sieg auf Ferrari:
Monaco 1955 (625)

Für Enzo Ferrari war er – wie Jean Pierre Wimille und Jean Behra – eines der „größten Rennfahrer-Asse, die Frankreich je hervorgebracht hat“. Trintignant, der aus einer berühmten Winzerfamilie stammte, begann seine Pilotenkarriere Ende der 1930er Jahre. 1945, als wieder die ersten Rennen nach dem Zweiten Weltkrieg stattfanden, gab ihm sein Freund Wimille aufgrund einer kuriosen Begebenheit den Spitznamen „Petoulet“ (Vögelchen): Bei einem Rennen in Paris hatte sich am Start ein Spatz in den Lufttrichter von Trintignants Bugatti verirrt und dadurch den Motor blockiert. Nach einer Reihe von guten Ergebnissen auf Gordini stößt Trintignant 1954 zum Ferrari-Team und gewinnt auf einem 625 einige nicht bepunktete Grand Prix (Buenos Aires, Rouen) sowie auf einem 375 Plus gemeinsam mit Froilan Gonzalez die 24 Stunden von Le Mans. 1955 präsentiert er sich noch stärker und holt sich auf einem 625 den Sieg beim dramatischen GP von Monaco (die Mercedes von Fangio und Moss sind ausgefallen, Ascari hatte einen Unfall und landete mit seinem Lancia im Hafenbecken). Zum zweiten Mal in Folge wird Trintignant Vierter in der WM-Gesamtwertung. Im Folgejahr trägt der Franzose für Ferrari zur Eroberung des WM-Titels bei den Sportwagen bei, als er in Schweden zusammen mit Phil Hill auf einem 290 MM den Sieg erringt. 1957 gewinnt er mit einem 156 F2 den Cup von Reims und nimmt für Ferrari an nur drei Grand-Prix-Läufen teil. Wegen Unstimmigkeiten mit Enzo Ferrari wechselt er im Jahr darauf zu Cooper und gewinnt ein weiteres Mal den GP von Monaco, wobei er die Ferrari von Musso und Collins hinter sich lässt (es ist sein zweiter und letzter Sieg bei einem bepunkteten Grand Prix). Trintignant zieht sich 1965 mit fast fünfzig Jahren nach 82 Grand Prix und einer letzten Teilnahme auf einem Ford GT 40 bei den 24 Stunden von Le Mans (zusammen mit Guy Ligier) aus dem Rennsport zurück.

Wolfgang Graf Berghe v. Trips

Deutscher
Geboren am 4. Mai 1928
in Horrem bei Köln.
Ferrari-Pilot 1956 und 1961.

2 GP-Siege auf Ferrari:
Holland 1961 (156)
Großbritannien 1961 (156)

„Er war am Lenkrad ebenso wie im Alltag ein Gentleman“, so die Erinnerung Enzo Ferraris. „Ein blitzschneller Pilot, der zu jeder Attacke fähig war und dabei immer ein leicht wehmütiges Lächeln auf den Lippen hatte.“ Wolfgang Graf Berghe v. Trips war der einzige Erbe einer reichen Adelsfamilie und ein begeisterter Anhänger vieler Sportarten, doch 1954 entschied er sich für den Automobilsport und fuhr auf einem Porsche unter dem Pseudonym Axel Linther, um inkognito zu bleiben. Von Trips gewinnt in seiner Klasse die Mille Miglia, wechselt danach zu Mercedes-Benz und wird schließlich Deutscher Meister. Nach seinem Einstieg bei Ferrari erzielt er in den Jahren 1957 und 1958 bedeutende Ergebnisse in der Formel 1 (Dritter bei den GPs von Italien und Frankreich) und bei Sportwagenrennen. Nach einem kurzen Intermezzo bei Porsche kehrt er 1960 zum Ferrari-Team zurück, fährt zwei Siege in der Formel 2 ein (in Syrakus mit dem 156 mit Frontmotor sowie beim GP der Solitude mit einem Heckmotor-156) und holt zudem einige gute Platzierungen bei bepunkteten Grand-Prix-Rennen. Das Jahr 1961 ist das Jahr seines schnell vergänglichen Ruhms: Er gewinnt die Targa Florio auf einem 246 SP gemeinsam mit Olivier Gendebien sowie bei der neuen Formel 1 (das Reglement sieht nun Motoren mit 1,5 Liter Hubraum vor) die GPs von Belgien und Deutschland und wird Vierter in Monte-Carlo. Am 10. September führt er die WM-Gesamtwertung an, als er in Monza beim GP von Italien aus der Pole Position startet. In der zweiten Runde fährt der von Jim Clark gesteuerte Lotus in der Parabolica-Kurve auf seinen Ferrari auf. Der Ferrari hebt von der Piste ab und landet im Absperrungsnetz. 15 Zuschauer und Wolfgang v. Trips, der aus dem Cockpit auf die Fahrbahn geschleudert wird, kommen bei diesem Unfall ums Leben.

V

Nino Vaccarella

Italiener
Geboren am 4. März 1933 in Palermo.
Ferrari-Pilot von 1963 bis 1965 sowie 1970.

Als Rektor eines Gymnasiums in Palermo steigt Nino mit 24 Jahren als Privatfahrer bei Bergrennen seiner Heimatregion Sizilien in den Motorsport ein und entwickelt sich zu einem Spezialisten für Straßen- und Langstreckenrennen. Ferrari nannte ihn einen „temperamentvollen Piloten, der nur nach außen hin ruhig und ausgeglichen wirkt, dessen Charakter aber das Feuer und die Leidenschaft seiner Heimat widerspiegelte." Nino kommt 1963 ins Team, nachdem er sich nicht nur bei Sportwagen- und GT-Rennen, sondern auch bei drei Grand Prix auf ebenso vielen unterschiedlichen Fahrzeugen (De Tomaso, Porsche und Lotus) einen Namen gemacht hatte. In seiner ersten Saison als Ferrari-Fahrer hat Vaccarella viel Pech: Ein Unfall beim Training zu den 1000 Kilometern am Nürburgring zwingt ihn zu einer langen Pause. 1964 kehrt er ins Renngeschehen zurück und erkämpft sich zwei Siege auf einem 275 P: am Nürburgring mit Lodovico Scarfiotti sowie bei den 24 Stunden von Le Mans mit Jean Guichet. Im Jahr darauf triumphiert er gemeinsam mit Lorenzo Bandini bei der Targa Florio am Lenkrad eines 275 P2 und nimmt in Monza an seinem vierten und letzten Formel-1-Rennen (auf einem 158, der aufgrund eines technischen Defekts ausfällt) teil. Dann verlässt der „Fliegende Schulmeister" für einige Jahre das Ferrari-Team und geht zu Alfa Romeo. 1970 kehrt er zu Ferrari zurück und gehört neben Ignazio Giunti und Mario Andretti zu jener Mannschaft, die auf einem 512 S den Sieg bei den 12 Stunden von Sebring einfährt. Vaccarella erringt noch zwei weitere Siege bei der Targa Florio (1971 und 1975) auf Alfa Romeo und lässt schließlich seine Teilnahme am Rennsport bis zum endgültigen Rückzug langsam ausklingen.

Gilles Villeneuve

Kanadier
Geboren am 18. Januar 1950 in Chambly (Québec).
Ferrari-Pilot von 1977 bis 1982.

6 GP-Siege auf Ferrari:
Kanada 1978 (312 T3)
Südafrika 1979 (312 T4)
USA West 1979 (312 T4)
USA Ost 1979 (312 T4)
Monaco 1981 (126 CK)
Spanien 1981 (126 CK)

Seit seinem 17. Lebensjahr fährt Gilles Villeneuve auf Motorschlitten, erlangt den kanadischen Meistertitel und steigt mit 23 Jahren in den Automobilsport ein. Mit seinem aggressiven Fahrstil zieht er die Aufmerksamkeit Enzo Ferraris auf sich: „Ich sah ihn bei seinem Formel-1-Debüt 1977 in Silverstone auf Lotus und habe sofort beschlossen, ihn ins Team zu holen, was eine Welle des Protests auslöste." Die stark ausgeprägte Kampfeslust des Gilles Villeneuve begeistert und macht zugleich Angst. Bis auf diesen ersten Grand Prix absolviert Gilles alle seiner 66 fulminanten Rennen auf Ferrari. Den ersten Sieg holt er sich 1978 in seinem Heimatland. Es folgen 1979 drei weitere Siege, als nur noch sein Teamkollege Jody Scheckter vor ihm in der WM-Gesamtwertung liegt; seine beiden letzten Siege fährt Villeneuve 1981 nach dem Wechsel zu den Motoren mit Turbolader ein. Sie nennen ihn den Flieger, was nicht so sehr an der Anzahl seiner Unfälle, als vielmehr an den flugartigen Manövern liegt, mit denen er seine Autos lenkt. „Ja, es gibt Leute, die ihn für verrückt halten", gab Ferrari zu, „doch er begeistert die Massen wie kein anderer. Mit seiner Leidenschaft, mit seiner enormen Fähigkeit, die er beim Bedienen der Gangschaltung, der Kupplung und der Bremsen an den Tag legt, zeigte er uns, was ein Pilot tun muss, um an die Spitze zu gelangen!" Am 8. Mai 1982 hebt Gilles Villeneuve noch einmal mit seinem legendären Ferrari Nr. 27 beim GP von Belgien in Zolder ab und crasht mit 300 km/h in den March von Jochen Mass: Es war der letzte Flug des Gilles Villeneuve.

Luigi Villoresi

Italiener
Geboren am 16. Mai 1909 in Mailand.
Ferrari-Pilot von 1949 bis 1953.

Als er zu Ferrari kommt, ist Villoresi bereits unter dem Namen „Gigi nazionale" bekannt. Der bereits Vierzigjährige fährt seit sechzehn Jahren Rennen, hat auf Maserati zweimal die Targa Florio gewonnen (1939 und 1940), war viermal Italienischer Meister und bildet seit einiger Zeit ein Team mit dem jungen Alberto Ascari, der ebenfalls aus Mailand stammt und dessen Mentor er war. Ascari und Villoresi sind unzertrennlich, und gemeinsam gehen sie 1949 zu Ferrari, nachdem sich Alberto von seinem schweren Unfall in Brasilien erholt hat. Ende Juli des folgenden Jahres kommt Villoresi in Genf mit seinem 275 F1 bei einem Rennen von der Piste ab und zieht sich Verletzungen zu. Doch nach seiner Genesung holt Gigi sofort wieder seine übliche Serie von drei bis vier Siegen pro Jahr bei den nicht bepunkteten Grand Prix. 1951 läutet er die Saison mit einem glamourösen Sieg bei der Mille Miglia ein (am Lenkrad einer Berlinetta 340 America Vignale) und schließt sie mit einem zweiten Platz bei der Carrera Panamericana ab. Dies bestätigt wieder einmal seine Fähigkeit, sich bei Straßenrennen ebenso wie auf Rundkursen zu behaupten. Doch trotz seines unbestrittenen Talents gewinnt er nicht einen einzigen WM-Grand Prix, obwohl er an insgesamt 31 teilnimmt (20 auf Ferrari, acht auf Maserati und drei auf Lancia). Auf Ferrari fährt er immerhin zweimal auf Platz Zwei (in Argentinien und in Belgien 1953 auf einem 500 F2) und sechsmal auf Platz Drei. Für Enzo Ferrari war er „aufgrund seines Stils und seiner Leidenschaft ein wahrer Champion, ein Mann mit einer gewissen Verschlagenheit, der die Technik des Fahrzeugs genauso intelligent zu nutzen wusste wie die Schwächen seiner Kollegen." Gemeinsam mit Ascari wechselt Villoresi 1954 zu Lancia. Mit einem Sieg bei der Rallye Akropolis auf einem Aurelia GT verabschiedet er sich vier Jahre später aus dem aktiven Rennsport. Villoresi stirbt im August 1997 im Alter von 88 Jahren.

W

Jonathan Williams

Brite
Geboren am 26. Oktober 1942 in Kairo.
Ferrari-Pilot 1967.

Der blonde Engländer, der so häufig in der Formel 3 siegreich war, kommt 1966 als Werkspilot des römischen Konstrukteurs Gino De Sanctis nach Italien. Er überrascht nicht nur durch seine Fähigkeiten als Fahrer und sein technisches Verständnis, sondern vor allem wegen seiner geschickten Rennstrategie: Williams fährt bis zur letzten Runde gleichmütig in der ersten Gruppe mit, um dann seine Gegner oftmals direkt vor der Ziellinie mit einem Überraschungsmanöver zu überholen. 1967 engagiert ihn Ferrari als Testfahrer für Ferrari, im gleichen Jahr fährt er den Dino 166 F2 bei seinem Debüt in Rouen. Direkt danach wird er selbst am Steuer des komplexeren 312 beim GP von Mexiko, dem letzten GP der Saison, getestet; Williams gelangt auf den achten Platz, doch diese Leistung überzeugt Enzo Ferrari nicht. Er hält Williams nicht für fähig, die hohen PS-Zahlen der 3-Liter-Formelwagen ebenso zu beherrschen wie einen 1-Liter-Wagen der Formel 3. In den darauffolgenden Jahren fährt Williams für Abarth sowie für Serenissima in den diversen Sportwagen-Wettbewerben. In der Formel 2 startet er für Tecno und Brabham (mit letzterer holt er 1968 zum dritten Mal in Folge den Sieg beim GP der Lotterie von Monza). De Tomaso holt ihn schließlich als Testfahrer für seine neuen Formel-1-Wagen. Williams zieht sich 1972 aus dem Rennsport zurück und wird Pilot von Privatjets.

Die Konstrukteure

B

John Barnard

Brite
Geboren 1948 in Wembley (London).
Ferrari-Konstrukteur von 1987 bis 1989 und von 1993 bis Anfang 1997.

Es war nicht die Bestimmung des John Barnard, in einer Glühbirnenfabrik zu arbeiten, wo er nach Abschluss seines verkürzten Maschinenbaustudiums einen Job erhalten hatte. Mit 32 Jahren war er bereits Chefkonstrukteur bei McLaren, wo er von 1980 bis 1986 blieb und sich eine hohe Qualifikation als »Formel-1-Genius« erwarb (seine Fahrzeuge gewannen in jener Zeit 28 Grand-Prix-Rennen). Barnard gilt als detailgenauer Perfektionist. Er zeichnet sich durch Innovationen ab, die er einführte und die auch seine Konkurrenten adaptierten, wenn sie wettbewerbsfähig bleiben wollten. Diese Neuerungen reichten vom Karosseriekörper aus Karbonfasern (McLaren MP4 von 1981) zum halbautomatischen Getriebe (Ferrari 1989). Enzo Ferrari holte ihn 1987 nach Maranello und akzeptierte ohne Widerrede Barnards Bedingung, die Konstruktionsabteilung nach England zu verlegen, wo er in Guilford das Technologiezentrum GTO einrichtete. Diese Entscheidung führte indes zur Zersplitterung des Teams. 1987 und 1988 beschränkte sich Barnard darauf, den von Gustav Brunner auf den Weg gebrachten Entwurf zu Ende zu bringen; erst 1989 war er mit seinem F1-89 (auch unter der Entwurfsnummer 640 bekannt geworden) zur Stelle, mit dem Mansell und Berger drei Rennen gewannen. Ende des Jahres wechselte Barnard aufgrund wachsender Unstimmigkeiten zu Benetton. 1993 holte man ihn zu Ferrari zurück und beauftragte ihn damit, in Shalford, England, das neue Entwicklungszentrum FDD (Ferrari Design & Development) einzurichten. Dort entstand gemeinsam mit George Ryton das Übergangsmodell F93A und schließlich seine letzten Ferrari-Konstruktionen, vom 412 T1 von 1994 bis zum F310B 1997. Nach dem Wintertraining des F310B wurde Barnards Vertrag aufgelöst, doch sein Herz schlug weiterhin für Maranello.

Giotto Bizzarrini

Italiener
Geboren 1926 in Quercianella di Livorno.
Ferrari-Konstrukteur von 1957 bis 1961.

Nach Abschluss seines Ingenieursstudiums lehrte er an der Universität von Pisa, bis ihn die Leidenschaft für Automobiltechnik ihn dazu verleitete, seinen Lehrstuhl aufzugeben und in die Entwicklungsabteilung von Alfa Romeo zu gehen. 1957, drei Jahre später, wechselte Bizzarrini zu Ferrari und kümmerte sich unter der Leitung von Carlo Chiti um die Sportwagen und die GT-Straßenwagen. Er hatte zunächst den Auftrag, den 3-Liter 250 Testa Rossa Zwölfzylinder zu realisieren. Von Bizzarrini stammen auch die Entwürfe der 250 GT Berlinetta sowie ihres legendären Nachfolgers, der Rennversion 250 GTO (die er wegen der eigenwilligen, von ihm selbst gebauten Karosserie liebevoll »die Ente« nannte). Nachdem das Projekt GTO abgeschlossen war, verließ er Ferrari 1961 zusammen mit Chiti. Er gründete zunächst eine Gesellschaft für Motorenentwicklung (der 3,5-Liter Zwölfzylinder von Lamborghini war Bizzarinis Werk) und schließlich eine weitere zum Bau von Gran Turismo-Straßenwagen. (Bizzarrini GT Strada und GT Europa). Beides waren interessante Unterfangen, die allerdings nicht von kommerziellem Erfolg gekrönt waren.

Es sind hier nur die Konstrukteure der Formel-1-Fahrzeuge von Ferrari von 1947 bis heute aufgeführt. Bedeutende Motorenspezialisten wie beispielsweise Claudio Lombardi oder Paolo Martinelli sind deshalb hier nicht genannt.

Ross Brawn

Brite
Geboren 1954 in Manchester.
Technischer Leiter bei Ferrari seit Ende 1996.

Der Nuklearingenieur Ross Brawn war schon immer von der Formel 1 fasziniert. Er arbeitete mit Patrick Head in dem Ende der 1970er Jahre wiedererstandenen Williams-Team, als dort Jacky Ickx und Arturo Merzario unter Vertrag standen. Brawn befasste sich insbesondere mit dem Entwurf und der Entwicklung des von Frank Williams gewünschten Windkanals, der ersten privaten Formel-1-Anlage. Im Folgenden wechselte er zu Lola (er war 1986 dort, als Patrick Tambay für Lola startete), dann ging er für zwei Jahre zu Tom Walkinshaw (TWR Jaguar), wo er den XJR14 baute, der die Sportwagen-WM dominierte. Im Anschluss war er weitere drei Jahre für Arrows tätig und danach fünf Jahre für Benetton. Dort arbeitete er eng mit dem Konstrukteur Rory Byrne zusammen und war an der Entwicklung jener Wagen beteiligt, auf denen Michael Schumacher seinen unaufhaltbaren Aufstieg begann, der 1994 und 1995 zu seinen WM-Titeln führte. Nachdem Schumacher zu Beginn der Saison 1996 zu Ferrari gegangen war, folgte ihm Roos Brawn zum Ende des Jahres und übernahm in Maranello die Position des Technischen Leiters, der zwar nicht direkt in die Fahrzeugentwicklung involviert ist, doch in jeglicher Hinsicht für die Technik, sowohl im Werk als auch auf der Rennstrecke, verantwortlich zeichnet. Gemeinsam mit Rory Byrne begann er seine Arbeit bei Ferrari 1997 mit der Entwicklung des von John Barnard entworfenen F310B F1.

Gustav Brunner

Österreicher
Geboren am 12. September 1950 in Graz.
Ferrari-Konstrukteur von 1986 bis 1987 und von 1994 bis 1997.

Der Maschinenbauingenieur begann seine Konstrukteurskarriere im Alter von 20 Jahren in kleineren Kategorien (Formel Vau und Formel 3). 1978 kam er zu ATS, ein von dem deutschen Felgenhersteller Günther Schmidt gegründetes Formel-1-Team. Danach hat Brunner viele Male die Teams gewechselt und stellte seine außergewöhnlichen Fähigkeiten in der immer stärker spezialisierten Welt des Rennsports unter Beweis. Er arbeitete für Maurer, Arrows, Euroracing-Alfa Romeo, Ram, Rial, Zakspeed, Leyton House und March und legte auch vier Etappen in Italien ein: zwei bei Minardi sowie zwei weitere bei Ferrari. In seinen ersten beiden Scuderia-Jahren 1986-1987 konstruierte er einen Monoposto für die nordamerikanische Cart-Meisterschaft, der jedoch niemals eingesetzt wurde, sowie gemeinsam mit Harvey Postlethwaite den F1-87, der mit Gerhard Berger die GPs von Japan und Australien gewann.
In der Zwischenzeit war allerdings John Barnard zu Ferrari gestoßen; die Zusammenarbeit mit ihm gestaltete sich schwierig, so dass Brunner im August 1987 Maranello verließ und zum dritten Mal für Schmidt arbeitete, der das Rial-Team ins Leben gerufen hatte. Dies erwies sich als ein weiterer glückloser Schritt, neue Wechsel von einem Team zum anderen folgten ebenso wie eine zweite Phase in Maranello von Ende 1993 bis 1997. Im Anschluss an dieses Intermezzo arbeitete Brunner weitere dreieinhalb Jahre für Minardi sowie ab Mai 2001 noch einmal für ein neues Team, in diesem Fall Toyota.

Giuseppe Busso

Italiener
Geboren 1913 in Turin.
Ferrari-Konstrukteur 1946 und 1947.

Der diplomierte Industrietechniker ging mit 24 Jahren als Flugzeugmotoren-Konstrukteur zu Fiat und arbeitete von 1939 bis 1946 bei Alfa Romeo, wo er seine technische Ausbildung vervollständigte und schließlich den Posten des Konstrukteurs bekam. Gioachino Colombo schlug Ferrari die Anstellung Bussos vor, zu der es Juni 1946 auch kam. In Maranello entwarf Busso diverse Fahrzeuge, darunter einen Zwölfzylinder 1,5 Liter mit Aufladung und De-Dion-Hinterachse. Doch die Aufmerksamkeit und das Bestreben des Hauses konzentrierte sich auf den Bau und die Fertigstellung des von Colombo entworfenen 125 S. Bazzis Weggang im August 1947 führte dazu, dass nun die ganze Verantwortung für dieses Projekt bei Busso lag. Der 125, später 159 S, verzeichnete am 12. Oktober 1947 seinen ersten durchschlagenden Erfolg mit Raymond Sommer beim GP von Turin. Ferrari, so steht es in einem handsignierten Brief aus dem Jahr 1966, schätzte an Busso dessen »ehrlichen, ungebrochenen Enthusiasmus.« Und für Giuseppe Busso war die eineinhalbjährige Erfahrung in einem stürmischen Maranello Gold wert. Sie ermöglichte es ihm, von 1948 bis 1977 mit Erfolg jene Abteilung zu leiten, die für die Mechanik aller bis in die 1990er Jahre produzierten Alfa Romeo verantwortlich war.

Rory Byrne

Südafrikaner
Geboren 1944 in Johannesburg.
Ferrari-Konstrukteur seit Februar 1997.

Der Rennwagenkonstrukteur Rory Byrne hat sich seine Karriere ganz alleine aufgebaut, ohne einen Mentor, der ihm seine Fertigkeiten beigebracht hätte. Der in Südafrika geborene und aufgewachsene Konstrukteur irischer Abstammung studierte Chemie und fing zunächst in einem Unternehmen für Kunststoffherstellung an, als ihn die Leidenschaft für den Rennsport packte. Er stieg als Pilot von Tourenwagen ein, die er selbst tunte, doch schließlich zog er es vor, sich ganz dem technischen Aspekt des Rennsports zu widmen. 1967 verließ er die Chemiebranche und gründete eine Importgesellschaft für Spezial-Ersatzteile sowie für die Herstellung von Rennmotoren. Fünf Jahre später entwarf er das erste komplette Fahrzeug, einen Formula Ford, und hatte damit Erfolg – also beschloss er, alles zu verkaufen und sich in England niederzulassen, wo er zunächst von Royale und 1977 von Toleman als Konstrukteur angestellt wurde. Er entwarf den ersten Formel-2-Wagen dieser Marke, den TG280 mit Hart-Motor, der 1980 mit Brian Hamilton die Europameisterschaft gewann. Der Wechsel zur Formel 1 vollzog sich zeitgleich für Toleman und Rory Byrne, der dem Team, das nun zu Benetton wurde, auch weiterhin treu blieb. Byrnes Genialität, besonders bei der Aerodynamik, drückt sich in schnellen, intuitiven Innovationen aus, die sofort und wirksam umsetzbar sind. Bei Benetton führte seines »Explosivität«, gepaart mit der gemäßigten Nachdenklichkeit des Projektverantwortlichen Ross Brawn, zu Michael Schumachers WM-Erfolgen 1994 und 1995. Nachdem sich Byrne Ende 1996 nach Thailand zurückgezogen und dort einen Taucherschule gegründet hatte (seine zweite Leidenschaft), wurde er Anfang 1997 nach dem Weggang Barnards zum Dienst zurückgeholt, mit dem Auftrag unter der Leitung von Ross Brawn den von seinem Vorgänger entworfenen F310B F1 zu entwickeln und ab 1998 jene Autos zu entwerfen, die Michael Schumacher weitere vier Weltmeistertitel und Ferrari von 1999 bis 2003 fünf Konstrukteurstitel eingebracht haben.

C

Carlo Chiti

Italiener
Geboren 1924 in Pistoia.
Ferrari-Konstrukteur von 1957 bis 1961.

Der Flugzeugingenieur Chiti studierte in Pisa und begann seine Karriere in der Rennwagenabteilung von Alfa Romeo. 1957 wechselte er als Verantwortlicher der Planungsabteilung zu Ferrari, wo er den beim Training verunglückten Ingenieur Fraschetti ersetzte. Carlo Chiti war ein starker Befürworter technischer Neuerungen, auch wenn er deren Entwicklung aus Ungeduld manchmal vernachlässigte. Unter seiner Leitung stieg die Zahl der jährlich produzierten Fahrzeuge auf 300 an. Außerdem gewann 1958 der 246 F1 Sechszylinder mit Mike Hawthorn die Weltmeisterschaft. Chiti führte Schritt für Schritt die Schraubenfedern anstelle der Blattfedern ein, moderne Koni-Teleskopstoßämpfer anstelle der Houdaille-Hebelstoßdämpfer, ferner Scheibenbremsen sowie hintere Einzelradaufhängungen. Vor allem aber überzeugte er den sich sträubenden Enzo Ferrari von der Notwendigkeit des Sechszylinder-Heckmotors bei den Formelwagen 246 P F1, 156 P F2 und 156 F1 von 1960 und 1961 sowie dem Sportwagen 246 SP, für den er auch den ersten Abtrieb erzeugenden Spoiler entwarf. Damit brachte er den heute perfektionierten und universell anerkannten Einsatz der Flügel bei Rennwagen auf den Weg. Die Ergebnisse seiner Leistungen waren drei Sportwagen-WM-Titel (1959, 1960 und 1961) sowie der WM-Titel von Phil Hill 1961 auf einem 156 F1. Am Ende des glorreichen Jahres 1961 verließ der impulsive Carlo Chiti Maranello mit einer ganzen Gruppe von Technikern, die allesamt mit Enzo Ferrari im Zwist lagen. Später war er zwanzig Jahr lang Leiter von Autodelta, der Sportwagenabteilung von Alfa Romeo. Chiti starb 1994 in Mailand.

Gioachino Colombo

Italiener
Geboren 1903 in Legnano (Mailand).
Ferrari-Konstrukteur von 1945 bis 1951.

Mit 14 Jahren arbeitete er bereits als technischer Zeichner, mit 21 kam er zu Alfa Romeo, nachdem er einen Wettbewerb für den Entwurf eines Kompressors gewonnen hatte. 1937 wurde er der Scuderia Ferrari zugeteilt, der damaligen Rennsportabteilung von Alfa Romeo, wo er unter anderem den 1,5-Achtzylinder Kompressormotor des 158 Alfetta entwarf. Enzo Ferrari holte ihn gleich nach dem Krieg zu sich, als er beschloss, selbst Autos zu bauen und bat Colombo, einen Zwölfzylindermotor zu konzipieren. Mit Enthusiasmus ließ sich Colombo auf das gewagte Projekt ein und entwarf am 15. August 1945 unter einem Baum im Garten seiner Schwester in Castellanza sitzend den 1,5-Liter V12 mit 60° Zylinderwinkel. Mit jenem in den 125 S als Saugmotor eingebauten Triebwerk gab Ferrari am 11. Mai 1947 sein Debüt im Rennsport. Danach wurde der auf knapp 2 Liter Hubraum erweiterte Motor in den 159 S eingebaut. Anderthalb Jahre später, am 5. September 1948, ging auch der erste Gran-Prix-Monoposto von Ferrari, der 125 F1, mit einem 1,5-Liter-V12-Kompressormotor an den Start. Colombo verließ Ferrari schließlich 1951, kehrte zu Alfa Romeo zurück und wechselte dann zu Maserati, wo er den 2-Liter- und 2,5-Liter Sechszylinder entwarf (mit letzterem gewann Fangio 1957 die Weltmeisterschaft). Colombo starb 1987.

F

Mauro Forghieri

Italiener
Geboren 1935 in Modena.
Ferrari-Konstrukteur von 1962 bis 1984.

Direkt nach seinem in Bologna absolvierten Maschinenbaustudium kam Forghieri mit 24 Jahren zu Ferrari, wo er zunächst nur eine niedrige Stellung bekam. Doch Ende 1961, als der leitende Konstrukteur Carlo Chiti mit weiteren Führungskräften Ferrari verließ, sah sich der junge Ingenieur als einziger, der noch in der Rennsportabteilung tätig war. Der hohen Verantwortung fühlte sich Forghieri durchaus gewachsen. Ferrari verlieh ihm 1969 für seine Verdienste mit nur 34 Jahren den Titel eines Direktors. Forghieri, den man wegen seiner glühenden beruflichen Leidenschaft auch »die Furie« nannte, stand zwanzig Jahre lang im Mittelpunkt der technischen Geschichte Ferraris. Die unter ihm als verantwortlichem Konstrukteur entstandene Formel-1-Wagen gewannen viermal die Fahrer-WM (der 158 mit John Surtees 1964, der 312 T mit Niki Lauda 1975, der 312 T2 wieder mit Niki Lauda 1977 und der 312 T4 mit Jody Scheckter 1979), siebenmal die Konstrukteurs-WM sowie insgesamt 54 Grand Prix; zu diesen Erfolgen kommen außerdem fünf Siege bei der Sportwagen-WM hinzu. Der letzte, komplett von Forghieri gebaute Formel-1-Wagen war der 126 CK Turbo, mit dem 1981 Gilles Villeneuve und Didier Pironi an den Start gingen. In den beiden Folgejahren blieb die technische Leitung zwar bei Forghieri, doch die Konzipierung der Rahmen wurde seinem Nachfolger Harvey Postlethwaite übertragen, dem Spezialisten für Aerodynamik sowie für die Technologien bei Verbundwerkstoffen. Nach dem Bau des 126 C4 von 1984 holte Ferrari Forghieri an die Spitze einer neuen Forschungs- und Entwicklungsabteilung, die unter anderem den experimentellen Prototyp 408 mit Integralantrieb realisierte sowie die Produktion der GT-Serienwagen mit tiefgreifenden Neuerungen vorantrieb.

J

Vittorio Jano

Italiener
Geboren 1891 in Turin.
Technischer Berater bei Ferrari von 1955 bis 1965.

Obwohl er eine bedeutende Figur in der Technikgeschichte des Automobilsports darstellt, spielte Vittorio Jano bei Ferrari nur eine kleine und untergeordnete Rolle. Mit knapp 20 Jahren kam er zu Fiat, wo man seinen Namen mit Fahrzeugen wie dem 804 (GP von Frankreich 1922, Pilot Felice Nazzarro) und dem 805 in Verbindung bringt. Enzo Ferrari, damals Rennsportleiter bei Alfa Romeo, überzeugte Jano 1923 zum Mailänder Autohersteller zu wechseln. Jano entwarf und plante sogleich den P2, der sich sieben Jahre lang als unschlagbar erwies; danach folgten der 6C1750, der unter 1929 und 1930 anderem die Mille Miglia gewann, sowie der legendäre P3 der Jahre 1932 und 1933. Nachdem er Alfa Romeo verlassen hatte, tauchte Jano 1954 als Konstrukteur des Formel-1-Wagens Lancia D50 wieder auf, dem er geniale technische Neuerungen verlieh: den V8-Motor mit tragender Funktion und einer rollengelagerten Nockenwelle, das hinten quer eingebaute 5-Gang-Getriebe sowie den tiefer gelagerten Fahrersitz neben dem Antrieb und die an den Seiten des Fahrzeugs angebrachten, von der Karosserie separaten Kraftstofftanks. 1955 stieg Lancia nach dem Tod Alberto Ascaris aus dem Rennsport aus und überließ Ferrari sechs Monoposti D50, die in den zwei darauffolgenden Jahren den Namen Ferrari-Lancia D50 (Fangio holte damit 1956 den WM-Titel) und schließlich die Bezeichnung 801 trugen. Vittorio Jano begleitete ab jenem Zeitpunkt seine Fahrzeuge in Maranello nur noch als externer Berater. 1965 nahm er sich das Leben.

L

Aurelio Lampredi

Italiener
Geboren 1917 in Livorno.
Ferrari-Konstrukteur von 1947 bis 1955.

Nachdem er als Konstrukteur von Flugzeugmotoren umfassende Erfahrungen gesammelt hatte, ging Lampredi mit 30 Jahren als Konstrukteur und Verantwortlicher für den Versuchs- und Trainingsbereich zu Ferrari. Da es für ihn durch seine Arbeit in der Luftfahrt selbstredend war, dass Zuverlässigkeit oberste Priorität hat und jede technische Neuerung vorab präzise kalkuliert werden muss, lag er im ständigen Disput mit dem genialen, aber oftmals eher lockeren Gioachino Colombo. Nach dem Weggang Colombos entwarf Lampredi den 4,5-Liter-V12-Saugmotor sowie den Rahmen des Monoposto 375, der 1951 als erster Ferrari einen WM-Formel-1-Grand Prix gewann (in Silverstone mit José Froilan Gonzalez) und die bislang unschlagbaren Alfettas 159 hinter sich ließ. In der Zwischenzeit schloss Lampredi auch die Konstruktion des Monoposto 500 F2 mit 2-Liter-Vierzylindermotor ab, der sich in den Jahren 1952 und 1953 mit zwei von Alberto Ascari eingefahrenen WM-Siegen einen Platz unter den Mythen des Rennsports sicherte. Die Zusammenarbeit mit Ferrari ging 1955 zu Ende, als Lancia, nach dem Rückzug aus dem Rennsport Ferrari seine von Vittorio Jano entworfenen D50 Achtzylinder überließ. Lampredi ging zu Fiat, wo er die Leitung der Abteilung für Motorenkonstruktion übernahm.

M

Alberto Massimino

Italiener
Geboren 1895 in Turin.
Beratender Konstrukteur bei Ferrari von 1952 bis 1975.

Alberto Massimino, der sein Ingenieursstudium im Ausland absolviert hatte, entwarf Rahmen für Fiat-Rennwagen, wobei sein Meisterstück der 806 war, mit dem Pietro Bordino 1927 in Monza gewann. Danach befasste sich Massimino mit Flugzeugmotoren. Doch 1938 kehrte er zu den Autos zurück und ging zur Scuderia Ferrari, um dort die Entwicklung des Alfa Romeo 158 Grand-Prix-Wagens zu betreuen. 1940, als Enzo Ferrari sich von Alfa Romeo trennte und in Modena seine Firma Auto Avio Costruzioni gründete, blieb Massimino bei ihm, um das Projekt des 815-Achtzylindermotors zu realisieren, des ersten Ferrari noch ohne den Namen Ferrari, den der aufsteigende Pilot Alberto Ascari bei jener eigenartigen Mille Miglia nach Kriegsbeginn auf der Straßenstrecke von Brescia fuhr. Während des Krieges leitete Massimino die technische Abteilung der Alfieri Maserati-Werke, um schließlich den freundschaftlichen Kontakt zu Ferrari wieder aufleben zu lassen, und zwar als externer Berater von 1952 bis zu seinem Tod 1975.

P

Harvey Postlethwaite

Engländer

Geboren 1944 in London.
Ferrari-Konstrukteur von 1982 bis 1988 sowie 1992 und 1993.

Der Flugzeugingenieur Harvey Postlethwaite brachte die wertvollen Erfahrungen, die er im Bereich der Aerodynamik und der Verbundwerkstoffe gesammelt und weiterentwickelt hatte, in die Formel 1 ein. Von 1974 bis 1976 baute er die Hesketh von James Hunt; von 1977 bis 1979 realisierte er die Wolf-Rennwagen, mit denen Jody Scheckte drei Grand-Prix-Rennen gewann; es waren die ersten Monoposti mit Rahmen aus Aluminiumverbundwerkstoffen (»Bienenwaben«-Bauweise). Nach zwei weniger bedeutenden Jahren bei der Scuderia Fittipaldi ging er zu Ferrari, um das technische Erbe von Mauro Forghieri schrittweise zu erneuern. 1982 entwarf er den 126 C2 mit Rahmen aus Verbundwerkstoffen, wobei erstmals bei Ferrari neben den Bienenwaben aus Aluminium auch Teile aus Karbonfaser und Kevlar verwendet wurden. Das Fahrzeug hätte ohne die beiden fatalen Trainingsunfälle von Gilles Villeneuve und Didier Pironi mit großem Abstand sowohl den WM-Titel der Fahrer als auch der Konstrukteure gewonnen. Letzterer wenigstens entging Ferrari nicht. Die Scuderia eroberte den bis 1999 letzten Konstrukteurstitel auch im Folgejahr mit einem 126 C3. 1985 war Michele Alboreto mit dem 156/85 erneut ganz nah an einem Doppelsieg, musste sich jedoch am Ende infolge mehrfacher Motordefekte mit zwei zweiten Plätzen zufrieden geben. 1987 übernahm John Barnard die Technische Leitung bei Ferrari. Postlethwaite und wechselte schließlich im Sommer 1988 zu Tyrrell. Dort baute er 1990 den 019, der für die Aerodynamik in der Formel 1 richtungweisend war und in der Folge von allen anderen Konstrukteuren übernommen wurde. Postlethwaite wurde 1992 wieder zu Ferrari geholt, doch die zweite Ära Barnard kostete ihn im Jahr darauf erneut den Konstrukteursposten. Er starb am 13. April 1999.

S

Enrique Scalabroni

Argentinier
Geboren 1949 in Alta Gracia.
Ferrari-Konstrukteur von 1989 bis 1991.

Der in Buenos Aires diplomierte Maschinenbauingenieur entwarf zunächst Rennwagen für kleinere Formel-Kategorien. Diese Tätigkeit brachte ihn 1982 nach Italien, wo ihm der damals angesehenste Formel-3-Konstrukteur, der Ingenieur Gian Paolo Dallara, den Bau seines neuen Windkanals anvertraute. Enrique Scalabroni zog darauf ganz nach Italien um und heiratete eine junge Frau aus Parma. 1985 ging er zum englischen Williams-Team, für das er unter anderem das Quergetriebe und eine neue Hinterachse entwarf sowie den FW13 von 1989 entwickelte. Am Ende jenen Jahres holte man ihn zu Ferrari, denn nach dem Weggang John Barnards war der neue Technische Leiter, der Ingenieur Pierguido Castelli, auf der Suche nach einem qualifizierten Mitarbeiter. Unter Castellis Leitung entwickelte Scalabroni den Monoposto F1-90 (Rahmennummern 641 und 641/2), der eine gelungene Weiterentwicklung von Barnards Vorgängermodell war. 1990 gewann das Fahrzeug mit Alain Prost und Nigel Mansell am Lenkrad sechs Grand-Prix-Rennen (das gab es zuletzt 1979). Außerdem verpasste der französische Weltmeister nur um ein Haar seinen vierten WM-Titel (er wurde Zweiter hinter Ayrton Senna). Scalabroni war jedoch ein Individualist, der sich nicht leicht in ein Team integrierte und äußerst gewagte, innovative Projekte verfolgte, die man bei Ferrari ablehnte. Und so beschloss Scalabroni schon bald, das Ferrari-Team wieder zu verlassen.

Index

Bibliographie

A.T. Anselmi, *Le Ferrari di Pininfarina*
S. Bellu, *Ferrari, guida all'identificazione*
E. Benzig, *Ferrari Formula 1*, catalogo ragionato
G. Cancellieri, *Ferrari Glory*
A. Cimarosti, *Grand Prix Story*
G. Colombo, *Le origini del mito*
Dino: theLlittle Ferrari Cars 1957 to 1979
E. Ferrari, *Le mie gioie terribili*
E. Ferrari, *Piloti, che gente*
E. Ferrari, *Una vita per l'auto*
Ferrari 1947-1997, il libro ufficiale
Ferrari 250 GTO, Bluemel, Pouret
Ferrari F1, edizioni varie Giorgio Piola
Ferrari Testa Rossa V12
K. Ludvigsen, *Ferrari: 50 anni di innovazioni tecnologiche*
G. Marzotto-S. Cassano, *Frecce Rosse alla Mille Miglia*
C. Millanta, L. Orsini, F. Zagari, *Ferrari*
G. Munaron, *Ferrari, le quattro cilindri Sport*
Pininfarina, 1930-1990, catalogo ragionato
L. Pomeroy, *The Grand Prix Car*
A. Pritchard, *Ford versus Ferrari: the Battle for Le Mans*
A. Prunet, *Ferrari, le Gran Turismo*
A. Prunet, *La leggenda Ferrari: Sport e Prototipi*
G. Rogliatti, *Tutti i motori Ferrari*
L.J.K. Setright, *Ferrari*
L.J.K. Setright, *The Grand Prix Car*
H. Tanner-D. Nye, *Ferrari*
F. Varisco, *815, l'anteprima Ferrari*

Periodika
Ferrari-Jahrbücher
„*Auto Italiana*"
„*Autocourse*"
„*L'année Automobile*"
„*Quattroruote*"

Bildnachweis

Agenzia Morris 43
Amaduzzi 177
Archivio Bonetto 27, 51, 53, 89, 104
Archivio Busso-Bonetto 10, 11 (3), 12, 13, 14, 16
Archivio Millanta 8, 17 (2), 18, 19 (2), 20, 22, 23, 24 (2), 25, 26 (2), 27 28, 29, 33 (3), 35, 36 (2), 37, 39, 40, 41 (2), 42, 44, 45 (3), 46 (3), 47, 49, 50, 52, 55 (2), 58.
Archivio Quattroruote 9, 11, 12,13, 15, 17,18, 19, 20, 21, 23, 25, 27, 29, 31, 33, 38, 39, 41, 42, 43, 46, 48, 49, 50, 51, 52, 53, 54, 55, 56, 57, 58, 59, 60, 61, 62, 63, 64, 65, 67, 70, 71, 72, 73, 74, 78, 79, 82, 83, 84, 85, 86, 87, 88, 89, 90, 91, 92, 93, 94, 96, 97, 98, 99, 100, 101, 102, 103, 104, 105, 106, 108, 109, 110, 111, 113, 114, 115, 116, 117, 118, 119, 122, 123, 124, 125, 126, 130, 131, 134, 136, 137, 138, 140, 142, 143, 144, 145, 146, 147, 148, 149, 150, 151, 152, 153, 154, 155, 156, 157, 160, 161, 162, 163, 164, 165, 166, 167, 168, 169, 170, 172, 174, 175, 176, 178, 179, 180, 181, 182, 183, 184, 185, 186, 187, 188, 189, 190, 191, 192, 193, 194, 195, 196, 198, 199, 200, 201, 202, 204, 206, 207, 208, 209, 210, 211, 212, 213, 214, 215, 216, 217, 218, 220, 223, 224, 226, 232, 233.
Associated Press 51, 71, 78
Attualfoto 76, 114, 121, 123, 125, 146
Cahier 57, 70, 73, 75
Colombo 82, 93, 107, 114, 121, 126, 131 (2), 135, 136, 137, 142, 149, 156, 160, 162, 173, 184, 203, 204, 205, 206, 220, 222, 224, 228, 230, 231, 232, 233, 234, 235
Dalmas 68
DPPI 106
Falletti 177
Farabola 51, 59
Ficarelli 20
Fotosport 41
Klementaski 32
L'Automobile 92
Ludvigsen 103
Maggi 26, 38, 39, 47 (2), 76, 80, 122, 135
Mailander 49
Moisio 49
Olympia 74
Phipps 78, 84, 85, 239
Pressesport 55
Pubblifoto 18, 24, 41, 57 (2)
Photo4, 81
Quattroruote-Papetti 214, 215
Ric della Faille 94
Terreni 26
Varisco 67, 70, 82
Worner 66
Zacchia 205
Zagari 90